ADRIANO DE SOUSA LOPES

Título original:
Adriano de Sousa Lopes: Um Pintor na Grande Guerra.

© Carlos Silveira, 2018

Revisão: Inês Guerreiro

Capa: FBA sobre pintura de Adriano de Sousa Lopes,
A volta do herói ou *Jurando vingar a morte de um camarada* (c. 1919-1923)
Óleo sobre tela, 298 x 461 cm, Museu Militar de Lisboa, n.º inv. 588

Depósito Legal n.º 441830/18

Biblioteca Nacional de Portugal – Catalogação na Publicação

SILVEIRA, Carlos, 1977-

Adriano de Sousa Lopes: um pintor na Grande Guerra. – (Extra-coleção)
ISBN 978-972-44-2020-2

CDU 929 Lopes, Adriano de Sousa

Paginação:
MJA

Impressão e acabamento:
PAPELMUNDE
para
EDIÇÕES 70
Junho de 2018

Direitos reservados para todos os países de língua portuguesa

EDIÇÕES 70, uma chancela de Edições Almedina, S.A.
Avenida Engenheiro Arantes e Oliveira, 11 – 3.º C – 1900-221 Lisboa / Portugal
e-mail: geral@edicoes70.pt

www.edicoes70.pt

Esta obra está protegida pela lei. Não pode ser reproduzida,
no todo ou em parte, qualquer que seja o modo utilizado,
incluindo fotocópia e xerocópia, sem prévia autorização do Editor.
Qualquer transgressão à lei dos Direitos de Autor será passível
de procedimento judicial.

CARLOS SILVEIRA

ADRIANO DE SOUSA LOPES
UM PINTOR NA GRANDE GUERRA

Por seu lado o Pintor estacára ante o quadro trágico.
Depois seguiu e andou à volta, olhando fixamente.
E olhava, com olhos de quem pinta, mas também com olhos de quem reza.

JAIME CORTESÃO, *Memórias da Grande Guerra (1916-1919)*, 140

Índice

Agradecimentos 11

Lista de imagens 13

Abreviaturas 17

Nota da Comissão Coordenadora das Evocações do Centenário da I Guerra
Mundial 19

Prefácio
Raquel Henriques da Silva 21

Nota prévia 27

Introdução 31

PRIMEIRA PARTE
ADRIANO DE SOUSA LOPES (1879-1944)

Capítulo 1. Poesia, impressionismo e epopeia. As metamorfoses da pintura
de Sousa Lopes 43

Capítulo 2. A «reconquista do estilo»: teoria da arte e fortuna crítica 69

SEGUNDA PARTE
AS ARTES FACE À GRANDE GUERRA.
IMPACTOS INTERNACIONAIS

Capítulo 3. O patrocínio oficial das artes. Programas, artistas e práticas . 89

Capítulo 4. Pintura e experiência da guerra moderna 105

Capítulo 5. A guerra ilustrada e mediática 121

TERCEIRA PARTE
PORTUGAL NA GUERRA MUNDIAL

Capítulo 6.   Compromisso e rebeldia: a guerra na arena política e cultural   137
Capítulo 7.   A Grande Guerra e os artistas portugueses   155
Capítulo 8.   O fotógrafo oficial Arnaldo Garcez.   177
Capítulo 9.   Sousa Lopes no Corpo Expedicionário Português.   189

QUARTA PARTE
UM PINTOR NAS TRINCHEIRAS

Capítulo 10.   Vivência da guerra e prática do desenho   207
Capítulo 11.   A primeira grande pintura: *A rendição*   227
Capítulo 12.   A série de gravuras a água-forte.   253
Capítulo 13.   Sousa Lopes na literatura da Grande Guerra   273

QUINTA PARTE
SOUSA LOPES E OS LUGARES DA MEMÓRIA

Capítulo 14.   Dignificar os cemitérios de guerra.   289
Capítulo 15.   A secção portuguesa no Musée de l'Armée e outras obras . .   301
Capítulo 16.   As pinturas murais para o Museu Militar de Lisboa   319
Capítulo 17.   Exposições e recepção crítica dos trabalhos de guerra   345
Capítulo 18.   A defesa de «um grande sonho d'arte e de patriotismo».
               A difícil abertura das Salas da Grande Guerra   359

Conclusão.   379

Fontes e bibliografia   391

Documentos.   419
   1. Cópia da proposta de Sousa Lopes ao Ministro da Guerra, Abril de 1917   421
   2. Ordem do Exército n.º 12 (1917) nomeando Sousa Lopes capitão
      equiparado do CEP, 27 de Agosto de 1917   423
   3. Contrato provisório para a decoração das Salas da Grande Guerra do
      Museu Militar de Lisboa, 21 de Outubro de 1919   425
   4. Ofício de Sousa Lopes ao Ministro da Guerra, 28 de Janeiro de 1932   429

Agradecimentos

A Professora Raquel Henriques da Silva foi mais do que a orientadora científica da tese de doutoramento que agora se publica. Foi um apoio sempre presente e generoso, quando mais precisei. As suas aulas, o seu rigor e o seu entusiasmo inspiraram o meu trabalho. Para ela, o meu profundo agradecimento.

O Tenente-Coronel Francisco Amado Rodrigues, então Chefe da Repartição de Património da Direcção de História e Cultura Militar do Exército e co-orientador da tese, teve um papel determinante no apoio do Exército ao meu projecto e em assegurar a colaboração dos seus serviços, o Museu Militar de Lisboa e o Arquivo Histórico Militar. Estou-lhe muito grato por isso. Agradeço a confiança dos antigos Directores de História e Cultura Militar do Exército, Major-General Adelino Matos Coelho e Major-General João Santos de Carvalho.

Um vivo agradecimento ao Coronel Luís de Albuquerque, Director do Museu Militar de Lisboa, pela colaboração constante e interesse por esta investigação. Agradeço também a toda a equipa do Museu. No Arquivo Histórico Militar, uma palavra de agradecimento ao antigo Director, Coronel Raul Pires, e ao Dr. João Tavares, pela ajuda preciosa na investigação.

O Dr. José Pedro de Sousa Lopes Pérez e sua esposa, Dra. Maria Teresa Pérez, receberam-me com grande amizade e generosidade e deram-me acesso ao espólio do artista e à sua colecção de arte, que muito enriqueceram este livro. Para eles, o meu profundo agradecimento. A Dra. Felisa Pérez, sobrinha-bisneta do artista e também sua investigadora, foi uma amiga cúmplice deste projecto e cedeu-me generosamente material inédito. Na família do artista, estou igualmente grato ao Dr. José Manuel de Sousa Lopes Pérez, ao Eng. Avelino de Sousa Lopes e ao Arq. Fernando Bagulho.

Em Paris, a Doutora Sylvie Le Ray-Burimi, responsável pelo Departamento de Pintura, Escultura, Desenho, Gravura e Fotografia do Musée de l'Armée, e co-orientadora da investigação, foi de uma disponibilidade total para me proporcionar condições de observação e registo das obras do artista, oferecidas pelo Governo português em 1922, e documentação referente. A Dra. Hélène Boudou-Reuzé ajudou-me na localização e fotografia das obras, e a Dra. Michèle Mezenge encontrou informação relevante de arquivo.

No Museu Nacional de Arte Contemporânea – Museu do Chiado, beneficiei da amizade e incentivo da Dra. Maria de Aires Silveira, conservadora do Museu, e recordo com saudade tempos de trabalho em comum no Chiado. Fico-lhe grato pelo convite para organizar com ela a exposição e o catálogo de Sousa Lopes em 2015. Nesta investigação, tive ainda a ajuda preciosa do Dr. Ricardo Varandas dos Santos (Liga dos Combatentes), da Dra. Fátima Lopes (Biblioteca Nacional de Portugal), do Professor Fernando Rosa Dias e do Professor Luís Lyster Franco (Faculdade de Belas-Artes da Universidade de Lisboa), do Dr. Élvio Melim de Sousa (Casa-Museu de Leal da Câmara), da Dra. Ângela Pereira e da Dra. Manuela Fernandes (Biblioteca Municipal Afonso Lopes Vieira) e da Professora Carla Rego (Instituto Politécnico de Tomar).

Apoiaram com generosidade a minha candidatura à bolsa da Fundação para a Ciência e a Tecnologia o Professor Vítor Serrão, que viu nascer esta investigação, enquanto fui seu aluno na Faculdade de Letras, o Professor António Ventura, o Professor Fernando António Baptista Pereira e a Professora Helena Barranha. Uma palavra de agradecimento à Professora Maria Fernanda Rollo, pelo incentivo e interesse neste projecto e pelos desafios que me lançou.

Agradeço igualmente as arguições dos membros do júri da prova final de doutoramento, Professor Fernando Rosa Dias, Professora Laura Castro, Professor António Ventura e Professora Margarida Brito Alves.

Beneficiei de conselhos de colegas e amigos, sobretudo de Joana Baião e de Luís Soares, que me indicaram pistas importantes de investigação, mas também de Margarida Portela, Afonso da Silva Maia, Ana Celeste Glória, Begoña Farré Torras, Jorge Gonçalves da Costa, Lúcio Moura, Marta Soares, Rosário Salema de Carvalho e Sandra Leandro.

Um grande obrigado à Suzana Ramos, editora da Edições 70, por ter acreditado neste livro. Fico também muito grato pelo apoio generoso do Tenente-General Mário de Oliveira Cardoso, presidente da Comissão Coordenadora das Evocações do Centenário da I Guerra Mundial, que viabilizou esta edição.

Estarei para sempre grato à minha mãe, Maria Francisca, ao meu irmão, Ricardo, e ao meu pai, Alberto Ricardo, cuja memória está sempre comigo.

Lista de imagens

No texto (preto e branco):

Figura 1. Adriano de Sousa Lopes no atelier de Paris, 1907 50

Figura 2. Adriano de Sousa Lopes, *O palácio da ventura*, estudo (1907) . 53

Figura 3. Adriano de Sousa Lopes, *Auto-retrato* (década de 1910) 59

Figura 4. Adriano de Sousa Lopes, *Retrato de Cormon* (1917) 59

Figura 5. Adriano de Sousa Lopes diante da pintura *Os pescadores (vareiros do Furadouro)*, 1927 62

Figura 6. Adriano de Sousa Lopes, *Os moliceiros*, tríptico, 1934 65

Figura 7. Lucien Jonas, *A grande ofensiva*, 1916 93

Figura 8. Eric Kennington, *Fazendo soldados: nas trincheiras*, 1917 96

Figura 9. Vista da Capela Memorial Sandham, com pinturas a óleo de Stanley Spencer, 1927-1932 118

Figura 10. «Les honneurs sous le feu», postal impresso com ilustração de Georges Scott (c. 1914) 124

Figura 11. Sidney H. Riesenberg, *Over the top for you. Buy U.S. Gov't Bonds. Third Liberty Loan* (1918) 128

Figura 12. Exposição de fotografias de guerra nas Grafton Galleries, Londres, 1918 131

Figura 13. Jaime Cortesão e Augusto Casimiro em São João do Campo, antes de 1914 144

Figura 14. Primeira página de *O Mundo*, 10 de Julho de 1915 148

Figura 15. Leal da Câmara, *O general Hindenburg* (c. 1917) 161

Figura 16. «Uma pagina da guerra. Horas-vagas de um soldado», ilustrações de Carlos Franco, 1915 166

Figura 17. Carlos Carneiro, *O andor da morte – friso*, 1926 168

Figura 18. Christiano Cruz, *ex-líbris* do livro *Nas trincheiras da Flandres*, 1918 171

Figura 19. José Joaquim Ramos, *Tropa de África*, tríptico (1927-1937) 174

Figura 20. Arnaldo Garcez, *Militares nas trincheiras*, 1917 180

Figura 21. Arnaldo Garcez, *Zona destruída* (c. 1918) 181

Figura 22. Arnaldo Garcez, Secção Portuguesa na 2.ª Exposição Inter-Aliada de Fotografias de Guerra, 1917 185

Figura 23. Adriano de Sousa Lopes na sua exposição na SNBA, Lisboa, Março de 1917 192

Figura 24. Primeira página de *O Seculo* (edição da noite), 17 de Março de 1917 195

Figura 25. Adriano de Sousa Lopes, *Veteranos no Parc Monceau* (c. 1914-1917) 199

Figura 26. Adriano de Sousa Lopes fardado de capitão do Serviço Artístico do Exército Português, 1917. 204

Figura 27. O edifício da residência e *atelier* de Adriano de Sousa Lopes no sector português, Saint-Floris, França 211

Figura 28. Adriano de Sousa Lopes, *Retrato de Soldado Ferido do batalhão de Infantaria 29 (Brigada do Minho)*, 1918. 215

Figura 29. Adriano de Sousa Lopes, *A postos*, 12 de Janeiro de 1918 217

Figura 30. Adriano de Sousa Lopes, *1.ª linha – Rue Tilleloy*, 11 de Janeiro de 1918 217

Figura 31. Adriano de Sousa Lopes, *Rue Tilleloy*, 11 de Janeiro de 1918 . . 218

Figura 32. Adriano de Sousa Lopes, *A palestra à noite no abrigo do comandante (Américo Olavo)*, 13 de Janeiro de 1918 219

Figura 33. Adriano de Sousa Lopes, *Trincheira destruída*, 20 de Janeiro de 1918 219

Figura 34. Artur de Barros Basto, *Sousa Lopes em Ferme du Bois*, Fevereiro de 1918 221

Figura 35. Adriano de Sousa Lopes, *Abrigo do capitão Augusto Casimiro*, 14 de Fevereiro de 1918 222

Figura 36. Adriano de Sousa Lopes, *A Segunda Companhia de Infantaria 13* (c. 1918). 223

Figura 37. Adriano de Sousa Lopes, *Igreja de Merville*, 1918. 224

Figura 38. Adriano de Sousa Lopes, *Trincheira em La Couture* (c. 1918). . . 225

Figura 39. Adriano de Sousa Lopes, *Trincheira sob bombardeamento*, 1918 226

Figura 40. Adriano de Sousa Lopes, *A rendição* (c. 1919-1920), pormenor do maqueiro. 230

Figura 41. Adriano de Sousa Lopes, *Capitão Américo Olavo* (c. 1918) 232

Figura 42. Adriano de Sousa Lopes entre um grupo de oficiais na frente de guerra, França (c. 1917-1918) 233

Figura 43. Adriano de Sousa Lopes, *Soldados em Fauquissart*, Janeiro de 1918 234

Figura 44. Adriano de Sousa Lopes, *Primeira ideia da «Rendição»*, 11 de Janeiro de 1918 235

Figura 45. Adriano de Sousa Lopes, Estudo para *A rendição* (1918) 236

Figura 46. Adriano de Sousa Lopes, *Uma rendição durante o Inverno de 1917* (esquisso para *A rendição*), 1918 240

Figura 47. Adriano de Sousa Lopes a pintar *A rendição* no *atelier* de Paris, c. 1920. 245

Figura 48. Adriano de Sousa Lopes a pintar *A rendição* no *atelier* de Paris, c. 1920. 245

Figura 49. Adriano de Sousa Lopes, *Comando de um batalhão da Brigada do Minho na Ferme du Bois*, 1917 258

Lista de Imagens

Figura 50. Adriano de Sousa Lopes, *Infantaria 23 na Ferme du Bois (distribuição de rancho)*, 1918 259

Figura 51. Adriano de Sousa Lopes, *Ao parapeito*, 1919 260

Figura 52. Adriano de Sousa Lopes, *A «Masselot»*, 1918 261

Figura 53. Adriano de Sousa Lopes, *Duas ordenanças de Infantaria 11*, 1919 262

Figura 54. Adriano de Sousa Lopes, *Patrulha de reconhecimento na Terra de Ninguém*, 1919 264

Figura 55. Adriano de Sousa Lopes, *Os very-lights* (c. 1919) 264

Figura 56. Adriano de Sousa Lopes, *Manhã de 9 de Abril (Bombardeamento de La Couture)*, 1918 266

Figura 57. Adriano de Sousa Lopes, *Esgotadas as munições, a artilharia ligeira consegue salvar os seus canhões, atravessando um intenso fogo de barragem*, 1919 267

Figura 58. Adriano de Sousa Lopes, *Sepultura de um soldado português desconhecido, na Terra de Ninguém* (c. 1918) 269

Figura 59. Capa da 1.ª edição de *Na Grande Guerra*, de Américo Olavo, 1919 276

Figura 60. Capa da 2.ª edição de *A Malta das Trincheiras*, de André Brun, 1919 281

Figura 61. Jaime Cortesão em França, c. 1917 282

Figura 62. O tenente-coronel Vitorino Godinho, 1922 292

Figura 63. Monumento levantado aos mortos portugueses nos cemiterios de guerra em França, projecto de Sousa Lopes, 1920 295

Figura 64. Aspecto do Cemitério Militar Português de Richebourg, França 299

Figura 65. Adriano de Sousa Lopes, *Os vigias*, 1919 307

Figura 66. Secção Portuguesa no Musée de l'Armée, Paris, c. 1923 310

Figura 67. Secção Portuguesa no Musée de l'Armée, Paris, c. 1923 311

Figura 68. Adriano de Sousa Lopes, Estudo para *Os maqueiros*, 1918.... 314

Figura 69. «Italie et Portugal» (pormenor), postal da série *Panthéon de la Guerre*, 1918 317

Figura 70. Adriano de Sousa Lopes, Ilustração publicada em *Homenagem aos Soldados Desconhecidos*, 1921 323

Figura 71. Capa da 1.ª edição de *Calvários da Flandres*, de Augusto Casimiro, 1920 333

Figura 72. Adriano de Sousa Lopes, *As mães dos Soldados Desconhecidos*, 1921 337

Figura 73. Mães dos Soldados Desconhecidos junto ao portal do mosteiro da Batalha, 10 de Abril de 1921 338

Figura 74. Segunda exposição de Adriano de Sousa Lopes na SNBA, Lisboa, Março de 1927 353

Figura 75. Museu Militar de Lisboa, Salas da Grande Guerra, aspecto do arco 362

Figura 76. Museu Militar de Lisboa, Salas da Grande Guerra, aspecto da segunda sala 365

Figura 77. Museu Militar de Lisboa, Salas da Grande Guerra, outro aspecto da segunda sala.................................... 368

Adriano de Sousa Lopes. Um pintor na Grande Guerra

Extratexto (cores):

Figura 1. Adriano de Sousa Lopes, *O caçador de águias*, 1905 1

Figura 2. Adriano de Sousa Lopes, *Ala dos namorados*, estudo (1908) . . 2

Figura 3. Adriano de Sousa Lopes, *Veneza à noite (impressão)* (1907) . . . 3

Figura 4. Adriano de Sousa Lopes, *As ondinas (Heine)*, 1908 3

Figura 5. Adriano de Sousa Lopes, *Marguerite Sousa Lopes* (década de 1920) 4

Figura 6. Adriano de Sousa Lopes, *No parque* (exposto em 1927) 5

Figura 7. Adriano de Sousa Lopes, *Ao crepúsculo, na Costa de Caparica*, 1926 6

Figura 8. Adriano de Sousa Lopes, *Os cavadores* (exposto em 1924) 6

Figura 9. Maurice Denis, *Tarde calma na primeira linha*, 1917 7

Figura 10. John Singer Sargent, *Gaseados*, 1919 7

Figura 11. William Roberts, *O primeiro ataque alemão com gás em Ypres*, 1918 8

Figura 12. Christopher Nevinson, *A metralhadora*, 1915 9

Figura 13. Félix Vallotton, *Verdun. Quadro de guerra interpretado projec-ções coloridas negras azuis e vermelhas terrenos devastados, nuvens de gás*, 1917 10

Figura 14. Paul Nash, *Estamos a fazer um mundo novo*, 1918 10

Figura 15. Christiano Cruz, *Cena de guerra* (c. 1918) 11

Figura 16. Adriano de Sousa Lopes, *A rendição* (c. 1919-1920) 12

Figura 17. Adriano de Sousa Lopes, *A rendição* (c. 1919-1920), pormenor do grupo de oficiais, com auto-retrato 12

Figura 18. Adriano de Sousa Lopes, *Final de gases*, 1920 13

Figura 19. Adriano de Sousa Lopes, *Ruínas da igreja de Merville*, 1918 . . . 14

Figura 20. Adriano de Sousa Lopes, *Reduto de La Couture*, 1919 15

Figura 21. Adriano de Sousa Lopes, *Maqueiros recolhendo feridos* (c. 1918) 15

Figura 22. Adriano de Sousa Lopes, *Bombardeamento aéreo (noite do 1.º de Agosto de 1918 em Boulogne-sur-Mer)* (c. 1918) 16

Figura 23. Adriano de Sousa Lopes, *9 de Abril* (c. 1919-1923) 16

Figura 24. Adriano de Sousa Lopes, *A volta do herói* ou *Jurando vingar a morte de um camarada* (c. 1919-1923) 17

Figura 25. Adriano de Sousa Lopes, *Marcha do 15 de Infantaria no 9 de Abril para La Couture* ou *Marcha para a primeira linha* (c. 1920-1926) 17

Figura 26. Adriano de Sousa Lopes, *As mães dos Soldados Desconhecidos* (c. 1921) 18

Figura 27. Adriano de Sousa Lopes, *Remuniciamento da artilharia*, 1932 . 19

Figura 28. Adriano de Sousa Lopes, *Remuniciamento da artilharia*, 1932, pormenor 19

Figura 29. Adriano de Sousa Lopes, *Combate do navio patrulha Augusto de Castilho* (c. 1931-1936) 20

Figura 30. Museu Militar de Lisboa, Salas da Grande Guerra, aspecto da primeira sala 20

Abreviaturas

AGE	–	Arquivo Geral do Exército, Lisboa
AHM	–	Arquivo Histórico Militar, Lisboa
AN	–	Archives Nationales, Site de Pierrefitte-sur-Seine, França
ANBA	–	Academia Nacional de Belas-Artes, Lisboa
ANTT	–	Arquivo Nacional da Torre do Tombo, Lisboa
BDIC	–	Bibliothèque de Documentation Internationale Contemporaine, Nanterre
BMALV	–	Biblioteca Municipal Afonso Lopes Vieira, Leiria
BNF	–	Bibliothèque Nationale de France, Paris
BNP-ACPC	–	Biblioteca Nacional de Portugal, Arquivo de Cultura Portuguesa Contemporânea, Lisboa
BWMC	–	British War Memorials Committee (Reino Unido)
CEP	–	Corpo Expedicionário Português
CMLC	–	Casa-Museu de Leal da Câmara, Rinchoa (Sintra)
CPF	–	Centro Português de Fotografia, Porto
CPI	–	Committee on Public Information (Estados Unidos da América)
CPSG	–	Comissão Portuguesa de Sepulturas de Guerra, La Gorgue (França)
CWM	–	Canadian War Museum, Otava
CWMF	–	Canadian War Memorials Fund (Canadá)
EASL	–	Espólio Adriano de Sousa Lopes (Col. particular)
ENSBA	–	École Nationale et Spéciale des Beaux-Arts, Paris
HM	–	Hemeroteca Municipal, Lisboa
IWGC	–	Imperial War Graves Commission (Reino Unido)
IWM	–	Imperial War Museum, Londres
LC	–	Liga dos Combatentes, Lisboa

MA	–	Musée de l'Armée, Paris
MCG-CM	–	Museu Calouste Gulbenkian – Colecção Moderna, Lisboa
MFBAUL	–	Museu da Faculdade de Belas-Artes da Universidade de Lisboa
MJM	–	Museu de José Malhoa, Caldas da Rainha
MML	–	Museu Militar de Lisboa
MNAA	–	Museu Nacional de Arte Antiga, Lisboa
MNAC-MC	–	Museu Nacional de Arte Contemporânea – Museu do Chiado, Lisboa
MNP	–	Museo Nacional del Prado, Madrid
MNSR	–	Museu Nacional de Soares dos Reis, Porto
MPGG	–	Museu Português da Grande Guerra (Lisboa, 1917-1918)
MSMS	–	Museu da Sociedade Martins Sarmento, Guimarães
PNA	–	Palácio Nacional da Ajuda, Lisboa
PRP	–	Partido Republicano Português
QGC	–	Quartel General do Corpo (Expedicionário Português)
RI	–	Repartição de Informações do QGC
SAEP	–	Serviço Artístico do Exército Português
SNBA	–	Sociedade Nacional de Belas-Artes, Lisboa
SPCA	–	Section photographique et cinématographique de l'armée (França)

Nota da Comissão Coordenadora das Evocações do Centenário da I Guerra Mundial

O Museu Militar de Lisboa é um pequeno museu com uma história universal imensa, onde Portugal foi ator preponderante. Para além de ter peças com inestimável valor material e cultural, tem a particularidade de possuir, com origem nos cinco continentes por onde andaram os portugueses, a sua expressão mais forte nas paredes, em óleos sobre telas de artistas que foram referências, como são o caso, por exemplo, de Columbano Bordalo Pinheiro, José Malhoa, Carlos Reis, Veloso Salgado, entre outros.

Uma das salas mais expressivas é a Sala da Grande Guerra, com telas de Adriano Sousa Lopes. Já noutras circunstâncias referi que o sentimento que sempre me invadiu, de todas as vezes que nelas estive, é de recato e respeito, tamanha é a grandeza das personagens pintadas, o uso da cor, a expressão dos olhos e das caras, o seu movimento.

O Doutor Carlos Silveira organizou a sua tese de doutoramento sobre Sousa Lopes, o Capitão Graduado mobilizado para a Flandres com a missão de retratar, através da pintura, o quotidiano do Soldado das Trincheiras, o que, julgo crer, impressionado pela enormidade do que viu, o levou a sentir ter de procurar exprimir na sua arte a dimensão do sacrifício, o sofrimento dos soldados da Grande Guerra, que não deixou de estender às suas famílias, nas quais a perceção da dor tem uma expressão máxima.

O mérito académico da sua tese só poderá estar ao alcance de especialistas. Aos soldados de hoje, que constituem a Comissão Coordenadora das Evocações da Grande Guerra, cumpre-nos testemunhar admiração e gratidão, ao Doutor Carlos Silveira também, por estudar quem fez a Grande Guerra e de uma forma tão impressiva.

O fenómeno que constituiu a Grande Guerra vai muito além da questão militar e política. A Grande Guerra teve um enorme impacto na mudança do paradigma social e artístico e nas formas de o expressar.

Abordar também este tema era um desiderato da Comissão, que se sente recompensada com participações de agentes culturais exteriores ao meio militar, como é o caso deste trabalho do Doutor Carlos Silveira e da Edições 70, que, mais do que divulgar a arte desse grande artista plástico que foi

Sousa Lopes, a insere num contexto que faz parte da nossa memória coletiva, que temos procurado contribuir para que seja saudável, descomplexada e afirmativa.

O presidente da Comissão Coordenadora das Evocações da I Guerra Mundial

MÁRIO DE OLIVEIRA CARDOSO
Tenente-General

PREFÁCIO

RAQUEL HENRIQUES DA SILVA

Adriano de Sousa Lopes – Um pintor na Grande Guerra é uma obra de história da arte com rara complexidade e amplitude. Foi tese de doutoramento do autor, mas, na verdade, a investigação que a suporta decorreu num tempo vasto, recuando ao trabalho final do curso de licenciatura. Ao longo de mais de dez anos, Carlos Silveira (CS) aprofundou os seus conhecimentos, descobriu novos núcleos documentais, estudou a «Pintura de Guerra» no decurso na Primeira Guerra Mundial, mas manteve-se fiel ao seu interesse inicial pela história de Portugal nesse conflito fundador do século xx. Por isso, este livro não é só de História da Arte, devendo tornar-se, a partir desta edição, uma obra de consulta obrigatória para os estudos, longe de estarem terminados, sobre um tema fulcral também para a Primeira República Portuguesa. A incipiência da sua governança colectiva como que estimulou a heroicidade de personalidades relevantes, detentoras de visão, determinação e extraordinária generosidade cívica. Foram tempos particularmente paradoxais, que o Corpo Expedicionário Português (CEP) representa bem, ancorado numa rede de dramaticidades em que a vida de tantos se jogou: pesadas derrotas que, no entanto, tinham, no bojo, uma efectiva convicção do futuro.

Utilizando, como método de trabalho, o enfoque sobre os por vezes desprezados pequenos factos, em que se destaca a acção individual, CS ter-se-á espelhado no próprio Sousa Lopes: compôs uma narrativa ampla, que, no que se relaciona com o teatro da guerra na Flandres, interessa à história política, à história social e sobretudo à história cultural, utilizando com esmero recursos oriundos dos registos memorialistas e, especialmente, das obras literárias que evocam, com maior ou menor rigor, a gesta de Portugal na Grande Guerra.

Não sendo especialista na amplitude de campos disciplinares que CS aborda e nos quais se movimenta, cabe-me, nesta sintética apresentação, destacar a História da Arte. Definitivamente, esta obra reivindica e prova que Adriano de Sousa Lopes (ASL) é uma figura incontornável na produção portuguesa da primeira metade do século xx. Este facto, agora adquirido, terá de se manifestar nas futuras sínteses globais, cuja urgência está na ordem do dia, encerrando um longo ciclo de reduzida visibilidade que se iniciou, em 1974, com a *História da*

Arte em Portugal no Século XX, de José-Augusto França e se foi continuando, em obras de visão globalizante posteriores.

ASL não é um artista menor, entalado entre a força dominadora dos Naturalistas (de que Malhoa e Columbano continuaram a ser figuras referenciais nas primeiras três décadas de 1900) e o desejo de afirmação dos Modernistas, que, depois da energia dos anos de *Orpheu*, foram lentamente conquistando uma modesta institucionalização entre as iniciativas dos próprios artistas e o apoio do Secretariado da Propaganda Nacional de António Ferro. CS prova que, desde 1900, quando inicia o seu percurso (de que os anos de formação em Paris foram fundamentais), ASL se posiciona diferentemente: apaixonado tanto pelo Romantismo como pelo Impressionismo, praticou um e outro, o primeiro em notáveis pinturas de temática mitológica (de que *Ondinas*, 1908, é a peça maior), o segundo numa profusão de paisagens (de Paris e Veneza, muito antes da Caparica). Por outro lado, a aventura de ter sido um «pintor na Grande Guerra» abriu-lhe um território inédito de trabalho em que, na minha opinião, a gravura particularmente se destaca.

CS narra, com invejável qualidade literária e cativante ritmo, o percurso que conduziu ASL a tornar-se oficialmente «pintor de guerra», com a missão de registar a vida do CEP na frente de batalha que lhe foi destinada. Como este estudo claramente prova, não foi caso único. Aliás, a Grande Guerra assume um lugar único na história da produção artística: na Frente (nas várias Frentes) estão pintores – com memória dos pintores da gesta napoleónica de um século atrás –, mas estão também fotógrafos e já cineastas, além de, claro, dezenas de repórteres que são escritores, desenhadores ou caricaturistas. Em conjunto, participam activamente no que se designa, sem qualquer complexo, por propaganda; simultaneamente, estão a abrir caminhos inéditos por onde a situação contemporânea vai irrompendo. São diálogos, por vezes tensos, com os diversos campos artísticos que se batalhavam entre si, antes da Guerra eclodir, ou com os que se começavam a configurar, entre as contradições alemãs e a perturbadora segurança da Frente soviética.

Em Portugal, ASL não foi o único artista que se empenhou em militar na Frente. CS valorizou mais alguns, destacando, como outros historiadores já haviam feito, Cristiano Cruz, um dos mais talentosos artistas de 1900, que esteve efectivamente na Guerra e se deixou atravessar por ela. Menos seguro, mas muito estimulante, é o caso do fotógrafo Arnaldo Garcês. Andou pelos mesmos lugares que ASL, registando, em fotografia, episódios e paisagens que alimentam também as gravuras daquele, permitindo uma circulação enriquecedora entre «meios» que, no entanto e neste caso concreto, não se terão significativamente cruzado entre si. Não tenho competência para reflectir sobre os valores de artisticidade das fotografias de Garcês que possam potenciar o seu inegável valor documental. Alguém o deverá fazer, com rigor técnico e estético, à luz dos recursos e expectativas do tempo, à semelhança do que CS faz em relação às gravuras de ASL. Estas possuem uma amplitude técnica excepcional (desde logo pelas dimensões das matrizes de algumas) posta ao serviço de uma «escrita plástica», capaz de evocar a fantasmagoria daquelas paisagens onde os soldados parecem que se vão tumular por vontade própria. Sobre conhecimentos insuficientes, não posso deixar de evocar não obras contemporâneas (que as haverá), mas tão-só mestres antigos que ASL venerava: Rembrandt ou Goya, que, sem guerra ou com guerra, entendiam a História como uma fantasmagoria expectante.

Apesar das inúmeras dificuldades, mas apoiado em amizades generosas (de que se destaca a personalidade activa e sensível de Vitorino Godinho, Chefe do Estado-Maior da 2.ª Divisão do CEP), ASL somou vitórias em todas as frentes: reunirá, segundo CS, pelo menos 273 desenhos, um conjunto notabilíssimo de gravuras e, no campo da pintura, as grandes telas que, depois de décadas de conflito, são o cerne das salas da Grande Guerra no Museu Militar de Lisboa. Por outro lado, CS prosseguiu e documentou o empenho de ASL em todas as acções artísticas dos países aliados em que participou em representação de Portugal. Neste campo, CS tem vindo a participar em colóquios e conferências internacionais, enunciando e divulgando, para públicos e especialistas internacionais, a colaboração qualificada de Sousa Lopes, nos vários âmbitos da celebração e simbolização da Guerra: do cemitério ao museu, segundo a conceptualização definidora da arqueologia da própria modernidade.

Em Lisboa, ASL empenhou-se com grande convicção, desde o seu regresso da Frente, em imortalizar a gesta militar em que participara. Usa os desenhos, os apontamentos, as fontes complementares (nomeadamente através do diálogo com companheiros de guerra, como Augusto Casimiro) para dar sequência ao que já delineara em Paris, onde montou *atelier*: realizar um conjunto de grandes pinturas que, mais do que documentar, pretendem indagar a perversa máquina de aniquilação que todas as guerras são. Realizá-lo-á, quase na totalidade, ao longo dos anos de 20 e 30, a par de outras linhas temáticas de trabalho e, a partir de 1929, da direcção do Museu Nacional de Arte Contemporânea, em que sucedeu a Columbano Bordalo Pinheiro.

Delineou o «seu museu» da Guerra em salas do Museu Militar que, para o efeito, foram brilhantemente criadas, numa parceria profícua com o arquitecto José Luís Monteiro. Celebrou um contrato com essa finalidade que entendeu, ao longo dos anos, não ter sido respeitado, zangou-se, lutou, desistiu, mas... hoje – graças também, depois da sua morte, às generosas decisões do seu irmão Tito –, elas lá estão, num espaço único que merece o conhecimento internacional que o trabalho de CS lhe tem vindo a conquistar. O autor elaborou meticulosamente a história de cada uma delas, no que se relaciona com as temáticas tratadas, considerando que o objectivo de ASL não foi narrar episódios concretos (embora não os ignore, transfigura-os), mas elaborar um discurso estético, mediado pelas opções do ofício de pintor, que manifestam, como já sugeri, o cerne dos «Desastres de Guerra»: a morte, a exaustão, a derrota, o indizível sofrimento. Por isso não há heróis, mas uma espécie de anonimato partilhado em que a individualidade se subsume sem grande proveito para ninguém. É uma reflexão profundamente humanista sobre a Guerra, é também a convicção de um homem de 1900 que não tem da arte uma visão nem vanguardista, nem conservadora. Esse é o lugar activante que a história da arte, a partir de agora, tem de abrir a Adriano de Sousa Lopes. Para que tal se cumpra definitivamente, urge fazer uma exposição com toda a sua obra estudada por CS. Será magnífica!

9 de Abril de 2018

RAQUEL HENRIQUES DA SILVA

NOTA PRÉVIA

Este livro resulta da minha tese de doutoramento em História da Arte, defendida na Faculdade de Ciências Sociais e Humanas da Universidade Nova de Lisboa, em 2016. Não fiz muitas alterações no texto principal, mas eliminei drasticamente muita informação das notas de rodapé, por uma questão de espaço, reduzindo-as ao essencial. Recomendo por isso a consulta da tese (Silveira 2016), para uma discussão ainda mais pormenorizada sobre as obras de arte, individualidades e argumentos aqui desenvolvidos. Foi igualmente impossível incluir nesta publicação a extensa cronologia biográfica do artista escrita para a tese, parcialmente revelada no catálogo da exposição monográfica no MNAC-MC (Silveira 2015a), e que será útil ao leitor interessado.

Todas as referências bibliográficas abreviadas por autor e data possuem referência completa na bibliografia final. Nas citações, não emendei nem actualizei a ortografia para o acordo anterior a 1990, que utilizo. Quanto às obras de arte realizadas por Sousa Lopes, fixei, quando possível, os títulos da sua primeira apresentação pública, ou mencionados pelo próprio em correspondência, entrevistas e documentação oficial. No caso dos muitos desenhos de guerra pertencentes a particulares, atribuí-lhes um título, sucinto e descritivo. As datas de obras de arte que figuram entre parênteses são atribuídas, no caso de Sousa Lopes, por mim.

INTRODUÇÃO

Este livro teve a sua origem no já distante ano de 1998 e nasceu de várias perplexidades. Em ano de comemorações do armistício da Grande Guerra, viajando de comboio entre Bruxelas e Antuérpia, li um artigo de Philippe Dagen que falava do «silêncio dos pintores» durante o conflito[1]. O autor argumentava que este conflito, dominado por uma modernidade técnica e industrial, havia tornado a pintura de história irrelevante, e que essas condições favoreciam os meios mecânicos de reprodução, saldando-se por isso na derrota da pintura e no apogeu da fotografia.

Portugal também participara na Grande Guerra, era a pergunta a fazer. E os nossos pintores, que respostas teriam dado ao conflito? Cedo percebi que entre eles se destacava Adriano de Sousa Lopes, o único artista oficial enviado para junto do Corpo Expedicionário Português em França. Porém, observando as enormes pinturas murais no Museu Militar de Lisboa, elas desafiavam a validade dos argumentos do historiador francês, e as dimensões invulgares não pareciam ter paralelo na arte internacional. Em que circunstâncias pôde emergir um conjunto com tal ambição, e que assuntos e visão artística quis Sousa Lopes concretizar?

Redigi o trabalho final da licenciatura sobre este tema (Silveira 1999), com fatais insuficiências, é certo, mas propondo conclusões que hoje não me envergonham. Contudo, ao regressar à vida académica, dez anos depois, o assunto permanecia inexplorado, e revelava-se talvez mais relevante com o aproximar do centenário da Grande Guerra, que ainda hoje decorre. Faltava-nos, no campo da história da arte, uma compreensão mais profunda e global da obra que Sousa Lopes realizara nesse âmbito. Mas outros problemas surgiram, com o reatar da investigação: importava esclarecer em definitivo o processo da sua nomeação, examinando em que medida se diferenciava dos seus pares internacionais, mas sobretudo perceber por que razão algumas pinturas do Museu Militar permaneciam visivelmente inacabadas.

Este é o primeiro estudo que se realiza sobre o conjunto da produção artística de Sousa Lopes relativa à Grande Guerra, sobre a sua acção e resultados enquanto capitão equiparado do Corpo Expedicionário Português. É um contributo para compreender a escolha governamental deste artista, as suas motivações, a sua

[1] Dagen, Philippe. 1998. «Le silence des peintres». *L'Histoire* 225 (Outubro): 54-55.

invulgar experiência da guerra e a singularidade de uma vasta produção em pintura, gravura e desenho. Discute-se também o impacto que a sua obra teve nos combatentes, na intelectualidade e na sociedade portuguesa do pós-guerra. Essa produção traduziu-se, essencialmente, num conjunto extenso de desenhos (perto de três centenas) dispersos por colecções públicas e particulares, uma série de 14 gravuras a água-forte na mesma situação, pinturas a óleo de médio formato, também existentes em França, e as sete pinturas de grande escala do Museu Militar de Lisboa. Trago assim para o debate uma interpretação crítica sobre a mais completa colecção de trabalhos de guerra do artista reunida até ao presente, apoiando-me em documentação oficial inédita e correspondência particular sobre o tema, publicadas na tese académica.

As circunstâncias da sua carreira não foram irrelevantes para a nomeação oficial em 1917. Sousa Lopes teve uma sólida formação em pintura histórica, nas escolas de Belas-Artes de Lisboa e de Paris, onde chegou em 1903 como bolseiro do Legado Valmor. A sua pintura inicial procura uma síntese com a poesia, buscando inspiração na lírica de Camões, de Antero de Quental ou de Heinrich Heine, em obras que envia para Lisboa como provas de bolseiro. Manteve paralelamente uma presença regular, sobretudo como retratista, nos salões anuais da Société des Artistes Français. O impressionismo foi outra influência crucial, que desenvolveu numa grande série de vistas pintadas em Veneza, em 1907, seguindo o método das «impressões» e «estudos» ao ar livre de Claude Monet. Terão uma sequela notável nas marinhas pintadas na Costa de Caparica, duas décadas depois.

Nos anos iniciais da Grande Guerra, Sousa Lopes começou a experimentar uma nova técnica, a gravura a água-forte, realizando originais retratos de amigos e de artistas, cabeças em tamanho natural. Atingirá o zénite desta criação na série de águas-fortes da guerra, executada entre 1917 e 1921. Quando os regimentos do Corpo Expedicionário Português embarcaram para a frente ocidental em França, nos primeiros meses de 1917, Sousa Lopes teve o mérito de perceber que o tremendo esforço do país merecia que um artista registasse essa campanha no terreno. Sabia que os principais países beligerantes vinham promovendo acções como essa nos seus exércitos, com destaque para a França, o Reino Unido e o Canadá. A sua primeira exposição individual em Lisboa, em Março de 1917, na Sociedade Nacional de Belas-Artes, chamou a atenção da imprensa e do Governo. Especialmente a do ministro da Guerra Norton de Matos, que aprovou por fim a proposta de Sousa Lopes para seguir para a Flandres como artista oficial. A sua incorporação foi original internacionalmente: Sousa Lopes era nomeado capitão equiparado enquanto durasse o estado de guerra, chefiando um Serviço Artístico criado especialmente para ele e do qual era o único elemento.

Montando um atelier no sector português, Sousa Lopes ultrapassou as restrições que limitavam a actividade de artistas oficiais de outras nacionalidades, conseguindo trabalhar semanas a fio nas trincheiras da linha de fogo, exposto ao perigo. Testemunhou também os eventos da dramática batalha do Lys, a 9 de Abril de 1918, que representará em pintura e água-forte. Após o armistício, o artista prosseguiu a sua actividade intensa, colaborando na decoração dos cemitérios em França e na representação portuguesa no Musée de l'Armée em Paris, o museu militar francês. Em ambos desempenhou um papel crucial o adido militar na capital francesa, o coronel Vitorino Godinho. Assinando contrato em 1919 com o Ministério da Guerra, para a decoração de salas dedicadas ao conflito no Museu Militar de Lisboa, Sousa Lopes executou nos ateliers de Paris e depois em Lisboa um conjunto de sete telas monumentais, que apresentou em exposições na capital em 1924, 1927 e 1932. As salas só seriam abertas ao público em 1936, num processo polémico que este estudo revela e interpreta pela primeira vez com base em documentação oficial.

A importância desta obra de guerra e o empenho do artista são por isso maiores do que se tem admitido. Veremos também que não foi um período isolado, e que composições tão importantes na sua carreira como *Os cavadores* e *Os pescadores (Vareiros do Furadouro)*, que realiza na década de 1920, descendem na realidade das pinturas para o Museu Militar.

Situando-se este estudo num tema de dimensão internacional, pareceu-me limitada uma investigação exclusivamente centrada em Sousa Lopes. Por isso conduzi-a para o plano internacional, de modo a compreender o pintor no âmbito mais vasto das representações artísticas realizadas noutros países. Os resultados mostram que a nomeação de Sousa Lopes coincidiu com as iniciativas mais avançadas dos governos do Reino Unido, do Canadá e de França, de patrocínio oficial de uma arte representativa da guerra. Procuravam nos artistas uma visão credível e original, que resultasse do testemunho pessoal da guerra, e nisso Sousa Lopes distinguiu-se, cumprindo integralmente essa missão em Portugal. Uma síntese sobre a pintura internacional da guerra não existia na bibliografia portuguesa. O mesmo se podia dizer para Portugal, até muito recentemente. Não existia na historiografia um estudo sobre o impacto da guerra na esfera cultural e nos artistas portugueses, num período particularmente crítico da Primeira República[2]. Por isso examinei o impacto do conflito no panorama dos anos de 1910, dominado pelos escritores e suas filiações, reunidos em torno das revistas literárias. Proponho também uma síntese sobre as representações na pintura e ilustração portuguesas e sobre as diferentes atitudes dos artistas face à guerra, reunindo pesquisa própria e informação dispersa por inúmera bibliografia.

A necessidade de um estudo com estes objectivos não é difícil de verificar. Até anos muito recentes, o período de guerra de Sousa Lopes sempre foi diluído no âmbito mais vasto de uma carreira de quatro décadas e nunca avaliado, por si, como um momento definidor da sua obra. A fase mereceu referências breves em historiadores de arte como José de Figueiredo (1927), Diogo de Macedo (1953), Fernando de Pamplona (2000 [1957]) e, já nas últimas décadas, José-Augusto França (1973 e 1991 [1974]) e Raquel Henriques da Silva (1994), que acentuaram a qualidade das águas-fortes e desvalorizaram a pintura de guerra.

Neste contexto, a investigação pioneira de Manuel Farinha dos Santos merece referência especial. O seu trabalho final do curso de conservador dos Palácios e Museus Nacionais incidiu sobre a obra do artista (Santos 1961),

[2] No que diz respeito aos escritores, saiu em 2016, no próprio dia em que entreguei a tese, um estudo muito abrangente de Luís Augusto Costa Dias no catálogo da exposição *Os Intelectuais Portugueses e a Guerra, 1914-1918*, comissariada pelo mesmo na BNP. Veja-se Dias 2016.

sintetizando-o no ano seguinte no estudo que publicou no catálogo da primeira grande retrospectiva de Sousa Lopes (Santos 1962). Beneficiei da sua investigação, caracterizada por uma pesquisa metódica na imprensa da época. Pela primeira vez se propunha uma interpretação das principais obras e uma narrativa que descreve com sensibilidade as particularidades das cenas de guerra. Não está ausente, porém, uma visão idealizada do artista nas trincheiras. Questões que introduziu, como a representação de Sousa Lopes no Musée de l'Armée em Paris e o conflito com o Museu Militar de Lisboa, têm a sua plena revelação e discussão no presente livro. Merece igualmente destaque José-Augusto França, que em 1996 regressou a uma análise mais atenta das pinturas murais de Sousa Lopes, numa obra em que examina toda a decoração artística do Museu Militar, e contrariou antigas apreciações. Agora as pinturas surgiam-lhe eficazes na evocação da realidade vernacular das trincheiras. Afirmavam-se, sobretudo, como «as melhores (ou as únicas) pinturas de batalha da pintura portuguesa» (França 1996, 137). As obras de Sousa Lopes descendiam, intuía França, de uma longa tradição da pintura de batalhas na arte ocidental.

No âmbito académico, surgiram mais recentemente três dissertações de mestrado dedicadas a Sousa Lopes. Vítor Santos investigou especificamente o desenho de guerra (2006). Como seria previsível numa dissertação em Desenho, o autor detém-se na análise formal e estilística das obras, classificando-as por tipologias. Dá, no entanto, um contributo sólido para a investigação deste período, revelando um número considerável de desenhos inéditos, pertencentes a herdeiros, e recorre já ao Arquivo Histórico Militar. A dissertação de Helena Simas, em Teorias da Arte, tem méritos a vários níveis, mas resulta da sua análise uma clara desvalorização do pintor histórico e do artista da Grande Guerra. Subscreve no fundo uma ideia de José de Figueiredo (1927), de que esta fase seria «um desvio da trajectória de realização plástica que lhe interessava seguir» (Simas 2002a, vol. 1, 33). Outras interpretações suscitam reserva, como a insistência no realismo descritivo do pintor e na alegada ausência de um envolvimento na experiência de guerra (Idem, 145). Deve, contudo, referir-se um artigo que publicou sobre as águas-fortes (Simas 2002b). A dissertação de mestrado mais recente, de Felisa Perez, focou-se essencialmente na acção de Sousa Lopes enquanto director do Museu Nacional de Arte Contemporânea (Perez 2012).

O período de guerra em Sousa Lopes começou a despertar mais atenção por ocasião do centenário da República (Nazaré 2010; Silva 2010c; Silveira 2010a) e, justificadamente, durante o centenário da Grande Guerra (Silveira 2015e). Deve referir-se por último o livro catálogo coordenado por Maria de Aires Silveira e por mim, que abrange toda a obra do artista (Silveira 2015a). Nele tive oportunidade de sintetizar alguns resultados a que cheguei nesta investigação, e foi possível expormos no MNAC-MC, outrora dirigido pelo artista, um núcleo consistente de obras de guerra seleccionado em colecções públicas e particulares, entre as quais obras que vieram do Musée de l'Armée, totalmente desconhecidas e vistas pela primeira vez em Portugal.

É talvez consensual dizer-se que a prática da História não é a aplicação de modelos teóricos prévios, mas uma tentativa de responder a problemas gerados no confronto do historiador com as suas fontes. Mas, neste caso, a História social da arte, com qual me identifico teoricamente (sobretudo na vertente mais atenta às obras de arte, praticada por um autor como T. J. Clark), provou ser particularmente adequada, já que a nomeação de Sousa Lopes instaurou um campo de acção onde se cruzaram arte e política. Com efeito, a actividade do capitão artista está ligada, desde a incorporação e a vivência na frente portuguesa, até à promoção do seu trabalho e encomendas do pós-guerra, a militares e intelectuais que defendiam a intervenção activa no conflito, capitaneada pelo Partido Republicano Português, de Afonso Costa. Os nomes em destaque são Norton de Matos, Vitorino Godinho e Hélder Ribeiro. Especial atenção merece neste aspecto a literatura da Grande Guerra, ainda pouco estudada. São as memórias dos combatentes que constroem os primeiros retratos do artista na guerra, nos livros de Américo Olavo, André Brun, Augusto Casimiro e Jaime Cortesão, quase todos publicistas da intervenção na Flandres. Eles são como que o «coro» do actor principal, que Vitorino Magalhães Godinho sentiu ser necessário à biografia histórica (Godinho 2004, 15) e que procurei convocar evitando generalidades e desvios escusados.

Contudo, não se trata de limitar a explicação histórica a um determinismo unívoco ou reflexo ideológico, como se poderia considerar numa abordagem estritamente marxista. Isso revela-se especialmente problemático no terreno da história da arte moderna e contemporânea. Interessou-me sobretudo analisar as condições específicas e complexas do encontro do artista com a ideologia intervencionista, chamemos-lhe assim, e o modo como lhe respondeu através da sua arte. Nessa medida, a história da arte é entendida aqui como um espaço de possibilidades críticas onde se entrecruzam arte, política, literatura, história militar e a memória comemorativa do conflito.

Beneficiei da colaboração generosa da Direcção de História e Cultura Militar do Exército Português e sobretudo dos seus serviços, o Museu Militar de Lisboa e o Arquivo Histórico Militar. Beneficiei também da generosidade dos herdeiros da sobrinha do artista, Júlia de Sousa Lopes Pérez Fernandes, em Lisboa, que me facilitaram o estudo do espólio do pintor e da colecção de arte. Em França, foi igualmente importante o apoio do Musée de l'Armée, em Paris, que me permitiu localizar e registar todas as obras do pintor oferecidas pelo Governo português em 1922, que actualmente se encontram em reserva ou depositadas noutros museus. Visitei igualmente o antigo sector do Corpo Expedicionário Português, no Norte de França.

A problematização e crítica das fontes primárias revelou-se crucial para as interpretações e hipóteses aqui construídas. São documentos críticos para a discussão desta fase do artista, com destaque para o contrato de 1919 com o Ministério da Guerra e a extensa correspondência oficial que se lhe seguiu, publicados pela primeira vez na tese de doutoramento (Silveira 2016). Transcrevo no final deste livro os quatro documentos que me parecem fundamentais. Por outro lado, a análise sistemática da correspondência com Afonso Lopes Vieira e Luciano Freire revelou-se especialmente importante na Primeira Parte, para se estabelecer uma cronologia mais segura das suas obras, assim como da sua biografia. Mas este trabalho tem como evidência primeira as próprias obras de arte, escolha deliberada e na verdade indispensável nesta disciplina. A minha análise procura estar sempre próxima das obras de arte. Procurei recuperar os títulos originais das pinturas mais importantes de Sousa Lopes, não só da fase da guerra, e proponho datações para todas as obras examinadas e não datadas.

O livro está organizado em cinco partes. Vejamos os pontos essenciais. Na Primeira Parte, o capítulo 1 é extenso, mas um novo entendimento da sua obra pareceu-me indispensável. Que contributos novos trouxe Sousa Lopes para a arte portuguesa? Muito estava ainda por dizer, e sublinhei três aspectos cruciais na sua obra. As tentativas iniciais de criar uma pintura histórica original, de síntese entre poesia e pintura. A influência do impressionismo, de que descobri novas evidências, como um fascínio especial por Monet. E as grandes pinturas do pós-guerra, onde Sousa Lopes tenta recriar, depois do drama, um sentido de epopeia na faina marítima e rural. No capítulo seguinte, as ideias estéticas do pintor são examinadas em diálogo com a recepção crítica mais relevante sobre a sua obra, discutindo conceitos e movimentos como os de arte moderna, modernismo e impressionismo.

A Segunda Parte discute, essencialmente, o contexto internacional de promoção e difusão da pintura oficial da Grande Guerra e a acção dos pintores que considerei mais representativos. Tento no capítulo 3 uma análise comparativa dos programas desenvolvidos nos países beligerantes, que, tal como o anterior, é instrumental para verificar a singularidade da incorporação de Sousa Lopes. No capítulo seguinte, examinam-se vários artistas e, no fundo, considera-se a questão subliminar que supõe o título deste livro: o que significou ser um pintor na Grande Guerra? Analisam-se as obras mais relevantes e discutem-se aspectos como o lugar da pintura de história no conflito e o surgimento de uma pintura moderna da guerra. Há autores com os quais dialogo preferencialmente, como Richard Cork (1994), Philippe Dagen (1996), Frédéric Lacaille (2000) e, mais recentemente, Sue Malvern (2004). Proponho uma interpretação crítica da pintura internacional da Grande Guerra, percorrendo as suas diferentes declinações: renovação da pintura de batalha, experiência sensorial, metáfora de destruição e ainda memória pública. Esta parte termina com uma síntese sobre as representações da propaganda visual de massas, durante a guerra, a que Sousa Lopes não ficou indiferente, sobretudo no campo da ilustração.

Na Terceira Parte, o inquérito centra-se em Portugal e no impacto do conflito na esfera cultural. Ensaio uma síntese das posições mais marcantes dos intelectuais face à Grande Guerra, donde se destaca um movimento como a Renascença Portuguesa, a vanguarda intelectual do intervencionismo. Sousa Lopes recolherá apoio de dois dos seus membros, Augusto Casimiro e Jaime Cortesão. Outros protagonistas deste capítulo são Aquilino Ribeiro, João de Barros e Fernando Pessoa. No capítulo 7, oferece-se uma síntese das representações da guerra na arte portuguesa e dos modos como os artistas portugueses responderam ao conflito, com destaque para a acção de Leal da Câmara, Christiano Cruz e José Joaquim Ramos. A actividade do fotógrafo oficial do CEP, Arnaldo Garcez, mereceu um capítulo à parte. Sousa Lopes irá utilizar algumas das suas fotos, como veremos nos capítulos seguintes. Termino com a acção do artista no início do conflito e durante a mobilização portuguesa, propondo uma interpretação das suas motivações e o processo da nomeação oficial.

As duas últimas partes do livro são, evidentemente, as mais importantes, e os capítulos seguem a partir daqui uma sequência de certo modo cronológica, divididos por géneros ou projectos do artista. A Quarta Parte situa-se em geral durante o período da guerra, narrando a sua experiência no sector do CEP e fazendo uma síntese da sua imensa produção em desenho. Examina a fundo a génese e o impacto de uma obra definidora deste período, a que o artista deu grande importância, a pintura *A rendição*, depois instalada no Museu Militar de Lisboa. A série de águas-fortes é analisada no capítulo seguinte, sendo relacionada com desenhos onde tiveram ou não origem. No último capítulo desta parte, pretendi resgatar um primeiro nível de recepção da sua obra, na literatura da Grande Guerra, que se tinha perdido na fortuna crítica do pintor, só reavivado pontualmente em Farinha dos Santos (1961, 1962). Veremos de que modo o capitão artista se revelou ao olhar de combatentes ilustres.

Na última parte discutem-se os diferentes projectos do artista no imediato pós-guerra, que se configuram como diferentes «lugares de memória», na expressão de Jay Winter, recuperada de Pierre Nora (Winter 2014). No caso do artista português, contruíram-se sobretudo em ambiente museal. No capítulo 14, revela-se a sua actividade na decoração dos cemitérios de guerra em França, totalmente desconhecida, tal como a colaboração no colossal panorama em pintura intitulado *Panthéon de la Guerre*, inaugurado em 1918, em Paris. De seguida, discutem-se os projectos centrais do artista oficial: a representação portuguesa na Sala dos Aliados do Musée de l'Armée, em Paris, e a concepção das Salas da Grande Guerra no MML. O capítulo 17 sintetiza a recepção crítica das exposições e dos trabalhos de guerra na imprensa contemporânea e na historiografia posterior. Já o último capítulo é um contributo para uma interpretação do significado das salas do Museu Militar e revela a história quase secreta, nunca examinada, do conflito com a direcção do museu, oferecendo uma interpretação fundada, como disse, em documentação oficial inédita.

PRIMEIRA PARTE

ADRIANO DE SOUSA LOPES
(1879-1944)

CAPÍTULO 1
POESIA, IMPRESSIONISMO E EPOPEIA: AS METAMORFOSES DA PINTURA DE SOUSA LOPES

Uma análise crítica da obra pictórica que Adriano de Sousa Lopes realizou nas primeiras quatro décadas do século xx tem a utilidade de situarmos melhor na sua carreira o âmbito de investigação deste livro. Este percurso é uma síntese das principais linhas temáticas e de pesquisa pictórica que a sua obra suscita, avaliando a documentação e a sua bibliografia essencial[1]. No decurso da pesquisa, foi possível reunir vasta informação inédita, ou subestimada, que permitiu sistematizar linhas de análise, em parte esboçadas na fortuna crítica, trazer novos dados sobre obras específicas e esclarecer vários pontos da sua biografia. Isto permitiu compreender com maior detalhe o percurso da vida deste pintor viajado, nascido entre o campesinato humilde da região de Leiria, determinado em obter a consagração oficial, mas exigente nas opções estéticas a seguir, mantendo amizades influentes e duradouras que merecem especial atenção aqui e que terei oportunidade de convocar ao longo dos capítulos deste livro.

Muito cedo, ainda estudante de Pintura Histórica na Escola de Belas--Artes de Lisboa, Sousa Lopes inicia uma linha de pesquisa estética que irá desenvolver com consistência, em sucessivas declinações, entre 1901 e 1910. No primeiro ano do novo século, participa na exposição da Sociedade Nacional de Belas-Artes, criada nesse ano, apresentando uma primeira obra original, com o título *Engano de alma ledo e cego* (MSMS, Guimarães, inv. 277), segundo um verso de *Os Lusíadas* de Luís de Camões[2]. Numa composição simples, a frágil Inês de Castro é amparada pelo amado príncipe (D. Pedro), nus idealizados sob o fundo panorâmico de uma serra inóspita e intemporal, que um crítico elogiou pelo estranho efeito e pela precisão geológica e botânica (Arthur 1903, 311-312). Sem querer desenvolver a análise, esta obra idílica parece ter tido como referência uma conhecida pintura do seu mestre José Veloso Salgado (1864-1945), o célebre *Jesus*, pintado em Florença dez anos antes, e desaparecida num naufrágio em 1901. Importa sobretudo sublinhar o modo como o jovem artista, com as fragilidades compreensíveis numa primeira obra, se afasta de um imaginário camoniano mais convencional, inspirado pelo poema épico, visível em propostas mais oficiais de Salgado – como a emblemática pintura de 1898, *Vasco da Gama perante o Samorim de Calecute* (Sociedade de Geografia, Lisboa) – ou nas composições históricas que Columbano Bordalo

---

[1] Veja-se Figueiredo 1917; Figueiredo 1927; Macedo 1953; Santos 1962; França 1991 (1974); Matias 1980; Silva 1994; França 1996; Simas 2002a. Depois deste capítulo escrito, saiu a lume Silveira 2015a.

[2] O verso muito citado do poeta lê-se no canto terceiro, estrofe 120 (*incipit* é «Estavas, linda Inês, posta em sossego»). Veja-se, por exemplo, Camões 1983a (1572), 137. Por esta altura, o jovem estudante encontrava-se plenamente integrado no meio artístico da capital: foi um dos sócios fundadores da Sociedade Nacional de Belas-Artes, tendo participado na assembleia-geral de 26 de Dezembro de 1900 que aprovou os seus estatutos, como representante do extinto Grémio Artístico. A este respeito, veja-se Tavares 1999, vol.1, 47.

Pinheiro (1857-1929) realizava nesses anos para o Museu de Artilharia, actual Museu Militar de Lisboa.

Inicia-se com esta obra a procura de um imaginário sentimental e de uma linguagem pictórica que traduzam a palavra poética, uma ideia de pintura-poesia que já foi definida como «um ideal de puro lirismo com preocupações literárias» (Macedo 1953, 5). Esta via estará presente nas obras mais ambiciosas dos anos seguintes, o que poderá sugerir-nos um jovem artista permeável a um imaginário neo-romântico, lusitanista e esteticista, que atraía a intelectualidade e os escritores portugueses desde 1890 (Pereira 2004, 358). Porém, será mais importante sublinhar uma relação esquecida pela historiografia e que certamente influiu na formação literária e intelectual do jovem pintor: a amizade e a cumplicidade artística que manteve toda a vida com um seu primo, o poeta Afonso Lopes Vieira (1878-1946)[3].

Seu conterrâneo de Leiria, um ano mais velho, Lopes Vieira encorajou sempre a vocação artística do amigo e ajudou-o financeiramente a vir para a capital, para ingressar na Escola de Belas-Artes, em 1895. Na sua obra desenvolverá uma subtil poética historicista, inspirando-se nas trovas galaico-portuguesas, nas cantigas de amigo ou nos vilancetes e sonetos de Camões. Teve igualmente destaque como editor e tradutor de composições de Gil Vicente, *Amadis de Gaula*, o *Poema do Cid* ou na mediática iniciativa da «edição nacional» de *Os Lusíadas*, em 1928. Por agora, sublinhe-se a permanente cumplicidade que existiu entre os dois, que o poeta qualificou mais tarde como «relações de intima camaradagem espiritual» (Vieira 1917, 29).

Frequentando o curso especial de Pintura Histórica, com visível aptidão, e obtendo excelentes notas nas cadeiras artísticas e alguns prémios em concurso, Sousa Lopes beneficiou do magistério oficinal de Salgado e sobretudo do incentivo e conselhos de Luciano Freire (1864-1934), seu professor de Desenho e de Pintura, cujo atelier frequentava assiduamente desde que chegara a Lisboa e de quem ficará amigo próximo. Sousa Lopes considerava ambos os seus mestres.

A 25 de Maio de 1903, é aprovado pela Academia Real de Belas-Artes pensionista do Legado Valmor no estrangeiro, na especialidade de Pintura Histórica, tendo sido o único concorrente. A prova obrigatória, uma composição interpretando o canto 17 da *Ilíada*, de Homero (MFBAUL, Lisboa, inv. 3757), mostra os seus progressos em compor uma acção dramática com várias figuras, atingindo uma qualidade assinalável nos escorços e na desenvoltura com que transmite a rapidez e a violência dos gestos. Fialho de Almeida deixou-nos uma notável crítica da obra, apreciando-a como «uma verdadeira batalha corpo a corpo, e audacias e não vulgares seguranças de desenhista» (Almeida 1925a, 71), vendo, porém, mais habilidade técnica e de composição do que originalidade e «maneira propria»; o que era compreensível. Mais discutível era a apreciação de que o colorido imitava Salgado, quando se observa um maior contraste nos valores da iluminação e apontamentos de cor e já, curiosamente, um interesse muito particular pelo valor dos empastes. Para o estudo em Paris, dirige um conselho que o jovem artista certamente acolhia de bom grado: «Trate de lêr, lêr muito, e pela elucidação da leitura crear-se-á um areopago interior onde

[3] Sobre a vida e obra de Afonso Lopes Vieira, veja-se Nobre 2005 (*Afonso Lopes Vieira. A reescrita de Portugal*, 2 vols.), a melhor biografia literária do poeta. A cumplicidade artística entre os dois amigos encontra-se bem documentada na colecção de 12 cartas e 42 postais enviados pelo pintor entre 1903 e 1940, disponíveis na Biblioteca Municipal Afonso Lopes Vieira, Leiria. A correspondência de Lopes Vieira para Sousa Lopes não se encontra no espólio do artista (Col. particular).

represente primeiro os temas dos seus quadros, antes que o pincel lh'os transfiltre por coloridos e fórmas [...]» (*Idem*, 74).

Chegado à capital francesa em Julho desse ano, Sousa Lopes frequenta intensivamente a conhecida Academia Julian, em Saint-Germain-des-Prés, para praticar o desenho do modelo vivo e preparar-se para o chamado *concours de place* da École Nationale et Spéciale des Beaux-Arts, perto dali[4]. Obtém um lugar na École logo à primeira tentativa, em Outubro, e matricula-se nas aulas do pintor Fernand Cormon (1845-1924), onde aperfeiçoa a técnica realizando torsos e academias pintadas. A par do treino académico, os museus e as galerias parisienses indicam-lhe novos horizontes estéticos, desde os mestres antigos à pintura contemporânea, que estuda avidamente: nas cartas que envia assiduamente a Luciano Freire, o jovem pensionista descreve as visitas ao Museu do Louvre (onde realiza *pochades*), do Luxemburgo, ao Museu do Prado, que visita em trânsito para Paris, ao *Salon* oficial do Grand Palais, e em 1904 faz apreciações do Salão dos Independentes e do recém-fundado Salão de Outono[5]. O entusiasmo deste primeiro impacto parisiense, comunica-o também num postal enviado a Afonso Lopes Vieira, logo à chegada: «Estou na rue Gay Lussac 51 às suas ordens. Logo que consiga ter mais sossego direi alguma coisa sobre as surpresas que tenho tido em Paris.»[6]

A primeira obra onde este sopro vital se faz sentir é assinada em 1905, *O caçador de águias* [**Figura 1 do extratexto**]. A inspiração na arte poética confirma-se de novo, interpretando aqui uma composição de Leconte de Lisle (1818-1894), «Un coucher de soleil», inserido na colectânea *Poèmes Barbares*[7]. A acção dos versos decorre num tempo mítico, entre a natureza exótica das margens do rio Niágara, onde o gigante caçador Órion flecha por fim o mítico pássaro Rok, transformado em pássaro do Sol, desencadeando-se uma convulsão solar e celeste bem sugerida no léxico extravagante do poeta parnasiano. Manifesta-se desde logo na escolha do jovem pensionista um interesse pelo exótico e por um primitivismo completamente novo na pintura portuguesa. O quadro poderá ter tido um modelo, como propôs Maria de Aires Silveira, em algumas pinturas célebres de Cormon, com destaque para a sua obra-prima, *Caim* (1880, Musée d'Orsay, Paris), que introduziu o tema pré-histórico na pintura (Silveira 1994a, 184).

Porém, em termos pictóricos, importa valorizar que temos aqui a primeira obra de um artista português a adoptar a técnica do impressionismo. Isso é claramente visível na atmosfera luminosa e mutável que irradia pelo espaço compositivo, para a qual as descrições visuais de Lisle forneciam um bom guião: pela tela vêem-se pinceladas de cores puras e justapostas sem mistura, que se combinam em pares de complementares como o laranja e o azul, o amarelo e o violeta, deixando caracteristicamente as sombras para os tons violeta. A luz fogosa que desponta da nuvem do fundo reflecte-se em tons de laranja no tronco da figura, sugerindo um efeito luminoso de crepúsculo. Deste modo o exercício pictural vai-se sobrepondo ao assunto literário, contaminando a figura do caçador modelada segundo os preceitos da pintura do modelo vivo, mas atingindo uma coesão plástica assinalável. É uma obra importante na

[4] Na Academia Julian, foi aluno de Marcel Baschet (1862-1941) – conhecido retratista e *Prix de Rome* (1883) – entre Julho e Outubro de 1903. Voltou a frequentá-la em Outubro do ano seguinte, atelier de Jean-Paul Laurens (1838-1921), célebre pintor histórico. Veja-se Archives Nationales – Site de Pierrefitte-sur-Seine, Service Microfilm. Archives de l'Académie Julian, Livres de comptabilité des élèves: 63/AS/5 (1) – 31 rue du Dragon, Atelier J.P. Laurens 1901-1904, fólio 442 (microfilme).

[5] Veja-se MNAA, Arquivo José de Figueiredo, PT/MNAA/AJF/DC-CM-LF/003/00006/m0031, m0039, m0043, m0070, m0088, m0123. A visita ao Salão de Outono resta uma possibilidade, uma vez que o pintor escreveu a Freire: «Por Paris nada de novo que eu saiba a não ser o salon do *Outomno* que ainda não tive tempo de vêr mas que me dizem ser interessante.» Exposição dominada por artistas que no ano seguinte causariam o escândalo dos *Fauves* e onde foram dedicadas retrospectivas a pintores seminais como Paul Cézanne (1839-1906), Puvis de Chavannes (1824-1898) e Odilon Redon (1840-1916).

[6] Postal de Sousa Lopes a Afonso Lopes Vieira, enviado de Paris, 5 de Agosto de 1903. BMALV, postal n.º 33056.

abertura da paleta de Sousa Lopes, mas também para a moderna pintura portuguesa, na charneira entre dois tempos culturais. Revela-se aqui uma tensão entre valores plásticos contraditórios – a correcção do exercício académico e uma análise moderna das propriedades da cor –, em que o impressionismo, num contexto pré-vanguardas, se oferecia como uma das técnicas mais radicais.

O atento Fialho de Almeida percebeu bem a excentricidade desta obra, embora desagradando-lhe a inesperada autonomia da cor que se insinuava na prova académica: «A figura é talvez muscularmente bella e bem plantada, a attitude talvez féra e feliz, mas do colorido e da luz só julgariamos vendo-a integrada no ensemble do quadro. Isoladamente, parece cosida e d'um desagradavel tom que choca a vista» (Almeida 1925b, 123)[8]. Porém, junto de outros artistas, a originalidade da obra foi mais valorizada. Manuel Jardim (1884-1923), pintor mais novo que Sousa Lopes conheceu em 1905, deixou-nos um precioso relato sobre as diferenças na recepção contemporânea de *O caçador de águias*, numa carta a um primo:

> Estiveste na Exposição dos alunos? [...] Lembras-te de ver lá um quadro enviado por um rapaz, Sousa Lopes? Desejava saber a tua opinião sôbre êsse lindo efeito de uma tarde da Normandia. É um de tom bronzeado, homem atirando flechas. Segundo se diz, não agradou em Portugal. No entanto, para Cormon, muito bem feito, original e imprevisto. O Sousa Lopes é dos raros portugueses que teem sabido estudar em Paris. Dou-me muito com êle, é muito sincero e inteligente. (Vilhena 1945, 94)

Procurando novos processos para renovar a técnica aprendida na academia, Sousa Lopes descobria nesses primeiros anos a pintura dos impressionistas e seus seguidores, na transição do século. Vimos já que o artista visitou o Salão dos Independentes em Março de 1904, dominado pelos neo-impressionistas, notando nos melhores «um talento especial para o *bizarro*»[9]. Mas na correspondência oficial com a Academia o estudante mencionou os pintores que norteavam o seu aperfeiçoamento técnico, qualificando a «paleta do grande artista Albert Besnard» e precisando: «Este pintor e Claude Monet são, entre os francezes d'hoje, os mestres da luz, principalmente depois dos estudos feitos a Algér.»[10] Terá sido decisiva nesta viragem a exposição que Sousa Lopes viu deste último na galeria Durand-Ruel, que apresentava a célebre série de vistas do Tamisa em Londres: Monet era «o único impressionista sincero que tenho visto até hoje», confessará a Luciano Freire[11]. Não é difícil observar como as variações do pintor francês, particularmente na série sobre o Parlamento britânico, podem ter guiado as explorações lumínicas de Sousa Lopes desde *O caçador de águias*. Também não perdeu, certamente, a retrospectiva de Besnard na galeria Georges Petit, em Junho de 1905, onde se apreciavam numerosas pinturas da Argélia, assim como uma escolha bastante completa das gravuras a água-forte, que também irão interessar Sousa Lopes, como veremos.

[7] Veja-se Lisle 1872, 194-196. Sousa Lopes não identificou o poema, mas o escritor, numa carta que o secretário da Academia Real de Belas-Artes de Lisboa, Luciano Freire, recebeu no dia 29 de Dezembro de 1905: «O referido envio, é um fragmento, executado, para estudo, destinado a uma composição decorativa que projecto, inspirada n'uma poesia de Leconte Delisle.» Cf. ANBA, Documentação relativa a Pensionistas, PT/ANBA/ANBA/G/001/00003/m0588. A proposta de identificação do poema foi feita primeiramente em Silveira 2015b, 18. Simas 2002 (anexo 1) transcreveu a carta, mas não leu o nome do poeta.

[8] Artigo publicado originalmente no jornal *A Lucta*, 29 de Março de 1906.

[9] O seu interesse por ver salões alternativos ao do Grand Palais era porém experienciado com algumas reservas, duvidando da sinceridade da maioria das propostas: «Fui hontem ao Salon dos Independentes, onde entre 2000 ou 3000 pepineiras se encontram uns 20 ou 30 quadros que revelam sincero valor da parte do autor e um talento especial para o *bizarro*. E interessante ver este salon. Há, no entanto, un typos que não são nada independentes e que andam a pescar nas aguas turvas. E aproveitão se do enthusiasmo e sympathia que existe por este salon n'alguns.» Carta de Sousa Lopes a Luciano Freire, Paris, 7 de Março de 1904, fólios 3 e 4. MNAA, Arquivo José de Figueiredo, PT/MNAA/AJF/DC-CM-LF/003/00006/m0072-73.

[10] Ofício de Sousa Lopes à Academia Real de Belas-Artes de Lisboa, Paris, 1 de Maio de 1906, fólio 1. ANBA, Documentação relativa a Pensionistas, PT/ANBA/ANBA/G/001/00003/m0621.

[11] «Mais tarde lhe fallarei da exposição do grande paysagista, o único impressionista sincero que tenho visto até hoje, Claude Monet.» Carta de Sousa Lopes a Luciano Freire, Paris, 1 Junho 1904, fólio 8. MNAA, Arquivo José de Figueiredo, PT/MNAA/AJF/DC-CM-LF/003/00006/m0095. A apreciação não foi desenvolvida em correspondência subsequente. A exposição individual do impressionista intitulou-se *Vues de la Tamise à Londres (1902-1904)*, patente na galeria Durand-Ruel, de 9 de Maio a 4 de Junho de 1904.

Esta análise impressionista da cor, que o artista entendia como «uma nova linguagem» (Figueiredo 1917, 17), podia concretizar-se tanto em composições de inspiração literária como em temas mais convencionais da pintura histórica. É o caso de um notável estudo pintado em 1908 para uma obra final que não chegou a executar, tema medieval da *Ala dos namorados* [**Figura 2 do extratexto**]. Sendo um estudo de composição, um «esquisso», como o pintor preferia designar (à francesa), mas de consideráveis dimensões, exibe uma liberdade radical nas suas pinceladas de cores puras e fragmentadas, que não descrevem o motivo mas servem para compor contrastes de tons retinianos que potenciam os valores lumínicos da composição. Nesta festa de cor, distingue-se a vila engalanada por onde passam as 200 lanças e cavaleiros da jovem vanguarda do exército de D. João I, a caminho de Aljubarrota. Afonso Lopes Vieira parece estar ligado à encomenda da obra. Ela mostra quanto evoluíra o seu pensamento plástico, desde a escola lisboeta, e a determinação em adaptar o impressionismo a grandes composições de tema literário e da história.

Ainda antes, em 1906, vale a pena referir uma obra importante no futuro pintor de batalhas da Grande Guerra, o *Episódio do cerco de Lisboa (1384)* (MML, inv. 953). Inspirada, tal como a obra anterior, em *A vida de Nun'Alvares* de Joaquim Pedro de Oliveira Martins (1845-1894), foi-lhe encomendada pelo director do Museu de Artilharia e integrava um projecto mais vasto de decoração que o pintor teve de abandonar, com a morte do general Castelbranco, no ano anterior[12]. Nela, Sousa Lopes demonstra os resultados benéficos das aulas de Cormon: comparando com a prova de 1903, aqui a composição mostra-se mais eficaz, concentrada em dois vectores que sublinham a acção dramática: a gente do povo que se mistura com os soldados, em primeiro plano, na azáfama para desencalhar um bote à beira-rio e ao centro o Mestre de Avis, que, montando um corcel branco, aponta, decidido, a sua às naus fundeadas no Tejo. Destaca-se no centro um estudo de luminosidade que se reflecte nas águas calmas do rio, difusa mas intensa, de reminiscência impressionista, aqui mais moderada que noutras composições. A pintura obteve nesse ano uma menção honrosa no *Salon* da Société des Artistes Français.

A viagem de estudo do terceiro ano da pensão Valmor, entre Agosto e o Outono de 1906, levou-o a percorrer a Europa, sobretudo a Itália, visitando os museus principais de Sevilha, Nápoles, Roma, Florença, Bolonha, Parma, Veneza, Milão e Basileia. Pouco pintou nessa viagem. Num bloco de apontamentos, foi registando pequenos comentários às obras que observava, entusiasmando-se sobretudo com a arte do Renascimento, os frescos de Rafael no Vaticano, Botticelli, Ticiano, Tintoretto e Holbein[13].

A par do estudo como pintor histórico e das obrigações académicas, Sousa Lopes desenvolveu nesta primeira fase da carreira uma actividade de retratista [**Figura 1**]. Retratos seus figuraram em vários salões da Société des Artistes Français, entre 1905 e 1912. São obras pouco conhecidas, pertencentes a colecções particulares, mas pelos registos da imprensa e no espólio do artista não diferiam muito dos retratos de sociedade que compunham assiduamente os salões dos Artistes Français daqueles anos. Num mercado muito competitivo,

---

[12] A encomenda consistia na decoração de uma sala dedicada aos feitos militares de Nuno Álvares Pereira, com cinco telas de dimensões aproximadas a 330 x 230 cm. Ficou reduzida a este quadro, devido ao falecimento, a 24 de Fevereiro, do primeiro director do museu, o general Eduardo Ernesto de Castelbranco (1840-1905). O museu não possui documentação sobre o assunto. Vejam-se as cartas de Sousa Lopes a Luciano Freire, datadas de Paris, 16 e 17 de Março de 1905, no MNAA, Arquivo José de Figueiredo, PT/MNAA/AJF/DC-CM-LF/003/00006/m0139 a m0146. Deduz-se da correspondência que o pensionista Valmor beneficiou da influência de Luciano Freire na encomenda: o seu mestre já pintara para a mesma sala dedicada a Nun'Álvares, em 1904, um retrato a corpo inteiro do Condestável. Uma notícia elucida que «serão feitas decorações pelo auctor do Nun'Alvares e pelo seu discípulo sr. Sousa Lopes» – em *Illustração Portugueza* 37 (18 de Julho de 1904): 583.

[13] Bloco de apontamentos (marca «G. Rowney/ London»), no espólio do artista (EASL), e cartas de Sousa Lopes a Luciano Freire, datadas de Florença, 13 de Setembro de 1906 e de Milão, 23 de Setembro 1906, no MNAA, Arquivo José de Figueiredo, PT/MNAA/AJF/DC-CM-LF/003/00006/m0184 a m0191.

Jacques-Émile Blanche (1861-1942) e o norte-americano John Singer Sargent (1856-1925) eram dos mais celebrados, e Sousa Lopes adoptou-os como modelos de estudo. Reveladoramente, um observador dos seus retratos no *Salon*, em 1907, escrevia que o artista se estrangeirara[14]. Com efeito, ao visitar o salão de 1904, o jovem pintor não teve dúvidas em escrever a Luciano Freire: «John Sargent é, para mim, o maior *pintor* d'esta epocha.»[15]

Neste capítulo, as obras mais pessoais de Sousa Lopes são as que retratam os amigos artistas, onde os valores lumínicos que descrevem uma fisionomia imperam sobre quaisquer signos de distinção social. É o caso de *O Cinzelador* (MNAC-MC, inv. 302), um retrato do escultor espanhol Pablo Gargallo (1881- -1934) (Macedo 1953, 14), que nesse ano de 1905 vivia perto do pintor português em Montparnasse. Ou do *Estudo para o retrato de Columbano*, onde a luz se intensifica no rosto concentrado do mestre pintando ao cavalete (MJM, Caldas da Rainha, inv. 200), subtil homenagem à estética tenebrista de Columbano, realizado durante uma visita deste a Paris, em 1912 (Elias 2011, 159-160).

Mais importante na evolução da sua pintura foi a viagem que fez a Veneza, em 1907. Icónico lugar na história da arte, divulgado nas clássicas *vedute* (vistas citadinas) de Canaletto e Guardi em 1700, a cidade dos canais tem sido

Figura 1
Adriano de Sousa Lopes no atelier de Paris, In *Illustração Portugueza*, n.º 66, 27 de Maio de 1907, p. 641

[14] Aguilar, A. d'. 1907. «Portuguezes e brazileiros no Salon de 1907». *Illustração Portugueza* 66 (27 de Maio): 644-645. O autor, jornalista correspondente em Paris, será retratado pelo pintor cerca de 1909, obra exposta no salão dos Artistes Français do ano seguinte.
[15] Carta de Sousa Lopes a Luciano Freire, Paris, 1 de Junho de 1904, fólio 7. MNAA, Arquivo José de Figueiredo, PT/MNAA/AJF/DC-CM-LF/003/00006/m0094.

vista mais recentemente como um «laboratório de percepção» dos pintores modernos (Schwander 2008), inspirando uma linhagem ilustre que aí concebeu obras importantes, como J. M. W. Turner (1775-1851), Félix Ziem (1821-1911), James Whistler (1834-1903), Sargent, Pierre-Auguste Renoir (1841-1919), Paul Signac (1863-1935) ou ainda Monet, que aí pintou em 1908. Sousa Lopes não desconheceria algumas destas obras que contribuíam para a aura da «Sereníssima», mas não lhe interessou, por exemplo, a tradicional vista panorâmica da cidade que pintores como Renoir ou Signac actualizavam, em diálogo com Canaletto. A sua visão geralmente enquadrava de perto os motivos, na maioria vistas de canais com as típicas pontes, entregando-se com método a uma pesquisa impressionista da variação da luz, sobretudo ao nascer do dia e à noite, numa pincelada livre de detalhes e urgente na execução. O motivo pitoresco dos canais é um pretexto para a análise da cintilação cromática e lumínica das suas águas, onde se reflectem os palácios, as gôndolas e o céu.

O léxico impressionista presente nos títulos de alguns estudos, emprestado de Monet, elucida-nos sobre a qualidade atmosférica que lhe interessava traduzir na pintura: *Veneza (ao alvorecer)*, *Manhã (Ilha de S. Giorgio)*, *Veneza (efeito de tarde)*, *Pôr do sol na laguna (Veneza)*, *Canal (efeito de luar)*.[16] É uma pesquisa metódica inaugurada nesta viagem e que continuará por toda a carreira, em inúmeros «efeitos» e «impressões» realizados em Portugal, anos depois. Em Veneza, Sousa Lopes interessa-se particularmente em executar uma série de estudos de nocturnos, em *pochades* com efeitos de luar e seus reflexos nos canais, ou vistas mais distanciadas da cidade, que surge diluída pelas cintilações e silhuetas da noite, como em *Veneza à noite (impressão)* [**Figura 3 do extratexto**]. Essa pesquisa lumínica foi ampliada, já em Paris, para composições mais elaboradas, como a soberba *Ponte fantasma*, em que no efeito de luar banhando um estreito canal da laguna existe um suplemento de mistério, de poesia, que se insinua novamente nas suas pesquisas plásticas[17].

Ignora-se, porém, que o estudo destes efeitos nocturnos tinha um objectivo preciso para Sousa Lopes: preparar a prova final do seu pensionato Valmor. Isso é admitido implicitamente num importante ofício que escreveu à Academia, ao referir-se a uma pintura anterior:

> O quadro com o qual tive a honra de obter mensão honrosa no penúltimo Salon, e de que V.as Exs conhecem os defeitos e as qualidades, o seu principal defeito, segundo me parece e ser um pouco *creux* o que é devido a eu não ter feito bastantes pochades ao ar livre. Creio ter emendado esta falta e agora volto de novo a École, para me refazer a mão.[18]

O *Episódio do cerco de Lisboa* teria assim uma luminosidade pouco estudada e convencional, fútil ou falsa nos seus efeitos – apesar da menção honrosa no *Salon* oficial. Daí que Sousa Lopes procurasse através dos estudos de ar livre tornar as suas composições académicas revigoradas e mais convincentes, melhorando-as pela espontaneidade da técnica impressionista. Linhas atrás no

[16] Veja-se *Exposição Sousa-Lopes. Pintura a oleo, desenho, agua-forte* 1917, 33-42. A produção foi tal que, de entre 204 pinturas expostas nessa primeira individual em Lisboa, 68 eram de Veneza.

[17] Exposta no salão de 1908 da Société des Artistes Français com o título: *Le Pont-Fantôme:* étude *de clair de lune à Venise*, n.º cat. 1703. Obra não localizada. Existe uma fotografia da mesma no espólio do artista que tenho vindo a referir (EASL/Col. particular).

[18] Ofício de Sousa Lopes à Academia Real de Belas-Artes de Lisboa, Paris, 27 de Novembro de 1907, fólio 2. ANBA, Documentação relativa a Pensionistas, PT/ANBA/ANBA/G/001/00003/m0725. Transcrito em Silveira 2016, anexo 3, ofício n.º 3.

mesmo documento denotam também, como já foi sugerido (Matias 1980, s.p.), uma crescente exasperação perante os processos académicos:

> Tenho feito este anno estudos bastante variados; interiores, effeitos de luar e de manhã em Veneza etc. Se isto interessar, posso enviar alguns enquanto não mando um quadro.
>
> A razão por que me orientei n'este sentido, foi porque senti esta lacuna na minha educação artistica, e como V.as Ex.as sabem, para acompanhar mais ou menos a pintura do nosso tempo, os estudos escolares são insufficientes, e esta tendencia acentua-se d'anno para anno.

No rescaldo da viagem italiana, Sousa Lopes preparava nova investida na poesia e suas possibilidades estéticas para a pintura histórica, com uma obra inspirada num conhecido soneto de Antero de Quental (1842-1891), «O Palácio da Ventura». Consolidava-se nesta obra a matriz literária e idealista das suas composições mais ambiciosas. Nesse âmbito, alguma reflexão estética o pintor poderá ter feito na Bienal de Veneza de 1907, que dificilmente lhe passou ao lado: nela se apresentava, pela primeira vez, uma sala internacional sob o título *L'Arte del Sogno*, que marcou a consagração do simbolismo internacional – nos anos do nascimento da psicanálise –, apresentando obras inspiradas na mitologia, esoterismo e orientalismos vários. Nesse ponto, a pesquisa do pintor português tangenciava os desenvolvimentos do simbolismo no início do século[19].

Um dos estudos para *O palácio da ventura* [**Figura 2**] mostra um cavaleiro à beira de uma escadaria monumental que desce em precipício, cintilando sob uma luminosidade misteriosa, fruto das «impressões» de luar estudadas na laguna de Veneza. Nesta cenografia, a grandiosidade da arquitectura e do espaço que esta cria lembram as vastas perspectivas de Jacopo Tintoretto (1518-1594) nos quadros para a Scuola Grande di San Rocco de Veneza. Posteriormente, Sousa Lopes modificou-a para uma arquitectura indiana, procurando traduzir melhor o palácio «encantado» sugerido nos versos de Quental[20]. O pintor deixou-nos uma descrição precisa das suas ideias para a obra final:

> O momento escolhido é o da decepção do cavalleiro andante ao abrirem-se as *portas d' oiro...*
>
> A interpretação do soneto é um pouco livre, assim, onde o grande poeta diz: *"Silencio e escuridão – e nada mais!* eu faço representar varias dôres da humanidade polas figuras que ocuparão o primeiro plano do quadro.[21]

No entanto, Sousa Lopes nunca conseguiu finalizar esta ambiciosa obra. E desta vez a situação era mais delicada, tratava-se da prova final de pensionista a que era obrigado pelo regulamento. Trabalhando nela desde o final de 1906, no regresso da viagem do 3.º ano de estudos, no ano seguinte o artista chegou a modificar a composição e ampliou-a para temerárias dimensões, 4,70 metros por 3,50 metros, pedindo para isso um prolongamento do prazo de entrega[22].

[19] Para um panorama geral da pintura europeia na viragem do século, e do seu particular eclectismo, veja-se Rosenblum, Stevens e Dumas 2000.

[20] Como refere no ofício à Academia Real de Belas-Artes de Lisboa datado de Paris, 27 de Julho de 1907, fólio 1. ANBA, Documentação relativa a Pensionistas, PT/ANBA/ANBA/G/001/00003/m0688.

[21] Ofício de Sousa Lopes à Academia Real de Belas-Artes de Lisboa, Paris, 26 de Dezembro de 1906, fólio 2. ANBA, Documentação relativa a Pensionistas, PT/ANBA/ANBA/G/001/00003/m0655.

[22] Veja-se ofício de Sousa Lopes à Academia Real de Belas-Artes de Lisboa, Paris, 27 de Julho de 1907, fólio 2. ANBA, Documentação relativa a Pensionistas, PT/ANBA/ANBA/G/001/00003/m0689.

Figura 2
Adriano de Sousa Lopes
O palácio da ventura, estudo (1907)
Óleo sobre tela, 60 x 73 cm
CAM-FCG, Lisboa
N.º inv. P1536

Poderia ter sido um marco na pintura histórica portuguesa? Cormon não estava tão certo disso, preocupado talvez com as dimensões exageradas. Por fim, aconselhou-o a pô-la de parte e fazer outra coisa. Contrariado, Sousa Lopes aceitou e explicou o sucedido à Academia: «[…] a unica razão deste retardo, que bastante me desgosta é a grande difficuldade do assumpto que escolhi, e que segundo Mestre Cormon é superior as minhas forças. A sua phrase foi: *"vous n'êtes pas encore assez calais pour finir ça comme il faut."*»[23]

A identificação autobiográfica nos versos pessimistas de Quental, enquanto metáfora da condição artística, levou-o assim a um paroxismo da grande escala que parecia ser um beco sem saída. Mas este impasse é mais significativo porque nele emerge a natureza profundamente idealista (e romântica) da estética de Sousa Lopes, na pintura histórica inicial: tudo se origina num imaginário poético que supera a mimese clássica, encontrando referentes na semântica ambígua dos textos, e o desafio seria expandir os seus efeitos e significados num espaço pictórico ainda regido por convenções. Era sem dúvida uma estratégia original na pintura lusa daqueles anos, com riscos assumidos de forma radical – se pensarmos que, neste caso, o momento a traduzir por imagens era o de «silêncio e escuridão – e nada mais!». Anos mais tarde o crítico de arte Louis Vauxcelles (1870-1943) precisou a natureza do problema, que o artista lhe confidenciou: «[…] la richesse des descriptions poétiques le génait plutot qu'elle ne le guidait, et l'abstrait de cette philosophie pessimiste, nihiliste, se pretant malaisément a la transcription plastique.»[24]

Na demanda de um sublime originário da lírica, marcado pela (im)possibilidade de coincidência entre o dizível e o visível, Sousa Lopes reactualizava

---

[23] Que se poderá traduzir em português como: «Você ainda não tem muita prática [ou instrução] para terminar isso como deve ser». O adjectivo em questão será *calé*. Ofício de Sousa Lopes à Academia Real de Belas-Artes de Lisboa, Paris, 27 de Novembro de 1907, fólio 1. ANBA, Documentação relativa a Pensionistas, PT/ANBA/ANBA/G/001/00003/m0724.

[24] Vauxcelles, Louis. 1919. «Correspondence artistique». *Atlantida* 41 (Agosto): 548.

um debate clássico em torno da figura da *ut pictura poesis*, das confluências e diferenças entre as «artes irmãs» da poesia e da pintura, disputa permanente na estética ocidental que apenas posso assinalar aqui[25]. Ao promover a transgressão entre géneros, o pintor punha em causa a clássica distinção presente nesse debate – a primeira seria uma arte do tempo, a outra uma arte do espaço, sistematizada no século XVIII por Lessing (2005) –, tal como a necessidade de haver limites entre ambas, afirmando nestas obras uma concepção integradora, e portanto humanística, entre as artes. É notável também que a primazia dada ao lirismo tenha motivado alguns observadores a encontrar analogias com a música. É o caso de Aquilino Ribeiro (1885-1963), visitando o atelier do artista em Março de 1909: ao descrever os quadros que via em execução, o escritor procurava traduzir o ritmo da composição ou do arranjo de cores lembrando-se dos «alegros de Grieg», da «alma de Wagner», ou de «fogosas symphonias» – sabendo, certamente, que Sousa Lopes era um amador e praticante de música[26]. Retratando-o como um pintor moderno e inquieto, com «a preoccupação do meio», Aquilino pressente uma estratégia que referi no ponto anterior: que o artista procurava uma síntese original neste confronto plástico com a lírica e com o mito, vendo-o por isso simultaneamente como um pintor e um poeta – ideia que mais tarde será retomada por Afonso Lopes Vieira (1917, 28).

Não se trata, porém, de uma convencional utilização subsidiária da literatura na ilustração de temas históricos, mas de criar um conceito ecléctico de poema-pictórico, nestes anos iniciais de 1900, época em que emerge também com força na música a figura do poema-sinfónico, em compositores como Strauss e Debussy. Fica pois por fazer uma «arqueologia» crítica (impossível de desenvolver aqui) de tantas composições que nasceram do mesmo impulso de *O palácio da ventura*, referidas na correspondência entre 1906 e 1909, para se qualificar melhor este imaginário poético, exótico e historicista de Sousa Lopes. Contudo, vale a pena referi-las (mesmo que não tenham sido composições finais), como prova do empenho continuado na criação de uma *ut pictura poesis* moderna: uma composição decorativa inspirada no soneto atribuído a Luís de Camões, «Alma minha gentil, que te partiste»; esquissos para composições a partir de *O Corsário* de Lord Byron e de *Eurico, o Presbítero*, romance pré-gótico de Alexandre Herculano; outro suscitado pelo poema de Afonso Lopes Vieira, «A origem da pintura», publicado em *O Pão e as Rosas* (1908). Por fim, um painel decorativo representando o rei D. Sebastião e cavaleiros sob o feitiço de mouras encantadas, intitulado *No Mar dos Sargaços* ou *O Rei Encantado*.

Cormon, mais sensato, aconselhou-o a substituir *O palácio da ventura* por um quadro com nus de tamanho natural. A crise foi assim resolvida com uma nova obra de inspiração literária, segundo um poema do romântico alemão Heinrich Heine (1797-1856)[27]. *As ondinas* (Heine) é uma das pinturas mais conhecidas de Sousa Lopes [**Figura 4 do extratexto**]. Olhando para o quadro, dir-se-ia que o cavaleiro andante de Quental se transfigurou aqui num cavaleiro apeado, de armadura reluzente e estendido na praia sob uma forte luz de luar. O jovem cavaleiro deixa-se rodear por quatro ondinas, génios das águas nos mitos germânicos, que o presumem dormindo. Procurando traduzir a

[25] Veja-se Mitchell 1986, 47-149, para uma síntese útil do discurso sobre o texto e a imagem desde o Renascimento ao século XX, de Leonardo da Vinci a Nelson Goodman, passando por Gotthold Lessing e Edmund Burke. Refira-se igualmente uma notável análise da estética na época moderna, sob o signo da *ut picura poesis*, presente em Saldanha 1995.

[26] Veja-se Ribeiro, Aquilino. 1909. «Artistas portuguezes em Paris». *Illustração Portugueza* 165 (19 de Abril): 485-487. São várias as referências a um permanente culto da música vocal, como barítono. Diogo de Macedo escreve que o pintor frequentava tanto as exposições como os concertos, solfejando nas horas vagas, cantando em festas de caridade – e que Sousa Lopes lhe teria confidenciado um dia: «Se podesse gostaria igualmente de ser um grande cantor!» (Macedo 1953, 9-10).

[27] Poema «Les ondines», da série «Nocturnes», publicado na recolha *Poèmes et légendes* (Heine 1855, 178-179). Gonçalves Crespo traduziu-o para língua portuguesa na obra *Nocturnos* (Crespo 1882, 119-121).

ambiência onírica dos versos de Heine, de subtil erotismo, Sousa Lopes afasta-se das alegorias mais previsíveis que se podiam observar anualmente no *Salon* francês. Concebe um cenário sóbrio e figuras graciosas, sem maneirismos exagerados, que permitem sublinhar o virtuosismo da sua técnica pictural, convincente nas tonalidades invulgares e nos reflexos de luar. No contexto de uma recente exposição de arte internacional, sugeriu-se uma nova influência nesta obra que explicaria uma superação do academismo: a da pintura inglesa pré-rafaelita (Lobstein 2012, 48)[28]. É uma leitura plausível que merece desenvolvimento crítico no futuro, pois, de facto, Sousa Lopes visitara a Tate Gallery por volta de Setembro de 1904, na companhia de Luciano Freire[29]. Aí poderia ter observado, entre outras obras com afinidades, um quadro de Henry Wallis datado de 1856 – que talvez Lobstein tivesse em mente na sua apreciação –, que representa, numa figura prostrada, a morte do poeta romântico Chatterton. É também flagrante em *As ondinas* uma aproximação a correntes simbolistas, e para isso poderá ter contribuído, como sugeri anteriormente, a possível visita do pintor à exposição internacional *L'Arte del Sogno*, durante a Bienal de Veneza do ano anterior.

De qualquer modo, quando a obra foi exposta na galeria da Escola de Belas-Artes lisboeta, a partir de Agosto de 1908, deu-se uma recepção entusiástica, na academia e na crítica. No jornal *O Século* saiu uma apreciação elogiosa, mas sobretudo invulgarmente perspicaz, que permite compreender as qualidades da pintura que mais cativaram os contemporâneos:

> É uma admiravel synthese, exuberante de sentimento e que ao artista offereceo ensejo para patentear não só o poder da sua delicada phantasia mas tambem o dominio absoluto das tintas que lhe permitte obter os prodigiosos effeitos de luar que são um dos supremos encantos do seu novo trabalho [...].[30]

Em virtude das qualidades da obra, a comissão executiva da Academia concedeu ao artista um ano adicional de pensão em Paris. Contudo, nem todos partilhavam uma aprovação sem reservas. Segundo uma carta do pintor a Lopes Vieira, este comunicara-lhe que José de Figueiredo (1871-1937), um historiador de arte e amigo próximo do artista, teria criticado a luminosidade excessiva das ondinas que volteiam à beira da água, no fundo do quadro. A resposta do pintor evidencia o cuidado com que planeava as suas composições:

> Lisongeiam-me as palavras, que você me annuncia e que elle tivera, para o quadro mas não posso concordar com o seu desejo de ver as figuras do fundo mais escuras, do que ellas são.
>
> Tenho a certeza que uma figura branca a aquella distancia e ao luar, não pode recortar-se, sobre aquelle fundo, pelo escuro, porque o estudei do natural, principalmente, e porque, scientificamente, deve ser assim. [...]
>
> Assim, as minhas figuras correndo sobre a praia, silhoetando-se sobre a agua são quasi que planctas – mas luminosas.[31]

[28] Exposição *As Idades do Mar/ The Ages of the Sea*, curadoria de João Castel-Branco Pereira, Fundação Calouste Gulbenkian (Lisboa), 26 de Outubro de 2012 a 27 de Janeiro de 2013.

[29] É o que se deduz de uma carta de Sousa Lopes enviada a Luciano Freire quase 26 anos depois, datada de Londres, 22 de Julho de 1930, onde escreve: «O Mestre tem que se dispor a voltar um dia por aqui – os museus, principalmente a Tate Gallery teem o tripulo [sic] do tamanho, que tinha quando a viu [...]» (fólio 3). MNAA, Arquivo José de Figueiredo, PT/MNAA/ AJF/DC-CM-LF/003/00006/m0011. O museu tem o nome actual de Tate Britain (sendo a Tate Modern o pólo mais contemporâneo, localizado em Southbank). Os dois visitaram a capital britânica por volta de Setembro de 1904, como se infere de uma outra carta enviada por Sousa Lopes a Freire no mês seguinte, veja-se PT/MNAA/AJF/DC-CM-LF/003/00006/m0123-m0126.

[30] «Vida artistica. As «Ondinas» por Adriano de Sousa Lopes». *O Seculo*. 3 de Outubro de 1908. Sousa Lopes viera entregá-la pessoalmente à Academia de Lisboa.

[31] Carta de Sousa Lopes a Afonso Lopes Vieira, não datada [Dezembro de 1908], fólios 3 e 4. BMALV, Espólio Afonso Lopes Vieira, *Cartas e outros escriptos* [...], vol. 11 (documento sem cota). Transcrito em Silveira 2016, anexo 3, carta n.º 4.

As razões desta opção, que Sousa Lopes depois pormenoriza ao longo da carta, mostram-nos um artista seguro da sua ciência pictural, com ideias definidas sobre o comportamento das cores e atento aos seus efeitos, numa lógica impressionista, fazendo escolhas que não são fruto do acaso ou da arbitrariedade.

O pintor refere ainda, enigmaticamente, que «esse não [é] o principal deffeito do quadro», o qual se excusa a precisar ao amigo. Com efeito, tem-se esquecido que Sousa Lopes realizou uma segunda versão desta obra em 1910, com dimensões ligeiramente maiores, mas praticamente idêntica, hoje no Museu de Leiria. Circunstância inédita em toda a carreira do artista. Observando a pintura, percebe-se que a massa do areal se tornou mais compacta e plana, sem os sombreados das rochas, e aparece um trajecto de pegadas pela areia. No fundo, a espuma do mar ganha uma tonalidade mais viva de azul, mas as ondinas à beira de água, que mereceram reparo a Figueiredo, mantêm-se tão luminosas como na primeira versão. Que «defeitos» terá o pintor corrigido, e o que isso muda na apreciação da obra? É um problema interessante que a investigação futura poderá apurar. Certo é que parece ter existido uma razão mais prática para o artista executar uma espécie de réplica melhorada de *As ondinas* (Heine): desejando apresentar a obra no *Salon* de 1909, a Academia, porém, não autorizou que a obra regressasse a Paris. Sousa Lopes realizou por isso uma segunda versão (a de Leiria), que expôs no salão dos Artistas Franceses do ano seguinte.

Por fim, vale a pena precisar que a modelo da ondina que segura a espada, em ambas as versões, chamava-se Hermine Landry, da qual não se sabe muito, mas que seria a companheira do artista nestes anos. Ela aparecerá noutras pinturas, como por exemplo *O beijo*, em que o cenário é Veneza, obra actualmente por localizar[32].

Mas é em 1910, como aludimos no início, que Sousa Lopes fecha todo um ciclo de pinturas inspiradas na palavra poética, que temos vindo a analisar, via iniciada em 1901 com *Engano de alma ledo e cego*. Isto coincidiu com o fim do seu estatuto de pensionista no estrangeiro da Academia de Belas-Artes de Lisboa. É interessante notar que o termina com uma pintura que tem várias afinidades com a obra apresentada em Lisboa, no início do século: é também inspirada num verso de Camões, tem um assunto amoroso e figura um par de amantes enlaçado, numa barca. Intitulou-a *Entendei que segundo o Amor Tiverdes Tereis o Entendimento* (MNAC-MC, inv. 168)[33]. A referência literária é interpretada de uma forma ainda mais livre, ignorando o tom desencantado do soneto de Camões. Sousa Lopes procura transformar todo o ambiente que rodeia o par amoroso numa metáfora de paixão, retomando a paleta luminosa explorada em algumas impressões de Veneza, com a erupção de cores como o lilás, laranja, rosa e verde esmeralda. No céu e no Sol poente demonstra, com uma radicalidade que dificilmente igualou, o seu invulgar talento de colorista, percorrendo concentricamente o Sol com um pincel grosso e explorando contrastes que se propagam pelo céu multicolor. É uma prática que revela conhecimento das liberdades do fauvismo ou, mais precisamente, do Monet da primeira década

[32] Obra reproduzida num postal enviado por Sousa Lopes a Lopes Vieira, carimbado na Marinha Grande a 16 de Agosto de 1909. Veja-se BMALV, Espólio Afonso Lopes Vieira, postal n.º 33073. Hermine Landry (Bordéus, 1885 – Paris, 1950) seria a modelo do pintor nestes anos. O MNAC-MC possui uma fotografia de Landry, oferecida pelo seu filho ao pintor Paulo Ferreira (1911-1999), que a doou ao museu.
[33] Versos ligeiramente alterados do soneto n.º 1 publicado na primeira edição das *Rimas* (1595), cujo *incipit* é «Enquanto quis Fortuna que tivesse». Veja-se Camões 1983b, 153.

Poesia, impressionismo e epopeia: as metamorfoses da pintura de Sousa Lopes

de 1900, dos poentes de fogo londrinos e venezianos. Novamente, Sousa Lopes atrasou-se quase um ano na entrega deste quadro à Academia (onde chega em Julho de 1910), correspondente ao ano adicional de pensão do Legado Valmor. Cessou a partir daí todos os compromissos com a instituição.

Em Julho desse ano, Columbano está em Paris, encarregado pela Academia lisboeta de adquirir quadros de mestres franceses, e visita ateliers de pintores como Besnard, Blanche, Léon Lhermitte (1844-1925) e Alfred Roll (1846-1919). O «Lopes», como o menciona em correspondência particular, leva-o ao estúdio de Cormon para conhecer o mestre, assim como à Escola de Belas-Artes. «Elle é um excelente companheiro e um artista a valer», escreverá Columbano de Paris a sua irmã[34]. As relações entre os dois parecem estreitar-se por esta altura. No Verão de 1912 Sousa Lopes viaja pela Bélgica na companhia de Columbano, sua esposa Emília e de Vicente Pindela, visitando os museus e galerias de Bruxelas, Malines, Bruges, Gante e Antuérpia.

É também nesta época, certamente ainda em 1909, que Sousa Lopes conhece aquele que será, provavelmente, o maior coleccionador da sua obra. Um apoio financeiro oportuno, numa altura em que a pensão Valmor no estrangeiro terminara. Trata-se de Carlos Luís Ahrends, um proprietário e empresário do Turcifal (Torres Vedras), que o pintor conheceu através de Afonso Lopes Vieira. No início desse ano, Ahrends visitou o artista no atelier de Paris e adquiriu--lhe as pinturas *Ponte fantasma* e *O beijo*. Foi também para ele que Sousa Lopes planeou uma pintura já referida, inspirada num poema de Lopes Vieira, «A origem da pintura». Alguns postais enviados ao amigo poeta mostram-nos que o pintor frequentou a Quinta do Fez, propriedade de Ahrends no Turcifal, pelo menos nos Verões de 1910 e 1911.

Ahrends adquiriu-lhe, anos depois, uma obra importante e de grandes dimensões, que marca o início de um inesperado interesse do pintor, neste registo, por temas retratando a realidade da vida do campo no seu país natal. O assunto de *O círio* (col. particular) era, em boa verdade, perfeitamente vulgar no contexto da pintura portuguesa dos anos de 1910, dominada pelo natura-lismo. Representa uma procissão de aldeia passando pelas ruas engalanadas, sob a luz intensa do sol. Mas na obra de Sousa Lopes, que vivia em França desde o início do século, este assunto era verdadeiramente excêntrico e novo. *O círio* inaugura um ciclo de grandes composições sobre as actividades do povo que terá uma continuidade mais produtiva na década de 20, quando Sousa Lopes der por terminado a seu envolvimento na guerra de 1914-18. Um equívoco recente levou a que a obra tenha ficado conhecida como *Procissão no Turcifal*[35]. Porém, tudo indica que Sousa Lopes representa aqui a procissão do círio na tradicional festa de Santa Susana, em Turquel, freguesia de Alcobaça, onde residiam seus pais e para onde o artista regressava quase anualmente durante o Verão[36].

Sousa Lopes expôs esta obra no salão dos Artistas Franceses de 1912, onde apresentou pintura a óleo pela última vez. Pode pensar-se que esta reorientação para assuntos da vida popular pode ter tido como exemplo José Malhoa (1855--1933), que expunha assuntos deste género no salão dos Artistas Franceses,

[34] Carta de Columbano a Maria Augusta Bordalo Pinheiro, datada de Paris, 16 de Julho de 1910, transcrita em Elias 2011, anexo 3, 95.

[35] Foi vendida num leilão em 2007 na casa Cabral Moncada (Lisboa), com o título *Procissão no Turcifal*, veja-se catálogo *Leilão n.º 86. Leilão de pintura, antiguidades, obras de arte, pratas e jóias* 2007, 239, n.º cat. 215. Sobre este assunto ver também Firmino, Teresa. 2007. «O que faz esta tela de uma procissão no Turcifal valer 125 mil euros?». *Público* (ed. Lisboa), suplemento *P2*. 7 Março: 8, e ainda Firmino 2007. «Quadro *Procissão no Turcifal*, de Sousa Lopes, volta às origens». *Público* (ed. Lisboa). 6 de Julho: 19.

[36] Sousa Lopes apresentou na exposição individual de 1917, na Sociedade Nacional de Belas-Artes (Lisboa), uma pintura intitulada *Turquel (Estudo para o «Cirio»)*, n.º cat. 104. A observação do local representado na pintura final, perto da igreja, parece-me confirmar esta identificação.

desde 1897 (Saldanha 2010, 42), ou até o espanhol Joaquín Sorolla (1863-1923), como sugeriu José de Figueiredo (1917, 22), que aí apresentava com sucesso cenas de costumes da sua Valência natal. São influências plausíveis, mas convém sublinhar a grande escala a que Sousa Lopes traz esta composição (272 por 354 cm), conferindo à vida popular a dignidade da pintura histórica, iniciando uma via que terá resultados notáveis no futuro. E sempre o tratamento da cor, intensificada pela luz, que distribui reflexos inusitados, denuncia as afinidades do pintor português. O que um crítico francês recenseara como um «colorido um pouco vulgar» (Santos 1962, 19), Louis Vauxcelles, mais informado, viu nesta obra uma influência clara do impressionismo francês, meditada e sensível (1919, 549).

Em 1915 Sousa Lopes é encarregado pelo Governo português de organizar a secção de Belas-Artes do pavilhão nacional, na Exposição Internacional Panamá-Pacífico, em São Francisco, Califórnia (EUA). Terá sido uma provável recomendação de Columbano, nomeado no ano anterior director do Museu Nacional de Arte Contemporânea[37]. Sousa Lopes vai apresentar nos Estados Unidos nomes consagrados como Malhoa, Columbano, Veloso Salgado, João Vaz (1859-1931), mas também jovens pintores como Abel Manta (1888-1982) e Mily Possoz (1888-1968), que ganha uma medalha de prata. Apresenta igualmente um conjunto de obras suas. Malhoa ganhará um Grand Prize com o célebre *O Fado* (1910, Museu de Lisboa), que figurara no salão dos Artistas Franceses de 1912, uma obra que teve lugar de destaque no *display* da exposição preparada por Sousa Lopes. A qualidade da apresentação e a personalidade afável do pintor português, que foi vice-presidente do júri internacional de Belas-Artes, terão merecido uma homenagem dos artistas presentes na exposição, por proposta do norte-americano William Merritt Chase (Santos 1962, 19).

Uma das suas obras que apresentou na América é *Efeito de luz* (1914, MNAC-MC, inv. 304), pintura notável e concentrada, de uma precisão distinta na carreira do pintor. Parece ser a sua homenagem ou emulação íntima de um conhecido quadro de Johannes Vermeer (1632-1675) no Museu do Louvre, *La dentellière* [A rendeira], do qual o português possuía uma reprodução a cores. No modelo feminino bordando é possível reconhecer, novamente, o perfil de Hermine Landry. Mas o seu título sugere na perfeição o intuito principal do exercício: é um estudo impressionista da luz e dos seus efeitos nas cores locais, que se reflectem em tons de amarelo, verde e lilás no corpo e nas vestes do modelo. A técnica do pintor impressiona pelo vigor do gesto e mesmo rudeza da sua factura, com uma pincelada rápida e de grande amplitude, utilizando frequentemente os impastos, nisso distinguindo-se do impressionismo francês mais canónico.

Esta especial concentração nos efeitos lumínicos é contemporânea de outra pesquisa que Sousa Lopes inicia por esta época, a da gravura a água-forte. O artista apresentou um primeiro conjunto delas na sua primeira exposição individual, em Lisboa, rodeando um auto-retrato (MNAC-MC, inv. 998) que, juntamente como um outro [**Figura 3**], terá realizado pouco antes da exposição. Patente na Sociedade Nacional de Belas-Artes, esta mostra era já uma verdadeira retrospectiva da sua carreira, em que *O Círio* figurava em grande

[37] É o que se deduz da correspodência enviada por Sousa Lopes a Columbano, desde os Estados Unidos da América. Veja-se MNAC-MC, Espólio Columbano Bordalo Pinheiro, Correspondência, cartas datadas de São Francisco, 10 de Março de 1915 e de Nova Iorque, 2 de Agosto de 1915.

Figura 3
Adriano de Sousa Lopes
Auto-retrato (década de 1910)
Carvão e pastel sobre papel, 31,8 x 24 cm
Colecção particular

Figura 4
Adriano de Sousa Lopes
Retrato de Cormon (1917)
Gravura a água-forte sobre papel,
41,5 x 28,5 cm
CAM-FCG, Lisboa
N.º inv. GP861

destaque. Columbano adquiriu para o MNAC três pinturas, entre as quais *O cinzelador* e *Efeito de luz*. Como sublinhou José de Figueiredo (1917, 26), Sousa Lopes utilizava a água-forte de uma forma muito original, desenvolvendo uma série de cabeças em tamanho natural, retratos de artistas que conheceu antes da guerra. Os retratos do seu mestre Cormon [**Figura 4**], do poeta belga Émile Verhaeren (1855-1916) e de uma «rapariga egípcia» são alguns dos mais notáveis. Mas é interessante notar que, entre os anos de 1915-19, os anos da Grande Guerra, Besnard desenvolve também uma série de retratos a água-forte, de conhecidas individualidades, ficando por aprofundar esta possível relação. O português tem contudo um traço mais carregado e cheio, típico num colorista. José de Figueiredo não se enganou, como veremos a seu tempo, quando saudou no prefácio do catálogo «os resultados d'esse novo aspecto da sua arte, que o futuro nos ha de mostrar por completo [...]» (1917, 26).

A nomeação de Sousa Lopes como artista oficial do Corpo Expedicionário Português, na frente ocidental da Grande Guerra, em França, originou um período militante e de ambiciosas realizações que será detalhado e interpretado nas últimas partes deste estudo. Por agora, sublinhe-se a raridade da experiência e do testemunho da guerra que poucos pintores portugueses experimentaram e que não poderia deixar de ter sido muito marcante no homem e na sua arte. É oportuno reter as palavras que Sousa Lopes deixou numa entrevista ao jornal *O Século*, quando regressou da guerra: «E, apesar de todos os dissabores e de todas as dificuldades que tive a vencer, sinto-me hoje absolutamente feliz por ter lá ido e por poder atestar com as minhas telas os sobrehumanos esforços dos nossos soldados.»[38] A sua principal produção de guerra resultou directamente da sua oficina de artista: uma série de gravuras a água-forte retratando episódios da Flandres e um conjunto de pinturas históricas a óleo – as de maior dimensão que pintou em toda a sua carreira – instaladas no Museu Militar de Lisboa, fase contínua de trabalho que será terminada, num primeiro momento, em 1924.

No Verão desse ano, o pintor inicia um hábito que se generalizou na comunidade artística parisiense, de passar a temporada estival nas praias do Sul de França, na famosa Côte d'Azur. Sousa Lopes frequentava a zona de Saint-Tropez, no departamento de Var, sobretudo a localidade de Sanary-sur-Mer. Acompanhava-o Madeleine Léonie Marguerite Gros, referida como Marguerite ou familiarmente como Guite, uma francesa com quem se casara em 1920[39]. Nessas temporadas conviveu de perto com o pintor Moïse Kisling (1891-1953), que tinha casa em Sanary e era seu cunhado, pois casara em 1917 com a irmã de Marguerite, Renée. Sousa Lopes deslocava-se de bicicleta pela região, pintando os barcos no cais, ou vistas das serras e do golfo de Saint-Tropez, onde predominava o azul do Mediterrâneo. Confessará a Lopes Vieira: «Estou a abrir os olhos outra vez, por causa das penumbras da guerra»[40]. De facto, as cores fortes sob o efeito da luz solar entram de novo na sua paleta. Uma obra diferente que pinta nesse Verão de 1924 é *O cesto de uvas* (MNAC-MC, inv. 1266.52). Num gesto tipicamente impressionista, Sousa Lopes traz o género tradicional da natureza-morta – que na realidade pouco praticou – para o ar livre, analisando os objectos sob o efeito da luminosidade natural. Segundo a carta citada, o crítico e poeta André Salmon (1881-1969) terá apreciado esta obra, visitando o português (e certamente Kisling) na Côte d'Azur. Salmon foi um crítico influente na vanguarda parisiense e um dos defensores do «regresso à ordem», a uma concepção mais clássica ou realista da arte, depois da guerra, valores que Sousa Lopes na verdade nunca abandonara.

Não sendo um retratista especialmente notável, Sousa Lopes encontrou em Marguerite a cumplicidade e o modelo ideal para a sua visão plástica neste momento, dominada por um jogo de contrastes e harmonias de cor, por vezes de tons puros, em manchas de pincelada larga. Os retratos que dela realizou nos anos 20, que conservou na sua posse, são provavelmente os melhores da sua carreira. A fisionomia exótica da jovem francesa, intrigante por vezes, é reconhecível nos exemplos mais divulgados, como no retrato conhecido como *A blusa azul* e noutro, talvez mais tardio (ambos no MNAC-MC, inv. 1266.58 e 1266.54). Surgiu também, em colecção particular, um retrato desconhecido no país até muito recentemente (Silveira 2015a, 145). Possivelmente inacabado, com um tom vermelho dominante [**Figura 5 do extratexto**], a sua factura parece-nos hoje radicalmente moderna, próxima de alguns retratistas associados ao grupo dos *fauves*, como Kees van Dongen (1877-1968) ou o mais moderado Henri Lebasque (1865-1937).

Mas a obra maior deste conjunto, talvez o melhor retrato que Sousa Lopes pintou, foi o que intitulou simplesmente *No parque* [**Figura 6 do extratexto**]. É referido posteriormente como *Retrato no parque*. Marguerite aparece-nos

[38] «Quadros da Grande Guerra. A obra do pintor Sousa Lopes. Uma palestra com o artista sobre o destino que virão a ter os seus valiosos e sugestivos trabalhos». *O Seculo.* 1 de Setembro de 1919: 1.

[39] Casaram em Paris (5.º bairro) no dia 21 de Dezembro de 1920, segundo a certidão. Agradeço à Dra. Michèle Mezenge, técnica do Musée de l'Armée (Paris), o envio da informação. Marguerite seria filha do comandante da Guarda Republicana de Paris (Perez 2012, 25). Contudo desconhecem-se as circunstâncias ou a data em que se conheceram.

[40] Carta de Sousa Lopes a Afonso Lopes Vieira, La Berle, Gassin (Var), 12 de Dezembro de 1924. BMALV, Espólio Afonso Lopes Vieira, *Cartas e outros escriptos* […], vol. 7 (documento sem cota).

desta vez de corpo inteiro, de livro na mão, no parque das Necessidades, onde o pintor tinha a residência e o atelier de Lisboa. O edifício ficou conhecido como a Casa do Regalo, que no início do século fora o atelier da rainha D. Amélia (Santos 1962, 62). Nesta obra fica especialmente visível aquilo que é quinta--essência da arte de Sousa Lopes: o permanente diálogo com a tradição e com os grandes mestres, aqui com o retrato ao ar livre, entre a natureza, difundido por Gainsborough, coexistindo com uma interpretação do que poderá ser a pintura moderna, que em Sousa Lopes tem a matriz no impressionismo, aqui numa subtil homenagem a Monet. O colorido e o tratamento evanescente do fundo que envolve a figura, com o pormenor do lago com nenúfares, lembram a célebre série *Nymphéas* (1914-1926) do mestre impressionista, instalada no museu de l'Orangerie em 1927.

Na sua segunda exposição individual apresentada nesse ano, em Lisboa e no Porto (e onde *No parque* figurava em grande destaque), Sousa Lopes expôs outra série crucial na sua carreira. Trata-se de um conjunto de pequenas vistas sobre as praias da Costa de Caparica, em que regista com um grau de precisão nunca igualado a transitoriedade e subtileza dos efeitos lumínicos, e de cor, na atmosfera e nas vagas agitadas do mar. Outras vezes a praia é pontuada pela actividade quotidiana dos barcos de pesca. É neste conjunto que o pintor assume de forma mais nítida o método impressionista de constituir séries de um mesmo motivo, a diferentes momentos e luzes do dia, presente sobretudo na obra tardia de Monet. A subtileza e a sugestão do colorido com uma paleta mais diversificada e uma técnica apuradíssima, que pesquisa as possibilidades lumínicas da cor e se agita numa escrita vibrátil, é um dos triunfos da pintura de Sousa Lopes nos anos 20. Estas pinturas culminam numa obra de maiores dimensões, em que a actividade marítima é perfeitamente secundarizada por uma policromia fosforescente, intensificada pela luz crepuscular [**Figura 7 do extratexto**]. É no fundo o mesmo sentimento de paisagem imensa e quase paradi-síaca, plena de efeitos cromáticos, envolvendo a actividade dos pescadores da Caparica, que Raul Brandão (1867-1930) registou em prosa impressionista no seu livro *Os pescadores*, publicado em 1923[41]. Esta capacidade de Sousa Lopes encontrar no mar e na faina do quotidiano a matéria-prima da arte asseguram--lhe um lugar único na pintura portuguesa, pesquisa que irá prosseguir nos anos seguintes.

Duas grandes pinturas destacavam-se na exposição individual de 1927, montada no salão da Sociedade Nacional de Belas-Artes, constituindo os primeiros números de catálogo. As duas apontam para uma nova fase na arte de Sousa Lopes. Não datadas, devem ter sido realizadas em meados dos anos 20. *Os cavadores* [**Figura 8 do extratexto**] revela um interesse renovado em trazer para a grande escala, depois da guerra, as actividades humanas e a vida do povo, inaugurado com *O círio* na década anterior. Existem contudo diferenças significativas. Abreviando, Sousa Lopes chega a uma síntese plástica notável – e inédita na sua obra – que traz novidades de composição, com as áreas de cor bem definidas, reduzidas a três ou quatro tons dominantes, e as figuras vistas a contra-luz, de contornos bem delineados. Este apuramento técnico é

---

[41] Veja-se sobretudo a descrição da actividade nas praias da Caparica, em Brandão 2014, 151-152. Mais atrás, o autor escreve: «Se eu fosse pintor passava a minha vida a pintar o pôr-do--sol à beira-mar. Fazia cem telas todas variadas, com tintas novas e imprevistas. É um espectáculo extraordinário» (Idem, 63).

surpreendentemente reduzido quase ao essencial, na outra pintura que com esta poderia formar um díptico: *Os pescadores (vareiros do Furadouro)*. É uma obra que está hoje desaparecida. Contudo, o pintor foi fotografado junto dela na exposição de 1927, por um repórter de *O Século* [**Figura 5**]. O inovador cromatismo da obra final demonstra a sobriedade de meios de expressão a que o pintor chegara: foi realizada apenas em dois tons, o negro e o sanguíneo, como salientou José de Figueiredo no prefácio que escreveu para o catálogo (Figueiredo 1927, s.p). É um friso com perto de vinte figuras em tamanho natural, de corpos vincados pelo trabalho, quase colossos de dimensão escultural. Na composição desta obra, a expressividade do movimento, explorada também em *Os cavadores*, é porém mais complexa, comunicando com ímpeto o ritmo violento e o esforço colectivo dos remadores.

Em face destas obras, é lícito pensar que a guerra poderia ter modificado a sua visão das actividades humanas e do povo do seu país. O testemunho da bravura e da tragédia «sobre-humanas» dos soldados, na guerra, parece revelar-lhe um novo sentido de epopeia nas actividades do povo ao ar livre. As figuras tornam-se arquétipos de uma condição colectiva e já não exprimem características particulares ou episódicas, distanciando-se assim de uma linha

Figura 5
Adriano de Sousa Lopes diante da pintura *Os pescadores (vareiros do Furadouro)*, obra não localizada, durante a segunda exposição individual na Sociedade Nacional de Belas-Artes, Lisboa, 11 Março de 1927
Prova fotográfica. Espólio do jornal *O Século*
ANTT, Lisboa
PT/TT/EPJS/SF/001-001/0195/0302B

naturalista mais convencional ou conservadora. Já não se tratava de encontrar uma autenticidade nos costumes do povo rural, como em *O círio*, mas de oferecer uma alegoria do esforço do povo humilde – de onde veio o próprio artista – na luta para ganhar o sustento. Sousa Lopes vê-a como uma epopeia do quotidiano. Mais tarde, referiu-se a ela como «o maravilhoso espectáculo da vida humilde»[42].

Na realidade, o pintor ensaiou com sucesso nestas duas obras inovadoras um estilo que lhe permitiu a superação do impressionismo. Seguindo as suas palavras, podemos designá-lo como um estilo «sintético», despido de detalhes inúteis e inexpressivos que distrairiam os sentidos. Caracterizou-o assim numa conferência proferida no Rotary Club de Lisboa, em 1929, onde apresentou aos seus consócios uma leitura da evolução da pintura moderna desde o século anterior. Mas dela nos ocuparemos no capítulo seguinte.

A 25 de Abril desse ano, Sousa Lopes toma posse do cargo de director do Museu Nacional de Arte Contemporânea, em Lisboa. Foi uma indicação do seu antecessor, Columbano, que se reformava das funções públicas (Santos 1962, 44). A sua primeira iniciativa de vulto foi organizar uma Sala Columbano (que falecera nesse ano), no local do antigo atelier, apresentando o excepcional conjunto de obras que o mestre legara ao património nacional. Mas uma investigação recente trouxe dados novos sobre a sua acção neste cargo que merecem menção. Sousa Lopes coordenou em 1935 um programa museológico inovador para o futuro edifício do MNAC, nunca realizado, e organizou, entre 1936-38, uma sala dedicada à «arte moderna» e a valores mais recentes, seguindo uma assumida política de estímulo ao «progresso» da arte nacional (Perez 2012, 39-49).

É também neste âmbito que organiza, com José de Figueiredo, em 1931, a exposição *L'art portugais de l'époque des grandes découvertes au XX siècle*, no Museu Jeu de Paume, em Paris, encarregando-se do núcleo mais recente. Nestes anos Sousa Lopes atinge o auge do seu reconhecimento oficial, devido em grande medida à notoriedade do cargo que ocupava. Foi distinguido em 1932 com a Legião de Honra francesa, pelo êxito da exposição de Paris, e no mesmo ano foi eleito vogal fundador da recém-criada Academia Nacional de Belas-Artes, sob a direcção de Figueiredo. Isso assegurava-lhe um assento permanente nos órgãos técnicos e deliberativos da área, como o Conselho Superior das Belas-Artes e depois a 6.ª secção da Junta Nacional de Educação.

Contudo, Sousa Lopes conseguia compatibilizar o cargo com a sua prática pictural e preparava mesmo uma fase surpreendente na sua carreira. Já em Abril de 1934 declinara um convite para reger interinamente as cadeiras de pintura histórica e de paisagem na Escola de Belas-Artes, segundo uma notícia, «em virtude de diversos e importantes trabalhos» que o ocupavam[43]. Com efeito, Sousa Lopes inaugurava no mês seguinte uma exposição no seu atelier do parque das Necessidades, que apresentava ao público os resultados do seu labor nos últimos anos. O artista propunha renovar os processos da técnica antiga da pintura a fresco e adaptá-los à linguagem da pintura moderna. A proposta de Sousa Lopes causou surpresa generalizada na imprensa. O *Diario de Lisboa*

[42] Sousa Lopes escreveu-o num artigo de homenagem ao pintor José Júlio de Sousa Pinto (1856-1939), publicado no *Boletim da Academia Nacional de Belas-Artes*; veja-se Sousa Lopes 1940, 46. A dimensão épica destas obras e a sua relação com a guerra não passou despercebida aos contemporâneos. Um crítico observou com perspicácia: «É o trabalho a guerra de todos os dias. Bate-se o marítimo com o mar. O camponês combate ao sol. Remos e enxadas são também armas.» Veja-se Pinto, Manoel de Sousa. 1927. «Exposição Sousa Lopes». *Ilustração* 31 (1 de Abril): 28. Refere ainda que os camponeses representados em *Os cavadores* seriam «companheiros de escola do pintor alcobacense».

[43] *Diario de Lisbôa*, 6 de Abril de 1934: 1.

anunciava no dia da inauguração «Um milagre de pintura na exposição de "frescos" de Sousa Lopes»[44].

A obra mais importante era *Os moliceiros*, um tríptico de pintura a fresco [**Figura 6**]. Infelizmente, constitui a segunda perda importante no património de Sousa Lopes, depois de *Os pescadores (vareiros do Furadouro)*. Encontrar o paradeiro destas obras, ou esclarecer o seu destino final, será no futuro um dos grandes desafios dos especialistas[45]. A actividade quotidiana dos moliceiros na ria de Aveiro, vista em três diferentes momentos do dia, é pretexto para uma composição sofisticada e de grande rigor formal, organizada num jogo de equilíbrios e contrapesos entre as figuras, os mastros e as varas dos ancinhos, o que denota, possivelmente, uma observação atenta dos mestres do *Quattrocento* italiano. É visível a sobriedade e depuração atingidas, comparando-as com os quadros dos anos 20. A procura de um estilo «sintético», planificando e saturando os campos de cor, com linhas de contorno que delimitam bem as formas, tinha-o aproximado afinal da estética de um pintor como Puvis de Chavannes (1824-1898) ou do sintetismo de Paul Gauguin (1848-1903), artistas influentes nos desenvolvimentos do pós-impressionismo. Segundo o pintor Jaime Martins Barata (1899-1970), Sousa Lopes exigia mais «corpo» à tinta de água e propunha-se arrancar-lhe a «fosforescência da cor», como o próprio dizia (Barata 1944, 8). Na falta do tríptico original, isto é especialmente visível numa pintura a óleo do Museu Marítimo de Ílhavo (1939, inv. 2 Pin), que ensaia uma variante compositiva combinando elementos dos volantes esquerdo e direito.

Certo é que esta renovação da pintura a fresco abriu horizontes na arte moderna portuguesa, sobretudo na decoração dos edifícios, a que ele próprio daria seguimento[46]. O Estado Novo esteve particularmente atento a esta novidade, a julgar pelo amplo desenvolvimento das encomendas de frescos para edifícios públicos, com resultados mais convencionais, mas que nos anos 40 atingiram um ponto alto nas decorações das gares marítimas de Lisboa por José de Almada Negreiros (1893-1970). Porém, continua a faltar-nos uma investigação sólida sobre o desenvolvimento da pintura a fresco nesta época. Mas é oportuno notar que a utilidade pública desta proposta fora já sublinhada por Afonso Lopes Vieira e Reynaldo dos Santos (1880-1970), nos prefácios que assinaram para o catálogo. O primeiro inventou a feliz expressão de que, na técnica do fresco, o autor de *Os moliceiros* seria no país um «*primitivo* contemporâneo» (Vieira 1934, s.p.).

No Verão de 1937, Sousa Lopes viaja para Itália, com uma bolsa do Instituto de Alta Cultura, para estudar os mestres fresquistas do Renascimento. Já estaria em marcha uma encomenda do Estado para a decoração da actual Assembleia da República. No final da estadia, em Novembro, o cônsul português em Roma atestou por escrito que o artista completara nesta cidade três dezenas de estudos em pintura e desenho[47]. É muito provável que nesta viagem tenha adquirido um manual italiano de pintor decorador, existente na sua livraria particular[48].

O artista preparava a decoração do salão nobre da Assembleia Nacional, construído na área do coro alto da antiga igreja, um projecto arquitectónico de Porfírio Pardal Monteiro (1897-1957). A decoração consistiu em sete pinturas

[44] «Vida artistica. Um milagre de pintura na exposição de "frescos" de Sousa Lopes que se inaugurou hoje no Parque das Necessidades». *Diario de Lisbôa*. 26 de Maio de 1934: 5.

[45] Segundo dois ofícios da Direcção-Geral da Fazenda Pública, dirigidos ao conservador do Palácio Nacional da Ajuda, foi autorizada a «cessão» à Escola Naval (Base do Alfeite, Almada) das obras intituladas «Pescadores» e o «tríptico de Sousa Lopes, representando "Os moliceiros"». Estão datados, respectivamente, de 27 de Julho de 1948 e de 8 de Abril de 1947. Os documentos conservam-se no arquivo do PNA, onde na época funcionou essa Direcção-Geral. Veja-se PNA, Arquivo, PT/PNA/APNA/001/001/0030/000011 e PT/PNA/APNA/001/001/0030/000047. Um agradecimento especial a Luís Soares, autor de uma tese de doutoramento sobre o palácio, por me ter indicado a existência e facilitado a consulta da documentação.

[46] Segundo um crítico de arte da época, Sousa Lopes parece ter tido consciência do seu pioneirismo: «Como Mestre Sousa Lopes no-lo dizia ainda no domingo ultimo, na sala de exposições do "Século", êles [*Os moliceiros*] abriram caminho à pintura mural florescida entre nós nos ultimos anos. Pode dizer-se que marcam data na arte portuguêsa.» Veja-se Pamplona, Fernando de. 1944. «Mestre Sousa Lopes. Um pintor de raça». *Diário da Manhã*. 22 de Abril: 5.

[47] Veja-se ofício do Consulado de Portugal em Roma, datado de 3 de Novembro de 1937, existente no EASL.

[48] *Manuale dell'Artista decoratore. Pittura Murale Fresco, Tempera, Stereocromia, Pittura a olio, Encausto*, autoria de Giuseppe Ronchetti (Milano, 1927). «Dos apreciados Manuais Hoepli, exemplar perfeito com encadernação própria», informa o catálogo do leilão. Veja-se Oliveira 1948, 214, n.º cat. 2664.

Figura 6a
Adriano de Sousa Lopes
Os moliceiros (volante esquerdo), 1934
Pintura a fresco, não localizada
Reprodução fotográfica no EASL

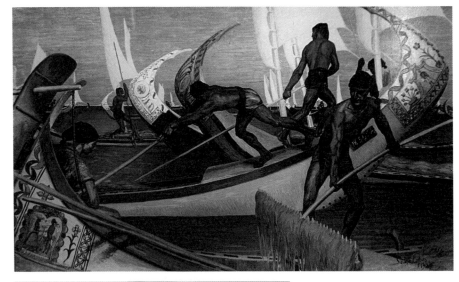

Figura 6b
Adriano de Sousa Lopes
Os moliceiros (volante central), 1934
Pintura a fresco, não localizada
Reprodução fotográfica no EASL

Figura 6c
Adriano de Sousa Lopes
Os moliceiros (volante direito), 1934
Pintura a fresco, não localizada
Reprodução fotográfica no EASL

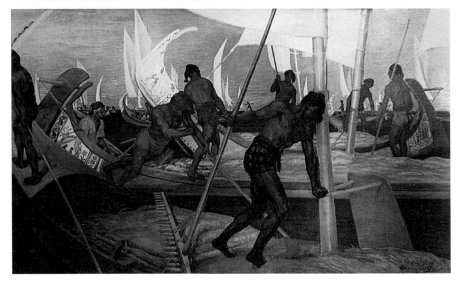

murais a fresco, duas maiores e as restantes com cerca 425 por 370 cm, representando os episódios fundamentais dos Descobrimentos e das conquistas ultramarinas nos séculos XV e XVI. Outras cinco, mais secundárias, representam a fauna e flora de três continentes. Segundo uma proposta assinada por Sousa Lopes, em Abril de 1937, os ministros das Obras Públicas e Comunicações (Duarte Pacheco) e da Educação Nacional (Carneiro Pacheco) já teriam dado a sua aprovação aos esquissos do pintor, bem como a Junta Nacional de Educação[49]. De acordo com o ante-projecto de Pardal Monteiro, Sousa Lopes propunha decorar uma superfície total de 153 metros, pelo valor de 459 000 escudos. Não existem, uma vez mais, estudos sobre esta importante encomenda, que importa investigar no futuro.

A execução das pinturas parece ter-se iniciado só em 1941, quando a Segunda Guerra Mundial já incendiava o mundo. Sem podermos desenvolver a análise, certas composições deixam porém uma forte impressão que seria importante considerar no futuro. Especialmente nos painéis representando a tomada de Malaca e o primeiro padrão de Diogo Cão, Sousa Lopes segue uma lógica acumulativa de figuras e rostos em poses hieráticas, destacando entre elas as bandeiras com as quinas e a cruz de Cristo, e uma composição pouco clara e deliberadamente «primitiva». Isto faz-nos pensar numa possível apropriação do estilo de duas obras emblemáticas da época representada: as conhecidas tapeçarias de Pastrana, que representam as conquistas portuguesas de Arzila e Tânger (apresentadas, aliás, na referida exposição de Paris, em 1931), e o célebre políptico de São Vicente (MNAA, Lisboa), retrato colectivo da época de D. Afonso V atribuído ao pintor Nuno Gonçalves.

Outra pista fica ainda por esclarecer: Sousa Lopes parece ter tido a colaboração do almirante Gago Coutinho (1869-1959), que foi neste projecto uma espécie de consultor científico do artista[50]. Nas fontes literárias, para além do incontornável épico *Os Lusíadas* de Camões, vale a pena referir que o pintor não desconhecia os poemas do livro *Mensagem*, de Fernando Pessoa (1888-1935), réplica aos temas de Camões sobre a construção do império. Mas Sousa Lopes não parece ter-se inspirado directamente no livro, salvo, talvez, no painel representando Diogo Cão. O artista possuía a 1.ª edição de 1934 na sua biblioteca (Oliveira 1948, 188, n.º 2322).

Afadigado e já doente, Sousa Lopes trabalhou na Assembleia até à véspera da sua morte, a 21 de Abril de 1944. Foi vitimado por uma doença do coração de que sofreria há cerca de dois anos e meio[51]. Velado na Basílica da Estrela, o funeral seguiu no dia 22 para o cemitério do Alto de São João, onde compareceram inúmeras individualidades que dão a medida do prestígio cultural que o artista alcançara[52].

Foi Diogo de Macedo (1889-1959), escultor, historiador e crítico de arte, quem sintetizou de forma mais sensível o sentido dos balanços e homenagens que se publicaram na imprensa. Num obituário saído no *Diário de Notícias* na manhã seguinte ao funeral, um texto emocionado e quase torrencial, Macedo faz rasgados elogios ao carácter do artista e à autenticidade da sua obra, insurgindo-se contra a «indiferença lastimosa e assustadora» da sociedade portuguesa face

[49] Proposta assinada por Sousa Lopes, datada de Lisboa, 26 de Abril de 1937. EASL, pasta «Recurso contra o Ministério da Guerra».

[50] Segundo uma notícia de imprensa, devem-se a Gago Coutinho as legendas existentes no salão nobre da Assembleia, «além de muitas indicações maritimas». Veja-se «O funeral de Sousa Lopes foi muito concorrido». *Diario de Lisbôa*. 22 de Abril de 1944: 5.

[51] Veja-se Macedo, Diogo de. 1944. «Notas de arte. Sousa Lopes». *Ocidente* vol. 23 (Maio-Agosto): 122 e Santos 1962, 57.

[52] Assistiram ao funeral individualidades como Reynaldo dos Santos, João Couto, Hernâni Cidade, Afonso Lopes Vieira, João de Barros, Gago Coutinho e militares ilustres da Grande Guerra, como os coronéis Bento Roma, Pires Monteiro e Vitorino Godinho, os escultores Canto da Maia, Diogo de Macedo, Hein Semke, Leopoldo de Almeida, Simões de Almeida Sobrinho, os pintores Abel Manta, Domingos Rebelo, Eduardo Malta, Falcão Trigoso, Leal da Câmara, Martins Barata, Portela Júnior, os arquitectos Cristino da Silva, Pardal Monteiro, Raul Lino e o fotógrafo do exército na Flandres Arnaldo Garcez. O Presidente da República enviou um telegrama. Veja-se *O Seculo*, 23 de Abril de 1944.

Poesia, impressionismo e epopeia: as metamorfoses da pintura de Sousa Lopes

ao desaparecimento do pintor. «[…] Saído do anonimato do povo do campo, que na maior parte da sua obra glorificou e vivificou em painéis de viril envergadura», escreve, Sousa Lopes perseguira «uma bem dotada vocação e uma indestrutível ilusão de artista.» Analisa depois brevemente a sua obra, desde a «dinâmica liberdade» do início de carreira até ao carácter mais «intelectual» e «sólido» do mestre fresquista. Uma morte traiçoeira, conclui, impedira-o de terminar a execução da sua última obra, uma verdadeira «apoteose da Pátria» pela qual ele se sacrificara[53].

O ciclo de frescos no salão nobre da Assembleia, que dois anos antes já mostrava algumas pinturas concluídas (Santos 1962, 57), seria por fim terminado em 1945 pelos pintores Domingos Rebelo (1891-1975) e Joaquim Rebocho (n. 1912), a quem, segundo o *Diario de Lisboa*, o artista ainda tivera ânimo para dar indicações de conclusão duas horas antes de falecer[54].

Seguindo o desejo do artista, a sua família doou ao Estado todas as obras que se entendesse relevantes, da vastíssima colecção conservada pelo pintor. Para o efeito foi nomeada uma comissão que escolheu, a 7 de Junho de 1945, uma lista de 354 items, grupo do qual fizeram parte Reynaldo dos Santos – que presidia à Academia Nacional de Belas-Artes – e Diogo de Macedo, entretanto já nomeado director do Museu Nacional de Arte Contemporânea[55]. Por ele sabemos, anos depois, que o «derradeiro sonho» do artista seria abrir-se uma galeria individual com o seu nome – no fundo, uma casa-museu – no atelier da Casa do Regalo, ou ter salas especiais no museu que dirigira, na esperança de que este viesse a ser ampliado (Macedo 1953, 4).

Percebemos hoje que Sousa Lopes, guardando ciosamente muitas das suas melhores obras, seguira afinal o exemplo moral de Columbano, legando ao país o seu património mais valioso[56]. O modo como depois foi gerido não foi o mais acertado. Deixada ao critério do Ministério das Finanças e da sua Direcção--Geral da Fazenda Pública, a colecção dispersou-se não só por vários museus, mas também pelos diversos serviços do Estado. O conjunto mais relevante pertence à colecção do actual MNAC-MC, o que constitui decerto uma justiça poética. Mas muitas outras obras importantes, com destaque para *Os pescadores* e para o tríptico a fresco *Os moliceiros*, não são vistas publicamente desde então.

[53] Macedo, Diogo de. 1944. «Morreu Sousa Lopes! Morreu um Artista». *Diario de Noticias*. 23 de Abril: 1.

[54] Veja-se notícia «O funeral de Sousa Lopes foi muito concorrido». *Diario de Lisbôa*. 22 de Abril de 1944: 5.

[55] O terceiro elemento da comissão foi António Ventura Porfírio (1908--1998), pintor e conservador do Palácio Nacional de Queluz. Sobre este assunto, vejam-se três documentos fundamentais do processo, em PNA, Arquivo, PT/PNA/APNA/001/001/0030/000032; PT/PNA/APNA/001/001/0030/000037/000001; PT/PNA/APNA/001/001/0030/000037/000002.

[56] Sigo aqui, no essencial, uma ideia de Afonso Lopes Vieira: «É êle o irmão de Columbano, seu par – e seu contraste. E também seu camarada na doação magnífica feita à Nação, e de que esta exposição é o comovedor e maravilhoso testemunho», in *Exposição Sousa Lopes (Obras doadas ao Estado)*, 1945, s.p.

CAPÍTULO 2
A «RECONQUISTA DO ESTILO»: TEORIA DA ARTE E FORTUNA CRÍTICA

A 23 de Julho de 1929, quase três meses depois de ter tomado posse como director do Museu Nacional de Arte Contemporânea, Sousa Lopes escolheu um almoço do Rotary Club de Lisboa, do qual era associado, para dar uma conferência sobre a evolução da pintura moderna. É o texto mais relevante para conhecermos as suas ideias artísticas e teoria da evolução da pintura nos séculos xix e xx, e o próprio não escondeu na ocasião a raridade deste testemunho. Como informou a audiência, «[estou] mais habituado a traduzir ideias por formas e côr, do que por palavras» (Perez 2012, anexo II, 1). O tom em que se dirige aos rotários revela um desejo de imparcialidade na análise dos diferentes movimentos artísticos, mas as objecções que formula e as simpatias que revela não deixam de clarificar as opções que defendia e trilhava enquanto artista. Importa depois confrontar essa leitura com as ideias mais produtivas presentes na fortuna crítica de Sousa Lopes.

O manuscrito da palestra proferida no Hotel Avenida Palace só foi publicado recentemente (Perez 2012, anexo II)[1]. O facto de não ter escolhido um local com maior impacto no meio artístico, onde eram frequentes conferências deste género, como a Sociedade Nacional de Belas-Artes ou a Escola de Belas-Artes, revela que o director do museu não desejava assumir uma intervenção ostensiva no debate que se desenrolava ou, provavelmente, que a sua intervenção pública fosse interpretada como uma imposição ao meio das suas ideias e gostos artísticos.

Mas é importante notar que esta conferência surge no final de uma década em que as tentativas de definir o que seria o modernismo ou a utilidade nacional da arte moderna dominavam o debate teórico e crítico (Esquível 2007, 37-60). Tinham-se realizado importantes exposições colectivas como a dos Cinco Independentes, em 1923 (SNBA), ou o I Salão de Outono em 1925, culminando cinco anos depois com o I Salão dos Independentes, que pretendeu ser um verdadeiro balanço do modernismo. Surgiram também revistas influentes que mantinham aceso o debate, como a *Contemporânea* (1922-1926), em Lisboa, e a *Presença*, surgida em Coimbra (1927-1938). Nestes anos, o talento divulgador de António Ferro (1895-1956) ou as posições teóricas de Almada Negreiros e de José Régio (1901-1969) deram importantes contributos neste âmbito[2].

---

[1] As citações seguintes são transcritas do documento original, que possui páginas numeradas. A transcrição de Felisa Perez foi republicada, com poucas correcções, em Silveira 2015a, 242-247. Antes de 2012, o conteúdo da palestra só era conhecido por uma notícia na imprensa, «Rotary Club de Lisboa. A arte contemporania». *Diario de Noticias*. 24 de Julho de 1929.

[2] Conferência de Almada intitulada «Modernismo», proferida a 30 de Novembro de 1926 na SNBA, publicada em Negreiros, José de Almada. 2006. *Manifestos e Conferências*, ed. Fernando Cabral Martins *et al*. Lisboa: Assírio & Alvim, 135-147. Veja-se também Régio, José. 1928. «Breve história da pintura moderna». *Presença* 17 (Dezembro): 4-5 e 11. Mais do que interpretações sobre a arte moderna, o contributo de Almada é uma política da arte ou do artista moderno, o de Régio uma fenomenologia do acto de pintar e de ver pintura moderna.

Sousa Lopes, porém, estava mais interessado em estabelecer uma ampla genealogia da arte «do nosso tempo», e nela definir dois movimentos divergentes: os «Modernos» e os «Modernistas». O modo como expôs as suas ideias nem sempre é fácil de seguir, mas procura exemplificá-las com uma profusa lista de nomes de artistas e movimentos, que revela uma apreciável actualização. Logo de início tem uma especial preocupação em denunciar as imposturas do segundo movimento, onde militam, «principalmente», os expressionistas e os surrealistas, citando mais adiante os «Dadaistes» e os sincronistas (Perez 2012, anexo II, 3). Segundo ele, todos partiam do cubismo e do futurismo. Sousa Lopes agrupava aqui, sem grande critério, alguns dos movimentos mais emblemáticos das chamadas vanguardas artísticas do modernismo do século XX. O problema, para o orador, é que este se afirmava ruidosamente, com talento publicitário e apoiado numa poderosa rede de galerias, abafando as conquistas e a compreensão dos modernos. Genericamente, «[…] é na deformação voluntária e, diria arbitrária», afirma, que os modernistas procuravam os seus meios de expressão (*Idem*, 2-3). Não negando o talento e a inteligência das teorias, atribui-lhes uma deficiente capacidade de realização e, de certo modo, uma futilidade no desejo de chocar:

> Estabelecem com uma inteligencia brilhante principios magnificos, que satisfazem os espiritos mais avidos de ideal, buscando uma orientação, uma disciplina mental, mas na pratica, ao realisarem as suas obras, desmentem os proprios principios, e como que para deslumbrar o causticado burguez, cultivam a incoherencia, a extravagancia e tudo o que é plasticamente paradoxal. (Perez 2012, anexo II, 3-4)

Se se acrescentar a estas considerações a crítica de que os modernistas «decretam a abolição do passado, fulminam todos os que duvidam do seu crédo», percebe-se que Sousa Lopes sentia necessidade de estabelecer uma distinção fundamental entre modernismo e vanguardas, que Peter Bürger irá sistematizar mais tarde em *Teoria da Vanguarda*: as duas abordagens opõem-se irredutivelmente, porque ou se pretende uma renovação da tradição ou se assume a sua superação, respectivamente, propondo-se, na prática, uma defesa ou um ataque à concepção orgânica e íntegra da obra de arte (Bürger 1993, 101-110). Para Sousa Lopes, os modernistas (vanguardistas) criariam sobretudo teorias extravagantes que permaneciam carentes de realizações válidas, dominados por aquilo que o artista caracteriza mais adiante como um «delírio da originalidade» (*Idem*, 6).

Já os «Modernos», por quem demonstra mais simpatia, não transigiam com os processos de «réclame». Caracterizam-se por «uma nobre reação do espirito practico e a ancia de estilo e de ordem, contra o prosaismo e a esatidão inexpressiva da maquina, contra a saturação dos processos mecanicos […]» (*Idem*, 7). Sousa Lopes aproxima-se aqui dos argumentos de Ortega y Gasset sobre a «desumanização» da arte modernista, ou de vanguarda. Segundo o filósofo espanhol, fechando os olhos ao mundo visível e pintando só ideias

A «reconquista do estilo»: teoria da arte e fortuna crítica

o artista afastar-se-ia do elemento humano e da empatia com o público. A expressão deu o título a um livro muito debatido publicado poucos anos antes[3]. Todavia, seguindo o conferencista, os modernos lutavam igualmente contra o «convencionalismo académico, e o falso realismo cheio de convenções, fruto d'uma falsa interpretação do espirito democratico» (*Idem*, 7-8). Sousa Lopes não define grupos, sugerindo que a força desta «falange» moderna está nos valores individuais, que separa por nacionalidades. Entre estes – alguns deles já nossos conhecidos –, cita artistas como Giovanni Segantini (1858-1899), Sorolla, Théo van Rysselberghe (1862-1926), Besnard, assim como os escultores Auguste Rodin (1840-1917) e Antoine Bourdelle (1861-1929), «e n'outra linha» Maurice Denis ou Henri Lebasque.

Mais do que caracterizar os modernos, o director do MNAC prefere encontrar uma linha evolutiva que tem como precursores Eugène Delacroix (1798-1863), o «irrequieto» colorista, e Jean-Auguste Ingres (1780-1867), «estilista» do desenho. Entre estes destaca Jean-Baptiste Corot (1796-1875), que mostrara «que a pintura pode viver de si propria, da finura e justeza dos valores, quando aprehendidos por um temperamento previlegiado [...]» (Perez 2012, anexo II, 8). O desenvolvimento culminava, claro está, nos impressionistas, «génios poderosos que revelam novos aspectos da vida»: é com eles que «começa a era moderna». Pintores como Monet ou Renoir fizeram entrar «o sol na pintura, exige-se a espontaneidade e a sinceridade da emoção, pinta-se ao ar livre, fixa-se a atmosfera e a hora, novos elementos de beleza são revelados [...]» (*Idem*, 9). De facto, a valorização da sinceridade era um tropo permanente no discurso artístico anti-académico desde o século XIX. Mas o mais interessante é que Sousa Lopes utiliza estas «descobertas» para argumentar, mais adiante, que elas se adequavam perfeitamente ao clima do país e ao temperamento dos portugueses e, consequentemente, às aspirações da arte nacional. O pintor usa esta ideia para identificar, no fundo, o temperamento português com um conceito de latinidade, que vem de Hippolyte Taine e que se manifestaria nas obras de arte em oposição ao espírito germânico. Segundo Taine, ambos eram determinados pelo ambiente físico e pelos «instintos nacionais e permanentes» (Taine 1895, 134-139). Como o conferencista explicou:

> [Em Portugal] é desnecessária grande bagagem de filosofia estetica, mais util aos artistas de inspiração nordica.
>
> É com o abundante lirismo da nossa raça, na meditação apaixonada, e entregues ingenuamente ao encantamento dos nossos sentidos alimentando o nosso espirito que encontraremos a graça e a fluidez da nossa luz, a frescura e a sedução da côr da nossa paysagem e a ternura do olhar das nossas mulheres. (Perez 2012, anexo II, 12-13)

Estas ideias serão resumidas numa proposição final: «A nossa arte, será sempre mais sensível do que cerebral» (*Idem*, 16). No entanto, esta característica não diminuía a importância da reflexão no acto criativo. Veremos mais adiante que não se tratava apenas de propor para a arte portuguesa uma

[3] *La deshumanización del arte* foi publicado em Madrid, em 1925. Veja-se a tradução portuguesa, Ortega y Gasset 2008. Tem um prefácio elucidativo de Maria Filomena Molder.

modernidade empírica, intuitiva, monetiana e, inversamente, renegar uma modernidade intelectualizada como a das vanguardas: tratava-se de conseguir superar esses dois registos dominantes. O artista destaca ainda, com entusiasmo, alguns mestres «latinos» exemplares, como Adolphe Monticelli (1824-1886), «cujas tintas parecem fornecidas pelos fogueteiros de Viana do Castello», e Hermenegildo Anglada Camarasa (1871-1959), «o mais iberico dos artistas espanhoes» (*Idem*, 15).

O discurso de Sousa Lopes tangenciava, uma vez mais, tópicos de uma discussão teórica que começava a ganhar relevo em Portugal no período entre as guerras, como a primazia a dar à emoção ou à razão, o valor da sinceridade, a diferença entre latinidade e germanismo, como analisou Patrícia Esquível (2007, 56-61).

Delineado o argumento geral, vejamos dois pontos importantes que têm passado despercebidos na recepção crítica da conferência, e que em parte só se tornaram perceptíveis com a publicação do manuscrito. Vale a pena salientá-los porque permitem esclarecer ideias que explicam as modificações do estilo de Sousa Lopes no pós-guerra, que vimos anteriormente, e se ligam à discussão dominante na sua fortuna crítica.

O primeiro é a leitura que faz de Paul Cézanne (1839-1906). O pintor francês tornara-se, efectivamente, uma influência importante na moderna pintura portuguesa dos anos 20[4]. Tem-se afirmado, muito de passagem, que Sousa Lopes sublinhara na sua intervenção as «insuficiências» de Cézanne (França 1991, 202; Gonçalves 1995, 15). Mas o que ele diz é diferente e muito mais interessante, argumentação que se clarificou com a publicação do manuscrito:

> Na verdade Cézanne, foi um artista de génio, mas de sensibilidade complicada, inhabil, de realisação penosa, que contrasta com a sua concepção artística que é vasta e sã.
>
> Grande colorista e construtor, para os Modernos, os modernistas esaltam ao contrario as suas insuficiencias, e fazem dellas o seu estandarte, como se assim justificassem as suas proprias. (Perez 2012, anexo II, 4)

Teriam sido afinal os modernistas a sublinhar as insuficiências de Cézanne, fazendo uma interpretação errada da sua obra. Sousa Lopes preferia vê-lo como um «grande colorista», mas simultaneamente um «construtor» (termo muito utilizado nestes anos), isto é, um artista que pensava na solidez das suas composições, qualidade que o distinguiria dos impressionistas. Era uma leitura não muito diferente da que alguns pintores vanguardistas defendiam, como, por exemplo, um colorista como Henri Matisse (1869-1954)[5]. Mas é evidente que Picasso e Braque tiraram outras consequências da lição construtiva do mestre de Aix, no que tinha de destruidor para a perspectiva convencional herdada do Renascimento, e de reconfiguração dos dados sensíveis em signos arbitrários na superfície pictórica.

Pelo seu lado, o pintor português não chega a explicar que insuficiências eles teriam exaltado, mas prefere sublinhar os seus efeitos. Os modernistas,

[4] Sobre este particular, veja-se Gonçalves, Rui Mário. 1995. «Presença de Cézanne na pintura portuguesa. De Eduardo Viana a Fernando de Azevedo». *JL. Jornal de Letras, Artes e Ideias* 652 (11 de Outubro): 14-15.

[5] Matisse escreveu que Cézanne introduziu na pintura moderna os «volumes coloridos» e sublinhou a qualidade arquitectural das suas composições. Veja-se Matisse 1972, 192.

A «reconquista do estilo»: teoria da arte e fortuna crítica

e sobretudo «os Cubistas» que cita mais adiante, construíam a sua «bíblia» de frases extraídas das cartas de Cézanne e de «boutades de atelier». A interpretação errada de Cézanne originara uma «abstracção», «que os levou a reduzir as formas mais variadas e mais bellas que admiramos na Natureza às formas geometricas […]». Segundo Sousa Lopes, esta ideia «propositadamente procura ser obscura, invertendo todos os pincipios d'um raciocinio logico, esquecendo, por completo a natureza, e condenando tudo o que se apoie na observação das suas leis e dos seus elementos […]» (Perez 2012, anexo II, 5). O motivo desta objecção é clarificado mais adiante: a pintura e a escultura «são artes que dificilmente podem prescindir da natureza, para a clareza da sua linguagem» (*Ibidem*). Crê-se que Cézanne terá dito, de forma modelar, que «a arte é uma harmonia paralela à natureza», mas, para Sousa Lopes, as duas tinham de se cruzar, e a primeira assegurar uma ligação estreita à realidade sensível[6]. É interessante notar que o pintor português só admitia a utilidade do cubismo como «um estilo do nosso tempo» na arquitectura, na decoração ou no mobiliário (isto é, nas ditas artes aplicadas), onde «temos verdadeiros achados d'uma beleza real e nova» (*Idem*, 6). Não é difícil reconhecer aqui o impacto da Exposição de Artes Decorativas de Paris, em 1925, que Sousa Lopes visitou e que consagrou o estilo Art Déco, evento a que o pintor parece aludir[7].

Em síntese, para o pintor português, Cézanne teria sido mal interpretado por modernistas e cubistas, que cortaram a ligação da arte à natureza e permaneciam presos a um intelectualismo obscuro carente de realizações válidas. Já os modernos não queriam a revolução, mas procuravam uma evolução (e Sousa Lopes sublinha esta ideia), que contribuísse para a «era moderna» inaugurada pelas descobertas do impressionismo.

O facto de Sousa Lopes ter destacado Cézanne não é alheio ao segundo ponto sobre o qual interessa reflectir. Tem-se insistido que o artista recomendou aos colegas portugueses a lição dos impressionistas. Contudo, a esse respeito, o manuscrito revela afirmações que escaparam ao repórter do *Diário de Notícias*. Sousa Lopes disse na conferência que o impressionismo estava morto. E explica porquê:

> O erro mortal do impressionismo, foi de tomar os meios pelo fim e arrastar toda a attenção e concentral'a exclusivamente sobre o estudo, a «pochade» directa e desprezar o quadro de composição. (Perez 2012, anexo II, 10)

[6] Cézanne citado por Joachim Gasquet em *Paul Cézanne seguido de O que ele me disse…* 2012. Trad. Aníbal Fernandes. Lisboa: Sistema Solar, 64.

[7] «[…] Vou voltar a Paris [para] ver a Exposição Internacional d'Arts Decoratives, onde ha seguramente muito que aprender», escreveu a Afonso Lopes Vieira, carta datada de La Berle, Gassin (Var), 12 de Dezembro de 1924. Veja-se BMALV, Espólio Afonso Lopes Vieira, *Cartas e outros escriptos* […], vol. 7 (documento sem cota).

Daí a valorização de Cézanne, que procurara uma estrutura sólida de composição na organização das suas sensações. O pior, segundo o conferencista, é que teriam aparecido os imitadores dos impressionistas, que corromperam o estilo, «imitadores, sem talento, que parodiaram as suas descobertas […]» (*Idem*, 9). A pintura resvalara para a «fluidez e inconsistência». Era por isso necessário aquilo que Sousa Lopes designou por «a reconquista do estylo». E quem o conseguiu seriam os neo-impressionistas, que beneficiaram depois os pintores modernos, seus seguidores. Procurando uma «nova ordem», os neo-impressionistas «systematizam a tecnica dos impressionistas, abraçam o symbolismo e procuram novamente a ordem, e a composição […]» (*Idem*, 10).

Por estas citações percebemos melhor o que Sousa Lopes considerou ser o «espírito prático» e «ânsia de estilo e de ordem» característico dos pintores modernos. Na realidade, esta renovação do impressionismo implicava, na sua própria obra, procurar aquilo que designei anteriormente como um estilo sintético, que o pintor defenderá nesta conferência. Vale a pena transcrever estas ideias cruciais:

> A observação do que se dá com paises em que as condições de luz são identicas as nossas, leva-me porem a esta prevenção. O esplendor d'esta luz, a sua beleza, tem um perigo para o artista desprevenido; à minima desfalencia estamos fora do motivo plastico, presos ao detalhe encantador, mas talvez inutil por inexpressivo. A fotografia e o Animatografo nol-o provam. Assim, a meu ver, é mais poderoso o artista que mais souber eliminar, melhor souber sacrificar o inutil e colher apenas os elementos que provocaram o estado de esaltação espiritual que o levou à escolha do motivo.
>
> O estilo quanto mais syntetico, e despido de detalhes inuteis, que distraem os sentidos, mais diretamente atinge o nosso espirito condição essencial da obra verdadeiramente superior.
>
> Para esta conquista d'aquem-mar, – uma forte tecnica, ao serviço da visão impressionista, uma tecnica na essencia, mais sugestiva do que formal, será a tecnica ideal. (Perez 2012, anexo II, 13-14)

Nesta passagem, como em nenhuma outra, o pintor parece dirigir-se aos seus colegas e, simultaneamente, estar a falar da suas próprias opções artísticas. Como vimos, Sousa Lopes procurava nos anos 20-30 uma via de superação do impressionismo, depois das grandes composições da Grande Guerra. Isso é verificável em obras capitais como *Os cavadores* [**Figura 8 do extratexto**], *Os pescadores (vareiros do Furadouro)* [**Figura 5**] e o tríptico a fresco *Os moliceiros* [**Figura 6**]. Tal como Cézanne, e noutra linha os neo-impressionistas, Sousa Lopes procurava dotar o impressionismo de uma armadura sólida de composição. Uma estrutura «clássica» que orientasse a sua visão analítica para uma concepção sintética do quadro, uma «reconquista do estilo» que no português nunca podia dispensar o carácter estrutural do desenho[8]. Em síntese, visão impressionista e estilo sintético. Sousa Lopes declarava quase no final da sua palestra: «A nossa arte, sera sempre mais sensivel do que cerebral» (Perez 2012, anexo II, 16). Mas a sua teoria artística na fase da maturidade, *circa* 1929, mostrava-se muito mais complexa e substantiva do que sugere esta proposição, muito citada, mas que reduz o verdadeiro alcance das suas propostas.

Esta viragem já era perfeitamente reconhecível na segunda exposição individual do pintor, em 1927, e a crítica assinalou esse aspecto. As recensões saídas na imprensa destacaram obras como *Os pescadores*, *Os cavadores* e ainda *Ao crepúsculo, na Costa de Caparica*. Para Hernâni Cidade, apreciando as figuras

[8] Cézanne disse-o a Maurice Denis: «J'ai voulu faire de l'impressionisme quelque chose de solide et de durable comme l'art des Musées» (Denis 1920, 250). Para o autor, Cézanne quis criar uma espécie de classicismo do impressionismo. A multiplicação e variedade dos efeitos e *nuances* de cor foi, segundo o sintetista Denis, «le vice fondamental de l'impressionisme» (*Ibidem*).

A «reconquista do estilo»: teoria da arte e fortuna crítica

de «atlética musculatura» em *Os pescadores*, Sousa Lopes ia-se distanciando cada vez mais do impressionismo, no seu «amor da forma pela forma», porque estes afinal «quasi esqueceram a beleza plastica, somática dos corpos»[9]. Manoel de Sousa Pinto, recenseando a mostra para a revista *Ilustração*, preferia falar de «um equilibrado impressionismo», porque «[...] o pintor não é um superficialista, mas um construtivo, um estrutural, que não erra, nem dispensa o desenho»[10].

A mesma impressão teve António Ferro, ao observar as obras no salão da SNBA. Pareciam-lhe, à primeira vista, «filhas legítimas do impressionismo»:

> Mas, bem depressa o engano se desvanece. Nos impressionistas havia mais dispersão, uma dispersão que chegava ao «confetti», que afogava o desenho, a armação indispensavel do desenho. Na pintura de Sousa Lopes, não há a hesitação «volue» dos impressionistas, ha uma firmeza de parada militar. Todas as coisas obedecem ao Sol mas não se desmancham.[11]

A prova era «esse "panneau" admiravel dos *Pescadores*», que não estava «matriculado em nenhuma escola» e dominava toda a exposição como «um alto mastro». O jornalista via nele a união perfeita: «Este quadro surprende e vence pela concepção e pela tecnica. Quem manda? O desenho ou a côr? Não se sabe. Desenho e côr, no quadro infinito de Sousa Lopes, são tal e qual um rei e uma rainha que casaram por amôr...» No início do seu artigo muito favorável, Ferro, jornalista e escritor que era igualmente um dos protagonistas da *agitprop* modernista nesta década, tece considerações mais amplas sobre a obra do pintor que nos podem interessar mais:

> A pintura de Sousa Lopes, orgulhosa, independente, saudavel, não é pintura de hoje nem pintura de ontem [...]. É uma pintura que dispensa a classificação. Não há que discutir se é antiga, se é moderna, se é avançada, se é academica. É uma pintura que tem um nome, o nome que a assina, uma pintura que se chama Sousa Lopes.

No imediato, António Ferro parece aludir aqui a uma discussão que, possivelmente, se desenrolava no seu círculo próximo, modernista, a propósito desta exposição e do estilo de Sousa Lopes. Mas o que importa sublinhar é que este debate sobre a validade das opções artísticas do pintor marca a sua recepção crítica desde o início. Foi Aquilino Ribeiro, talvez o crítico mais perspicaz de Sousa Lopes, que inaugurou em 1917 um debate sobre duas questões relevantes que se relacionam entre si: a identidade e a unidade da sua obra. Qual seria o carácter essencial da obra deste artista? Em que estilo se situava e que coerência e sentido lhe dar? Pode dizer-se que este problema da autoria em Sousa Lopes, numa discussão iniciada por Aquilino, vai tornar-se na realidade um *leitmotiv* que atravessará toda a historiografia sobre o artista.

Vimos que Aquilino visitara o atelier do pintor em Paris, em 1909. Mas agora, recenseando a sua primeira exposição individual em 1917, o escritor ensaia

[9] Cidade, Hernâni. 1927. «Sousa Lopes, o pintor da Grande Guerra». *O Primeiro de Janeiro*. 12 de Maio: 1.

[10] Pinto, Manoel de Sousa. 1927. «Arte e artistas. Exposição Sousa Lopes». *Ilustração* 31 (1 de Abril): 28-29.

[11] Ferro, António. 1927. «Um grande pintor. Inaugurou-se ontem a exposição de Sousa Lopes». *Diario de Noticias*. 13 de Março: 1.

uma avaliação de conjunto da obra de Sousa Lopes que em muito transcendeu a crítica convencional da época[12]. Para Aquilino, o pintor possuía uma «técnica incomparável», que realizava prodígios. Com efeito, seria na sua obra de paisagista que registara as melhores telas, «na interpelação da natureza, a rir, ao sol, cheia de graças, ou contemplativa, nas sombras da noite […]». O problema é que com o seu «espírito de variabilidade» o pintor «tenteia-lhe todas as gamas, todos os estados», o que tinha efeitos nocivos para o conjunto da obra. Vale a pena seguir o seu raciocínio:

> O pincel de Sousa Lopes transita das scenas mais assoalhadas do dia, às paisagens mais extáticas da noite; desce mesmo a interpretar o que parecia ininterpretável, um luar difuso sôbre uma ponte dormindo entre casario, um trecho de cidade nocturna, sôbre que pesa a solidão e a penumbra. Mercê de uma técnica incomparável, o artista realiza estes prodígios; mas não será desbaratar tesouros de engenho em composições desta ordem, que nunca pela pobreza de tons, poderão marcar um grande lugar, e não passam e jámais passarão de singularidades? Nesta procura de temas excêntricos, árduos de tratar, se nota uma ânsia de granjear originalidade, e bem se pode ter como o derivativo, para mais fátuo, duma paleta que é, por ora, impessoal. Que ponto de passagem, acôrdo psicológico pode haver entre esta *Ponte Fantasma* e a *Apanha das Laranjas*? Ambos, duas telas primorosas, mas quem, ignorando sua autoria, os atribuía ao mesmo pincel? (Ribeiro 1917, 605)

Para o escritor, esta «falta de identidade» e de critério estendia-se ao conjunto da obra, visível no afastamento entre «o pintor da natureza» e «o pintor de batalhas»: «A uma parte todo moderno, ganho pelos processos impressionistas, à outra imbuído dos preceitos da escola dos Camons [*sic*, Cormons], de desenho irrepreensível e intenção segura, mas duma vida mortiça e luz toda convencional.» O português deveria olhar para outros exemplos: mestres como Segantini, Degas, Monet (que cita), por cálculo, «restringem o campo das suas especulações», «sem a generosidade que Sousa Lopes mostra para com a natureza», era certo. Mas esta seria a maneira mais válida de escolher «uma variante no estilo de uma escola, [e] se adquirir personalidade» (Ribeiro 1917, 605). Em suma, Sousa Lopes era «um grande pintor no sentido técnico do termo», mas a sua obra ressentia-se «dêste culto heteróclito, e por isso não tem unidade; de influências diversas, e daí o carecer da individualidade suprema que engendra os grandes mestres […]» (*Idem*, 606).

Por outras palavras, Aquilino Ribeiro desejava encontrar, temerariamente, o carácter distintivo e essencial de Sousa Lopes numa grande exposição com 265 números de catálogo, que percorria perto de 15 anos de carreira. A pluralidade de registos do pintor parecia desafiar um conceito de autoria comum na modernidade, que Michel Foucault qualificou como a «função autor»: a ideia de que o reconhecimento de um autor pressupõe sempre uma função classificativa, que confere às diferentes partes da sua obra uma unidade ou um discurso.

[12] Ribeiro, Aquilino. 1917. «O mês artístico. Exposição Sousa Lopes». *Atlantida* 19 (15 de Maio): 604-606.

Por outro lado, e é aqui que Aquilino se posiciona, o estatuto ou valor a atribuir a uma obra dependerá muito da forma como a função de autor é inicialmente equacionada (Foucault 2000, 49).

Este problema da identidade artística de Sousa Lopes que Aquilino intuiu terá vários desenvolvimentos na fortuna crítica posterior. José de Figueiredo escreveu os «prefácios» dos catálogos das exposições de 1917 e 1927, mas neste campo evitava arriscar juízos de conjunto sobre a obra do artista. Onde Aquilino viu múltiplas influências que prejudicavam Sousa Lopes, Figueiredo mostrava um particular interesse em acentuar a independência e a sinceridade do pintor, «profundamente instinctivo», que procurava verificar frente à natureza a exactidão dos processos impressionistas. Ferro terá talvez lido estas palavras, mais tarde: «[…] Sousa Lopes, deante da natureza, só tem um fito: traduzil-a sem a menor preocupação de processo e sem que, pelo menos conscientemente, entre a sua retina e o modelo se interponha a suggestão de qualquer artista ou escola» (Figueiredo 1917, 22). Todavia, o historiador notou metamorfoses no estilo do artista, que vimos há pouco terem sido um processo intencional: «[…] As suas telas ganharam em simplicidade, solidez e transparência», assim como uma «maior riqueza cromática, obtida por processos mais sóbrios e que são a conquista de longos estudos […]» (Figueiredo 1927, s.p.).

Só após a morte de Sousa Lopes, em tempo de balanços, se insinua de novo no discurso crítico a questão da identidade do seu legado artístico e o lugar do pintor na história da arte portuguesa. Não deixa de ser irónico que a ideia de uma dicotomia entre modernos e modernistas, que Sousa Lopes propôs na conferência, se tenha consolidado mais tarde como a discussão central sobre a sua própria obra. A procura de um sentido possível para Sousa Lopes, na historiografia, centrava-se agora na relação a estabelecer com os movimentos da pintura moderna.

Numa história da arte moderna entendida por gerações, Diogo de Macedo destaca o pintor daquilo a que chama uma «geração intermediária», surgida num «período transitorial» entre a Exposição Universal de 1900 e o início da Grande Guerra (Macedo [1945], 436). Esta geração quedava «sem uma classificação condigna» entre a geração naturalista e o «dinamismo inquieto das ansiedades mais modernas» (Macedo 1946, s.p.). Geração «mal interpretada como pouco respeitada», mas de sacrifício, pois contribuíra para «forjar os elos sólidos de ligação entre as épocas reconhecidas como de vitória […]» (*Ibidem*). Sousa Lopes destacava-se dos seus colegas de geração «porque reunia numa obra variada de possibilidades técnicas, a pujança do Naturalismo anterior, a coragem da fantasia do seu tempo e os desejos de novidades imediatas» (*Ibidem*).

Em Diogo de Macedo parece existir uma mudança de leitura quanto ao significado do pintor nesta época intermediária. Num capítulo da *História da Arte* coordenada por João Barreira, Macedo fala de uma «contida adesão às ideias modernas do *fauvismo* inicial, a sua perturbante e fugaz obra de colorista». «Há nele», escreve de forma imprecisa, mas referindo-se ao modernismo, «como que um desejo vacilante de reconciliação com a *bárbara* Arte do seu tempo, não lhe faltando para isso as facilidades e os ímpetos» (Macedo [1945], 436 e 438). Mais tarde, numa pequena monografia sobre o pintor, o autor vê sobretudo o marinhista (da Costa de Caparica e de Aveiro) como um «voluptuoso colorista» e classifica-o como «um impressionista apaixonado» (Macedo 1953, 14). Distinguia-o um «individualismo que se negava a fazer parte de grupos» (*Idem*, 10). Mas o seu lugar na «geração intermediária» torna-se mais claro: entre o naturalismo e o modernismo, Sousa Lopes seria um «um *precursor* arrojado e convicto, sem os exageros de desrespeito à experiência passada» (Macedo 1953, 15). De seguida, o autor resume o argumento:

> Sousa Lopes deve ter, portanto, o seu registo na nossa História da Arte como padrão de um período transitório entre duas escolas, cujos ideais ele compreendeu e no cadinho da sua sensibilidade exacerbada pelo deslumbramento da cor, soube assimilá-los em actos de modernidade sensacional, embora negando-se a adesões de violenta explosão. (*Ibidem*)

É nestes parâmetros que José-Augusto França encontrará na obra do pintor uma identidade ainda mais complexa e mutável, avaliando-a segundo o paradigma do modernismo. Nos primeiros anos de carreira, Sousa Lopes «vai bordejando o impressionismo, de modo por vezes sensível, e chegando a extremos cromáticos próximos do expressionismo» (França 1973, 388 e 390). Evolui depois, entre as composições da Grande Guerra e os frescos da Assembleia da República, «de um naturalismo discretamente expressivo para o convencionalismo de um modernismo classizante oficioso» (*Idem*, 390). França convoca o artista para o que designou de «primeira geração moderna» da arte portuguesa de novecentos, mas inclui nela só «certa faceta de Sousa Lopes» (França 1991 [1974], 154). O autor explica mais adiante: «[...] entre fases académicas, [o pintor] teve um curto período expressionista, nos anos 20 – durante o qual ele foi, como Degas disse de Besnard, um "pompier qui met (ou prend) le feu"...» (*Idem*, 182). Estes anos de que o historiador fala são sobretudo as obras da Caparica e os retratos de Marguerite, «em que a explosão do colorido tem um sentido novo na pintura portuguesa». Nessa década «se define, assim, a parte original deste pintor «pompier», inflamável a certa altura da vida...» (*Ibidem*).

Ao avaliar a retrospectiva de 1980, o historiador levanta de novo, mais agudamente, o problema da identidade que Aquilino dissecara em 1917: o artista seria um pintor de destino incerto, «académico tardio» e «moderno sem convicção»[13]. Confirmava-se deste modo uma hipótese já levantada anteriormente: «Sousa Lopes não teve consciência dos valores modernizantes da sua arte [...]» (França 1973, 390).

Sousa Lopes surgia-nos assim como um artista que experimentava vários estilos mas sem grandes consequências, «inflamável» e original nos anos 20, mas condicionado por um academismo que tardava em abandonar. O pintor teria comprometido a sua arte pela indecisão, se não mesmo incapacidade, em aderir a um modernismo vitorioso, no sentido que Macedo empregara.

[13] França, José-Augusto. 1980. «Sousa Lopes». *Colóquio/Artes* 45 (Junho): 68.

Contudo, os argumentos de Sousa Lopes na conferência do Rotary Club – que é um documento raro de reflexão de um artista no Portugal da época – sugerem-nos que esta leitura terá de ser ponderada criticamente. Na conferência o pintor demonstra bem que sabia o que estava a rejeitar com as opções que defendia.

Raquel Henriques da Silva parece sugerir isso num breve texto do catálogo geral do Museu do Chiado, em 1994. No contexto específico da colecção, Columbano e Sousa Lopes surgem com capítulos autónomos, intercalando estilos ou géneros como o naturalismo, a pintura de história e o modernismo.

O autor de *As ondinas*, segundo a historiadora, teria articulado em Paris «as múltiplas referências que definirão a sua obra» (Silva 1994, 183). Henriques da Silva propõe pensar a identidade de Sousa Lopes partindo fundamentalmente da ideia de um artista ecléctico. Isto é, que conscientemente (e sem que isso seja necessariamente incoerência) respiga elementos de vária origem para a sua obra sem se comprometer com um determinado movimento. Retomando uma ideia que encontrámos em Ferro e Macedo, sublinha «[…] a especificidade em relação a escolas e grupos do lugar deste pintor contemporâneo dos modernistas, que nunca a eles se juntou, mantendo uma ecléctica postura de fidelidades ao século XIX.» Contudo, parece sugerir a autora, isso não o tornara num académico: «algumas das suas obras maiores, que pertencem ao Museu, são tão modernas quanto as dos modernistas» (*Ibidem*). Isto permite a Henriques da Silva sublinhar a ideia de uma modernidade pictural vinda do final do século XIX, como o simbolismo, tratado em núcleo autónomo do catálogo. Valoriza-se assim não apenas o impressionismo, mas a pintura histórica inicial de Sousa Lopes, de teor literário e simbolista, treinada sob a direcção de Cormon em Paris, de que o museu, como vimos, possui notáveis exemplos. Em síntese, o eclectismo do pintor ganhava expressão individual em «marcações modernas» como o impressionismo e o simbolismo e, ainda nos anos 20, com uma «pincelada matérica» que «só com o expressionismo pode ser conotada» (*Ibidem*).

Vale a pena seguir um último desenvolvimento na fortuna crítica, já nos anos 2000. Partindo de Macedo e de França, Helena Simas argumenta em torno do que chama o «pré-modernismo» de Sousa Lopes. A autora considera que, «apesar do seu esforço em assimilar as novas directrizes modernistas, existira sempre um conjunto de factores e circunstâncias, como a pesada herança académica que recebeu em Portugal, que o refreiam e que fazem dele um pré-modernista» (Simas 2002, 114). Simas identifica uma «antinomia no seu discurso» (*Idem*, 7), motivada por uma oscilação entre os novos valores de expressão do impressionismo e uma «linguagem artística portuguesa que se caracteriza pelas premissas académicas que o naturalismo não soube de todo ultrapassar […]» (*Idem*, 118-119).

Esta ênfase no contexto português motiva a hipótese de um móbil insuspeito na carreira do pintor. Simas atribui a Sousa Lopes uma «ideologia nacionalista» (*Idem*, 107), que seria fundadora das suas convicções artísticas (*Idem*, 54). Porém, depois justifica-a com a leitura que da sua obra fizeram autores como Fernando de Pamplona e Afonso Lopes Vieira (*Idem*, 94-104). A autora encontra fundamentalmente três tendências que atravessam a obra do pintor:

> De todas as tendências (possivelmente) contemporâneas da pintura de Sousa Lopes, destacam-se principalmente três: o impressionismo, do qual ele se intitulou adepto toda a vida; o naturalismo português, influência enraizada desde cedo através da sua formação académica e não só, também pelo contacto com outros colegas e intelectuais do meio, a qual ele nunca conseguiu evitar; e o nacionalismo, estruturador de toda a sua pintura, fundador das suas opções plásticas e convicções artísticas, bem como de toda a sua atitude enquanto figura pública e interveniente. (Simas 2002, 54)

À partida parece-me excessivo, no mínimo, atribuir ao «nacionalismo» do pintor um carácter «fundador» das opções artísticas na sua carreira[14]. Mais adiante, a autora insiste em ver em Sousa Lopes um «filho da ideologia nacionalista» (Simas 2002, 180). Será pouco útil equacionarmos aqui um problema formulado por Simas em termos genéricos e por demonstrar. Mais importante, neste estudo, será avaliar a política da arte de Sousa Lopes quando analisarmos o período crucial da sua participação na Grande Guerra, e observando as suas opções concretas tentar algumas conclusões.

Contudo, parece-me elucidativo que no único documento em que a sua singular teoria da arte ganha expressão – o manuscrito da conferência de 1929 – as referências de Sousa Lopes são essencialmente internacionais. Entre os vários movimentos comunicados aos rotários não há uma única referência a um movimento ou estilo especificamente «nacional». Repare-se, também, que nunca fala em naturalismo. Entre os 34 artistas que nomeia, só cinco são portugueses (Sequeira, Lupi, Silva Porto, Columbano, Malhoa), citando-os apenas para confirmar a ideia da necessidade de uma técnica «mais sugestiva que formal» (Perez 2012, anexo II, 14). Sousa Lopes demonstra bem o seu desinteresse em extrair alguma ideia dos desenvolvimentos da arte portuguesa: toda a sua atenção se dirige para os movimentos internacionais na pintura. Com efeito, o paradoxo mais revelador desta conferência (no sentido em que expõe uma dialéctica típica de Sousa Lopes como artista) consiste em propor aos compatriotas que olhem para os estilos internacionais que considerava válidos, para os repetidos exemplos que dá de pintores estrangeiros, para depois partirem, e são estas as suas palavras finais, «em busca da nossa forma de expressão, da nossa arte, que queremos bem luza, bem do nosso torrão» (Perez 2012, anexo II, 16).

Vale a pena acrescentar às perspectivas que historiadores e críticos propuseram, na tentativa de definir e mapear a identidade artística de Sousa Lopes, uma última leitura em que as ideias do pintor poderão ter tido uma expressão mais directa. Regressemos a Louis Vauxcelles, um crítico de arte francês que visitou o atelier de Sousa Lopes pouco depois da guerra terminar, em 1919. A pedido de José de Figueiredo, seu amigo, escreveu um artigo sobre arte francesa nas páginas da revista *Atlantida*, completando-o com uma segunda parte dedicada ao pintor português. Escrevia-o «mû par un sentiment de juste déférence envers nos chers alliès […]»[15]. Vauxcelles desconheceria o anfitrião,

[14] José-Augusto França também concluiu, a partir de algumas palavras da conferência no Rotary Club («para partirmos em busca da nossa forma de expressão, da nossa arte, que queremos bem lusa, bem do nosso torrão»), que Sousa Lopes estabelecia «a continuidade de uma estética estreitamente naturalista e nacionalista, que continuaria a orientar o museu» (França 1991, 202). Uma interpretação, aliás, que a dissertação de Felisa Perez não veio confirmar, provando que na sua direcção do MNAC houve uma abertura aos modernistas. Veja-se Perez 2012, 105. De resto, a crítica contemporânea não insistia neste ponto (contrariamente a um pintor como Malhoa), lendo-se algumas opiniões de sinal contrário: «[…] por vezes um pouco francês de espírito», arriscava Sousa Pinto na revista *Ilustração* (1927, 29).

[15] Vauxcelles, Louis. 1919. «Correspondence artistique». *Atlantida* 41 (Agosto): 548.

reconhecendo habilmente que o seu texto era uma impressão, «que m'a laissée un artiste et une oeuvre que je n'ai pu étudier que fort imparfaitement» (Vauxcelles 1919, 551). Este aspecto nota-se no tom transigente e cordial do seu discurso.

Para o autor, Sousa Lopes era um *self made man*, começa por dizer, porque a sua arte se devia mais à observação escrupulosa da natureza e à reflexão pessoal do que à influência dos seus mestres (*Idem*, 548). Sousa Lopes gostava provavelmente de se ver assim. Cruzando outras fontes, percebe-se que Vauxcelles verte no seu discurso indirecto, em certas passagens, algumas ideias que é lícito pensar-se que possam ter tido origem em conversas com o artista. Estas são as mais significativas:

> M. de Sousa Lopes n'appartient à aucune école, et n'entend s'inféoder à aucune côterie. Interessé par toutes les tendances, son but essentiel est d'équilibrer des volumes et des rapports, c'est à dire de parler d'abord un langage de peintre, sans aucune littérature. Soucieux de progrès, il souhaite allier au sérieux de sa formation premiére toutes les hardiesses logiques que l'école de la lumière est en droit de lui suggerer. Et c'est de se dosage rationnel que seront constitués le talent et le métier de l'un des coloristes les plus représentatifs de la jeune école de peinture et de gravure portugaise contemporaine. (Vauxcelles 1919, 551)

Por outras palavras, Sousa Lopes seria um pintor independente não alinhado com movimentos, um pragmático que não abraçava qualquer teoria, cuja «sede de progresso» o levava a considerar influências e «ousadias», mas filtradas através de uma «dosagem racional». Confirmar-se-ia, deste modo, o individualismo que António Ferro e Diogo de Macedo assinalaram, assim como a ideia de um artista ecléctico, que assimilava conscientemente tendências divergentes, proposta por Raquel Henriques da Silva. Todavia, olhando para o conjunto da obra, na tentativa de um último balanço, é justo distinguir nela dois elementos cruciais. Os mesmos que Aquilino Ribeiro considerava serem uma antinomia insanável que o descaracterizava, sem suspeitar dos rumos futuros da arte de Sousa Lopes.

O primeiro é a influência duradoura que representou «l'école de la lumière», na expressão de Vauxcelles. Salvo a última década de actividade em que se vira para a pintura a fresco, Sousa Lopes foi um impressionista, na realidade o primeiro e o mais consequente impressionista da arte portuguesa. Desde as pinturas venezianas de 1907 até às impressões da Caparica e de Aveiro, já perto da década de 30. A sua técnica arrojada, numa pincelada generosa e matérica, fascinado pela faina marítima nos anos 20, levou vários autores a identificá-la com o expressionismo, o que no contexto da sua obra não é de todo plausível[16]. Este gosto em explorar com intensidade os contrastes cromáticos, por trabalhar os efeitos dos impastos da tinta, afinal sempre o acompanhara, desde as impressões de Veneza, passando por *Ala dos namorados* [**Figura 2 do extratexto**], até a uma obra importante de 1914 como *Efeito de luz* (MNAC-MC, inv. 304).

[16] Como vimos, na conferência de 1929, o expressionismo não seria um movimento do qual Sousa Lopes tivesse boa opinião. Fernando Rosa Dias, de resto, no seu vasto inquérito a uma via expressionista na arte portuguesa, revela cepticismo em relação a um alegado «expressionismo de execução» do artista nos anos 20 (Dias 2011, 133).

Sousa Lopes escreveu num artigo de homenagem ao pintor Sousa Pinto: «[…] depois do impressionismo, restam aos artistas, mais do que nunca tôdas as liberdades. Tôdas as formas de arte são possíveis e tornaram-se mais atraentes, mas há certa visão e certo convencionalismo, que êles apontaram e destruí-ram para todo o sempre!» (Sousa Lopes 1940, 48). Mas não se tratava só de apresentar uma paleta clara, com tons tendencialmente próximos das cores do espectro solar, ou um enquadramento não convencional que transmitisse uma ideia de «sinceridade», que superasse qualquer intelectualismo. Richard Brettell chamou a atenção para um elemento primordial que encontramos em tantos estudos deste artista, a ideia de «impressão» como conceito pictural inovador: isto é, uma gestualidade intencional que pretendia dar a impressão da imagem ter sido executada rapidamente, de forma espontânea e inspirada, mesmo que assim não tivesse acontecido (Brettell 2009, 15 e 59). Uma informalidade que se transmite igualmente na generalização de termos que se encontram nos catálogos do pintor, como «impressão», «esquisso», «estudo», «croquis». Diogo de Macedo, que o conheceu bem, notou que a vibração cromática que se observa em Sousa Lopes era executada sem grande esforço, e que no fundo a técnica instintiva de Monet se adequava bem à destreza dos seus gestos: «[…] Ele foi por temperamento um voluptuoso colorista, que ao afinar tecnicamente as impres-sões recebidas e projectadas na tela com ímpetos de entusiasmo e nervosismo, conseguia conservar-lhes a frescura espontânea do inicial jacto da inspiração, virtude rara nos pintores» (Macedo 1953, 15-16).

Por outro lado, Sousa Lopes nunca relegou para segundo plano «a serie-dade da sua primeira formação» referida por Vauxcelles, a sua formação sólida como pintor histórico e as ambições nesse âmbito. Havia que trazer a pintura moderna para a grande escala, para uma pintura monumental onde só vencem os «grandes mestres», como defendeu José de Figueiredo (1927, s.p.). Eles eram os venezianos do século XVI, sobretudo Tintoretto (1518-1594), que o fez voltar a Veneza para visitar a retrospectiva de 1937, mas igualmente Peter Paul Rubens (1577-1640), Van Dyck e Gainsborough, de quem pintou cópias. Neles encon-trava, certamente, as primícias de um colorismo e de uma liberdade gestual a que Monet e Renoir davam continuidade. No entanto, lembremo-lo, «o erro mortal do impressionismo […] foi desprezar o quadro de composição», disse o pintor na conferência do Rotary Club (Perez 2012, anexo II, 10).

De facto, abandonando em 1910 uma pintura de matriz literária, mais neo-românica do que simbolista, Sousa Lopes dirigiu os seus esforços em adaptar a técnica impressionista a grandes composições, tentado-o dois anos depois na obra monumental *O círio* (col. particular). A «polimorfia» que Aquilino criticou na exposição de 1917 foi-se diluindo após a Grande Guerra, concen-trando-se em grandes composições que depuravam o impressionismo até chegar a um estilo sintético, que pouco tinha a ver com as paisagens e impressões que o artista prosseguia. É a trilogia de pinturas sobre as actividades do povo, *Os cavadores*, *Os pescadores* e *Os moliceiros*. Sousa Lopes desejava encontrar uma linguagem plástica que pudesse comunicar o poder e o ímpeto da expres-sividade humana, compondo massas de corpos em movimento animados por

A «reconquista do estilo»: teoria da arte e fortuna crítica

uma acção determinada e colectiva, criando aquilo que designei como uma epopeia do quotidiano. Esse aspecto capital na sua obra da maturidade poderá ter despontado, já o dissemos, com a participação no conflito europeu. Mas antes de verificar essa hipótese é necessário compreender o contexto internacional das respostas dos pintores contemporâneos do português, muitos deles oriundos dos movimentos de vanguarda que encontrámos, lançados no inferno da Grande Guerra.

SEGUNDA PARTE

AS ARTES FACE À GRANDE GUERRA. IMPACTOS INTERNACIONAIS

CAPÍTULO 3
O PATROCÍNIO OFICIAL DAS ARTES. PROGRAMAS, ARTISTAS E PRÁTICAS

A arte motivada pela Grande Guerra teve um desenvolvimento substancial quando os principais países beligerantes reconheceram, por volta de 1917, que os artistas não deveriam servir apenas os objectivos imediatos de informação ou propaganda e decidiram incentivar, oficialmente, a realização de obras de arte representativas da guerra, para memória das futuras gerações. Utilizo aqui a expressão da época, Grande Guerra, em vez da mais contemporânea Primeira Guerra Mundial (1914-1918). E propaganda é aqui entendida no sentido que Harold Lasswell lhe deu ao estudar o conflito, como uma acção deliberada dos governos, utilizando todos os instrumentos de comunicação disponíveis, no sentido de influenciar e mobilizar a seu favor o elemento civil das sociedades (Lasswell 1971, 5-9). Por outro lado, existiam artistas combatentes no serviço activo ou auxiliar que, mobilizados pela conscrição ou voluntários, não sentiram o benefício de qualquer apoio oficial, mas que, corajosamente, nos legaram obras inesquecíveis sobre o conflito, e alguns casos relevantes serão analisados no capítulo seguinte. Mas antes de avaliar a espantosa variedade desses resultados, é importante considerar o contexto institucional de promoção e difusão dos artistas e das suas obras, salientando os casos mais significativos, e perceber como se desenvolveram os programas específicos de estímulo à produção artística durante a Grande Guerra. A bibliografia internacional surgida nas últimas três décadas permite-nos tentar uma síntese deste tema vasto e complexo. Inicialmente, vale a pena prestar especial atenção ao caso francês, pois, como veremos, Sousa Lopes estava atento ao que neste âmbito se passava em Paris.

Em França, mais de vinte artistas viajavam pelas zonas dos exércitos desde Dezembro de 1914, recomendados ao Estado-Maior pelo director do museu militar situado na capital, o Musée de l'Armée, dirigido pelo general Gustave Niox (1840-1921). Os nomes mais importantes são François Flameng (1856--1923), Georges Scott (1873-1943) e Lucien Jonas (1880-1947). Pertenciam todos à Société des Peintres Militaires, presidida honorariamente por Flameng e fundada em 1913, no ano seguinte ao desaparecimento do mestre da pintura militar francesa, Édouard Detaille (1848-1912), foi o principal responsável da popularidade que o género adquiriu nos *salons* oficiais, após a derrota na Guerra Franco-Prussiana de 1870. É respondendo a uma solicitação do grupo que a administração militar cria em Abril de 1914, para a maioria dos artistas, o título de «pintor do Ministério da Guerra» (Lacaille 2000, 16).

Em virtude do estatuto profissional, surpreende que a produção destes artistas não tenha privilegiado a técnica mais nobre da pintura a óleo. Ela respondia antes ao ritmo veloz da actualidade da guerra e revelava um carácter mais imediato, executada em médios formatos de desenho, pintura a aguarela ou a guache, facilmente reproduzíveis na imprensa de massas. Os pintores mais prolíficos colaboravam regularmente na revista ilustrada mais prestigiada na época, em todo o mundo, *L'Illustration*, que durante a guerra reproduziu centenas de trabalhos produzidos no âmbito das missões apoiadas pelo museu parisiense. Ficaram célebres as aguarelas de François Flameng reproduzidas a cor, com frequência em página dupla, no mesmo semanário, que revelavam um particular realismo e capacidade em sugerir cenas do *front* captadas «ao vivo».

A edição de álbuns de gravuras era outro dos meios utilizados para disseminar publicamente imagens mais retóricas e sentimentais, apelando ao orgulho patriótico dos cidadãos no esforço de guerra. Um dos exemplos mais paradigmáticos é o álbum de litografias de Lucien Jonas, *Les grandes vertus françaises*, publicado em 1916, num ano difícil para os Aliados com as batalhas colossais e inconclusivas de Verdun e do Somme. Na prancha 8, por exemplo, evocando esta última batalha [**Figura 7**], dá-se um significativo desvio em relação ao estilo de Detaille, que ainda privilegiava uma visão de conjunto. Aqui as figuras são representadas mais de perto e adquirem uma gestualidade dramática e heróica, respondendo ao sensacionalismo e propaganda dos tempos de guerra.

No entanto, as missões artísticas promovidas pelo Musée de l'Armée não tinham carácter oficial. Os artistas eram voluntários e não auferiam qualquer salário ou subsídio da administração militar, dependendo para a sua subsistência da boa vontade dos comandos das unidades. Viajando frequentemente em equipas de dois, eram missões de duração variável, de viagens de poucos dias a outras que poderiam durar meses, e Flameng foi de todos o mais constante (Lacaille 2000, 24). As obras originais produzidas na frente, que seguiam a actualidade da guerra, eram expostas no salão nobre do Musée de l'Armée (ainda hoje no Hôtel des Invalides, erguido no reinado de Luís XIV), em simultâneo com as exposições muito populares de troféus de guerra e material apreendidos ao exército alemão, expostos no pátio do edifício dos Invalides (*Idem*, 27). Mas em Outubro de 1915 o comandante em chefe, general Joseph Joffre (1852-1931), decide não renovar as licenças de circulação dos artistas na zona dos exércitos, acordadas com Niox até então. Não terminam, porém, as viagens destes enquanto pintores do Ministério da Guerra e correspondentes da imprensa. Só em Novembro de 1916 as missões artísticas são reformuladas e organizadas exclusivamente pelo Governo da República, através da Subsecretaria de Estado das Belas-Artes.

A correspondência oficial indica que a administração das Belas-Artes criticava a dispersão das obras por particulares e os resultados pouco interessantes expostos no Musée de l'Armée (Robichon 2000, 60). Existe uma clara preocupação do Governo em centralizar o patrocínio artístico e constituir

Figura 7
Lucien Jonas
A grande ofensiva (*La Grande Offensive*)
Estampa n.º 8 do álbum *Les Grandes Vertus Françaises*, 1916
Litografia sobre papel, 61,5 x 43 cm
Colecção particular

uma colecção nacional de pintura representativa de um conflito que decorria há mais de dois anos. A organização das Missions artistiques aux armées foi negociada com o Ministério da Guerra, e só foram aceites candidaturas de homens isentos de toda a obrigação militar (os da reserva ou serviço auxiliar, avaliados caso a caso pelas autoridades militares), ficando novamente à margem deste patrocínio a geração mais jovem de artistas, que de resto já combatia no exército de linha, devido à conscrição geral: Georges Braque (1882-1963), André Derain (1880-1954) e Fernand Léger (1881-1955) são os exemplos mais ilustres. Eram missões voluntárias e a título gracioso, e novamente os artistas teriam de suportar as despesas de estadia, deslocação e alimentação (Robichon 2000, 61). Não se pode dizer que seriam condições apelativas para os artistas franceses. Porém, as propostas afluíram em grande número, e foram aceites até ao final do programa perto de 100 artistas, processo que se estendeu também ao Ministério da Marinha (Branland et Prud'hom 2012, 204). Uma comissão especial avaliava os candidatos, constituída por representantes dos militares, do Governo e por personalidades dos museus e da crítica.

Durante todo o ano de 1917 realizaram-se doze missões de curta duração (no máximo um mês), agrupando os artistas em conjuntos de número variável, tendo cada membro independência de acção. Por compreensíveis razões de segurança, eram-lhes interditas as linhas de trincheiras e zonas de combate. Executavam no *front* essencialmente trabalhos preparatórios em suporte papel, estudos para pinturas ou gravuras que realizavam no regresso a Paris. O eclectismo das tendências artísticas marcava uma diferença para o programa militar anterior: desde nomes pertencentes às associações mais tradicionais (Société des Artistes Français e Société Nationale des Beaux-Arts) até pintores de tendência mais moderna, sinal de que a comissão mostrava uma vontade de actualização. Alguns eram expositores dos salões de Outono ou dos Independentes, destacando-se os pintores do conhecido grupo Les Nabis: Pierre Bonnard (1867-1947), Maurice Denis (1870-1943) e Félix Vallotton (1865-1925).

Concluídas as missões, os artistas eram convidados a apresentar os resultados à comissão, que escolhia quais deveriam figurar nas exposições do Musée National du Luxembourg (o museu estatal de arte moderna e contemporânea, à entrada do parisiense jardim do Luxemburgo). Realizaram-se seis exposições, entre Abril de 1917 e Março de 1918. No final, escolhiam-se as obras a adquirir pelo Estado, cujo preço o Governo fixava unilateralmente (Branland et Prud'hom 2012, 204). No total foram adquiridas 77 obras, entre pinturas a óleo, aguarelas e desenhos.

Apesar da afluência do público às exposições, as críticas na imprensa foram negativas, classificando os resultados como medíocres (Robichon 2000, 69-73). A pintura *Tarde calma na primeira linha*, de Maurice Denis, é um bom exemplo daquilo que os críticos censuravam nas missões artísticas: o alheamento das condições específicas desta guerra e a incapacidade em representar os efeitos do conflito [**Figura 9 do extratexto**]. Denis escolheu como tema da sua obra de guerra mais ambiciosa um assunto impreciso, situado num cenário bucólico e decorativo. Um grupo de soldados e agentes de ligação com bicicletas percorrem o troço de uma estada junto de um muro arruinado, enquanto outros soldados no centro estão, aparentemente, em trabalhos de reparação de trincheiras, um deles a rachar lenha, enquanto outro camarada lê uma carta encostado a uma vedação; tudo enquadrado num fundo de paisagem poente em tons róseos e harmoniosos.

Philippe Dagen estudou a recepção contemporânea destas obras de patrocínio oficial (1996, 91-106). A questão mais importante dos críticos referia-se à autenticidade e valor destes testemunhos: como se podiam exigir obras de arte relevantes quando não se proporcionava aos artistas uma experiência continuada, real e autêntica da guerra? A mecânica complexa deste conflito não era apreensível em visitas superficiais ao *front*, em poucos dias, e num perímetro

O patrocínio oficial das artes. Programas, artistas e práticas

limitado às zonas de apoio às linhas. Salvo um ou outro caso excepcional a que ainda voltarei, os resultados em França foram na realidade pouco memoráveis; raramente as obras de arte produzidas superaram uma relação circunstancial ou documental com o fenómeno da guerra. Por outro lado, a comissão de peritos demitiu-se de propor aos artistas testemunhos mais ambiciosos, pinturas de grande formato que pudessem comunicar uma síntese da sua experiência na frente.

Não é por isso difícil de supor uma decepção oficial face aos resultados, agravada pela crítica hostil dos jornais. Certo é que as missões artísticas são suspensas definitivamente em Dezembro de 1917, sem justificações oficiais (Branland et Prud'hom 2012, 204), um efeito provável da constituição do Governo de Georges Clemenceau no mês anterior (Robichon 2000, 62). O último ano da guerra não teria quaisquer artistas em missão ao serviço da França. Teríamos de esperar pelas iniciativas da outra grande potência dos Aliados, onde o patrocínio oficial da arte de guerra foi mais consistente e bem-sucedido.

Inicialmente, o Reino Unido teve uma agência governamental de propaganda, o War Propaganda Bureau, mais conhecida como Wellington House (o edifício sede, em Londres), chefiada por Charles Masterman (1873-1927). Em Julho de 1916, Masterman recruta o primeiro *official war artist*, o desenhador e gravador Muirhead Bone (1876-1953). Com o novo Governo liderado por David Lloyd George (1863-1945), a agência é elevada a Department of Information, em Fevereiro de 1917, facilitando as relações com o Tesouro e a contratação de artistas. Durante esse ano são contratados autores de importância crucial na pintura britânica da Grande Guerra: William Orpen (1878-1931), Eric Kennington (1888-1960), Christopher Nevinson (1889-1946) e Paul Nash (1889-1946).

Exceptuando Orpen, referido oficialmente como *special case*, todos haviam cumprido serviço activo voluntário, interrompido por doença ou ferimentos, e haviam representado a guerra em trabalho relevante e independente; era deste modo, pelo menos, que o Governo justificava publicamente as escolhas (Malvern 2004, 30). Mas foi o primeiro deles quem serviu na frente a tempo inteiro e até ao armistício, com salário fixo e patente de major. As pinturas de Orpen revelam uma grande liberdade de acção, e as suas escolhas mais relevantes raramente atenderam aos interesses da propaganda. Nas obras mais complexas, os assuntos são particularmente insólitos e originais, encenados num registo satírico, fruto de uma admiração antiga por Goya.

Com efeito, tal como em França, o Department of Information ou o War Office abstinham-se de sugerir aos artistas temas ou acontecimentos específicos a representar, numa prova de seriedade e inteligência. Masterman respondeu certa vez a Eric Kennington, que procurava orientação superior: «I am afraid I cannot give you any directions as to what you should draw. I am quite content that you should go on drawing whatever you think best. I cannot pretend to direct or control artistic inspiration.»[1] As pinturas de Kennington, Nevinson e Nash eram divulgadas – iniciativa inédita noutros países – numa série de monografias intitulada *British Artists at the Front*, dedicadas exclusivamente a um artista, com ensaios que salientavam a especificidade e credibilidade de

[1] Ofício de 29 de Setembro de 1917 (IWM, 245A/6), citado em Malvern 2004, 49-50.

Figura 8
Eric Kennington
Fazendo soldados: nas trincheiras
(*Making Soldiers: In the Trenches*)
Do álbum *Britain's Efforts and Ideals*,
1917
Litografia, 46,7 x 36 cm
Imperial War Museum, Londres

cada pintor de guerra (Malvern 2004, 29). Profusamente ilustrados, os livros coincidiam com as exposições individuais de cada um realizadas em Londres, durante 1918, coordenadas com o departamento governamental.

Outra ideia notável do departamento de Masterman foi a publicação, em 1917, de um álbum de 66 litografias, intitulado *Britain's Efforts and Ideals*, executadas por dezoito artistas. Eram visíveis as vantagens dos que conheciam a guerra em primeira mão e descartavam opções líricas, como Kennington, que teve a seu cargo o tema *Making Soldiers* [**Figura 8**]. Organizaram-se exposições das litografias nas principais cidades britânicas e ainda em Paris, Nova Iorque e Los Angeles (Malvern 2004, 41).

Mas o patrocínio britânico mais visionário chegou em Março de 1918, com a constituição do British War Memorials Committee (BWMC), criado por William Maxwell Aitken (1879-1964), Lorde Beaverbrook, que ascendera a ministro da Informação e extinguira o departamento anterior. Numa operação governamental ambiciosa, dezassete pinturas de grande formato e doze mais reduzidas foram encomendadas pelo BWMC a 29 artistas britânicos (Malvern 2004, 69). Se o departamento de Masterman precisava de justificar a contratação de artistas com as necessidades urgentes da propaganda, já o projecto do ministro Beaverbrook podia assumir como seu objectivo principal constituir «um legado para a posteridade» (*a legacy to posterity*)[2].

A iniciativa era um projecto pessoal de Beaverbrook, repetindo o modelo do pioneiro Canadian War Memorials Fund, que ele criara para o Governo do seu país natal, em Novembro de 1916. Durante os três anos seguintes, foram sugeridos a artistas ingleses e canadianos temas especificamente relacionados com as operações do Canadian Corps, destacando-se na imensa colecção as 42 pinturas de grande escala realizadas. Foi também um programa mais abrangente que o inglês, contratando mais de 100 artistas até 1919. Chegou a ser projectada nesse ano uma galeria memorial a construir em Otava para expor a enorme colecção, na forma de um grandioso edifício neo-barroco, com cúpula, que não chegou a ser construído[3].

Mas, por agora, importa sublinhar que o programa canadiano explicitava três premissas cruciais para o salto de qualidade do patrocínio artístico durante a guerra, que o comité inglês desenvolveu: a reconstrução académica de material descritivo havia descredibilizado o pintor de batalhas e não tinha valor para o futuro; as obras de arte precisavam de se basear numa experiência pessoal e em impressões reais da guerra, enquanto ela decorria para captar a sua diversidade e verdadeiro significado, seria necessário empregar um conjunto de artistas, gozando de total liberdade de escolha, para que a qualidade e o valor dos resultados não ficassem comprometidos[4].

No caso inglês, Beaverbrook delegou todo o trabalho num comité informal constituído por escritores e críticos de arte, que rapidamente modificaram um programa inicialmente pensado por temas para escolhas centradas em autores representativos da arte britânica contemporânea (Malvern 2004, 106). O BWMC propunha aos artistas que produzissem pinturas históricas, memoriais sobre a guerra, sem ditar assuntos ou estilos. Porém, a originalidade maior da encomenda foi estabelecer dimensões uniformes para as três séries pensadas, valorizando o todo enquanto colecção. O desejo de que tivessem dimensões de museu e ligação à tradição ocidental levou o comité a escolher como referência a célebre pintura de Paolo Uccello (1397-1475), *A batalha de San Romano*, na colecção da National Gallery de Londres.

Planearam-se três pinturas de maior escala (230 x 610 cm), doze pinturas «Uccello-sized» (183 x 317,5 cm) e vinte e uma de formato mais reduzido. Das três maiores, a única efectivamente realizada foi a do norte-americano John Singer Sargent, que vimos Sousa Lopes considerar, ainda estudante em Paris, como o maior pintor da época. Concluída em 1919, a pintura com o título *Gaseados* [**Figura 10 do extratexto**] confirma a liberdade com que o artista pôde ignorar o acordo inicial para encontrar um assunto que evocasse a cooperação entre

---

[2] Referido na minuta de reunião do comité a 21 de Março de 1918 (IWM, BWMC I), citada em Malvern 2004, 75. Veja-se nesta obra as listas completas de artistas, obras e pagamentos relativos ao BWMC (pp. 178-199).

[3] Da autoria do arquitecto inglês Edwin Alfred Rickards (1872-1920). Sobre este particular, veja-se Brandon 1998 e Tippett 2013, 93-111. A colecção seria integrada na National Gallery of Canada (Otava) e por fim transferida, em 1971, para o Canadian War Museum, também na capital canadiana.

[4] Ideias expressas no artigo programático de J. H. Watkins. 1917. «The Canadian War Memorials Fund: History and Objectives». *Canada in Khaki* 2: 25-26. Citado em Malvern 2004, 76.

tropas britânicas e norte-americanas. Tal como os seus pares, Sargent visitou no ano anterior a frente ocidental durante três meses, subvencionado pelo comité, acabando por escolher um acontecimento que o impressionou fortemente, observado numa estrada perto de Arras. Soldados britânicos, sobreviventes de um ataque com gás mostarda, com vendas brancas nos olhos, repousavam e aguardavam tratamento nas imediações de um posto de socorro. Traduzindo a visão num friso de figuras, evocando exemplos da Antiguidade, e apesar de uma composição pouco inspirada e convencional, Sargent consegue transmitir o sofrimento dos soldados sem demagogia ou sentimentalismo, sugerindo convincentemente a tragédia humanitária que testemunhara.

A pintura de Sargent teria um lugar central no futuro edifício a erigir em Londres, pois o programa e a escala muito precisa destas obras supunham, tal como em Otava, um local próprio que as abrigasse. Muirhead Bone, o primeiro artista oficial, chegou a planear uma Great Memorial Gallery (também referida como Hall of Remembrance) com três salas que acomodassem os diferentes formatos das pinturas, mas que teve o mesmo destino da congénere canadiana. Desta vez pela oposição persistente do Tesouro britânico, que sempre questionara a ideia de encomendar pinturas para as colecções nacionais como parte de uma estratégia de propaganda (Malvern 2004, 71 e 81). A colecção acabou finalmente por ser adquirida pelo recém-constituído Imperial War Museum, de Londres. Quando foi apresentada publicamente na Royal Academy, em Dezembro de 1919, sob o título *The Nation's War Paintings and Other Records*, a recepção crítica salientou a ideia de um renascimento da arte britânica durante a guerra, em particular devido aos jovens modernistas, como Nevinson ou Nash, que o Governo conseguira persuadir para a causa nacional (*Idem*, 12). Regressaremos a este assunto.

À medida que alargamos o nosso inquérito a outros países beligerantes, chegando aos Impérios Centrais, é instrutivo verificar a diversidade de soluções, e algumas confluências, a que os governos chegaram no desejo de pôr a arte ao serviço do esforço de guerra. Na Alemanha do *Kaiser* Guilherme II, não se desenvolveu uma política oficial no sentido de construir uma colecção nacional de arte, como nos notáveis exemplos anteriores; parece-se privilegiar as contingências da propaganda e um patrocínio pontual dos artistas (Küster 2008). Apesar de existir um precedente durante a Guerra Franco-Prussiana de 1870, era singularmente difícil obter do Estado-Maior em Berlim uma autorização de artista oficial (Weissbrich 2014, 43), destacando-se nessa função o pintor Ernst Vollbehr (1876-1960). Com uma mobilização e esforço de guerra colossais semelhantes à França, a composição etária dos poucos artistas oficiais e as restrições não difeririam muito: são homens que pela sua idade escapam à conscrição (contando mais de 45 anos), distinguindo-se alguns pela qualidade da sua produção. É o caso de Theodor Rocholl (1854-1933), pintor militar formado durante a guerra de 1870, que nos legou quadros realistas mas vibrantes na técnica pictórica. Ou nomes do impressionismo alemão, como o prestigiado Max Liebermann (1847-1935), desenvolvendo um trabalho gráfico inicial entusiástico pela guerra, com litografias reproduzidas no semanário *Kriegszeit* publicado

O patrocínio oficial das artes. Programas, artistas e práticas

pelo galerista Paul Cassirer, onde colaboraram durante dois anos cerca de 51 artistas.

Precedendo a experiência do Reino Unido, o Governo alemão foi também divulgando os trabalhos gráficos dos artistas no álbum *Kriegsfahrten deutscher Mahler*, publicado cerca de 1915, onde se apresentavam os resultados conseguidos como «experiências pessoais da guerra mundial» (*Selbsterlebtes im Weltkrieg*)[5]. Mas as obras mais relevantes e discutidas da arte alemã – e disso são reveladoras as exposições mais recentes – são as de pintores mais jovens com uma experiência directa do serviço militar activo. Incorporados em unidades de infantaria ou artilharia, ou nas ambulâncias, estes artistas verteram uma visão particularmente lúcida e sem complacência da violência extrema do conflito, intensificada pelo expressionismo, que era uma tendência forte da pintura alemã antes de 1914: refiro-me a Max Beckmann (1884-1950), Georg Grosz (1893-1959) e principalmente Otto Dix (1891-1969), este com obras memoráveis que serão analisadas no próximo capítulo.

Na Áustria-Hungria, a coordenação oficial foi mais eficaz e abrangente, efectuada por um impressionante aparato de informação e propaganda imperial. Os artistas eram enquadrados na estrutura militar por um departamento de imprensa de guerra, adstrito ao supremo comando do exército: o Kriegspressequartier (referido nas fontes pelas iniciais KPQ). Influenciar e controlar o fluxo público de informação, a todos os níveis, era naturalmente o objectivo primordial desta unidade. Empregava e acreditava essencialmente jornalistas e escritores para desenvolverem o seu trabalho, mas igualmente fotógrafos, operadores de câmara, artistas gráficos e ilustradores. Um Grupo de arte (Kunstgruppe) foi criado, chefiado por um oficial superior: segundo as directivas do comando supremo, os artistas deveriam procurar temas que fossem propaganda eficaz da acção militar, mas também, curiosamente, com o objectivo de se ilustrar no futuro, através da arte, uma indispensável história escrita. Os Kriegsmaler (pintores de guerra) eram acompanhados, na frente de batalha, pelos colegas correspondentes de guerra que redigiam os relatórios oficiais. As condições oferecidas por Viena eram vantajosas: o artista oficial só estava obrigado a entregar um esboço mensalmente, e tinham licenças até dois meses para terminar pinturas a óleo, de «dimensão apropriada», no seu atelier habitual (Schedlmayer 2014). As obras ficavam propriedade do Estado, de que se conservam hoje milhares de registos no museu de história militar de Viena, o Heeresgeschichtliches Museum.

A dimensão do Kunstgruppe tornava-o uma unidade importante e quase autónoma do KPQ: nele trabalharam até ao final da guerra cerca de 346 artistas[6]. Muitos deles, naturalmente, desenvolviam mais trabalho gráfico do que propriamente obras de arte. Mas, entre tantos colaboradores, deu-se o caso inédito de o integrarem três mulheres: Friederike «Fritzi» Ulreich (1865-1936), Helene Arnau (1870-1958) e Stephanie Hollenstein (1886-1944). É sem dúvida a primeira situação que se conhece de mulheres pintoras a trabalhar em zonas sensíveis de operações militares, como em Belgrado ou na Caríntia. Outra particularidade foi o facto de os artistas, tal como os outros membros do KPQ, estarem

[5] O seu título integral é *Kriegsfahrten deutscher Maler. Selbsterlebtes im Weltkrieg 1914-1915. Mit Beiträgen von Theodor Rocholl, Wilhelm Schreuer, Ernst Liebermann, Amandus Faure und Ernst Vollbehr*. Bielefeld und Leipzig: Velhagen & Klasing. (O título principal pode ser traduzido como: «Viagens na guerra dos pintores alemães. Experiências pessoais da guerra mundial 1914-1915».)

[6] Sobre este particular, consulte-se a página em linha «k.u.k. Kriegspressequartier». Wikipedia. Consultado 23 de Julho de 2014. http://de.wikipedia.org/wiki/K.u.k._Kriegspressequartier. O verbete é bastante detalhado e desenvolvido, sustentado em sólidas fontes documentais da época.

99

isentos do serviço militar activo. Esta é uma das razões que poderá explicar o alistamento massivo de intelectuais e artistas nesta unidade imperial, como expediente para evitar o serviço militar na guerra. O que só atesta a liberalidade com que as chefias militares, na Áustria-Hungria, procederam no recrutamento dos melhores criadores culturais para o esforço de guerra. No final de 1914, o KPQ assegurava colaboração de 880 pessoas, aumentando exponencialmente anos depois, de um para oito departamentos à data do armistício (Goll 2013, 91).

Num país mais a sul que combatia o exército austro-húngaro na linha dos Alpes, a Itália, não se deu um patrocínio artístico tão organizado e sistemático; conserva-se hoje a colecção de referência no Museo Centrale del Risorgimento, em Roma (Pizzo 2005). Distinguiu-se porém o trabalho memorável de alguns artistas, num país com célebre tradição na pintura histórica. Foi o caso de um pintor como Giulio Aristide Sartorio (1860-1932), numa das prestações mais conseguidas, com as suas batalhas impressivas situadas nas trincheiras de grande altitude da frente do Piave. Mas outra situação mais relevante, entre os Aliados, oferece neste âmbito um contraste revelador: na Bélgica, o recrutamento de artistas de guerra foi impulsionado pelo próprio exército em campanha, e vale a pena registar esta peculiaridade porque o processo apresenta semelhanças com o que se irá passar em Portugal. Em Maio de 1916, é criada a Section artistique de l'armée belge, unidade sob comando do Estado-Maior general, por onde irão passar até ao armistício 26 artistas (Smets 2012, 264). Apesar de manterem um estatuto militar, dedicam-se exclusivamente a tarefas artísticas, recebendo um soldo que incluía as despesas de ordem prática. Na origem da iniciativa estão os pintores Alfred Bastien (1873-1955) e Léon Huygens (1876-1919). A sua missão compreendia a documentação visual da frente belga, fixando a paisagem devastada pelos combates, a ruína dos edifícios civis e igrejas e a vida dos soldados em campanha. Moviam-se essencialmente na Flandres ocidental, agrupando-se em duas localidades, em Loo e no porto estratégico de Nieuport, onde Bastien, Huygens e outros partilhavam um atelier comum. Muitas obras realizadas serviam os objectivos da propaganda belga, figurando em exposições aliadas no estrangeiro (Smets 2012, 264).

Já na Rússia imperial, que no início da guerra possuía uma sólida tradição de pintura militar, a arregimentação dos artistas foi muito particular, integrada num departamento parecido com o austro-húngaro, mas de âmbito mais restrito. Sob o patrocínio do czar Nicolau II, é enviado para as frentes de guerra do Exército Imperial Russo um Destacamento Artístico-Militar, assim intitulado (Slesarev 2000, 154), constituído inicialmente por artistas que estudavam pintura militar na academia de São Petersburgo, coordenados pelo pintor de batalhas Mykola Samokish (1860-1944). Em Maio de 1915, visitam algumas regiões, incluindo o Cáucaso, e no mês seguinte trabalham junto do supremo Quartel General e na frente sudoeste, na região da Galícia (Ucrânia ocidental). A unidade de artistas seria integrada no ano seguinte numa Comissão de Troféus de Guerra (Trofeinaya komissiya), que chegou a empregar mais de 80 pessoas: incluía militares, escritores, historiadores e fotógrafos, encarregados de relatar, registar e reunir tudo o que fosse relevante para a história do conflito. Os estudos que

O patrocínio oficial das artes. Programas, artistas e práticas

os artistas realizaram, esboços a óleo e aguarelas, e alguns retratos de oficiais condecorados estão hoje conservados no Museu Histórico-Militar da Artilharia, Engenharia e Transmissões, em São Petersburgo, cujas colecções têm origem no trabalho da referida Comissão de guerra. Fora do destacamento oficial, outros artistas russos de renome registaram a Grande Guerra e são dignos de menção, como Mitrofan Grekov (1882-1934), considerado o fundador da pintura de batalha soviética, e Alexeij Kravchenko (1889-1940), que publicou um álbum de 15 gravuras a água-forte sobre as tropas russas na Galícia publicado em 1916; de ambos se conservam obras no Museu da Revolução, em Moscovo (Slesarev 2000, 154-156).

Finalmente, vale a pena rematar esta panorâmica comparativa com o caso dos Estados Unidos da América, que declaram guerra aos impérios centrais no mês em que os portugueses estavam a entrar nas trincheiras de França, Abril de 1917. Apesar da dimensão da American Expeditionary Force (AEF) em França, com cerca de 2 milhões de homens até ao armistício, o Estado-Maior só contratou oito artistas oficiais, para esse efeito equiparados a capitão[7]. Foram os primeiros artistas, na história norte-americana, a serem contratados pelo Governo para realizar o registo pictórico de uma guerra (Krass 2007, 8). Os escolhidos eram ilustradores experientes, de livros e revistas populares como a *Collier's*, *Scribner's* ou *Saturday Evening Post*. Harvey Dunn (1884-1952) foi o artista com o estilo mais original, desenhando com o traço ágil do *cartoon* mais moderno. Foi um exemplo notável do ilustrador que, em contacto real com os soldados e as operações reais, não repetiu os *clichés* do combate heróico que dominavam a imprensa internacional.

Os oito artistas norte-americanos partilharam um estúdio em Neufchâteau e tinham de reportar a sua actividade à Press and Censorship Division do Quartel General, chefiada por um tenente-coronel; uma solução praticamente idêntica ao exemplo português, como veremos oportunamente. Podiam, contrariamente aos franceses, circular livremente nas áreas ocupadas pelos sectores da AEF, e assim presenciar as acções de combate, levando consigo passes escritos em inglês e francês (Krass 2007, 27). A ironia de toda esta operação foi que o trabalho de artistas ilustradores no terreno, como Dunn, não agradou aos editores da imprensa ilustrada, nem ao Estado-Maior em Washington. Faltavam as imagens de acção, «inspiradoras» (*inspirational*) para a retaguarda, e era-lhes apontado como exemplo a seguir o trabalho do francês Flameng na *L'Illustration* (*Idem*, 173-174). Porém, a independência dos artistas norte-americanos foi apoiada pelos oficiais do Quartel-General em França, que reconheciam a autenticidade do seu testemunho.

Para além dos registos, por vezes coincidentes, de propaganda ou de memória da guerra, no terreno os exércitos beligerantes podiam tirar vantagens mais práticas do olhar experimentado dos artistas. No principal teatro de guerra, a frente ocidental, onde Portugal irá assegurar um pequeno sector, as linhas de trincheiras estabilizam após a batalha do Marne e duram até Agosto de 1918. Ultrapassando 800 quilómetros, uma linha diagonal desenhava-se desde as montanhas dos Vosges, perto da fronteira suíça, até junto do mar em Nieuport, na

---

[7] A colecção de 507 peças que produziram conserva-se no National Museum of American History, Smithsonian Institution, em Washington D.C. (Krass 2007, 305-306).

Bélgica. Numa guerra de posição e de desgaste, em que o tiro da artilharia era vital para alcançar vantagens tácticas, os pintores podiam ser empregues pelos serviços topográficos para pintar vistas panorâmicas da paisagem de guerra. De sectores críticos como Verdun ou Champagne, indicando os pontos essenciais, como aconteceu com Flameng, que as executava em aguarela sobre cartão (Lacaille 1998, 101). Ou podiam executar rápidos esboços das posições inimigas, úteis para operações tácticas no imediato, fixando uma paisagem em constante mudança devido à artilharia, como sucedeu com o pintor francês Paul Maze (1887-1979) ao trabalhar para o serviço de informações britânico (Gough 2000, 101).

Por outro lado, numa guerra de trincheiras cuja táctica se refinava pela capacidade de dissimulação e invisibilidade face ao inimigo, o emprego mais sistemático de artistas combatentes deu-se nas inovadoras secções de camuflagem. A invenção espantosa da *camouflage* na guerra de 1914 foi francesa: deve-se ao pintor Lucien-Victor Guirand de Scévola (1871-1950), discípulo de Cormon, expositor no salão dos Artistas Franceses antes da guerra. Enquanto oficial de engenharia, o pintor verificou no terreno a eficácia da observação aérea alemã, na detecção de peças de artilharia. Teve então a ideia de revestir alguns canhões com telas pintadas de cores que se misturavam à distância com os tons locais da natureza. Confundindo-se com a envolvente, as armas eram virtualmente invisíveis no terreno de combate e do ar, como cedo confirmaram os aviões franceses. Mais tarde, Guirand de Scévola admitiu que se lembrara das pesquisas de cubistas e impressionistas, na fragmentação das formas e das cores (Coutin 2012, 22-23).

Convencido por estas experiências, a Section de camouflage foi oficialmente criada pelo ministro da Guerra em Agosto de 1915 e o comando entregue a Guirand de Scévola. A secção compunha-se de ateliês que trabalhavam para os diferentes corpos de exército em campanha; aí os artistas pintavam telas com áreas em tons de verde, ocre, vermelho para esconder peças de artilharia, tanques, ou engenhos ferroviários, ou concebiam redes com pedaços de tecido para cobrir canhões, estradas ou as entradas das trincheiras. Assegurando também um grande atelier em Paris, os *camoufleurs* eram auxiliados por numerosa mão-de-obra feminina e dos prisioneiros de guerra. Em equipas especializadas visitavam as zonas da frente, sugerindo a melhor estratégia de invisibilidade (de ver o inimigo sem ser visto) adaptada a cada local. O simulacro da realidade atingia o nível cenográfico de um espectáculo teatral: os ateliês concebiam canhões em madeira pintada, de tamanho real, falsos troncos de árvore como postos de observação da trincheira inimiga, fatos camuflados para a acção dissimulada dos *snipers* (atiradores furtivos). Muitos dos artistas da secção vinham da cenografia do teatro (habituados a jogar com o *trompe-l'oeil*), e um significativo número era praticante de um estilo recente como o cubismo, hábil na deformação dos objectos. Chegaram a trabalhar neste departamento mais de 200 artistas (Coutin 2012a, 102). Alguns legaram-nos cadernos de campo extremamente minuciosos, sendo o mais belo o do cubista e decorador André Mare (1885-1932), com aguarelas em que a dissolução formal, operada por uma visão cubista, é experimentada nos próprios objectos que recebem a camuflagem.

Pode dizer-se que a sofisticação da camuflagem moderna surgida na guerra de 1914-1918 foi inventada pela criatividade dos artistas, nesta secção pioneira do exército francês, generalizado-se depois nos exércitos dos principais beligerantes. Mas novas formas de expressão igualmente engenhosas se manifestaram na pintura de arte, tentadas por artistas que combatiam ou eram impressionados pelas notícias da frente, impulsionados pelo incentivo oficial ou numa prática independente impregnada pela urgência do drama.

CAPÍTULO 4
PINTURA E EXPERIÊNCIA DA GUERRA MODERNA

Ensaiar no momento presente uma análise crítica da pintura internacional da Grande Guerra, ainda que necessariamente breve, pode revelar-se um exercício demasiado genérico e pouco útil se não circunscrevermos as principais linhas de investigação dos artistas, as suas obras mais representativas e, no pós-guerra, as realizações da pintura enquanto projecto memorial. Isso permite-nos contextualizar de forma mais substantiva e dialéctica a obra do artista que motiva esta investigação.

O que significou ser um pintor na Grande Guerra? Que relação poderia estabelecer com os efeitos de um fenómeno de dimensão inédita, que utilizava todos os recursos da moderna idade industrial? Uma das questões que mais ajudará a compreender esta singularidade, e que importa considerar inicialmente, é a da relação deste *corpus* com a tradição ocidental da pintura de história, ou da pintura histórica, termo utilizado nas academias portuguesas ao tempo de Sousa Lopes. Em sentido lato, a pintura de história apresenta uma acção humana com várias figuras, de assunto mitológico, religioso, histórico ou literário, podendo ainda ser alegoria. Foi teorizada no Renascimento italiano, legitimada como género dominante nas academias europeias surgidas no século XVII, e só verdadeiramente questionada na segunda metade do século XIX, com a afirmação de estilos que ambicionavam a reinvenção da pintura de paisagem, como o naturalismo e o impressionismo[1]. Mas refiro-me neste ponto a um sentido mais restrito, de representação de eventos contemporâneos do artista, e mais especificamente à pintura de batalhas e de eventos militares.

Philippe Dagen é o autor que revela maior preocupação com este problema, no âmbito de um inquérito mais geral sobre a atitude dos artistas face ao conflito, em *Le Silence des Peintres* (1996). Partindo de hipóteses observadas no contexto francês, o autor verifica convincentemente que se instala um desinteresse e uma relutância, por parte de nomes cruciais do modernismo dos anos de 1910, em evocar pictoricamente os eventos traumáticos da Grande Guerra. Pintores como Picasso e Juan Gris (1887-1927), oriundos de um país neutro, ou Matisse e Bonnard, pela idade isentos de serviço militar; mas igualmente pintores que desempenhavam serviço activo nas trincheiras, como Braque, Derain e mesmo Léger. Verificava-se o mesmo no salão dos Artistas Franceses em Maio de 1918,

[1] Uma discussão útil sobre o conceito de pintura de história, surgido na época moderna, encontra-se em Saldanha 1995, 156-158, ou mais sucintamente em Saldanha 2010, 199.

o primeiro depois do início da guerra: pintores como Flameng e Jonas, testemunhas directas da frente ocidental, falhavam em apresentar uma obra que continuasse a tradição secular (e muito francesa) da pintura de batalhas, que representasse explicitamente a experiência dos combates, como aliás também sucedera nas Missões Artísticas organizadas em 1917.

Mas quando o autor pretende ter verificado nessa ausência uma «amnésia colectiva» dos pintores europeus (Dagen 1996, 15), ultrapassados, numa espécie de batalha mediática, com a fotografia e o cinema de guerra entretanto surgidos, a discussão é conduzida para um terreno mais problemático. A sua hipótese é radical: «Peinture d'histoire: il en va donc de cette notion, de son obsolescence, de sa décrépitude, de sa disparition peut-être» (*Idem*, 18). Contudo, as várias pinturas que analisa na sua obra sugerem um sentido inverso, o da sobrevivência de um género ainda que sob fórmulas que vão superar muitas das suas convenções. Não tardaremos a verificá-lo neste capítulo, e alguns exemplos serão discutidos. O próprio projecto artístico de Sousa Lopes para o Museu Militar de Lisboa, que irei analisar mais tarde, é a seu modo um desafio importante à validade deste argumento central em Dagen, dificilmente aplicável fora do contexto francês.

No mundo anglo-saxónico, Sue Malvern (2004) demonstrou existir um desejo de enraizamento dos quadros da Grande Guerra na tradição solene da pintura histórica de museu. «They ought then to possess that monumental character essential to historical paintings», defendeu Robert Ross, consultor do BWMC, propondo uma uniformização das dimensões visando a exibição permanente (*apud* Malvern 2004, 80). Como vimos, muitos artistas foram instruídos no sentido de produzirem as suas pinturas com as exactas dimensões dos quadros de Uccello (e mesmo de Velázquez, no caso canadiano). Quando a colecção canadiana é apresentada na Royal Academy londrina, em Janeiro de 1919, os quadros da guerra foram acompanhados por uma pintura emblemática da história do país, *A morte do general Wolfe* (1770), de Benjamin West (1738-1820), que o mentor do programa, Lorde Beaverbrook, conseguira integrar anos antes na National Gallery of Canada.

Parece consolidar-se a ideia de uma pintura moderna de guerra, diferente da precedente, quando o comité britânico renuncia a encomendar pinturas de batalhas restrospectivas – como os canadianos ainda o faziam – e aposta arriscadamente no tema livre à escolha do artista, sem condicionar estilos, baseado unicamente no valor do testemunho pessoal (Malvern 2004, 85-86). A nível internacional, parece confirmar-se uma nova sensibilidade, mais crítica, do teatro de guerra, tanto em artistas independentes como os comprometidos com governos, marcados pelo testemunho directo de um conflito que surpreendia, ano após ano, pela violência e destruição sem precedentes.

Na arte oficial, a procura de uma visão credível e original que norteou o patrocínio francês e britânico motivou uma ruptura com a função que a pintura de guerra desempenhava no Antigo Regime e no Império, como glorificação pessoal do poder, ou na arte fino-oitocentista, com uma mensagem moral e nacionalista, que se descredibilizara. Parece retomar-se o sentido

Pintura e experiência da guerra moderna

original de *historia* que Leon Battista Alberti (1404-1472) codificou no início do Renascimento: na pintura, a acção das figuras e sua narração serviria antes de mais para deleitar ou emocionar a alma do observador (Alberti 1992, 169), ignorando assim qualquer lição exemplar ou moral instituída pela prática académica. É neste sentido que Paul Konody podia argumentar em 1919, com um evidente sentido político, enquanto consultor dos comités canadiano e inglês, que nascera com os memoriais britânicos uma nova pintura moderna da guerra. Caracterizava-a o individualismo, fruto de uma experiência directa e íntima do artista, e o espírito democrático e anti-militarista, com uma ênfase no sofrimento e privações do soldado comum[2].

Um exemplo claro dessa mudança deu-se no desenvolvimento do programa de Otava, em 1917, invertendo o sentido das encomendas iniciais. Motivado pela primeira grande vitória do Canadian Corps na frente ocidental, durante a segunda batalha de Ypres, em 1915, Beaverbrook quis imortalizá-la em pintura e fez a sua primeira escolha com um retratista prestigiado da Royal Academy, Richard Jack (1866-1952). O pintor inglês visitou o local e entrevistou vários participantes, empenhando-se numa pesquisa e reconstituição meticulosas. Mas a obra monumental resultante, *A Segunda Batalha de Ypres* (1917, CWM, Otava), reflectiu os *clichés* da pintura militar académica da qual partia, destacando um oficial-herói de pé contra o fogo de barragem, de ligadura na cabeça, incentivando os seus soldados. Enredado na descrição literal, este *tour de force* pouco se diferenciava, no essencial, das vulgares reconstituições das revistas ilustradas. A chegada de Konody, conhecido crítico de arte do jornal *The Observer*, ao programa canadiano irá questionar a linha que esta escolha sinalizava e apostar em artistas de tendência mais moderna e com experiência de combate.

William Roberts (1895-1980), já então conhecido no modernismo inglês, aceitará pintar os eventos da mesma batalha de 1915, mas a sua proposta é radicalmente diferente da obra anterior. Roberts representa um evento terrível ocorrido na batalha em torno de Ypres, o primeiro ataque em grande escala com gás venenoso, frente a canadianos e franceses, que inaugurou a guerra química [**Figura 11 do extratexto**]. O gás clorino era especialmente danoso para os olhos e vias respiratórias, e muitas vítimas morriam por asfixia. Apesar de não o ter presenciado, o artista contornou a dificuldade valendo-se da sua experiência de combatente na Royal Field Artillery, situando a acção junto dos artilheiros da 1.ª Divisão Canadiana. O momento é quando irrompem pelas baterias as tropas coloniais francesas, zuavos argelinos, que segundo relatórios oficiais foram de facto os primeiros a sentir os efeitos do gás venenoso (Cork 1994, 209). Os recursos expressivos da pintura moderna potenciam os sentimentos de alarme e pânico, com o posicionamento sincopado das manchas de cor dominantes, o caqui dos artilheiros que carregam as peças e as calças vermelhas do fardamento tradicional dos zuavos. A diversidade do movimento das figuras, numa convulsão de corpos que se contorcem e gesticulam, desestabiliza o olhar do observador, que tenta ter uma compreensão unitária do quadro. A anterior primazia documental é afastada, adoptando um invulgar ponto de vista aéreo que mina qualquer ilustração do local, com as figuras preenchendo

[2] Paul Konody, também referido como P. G. Konody, foi o curador da exposição do CWMF em Londres. Veja-se Konody, P. G. 1919. «On War Memorials». In *Art and War: Canadian War Memorials* (edição especial de *Colour Magazine*). Londres: 6-15. Referido em Malvern 2004, 88-89.

todo o plano da imagem. Não se dá qualquer acção heróica individual que nos distraia do drama colectivo.

Noutros países, mesmo produzindo arte oficial, os artistas sentiam igualmente necessidade de questionar as convenções heróicas na representação das acções de combate. Albin Egger-Lienz (1868-1926), um dos pintores austríacos do Kriegspressequartier, não pretendeu evocar qualquer evento particular da Grande Guerra, mas quis antes chegar a uma composição que tivesse o poder de um símbolo. Em *Os Sem Nome 1914* (1916, Heeresgeschichtliches Museum, Viena), um grupo compacto de soldados percorre com visível esforço as crateras da «terra de ninguém» (terreno entre linhas inimigas), subsumidos no colectivo, com gestos idênticos e sem rostos individualizáveis, resignando-se em direcção a um destino trágico e anónimo, como o título da obra explicita. Esta tem sido vista como um símbolo da mortandade massificada dos soldados da guerra de 1914, e Egger-Lienz realizará pelo menos quatro versões. A última será pintada a fresco em 1925, nas paredes de uma capela memorial consagrada às vítimas da guerra, no seu município natal, Lienz. Um outro pintor oficial, o belga Alfred Bastien (1873-1955), viu também a acção militar com uma sensibilidade moderna, sem sentimentalismo. Depois de ter estado na origem da Secção Artística do exército belga, trabalhou para o Governo de Otava como pintor oficial junto do 22.º Regimento Canadiano na Flandres. Em 1918, Bastien pinta *Ao assalto, Neuville-Vitasse* (CWM, Otava). Apesar de ter presenciado o combate, aqui a segunda batalha de Arras ganha em Agosto pelo Canadian Corps, o pintor apresenta com uma notável frieza o momento de expectativa dos companheiros de batalhão, antes de saltarem o parapeito para dar início ao ataque. Uma tendência impressionista é visível no tratamento do céu e das figuras.

Uma das obras mais surpreendentes na capacidade de transmitir a violência dos combates da Grande Guerra foi assinada por Georges Leroux (1877-1957), um expositor regular no salão dos Artistas Franceses. *Inferno* foi apresentada no Salon de 1921 e adquirida por um coleccionador britânico, pertencendo hoje ao Imperial War Museum. Segundo explicou numa carta ao museu londrino, o quadro tem origem num episódio que observou enquanto oficial de uma unidade de camuflagem, quando regressava de um reconhecimento (Cork 1994, 171). Encurralados num cenário apocalíptico sem fuga possível, dominado pelas explosões potentes da artilharia e nuvens de fumo, um grupo de soldados franceses tenta atravessar a terra de ninguém, usando máscaras de gás. Passam quase despercebidos ao olhar no meio de um cenário dantesco, protegendo-se numa cratera cheia de água estagnada, onde jaz um corpo já imóvel. Nunca o grau de destruição da batalha moderna e industrial fora representando picturalmente de forma tão eficaz.

Menos interessados na representação do combate ou em renovar um género considerado académico como a pintura de batalhas, os pintores que militavam nas vanguardas artísticas antes de 1914 – muitos cumprindo serviço militar activo – adoptavam outras estratégias. Coerentes com as pesquisas anteriores à guerra, interessava-lhes explorar o impacto da guerra como uma nova expe-

Pintura e experiência da guerra moderna

riência sensorial, por vezes sinestésica – indo do plano civilizacional à visão mais íntima –, e questionar a representação do corpo humano num contexto tão avassalador.

Gino Severini (1883-1966) propunha interpretar a guerra segundo a prática futurista de celebração dinâmica da vida moderna. As suas pinturas mais importantes foram apresentadas numa exposição em Paris em 1916[3]. A sua estratégia distante e analítica é bem legível no título de um quadro então apresentado, *Síntese visual da ideia: «Guerra»* (1914, Museum of Modern Art, Nova Iorque). Vários motivos sobrepõem-se e interligam-se, chaminés de fábricas e de navios, âncoras e torres de electricidade, as asas de um aeroplano e a bandeira francesa, suplementados por palavras como «Effort maximum» e o título do cartaz da ordem de mobilização geral. Em Severini há uma perspicácia singular em ler este conflito como uma guerra total, que mobilizava sem excepção todos os recursos das nações e das indústrias no esforço de guerra. O método será radicalizado noutra pintura presente na exposição, *Canhões em acção* (1916, Museo di arte moderna e contemporanea di Trento e Rovereto, Rovereto), representando um canhão accionado por artilheiros. Frases inscritas na tela sobrepõem-se em todas as direcções, propondo uma descrição completa das sensações físicas, psicológicas (e estéticas) que o observador poderia experienciar, ou que sentem as figuras fundidas em tal caos, qualificados como «Soldats machines [qui] chargent systhematiquement».

Igualmente sensível à modernidade técnica da guerra, mas recusando o materialismo de Severini, Franz Marc (1880-1916) testemunhava-a na frente como oficial de cavalaria no exército do Kaiser. Marc deixou-nos penetrantes meditações sobre que visualidade possível para uma guerra incomensurável, que parecia fabricar a sua irrealidade: «En tout cas, la guerre ne fait pas de moi un naturaliste», escreveu à mulher, Maria, «au contraire, je sens l'esprit qui plane au-dessus des batailles, l'esprit omniprésent derrière chaque balle tirée, que le réel, le matériel, disparaît tout à fait» (*apud* Dagen 1996, 136). O pintor alemão, que havia fundado com Kandinsky o grupo Der Blaue Reiter [O cavaleiro azul], em 1911, procurou ensaiar uma visão deste «espírito» da guerra, que se escondia para lá das aparências, nos projectos de pintura desenhados num caderno utilizado na frente de batalha (Staatliche Graphische Sammlung, Munique). A julgar pelos desenhos a lápis, alguns representando uma energia genésica e ultra-sensorial, o artista apurava o lirismo e a estética semi-abstracta praticada antes de 1914. Marc foi porém impedido de concretizar estas ideias, morto nos primeiros dias da batalha de Verdun em Março de 1916.

Outros pintores optavam por traduzir as consequências sinistras da mecanização da guerra, nisso se distinguindo o inglês Christopher Nevinson (1889-1946). A sua pintura mais emblemática representa uma das armas mais mortíferas da guerra, a metralhadora pesada [**Figura 12 do extratexto**]. Um grupo de soldados franceses manobra a arma num «ninho» de metralhadora, figuras de rosto anguloso e modeladas em traços e ângulos agressivos, de capacetes luzidios, partilhando a frieza metálica da arma. O barulho ensurdecedor da metralhadora

[3] Intitulava-se «Première Exposition Futuriste d'Art plastique de la Guerre et d'autres oeuvres antérieures», apresentada na galeria Boutet de Monvel, de 15 de Janeiro a 1 de Fevereiro de 1916 (Silver 1989, 74).

parece sentir-se no arame farpado que remata a imagem, de curvas ritmadas. Com uma concisão invulgar, Nevinson retrata-os como autómatos destituídos de qualquer humanidade, serventes implacáveis do seu poder destruidor. Neste âmbito, o corpo do soldado podia também ser representado como um humanóide desprovido de características e acções que o distinguissem, servindo desígnios decididos superiormente. Wyndham Lewis (1882-1957), rival de Nevinson na liderança da vanguarda inglesa, salientou-se pela reflexão particularmente lúcida sobre este tema, e como líder do vorticismo (uma variante do futurismo) estava apto a realizá-la. Escreveu num pequeno ensaio publicado na revista *Blast*, em 1915, antes de seguir para França como artilheiro:

> The quality of uniqueness is absent from the present rambling and universal campaign. There are so many actions every day, necessarily of brilliant daring, that they become impersonal. Like the multitude of drab and colourless uniforms – these in their turn covered with still more characterless mud – there is no room, in praising the soldiers, for anything but an abstract hymn. These battles are more like ant-fights than anything we have done in this way up to now.[4]

O serviço militar activo de Lewis parece ter-lhe confirmado esta evidência, a julgar especialmente por uma série de aguarelas e desenhos expostos na Goupil Gallery de Londres, em 1919. Os soldados aparecem-nos como figuras estandardizadas, de farda idêntica, que, protegidos pela trincheira, repetem acções «impessoais», como formigas, e assistem sem emoção às deflagrações potentes da artilharia. Noutra mutação ainda mais radical, os soldados podiam ser vistos mais explicitamente como homens-máquinas – que Severini já ensaiara – representados numa rara tela de 1917, do cubista Fernand Léger (1881-1955). Em *Jogo de cartas* (Stichting Kröller-Müller Museum, Otterlo, Países Baixos) os *poilus* seus camaradas, observados num abrigo, são humanóides feitos de tubos de aço, como peças de artilharia, adequados na perfeição a uma guerra dominada pelo armamento industrial. A composição tem sido interpretada como uma alegoria do conflito mecanizado (Cork 1994, 164).

Léger teve uma profunda experiência da guerra de trincheiras, como sapador e depois maqueiro em frentes mortíferas como Marne, Argonne e Verdun. No final de 1916, foi intoxicado num bombardeamento com gases asfixiantes, convalescendo até ao fim da guerra. Tal como Marc, o pintor registava as suas meditações na correspondência com amigos, chegando a deduções surpreendentes que apuravam de certo modo a visão de Lewis:

> Cette guerre-là, c'est l'orchestration parfaite de tous les moyens de tuer anciens et modernes. […] C'est linéaire et sec comme un problème de géométrie. Tant d'obus en tant de temps sur une telle surface, tant d'hommes par mètre et à l'heure fixe en ordre. Tout cela se déclenche mécaniquement. C'est l'abstraction pure, plus pure que la Peinture cubiste «soi-même». (apud Dagen 1996, 174)

[4] Lewis, Wyndham. 1915. «The Six Hundred, Verestchagin and Ucello». *Blast* 2, War Number (July): 25.

A obra que levou talvez o fascínio da modernidade técnica à sua expressão mais original foi pintada por Félix Vallotton (1865-1925). Tal como Maurice Denis, seu camarada no grupo *Les Nabis*, Vallotton foi missionário artístico na frente ocidental, durante Junho de 1917. O quadro que evoca a luta gigantesca pela cidade-mártir de Verdun é provavelmente a pintura mais vanguardista realizada enquanto arte oficial [**Figura 13 do extratexto**]. Contudo, Vallotton nunca esteve em Verdun. Como mais tarde explicou, seria sempre mais verdadeiro pintar as «forças» presentes no teatro de guerra do que os seus efeitos materiais (Dagen 1996, 155). Verdun é assim um cenário deserto de humanidade e assolado por tecnologia militar devastadora, onde se combinam os quatro elementos primordiais: sob a forma de explosões da artilharia convencional, nuvens de gás venenoso, chuva e incêndios, descritos parcialmente no extenso título da obra. Raios de cor atravessam e entrecruzam-se na composição, parecendo seguir a direcção dos projécteis ou, como já foi sugerido, são antes focos de luz reminiscentes de um bombardeamento aéreo nocturno vivido em Paris (Le Ray-Burimi 2012, 279). Em qualquer caso, Vallotton chega a um síntese afastada de toda a acção literal de combate, a um original «hino abstracto» (*abstract hymn*), que Wyndham Lewis viu como a característica essencial da batalha moderna.

O grau de devastação provocado pela tecnologia militar nos campos de batalha e nas zonas da frente inspirava alguns artistas a comunicarem o seu poder metafórico através da pintura de paisagem. Um motivo recorrente é o das ruínas (de cidades, igrejas ou edifícios públicos), que, no domínio da propaganda, era utilizado com eficácia pelos Aliados para denunciar a barbárie da ocupação das cidades belgas e francesas. As ruínas dos edifícios históricos, sobretudo de igrejas e das centenárias catedrais góticas (de Reims, Arras ou Ypres), tinham um claro apelo simbólico, como signo de uma civilização ameaçada ou em perigo de desaparecimento, ideia que parecia continuar o espírito do Romantismo. A repetição deste motivo tem levado alguns autores a falar no desenvolvimento durante a guerra de uma «estética da ruína» (Vatin 2012, 259).

A ideia de paisagem como metáfora de devastação civilizacional e do sofrimento humano esteve, como nenhum outro artista, no centro do projecto de Paul Nash (1889-1946) enquanto pintor oficial na Flandres. A sua estratégia foi activamente credibilizada e promovida para efeitos de propaganda pelo muito pragmático Departamento de Informação britânico, como já foi demonstrado (Malvern 2004, 18-21). *Official war artist* desde Outubro de 1917, Nash foi registando a destruição das paisagens em raras cenas nocturnas nas trincheiras do Saliente de Ypres, iluminadas nos céus pelos *very-lights*, os foguetes de sinalização. Em Novembro, testemunhou o rescaldo da mortífera ofensiva britânica de Passchendaele, referida também como 3.ª batalha de Ypres (31 de Julho – 10 de Novembro de 1917). A sua pintura emblemática, *Estamos a fazer um mundo novo* [**Figura 14 do extratexto**], mostra um pequeno bosque com destroços de árvores, enterrados numa paisagem de lama convulsa e intransitável pela luta dos exércitos, onde desapareceu qualquer vestígio humano. É iluminada difusamente pelos raios de um Sol que espreita do fundo, que uma nuvem de cor vermelho-sangue parece querer tapar. A obra tem sido interpretada como um protesto antiguerra ou pacifista, e o sentido irónico do título parece evidente, com uma grandiloquência imprópria para descrever uma paisagem tão sinistra. Mas uma ambiguidade parece instaurar-se, com implicações na leitura do título, visível no Sol que desponta e os raios difusos que iluminam a cena desolada. Como Malvern observou, o céu com nuvens cor de sangue, análogo a motivos empregues pela poesia de guerra, poderá sugerir não uma condenação, mas a vitalidade de uma redenção nacional (2004, 35). O facto de ter sido reproduzida na capa da monografia oficial de Nash, da série *British Artists at the Front*, diz muito sobre a importância de avaliar as fórmulas de apresentação e recepção das pinturas de guerra desde a sua época até à actualidade.

A estrada de Menin é outra das pinturas fundamentais do artista inglês (IWM, Londres). É o maior quadro que realizou para o BWMC em 1919, com as exactas dimensões da *Batalha de San Romano*, de Uccello. O intuito memorial da encomenda sugere a leitura desta paisagem de batalha como uma elegia, pela natureza e civilização devastadas pela guerra. O pintor escolheu um dos locais mais destruídos pela batalha de Passchendaele, o planalto de Gheluvelt, ladeando a estrada que conduzia à cidade belga. Alguns soldados correm pela artéria desfigurada por crateras de obuses, passando quase despercebidos por uma paisagem transformada pelos combates que ainda parecem decorrer, com duas explosões no horizonte. Acumulam-se detritos como blocos de betão e coberturas de zinco, que indicam as posições inimigas destruídas, e vemos as linhas sinuosas das trincheiras abandonadas, reocupadas pela água omnipresente na Flandres. De novo encontramos os destroços de árvores que ritmam a composição, que em Nash adquirem uma particular ressonância: parecem ter uma presença hierática e vagamente antropomórfica, como se tivessem os membros decepados. De facto, já antes da guerra o paisagista inglês via as árvores como metáforas dos seres humanos (Cork 1994, 202).

Nos anos seguintes ao armistício, a pintura desempenhou uma função especialmente relevante para se consolidar uma memória visual e pública da Grande Guerra, e assim influenciar a percepção do conflito mundial que terminara. Otto Dix (1891-1969) seguiu esta via de forma intensa e corajosa, sem qualquer incentivo oficial. O pintor alemão sentiu a necessidade, desde o início, de confrontar os discursos e a memória imediata que se iam construindo na Alemanha do pós-guerra. A sua autoridade era completa como veterano da linha de fogo, inicialmente incorporado na artilharia, servindo depois como metralhador nas frentes de Champagne, Somme, Rússia e Flandres, tendo sido ferido várias vezes e ganhado uma cruz de ferro de 2.ª classe. Inicialmente o artista produziu uma série de pinturas sobre os inválidos de guerra que observava nas ruas de Dresden, como no quadro, hoje por localizar, *Mutilados da guerra (com auto-retrato)*, apresentado na primeira Feira Internacional Dadá em Berlim, no Verão de 1920 (Murray 2012, 18).

Depois, Dix vai praticar um realismo metódico e glacial, sem ponta de sentimentalismo, estilo que será atribuído ao movimento do pós-guerra Nova Objectividade (Neue Sachlichkeit). Em 1923, termina uma obra emblemática, *A Trincheira*, visão feroz da carnificina da guerra, também hoje desaparecida.

Para preparar o quadro, frequentou cursos de anatomia, fez estudos na morgue da cidade e desenhou a partir de fotos ampliadas de cadáveres tiradas nas trincheiras (Dagen 1996, 220). A composição será retomada em 1932 no painel central de um tríptico, com predela, intitulado *A Guerra* (Staatliche Kunstsammlungen, Dresden), presentificando o apocalipse sob a forma de um retábulo moderno, como uma via sacra e paixão do soldado alemão da guerra de 1914. Dix apura um realismo minucioso e macabro, com cadáveres e restos anatómicos em estado de putrefacção acumulados na trincheira, descrevendo uma acção nos painéis laterais em que os soldados marcham e regressam depois destroçados pelo inferno da batalha, terminando no descanso eterno, na predela. Para comunicar o horror da guerra aos contemporâneos, Dix abandona o expressionismo angular e impulsivo, que praticara durante o serviço militar, e adopta conscientemente a técnica meticulosa dos mestres alemães do Renascimento, especialmente de Matthias Grünewald (1470-1528). Em 1927, o pintor explicara o motivo instrumental dessa escolha, que traduzia o modo como a guerra teria de ser vista, bem de perto:

> Pour moi, la nouveauté en peinture, c'est traiter des sujets qui ne l'ont pas été et d'intensifier les modes d'expression qui sont déjà à l'oeuvre chez les maîtres anciens. […] Pour cette raison, la question la plus importante a toujours été de s'approcher d'aussi près que possible de que je vois – le «quoi» compte plus que le «comment». (*apud* Dagen 1996, 225)

É evidente que, ao expor sem complacência a barbárie das trincheiras, Dix foi hostilizado pelos sectores conservadores e nacionalistas. Recenseando o quadro *A Trincheira*, consideraram-na uma pintura mórbida e imoral, no fundo cúmplice dos horrores da guerra (Dagen 1996, 221). O director do Museu Wallraf-Richartz de Colónia teve mesmo de anular a sua aquisição devido às críticas violentas.

Após o triunfo do nacional-socialismo, Dix foi acusado de promover a degradação do soldado alemão e demitido de professor da Academia de Dresden, em 1933 (Willet 2002, 71). Os usos políticos das obras de Dix são uma medida da sua importância na constituição de uma memória justa da guerra, na turbulenta Alemanha das décadas de vinte e trinta do século XX. A exposição pacifista *Nie wieder Krieg!* [Guerra nunca mais!], que em 1924 assinalou o décimo aniversário do começo da guerra e itinerou por várias cidades alemãs, apresentou *A Trincheira* e uma série de 50 gravuras, a água-forte e água-tinta, intituladas (tal como mais tarde o tríptico) *Der Krieg* [A Guerra]. A série foi publicada nesse ano em cinco portefólios pelo seu galerista berlinense, Karl Nierendorf. Já em 1937, as mesmas obras foram apresentadas, tal como *Mutilados de guerra (com auto-retrato)*, de 1920, na infame exposição de arte moderna confiscada dos museus alemães organizada pelo regime nazi, em Munique, intitulada *Entartete «Kunst»* [«Arte» Degenerada]. As duas pinturas estão há décadas desaparecidas, tendo sido provavelmente destruídas pelos nazis a seguir à exposição de 1937 (Cork 1994, 273).

O pintor alemão da Grande Guerra realizará uma última obra sobre o tema em 1934, *Flandres* (Neue Nationalgalerie, Berlim), inspirando-se nas últimas páginas de um romance icónico, *Le Feu*, de Henri Barbusse (1873-1935), denúncia pacifista da carnificina das trincheiras. O escritor comunista já prefaciara uma edição económica das gravuras de *Der Krieg*, em 1924. Vigiado pela Gestapo e impedido de expor publicamente as suas obras (Dagen 2012b, 132), Dix acabará por se retirar para o lago de Constança, perto da Suíça, pintando paisagens idílicas, antes de ser forçado a incorporar-se no exército alemão no final da Segunda Guerra Mundial.

Num mundo reerguido após a catástrofe de 1914-1918, construir grandes espaços memoriais ou comemorativos que apresentassem em permanência pintura de arte evocativa da guerra, como Sousa Lopes e o Ministério da Guerra conseguiriam concretizar em Portugal, revelou-se nos casos mais analisados uma tarefa destinada ao fracasso. Os governos que haviam desempenhado um papel crucial no incentivo à representação artística do conflito não conseguiram materializar esses projectos, em grande medida devido às restrições orçamentais do pós-guerra. E a encomenda de ambiciosos ciclos picturais – salvo o programa inglês de 1919 – teve o mesmo resultado. O caso imbricado do Reino Unido e do Canadá, verificámo-lo no capítulo anterior, é paradigmático de como um programa de encomendas exemplarmente conduzido, indo ao pormenor de uniformização das dimensões e visando uma disposição unitária, comprometeu desse modo o impacto público na sociedade, especialmente no segundo caso. Como vimos, duas galerias memoriais para dispor as colecções reunidas pelo BWMC e CWMF chegaram a ser planeadas, mas nunca construídas. No Canadá, oito pinturas da colecção foram colocadas na câmara do Senado, em estilo neo-gótico, quando o Parlamento da capital foi reconstruído, em 1922 (Malvern 2004, 81-84).

Outros dois exemplos podem ser aduzidos. Na capital britânica, a Câmara dos Lordes decidiu encomendar um ciclo de pinturas em memória do conflito para a Royal Gallery, no Parlamento de Westminster, local destinado a recepções e jantares de gala. O escolhido foi Frank Brangwyn (1867-1956), um muralista experiente, durante a guerra colaborador do Departamento de Propaganda e do álbum *Britain's Efforts and Ideals* (1917). Concluído entre 1924 e 1926 um ciclo de telas com assuntos do exército inglês em França, as obras foram porém rejeitadas pelos lordes. Ao que parece, por lembrarem aos visitantes os desastres de guerra (Cork 1994, 292). Em Paris, o sucessor do general Niox à frente do Musée de l'Armée, o general Gabriel Malleterre (1858-1923), encomendou a François Flameng a decoração do amplo salão nobre (*Salle d'honneur*) do Hôtel des Invalides, em 1921. Flameng concebeu um programa previsível, que fazia jus à sua posição como decano dos pintores de batalha tradicionais e presidente da Academia de Belas-Artes (e da Sociedade dos Artistas Franceses), mas que na ambição da escala não era de todo conservador. No *plafond* da sala (com cerca de 300 metros) representar-se-ia uma «Apoteose do soldado francês», das origens da nação até à vitória de 1918; nos painéis murais, as seis batalhas mais importantes da história francesa e as figuras nacionais[5]. Após a morte

[5] Musée de l'Armée, *Musée de l'Armée. Historique. Vol 3. 1914-1929*, fólios 149, 156-157 e VACQUIER, J. 1923. «Nécrologie. François Flameng». *Bulletin de la Société des Amis du Musée de l'Armée* 16 (Septembre): 20-22.

Pintura e experiência da guerra moderna

de Flameng, em 1923, os trabalhos foram ainda prosseguidos pelo discípulo preferido do mestre, e combatente na guerra, Charles Hoffbauer (1875-1957). No entanto, as decorações acabariam por não chegar até ao presente, destruídas por um incêndio em data desconhecida[6].

Parece claro que nos anos que se seguiram ao fim da Grande Guerra, na época em que os governos promoviam o culto laico do Soldado Desconhecido, os projectos mais originais de pintura concebida especificamente para um espaço memorial foram incentivados não pelo Estado, mas por comunidades locais, em dois lugares de invocação religiosa decorados por artistas que tiveram uma experiência directa da guerra.

Na Áustria, como referi atrás, Albin Egger-Lienz realizou uma decoração de pinturas a fresco na Capela Memorial da Guerra (Kriegergedächtniskapelle), em Lienz, entre 1923 e a inauguração em 1925, convidado pelo Conselho Municipal e por recomendação do arquitecto do edifício, Clemens Holzmeister (1886-1983)[7]. O projecto do artista é muito simples, dois pequenos frescos nas extremidades da capela e duas grandes composições nas paredes norte e sul. À entrada, um fresco alude à parábola bíblica do semeador e da semente do mal, que é a da guerra, para depois se representarem nas grandes composições as consequências humanas e os soldados vítimas do conflito. Uma delas, como vimos, é uma versão da icónica pintura de 1916, aqui intitulada *Ataque. Os sem nome*. A evocação nacional torna-se explícita, pois Egger-Lienz pintou uma lápide no canto inferior esquerdo da composição, listando os sete campos de batalha mais importantes do exército austro-húngaro. No fundo da capela, na parede virada a Oriente e debaixo de um óculo, vê-se uma imagem a meio-corpo de Cristo ressuscitado, sugerindo que os soldados terão o destino dos justos. A imagem foi muito polémica à data da inauguração, a fisionomia sofrida e não convencional do Salvador motivou protestos de clérigos locais e a proibição do culto por parte do Vaticano logo em 1926. A proibição só seria levantada em 1983, e a capela consagrada ao culto finalmente quatro anos depois. Egger-Lienz está sepultado no interior do monumento, sob a versão a fresco da sua pintura mais emblemática.

Projecto mais complexo e com uma escala ambiciosa, único no plano internacional, foi o do inglês Stanley Spencer (1891-1959) na Capela Memorial Sandham, em Burghclere, Hampshire [**Figura 9**]. Consagrada como Oratory of All Souls, foi projectada pelo próprio artista, para a qual realizou em 1923 os estudos das pinturas murais a óleo. O financiamento privado foi assegurado pela família Behrend, coleccionadores do pintor, tendo sido dedicada a um familiar, o tenente Henry Sandham, morto por doença contraída na frente da Macedónia (Cork 1994, 296). Spencer foi enfermeiro e soldado de infantaria também na frente oriental, servindo anteriormente em hospitais de Bristol e de Salónica. O que o seu programa apresenta, num conjunto de pinturas a óleo sobre tela executado entre 1927 e 1932, são episódios e experiências muito pessoais da vida militar, alegorias laicas cujo segundo sentido supõe quase sempre uma religiosidade da parte do observador.

O pintor inglês terá assumido como modelo do projecto a célebre Capela Scrovegni, ou da Arena (terminada em 1320), pintada a fresco por Giotto em

---

[6] Sylvie Le Ray-Burimi, *conservateur en chef* do Musée de l'Armée, em comunicação ao autor, 3 de Outubro de 2013.

[7] Actualmente intitulada Capela Memorial Albin Egger-Lienz, o monumento é um pólo do museu municipal de Lienz, o Schloss Bruck.

117

Adriano de Sousa Lopes. Um pintor na Grande Guerra

Figura 9 (página anterior)
Vista da Capela Memorial Sandham,
em Burghclere, Hampshire
(Reino Unido), com pinturas a óleo de
Stanley Spencer, 1927-1932

Pádua (Cork 1994, 297). A sua decoração, porém, é menos complexa e consiste em oito painéis de remate arqueado que preenchem as paredes norte e sul, acompanhados de predelas, encimados por dois grandes panoramas, representando soldados num acampamento ou nas margens de um rio, nos campos da Macedónia. As diferentes situações não têm uma inter-relação clara, não existe uma narrativa evidente. Spencer mostra os seus companheiros não em batalhas ou em sofrimento, mas em circunstâncias de paz e descanso, envolvidos nas tarefas simples do quotidiano militar. Algumas são rituais frequentes de lavagem e de higiene dos soldados, com um nítido sentido de purificação espiritual, neste lugar religioso. Esta ideia, de um santuário protector e regenerador (Malvern 2004, 165), está implícita na composição redentora final que preenche completamente a parede do fundo, intitulada *The Resurrection of Soldiers* (1928-29). Os escolhidos por Deus, na típica figuração de Spencer como crianças crescidas, ainda de uniformes, entreajudam-se a sair dos túmulos e do isolamento e transportam as cruzes brancas, empilhando-as ao centro; alguns contemplam-nas. Cristo é uma figura quase invisível no fundo da composição, com a fisionomia idêntica à dos soldados e só distinguível pela túnica branca, recebendo as cruzes que os soldados lhe entregam.

Pela coerência e monumentalidade do programa, realizado numa iconografia muito pessoal, o projecto de Spencer pode ser visto no seu profundo sentido cultural como o apogeu de uma pintura de guerra testemunhada e singularmente autobiográfica, em que o argumento já não é o feito heróico e mitificado, mas a experiência do soldado comum. Essa sensibilidade surgiu com o impacto tremendo que a guerra tivera nas políticas culturais, na própria estratégia dos artistas e, finalmente, nos discursos de memória pelos quais pôde ser significada e transmitida, à comunidade do pós-guerra e às gerações que vieram depois.

CAPÍTULO 5
A GUERRA ILUSTRADA E MEDIÁTICA

A parte internacional deste estudo ficaria incompleta se ignorássemos o impacto cultural do que designamos como as diferentes culturas visuais da Grande Guerra. Pela sua massificação e reprodução em série, atingiram uma audiência mais vasta do que a pintura de arte que analisámos, apresentada publicamente nas galerias e nos museus. Falamos de representações características da cultura popular moderna, como a ilustração, o *cartoon* ou o cartaz. Em resultado do desenvolvimento industrial e tecnológico do mundo ocidental no final do século XIX, a disseminação rápida de imagens operava-se através da imprensa ilustrada e de recentes técnicas de impressão a cor como a cromolitografia. Sob o impulso estatal e dos seus poderosos recursos, recentes tecnologias como a fotografia e o cinema adquiriram igualmente durante a guerra uma visibilidade pública sem precedentes. Contudo, será importante compreender que estas representações foram frequentemente o resultado criativo de decisões estratégicas dos departamentos oficiais de propaganda. Neste capítulo oferecemos uma análise muito sintética das culturas visuais mais importantes que vieram enriquecer ou transformar o campo tradicional das representações da guerra.

As imagens mais presentes passavam semanalmente pelas rotativas da imprensa ilustrada do mundo inteiro. Em França, com o célebre *Salon* – a grande exposição anual de belas-artes no Grand Palais –, fechado até 1918, a pintura militar parecia ter uma segunda vida bem mais mediática nas páginas semanais das revistas ilustradas. Estas respondiam a uma grande procura de imagens da vida militar nas zonas da frente e de episódios de combate, vigiadas atentamente pelos gabinetes ministeriais da censura de guerra. A mais importante revista generalista era *L'Illustration* (Paris), onde um pintor como François Flameng, como vimos, divulgou durante a guerra o seu trabalho, mas outras publicações surgiram entretanto, especificamente dedicadas ao conflito, como *La Guerre Documentée* (Paris), onde figuravam as habituais capas a cor de Lucien Jonas.

Flameng não era, todavia, o único artista a beneficiar de destaque central na célebre página dupla a cores de *L'Illustration*. Georges Scott foi talvez o seu colaborador mais assíduo, sendo o típico pintor militar que fez carreira e fortuna como repórter gráfico na imprensa ilustrada, testemunhando vários conflitos internacionais. O seu trabalho na guerra dos Balcãs entre 1911-1913,

Figura 10
«Les honneurs sous le feu»
Postal impresso, p.b. Editor:
Armand Noyer. Ilustração: Georges
Scott (c. 1914)
Musée du Temps, Besançon

como correspondente de guerra da revista, trouxe-lhe experiência e um grande reconhecimento, preparando-o para o ritmo necessário durante a Grande Guerra. Scott vertia nestes episódios do *front*, afinal, os valores tradicionais da pintura militar e com um realismo hábil e apurado sentido cenográfico transmitia a tenacidade e o heroísmo do soldado francês. Estas representações patrióticas disseminavam-se entre a população através do postal ilustrado, que circulava entre a retaguarda e a frente de guerra, sinal claro da popularidade deste tipo de imagens [**Figura 10**].

As reconstituições gráficas em que Scott era mestre estavam igualmente presentes, com graus de imaginação variáveis e sofisticação artística, na imprensa ilustrada alemã ou austríaca. Contudo, circulavam com particular rapidez pela imprensa dos Aliados, com destaque para revistas de referência como *The Graphic* (Londres) ou *L'Illustrazione Italiana* (Milão). A *Ilustração Portugueza* publicada em Lisboa não era excepção, onde, desde 1914, se importavam sobretudo imagens das revistas britânicas, reproduzidas por vezes em dupla página. Tal como o semanário parisiense, outros títulos europeus tinham os seus artistas de eleição a quem davam destaque editorial. Por exemplo, o *The Illustrated London News* assegurava a colaboração do veterano pintor militar Richard Caton Woodville (1856-1926), ou, em Itália, Achille Beltrame (1871-1945) reportava a guerra para *La Domenica del Corriere*, suplemento ilustrado semanal do *Corriere della Sera* (Milão). Na revista *Illustrirte Zeitung*, de Leipzig, o trabalho de Felix Schwormstädt (1870-1938) foi particularmente interessante, pois revelava em

A guerra ilustrada e mediática

algumas páginas perspectivas que nenhum repórter fotográfico podia captar na época – nem qualquer outro artista do lado aliado o poderia sugerir com esta acuidade –, como o aspecto e a vida militar no interior dos submarinos ou dos temidos *Zeppelins* alemães.

Já a ilustração como comentário e sátira político-social, o conhecido *cartoon*, desempenhava um papel, tal como hoje, de ênfase dos conteúdos editoriais dos periódicos, papel importante numa batalha de propagandas que se desenrolava no campo mediático. Compreensivelmente, a eficácia de «armas» como o humor e sátira, em tempo de guerra, era usada para influenciar favoravelmente a opinião dos leitores e preservar o ânimo da população que suportava a acção dos exércitos. Um dos mais conhecidos em França – e popular entre os soldados – foi o pintor e caricaturista Jean-Louis Forain (1852-1931), que aos 62 anos se voluntariara para a frente e era inspector-geral das secções de camuflagem do exército francês. Enquanto singular cronista gráfico de guerra, o *cartoon* que publicava todas as quartas-feiras no diário parisiense *Le Figaro* reproduzia desenhos a carvão de uma simplicidade e desenvoltura de traço características, e de assuntos abordados com elegância e ironia, trabalhos depois reunidos em volume[1].

O *cartoon* mais incisivo e demagógico encontrava-se em revistas satíricas muito populares, como *La Baïonnette* (Paris), *Punch* (Londres) e, de forma mais inovadora, *Simplicissimus* (Munique). Neste último, um semanário liberal fundado em 1896, distinguia-se um grafismo sintético e moderno, a duas ou três cores, especialmente inovador no trabalho do norueguês Olaf Gulbransson (1873-1958). Ainda na imprensa alemã vale a pena lembrar os *cartoons* do português Emmerico Nunes (1888-1968), que trabalhava em Munique desde 1911. As capas que ilustrou para o suplemento de guerra do semanário humorístico *Meggendorfer-Blätter* mostravam idêntica modernidade, na simplificação do traço e de planos de cor, como num hilariante *cartoon* sobre a entrada dos portugueses na guerra, apresentando os republicanos como um bando de rufias armados[2]. Em Portugal, outro desenhador revelado nas exposições da Sociedade dos Humoristas em 1912-13, Stuart Carvalhais (1887-1961), criava para *O Século Cómico*, suplemento humorístico do jornal *O Século* (Lisboa), a pioneira banda desenhada «Quim e Manecas», saída entre 1915 e 1918. Nela Stuart introduziu uma série de inovações, tendo sido, por exemplo, o primeiro autor europeu a usar os balões para a fala das personagens (Boléo 2010, 22). Nas pranchas do *Século Comico*, a dupla infantil inventava os mais delirantes engenhos para aniquilar a resistência do «boche», produzidos nas fábricas dos aliados ingleses, ou até um plano para tomar as trincheiras alemãs, com a devida aprovação do marechal Joffre.

O impacto social e político do trabalho destes artistas atingiu o paroxismo com a fama mundial do holandês Louis Raemaekers (1869-1956), apresentado na imprensa como o inimigo número um do Kaiser. Os seus cartoons, representando o exército alemão e Guilherme II como bárbaros e sanguinários, podem ser vistos como uma espécie original de *atrocity cartoon*, à imagem da *atrocity propaganda*, que manipulava factos e testemunhos sobre a violenta

[1] Veja-se Forain. 1920. *De la Marne au Rhin. Dessins des années de Guerre 1914-1919*. 2 vols. Paris: Éditions Pierre Lafitte.

[2] Capa de *Kriegs-Chronik der Meggendorfer-Blätter* (Munique), n.º 1318, 30 de Março de 1916.

ocupação alemã da Bélgica e França. Guerra psicológica em que os ingleses se revelaram exímios, sem resposta germânica à altura. Depois de se radicar em Londres, em Novembro de 1915, o artista assinou contrato com a Wellington House para a distribuição massiva dos seus desenhos nos países aliados e neutrais. Do álbum *Raemaekers Cartoons*, saído em 1916 e reunindo quarenta desenhos, a agência britânica imprimiu edições em dezoito línguas, incluindo a portuguesa[3]. Muitos destes desenhos apareciam frequentemente legendados com citações de declarações e relatórios oficiais relativos aos massacres, num truque que pretendia conferir veracidade às imagens. Não será excessivo considerar, seguindo a investigação recente (Ranitz 2014, 257), que a distribuição mundial dos *cartoons* de Raemaekers e, de um modo geral, o investimento no seu trabalho pela Wellington House constituíram o maior esforço de propaganda centrado no trabalho de um único artista durante a Grande Guerra.

Ainda nas artes gráficas, desenvolveu-se exponencialmente a produção de cartazes, meio de comunicação privilegiado pelos departamentos governamentais de propaganda. O objectivo principal era mobilizar a população para uma determinada acção de apoio ao esforço de guerra, com destaque para o recrutamento, os empréstimos públicos e a assistência humanitária. Para responder a essa necessidade, muitos artistas que temos vindo a referir, como Georges Scott, Lucien Jonas ou um desenhador tão respeitado como Théophile-Alexandre Steinlen (1859-1923) – que trabalhava no cartaz publicitário desde os anos 90 do século XIX –, colaboraram directamente com os governos ou para organizações ligadas ao conflito. Disso é bem elucidativa, aliás, a vasta colecção de cartazes da Biblioteca Nacional de Portugal[4].

Pretendendo-se acessível ao cidadão comum e espalhando-se pelas ruas das cidades e vilas (e em formato reduzido nas páginas das revistas), o cartaz foi o suporte mais visível e evidente da estratégia de propaganda dos governos em guerra, e uma aposta transversal aos principais beligerantes. O caso mais paradigmático deu-se nos Estados Unidos da América (EUA), que nos dois anos finais da guerra produziram mais cartazes que qualquer outro país em guerra (Creel 1920, 133). Woodrow Wilson (1856-1924) havia sido reeleito presidente a 7 de Novembro de 1916, com uma campanha isolacionista assente no *slogan*: «He kept us out of war.» Ao declarar guerra à Alemanha a 6 de Abril seguinte, respondendo à actuação implacável dos submarinos que ameaçavam a liberdade de navegação atlântica, Wilson precisava urgentemente de uma propaganda organizada e permanente junto da opinião pública, para a persuadir de que o país defendia uma causa justa e para que apoiasse a expedição dos exércitos do general Pershing até França. É então criado o Committee on Public Information (CPI), agência governamental que assegurava o fluxo de informação oficial, administrava a censura e coordenava a propaganda, confiada ao jornalista George Creel (1876-1953).

Dispondo de grandes recursos financeiros, a estratégia de Creel revelou-se claramente no título do extenso relatório que publicou no pós-guerra: *How We Advertised America* (Creel 1920). Tratava-se assim de «vender» a acção intervencionista do Governo aos cidadãos norte-americanos, e para isso o cartaz

[3] *Desenhos de Raemaekers. O célebre artista hollandez.* 1916. Londres: National Press Agency.

[4] Uma selecção foi apresentada na exposição «A I Guerra Mundial – Cartazes da Colecção da Biblioteca Nacional», BNP, 7 de Julho a 3 de Setembro de 2004. A partir daí ficou disponível em linha toda a colecção de cartazes, veja-se Biblioteca Nacional Digital. 2004. «I Guerra Mundial – Colecção de cartazes da BN». http://purl.pt/398/1/index.html. Consultado a 14 de Novembro de 2014.

era uma forma particularmente popular e criativa de publicidade. Com uma impressão rápida e barata, o *poster* publicitário aperfeiçoara-se com a generalização da cromolitografia (o processo da litografia a cores) e o contributo decisivo dos artistas na década de 90 do século XIX. Era por isso uma das prioridades da acção de Creel: «I had the conviction that the poster must play a great part in the fight for public opinion», explicou no seu livro, «[it] was something that caught even the most indifferent eye» (Creel 1920, 133).

Um dos muitos departamentos criados pelo director do CPI foi a Division of Pictorial Publicity, entregue ao mais célebre ilustrador da época, Charles Dana Gibson (1867-1944). Gibson era também presidente da Society of Illustrators nova-iorquina, a qual alistou para a sua causa, criando um espírito de corpo. As campanhas para os Liberty Loans, títulos de empréstimo a liquidar pelo Estado depois da guerra, destinados a material de guerra, são o exemplo mais notável da febril actividade do departamento. Originaram uma campanha agressiva de comunicação sem precedentes, e só no quarto empréstimo, em 1918, segundo Creel, produziram-se 100 cartazes. Contribuir (financeiramente) para o esforço de guerra, sugerem estas imagens, constitui uma obrigação moral inadiável, e a culpabilização pela eventual falha é uma táctica entre outras. Foram variadíssimas estas iconografias da persuasão, criadas numa linguagem clara e imperativa que se intensificava com imagens agressivas ou impetuosas, inspiradas no *cartoon* ou na pintura pós-impressionista, chegando a um *design* gráfico inovador. O cidadão confrontava-se com a diabolização do inimigo, na figura de um sanguinário e moderno «huno», ou com o corpo impetuoso do combatente que se lhe dirigia, lembrando que estava a lutar por ele [**Figura 11**], ou ainda com uma mãe indefesa, que protegia crianças contra a ameaça iminente.

Os recursos plásticos dos cartazes coordenados por Gibson, nos melhores casos, demonstravam uma nítida diferença para uma produção tão relevante como a francesa, ainda marcada pela tradição realista. Georges Scott, por exemplo, utilizava ainda uma iconografia republicana e patriótica, adequada ao significado particular do conflito que a França enfrentava, que se transformara numa guerra de libertação nacional. A modernidade dos cartazes norte-americanos da Grande Guerra talvez resida numa maior articulação gráfica entre *slogan* e imagem, codificando uma mensagem directa e simplista que usualmente associamos à publicidade. Mas é curioso que Creel tenha insistido que a inovação deste departamento se devia a uma selecção criteriosa de artistas de mérito, «masters of the pen and brush», como se lhes refere, e não os habituais «commercial artists» da publicidade (Creel 1920, 134). É nítida a sua preocupação de classificar estes trabalhos como arte. De qualquer modo, os membros da Society of Illustrators eram desenhadores há muito habituados a trabalhar em publicidade. À data do armistício, em vinte meses de actividade, a Division of Pictorial Publicity empregou mais de 300 artistas e submeteu 700 projectos de cartazes para 58 serviços e comités oficiais (Creel 1920, 138).

Na Primeira Guerra Mundial, a fotografia consolidou-se como o meio mais utilizado de informação e documentação visual, proporcionando uma cobertura cada vez mais imediata do conflito na imprensa mundial. Tal como nos pontos

Figura 11
Sidney H. Riesenberg
Over The Top For You. Buy U.S. Gov't Bonds. Third Liberty Loan (1918)
Litografia a cores sobre papel,
76 x 50 cm
Library of Congress, Washington D.C.

anteriores, não cabe aqui uma análise detalhada dos significados da fotografia na Grande Guerra. Sublinho apenas três aspectos que me parecem relevantes na produção e difusão da imagem fotográfica durante o conflito. Recordando a sua evolução técnica, é fácil compreender que a Grande Guerra foi o primeiro conflito extensamente fotografado pelos próprios participantes. O rolo de filme surgira em 1888, destinado a fotógrafos amadores, e a portabilidade das máquinas era uma realidade. A mais popular era a Vest Pocket Kodak, surgida em 1912, publicitada durante a guerra pela empresa norte-americana como «The Soldier's Kodak». Por outro lado, a reprodução fotográfica na imprensa estava em marcha acelerada desde o início de 1900, através da técnica do meio-tom, que permitia a reprodução dos sombreados, transformando a fotografia num meio visual de massa (Roberts 2014).

Em virtude dessas inovações, um sistema de procura e difusão de fotografias *prises sur le vif* põe-se em marcha logo nos primeiros meses de guerra, funcionando numa lógica da oferta e da procura (Dagen 1996, 52). Este fenómeno teve uma particular expressão em França, surgindo um novo modelo de revistas ilustradas semanais, publicadas em Paris, sobretudo *Le Miroir, Sur le Vif* e *J'ai vu*. As vendas eram elevadas. *Le Miroir*, a mais popular, em 1917 tinha uma tiragem de 500 mil exemplares (Garnier et Le Bon 2012, 242). Reformulada em Agosto de 1914, a revista informava os seus leitores na capa: «*Le Miroir* paie n'importe quel prix les documents photographiques relatifs à la guerre, présentant un intérêt particulier.» Estabelecia-se um concurso mensal, cujo prémio mais elevado era de mil francos, atribuído à fotografia mais «surpreendente» (*saisissante*). Era o início da «guerra fotogénica», como a qualificou Philippe Dagen (1996, 54-55). Nesta fase, os fotógrafos só poderiam ser os próprios oficiais e soldados: os instantâneos «clandestinos» que apresentavam, por vezes num enquadramento menos cuidado, pareciam ter mais verdade que as fotos oficiais. Apesar de oficialmente ser proibido, no teatro de operações, o uso de câmaras fotográficas sem uma autorização do general comandante, a verdade é que *Le Miroir* ia conseguindo publicar, com autorização da censura, imagens cada vez mais sensacionalistas e macabras (Dagen 1996, 55).

Com a estabilização da frente de guerra em linhas de trincheiras fortificadas, no Inverno de 1914, quando os governos e Estados-Maiores percebem que o conflito não estaria resolvido em poucos meses, criaram-se progressivamente secções fotográficas nos exércitos, responsáveis pela imagem oficial das operações militares em curso. A generalização de uma reportagem oficial de guerra, feita por técnicos especializados e não por contingências de amadores, controlada pela censura das autoridades de cada país, foi uma invenção surgida durante a guerra de 1914 (Carmichael 1989, 1). As finalidades básicas eram a informação, a propaganda e o arquivo. Uma cobertura independente pela imprensa era liminarmente proibida, mas, como seria previsível, para protagonizar a missão destas secções foram contratados os experientes repórteres fotográficos de jornais e da imprensa ilustrada.

No campo de batalha mais importante da Grande Guerra, a frente ocidental, actuavam as duas unidades fotográficas mais experientes: a Section photographique de l'armée, criada em Maio de 1915, e o Bild- und Filmant [Departamento de Fotografia e Filme], que a partir de Janeiro de 1917 centralizava todas as actividades de encomenda, produção, censura e distribuição de fotografias e películas de filme do exército alemão (Roberts 2014). Para se ter uma ideia da produção imensa destas unidades, um relatório de Outubro de 1917 informava que a secção francesa empregava 27 operadores de câmara (anonimamente identificados por uma letra) e realizara até então 2 250 000 provas, à razão de

6000 por dia (Apostolopoulos 2012, 266). Para além de fornecer a imprensa, as imagens eram publicadas em álbuns luxuosos e em colecções de postais. Os britânicos, para além do Canadá e da Austrália que tinham fotógrafos próprios, não dispunham de um departamento fotográfico formal. Tal como na área artística, tinham fotógrafos oficiais: e apenas dois cobriam o teatro de operações em França, Ernest Brooks (1878-1941) e John Warwick Brooke (1886--1929). «The two Brookies», chamavam-lhes os soldados. Muitas fotos da dupla ultrapassaram o registo da reportagem convencional e atingiram uma qualidade superior, ao aproximarem-se perigosamente das operações de combate.

À medida que as secções fotográficas militares desenvolviam o seu trabalho, a fotografia ocupava cada vez mais espaço mediático nos jornais e revistas ilustradas. Estima-se mesmo que o seu desenvolvimento tenha correspondido a uma redução significativa da visibilidade pública de outras formas de registo fotográfico, de independentes ou clandestinos (Roberts 2014). Mas o fenómeno que indica claramente a prioridade que as autoridades conferiam ao estreante meio de representação são as exposições de fotografias de guerra, apresentadas em locais nobres como museus ou galerias de belas-artes. É este o terceiro aspecto que importa salientar. Durante a guerra nunca houve exposições internacionais de arte oficial, que reunissem vários países; contudo, pelo menos do lado da Entente, organizaram-se duas exposições interaliadas de fotografia em Paris, com secções nacionais independentes, em 1916 e no ano seguinte[5]. O habitual era cada país organizar mostras de fotografia, por vezes itinerantes no próprio território, ou apresentadas em países aliados e neutrais. Sabe-se, por exemplo, que eram mostradas aos visitantes vistas estereoscópicas, sugerindo relevo e tridimensionalidade nas imagens (Garnier e Le Bon 2012, 548). Destas mostras subsistem hoje vários testemunhos na imprensa. As formas de apresentação da fotografia nesses eventos, o *display*, era feito sob a forma de ampliações de grande formato emolduradas. Repare-se, por exemplo, numa reportagem saída na revista *The Graphic* sobre uma exposição de fotografias oficiais de guerra, a cores, nas Grafton Galleries de Londres[6]. Nela se reproduz uma obra apresentada como «the largest photograph yet taken during the war» [**Figura 12**]. Tratava-se de um registo da conquista da colina de Vimy pelos canadianos em 1917. A fotografia instantânea que se massificava nas páginas da imprensa mundial parece transfigurar-se, nestas exposições muito publicitadas, num dispositivo que mimetizava a respeitabilidade e a aura dos grandes formatos da pintura histórica de museu.

Quanto à sétima arte, em desenvolvimento acelerado desde a sua invenção em França, em 1895, sabe-se que as principais empresas de cinema (Pathé Frères, Gaumont, Éclair e Éclipse) pressionaram as autoridades no sentido de poderem filmar mais de perto as operações militares, para responder à curiosidade do público e à expectativa de aumento das suas margens de lucro (Challéat-Fonk 2012, 265). É então firmado um acordo com o sindicato de distribuidores e criada uma secção cinematográfica, em Fevereiro de 1915, três meses antes da secção fotográfica. Mais tarde, tal como na Alemanha, e curiosamente no mesmo mês (Janeiro de 1917), as autoridades francesas decidem fundir os dois

[5] *Exposition de photographies de guerre prises par les sections photographiques des armées alliées*, Pavillon de Marsan, 1 Outubro a 2 de Novembro de 1916, e *2e Exposition interalliée de photographies de guerre. Documents Officiels des Armées Américaine, Belge, Britannique, Française, Italienne, Japonaise, Portugaise, Roumaine, Russe et Serbe*, Terrasse des Tuileries/Salle Jeu du Paume, 15 de Novembro a 15 de Dezembro de 1917.

[6] «British battles in photography. The camera as war correspondent». *The Graphic*. 9 March 1918: 293. A mostra intitulava-se *First Grand Exhibition of British Battle Photographs in Colour*, patente de 4 de Março a 27 de Abril de 1918.

Figura 12
Exposição de fotografias de guerra nas Grafton Galleries, Londres
Publicado em *The Graphic* (Londres), 9 de Março de 1918, p. 293

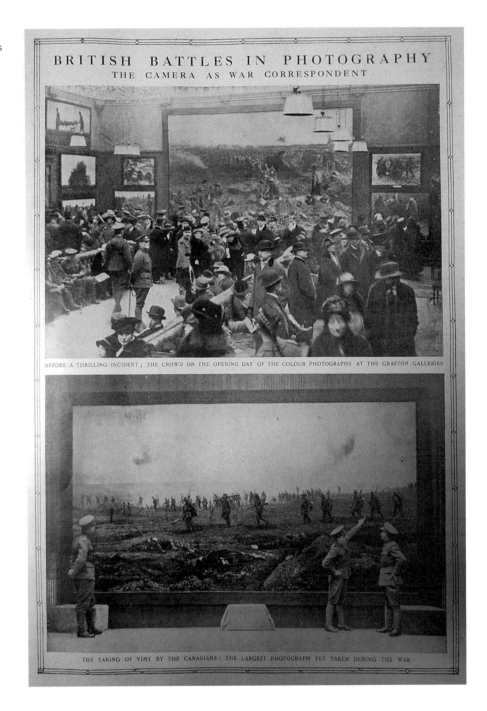

serviços numa única Section photographique et cinématographique de l'armée (SPCA), sob tutela conjunta dos Ministérios da Guerra e da Instrução Pública e Belas-Artes.

Uma síntese recente diz-nos que os filmes de actualidades foram o produto mais eficaz da colaboração entre os Estados beligerantes e as empresas cinematográficas (Véray 2014, 477). As *actualités* haviam sido inventadas pela Pathé Frères em 1908 (a maior empresa mundial de cinema na época) como curtas-metragens de notícias, e eram exibidas nas salas antes dos filmes de ficção, ou em cinemas exclusivamente dedicados ao género, ainda na época do cinema mudo. Em França, apresentavam-se a partir de 1914 com o título de *Annales de la Guerre*, em Inglaterra *Pictorial News*, na Alemanha *Messter-Woche* [A semana de Messter (empresário alemão)]. Antecessores do género de filmes que hoje classificamos como documentários, eram sobretudo pequenos episódios da vida militar, intercalados por intertítulos, registando com frequência as cenas previsíveis da propaganda oficial: a organização e logística das tropas, os cuidados médicos e o tratamento humanitário dos prisioneiros, as ruínas de edifícios históricos. Raramente apresentavam, pelo menos nos primeiros anos, imagens reais dos combates que a fotografia já se empenhava em registar, em competição com as outras artes visuais e com sérios riscos de vida para os operadores.

Aquilo que pintores, ilustradores e mesmo fotógrafos já representavam desde 1914 os operadores de câmara só puderam captar a partir do dia 1 de Julho de 1916. Nesse dia foram autorizados a permanecer na primeira linha e a registar o início de uma batalha, a célebre batalha do Somme, uma gigantesca ofensiva britânica e francesa que durou até Novembro. Foi talvez a batalha mais mediática da Grande Guerra. Foi para a registar que o War Propaganda Bureau contratou o primeiro artista oficial britânico, Muirhead Bone, e o primeiro fotógrafo oficial, também já referido, Ernest Brooks. As sequências filmadas mostravam os preparativos e a movimentação das tropas, as detonações e o ataque da infantaria, a violência dos combates, por fim o rescaldo da batalha. Filmagens que deram origem ao documentário de longa metragem *The Battle of the Somme*, estreado em Agosto de 1916 em Londres, ainda a grande ofensiva não havia terminado. O impacto foi enorme no Reino Unido, estimado em vinte milhões de espectadores (Véray 2014, 490), isto é, cerca de metade da população total. A popularidade desta obra consolidou definitivamente o cinema como um instrumento central de propaganda. Em Outubro era criado o War Office Cinema Committee. Os alemães responderam ao repto com o documentário *Bei unseren Helden an der Somme* [Com os Nossos Heróis no Somme], concebido segundo a mesma lógica, mas com corajosas filmagens do combate no bosque de Saint-Pierre-Vaast, e a notável sequência final de uma vista panorâmica do campo de batalha, com as massas desordenadas das tropas de assalto a progredirem na paisagem imensa, por entre explosões, num enquadramento próximo das pinturas de batalha do século XVII. A tendência para o pleno reconhecimento oficial do poder do cinema sobre a opinião pública consagrou-se na posição do general comandante Erich Ludendorff (1865-1937), quando escreveu em 1917 que a guerra mostrara que a imagem e o filme eram notavelmente poderosos, e que este último deveria ser fomentado pela indústria alemã como uma «arma de guerra» (Véray 2014, 482).

No cinema de ficção, com uma autoria mais evidente, é compreensível que só depois da guerra se produzissem obras relevantes a propor, maioritariamente, uma leitura antimilitarista e humanista do conflito. Só para dar três exemplos mais conhecidos, refira-se *All Quiet On the Western Front* de Lewis Milestone (EUA, 1930), *La Grande Illusion* de Jean Renoir (França, 1937) ou *Paths of Glory* de Stanley Kubrick (EUA, 1957). Mas a obra que inaugurou toda esta cinematografia crítica da guerra, como tem sido destacado justamente, foi um filme rodado nos últimos meses do conflito: *J'accuse,* de Abel Gance (França, 1919)[7]. Gance trabalhava para a SPCA desde 1917, e o filme foi encomendado pelo Ministério da Guerra, e em grande parte financiado pela Pathé. Porém, à medida que se torna mais pessimista e apocalíptico, o filme vai-se afastando de um tom inicial acusatório contra as atrocidades alemãs, e na parte final Gance assume uma crítica incisiva da guerra e das suas consequências nos combatentes e nas sociedades.

O herói do filme é Jean Diaz (interpretado por Severin Mars), um poeta combatente que é ferido e enlouquece no combate sórdido das trincheiras. Fugindo do hospital, Diaz regressa à sua aldeia na Provença e descreve aos conterrâneos o sonho que tivera, do próximo regresso a casa dos soldados mortos na guerra. Na sequência seguinte vemos o campo de batalha preenchido de cruzes e os soldados a erguer-se do solo e a dirigirem-se, num cortejo macabro, para as suas aldeias, com o objectivo de testemunharem se os vivos foram dignos do sacrifício final. Aterrorizados pela visão dos soldados-fantasma, os aldeãos ajoelham e rezam, prometendo emendar os roubos e traições que os soldados presenciaram. Os combatentes regressam então às sepulturas convencidos da missão cumprida. Depois de relatar o sonho, Jean Diaz morrerá na sequência final, em tom apocalíptico, invectivando o Sol pela indiferença perante os horrores da guerra.

Como observou Jay Winter (2014, 17), que utilizou o filme como um *leitmotiv* do seu estudo sobre as representações da memória da guerra, Gance trouxe para o cinema e para as representações do conflito uma visão artística em que os mortos eram também os protagonistas. Precedendo a *Ressurreição dos Soldados* que Spencer pintou em Burghclere, ou o tríptico de Dix encenado como o calvário e a descida aos infernos do soldado comum, Gance encontrara nesta sequência de clara ressonância cristã – em que os combatentes mortos regressam para julgar os vivos –, uma alegoria poderosa para exprimir sentimentos de dor, de luto, mas igualmente de revolta, que milhões dos seus contemporâneos sentiam, no rescaldo de uma catástrofe que vitimara um número inimaginável de vidas e abalara as estruturas tradicionais das sociedades.

Foram múltiplas as culturas visuais que dominaram as representações da Grande Guerra, adaptando-se a um conflito que mobilizou todos os recursos mediáticos e industriais dos beligerantes. A pintura histórica de temas militares competia cada vez mais com imagens que rapidamente se disseminavam numa esfera pública dominada pelos meios de comunicação de massa e pela propaganda de Estado, nascida durante a guerra. Mas é também importante considerar, e este é um dos sentidos da pesquisa internacional neste estudo, que as condições de produção e realizações dos pintores durante a guerra, bem como as representações vulgarizadas pelos novos meios de reprodução mecânica de imagens, não poderão deixar de estar latentes e influenciar, em Portugal, as respostas de alguns artistas e de Sousa Lopes ao conflito mundial que se desenrolava.

[7] Para uma análise detalhada do significado político e memorial deste filme, veja-se Winter 2014, 15-22, 133-138, e Véray 2014, 498-499. Refiro-me à primeira versão do filme, pois Abel Gance realizou uma segunda versão em 1937, com som e alterações no argumento.

TERCEIRA PARTE

PORTUGAL NA GUERRA MUNDIAL

CAPÍTULO 6
COMPROMISSO E REBELDIA: A GUERRA NA ARENA POLÍTICA E CULTURAL

A historiografia portuguesa é unânime em considerar que a Grande Guerra agravou a conflitualidade política e social que atravessava a jovem República, fundada em 1910, emergindo como um factor de divisão que precipitou um novo ciclo político do regime. De facto, o início da guerra na Europa, em Agosto de 1914, encontra a política nacional numa fase de instabilidade governativa e de total impasse político (Ramos 1994, 500). A questão da entrada ou não do país ao lado dos Aliados, em virtude da aliança britânica, torna-se num espaço de confronto de estratégias de afirmação das principais forças políticas e seus líderes: Afonso Costa (1871-1937), à frente do Partido Republicano Português herdado dos tempos da monarquia, doravante conhecido como o Partido Democrático, que assegurava a hegemonia; António José de Almeida (1866-1929), líder do Partido Republicano Evolucionista; e Manuel de Brito Camacho (1862-1934), chefe da União Republicana. Vejamos sinteticamente a vertiginosa acção política e ideológica destes anos, sob o reagente da guerra europeia em escalada dramática, para de seguida analisar o modo como foi interpretada pelos principais agentes de uma esfera cultural onde predominavam os homens de letras.

Afonso Costa foi o primeiro a perceber que podia utilizar a alegada e imperiosa necessidade de intervenção oficial do país na guerra como uma saída possível para a crise de instabilidade que ameaçava a legitimidade da República. Costa empenhou-se na tentativa de criar uma estratégia nacional que permitisse conseguir o suporte político e financeiro da Inglaterra, que combatia pelos Aliados, mas que se destinava sobretudo a assegurar a hegemonia dos democráticos e a comprometer as outras forças políticas com a política intervencionista. Assumindo-o publicamente, tornou-se o chamado «Partido da Guerra», como denunciou Brito Camacho, que se opunha à intervenção (Ramos 1994, 502 e 516).

Em Janeiro de 1915, o impasse gerado pelo embate persistente entre o domínio cada vez mais frágil dos democráticos e as oposições motiva a solução de um Governo de iniciativa presidencial, liderado por Joaquim Pimenta de Castro (1846-1918). O velho general, republicano respeitado, queria preservar a não beligerância e apoiava-se nos adversários políticos de Afonso Costa e nos sectores não intervencionistas do exército, trazendo também para a esfera de poder sectores mais conservadores e críticos do parlamentarismo liberal (Rosas e Rollo 2009, 116). No seu consulado, assiste-se a um crescente activismo monárquico que nele encontra terreno favorável, projectando para a ribalta um movimento surgido no ano anterior, o Integralismo Lusitano, com o principal doutrinador em António Sardinha (1887-1925). Inspirados no «nacionalismo integral» da Action Française, surgida em 1898, os integralistas defendiam uma monarquia tradicionalista de tipo novo, antiparlamentar e corporativa, de confissão católica, doutrina que fará o seu caminho nos sectores conservadores nas décadas seguintes.

Mas a 14 de Maio de 1915 uma revolução de oficiais intervencionistas da marinha e do exército, afectos aos democráticos – e que resulta em centenas de mortos e feridos nas ruas da capital (Rosas e Rollo 2009, 118 e 274) – destitui Pimenta de Castro, reverte a política de neutralidade e prepara eleições. A 13 de Junho, o partido de Afonso Costa assegura maiorias absolutas na Câmara dos Deputados e no Senado. A 6 de Agosto, Bernardino Machado (1851-1944), próximo de Costa, é eleito pelos deputados Presidente da República. A entrada do país no conflito parecia estar em marcha. Mas que argumentos favoráveis à intervenção, em concreto, defendiam os democráticos? A referência do debate político e ideológico era, inevitavelmente, a posição radical tomada pelo partido dominante da República.

Os intervencionistas fundaram durante este período, segundo Nuno Severiano Teixeira, uma concepção heróica e patriótica da participação portuguesa na Grande Guerra, base da sua propaganda, que alegava um consenso nacional que nunca existiu (Teixeira 1996, 20). Filipe Ribeiro de Meneses precisou que os democráticos se refugiaram numa propaganda decalcada da propaganda de guerra francesa, em que o conflito era parte da eterna contenda entre a Civilização e a barbárie, entre os ideais democráticos dos Aliados (o Direito, a Justiça, a Liberdade) e a força reaccionária da Alemanha (Meneses 2000, 70). Na guerra jogava-se igualmente a liberdade de pequenas nações como a Bélgica, a Sérvia e, depreendia-se, Portugal.

Num «comício patriótico» realizado no mosteiro da Batalha, a 24 de Agosto de 1916, Afonso Costa lançava o argumento mais importante: a defesa das colónias africanas, que a Alemanha cobiçava desde 1898 e atacava desde o início das hostilidades. Elas seriam o garante da permanência de Portugal como nação independente. A isso se ligava o respeito por «uma aliança com cinco séculos» com a Inglaterra, caso contrário o país seria votado ao ostracismo internacional. Insistir pois na neutralidade seria uma «lição de cobardia» e «a nossa morte moral»[1]. Para o Presidente Bernardino Machado, que publicou um panfleto dirigido aos soldados, só a República permitiria canalizar a totalidade das forças nacionais para a vida pública: a participação do país na guerra seria mesmo a primeira manifestação dessas forças nacionais. Estes últimos argumentos, contudo, pareciam perder força perante a política interna e deixavam compreensivelmente o resto da população indiferente (Meneses 2000, 70 e 85-87).

[1] Valle, José do. 1916. «Romaria patriotica. Junto do mosteiro da Batalha». *O Mundo*. 25 de Agosto: 2.

Compromisso e rebeldia: a guerra na arena política e cultural

Ainda assim, a persistente estratégia diplomática para forçar a entrada do país no conflito conseguiu, por fim, vencer a oposição da aliada Inglaterra, que preferia beneficiar de um Portugal não beligerante, mas sem declarar neutralidade. Como se sabe, a requisição forçada dos navios alemães refugiados em portos nacionais, a pedido dos ingleses, motivou a declaração de guerra alemã a Portugal a 9 de Março de 1916. Afonso Costa cedeu então a Presidência do Conselho de Ministros a António José de Almeida, e forma-se o chamado Governo de União Sagrada. Este decide o envio de uma divisão para a frente ocidental, em França, perante a oposição sem quartel de unionistas, socialistas, sindicalistas e de António Machado dos Santos (1875-1921), o «herói da Rotunda» no 5 de Outubro, que tentará, sem sucesso, sublevar algumas unidades militares em Dezembro.

Em Janeiro de 1917 as primeiras tropas do Corpo Expedicionário Português partem para o Norte de França, região da Flandres, mas na frente interna os meses seguintes são marcados por sucessivas revoltas contra a carestia de vida, contra a escassez e a inflação de preços dos géneros alimentares. Greves, motins de rua e assaltos a lojas e armazéns, na capital e na província; a 12 de Julho, o Governo declara o estado de sítio na capital; a 8 de Setembro, a União Operária Nacional, pacifista, convoca uma greve geral, a que o governo responde com a mobilização para a Flandres dos grevistas (Rosas e Rollo 2009, 121).

Como observou Rui Ramos, no violento e caótico ano de 1917, marcado pela revolução bolchevique na Rússia, a maior parte dos governos europeus demitiu-se ou foi violentamente derrubada (Ramos 1994, 523). O golpe militar de Sidónio Pais (1872-1918), a 5 de Dezembro, que pôs fim ao governo da União Sagrada e exilou Costa e Machado, instituiu um regime presidencialista e de partido único (Partido Nacional Republicano) e pôs em prática uma política de desintervenção na guerra. Foi o triunfo da contra-mobilização que sempre se opôs à intervenção, apoiado por uma coligação de interesses ferozmente anti-afonsista (monárquicos e católicos, integralistas, unionistas, até sindicalistas) que recrudescera nesse ano (Meneses 2000, 219-221). Eleito Presidente da República em Abril de 1918, cultivando uma aura sebastianista e obtendo forte apoio popular, Sidónio falhou porém na pacificação e consenso nacional que os seus opositores não haviam conseguido, progressivamente abandonado por uma coligação de interesses contraditórios que se dissolvia. Perseguindo os adversários políticos, as opções do «dezembrismo» foram-se restringindo cada vez mais a uma ditadura pessoal (Rosas e Rollo 2009, 127). Sidónio foi assassinado a 14 de Dezembro de 1918 na estação do Rossio, em Lisboa. O armistício da Grande Guerra dera-se a 11 de Novembro, selando a derrota das Potências Centrais e seus aliados. Após um novo período de crise e à beira da guerra civil, quando uma nova tentativa armada monárquica é derrotada nos arredores da capital e no Norte do país, a República só estabilizará – temporariamente, é certo – a partir de Fevereiro de 1919.

Uma clivagem e polarização tão profundas na sociedade portuguesa não poderiam deixar de se reflectir na agitada esfera cultural dos anos de 1910, impulsionada pelas filiações e antagonismos dos escritores que se reuniam em torno das revistas literárias, meios privilegiados de agitação cultural.

No campo intervencionista, destacava-se a acção crucial da Renascença Portuguesa, sediada no Porto, da qual a revista *A Águia* passou a ser, em Janeiro de 1912, o órgão oficial. O grupo fundador compreendia personalidades como o poeta Jaime Cortesão (1884-1960), impulsionador do projecto, o filósofo Leonardo Coimbra (1883-1936), o pintor António Carneiro (1872-1930) e o mentor do grupo, o poeta Teixeira de Pascoaes (1877-1952), director literário de *A Águia* até 1916. Do comité de Lisboa faziam parte intelectuais como Raul Proença (1884-1941) e António Sérgio (1883-1969), assim como o já nosso conhecido Afonso Lopes Vieira, que fora colega de Pascoaes na Universidade de Coimbra e era então redactor na Câmara dos Deputados. Herdeiros do patriotismo republicano que surgira após o Ultimato britânico de 1890, os renascentes pretendiam contribuir para a elevação cultural e cívica dos portugueses e para o renascimento das forças vitais do país, com o advento da República. «Crear um novo Portugal, ou melhor ressuscitar a Pátria Portuguesa, arranca-la do tumulo onde a sepultaram alguns seculos de escuridade física e moral [...]», era o ideal do movimento, como escreveu Pascoaes nas páginas de *A Águia*[2]. A sociedade desenvolveu uma intensa actividade editorial, com chancela própria, publicando uma média de 25 livros por ano, e criou o projecto das chamadas universidades populares, com cursos de História, Filosofia, Ciências Naturais sobretudo no Porto (Ramos 1994, 533), mas igualmente em Coimbra, Póvoa do Varzim e Vila Real. Criaram-se ainda cursos especiais nocturnos de preparação para a actividade comercial.

O projecto dos renascentes tinha um suporte capital no saudosismo teorizado por Teixeira de Pascoaes. O poeta de Amarante sistematizara um conceito idealista da originalidade essencial da alma portuguesa: o saudosismo seria o culto da «alma pátria», a «Saudade», presente nos vários domínios da criação artística e do pensamento. Esta era a suprema expressão do génio e do carácter íntimo dos portugueses, uma «Raça» que tinha qualidades próprias que deveriam ser cultivadas acima de todas as influências estrangeiras (Pascoaes 1991, 12). Para Pascoaes, a saudade era um «sentimento-ideia», «o Verbo do novo mundo português» que gerou os mais altos momentos históricos e criativos da nacionalidade: «a Saudade é o próprio sangue espiritual da Raça; o seu estigma divino, o seu perfil eterno» (Pascoaes 1912a, 2). Para que ela se projectasse no presente e no futuro, os renascentes teriam assim uma tarefa de revelação e de reconstrução criativa, de restaurar na vida pública um sentimento-ideia que o povo sentia intuitivamente. A saudade, para Pascoaes, erguia-se por isso «à altura d'uma Religião, d'uma Filosofia e d'uma Política, portanto»[3].

Esta dimensão política do projecto da Renascença Portuguesa ganha relevo com o início da Grande Guerra, em Agosto de 1914. No número de Dezembro, Pascoaes assina um texto programático muito próximo do argumentário intervencionista dos democráticos[4]. Na opinião modelar do poeta, a guerra era essencialmente uma luta entre duas civilizações: a celto-latina, que beneficiou a humanidade de todos os valores fundamentais (desde a Grécia antiga à religião

[2] Pascoaes, Teixeira de. 1912a. «Renascença». *A Águia* 1. 2.ª série (Janeiro): 1.
[3] Pascoaes, Teixeira de. 1912b. «Ainda o Saudosismo e a "Renascença"». *A Águia* 12. 2.ª série (Dezembro): 186.
[4] Pascoaes, Teixeira de. 1914. «Portugal e a Guerra e a Orientação das Novas Gerações». *A Águia* 36. 2.ª série (Dezembro): 161-168.

Compromisso e rebeldia: a guerra na arena política e cultural

cristã), e a germânica, uma força material e violenta que aspirava ao domínio mundial. Portugal pertencia à primeira e não podia ser insensível à luta heróica, que oferecia uma oportunidade para encontrar um «ideal comum» e assegurar a independência da Pátria, da qual o povo estava há muito divorciado. Pascoaes insistia depois num discurso imoderado de abnegação e de sacrifício. A representação redentora e idealista da guerra era uma forma do escritor reafirmar valores cruciais do movimento saudosista:

> A hora é magnifica para a educação moral dum povo. A Europa converteu-se n'um grande fóco de heroismo, de sacrificio, de dôr, onde as virtudes essenciaes do homem se retemperam. A atmosfera europeia é tragica, magnifica, sublime, contraria a esse deprimente cosmopolitismo em que as nações se diluiam, e reveladora e creadora do seu caracter, da sua presença viva sobre a terra. (Pascoaes 1914, 166)

Os renascentes chegaram mesmo a criar em 1914 uma Sociedade de Instrução Militar, com o intuito de preparar voluntários para uma aguardada intervenção no conflito. Mais tarde, em Junho de 1916, reagindo à declaração de guerra da Alemanha, a Renascença publica um número triplo de *A Águia* dedicado ao conflito, em que o grupo se assume como a vanguarda intelectual de apoio ao intervencionismo[5]. Além dos colaboradores habituais, com destaque para Pascoaes, Raul Proença e Leonardo Coimbra, assinam textos os republicanos prestigiados da Geração de 1870 e do Ultimato britânico, como Teófilo Braga (1843-1924), Jaime de Magalhães Lima (1859-1936) e Henrique Lopes de Mendonça (1856-1931). A apologia da causa e dos valores ocidentais defendidos pelos Aliados atravessava todos os textos, contra uma *kultur* germânica vista como agressão e barbárie.

Entre os colaboradores deste número é importante destacar a acção de dois membros da Renascença desde a primeira hora, que se tornarão figuras destacadas do Corpo Expedicionário Português em França: Jaime Cortesão e o poeta Augusto Casimiro (1889-1967) [**Figura 13**].

Republicano activo desde a greve académica de 1907, Cortesão foi libertado de uma prisão política com a revolução de 5 de Outubro de 1910, tendo sido eleito deputado em 1915 pelo partido de Afonso Costa, no círculo do Porto. No Verão de 1914, o poeta coimbrão escreveu vários artigos sobre a guerra na imprensa portuense e no boletim da Renascença que dirigiu (*A Vida Portuguesa*), denunciando o militarismo da Alemanha e da Áustria (Leal 2000, 445; Martins 2008, 184). No número especial de *A Águia*, Cortesão juntou-se ao coro patriótico e contribuiu com o poema galvanizador «Cântico Lusíada», inspirado – tal como o célebre *Pátria* (1896) de Abílio Guerra Junqueiro (1850-1923) – por um verso de Camões nos *Lusíadas*: «Esta é a ditosa Pátria minha amada.»

A partir de 1916, o deputado-escritor vai envolver-se na mobilização dos cidadãos para a guerra, dando conferências em movimentos associativos de Lisboa, insistindo na necessidade do governo dirigir uma verdadeira propaganda da intervenção, interpelando sobre isso o primeiro-ministro no Parlamento,

---

[5] Veja-se *A Águia* 52-53-54. 2.ª série. Número temático «Portugal e a Guerra». Abril/Maio/Junho de 1916.

Figura 13
Jaime Cortesão e Augusto Casimiro
em São João do Campo, Coimbra,
antes de 1914
Arquivo de Cultura Portuguesa
Contemporânea, Espólio Augusto
Casimiro
BNP-ACP, Lisboa

(Meneses 2004, 145). Afonso Costa chega a propor-lhe, no final do ano, a direcção de uma revista de grande tiragem com esse objectivo, gesto sem consequências (Cortesão 1919, 34-35). O contributo mais relevante de Cortesão foi, no entanto, a *Cartilha do Povo*, um folheto de 32 páginas publicado pela Renascença Portuguesa[6]. O escritor compôs um diálogo entre três personagens que dão voz ao patriotismo, às famílias e aos soldados que partem: João Portugal, José Povinho e Manuel Soldado. João Portugal procura despertar nos outros «o orgulho e o amôr da Pátria», persuadindo-os de pontos importantes da argumentação intervencionista: a agressão da Alemanha a Angola, em 1914, e, na Europa, a opressão das pequenas nações como a Bélgica, a Sérvia e a Polónia; ou ainda a posição influente da Inglaterra e os deveres de Portugal para com a aliança secular (Cortesão 1916, 14-22). Mais importante do que isso parece ser a necessidade de João Portugal explicar a José Povinho o que é a «Pátria»:

> E o essencial dessa história, o que é urgente que tu saibas é que durante séculos os teus avós, os portugueses doutrora, lutaram, sofreram e morreram primeiro para tornar independente esta terra do poder dos

[6] Cortesão, Jaime. 1916. *Pela Pátria. Cartilha do Povo. 1.º encontro. Portugal e a Guerra*. Porto: Renascença Portuguesa. Previam-se quatro folhetos («encontros»), mas este não teve continuidade. O Ministério da Guerra comprou cem mil exemplares desta obra, segundo informa a página 3 (decerto para distribuição aos soldados nos quartéis), mas não há notícias de representações deste diálogo.

estrangeiros, depois e sempre para firmar essa independência, e muitas vezes com espantosos perigos e sacrifícios sem conta para a grandeza de Portugal e o bem de toda a Humanidade. (Cortesão 1916, 9)

O impacto da *Cartilha do Povo* numa população maioritariamente iletrada terá sido muito limitado, a confirmar-se a inexistência de quaisquer representações públicas do diálogo (Meneses 2000, 94). Maior fôlego e fortuna cultural teve o notável livro que Cortesão publicou em 1919, que relata a sua experiência de combate na Flandres: *Memórias da Grande Guerra* (Cortesão 1919). Nele, o intervencionista convicto não se furtou a dar um testemunho corajoso e humanista do sacrifício dos soldados nas trincheiras de França. Cortesão descreve no livro os episódios mais marcantes da sua participação, desde a luta contra o radicalismo afonsista, na defesa de um verdadeiro governo de guerra inter-partidário, que possibilitasse um compromisso nacional, até ao impressivo relato, já perto do fim, do seu gaseamento ao socorrer os feridos nos postos médicos avançados das trincheiras. Mais adiante, na quarta parte deste estudo, iremos analisar mais de perto o modo singular como esta experiência de guerra se cruzou com a actividade de um camarada próximo, o artista oficial Sousa Lopes.

Não menos importante foi a acção do poeta Augusto Casimiro, amigo próximo de Cortesão e seu cunhado. Conterrâneo de Pascoaes, Casimiro era um militar de carreira, tendo comandado em 1914, como tenente, a escolta da missão de delimitação da fronteira de Angola com o Congo belga. É aí que conhece e se torna próximo do governador geral, major José Norton de Matos (1867-1955), futuro ministro da Guerra de Afonso Costa e do governo da União Sagrada, criador do Corpo Expedicionário Português. A declaração de guerra alemã e subsequente mobilização apanha Casimiro já em Lisboa, como professor do Colégio Militar. No projecto cívico da Renascença foi ainda o principal dinamizador da Universidade Popular, surgida no Porto em 1912. Antes da eclosão da guerra, em recolhas poéticas como *A Tentação do Mar* (1911) e *A Primeira Nau* (1912), Casimiro foi consolidando um imaginário mítico lusíada e um messianismo galvanizador do ressurgimento de Portugal e da sua missão pioneira no mundo. Retoma a profecia-utopia do Quinto Império, que o poeta sonha como uma nova idade espiritual em que a grei lusitana dará ao mundo «Índias-novas de Amor e liberdade». Ao leme das naus míticas da Pátria, «Os pilotos são Poetas» (Casimiro 2001, 119 e 166).

A Grande Guerra foi para Augusto Casimiro, tal como para Pascoaes, um momento excepcional que possibilitava o ressurgimento da Pátria e a reafirmação do seu destino saudosista. No referido número «guerreiro» da revista *A Águia*, Casimiro contribuiu com o canto patriótico e messiânico «Hora de Nun'Álvares», datando-o da «Primavera de 1916 e do mundo»[7]. Escreveu-o, assim, reagindo à declaração de guerra alemã de 9 de Março. Recolhido em volume no ano seguinte, com algumas alterações e outras poesias, o poeta acrescentou-lhe a dedicatória: «Ao que tombar primeiro» (Casimiro 2001, 289). O discurso galvanizador e urgente evidencia-se neste pequeno excerto:

---

[7] Casimiro, Augusto. 1916. «Hora de Nun'Alvares». *A Águia* 52-53-54. 2.ª série (Abril/Maio/Junho): 155-162.

Ó minha terra de desvairos, – nesta hora
Sopram de novo sobre ti ventos sagrados,
– Olha a nova partida, outro Restelo!

A Hora eterna à tua porta bate!
– Entreolham-se, à espera os teus soldados!
– Pátria, é a hora do combate belo,
– *Do preciso combate!*

Gentes de Portugal, cerrai fileiras!
(Casimiro 2001, 312)

O escritor compõe no extenso poema uma apologia fervorosa das virtudes da história pátria ao serviço da beligerância, inspirado pelo imaginário camoniano dos Descobrimentos e de Aljubarrota, que se projectam de forma quase prometeica no conflito europeu.

Casimiro foi promovido a capitão na Flandres e distinguido com vários louvores militares, pelo entusiasmo e sangue-frio com que dirigiu as operações da sua companhia – a terceira de Infantaria 23, que baptizou literariamente «Quixote Company» – ao lado dos seus soldados na primeira linha de trincheiras. Foi também premiado com as mais altas condecorações, incluindo o oficialato das Ordens de Cristo e de Avis, a Military Cross britânica e a Légion d'honneur francesa (Silveira 2014c, 12-13). Os dois livros que escreveu sobre a sua experiência nas trincheiras são relatos fundamentais da guerra do CEP na frente ocidental. *Nas Trincheiras da Flandres* foi o primeiro livro de um combatente português a ser publicado no país, em Maio de 1918, inaugurando um género literário que larga fortuna terá no Portugal do pós-guerra (Casimiro 1918a e 2014). É a confissão da experiência íntima de um combatente, o depoimento de um oficial cujo patriotismo e humanidade se fortalece no exemplo dos seus soldados, descrevendo o ritmo vertiginoso do quotidiano do CEP e oferecendo um retrato, desmistificador, das misérias e grandezas da luta das trincheiras. Seguiu-se em 1920 *Calvários da Flandres* (Casimiro 1920), também na chancela da Renascença Portuguesa, onde denuncia o abandono a que o CEP foi votado por Lisboa. Narra ainda com pormenor a reorganização do corpo de exército no Verão de 1918, da qual foi um dos principais obreiros, formando novamente unidades de assalto que participam na ofensiva final dos Aliados em direcção à Bélgica, onde Casimiro entra à frente da sua companhia, ao lado de unidades britânicas, quando se dá o armistício de 11 de Novembro.

O protagonismo público de Casimiro como combatente da Flandres levou a que ficasse conhecido no imediato pós-guerra como o «poeta-soldado», um epíteto de ressonância camoniana[8]. Intervencionista fervoroso, o autor de *Calvários da Flandres* terá ainda um papel destacado, no pós-guerra, na denúncia pública e veemente dos erros da política de guerra do presidente Sidónio Pais (Casimiro 1919). Veremos a seu tempo a disputa política que Casimiro protagonizou e, muito especialmente, o fascínio e interesse que o

[8] Veja-se, por exemplo, artigo no jornal *A Epoca* de 6 de Setembro de 1919, ou ainda *O Seculo* de 1 de Setembro de 1919, numa entrevista em que o próprio Sousa Lopes se lhe refere nesses termos.

soldado-escritor despertou em Sousa Lopes, seu camarada na Flandres. Por agora, sublinhe-se o papel decisivo que a editora de Cortesão e Casimiro, a Renascença Portuguesa, desempenhou na memória do conflito, publicando uma série de relatos e memórias de combatentes com testemunhos sobre os campos de prisioneiros da Alemanha, os serviços médicos do CEP, ou a defesa de África, até ao testemunho de um dos comandantes, o general Manuel Gomes da Costa (1863-1929), que escreveu um importante relatório sobre a campanha (Costa 1920). Em 1920, já se haviam publicado catorze títulos. É uma literatura da Grande Guerra que ainda hoje está por avaliar com um estudo abrangente, na sua dimensão literária, política e memorial, apesar dos contributos relevantes entretanto surgidos (Leal 2000, Araújo 2014, Dias 2016).

Em Julho de 1915, um correligionário dos renascentes e deputado pelos democráticos, João de Barros (1881-1960), fez um importante apelo aos escritores e artistas do país no jornal *O Mundo*, para que se criasse um movimento de apoio aos Aliados[9] [**Figura 14**]. Como vimos, as eleições legislativas do mês anterior haviam-se saldado numa vitória retumbante do partido de Afonso Costa para o Congresso da República. No essencial, João de Barros reiterava os argumentos centrais da propaganda aliada, que Pascoaes já ensaiara na revista dos renascentes: a realidade mais profunda da guerra, «a *unica realidade*», era a de que se tratava de uma luta de civilizações antagónicas, a latina e a germânica. Pertencendo à civilização latina, Portugal não podia deixar de tomar uma posição clara. Os seus intelectuais, que pareciam aceitar uma «atitude dubia», não se poderiam pautar pelas conveniências da diplomacia internacional, que por ora obrigava o país a uma «vergonhosa neutralidade». Na hora grave que a Europa enfrentava, estava em causa um valor supremo: «Como Poeta – ninguem extranhará que eu defenda um ideal, o ideal da minha raça e da historia do meu país. Como patriota – creio que não exagero afirmando que a independencia material, moral e intelectual da terra lusitana só a garante a victoria dos aliados» (*apud* Barreto 2014, 191).

Para Barros, era justo que Portugal apoiasse sem reservas a causa da França. Era «um elementar dever de honra» que os escritores e artistas portugueses se manifestassem colectivamente, como um «amparo» e «apoio moral» perante o «dolorosissimo esforço» e o «heroismo formidavel» da França. Defendia por isso a criação de uma Liga pelos Aliados, para a qual, arriscava, distintas personalidades certamente contribuiriam: entre outros, cita os nomes de Afonso Lopes Vieira, «que soube sempre interpretar a alma oculta do nosso lirismo e tão amigo é da clareza latina», de José de Figueiredo, «o descobridor de Nuno Gonçalves», e de Teixeira de Pascoaes. Era um dever a solidariedade para com uma nação à qual os intelectuais portugueses deviam tanto:

> Nenhum delles, eu adivinho-o, como nenhum dos artistas portugueses, mestres ou aprendizes em qualquer dominio da Arte, terá a menor hesitação em afirmar que sabe e não esquece quanto deve á França, ao seu genio, á sua disciplina mental, ás suas inovações esteticas, á sua perpetua vibração de progresso e de beleza. (*apud* Barreto 2014, 191)

[9] Barros, João de. 1915. «Os Escritores Portugueses e a Guerra». *O Mundo*. 10 de Julho: 1. Sigo aqui a transcrição do artigo em Barreto 2014, 189-192.

O MUNDO

Numero 5:386 — Sabado, 10 de julho de 1915 — Anno XV

Figura 14 (página anterior)
O Mundo, 10 de Julho de 1915
Artigo de João de Barros «Os Escritores
Portugueses e a Guerra»
Reprodução
BNP, Lisboa

Mas a sua desejada Liga pelos Aliados nunca se concretizou. O silêncio que Barros denunciava neste apelo era um sintoma de que a guerra dividia profundamente um meio intelectual cada vez mais extremado por dissensões, mesmo entre os republicanos mais progressistas. No seio da própria Renascença Portuguesa, António Sérgio é a dissidência mais visível, ele que estivera ausente do número «guerreiro» de *A Águia*, em 1916. Sérgio polemizara com Pascoaes nas páginas da revista e afastara-se do saudosismo, considerando-o um pseudo-idealismo passadista e messiânico. Mais do que uma luta entre raças ou civilizações, para Sérgio as forças que determinaram a «carnificina» seriam acima de tudo os interesses económicos. Essas vantagens materiais eram porém ilusórias, o que não impediu o impulso funesto dos governantes, como escreveu nas páginas de *A Águia*:

> A guerra não prospera as nacionalidades, mas pode enriquecer alguns felizes; no entanto, a riqueza produz a guerra, e ha muita gente que acredita que pela guerra se enriquece. Não acredito eu, nem o meu amigo, nem o Bernardim, nem o Rodrigues Lobo, – mas acreditam aqueles cujas convicções teem o triste poder de desencadear as guerras.[10]

Para o ensaísta, o erro grosseiro e perigoso de muitos alemães foi o de terem acreditado, com entusiasmo, que o seu invejável desenvolvimento económico se devera à vitória na Guerra franco-prussiana de 1870 e que a segunda conflagração ainda lhes seria mais vantajosa. O diagnóstico correspondia a uma posição de princípio: «Essa me parece mesmo a melhor estrategia pacifista: reconhecer as *causas* economicas e negar as economicas *vantagens* [...]» (Sérgio 1915, 77). Torna-se evidente que Sérgio se opunha à entrada de Portugal na guerra. Raul Proença, apesar de a apoiar, partilhava com o camarada da Renascença a explicação económica do conflito (Barreto 2014, 160).

A esta dissidência pode-se juntar Aquilino Ribeiro, jornalista e escritor republicano exilado em Paris desde 1908, devido a actividades conspirativas contra a monarquia. Como vimos, é na cidade-luz que conhecerá Sousa Lopes, escrevendo depois amplamente sobre a sua obra (Ribeiro 1909 e 1917). Aquilino manteve um diário nos meses inaugurais do conflito, durante Agosto e Setembro de 1914, até regressar ao país, publicando-o em 1934 sob o título *É a Guerra* (Ribeiro 2014). Encontrando-se com João Chagas (1863-1925) na Legação de Portugal em Paris, o escritor não escondeu no diário a indignação perante as declarações do ministro: Chagas comunicou-lhe que seria uma cruzada pessoal levar o país à guerra, por uma questão de independência nacional e de prestígio no «concerto das nações», mas sobretudo para «resgatar» Portugal de continuar a ser um «vassalo da Inglaterra» (Ribeiro 2014, 57-58). Regressando da avenida Kléber, Aquilino notou: «Em nome de que justa, necessária causa, se podem despachar para o matadoiro os meus pobres, ignorantes, pacíficos labregos?» (*Idem*, 59). Chagas seria precisamente o inspirador ou ideólogo da revolução de 14 de Maio de 1915, que recuperou a estratégia da beligerância após

[10] Sérgio, António. 1915. «Carta a um amigo sobre a guerra». *A Águia* 38. 2.ª série (Fevereiro): 78.

o interregno de Pimenta de Castro, e teria sido empossado chefe do Governo da junta revolucionária se não sofresse um atentado que o impossibilitou de tomar posse (Rosas e Rollo 2009, 118).

A 24 de Agosto, Aquilino recebia pelo correio os jornais portugueses, que o informavam da sessão extraordinária do Congresso da República que aprovara a declaração de fidelidade à aliança luso-britânica ou anunciavam o envio de expedições para Angola e Moçambique. O escritor registou no diário:

> A impressão que me deixaram é que os poderes constituídos e as classes influentes têm da guerra uma consciência anacrónica, quixotesca, tais aprendizes de história pelo livro de Pinheiro Chagas [tio de João Chagas]. Uma grande rixa à espada e a mosquete, com algum sangue de mistura, que vai acabar na epopeia. (Ribeiro 2014, 151)

Observando a mobilização francesa, Aquilino apercebia-se de que a dimensão colossal da guerra exigia um complexo industrial e um «nervo económico da nação» que faltavam a Portugal. Mais tarde, o escritor terá também algo a dizer sobre a investidura de Sousa Lopes como artista oficial do CEP.

Mas o desafio de João de Barros nas páginas de *O Mundo*, como revelou recentemente José Barreto (2014), suscitará a reacção de outro escritor dissidente da Renascença Portuguesa, o poeta Fernando Pessoa (1888-1935), num conjunto de textos que optou por não publicar.

Nos meses anteriores haviam saído os dois números de *Orpheu*, revista icónica do modernismo português, impulsionada sobretudo por Pessoa e pelo poeta Mário de Sá-Carneiro (1890-1916). Segundo Pessoa, o ideólogo do grupo, *Orpheu* pretendia operar uma síntese das linguagens artísticas modernas, como o simbolismo, o decadentismo e o futurismo, propondo uma «arte desnacionalizada» e europeia, que rompesse com o saudosismo da Renascença e as suas referências estreitas enquanto pensamento moderno[11]. Contudo, o sucesso de escândalo que *Orpheu* conseguiu comprometeu-se no terreno da provocação política, quando Pessoa, contrário à revolução de 14 de Maio e crítico feroz de Afonso Costa, pela verve do heterónimo Álvaro de Campos, decidiu hostilizar na imprensa o líder dos democráticos[12].

Nos rascunhos da projectada resposta ao desafio de João de Barros, Pessoa manteve o espírito polémico e provocador: propunha demonstrar «que a alma portugueza deve estar com a sua irmã, a alma germanica, na guerra presente» (*apud* Barreto 2014, 193-194). Politicamente, tanto da França como da Inglaterra Portugal só sofrera traições e humilhações, sempre tratado como uma colónia ou protectorado. Portugueses e alemães partilhariam um temperamento «sentimental, adaptavel, facil de conduzir»: «portuguezes como allemães são gente incapaz de agir dentro de regimens com feição democratica; só quando um pulso forte nos toma e nos guia, a uns como a outros, conseguimos fazer qualquer cousa» (*Idem*, 197). Este poderia ser Guilherme II ou D. João II, Bismarck ou o Infante D. Henrique. Os Descobrimentos e o Império Alemão equivaliam-se, portanto, no que havia de mais «scientificamente medido e executado». Apesar

[11] Veja-se Pessoa, Fernando. 2015. *Sobre Orpheu e o Sensacionismo.* Ed. Fernando Cabral Martins e Richard Zenith. Lisboa: Assírio & Alvim, 120.

[12] Numa carta assinada por Álvaro de Campos ao director do vespertino republicano *A Capital* (6 de Julho), em que repudiava a qualificação de futuristas aos colaboradores de *Orpheu* e se regozijava pelo acidente do chefe dos Democráticos, que saltara de um carro eléctrico três dias antes, julgando-se alvo de um atentado. Isto originou uma resposta violenta do vespertino republicano e a dessolidarização de vários colaboradores da *Orpheu*, o que terá comprometido o futuro da revista. Veja-se a descrição do episódio por José Barreto em Dix 2015, 75-77.

disso, para Pessoa, o mais conveniente para Portugal seria manter uma «neutralidade favoravel aos Aliados» (*Idem*, 195-196).

Pessoa era um republicano atípico, defensor, no seu gosto especial por paradoxos, de uma «República aristocrática», que superasse o regime considerado plebeu e inferior dominado por Afonso Costa. Talvez por isso apoiará o presidencialismo autoritário de Sidónio Pais, que cognominou celebremente de «Presidente-Rei» (Silva 2010a, 32-39). Outro panfleto político do escritor confirma-nos que, no tema da guerra, o seu combate principal era contra a República afonsista e a hegemonia dos democráticos, que após o 14 de Maio manobravam de novo para conduzir o país ao conflito. Em *Carta a um Herói Estúpido*, que também decidiu não publicar, Pessoa insurge-se contra as declarações do tenente Francisco Aragão (1891-1973), glorificado na imprensa como o «herói de Naulila». Aragão distinguira-se na defesa desse posto fronteiriço em Angola, atacado pelos alemães em Dezembro de 1914, tendo sido feito prisioneiro. Libertado no ano seguinte, foi recebido apoteoticamente no Funchal, discursando contra o deposto Pimenta de Castro e defendendo a necessidade de o país entrar na guerra para vingar Naulila. Para Pessoa, a «estupidez» de Aragão não resultava da sua louvável valentia, mas da forma ignorante como se referira ao general, «que tinha consigo todo o país», e do modo como se prestava a ser um instrumento dos interesses do partido de Afonso Costa, que desnacionalizava Portugal (Pessoa 2010, 27 e 51-53).

Na ficção narrativa, alguns contos não terminados, revelados recentemente, demonstram a intenção de Pessoa de explorar a dimensão psicológica da guerra, de que não está ausente um intuito pacifista. Aqui, o embate da mente desenraizada dos soldados com a violência e devastação da guerra parece produzir um tipo de despersonalização auto-reflexiva. Em *O Caso do Sargento Falso*, o militar suicida-se depois de observar os vestígios humanos de uma casa arruinada pelos bombardeamentos. Em *A Trincheira*, um soldado atingido (talvez mortalmente) reflecte sobre a sua vida suspensa, em que «tudo se harmonizava e era tão natural a paz como a guerra, as artes de conviver e de gozar como as artes de destruir e de atirar com a morte»[13].

Os textos mais polémicos e combativos dos modernistas sobre a guerra saíram na última manifestação da vanguarda portuguesa de 1910, o número único de *Portugal Futurista*. A revista foi logo apreendida pela polícia, nas bancas, em Novembro de 1917. Nela saíram dois manifestos assinados pelos órficos mais provocadores, Almada Negreiros e o heterónimo radical de Pessoa, Álvaro de Campos. Contudo, como no caso dos renascentes, as duas posições não coincidiam, tratando-se em Almada de fazer a apologia de um belicismo que era rejeitado, violentamente, por Álvaro de Campos[14].

Almada Negreiros iniciara a sua fulgurante obra literária na revista *Orpheu*. O antimilitarismo latente em *A Cena do Ódio*, destinada ao número 3 da revista, nunca publicado – escrito, segundo o próprio, durante os três dias que duraram a revolta do 14 de Maio –, dará lugar, a partir do ano seguinte a um belicismo imitado do futurismo italiano, qualificando-se no seu *Manifesto Anti-Dantas* como «poeta d'Orpheu, futurista e Tudo». Almada convive nesta altura com

[13] Um terceiro conto, *A Estrada do Esquecimento*, descreve o torpor sensitivo de um soldado de cavalaria embrenhado na noite, sugerindo a diluição da consciência individual no colectivo e no chefe militar. Veja-se Pessoa 2015, 23-34.

[14] Para uma análise desta ambivalência, veja-se Sepúlveda, Torcato. 1994. «As contradições dos futuristas portugueses». *Público* (ed. Lisboa). 9 de Setembro: 10-11.

um adepto de Marinetti que regressara de Paris devido à guerra, Guilherme de Santa Rita, conhecido por Santa Rita Pintor (1889-1918). A mudança é já evidente em *K4 O Quadrado Azul*, texto publicado em 1917. A «Velocidade» moderna é exaltada na enumeração vertiginosa do final, como se reproduzisse um telegrama sem pontuação, em que os eventos da guerra, generais e armamento se fundem com signos da civilização industrial e mediática[15].

No mês em que alguns batalhões do CEP já combatiam nas trincheiras ao lado dos ingleses – o jornal *O Mundo* anuncia-o em manchete no dia 11 de Abril –, Almada organizou com Santa Rita uma «Conferência futurista» no Teatro da República (actual Teatro Municipal São Luiz), a 14 de Abril de 1917. Foi uma *performance* memorável, onde leu à audiência o *Ultimatum Futurista às Gerações Portuguesas do Século XX*, transcrito depois no *Portugal Futurista*; o artista subiu ao palco com um fato de aviador, imagem que reproduziu na revista acompanhando um resumo seu da conferência.

A urgência do discurso de Almada é evidente nas frases que repetiu com insistência e que definem as duas partes deste manifesto: «A guerra é a grande experiência» e «É preciso criar a pátria portuguesa do século XX». A primeira parte é uma apologia revolucionária da guerra que reproduzia o discurso futurista: «É a guerra que liquida a diplomacia e arruína todas as proporções do valor academico, todas as convenções de arte e de sociedade explicando toda a miseria que havia por baixo» (*Portugal Futurista* 1990, 36). Era a *Guerra sola igiene del Mondo*, com que Marinetti intitulara uma recolha de manifestos e poesias de 1915[16]. Mas Almada parece aperceber-se de que o seu belicismo também o aproximava dos renascentes: excluía, por isso, deste «heroísmo moderno» o «passadismo» e a morbidez da saudade, que tinham o destino traçado: «É a guerra que accorda todo o espirito de criação e de construção assassinando todo o sentimentalismo saudosista e regressivo.» Dirigindo-se à novas gerações, o futurista exortava: «Ide buscar na guerra da Europa toda a força da nossa nova pátria. No *front* está concentrada toda a Europa, portanto a Civilização actual» (*Idem*, 36). A guerra seria então, para Almada, como resulta de outras passagens, um evento que cortava definitivamente com o peso da tradição e dos atavismos, e afirmava o primado da «experiência» e da «vida», mote nietzscheano das vanguardas artísticas. Apesar disso, Almada nunca seguirá para o *front*, como fizeram Marinetti e outros artistas futuristas.

Já Álvaro de Campos radicaliza o anti-intervencionismo de Pessoa, chegando por vezes a viscerais acusações antiguerra. O seu heterónimo mais provocador e «futurista», que exalta em *Orpheu* o progresso industrial e tecnológico da Europa, chega a ensaiar inesperadas meditações sobre a tragédia humana do conflito. Numa composição anterior, a «Ode Marcial», de que restam apenas fragmentos datáveis de 1915-1916, Campos sente-se um soldado que matou e violentou a sangue-frio, confessando a culpa e lembrando as vítimas indefesas. Dirige-se depois, com um misto de perversidade e compaixão, às mães dos soldados mortos e desconhecidos, de quem restavam apenas as vagas matrículas:

[15] Veja-se Negreiros 2000, 17. Refira-se que esta obra foi incluída – juntamente com *Ultimatum*, de Álvaro de Campos, (Pessoa) e *Húmus*, de Raul Brandão – numa lista das cem «publicações maiores» saídas durante o ano de 1917, presente no catálogo da exposição *1917*, no Centro Pompidou de Metz, França, em 2012. Veja-se Garnier e le Bon 2012, 246-247.

[16] Marinetti, F. T. 1915. *Guerra sola igiene del mondo*. Milano: Edizioni Futuriste di «Poesia».

> Não sabes onde é a sepultura do teu filho...
> Foi o n.º qualquer coisa do regimento um tal,
> Morreu lá pra Marne em qualquer parte... Morreu...
> O filho que tu tiveste ao peito, que amamentaste e que criaste...
> Que remexera no teu ventre...
> O rapazote feito que dizia graças e tu rias tanto... [17]

A sua provocação final é o *Ultimatum* publicado em *Portugal Futurista*, um genial e delirante manifesto antiguerra, que era sobretudo uma poderosa acusação a uma civilização europeia suicida. Sucessivos escritores, políticos, generais, nações são identificados e ridicularizados numa adjectivação enfurecida e torrencial. Nesta diatribe niilista, Campos declara a Grande Guerra a «falência geral» dos povos e do Ocidente, manifestando-se contra toda a ordem internacional conivente com a catástrofe, sarcástico para com as hierarquias da guerra e a sua propaganda:

> Proclamem bem alto que ninguem combate pela Liberdade ou pelo Direito! Todos combatem por medo dos outros! Não tem mais metros que estes milimetros a estatura das suas direcções!
>
> Lixo guerreiro-palavroso! Esterco Joffre-Hindenburguesco! Sentina europeia de Os Mesmos em scisão balofa!
>
> Quem acredita nelles?
>
> Quem acredita nos outros?
>
> Façam a barba aos poilus!
>
> [...]
>
> Atrelem uma locomotiva a essa guerra!
>
> Ponham uma colleira a isso e vão exhibi-lo para a Australia!
>
> Homens, nações, intuitos, está tudo nullo!
>
> Fallencia de tudo por causa de todos!
>
> Fallencia de todos por causa de tudo!
>
> (Pessoa 2012, 150)

A segunda parte do manifesto é uma defesa extravagante mas brilhante das possibilidades da sua própria estética da heteronímia, ao decretar «a abolição total» dos «dogmas» da personalidade, individualidade e objectividade, detalhando os resultados na política, arte e filosofia. No final, Campos proclama para breve, inspirado em Nietzsche, «a criação scientifica dos Superhomens!» (Pessoa 2012, 161). Mais tarde, nas suas notas, Pessoa, através do heterónimo, elucidou o seu gesto:

> Coisa mais ignobil e mais baixa que a guerra Europea nunca se viu. Foi a disputa entre o lixo e o estrume. Provou-se, no fim, que ambos cheiravam mal. Mas não era preciso morrer tanta gente para se saber o que o nariz dizia sem que bastantes desorientados apodrecessem.
>
> Foi do nojo d'esse acontecer que sahiu o meu *Ultimatum*. (Pessoa 2012, 286-287)

[17] Veja-se a «Ode Marcial» em Pessoa, Fernando. 2013. *Poesia de Álvaro de Campos*. Ed. Teresa Rita Lopes. Lisboa: Assírio & Alvim, 147-160. O teor aproxima-o do conhecido poema onde Pessoa descreve um soldado morto, «O Menino da sua Mãe», publicado na revista *Contemporânea* (3.ª série, n.º 1, Maio de 1926). Já o modo como a «Ode Marcial» se inicia, com o sujeito poético ouvindo ruídos e vozes longínquas, é muito semelhante ao início do épico de Augusto Casimiro «Hora de Nun'Álvares», referido.

A Grande Guerra era assim interpretada, contraditoriamente, nestes manifestos modernistas, como um evento regenerador ou como um sintoma de decadência da pátria, sobre a qual era necessário agir numa vertiginosa *performance* da linguagem, que no caso de Almada Negreiros se ofereceu na provocatória conferência de 1917. É revelador que Pessoa e Almada tenham escolhido a expressão «Ultimatum» para se dirigir ao público, o que no contexto das vanguardas é uma originalidade portuguesa, como observou Luís Trindade (2010, 225-226). Em última análise, ao apropriarem-se do sentido traumático do Ultimato britânico de 1890, sobre as colónias portuguesas em África, os modernistas subvertiam-no para confrontar as elites políticas e literárias que conduziam o país, herdeiras do patriotismo republicano de 1890, e para porem em questão o destino de Portugal que parecia atravessar, desde então, a sua hora mais grave.

CAPÍTULO 7
A GRANDE GUERRA
E OS ARTISTAS PORTUGUESES

Todos nós – artistas, poetas, escriptores, educadores, criticos», escreveu João de Barros na revista *A Águia*, «que somos os naturaes defensores da mais alta expressão do espirito da raça, na suprema floração da sua cultura e do seu ideal, não podemos senão aplaudir com inexprimivel orgulho a situação internacional portugueza.» No momento da declaração de guerra da Alemanha, em Março de 1916, o escritor reincidia no seu apelo aos intelectuais para que apoiassem a causa da intervenção na Grande Guerra. Guiando o país ao estado de guerra, os dirigentes democráticos haviam encarnado a «alma popular», segundo Barros, e interpretado uma «aspiração colectiva»: «Sobre todos nós ella reflecte-se, explendidamente, trazendo-nos uma mais profunda consciencia da nossa missão, missão d'arte e de patriotismo; e sobre todo o paiz espalha o clarão victorioso d'um momento de epopeia e de lucta, de sacrificio, de beleza e de gloria...[1]

Esta visão idílica do autor de *Oração à Pátria* não conseguia esconder, talvez, a frustração por se ter gorado a sua proposta, no ano anterior, de uma Liga pelos Aliados de escritores e artistas. Mas a verdade é que o espírito de missão dos artistas que Barros advogava não foi compreendido nem incentivado pelo seu próprio partido, que assumia a causa da intervenção desde 1914. Não existiu em Portugal, mesmo após a entrada formal no conflito, qualquer política de incentivo à produção artística como a que foi criada em França ou no Reino Unido, nem uma agência de propaganda governamental que nos Estados Unidos ou na Inglaterra solicitava a criatividade dos artistas. As excepções notáveis foram a acção de Sousa Lopes e do fotógrafo oficial do CEP, Arnaldo Garcez (1885-1964), que merecerá um capítulo à parte neste estudo.

Os apelos de intelectuais como Barros e Cortesão para a necessidade de uma propaganda organizada foram vozes isoladas, e o Governo da União Sagrada nunca soube aproveitar o potencial que os artistas ofereciam à causa da intervenção na guerra, situação que, como vimos, dividia profundamente o país e as suas elites. Analisando o problema, alguns autores observaram que a propaganda pela causa da intervenção foi escassa, débil e dispersiva, sem um planeamento consistente e unidade de acção (Meneses 2000, 82-88 e 2004, 137-148). A atitude imprudente do Governo era visível no discurso de Afonso

---

[1] Barros, João de. 1916. «Os Artistas e a Guerra». *A Águia* 52-53-54. 2.ª série (Abril-Maio-Junho): 138.

Adriano de Sousa Lopes. Um pintor na Grande Guerra

Costa, no comício da Batalha em 1916, limitando-se a um «apelo ao povo» para que fizesse a propaganda da intervenção junto de familiares e amigos[2]. O desinteresse oficial foi especialmente evidente com a estranha e quase total ausência do cartaz de propaganda em Portugal (Ventura 2010, 333), que se massificou nos outros países beligerantes com o concurso de inúmeros artistas. Mais adiante haverá oportunidade de desenvolver o assunto e analisar como foi então possível que, neste quadro, Sousa Lopes e Garcez pudessem acompanhar o CEP até França. O presente capítulo é um contributo inicial para um tema sem estudos anteriores: a presença da Grande Guerra na pintura e ilustração portuguesas. Como responderam os artistas portugueses à conflagração? Consideremos os percursos e obras mais relevantes tocados pelos eventos da guerra, finalizando com os artistas mobilizados para a frente de batalha, de modo a caracterizar o contexto de onde surgirá a acção definidora de Sousa Lopes.

Leal da Câmara (1876-1948) distinguiu-se em várias iniciativas pela causa da França e depois pela intervenção portuguesa na guerra. Vivendo em Paris desde 1900, era o caricaturista português – *cartoonista*, dir-se-ia hoje – mais célebre do início do século xx. Republicano anticlerical, elegeu a figura do rei D. Carlos e o clero como alvos principais de sátira política, acabando por exilar-se em Madrid em 1898, fugindo a um provável desterro nos territórios ultramarinos. Na capital francesa, colaborou nas gazetas satíricas mais populares, como *Le Rire* e sobretudo *L'Assiette au beurre*. Sousa Lopes conheceu-o fugazmente em 1904, escrevendo a Freire: «Fui apresentado uma vez ao Leal da Camara mas nunca mais o encontrei. Ele foge dos portuguezes. Não lhe posso portanto dizer nada a seu respeito.»[3] Leal não podia adivinhar que aquele jovem estudante de pintura, com o rebentar da Grande Guerra, iria ter um apoio oficial que o caricaturista ambicionava. Um amigo próximo e seu primeiro biógrafo, Aquilino Ribeiro, conta-nos que Leal da Câmara lhe escreveu em Agosto ou Setembro de 1914, confessando que lhe daria jeito ser nomeado «cronista da expedição portuguesa a terras de França». Ouvira dizer que este teria um automóvel às ordens e 500 francos por mês de subvenção (Ribeiro 1975, 84). Leal pedia-lhe opinião sobre o assunto: «O que sei e muito bem é que me convinha bastante receber um encargo destes, não só na qualidade de desenhador, mas na de repórter – repórter, bem entendido, à maneira de Stéphane Lausanne –, encargo, modéstia à parte, de que prometo dar boa conta» (*Ibidem*). Lausanne, que foi impossível identificar, seria provavelmente um jornalista correspondente de guerra. Mas era nesta dupla qualidade que Leal da Câmara pretendia registar a intervenção militar portuguesa, que já então se desenhava.

A essa ambição não seria estranha a sua colaboração no periódico lisboeta *O Mundo*, jornal oficioso dos democráticos, onde escreveu umas «Cartas de França – Horas da Guerra». Aquilino sugeriu-lhe candidatar-se a deputado pelo partido de Afonso Costa nas eleições de Junho de 1915 – no que teria a concordância deste e do influente director de *O Mundo*, António da França Borges (1871-1915) –, hipótese que o caricaturista encarou com cepticismo (Ribeiro 1975, 88-89). Na realidade, Leal da Câmara debatia-se com dificuldades económicas devido a restrições do Governo francês aos jornais satíricos, que resultavam

---

[2] Valle, José do. 1916. «Romaria patriotica. Junto do mosteiro da Batalha». *O Mundo*. 25 de Agosto: 2.

[3] Carta de Sousa Lopes a Luciano Freire, Paris, 7 de Março de 1904. Fólio 4. MNAA, Arquivo José de Figueiredo, PT/MNAA/AJF/DC-CM-LF/003/00006/m0073. Deduz-se que Freire, republicano, mação e certamente seu admirador, lhe teria perguntado pelo caricaturista.

da apertada censura de guerra. Ainda assim, o caricaturista conseguiu lançar uma importante mas efémera gazeta satírica, *Le barbare*, onde comentava os desenvolvimentos da guerra, e que fechou ao fim de cinco números. Segundo Aquilino, a gazeta de Leal foi o primeiro periódico satírico de Paris lançado contra os invasores alemães (Ribeiro 1975, 75-76). É fácil perceber, pela capa do primeiro número, que Leal da Câmara poderia ter sido um Raemaekers português, se os dirigentes democráticos e o Ministério da Guerra tivessem sido capazes de perceber o seu talento. Pelo menos a sua verve era igualável, qualificando o Kaiser como «Le grand coupable», figura que atravessa com incómodo um mar de sangue. Sabe-se ainda que o artista colaborou num jornal de trincheira chamado *Nos Poilus* (Sousa 1984, 154).

Apesar da ligação ao Partido Democrático, Leal da Câmara fazia uma leitura das causas da guerra muito próxima da esquerda republicana pacifista, na linha de um Aquilino Ribeiro ou António Sérgio. Em 1915, a caminho de Portugal, o artista fez uma conferência em Madrid, onde disse à audiência: «[A guerra] que afinal de contas tem fins comerciais, há-de acabar. O grande problema que se debate entre a Inglaterra e a Alemanha e ao qual está ligado o interesse da França é o da preponderância. Cada uma destas nações quer ter livres os grandes caminhos do comércio mundial» (*apud* Sousa 1984, 76). Apesar disso, mais tarde não hesitará em denunciar a proliferação da propaganda germânica na Península Ibérica, defendendo a supressão do ensino da língua de Goethe num opúsculo de 1917, *Não há Duas Alemanhas! (o ensino do alemão em Portugal)*[4].

Regressado ao país, Leal da Câmara fixa-se em Leça da Palmeira e inicia uma fase intensa de agitação cultural no Porto. No final de 1915, constitui a associação «Os Fantasistas», onde militavam jovens artistas como Diogo de Macedo, Armando de Basto (1889-1923), Abel Salazar (1889-1946), Joaquim Lopes (1886-1956) ou ainda Manuel Monterroso (1875-1967), caricaturista e professor de anatomia artística na Escola de Belas-Artes portuense. A primeira exposição do grupo foi apresentada no Palácio da Bolsa, de 5 a 25 Junho de 1916.

O passo seguinte foi lançar o semanário satírico *Miau!*, com Monterroso e Henrique Guedes de Oliveira (1865-1932). Já em Paris, ao início da guerra, Leal da Câmara dissera a Aquilino que urgia lançar em Portugal uma publicação satírica que inovasse graficamente, incorporando as técnicas publicitárias que aprendera na capital francesa: «Alguma coisa semelhante ao *Simplicissimus* como apresentação, mas em que se ouçam pulsar as artérias de Portugal» (*apud* Ribeiro 1975, 86). O *Miau!*, que lançou em 1916, foi talvez o mais perto que chegou desse desejo. Saíram a lume 19 números entre Janeiro e Maio[5]. A actualidade da guerra dominava as páginas do periódico, e nele reproduziram-se *cartoons* de reputados desenhadores como Raemaekers, Gulbransson e Steinlen. Leal da Câmara prosseguia um combate contra os Impérios Centrais em que se empenhava desde 1914. De facto, numa conferência sobre «A caricatura e a guerra», o artista defendeu a relevância da caricatura como uma «arte de combate», que reprovava as «selvagerias guerreiras dos allemães». A «propaganda pelo desenho» consistia em divulgarem-se as ideias «nobres e

[4] Veja-se Sousa 1984, 118. Em 1916, o artista foi um «enviado especial» a Madrid do vespertino brasileiro *A Noite* (Rio de Janeiro) para entrevistar personalidades sobre o tema da guerra e a neutralidade de Espanha. Reuniu crónicas, conferências e entrevistas em livro, veja-se Câmara, Leal da, 1917. *Miren Ustedes. Portugal visto de Espanha*. Porto: Livraria Chardron.

[5] Sobre esta publicação satírica, veja-se a ficha histórica, da autoria de Rita Correia (2010), em http://hemerotecadigital.cm-lisboa.pt/OBRAS/Miau/Miau.htm. Como escreve a autora, Monterroso interrompeu a colaboração em Março, provavelmente devido à sua incorporação no CEP.

alevantadas», «único mobil hoje dos artistas superiores». Segundo o relato do jornal *O Comércio do Porto*, o caricaturista lamentava «que Portugal, collaborando com os alliados, não tivesse a larga publicidade graphica que se observa no estrangeiro e os nossos artistas se mostrassem desinteressados do grande conflicto [...]»[6].

Foi talvez por isso que o artista organizou, em Agosto de 1917, já os regimentos do CEP combatiam nas trincheiras de França, uma exposição colectiva sob o título *Arte e Guerra*[7]. Teve lugar no salão nobre da Société Amicale Franco-Portugaise, uma associação fundada por ele no ano anterior e à qual presidia. A exposição compunha-se sobretudo de desenhos, caricaturas, projectos para cartazes, com 71 números de catálogo; participaram vários artistas estrangeiros que Leal conhecia de Paris, como o japonês Adaramakaro, colega em *L'Assiette au beurre*. Completava-a ainda uma colecção de cartazes de guerra ingleses e franceses e uma selecção de *cartoons* de Will Dyson (1880-1938), artista de guerra pela Austrália e conhecido pelos *Kultur Cartoons*.

Leal da Câmara, o artista mais representado, expunha *cartoons* com episódios da guerra e a acção dos *zeppelins* alemães e vários retratos, que o artista qualificava à francesa de «portrait-charge», destinados a satirizar o rosto ou a figura de uma autoridade. O do general alemão Hindenburg (n.º 43) não seria muito diferente do desenho pertencente hoje à Casa-Museu [**Figura 15**]. Diogo de Macedo, o mais representado na mostra a seguir a Leal, apresentava três guaches e um desenho a carvão, com títulos ora esperançosos, ora pessimistas, e uma escultura, «Beijo de herói». Outro membro de «Os Fantasistas», Armando de Basto, que, tal como Macedo, regressara ao país com a guerra, apresentou dois trabalhos, com os títulos «A Paz» e «Redemção».

Para Leal da Câmara, escrevendo no desdobrável da exposição, as trágicas circunstâncias da guerra aproximavam palavras «que parecem antagónicas», presentes no título da exposição. Apesar disso, insistia o caricaturista, «a Arte portuguesa continua, na sua generalidade, um pouco divorciada dos assuntos que se prendem com a guerra» (Câmara 1917, s.p.). Era uma análise correcta, embora o artista soubesse certamente da partida iminente de Sousa Lopes para França, como artista oficial do CEP. Mas interessa sobretudo notar que, para Leal, «o principal motivo» para essa ausência resultava de um desconhecimento geral da realidade que os soldados viviam em França:

> Portugal, nôvo beligerante que já fez o sacrifício de mais de cem mil homens combatendo denodadamente em Africa e na França pelo prestigio da sua nacionalidade, ainda não ressentiu a impressão directa dêste sacrificio heroico, pois que os combates são distantes e só de quando em quando lhe chega o éco, um pouco apagado, dos feitos que formarão amanhã as mais gloriosas páginas da história pátria. (Câmara 1917, s.p)

A distância que este «eco apagado» punha em evidência, Leal da Câmara evitava dizê-lo, só acontecia porque desde a entrada oficial na guerra o Governo da União Sagrada se demitira de conseguir o apoio da população através de

[6] Leal da Câmara proferiu esta conferência a 30 de Março de 1917 no Eden-Teatro, do Porto, acompanhando-a, no final, com uma «projecção luminosa» de «reproduções das mais notaveis caricaturas» da guerra. De seguida, um sexteto tocou o hino nacional e os das nações aliadas. Os camarotes viam-se engalanados com colchas e bandeiras. Vejam-se notícias «A caricatura e a guerra». *O Comércio do Porto*. 31 de Março de 1917 e «A conferencia de Leal da Camara». *O Primeiro de Janeiro*. 31 de Março de 1917. Na CMLC, verifiquei que não existe no seu espólio qualquer manuscrito da conferência (agradeço a ajuda preciosa do Dr. Élvio Melim de Sousa).

[7] Veja-se o desdobrável da exposição, com um texto de apresentação de Leal da Câmara, *Arte e Guerra*. 1917. Porto: Société Amicale Franco-Portugaise. Inaugurou em 11 de Agosto.

Figura 15
Leal da Câmara
O general Hindenburg (c. 1917)
Tinta da china e aguarela sobre papel,
54,3 x 38 cm
CMLC, Sintra

uma propaganda minimamente organizada. Cumpria, pois, à associação que o artista dirigia tentar inverter essa tendência no campo da arte e organizar – como escreveu com toda a justiça – «um pequeno certâmen que é o primeiro realizado no género, em Portugal, pois lá fora, perto das trincheiras, contam--se por centenas as exposições artísticas de guerra» (*Ibidem*). Leal da Câmara defendia assim o pioneirismo da sua iniciativa e acreditava que, em «futuras exposições», a alma portuguesa saberia mostrar que não era indiferente ao «fenómeno social da guerra» e que iria vibrar com ideias e talento na pintura e na escultura. Não haveria, porém, outra iniciativa do género em Portugal. As manifestações mais visíveis só se dariam anos depois, com as exposições de Sousa Lopes e a encomenda de estatuária para os monumentos aos mortos da Grande Guerra disseminados pelas cidades e vilas do país.

Seria também em nome da Société Amicale Franco-Portugaise, por fim, que Leal da Câmara promoveria em 1919 a ideia de construir uma «Aldeia Portuguesa» no antigo sector da Flandres, no que foi secundado pelo escultor António Teixeira Lopes (1866-1942), que pertencia à Junta Patriótica do Norte. O desígnio seria perpetuar a memória dos combatentes do CEP construindo edifícios em «estilo português genuíno», como uma escola, um museu de arte regional ou uma adega, e baptizando as ruas com nomes de batalhas em que o país tinha participado (Sousa 1984, 83). Contudo, só o cemitério militar português de Richebourg seria construído, projecto de 1931 do arquitecto Tertuliano de Lacerda Marques (1883-1942). O portão foi desenhado por Leal da Câmara, inspirado nos corações em filigrana de Viana do Castelo. Na sua execução, Teixeira Lopes teve uma intervenção directa (Sousa 1984, 84). Voltaremos a este cemitério no capítulo 14, ao qual a actividade de Sousa Lopes está também ligada. Mas pode dizer-se de Leal da Câmara que não houve outro artista em Portugal, à excepção do pintor oficial do CEP, tão empenhado num concurso das artes para a causa da intervenção na guerra.

Um dos muitos artistas que regressaram ao país devido à conflagração foi Amadeo de Souza-Cardoso (1887-1918), pintor que até 1914 desenvolvera uma notável carreira internacional. Vindo de Paris, o início das hostilidades apanha-o no Porto ou já na quinta da família em Manhufe (Amarante), onde planeava, como habitual, passar a temporada de Verão. A guerra irá impossibilitar em definitivo o desejado regresso à capital francesa, até à morte prematura, em 1918, vitimado pela gripe pneumónica, a um mês do 31.º aniversário e da assinatura do armistício. No início de Junho de 1915, chega também a Portugal um casal de artistas que Amadeo conhecera em Paris, Robert Delaunay (1885-1941) e Sonia Delaunay-Terk (1885-1979), que vinha de Madrid. Mais adiante veremos de que modo estes reputados artistas da vanguarda parisiense colaboraram com Souza-Cardoso e outros artistas portugueses.

Cerca de 1916, Amadeo realizou um desenho que representa um momento raro onde se insinua nas suas pesquisas uma referência directa ao conflito. *31 DRAGONS cavallerie* (MCG-CM, inv. 77DP344) poderá ter tido origem numa notícia de jornal, relatando a acção de um regimento de dragões, unidades de cavalaria que vinham dos tempos napoleónicos. Certo é que nele se apura uma síntese entre a análise cubista e o dinamismo futurista, dita cubo-futurista, ao conceber uma espécie de engenho geométrico onde é evidente a complexidade e perícia da sua técnica. As letras que parecem vir do cirílico russo denotam as fontes visuais que o artista trabalhava por esta altura. O motivo lembra o humor com que Kasimir Malevitch (1878-1935) representava, nos anos da guerra, figuras de autoridade militar. Esta exploração relaciona-se também com as variações sobre o motivo dos cavaleiros, particularmente intensa em 1912-13. Amadeo vinha explorando, de facto, um dos tropos comuns da pintura modernista nas vésperas de 1914, a iconografia do cavaleiro como metáfora do artista de vanguarda (Arnaldo 2008, 93-94).

8 Porto, Salão de festas do Jardim de Passos Manuel, 1-12 de Novembro de 1916; Lisboa, Liga Naval Poruguesa (Palácio do Calhariz), 4-12 de Dezembro de 1916.
A mostra no Porto intitulou-se *Exposição de Pintura (Abstracionismo)*. Sobre este assunto veja-se Soares e Silva 2016.

9 Manifesto datado de 12 de Dezembro de 1916. Veja-se reprodução do documento original em Alfaro *et al.* 2007, 248-249.

10 Veja-se Leal 2010 e 2013. Um dos argumentos centrais da autora tem implicações mais amplas para um interessante debate metodológico sobre a prática da história da arte, no sentido em que se opõe tanto a uma abordagem «biográfica» como «modernista» (ou, mais precisamente, estruturalista) – que considera dominantes na historiografia sobre Amadeo –, porque estas sempre viram a Grande Guerra como um factor periférico e extrínseco à sua pintura. Isto é, desvalorizaram o factor contextual (Leal 2010, 139).

11 Numa inspecção militar a 12 de Outubro de 1916. Veja-se reprodução da caderneta militar e descrição em Alfaro *et al.* 2007, 287-288. Pode dizer-se que o veredicto não condiz com as fotos do artista que se conhecem. Na inspecção feita com 20 anos incompletos (media 1,70 metros), em 1907, ficara apto para o serviço de infantaria. Sobre isto, veja-se Leal 2010, 151, que crê que o artista pretendeu escapar deste modo à mobilização.

12 Veja-se Leal 2010, 150-155; Leal 2013. É difícil acompanhar a autora nessa identificação, após um exame atento da pintura. O suposto transatlântico parece ser mais a cabeça de uma viola, vista na horizontal, com duas cavilhas e o número dois; o espelho rectangular nela colado, com pintura parcial de vermelho e verde, dificilmente será uma representação da bandeira portuguesa. À direita, as ditas «cores alemãs» em padrão ziguezagueante não coincidem com as cores imperiais na época da Grande Guerra.

Amadeo apresentou *31 DRAGONS cavallerie* nas duas exposições individuais que realizou no final de 1916, no Porto e em Lisboa, onde expôs 113 trabalhos[8]. A surpresa foi total, do público e da crítica, perante a novidade radical da sua arte. A propósito das exposições, foram discutidos na imprensa estilos vanguardistas como o cubismo, o futurismo e o abstraccionismo. Num manifesto de apoio à apresentação lisboeta, Almada Negreiros argumentou que a arte de Amadeo – a «primeira Descoberta de Portugal na Europa do século XX» – vinha redimir a «fúria de incompetência» e a «imbecilidade» com que o país participava na Grande Guerra[9]. Os dois artistas irão depois colaborar em *K4 O Quadrado Azul*, que Almada dedicou a Amadeo.

Joana Cunha Leal estudou com detalhe a posição de Souza-Cardoso face ao conflito e a presença pouco notada de alusões à guerra na sua obra[10]. Resulta claro que, nas poucas vezes que se lhe refere, Amadeo tinha uma ideia superficial e romântica da guerra, que o próprio aliás admitia, evidente numa carta de Setembro de 1915 a Robert Delaunay: «Que la guerre est charmante – c'est un peu littéraire, mais il se peut… Qu'elle doive être émotionnante, je n'ai aucun doute. Je vous avoue mon regret de me trouver si loin. Je voudrais la sentir de plus près, la vivre davantage. […] Il nous faut quelque chose de fort – je suis militariste!» (*apud* Ferreira 1981, 75). A identificação com o futurista Almada Negreiros parecia ser total. Noutros momentos, porém, demonstra preocupação pela situação de amigos de Paris que lutavam nas trincheiras, como Cendrars, Apollinaire ou o futurista Boccioni, que nela virá a morrer (Ferreira 1981, 76-77; Alfaro *et al.* 2007, 254). Mais tarde, já com o país oficialmente na guerra, o pintor vai citar livremente o *Manifesto Futurista* de Marinetti, numa entrevista ao jornal monárquico *O Dia*: «Nós glorificamos a guerra como o maior exercicio da energia e a maior hygiene do mundo» (*apud* Leal 2010, 151). Contudo, sabe-se que por esta altura Souza-Cardoso já tinha sido isento do serviço militar na Flandres, por «falta de robustez» física[11].

É neste contexto ainda pouco esclarecido que Cunha Leal tem analisado uma obra que poderá referir-se de forma comemorativa à entrada de Portugal, ou dos EUA, no conflito. Trata-se de uma pintura sem título de Amadeo, conhecida como *Entrada* (MCG-CM, inv. 77P9). Numa composição de signos acumulados, sem relação óbvia, a autora identificou a representação de um transatlântico que poderá ser o célebre *Lusitânia*, afundado por um submarino alemão em 1915, ligando-a à figuração de um submarino e ao letreiro com a palavra «entrada», em destaque à direita da composição[12].

Quanto à acção de Robert e Sonia Delaunay em Portugal, foi uma possibilidade dos artistas portugueses se relacionarem à escala europeia: ainda antes da guerra desenhara-se uma nova geografia das vanguardas, com centros de irradiação modernista que desafiavam a centralidade de Paris, surgindo novas revistas e exposições colectivas em Barcelona, Amesterdão, Zurique, Ferrara ou Nova Iorque (Joyeux-Prunel 2012, 84-85). Em Portugal, o casal francês foi o catalisador de um círculo de artistas constituído por Souza-Cardoso, Almada Negreiros, o artista gráfico José Pacheco (1885-1934) – autor da capa do primeiro número de *Orpheu* – e ainda um amigo de Amadeo desde os tempos de Paris, o pintor Eduardo Viana (1881-1967), que regressou com o deflagrar da guerra[13].

Por sugestão de Viana, os Delaunay irão residir em Vila do Conde, e depois em Valença, até Janeiro de 1917, onde descobrem a arte popular minhota e realizam pinturas que são das mais originais inspiradas pela cultura popular nacional. A ambiciosa associação que planeiam com os artistas portugueses, a Corporation nouvelle, com um projecto de exposições itinerantes acompanhadas de álbuns – as «Expositions mouvantes», previstas para Lisboa, Barcelona, Estocolmo e Oslo –, foi irrealizável numa Europa em guerra. O final do período português dos Delaunay seria marcado pelo episódio caricato de uma acusação de espionagem a favor dos alemães, com origem numa denúncia do consulado francês no Porto. Sonia seria detida e interrogada, tal como Viana, e Amadeo não poupou esforços para resolver o mal-entendido[14]. Estava-se em Abril de 1916, num clima de alarmismo e exaltação após a declaração de guerra alemã no mês anterior.

Eduardo Viana beneficiará especialmente da cumplicidade com os artistas franceses, ele que os introduziu na arte popular minhota e que com eles conviveu de perto em Vila do Conde. Em Maio de 1916, com a perspectiva de ser chamado a uma inspecção militar, Viana escreverá uma carta angustiada a Sonia Delaunay (Ferreira 1981, 153). Na carta seguinte interrogava-se como os amigos iriam reagir:

> Maintenant, on attend, mais tout de même, je ne croyais pas que cela arriverait si tôt. Comment vont-ils se débrouiller [desenrascar], notre homme des montagnes [Souza-Cardoso] et le Narcisse de là-bas [Almada Negreiros]… et puis encore les autres dans les mêmes conditions? Ça va faire du joli. J'aurai peut-être des chances pour moi. On ne comprend pas grand-chose pour le moment, trop de confusion. (*apud* Ferreira 1981, 154-155)

A verdade é que nenhum dos principais modernistas foi incorporado nos regimentos que seguiram para a Flandres ou para África; nem José Pacheco, Santa Rita Pintor ou Fernando Pessoa. Sá-Carneiro não chegaria a regularizar a situação militar, suicidando-se em Paris, a 26 de Abril de 1916. É uma questão que requer, sem dúvida, investigação mais aprofundada.

Houve, porém, um artista ligado ao grupo de *Orpheu* que se envolveu na voragem da guerra de um modo intenso e tragicamente inteligível. Sabe-se pouco acerca de Carlos Franco (1887-1916), um pintor que antes do conflito trabalhava como cenógrafo da Ópera Cómica de Paris[15]. Franco alistou-se voluntariamente em 1914 na Legião Estrangeira do exército francês, onde combateram Kisling ou Cendrars. O seu retrato, usando o capacete francês *Adrian*, apareceu na capa da *Ilustração Portugueza* em Fevereiro de 1916, descrito como «voluntario portuguez e um dos heroes [da batalha] de Champagne»[16]. Fernando Pessoa dedicara-lhe o drama *O Marinheiro*, que saiu no primeiro número de *Orpheu*. José Pacheco e Sá-Carneiro eram seus amigos, muito próximos. Este último

[13] Sobre a colaboração dos Delaunay com os artistas portugueses, veja-se o excelente catálogo coordenado por Vasconcelos 2015 e ainda Ferreira 1981, O'Neill 1999 e Leal 2013.

[14] Décadas mais tarde, Sonia Delaunay contou toda a história a um amigo artista português, veja-se Ferreira 1981, 52-54. Sobre isto, veja-se também Leal 2010, 151-152. Há que ponderar a possibilidade deste episódio ser uma represália e se ligar a uma interpretação da conduta de Robert Delaunay, segundo a qual ele «fugira» de França para não ser conscrito no exército, encontrando uma justificação legal junto do consulado em Espanha. Foi assim que Blaise Cendrars interpretou o comportamento do amigo, rompendo relações com ele. Sobre isto, veja-se Dagen 1996, 43-44.

[15] Agradeço à Professora Manuela Parreira da Silva por me chamar a atenção para a presença do artista nas cartas de Sá-Carneiro a Pessoa, que publicou (Sá-Carneiro 2001).

[16] *Ilustração Portugueza* 520 (7 de Fevereiro de 1916).

escreveu a Pessoa que o artista lhe aparecera, durante uma licença, como uma «criatura superior», com sete meses de trincheiras que não lhe haviam «embotado» os nervos. Recitara-lhe de cor versos inteiros de Sá-Carneiro, Álvaro de Campos e *O Marinheiro*, de Pessoa (Sá-Carneiro 2001, 248-249).

Carlos Franco morrerá em combate a 4 de Julho de 1916, durante a grande batalha do Somme, uma das mais mortíferas ofensivas aliadas da guerra[17]. A sua arte continua hoje por conhecer. São por isso valiosos os desenhos que enviou para a revista do amigo José Pacheco, a *Contemporanea*, um conjunto de *croquis* que a publicação reproduziu no artigo «Horas-vagas de um soldado» [**Figura 16**]. Soldado da primeira linha de fogo, os desenhos de Franco distinguiam-se logo pela diversidade de motivos, alguns inéditos na arte portuguesa («Fusilamento», «Rondando», «Prisioneiros alemães», «Artilharia em marcha»), e pelo seu traço sintético e modernista, riscado a carvão, que prometia notáveis pinturas e composições finais que não pôde realizar.

As palavras pungentes de um soldado a viver no vórtice de uma violência sem limites, transcritas na *Contemporanea*, sugerem-nos que Franco iria seguir um registo da guerra sem sentimentalismo ou preocupações descritivas, na linha de um Nevinson ou Wyndham Lewis. Isto estava já patente nos seus desenhos: é sintomático que o português represente uma coluna de soldados como «Formigueiros na neve», tal como Lewis via as batalhas como «ant-fights». Carlos Franco observou como ele próprio se tornara um ser desumanizado e amoral, entregue ao desígnio superior da carnificina:

> Oh! *La Bete-Rouge*!... Nem vocês calculam a brutalidade e a grandeza extra-humanas de tudo isto. Como eu perdi a consciencia de que sou homem para me tornar simples mola d'esta monstruosa maquina de matar. Foram-se os ultimos escrupulos – durmo na lama, como num bom colchão. À minha roda, está o campo juncado de homens mortos, de cavallos mortos, eguaes... da tremenda egualdade do nada! Vivo enterrado em covas de dois metros de profundidade, com lôdo até aos joelhos. A espingarda, prendo-a aos pulsos, para não ser surprehendido, emquanto espero o grande momento. O instincto supremo é matar. Morrer? Tenho lá tempo e consciencia para pensar n'isso... Quando repouso, scismo na vida... E a minha saudade!... O meu Paris, a minha aldeiasita saloia!... [18]

No Natal de 1915, o artista dissera a Mário de Sá-Carneiro que na mochila o acompanhavam, durante os ataques nas trincheiras, a *Orpheu* n.º 1 e o *Céu em Fogo* – livro de contos de Sá-Carneiro –, dos quais não se queria separar (Sá-Carneiro 2001, 249). Dez anos depois, a revista *Contemporanea* de José Pacheco registou que se encontraram na mochila do soldado exemplares de *Orpheu* e de *A Confissão de Lúcio* de Sá-Carneiro[19]. No entanto, segundo o registo francês dos soldados «Mort pour la France», o corpo de Carlos Franco nunca terá sido encontrado: «Disparu au combat»[20].

É rara a notícia de artistas portugueses vitimados na Grande Guerra, pela informação disponível. Refira-se no entanto o fim prematuro de Henrique

[17] Servia no 2.º Regimento de Marcha da Legião Estrangeira, 4.ª Companhia. Morreu durante o ataque a Belloy-en--Santerre, na região do rio Somme, que se saldou por 131 desaparecidos. No ataque morreu também em combate o poeta norte-americano Alan Seeger (1888-1916). Veja-se despacho da Agência Lusa, «I Guerra Mundial: Portugueses já combatiam antes de Portugal entrar no conflito», datado de Paris, 25 de Junho de 2014.

[18] Apud *Contemporanea* [1915], 14. Embora a publicação não o explicite, estas linhas devem ter sido dirigidas a José Pacheco. A «Bête-Rouge» é uma referência bíblica ao cavaleiro do Apocalipse que traz a guerra, montado num cavalo vermelho; dos quatro cavaleiros do Apocalipse descritos no Novo Testamento (Livro do Apocalipse, 6).

[19] «Os Mortos da Geração Nova». *Contemporanea* 1. 1.º Suplemento. Março de 1925: 1.

[20] Veja-se digitalização da matrícula militar de Carlos Franco na base de dados do Ministério da Defesa francês, http://www.memoiredeshommes.sga. defense.gouv.fr. Consultada em 5 de Junho de 2015.

UMA PAGINA
HORAS-VAGAS

...«Oh! *la Bete-Rouge!*... Nem vocês calculam a brutalidade e a grandeza extra-humanas de tudo *isto*. Como eu perdi a conciencia de que sou homem para me tornar simples mola d'esta monstruosa maquina de matar. Foram-se os ultimos escrupulos — durmo na lama, como num bom colchão. A' minha roda, está o campo juncado de homens mortos, de cavallos mortos, eguaes... da tremenda egualdade do nada! Vivo enterrado em covas de dois metros de profundidade, com lôdo até aos joelhos. A espingarda, prendo-a aos pulsos, para não ser surprehendido, emquanto espero o grande momento. O instincto supremo é matar. Morrer? Tenho lá tempo e conciencia para pensar n'isso... Quando repouso, scismo na vida... E a minha saudade!... O meu Paris, a minha aldeiasita saloia!...»

N'estas palavras ha uma grande dôr que se estagna em resignação. E atravéz d'ellas, como o mar na concha de um busio que se cole ao ouvido, ouve-se todo o fragôr da longiqua tormenta de ferro efogo de onde nos chegam.

Carlos Franco trabalhava em Paris na sua Arte, quando a terrivel serpente de roscas de aço que é a guerra, se começou a enroscar nos povos. Portuguez — trepou-lhe á cabeça o sangue da raça; atirou para o lado a palêta e os pinceis, e partiu tambem. N'este momento, é soldado de um regimento de legionarios estrangeiros, e bate-se nas linhas de fogo. Onde? Nem elle o sabe, nem que o soubesse, podia dizê-lo. Vae na Onda.

1. O piou piou. — 2. Fusilamento. — 3. Formigueiro — 7. Olhando ao largo. — 8. Um ferido. — 9. Prisioneir

Figura 16 (página anterior)
«Uma pagina da guerra. Horas-vagas de um soldado». Publicado em *Contemporanea* (Lisboa), numero specimen [1915], pp. 14-15. Ilustrações de Carlos Franco (pormenor)
HM, Lisboa

[21] Apresentados na 2.ª Exposição dos Alunos da Escola de Belas-Artes. Veja-se *Atlantida* 38 (vol. 10, 1919): 241. Conhece-se também o caso do filho mais velho do pintor Artur Loureiro (1853-1932), Vasco Loureiro (1882-1918), nascido em Londres, que teve uma breve carreira de caricaturista nos EUA. Morreu em Agosto de 1918 na capital britânica, de meningite, na sequência de ferimentos de guerra recebidos na frente ocidental em França, certamente ao serviço do exército britânico. Veja-se Machado, Ana Paula *et al.* 2011. *Artur Loureiro 1853-1932*. Porto: Círculo Dr. José de Figueiredo, Museu Nacional de Soares dos Reis, 71 e 117.

[22] Com o título «Outro aspéto de um ataque de Zeppelins a Londres». Publicado em *Ilustração Portugueza* 505 (25 de Outubro de 1915): 535.

[23] Veja-se «Vida artistica em Paris». *Ilustração Portugueza* 525 (13 de Março de 1916): 348.

[24] Intitulada «"Zeppelins" sobre Paris: Uma vitória... alemã». Publicado em *Ilustração Portugueza* 524 (6 de Março de 1916): 306.

Pimenta Diogo da Silva, discípulo na Escola de Belas-Artes lisboeta do paisagista Carlos Reis (1863-1940). Incorporado no CEP, o estudante do terceiro ano morreu em combate na batalha do Lys, a 9 de Abril de 1918, quando o debilitado exército português se defrontou com uma massiva ofensiva alemã. Segundo uma notícia na revista *Atlântida*, foram expostos na Escola, em 1919, alguns trabalhos do artista executados na frente de guerra[21]. E não se sabe mais até hoje sobre o artista. Voltaremos mais à frente à batalha de 9 de Abril, um acontecimento capital que marcou profundamente a obra de Sousa Lopes.

Na área da ilustração, a guerra tinha presença de destaque nas páginas do principal semanário do país, a *Ilustração Portugueza*. Stuart Carvalhais era o seu artista gráfico, além de realizar a banda desenhada «Quim e Manecas» para outro suplemento da empresa, *O Século Cómico*. Stuart não era um ilustrador de batalhas ou de episódios históricos da guerra, à maneira de Scott ou de Beltrame; esse tipo de imagens, vimo-lo anteriormente, eram importadas de publicações inglesas e francesas. O seu trabalho limitava-se à ilustração rotineira de contos e poemas sobre a guerra que se sucediam nas páginas da revista. Mas por vezes a sua caneta saía desse registo e atingiu uma qualidade artística assinalável, como na visão nocturna de um ataque de *zeppelins* a Londres, reminiscente da pintura de Whistler[22]. Outro artista que trabalhou para a *Ilustração Portugueza* durante a guerra foi o pintor João Ferreira da Costa (1873-1951), o autor do retrato de Carlos Franco que fez capa da revista em 1916. Era qualificado pelos redactores como «correspondente artístico» em Paris. O desenhador esteve presente numa homenagem a Raemaekers na capital francesa, no salão de festas do diário *Le Journal*, por ocasião de uma visita deste a França para inaugurar uma mostra e receber a Legião de Honra[23]. É curioso que, pouco antes, Ferreira da Costa tenha tentado produzir uma ilustração à maneira do holandês, rara imagem de *atrocity propaganda* desenhada por um português. Mas, sem o traço incisivo e demagógico de Raemaekers, a imagem de Costa tornava-se um inofensivo quadro de Salon[24]. A maior parte da sua colaboração na revista são *croquis* descomprometidos, frequentemente de soldados veteranos que encontrava nas ruas de Paris, assunto que, a par dos ataques aéreos, era o mais perto da guerra que o «correspondente artístico» podia alcançar.

Ainda no âmbito do desenho e ilustração, mas já no período do pós-guerra, Carlos Carneiro (1900-1971) apresentou numa exposição em Lisboa, em Março de 1926, uma série de desenhos inspirados no drama dos soldados portugueses na Flandres. Com a vinda para a capital, o artista portuense iniciara em 1919 um período fecundo como ilustrador para a imprensa e casas de edição, relacionando-se com desenhadores da moda como Jorge Barradas (1894-1971), Bernardo Marques (1898-1962) e o seu conterrâneo Diogo de Macedo. Nas suas imagens da guerra, riscadas num traço sintético e rápido que lembra Stuart, a acção dos soldados é sempre ensombrada pela tragédia. Carlos Carneiro nunca poderia ter participado na guerra, à data ainda não completara vinte anos de idade. As suas fontes serão sobretudo literárias. Um dos seus melhores desenhos, de uma solenidade incomum, é notável também pela mudança de estilo, em contornos bem marcados, adquirindo quase a qualidade de um vitral Arte Nova.

É um friso de soldados, aos pares, que em procissão transportam na maca um camarada morto [**Figura 17**]. Foi exposto em 1926 com o título *O andor da morte – frizo*[25]. Assinando um texto no catálogo, o escritor Visconde de Vila-Moura, ligado à Renascença Portuguesa, captou bem o momento solene que Carneiro representa, distinguindo entre a série «o Friso de soldados, marchando misteriosos, como se em seus torsos conduzissem urnas de melindrosa incerteza [...]» (Vila-Moura 1926, s.p.).

Está por estudar se o interesse de Carlos Carneiro pelo tema da guerra advinha das solicitações que recebia da imprensa e das casas editoras, ou se concorreram circunstâncias mais pessoais. Várias décadas passadas sobre o conflito, o artista ainda realizava reconstituições de eventos importantes da Flandres, baseado no testemunho dos sobreviventes. É o caso da defesa de Les Lobes durante a batalha do Lys, onde se distinguiu o major David Magno (1877-1957), o militar que surge em destaque na composição e a provável fonte de Carneiro para imaginar a acção. A imagem foi reproduzida na capa e no interior do livro de memórias do militar condecorado, publicado por ocasião do 50.º aniversário da batalha[26].

Figura 17
Carlos Carneiro
O andor da morte – friso, 1926
Tinta-da-china e aguarela sobre papel, dimensões desconhecidas
Colecção particular

[25] Veja-se *Desenhos de Carlos Carneiro* 1926, n.º cat. 13. Reproduzido em *A Guerra* 4. 9 de Abril de 1926, s.p.
[26] Veja-se Magno 1967, 149. A ilustração baseia-se numa litografia do artista datada de 1956, de título *Les Lobes. A derradeira resistência portuguesa na batalha do Lys* (BNP, Lisboa, n.º cota e-959-a).

A Grande Guerra e os artistas portugueses

Analisando a bibliografia disponível, e apurando-a em arquivo, percebe-se que muito poucos artistas portugueses relevantes atravessaram a guerra como soldados no serviço militar activo. O mais importante foi sem dúvida Christiano Cruz (1892-1951). O jovem desenhador fora considerado o artista mais original dos primeiros salões da Sociedade de Humoristas Portugueses, em 1912-13, na qual liderava a tendência mais avançada, de assumida quebra com a tradição.

Concluído o curso de Medicina Veterinária em 1915, Christiano fez o serviço militar obrigatório. A sua incorporação no CEP no ano seguinte, voluntariamente ou conscrito pelo serviço militar, com o posto de alferes médico veterinário, é apesar de tudo surpreendente, dada a notável ausência dos artistas mais reputados da sua geração[27]. Não existem testemunhos quanto à sua leitura da guerra, mas um factor a ter em conta no alistamento – e que foi

---

[27] Chegou à zona de guerra a 23 de Fevereiro de 1917, alferes veterinário miliciano do Grupo de Esquadrões do regimento de Cavalaria n.º 2, solteiro, 25 anos. Foi promovido a tenente veterinário miliciano a 12 de Janeiro de 1918. Colocado no 3.º G.B.M. (Grupo de Baterias de Morteiro) a 19 de Maio, o seu boletim individual do CEP regista: «Tomou parte nas operações da guerra desde 23 de Setembro que se realisavam desde as posições da Estrada de La Bassé (França) até às ocupações nas margens do [rio] Escalda no sector de Fournay (Belgica) [sic] fazendo parte do 3.º G.B.M. adstrito durante esse periodo à 59th Divisão de Art.ª Britanica e até à assignatura do armisticio em 11 de Novembro de 1918». Em 4 de Março de 1919 foi nomeado chefe do Serviço de Veterinária da 3.ª Brigada de Infantaria. Embarcou para Portugal a 11 de Abril, chegando no dia 15. Veja-se PT/AHM/DIV/3/7/3095/Christiano Alfredo Sheppard Cruz e PT/AHM/DIV/1/35A/1/01/0237/Christiano Alfredo Sheppard Cruz.

provavelmente determinante – é a influência do pai, militar de carreira, que o aconselhou a seguir veterinária por ser uma área com futuro no corpo militar, onde gostaria que o filho ingressasse (Sousa 1993, 14). Certo é que, com a sua partida para a Flandres, Christiano Cruz intensifica uma nova fase que já se desenhava desde 1915, abandonando o humor gráfico por uma experimentação inovadora de outras técnicas, com primazia para a pintura a guache. É nesta técnica que produz a original série de pinturas da fase final, cerca de onze obras realizadas até 1919.

Uma das obras mais enigmáticas pintadas em França é *Archeiro* (col. particular). Não é óbvia a relação com a guerra, mas insinua-se uma faceta interessante, em que Cruz parece aludir ao ambiente bélico através de figuras de guerreiros medievais e quixotescos. Será também este o caso do *Soldado morto*, envergando uma armadura, desenho a pastel que o artista ofereceu em 1915 a Leal da Câmara (CMLC, Sintra). No verso de *Archeiro*, virando o suporte, vemos outra pintura, representando um grupo de soldados à mesa de um estaminé, de postura melancólica e dominados pelo cansaço. Em ambos se distinguem traços rasurados no cartão, característico da técnica de Cruz nesta fase, deixando intervalos marcados entre as cores que fragmentam a imagem, como se de um pequeno mosaico se tratasse. É sobretudo esta característica que tem motivado, com pertinência, a comparação da sua pintura com o expressionismo austríaco (Rodrigues 1989, 57; Nazaré 2010, 51). Ainda no *Archeiro* observa-se um jogo interessante entre figura e suporte, ponto em que *Soldado morto* se mostrara seminal: as figuras, pelos seus gestos, parecem não se poder confinar aos limites do suporte ou do plano da imagem, acentuando-se assim o artifício dessa relação. Isso é visível numa composição como *Artilheiro*, coreografia de um soldado lançando uma granada (col. particular).

Esta pesquisa está presente de forma magistral nas duas pinturas mais importantes desta fase, obras de uma intensidade e concisão muito próprias, onde Cruz representou a guerra de forma crua e directa. Em *Cena de guerra*, a explosão violenta de uma granada no solo serviu ao pintor para estilhaçar e fragmentar o espaço da composição, que projecta o corpo do soldado para fora, desafiando os limites do espaço bidimensional [**Figura 15 do extratexto**]. O primado de ângulos quebrados e contornos marcados lembra a técnica da xilogravura, que o expressionismo germânico recuperara de tempos medievais. Dir-se-ia, igualmente, que o choque do artista com a violência da guerra – em que os soldados ficavam à mercê da precisão da artilharia inimiga – motivou-o a encontrar uma síntese original das expressões mais avançadas da pintura moderna. É perfeita a fusão entre a expressão plástica e a dinâmica da explosão. O artista assinou a obra deste modo, «Ch. Cruz T.», aludindo ao posto de tenente veterinário em que foi promovido em Janeiro de 1918.

A segunda pintura está hoje desaparecida, mas foi reproduzida sob a forma de um ex-líbris no livro de Augusto Casimiro, *Nas Trincheiras da Flandres*, publicado em Maio de 1918[28]. Nela figuram dois atiradores em pleno combate disparando numa trincheira, rodeados de arame farpado: um deles é atingido com estertor, caindo para trás [**Figura 18**]. A violência do momento tem um signo

[28] Não foi possível localizar a pintura. Uma hipótese plausível seria a de que Cruz tivesse oferecido a obra a Augusto Casimiro. Mas o filho do poeta, Jaime Cortesão Casimiro (1923-2014), não a lembrou observando a reprodução no livro, quando me encontrei com ele a 12 de Fevereiro de 2013, e a quem presto homenagem. Recordava-se, sim, de outra pintura do artista que o pai teria, representando um soldado ferido amparado por outros dois, mas que, apesar das tentativas, não conseguiu localizar.

Figura 18
Christiano Cruz
Ex-líbris de Augusto Casimiro no livro
Nas trincheiras da Flandres, 1918

tremendamente expressivo nas mãos enclavinhadas do soldado em primeiro plano. É impossível não recordar as palavras de Carlos Franco, que notara que ele próprio, enquanto soldado, se tornara numa «simples mola d'esta monstruosa maquina de matar»[29]. Os soldados de Christiano Cruz são figuras que parecem bonecos de alvo ou marionetas manietadas, privadas de qualquer individualidade ou arbítrio. Isto significa que o artista, tal como Léger ou Nevinson, encontrara uma figuração que traduzia a violência e modernidade técnica da Grande Guerra. Cruz apercebera-se de que ela produzia o combatente despersonalizado da guerra de trincheiras, que Pessoa imaginara, num teatro de guerra absurdo e sinistro onde o elemento humano se transformava num figurante impotente.

A intensidade única destas pinturas deve-se, talvez, à inesperada função de combate que Christiano Cruz assumiu no período após a batalha de 9 de Abril de 1918, especialmente na acção derradeira do CEP, em que Casimiro teria um papel de relevo. Como descreve o seu boletim militar, em Maio o tenente veterinário entra ao serviço do 3.º Grupo de Baterias de Morteiro e participa, a partir de Setembro, nas operações de ocupação da margem do rio Escalda, já na Bélgica, integrado na 59.ª Divisão de artilharia britânica. É nesse país que se devia encontrar quando se deu o armistício de 11 de Novembro[30].

O testemunho directo da guerra não será alheio à pintura que se considera ser a última desta fase, conhecida como *Senhoras à Mesa* (MCG-CM, inv. 80P53),

---

[29] «Uma pagina da guerra. Horas-vagas de um soldado». *Contemporanea*. Numero specimen [1915]: 14.

[30] Veja-se PT/AHM/DIV/1/35A/1/01/0237/Christiano Alfredo Sheppard Cruz. Ver nota 137.

possivelmente realizada após o seu regresso da Flandres. Não será tanto a crítica social precisa que Nevinson registou em 1917, num quadro como *Lucradoras da guerra* (Russell-Cotes Art Gallery & Museum, Dorset, Reino Unido), mas um comentário sarcástico e desiludido com a frivolidade da vida social moderna, reverso sombrio das imagens mundanas que outros «humoristas», como Jorge Barradas e António Soares (1894-1978), irão tipificar com sucesso nas capas de revistas dos anos 20. Desistindo da possibilidade de seguir, como o pai, a carreira militar (Sousa 1993, 18), Christiano Cruz abandona a actividade artística depois da guerra, aos 28 anos de idade, e parte, em Outubro de 1919, para Moçambique como médico veterinário, país onde fixará residência nas décadas seguintes.

Outro pintor, um ano mais novo que Cruz, Carlos Bonvalot (1893-1934), é dado como soldado na Grande Guerra, situação que os arquivos militares desmentem[31]. O seu momento é o do imediato pós-guerra. Em 1919, o artista viajou para Paris, pensionista do Estado em pintura histórica, entrando na École des Beaux-Arts como aluno de Cormon. Não é por isso surpreendente que Luciano Freire tenha lido numa carta do ano seguinte: «Tive ha dias noticias suas mas pelo Bonvalot, que veio aqui ver-me. Disse-me que o tinha encontrado optimo»[32]. Sousa Lopes mostra na carta que já conhecia o jovem pintor. Trabalhava à época nas telas de guerra para o Museu de Artilharia, pintando «talvez demais» e sentindo-se «cansado», como confessou a Freire.

Não é difícil perceber o que Bonvalot admirava em Sousa Lopes. O seu percurso tem pontos de contacto com o artista mais velho, com uma fase inicial de teor simbolista a que se segue um paisagismo onde as cores abertas e a sensibilidade a valores transitórios sugerem simpatias pelo impressionismo. Bonvalot visitará em 1919 a antiga frente portuguesa, na Flandres, e nas duas paisagens que pintou em Merville, cobertas por um céu cinzento, o antigo sector é um lugar desolado e sem vida, pontuado por destroços e ruínas (Museu Condes de Castro Guimarães, Cascais; Col. particular). É lícito pensar que, de uma forma ou de outra, os trabalhos e os relatos impressivos do pintor do CEP tenham motivado Bonvalot a visitar a antiga zona de combate, cerca de 195 quilómetros a norte de Paris, e a testemunhá-la deste modo como uma forma de elegia.

João de Menezes Ferreira (1889-1936) revelou-se, tal como Christiano Cruz, como caricaturista nas exposições dos Humoristas Portugueses. Não era, porém, oficial miliciano, mas um militar de carreira, na realidade um dos «cadetes da República» que participou nas operações de 3 a 5 de Outubro de 1910. Em 1914, seguiu para Angola no primeiro contingente militar, onde combateu em Naulila, atravessando depois a guerra da Flandres com uma experiência directa das trincheiras, como tenente de grupos de metralhadoras pesadas na primeira linha. Em 1919 e no ano seguinte, realiza duas exposições em Lisboa com os desenhos e aguarelas que trouxe de França. Nessa altura anunciou ter a intenção de publicar um álbum que contasse e ilustrasse ao povo, de forma acessível, a história da intervenção portuguesa na guerra[33]. Em 1916, Jaime Cortesão inventara o «João Portugal» para explicar a Zé Povinho as causas da guerra na sua *Cartilha do Povo*; Meneses Ferreira criava para a sua cartilha um

[31] Não existe qualquer processo individual no AHM, AGE e Arquivo Histórico Ultramarino. O erro radicará nas notas biográficas, escritas por Matilde Tomás do Couto, em Henriques 1995, 91.

[32] Carta de Sousa Lopes a Luciano Freire, Paris, 13 de Dezembro de 1920. Fólio 1. MNAA, Arquivo José de Figueiredo, PT/MNAA/AJF/DC-CM-LF/003/00006/m0217.

[33] Veja-se «A espada e o lapis. Um caricaturista nas trincheiras. A vitória do bom humor». *Diario de Noticias*. 19 de Maio. As mostras intitulavam-se *Exposição de desenhos do C.E.P.*, Lisboa, Salão Bobone, Junho de 1919, e *Exposição Menezes Ferreira* (no mesmo local), 1920. A Bibliothèque et Musée de la Guerre, de Paris – depois integrada no actual Musée de l'Armée – adquiriu na primeira mostra duas obras (Sousa 2014, 170-171).

A Grande Guerra e os artistas portugueses

outro protagonista simbólico, «João Ninguém», soldado da Grande Guerra, título da obra publicada em 1921 com texto e ilustrações do autor[34].

O desígnio de Menezes Ferreira, como explicou nas páginas iniciais do livro, seria «glorificar os heroicos soldadinhos de Portugal [...] incarnando assim, nesta modesta alcunha, aquele português que nas horas difíceis tudo faz para maior glória da Pátria e a quem muitos esqueceram, chegada a hora dos benefícios e compensações» (Ferreira 1921, s.p.). A narrativa ensina com humor didáctico a logística do sector português na Flandres e a mentalidade do típico soldado do CEP, vindo do mundo rural. As ilustrações revestem-se hoje de interesse sobretudo documental, sendo as melhores do conjunto algumas aguarelas reproduzidas em *hors-texte*. Vale a pena assinalar, mas noutra obra de Menezes Ferreira sobre o tema, uma das melhores ilustrações que desenhou, de uma concisão invulgar e expressionista, na capa da sua novela *O Fusilado*[35]. O livro conta a história sórdida da execução de um soldado inglês que o artista conheceu na Flandres, o tenente condecorado Harry Budd, estimado enquanto intérprete junto do comando do CEP e que acabou condenado à morte pelos ingleses por se recusar a cumprir uma ordem superior.

A Grande Guerra vivida em África estaria ausente da pintura nacional se não existisse uma obra importante criada por José Joaquim Ramos (1881-1972)[36]. O tríptico conhecido pelo título *Tropa de África* mostra os efeitos, sobre as tropas expedicionárias, das marchas de quilómetros pelos planaltos africanos queimados pelo sol [**Figura 19**]. A marcha propriamente dita observa-se no painel central, com os soldados cabisbaixos e movendo-se com dificuldade sob o sol implacável, no limite das forças e da sede. Carregados com o equipamento de campanha, incluindo o típico capacete colonial de feltro, o uniforme branco vê-se já roto, signo expressivo das condições em que as operações decorriam. Nos volantes laterais pares de homens saciam a sede por cantis ou directamente nas poças de água. O pintor envolveu toda a composição numa luz intensa e inclemente, sobre as figuras e a paisagem, misturada com uma nebulosa junto do terreno que sugere poeira, com um talento apreciável de pintor naturalista.

Ramos nunca identificou com precisão o assunto da obra ou se pretendia representar um episódio concreto da guerra. Numa exposição em Lisboa, em 1927, o artista apresentou três estudos e um esboceto, sendo os primeiros de grandes dimensões e muito idênticos ao tríptico final[37]. Esse teria o título, nesta altura, de *Campanhas d'Africa*, precisando-se no catálogo que o estudo para o painel central se designava *Em marcha*, e os outros dois para os volantes laterais, *A sêde*. Mas a verdade é que o título do tríptico se foi consolidando posteriormente como *Tropa de África*, sendo reproduzido assim na primeira e canónica história do conflito, *Portugal na Grande Guerra*, dirigida pelo general Luís Augusto Ferreira Martins (1875-1967), antigo sub-chefe do Estado-Maior do CEP (Martins 1938, vol. 2). O tríptico final, já concluído, havia sido apresentado com o mesmo título na Exposição Histórica da Ocupação, realizada em Lisboa em 1937, instalado na «Sala do Drama da Ocupação».

Talvez os contemporâneos tenham identificado a obra de Ramos com o aclamado livro de Carlos Selvagem, *Tropa d'África*, publicado pela primeira

[34] Ferreira, Capitão Menezes. 1921. *João Ninguém. Soldado da Grande Guerra. Impressões humorísticas do C.E.P.* Lisboa: Livraria Portugal-Brasil.

[35] Ferreira, Menezes. 1923. *O Fusilado.* Novela Sucesso, 9. Lisboa. M. F. Ferreira.

[36] Oficial do corpo do Estado-Maior do Exército, chegando à patente de tenente--coronel, foi igualmente um pintor de arte, discípulo de Ezequiel Pereira e de Veloso Salgado.

[37] «Vida artistica. Uma exposição de pintura, na Sociedade Nacional de Belas-Artes, que merece ser visitada». *O Seculo.* 19 de Dezembro de 1927: 3. O pintor terá informado o repórter do jornal de que as pinturas se destinavam «a um grande frizo, talvez em triptico, com figuras em tamanho natural, onde perpassará a tragedia dos nossos soldados, nas ultimas guerras de Africa». Esteve patente entre 18 e 31 de Dezembro.

Figura 19
José Joaquim Ramos
Tropa de África (1927-1937)
Óleo sobre tela. Tríptico. Painel central:
160 x 200 cm. Painéis laterais:
133 x 78,5 cm
MML, Lisboa

A Grande Guerra e os artistas portugueses

[38] Selvagem, Carlos. 1919. *Tropa d'África*. Porto: Renascença Portuguesa. A partir da terceira edição terá o título *Tropa d'África (Jornal de campanha dum voluntário do Niassa)*. Carlos Selvagem é o nome literário do militar Carlos Afonso dos Santos (1890-1973).

[39] Chegou a Moçâmedes a 9 de Fevereiro de 1915 e regressou à metrópole a 22 de Outubro. Em 1918, iniciou uma segunda comissão na Flandres, chegando ao QGC a 4 de Setembro. Promovido a major, foi nomeado chefe da Repartição de Informações desde 27 de Novembro, recebendo um louvor pelo desempenho desse e de outros cargos no Estado-Maior do CEP. Desembarcou em Portugal a 9 de Agosto de 1919. Veja-se AGE, processo individual n.º 189/71 (caixa 59/Hist) e PT/AHM/DIV/1/35A/1/10/3169/José Joaquim Ramos.

[40] «Louvado porque durante as operações realizadas no Sul da Provincia de Angola, em 1915, mostrou ser oficial zeloso no cumprimento dos seus deveres e considerado um honesto trabalhador e um digno Oficial, acompanhando sempre a cavalaria com decisão e sangue frio nas marchas e nos combates [...]», segundo portaria de 18 de Maio de 1917. AGE, processo individual n.º 189/71, caixa 59/Hist.

vez em 1919[38]. É um dos relatos mais impressivos e detalhados da esgotante campanha portuguesa na fronteira do rio Rovuma (Moçambique), em 1916, dirigida à malograda conquista de Nevala e de Masasi, na actual Tanzânia. Mas José Joaquim Ramos inspirou-se provavelmente na sua própria experiência de combatente no Sul de Angola: o registo militar diz-nos que teve em 1915 uma comissão de nove meses como Adjunto do Quartel-General da Expedição à Província de Angola[39].

É muito plausível que a pintura de Ramos seja uma memória das operações do Destacamento do Cuamato, na região baixa do rio Cunene, em Agosto de 1915. O destacamento teve como missão atravessar o Cunene junto a Forte Roçadas e dirigir-se sobre o Forte do Cuamato, com o fim de reocupar a região do mesmo nome (Martins 1938, 238). Cumprida a missão, recebeu ordens para auxiliar outras forças na zona de Môngua, para o que retrocedeu novamente para Forte Roçadas e subiu depois para Chimbua, percorrendo nesta segunda fase perto de 130 quilómetros em 50 horas (*Idem*, 249). Foi uma operação que José Joaquim Ramos fotografou em vários locais, cedendo mais tarde as imagens para reprodução no livro de Ferreira Martins (1938, 240-241). Uma das suas fotos regista, num enquadramento panorâmico, a comprida coluna dos expedicionários portugueses marchando pela savana africana, chegando a Forte Roçadas. O que Ramos viveu na campanha de Angola e quis memorializar no tríptico em análise tem também uma expressão significativa no louvor militar que recebeu, em 1917: distinguiu especialmente a «decisão e sangue frio» com que o tenente sempre acompanhou a cavalaria nas marchas e nos combates em que a expedição se viu envolvida[40]. Sublinhe-se, no entanto, a evidência da escolha deliberada de José Joaquim Ramos, ao adoptar em 1927 um título genérico para o tríptico que planeava. Mais do que registar um episódio histórico preciso, no Sul de Angola, pretendia que a pintura fosse um símbolo das árduas campanhas africanas durante a Grande Guerra.

Resulta desta análise da presença do conflito na arte portuguesa que de facto existia espaço para que um artista, com a entrada oficial do país, em 1916, e a ambição e as ligações certas, procurasse tenazmente obter o apoio governamental, para construir uma visão mais informada e aguda da participação portuguesa no conflito. Contudo, falta-nos ainda considerar a acção de um repórter fotográfico de profissão, que antes de Sousa Lopes ser nomeado já registava a campanha do CEP em França, investido em missão oficial.

CAPÍTULO 8
O FOTÓGRAFO OFICIAL ARNALDO GARCEZ

A importância do trabalho de Arnaldo Garcez (1885-1964) como fotógrafo da frente portuguesa da Flandres é ainda hoje perfeitamente visível, com a hegemonia das suas imagens patente em qualquer publicação ou exposição que verse sobre o tema. Isto deve-se, evidentemente, ao estatuto especial que lhe foi conferido na organização militar durante a guerra, enquanto único fotógrafo oficial do CEP, onde qualquer actividade fotográfica era estritamente proibida.

Garcez era um conhecido repórter que colaborava como *freelancer* em vários jornais da capital, tendo contribuído nos anos anteriores à guerra para o nascimento do fotojornalismo português. Considera-se uma das suas melhores reportagens a cobertura da revolução de 14 de Maio de 1915, que afastou o Governo do general Pimenta de Castro (Vicente 2000, 11). O foto-repórter parece ter sido uma escolha pessoal do enérgico ministro da Guerra, José Norton de Matos (1867-1955), major do Exército que pertencera precisamente à Junta Revolucionária do 14 de Maio. Norton de Matos estava a organizar a Divisão de Instrução que iria partir para França e o respectivo treino no polígono militar de Tancos, iniciado em Abril de 1916. Garcez foi assim convidado a registar o que ficou conhecido como o «milagre de Tancos», a organização e preparação para o combate, em apenas três meses, de uma grande unidade de campanha, com perto de vinte mil soldados[1]. Ao comando já se encontravam as chefias do futuro CEP: o comandante em chefe, general Fernando Tamagnini de Abreu e Silva (1856-1924), e os oficiais do seu Estado-Maior, com quem terá relações tensas. Segundo um relatório de Tamagnini, eram quase todos filiados no partido Democrático (Martins 1995, 377).

As manobras em Tancos culminaram na grande parada de Montalvo, a 22 de Julho de 1916, na presença do Presidente da República e do Governo, operação que é considerada pela historiografia recente como a maior acção de propaganda pela imagem do Governo da União Sagrada (Janeiro 2013, 52; Novais 2013, 18). Norton de Matos encomendou na ocasião um filme documentário que foi projectado, entre outros locais, no Coliseu dos Recreios, em Lisboa, a 10 de Agosto, com excertos reproduzidos nas actualidades dos cinemas internacionais (Janeiro 2013, 58-60). Ingleses e alemães realizavam nesses dias os dois grandes documentários sobre a batalha do Somme (ver capítulo 5), mas o acerto desta

[1] A expressão foi definitivamente consagrada num livro de dois conceituados jornalistas: Mendes, Adelino e Oldemiro Cesar. [1917]. *A Cooperação de Portugal na Guerra Europeia. O milagre de Tancos.* Pref. Leote do Rego. Lisboa: F. A. de Miranda e Sousa.

decisão não se irá repetir durante a campanha da Flandres. Arnaldo Garcez, porém, realizou uma cobertura completa das manobras de Tancos, provando ao ministro da Guerra que ele seria o perfeito fotógrafo oficial para acompanhar os soldados até França. A proposta foi assinada pelo general Tamagnini num ofício dirigido ao gabinete do ministro, em Dezembro de 1916, aprovada por este no mês seguinte[2]. Por ela se percebe que Garcez trabalharia com um ajudante, Acácio Bastos Silva, equiparado a primeiro-sargento, pelo menos até Fevereiro de 1918.

Garcez partirá a 17 de Fevereiro de 1917, com o posto de alferes equiparado, responsável único pela Secção Fotográfica do CEP (por vezes designada de Serviço Fotográfico), que operava sob a alçada da Repartição de Informações do QGC. Durante ano e meio o alferes fotógrafo realizou um registo metódico e exaustivo da chamada «zona de concentração» portuguesa em França[3]. Do treino complementar dos soldados no campo central de instrução de Marthes até às visitas de dignitários portugueses e estrangeiros, Garcez registou o funcionamento quotidiano da máquina do CEP no terreno e dos seus diferentes serviços, incluindo os hospitais de campanha. Visitou as trincheiras e documentou a rotina da vida dos soldados ao parapeito, nunca em situação de combate, o que era compreensível devido ao perigo [**Figura 20**]. Mas captou igualmente as paisagens irreais que os homens contemplavam e habitavam, num terreno já consideravelmente destruído em três anos de guerra.

Figura 20
Arnaldo Garcez
Militares nas trincheiras, 1917
Fotografia, negativo em vidro,
8,2 x 11,7 cm
AHM, Lisboa
PT/AHM/FE/CAVE/AG/A11/0323

[2] Ofícios do Comandante da Divisão de Instrução ao Chefe da Repartição do Gabinete da Secretaria da Guerra, 28 de Dezembro de 1916 e do Chefe de Gabinete do Ministro da Guerra ao Comandante do CEP, 14 de Janeiro de 1917, PT/AHM/DIV/1/35/80/1.
[3] Sobre o seu percurso militar, veja-se o boletim individual do CEP, PT/AHM/DIV/1/35A/09/2825/Arnaldo Garcez Rodrigues.

O fotógrafo oficial Arnaldo Garcez

Figura 21
Arnaldo Garcez
Zona destruída (c. 1918)
Fotografia, negativo em vidro,
8,2 x 11,7 cm
AHM, Lisboa
PT/AHM/FE/CAVE/AG/A11/1414

Após a reconquista do antigo sector português, ocupado pelos alemães depois da batalha do Lys, percebe-se que Garcez viaja pela zona desolada e regista para memória futura a destruição dos monumentos e as ruínas dos edifícios outrora ocupados pelos serviços do CEP, em Calonne e Merville. Fotografa igualmente as trincheiras desertas de presença humana, restando apenas um terreno revolto em lama e detritos de toda a espécie, que lembra as paisagens do pintor Paul Nash [**Figura 21**]. Sobre a batalha de 9 de Abril de 1918, Garcez realizou algumas fotografias invulgares que reconstituem a defesa de posições na Linha das Aldeias e em La Couture naquele dia, com a colaboração de militares no terreno agindo como figurantes. São as únicas situações de combate na sua obra, ainda que assumidamente fictícias. Refira-se ainda, pela singularidade, uma foto que se tornou um ícone do trabalho de Garcez na Flandres, registo raro em que o soldado português sai da pose rígida e comedida na presença do fotógrafo oficial, e a sua expressão explode num gesto impetuoso, que tem sido interpretada como um festejo pela vitória na guerra (AHM, Lisboa, PT/AHM/FE/CAVE/AG/A11/0625).

Da actividade prolífica e incansável de Garcez é bem elucidativo um relatório do chefe da Repartição de Informações do Estado-Maior do CEP, o major Vitorino Henriques Godinho (1878-1962), datado de 11 de Agosto de 1918[4]. Garcez organizara até essa data um arquivo no total de 868 fotografias, para

[4] Transcrito em Martins 1995, 275-324. O relatório detalha toda a actividade da Repartição de Informações até essa data, na passagem do comando do CEP do general Tamagnini para o general Tomás Garcia Rosado (1864-1937).

além de um grande número de provas soltas ainda não catalogadas. Realizara 2650 provas de 9 por 12 centímetros e 1480 ampliações em vários formatos, indo até a dimensões de 30 por 40 centímetros. Godinho sentiu-se obrigado a registar o seguinte: «Não podem deixar de ser dispensados os elogios ao alferes Garcez, que é um grande profissional distintíssimo e com excecionais qualidades de trabalho, pois embora sosinho durante a maior parte do tempo, poude efectuar todo o trabalho indicado, tendo de fazer tudo desde a tiragem dos clichés até à colagem dos positivos» (*apud* Martins 1995, 321). Só em Agosto de 1917, devido à aquisição de material no valor de dois mil francos, a Secção Fotográfica pôde começar a funcionar regularmente. Contudo, muitos trabalhos não puderam ser executados por falta de transporte, situação que uma motocicleta com *side-car* teria resolvido, considerava o major. Do conteúdo do documento pode inferir-se que Garcez recebia indicações de Godinho quanto a alguns dos assuntos a fotografar e respondia a pedidos de serviços como o de Saúde ou o Automóvel, para elaboração dos respectivos relatórios (*Idem*, 320).

Antes de serem divulgadas no exterior, as fotos de Garcez eram censuradas no Grande Quartel-General britânico (General Headquarters). Vitorino Godinho nota que desde o início pugnara para que a censura das fotos fosse feita no QGC português, situação que os ingleses não consentiam. Em Agosto de 1917, estabeleceu-se por fim uma prática que satisfazia as duas partes: enviavam-se duas provas de cada negativo para o Quartel-General britânico, que devolvia uma, com a indicação de poder ou não ser publicada (Martins 1995, 321). Não subsiste, porém, na documentação da Repartição de Informações qualquer indício de que os britânicos tenham rejeitado imagens de Garcez. Sabendo-se condicionado pela censura militar, o fotógrafo do CEP compreenderia bem que não devia registar situações melindrosas de combate, como feridos graves ou cadáveres de soldados, qualquer imagem que fosse considerada susceptível de desmoralizar. Não encontramos também qualquer registo dos constantes duelos de artilharia. É oportuno lembrar que Garcez não era uma testemunha independente, mas também notar que existem esse tipo de registos, por exemplo, nos fotógrafos oficiais britânicos. Na sua vasta reportagem da Flandres, o mais perto que chegamos às consequências trágicas da guerra são raras fotos de feridos ligeiros, vestígios de equipamento pelo terreno ou vistas isoladas de cemitérios.

Garcez era o único militar no sector português autorizado a fotografar. Uma ordem de serviço do QGC, em Agosto de 1917, determinava: «Que é absolutamente proibido a todos os militares fazer quaesquer trabalhos fotograficos e até mesmo guardar em seu poder qualquer aparelho destinado a esse fim.»[5] Mas a interdição foi difícil de fazer cumprir, segundo a Repartição de Informações; provavelmente por não haver sanção eficaz. Vitorino Godinho queixa-se no seu relatório de que apenas dois aparelhos tinham sido depositados na secção de Garcez e de que as «numerosas infracções», além de «muitas outras de que não houve conhecimento oficial, provam como entre nós é dificil conseguir que taes prohibições sejam acatadas» (*apud* Martins 1995, 321).

[5] Ordem n.º 166 datada de 24 de Agosto de 1917, veja-se PT/AHM/DIV/1/35/80/3.

Escaparam, felizmente, ao «conhecimento oficial» vários testemunhos desta fotografia «clandestina», como a qualificou o comandante do CEP[6]. O exemplo mais óbvio são os instantâneos do tenente médico José de Moura Neves reproduzidos em 1919 no livro de Jaime Cortesão, *Memórias da Grande Guerra (1916-1919)*. Moura Neves fora camarada do médico-escritor no batalhão de Infantaria 23[7]. Uma das suas fotos registou o escritor ao lado de Augusto Casimiro. Cortesão descreveu no livro a sua primeira visita às trincheiras, ciceroneado pelo capitão Casimiro; numa ocasião puderam observar, junto ao parapeito, as deflagrações de morteiros lançados da trincheira portuguesa, que se viam «tão bem daquele ponto que o meu companheiro, encantado, puxa dum *Kodac* de algibeira e começa a fotografar as explosões» (Cortesão 1919, 91).

Talvez Godinho tivesse gostado de saber que os oficiais de Infantaria 23 tinham um gosto especial pela fotografia. O espólio de um camarada de Casimiro, o capitão Artur de Barros Basto (1887-1961), é nesse âmbito a revelação mais importante trazida recentemente a público[8]. As suas fotografias são um testemunho privado da guerra, mais arrojadas que as de Moura Neves, mas naturalmente sem a ambição documental e exaustiva de Garcez. A fotografia de Barros Basto é típica de um amador, um registo de circunstância sem interesses específicos, abrangendo uma grande diversidade de situações, dimensão errática já notada numa primeira apreciação deste espólio (Gomes 2014, 30). Contudo, o que resulta deste olhar, mais próximo dos soldados de Infantaria 23, expande o conhecimento que tínhamos da vida quotidiana na Flandres e desafia, nos melhores registos, o cânone do fotógrafo oficial. Seja pela surpresa de actividades teatrais dos oficiais nos tempos de descanso, envergando trajes de inédita comicidade (CPF, Porto, PT/CPF/ABB/0001/000054), seja pela demonstração de que esta fotografia «clandestina» se podia aproximar mais da materialidade do teatro de guerra, experimentando enquadramentos menos convencionais dos militares nas trincheiras (PT/CPF/ABB/0001/000126).

A informação e a propaganda oficiais utilizaram abundantemente a prolífica actividade de Arnaldo Garcez, divulgada sobretudo na revista quinzenal ilustrada *Portugal na Guerra*, dirigida na capital francesa pelo cenógrafo Augusto Pina (1872-1938). Continua a faltar uma análise sistemática da difusão das suas fotografias pela imprensa durante a guerra. Certo é que esta revista de patrocínio governamental conservou, surpreendentemente, o monopólio das fotografias de Garcez em prejuízo dos demais órgãos de imprensa (Meneses 2004, 138), até ao início de 1918, quando se extingue.

O editorial saído no primeiro número de *Portugal na Guerra*, informando que o objectivo principal da publicação seria «documentar a intervenção militar dos Portuguezes», deixa antever que se contava em grande medida com o trabalho de Garcez[9]. As suas fotografias ocupam parte considerável das páginas da revista, com legendas bilingues, ilustrando rubricas sobre a vida dos soldados nas trincheiras ou sobre os serviços de saúde, ou documentando ainda as visitas institucionais às quais é dado um excessivo destaque. A forma previsível como o trabalho de Garcez é aqui editado, em simples função ilustrativa e com legendas

---

[6] Num ofício enviado ao ministro da Guerra, datado de 20 de Agosto de 1917, o general Tamagnini escreveu: «Sendo expressamente proibido aos amadores o uso de maquinas fotograficas [...] se algumas [fotografias da frente] por ventura aparecerem no paiz, foram feitas clandestinamente», PT/AHM/DIV/1/35/80/1.

[7] Sobre este militar, natural de Lisboa, veja-se o percurso no boletim individual do CEP, PT/AHM/DIV/1/35A/1/03/0689/José de Moura Neves.

[8] Exposição *Barros Basto: O Capitão nas trincheiras*, Porto, Centro Português de Fotografia, de 20 de Novembro de 2014 a 14 de Junho de 2015, apresentada de seguida em Amarante, sua terra natal. Veja-se Castro *et al.* 2015 e Gomes, Sérgio B. 2014. «Fotografia da I Guerra. O capitão Barros Basto escondia um segredo». *Público. Revista 2*. 16 Novembro: 26-31.

[9] «Portugal na Guerra». *Portugal na Guerra* 1 (1 de Junho de 1917): 2.

desinspiradas, diz-nos das limitações desta publicação enquanto propaganda. Mas *Portugal na Guerra* concretizava a ideia de uma revista de grande tiragem que Afonso Costa, já o vimos anteriormente, propusera a Jaime Cortesão no final de 1916 (Cortesão 1919, 34-35). A publicação terá tido um impulso decisivo com o terceiro Governo de Costa, iniciado a 26 de Abril de 1917, em virtude da demissão de António José Almeida. Contudo, esta importante iniciativa só durará seis meses, tendo sido suspensa em Dezembro de 1917, após o golpe de Sidónio Pais (Novais 2013, 238).

Um dos pontos mais altos na difusão das fotografias de Garcez foi a participação na *Seconde Exposition Interalliée de Photographies de Guerre*, inaugurada em Paris a 15 de Novembro de 1917[10]. O convite partiu da SPCA do exército francês e a participação portuguesa compôs-se de 77 ampliações fotográficas[11]. Garcez chegou à capital francesa a 25 de Outubro (a inauguração previa-se para 1 de Novembro), acompanhado de um ajudante, certamente Acácio Bastos Silva, para proceder à instalação e disposição dos trabalhos. Vitorino Godinho assistiu à inauguração, em representação do CEP e num breve memorando escrito ao Chefe do Estado-Maior salientou uma vez mais o profissionalismo de Garcez: «A nossa secção, embora pequena, estava bem apresentada, ouvindo-se referencias elogiosas aos trabalhos do Snr. Garcez, que conseguiu em pouco tempo, relativamente, e sem dispôr de um material e instalações perfeitas, apresentar umas dezenas de boas ampliações.»[12] O director da revista *Portugal na Guerra*, Augusto Pina, colaborou também nos preparativos da exposição e acompanhou Godinho na inauguração. Segundo o jornalista Augusto de Castro (1883-1971), também presente na *vernissage*, Portugal conseguira um «verdadeiro lugar de honra, junto das secções da França, da Bélgica, dos Estados Unidos, da Itália e da Inglaterra»[13].

Garcez registou numa sequência de seis fotografias a sala da representação portuguesa no museu Jeu de Paume, conjunto organizado em filas verticais de três ou quatro fotografias, por afinidades de formato [**Figura 22**]. Os *passe-partouts* alternam por vezes de cor, o que evita a monotonia ao olhar para um conjunto tão compacto, efeito talvez não intencional. Mas as suas fotografias ganhavam aqui um estatuto artístico para além da função informativa, de «actualidade» da guerra, que assumiam na imprensa. Na selecção das imagens há a nítida intenção de oferecer um retrato abrangente da formação complementar nas escolas da retaguarda e do ambiente vivido nas linhas da frente, mostrando um soldado português rigorosamente treinado e completamente adaptado à vida das trincheiras. «Mais um triumpho do nosso esforço militar», sintetizou em notícia breve a revista oficiosa *Portugal na Guerra*, reproduzindo duas vistas da sala de Garcez[14].

Vimos anteriormente, a propósito do que se designou como a «guerra mediática», que a organização de exposições fotográficas interaliadas foi um sinal claro da prioridade oficial conferida à fotografia, na ausência de exposições internacionais de arte sobre a guerra. As reflexões de Augusto de Castro, ao percorrer as salas do museu das Tulherias, ajudam-nos a compreender o porquê deste favor oficial de que a fotografia gozava, e que ultrapassava os meros efeitos

[10] *2e Exposition Interalliée de Photographies de Guerre. Documents Officiels des Armées Américaine, Belge, Britannique, Française, Italienne, Japonaise, Portugaise, Roumaine, Russe et Serbe*, Terrasse des Tuileries-Salle du Jeu du Paume, de 15 de Novembro a 15 de Dezembro de 1917.
[11] Veja-se PT/AHM/DIV/1/35/80/1/ Exposition Inter-Alliées. Catalogue de la Section Photographique du Corps Expeditionaire Portugais.
[12] Memorando datado de 17 de Novembro de 1917, PT/AHM/DIV/1/35/80/1.
[13] Castro, Augusto de. 1917. «Paisagens da Guerra (Uma visita à exposição fotográfica das Tulherias)». *Atlantida* 26 (15 de Dezembro): 304-307.
[14] «A exposição photographica dos exercitos aliados em Paris». *Portugal na Guerra* 6 (Novembro de 1917): 14.

Figura 22
Arnaldo Garcez
Secção Portuguesa na Segunda
Exposição Inter-Aliada de Fotografias
de Guerra, Paris, Museu Jeu
de Paume, 1917
Fotografia, negativo em vidro,
8,2 x 11,7 cm
AHM, Lisboa
PT/AHM/FE/CAVE/AG/A11/0458

tácticos da «guerra fotogénica» na imprensa, analisados por Dagen (1996, 52-80). A percepção dos contemporâneos intuía que a fotografia se distinguia cada vez mais como um documento histórico singularmente penetrante:

> A história do extraordinário conflito que vivemos far-se-á por certo, no futuro, muito mais pela reprodução das imagens que pelo depoimento gráfico. Só a imagem e a imagem fotográfica, sobretudo, nos dá já hoje e poderá dar à posteridade uma ideia aproximada do que são as espantosas carnificinas, as espectativas sublimes, as hecatombes colossais, as dores, os heroísmos obscuros, as tragédias e as ruínas, as paisagens da morte e da solidão [...]. (Castro 1917, 304)

«Sem essa precisa e flagrante revelação surpreendida», perguntava o jornalista, «para o *kodak* ou para o movimento do *film*, pela objectiva do fotógrafo [...]», como fixar na imaginação e na memória humanas a dimensão colossal, a organização metódica e efeitos sociais «dessas maravilhosas e horríveis oficinas de destruição que são os grandes exércitos de hoje?». Para Castro estava em causa um outro valor da fotografia, a sua inigualável capacidade em representar o real, em «dar à posteridade uma ideia mais aproximada» da guerra: a sua «exatidão». Isto parecia representar a obsolescência não só do desenho, mas do próprio ofício do jornalista:

> A palavra não tem movimento, nem nitidez. A fotografia tem a exactidão – e a invenção e os aperfeiçoamentos do cinematógrafo deram--lhe o colorido e a mobilidade. Não concebo, por exemplo, página de cronista que tenha, para os homens indiferentes de amanhã, um poder de comoção igual ao que encerra a visão infernal dêsse impressivo quadro *Verdun debaixo de fogo*, que a secção fotográfica do exército francês colheu nas ruínas da cidade imortal. (Castro 1917, 304-305)

Mas teria sido a Inglaterra, segundo o autor, a primeira a tirar o melhor partido das possibilidades documentais e enciclopédicas do novo meio de representação ou, como escreveu, do «valor historiográfico da fotografia da guerra» (Castro 1917, 305). Enquanto os efeitos «artísticos» dominavam em representações como a da França e Itália, «os ingleses organizaram o seu álbum, como se êle fosse, sóbriamente, um capítulo de história» (*Ibidem*).

As fotografias de Garcez têm acima de tudo esse desígnio do documentário histórico e, de um modo geral, pretendiam ser transparentes na fixação do real, no sentido de evitar qualquer ambiguidade. Como notou Hélène Guillot, a fotografia oficial da Grande Guerra nasceu quando as autoridades pretenderam controlar o fluxo de imagens na imprensa independente dos seus interesses: tratava-se de fixar uma imagem insusceptível de ser interpretada à revelia da intenção do seu produtor, evitando uma interpretação «errada» e qualquer discurso ambivalente (Guillot 2014, 72). Após a exposição de Paris, Godinho diz-nos que as fotografias de Garcez viajaram para Lião, Marselha e diversas cidades nos Estados Unidos da América, situação de que hoje não temos eco ou recepção, e que merece ser investigada no futuro[15].

Um último momento importante na difusão oficial das fotografias de Garcez foi a edição de três colecções de postais, bilingues, com os títulos *Os Portugueses em França/Les Portugais en France*; *Os Portugueses na frente de batalha/Les Portugais au front*; *Sector Portuguez – Zôna devastada/Secteur Portugais – Zône dévastée*. Foram produzidas em 1919, pela casa editora Levy & Fils, de Paris, e vendidas em conjuntos de 24 postais[16]. A ideia materializara-se graças a uma proposta do major José Joaquim Ramos, o futuro pintor do tríptico *Tropa de África*, que assumira em Novembro de 1918 as funções de chefe da Repartição de Informações[17]. Garcez terminaria a sua missão como fotógrafo do CEP ao registar o desfile de tropas portuguesas nos festejos da vitória aliada em Paris, Londres e Bruxelas, no mês de Julho de 1919, antes de ser colocado provisoriamente como fotógrafo da Comissão Portuguesa das Sepulturas de Guerra. O repórter fotográfico estivera ao serviço do Exército Português em campanha cerca de dois anos e três meses.

Pode dizer-se que a identificação do Governo e do Estado-Maior do CEP com o trabalho competente de Garcez foi total, evidente na proliferação das

[15] Pelo relatório do chefe das Informações do CEP sabemos ainda que Garcez participou numa exposição fotográfica dos Aliados em Londres, em Maio de 1917, com «um grande número» de fotografias sobre a Divisão de Instrução em Tancos, captadas no ano anterior (*apud* Martins 1995, 320). A exposição teve lugar no Victoria and Albert Museum.

[16] Veja-se a ordem de compra assinada pelo Sub-Chefe do Estado-Maior do CEP a 11 de Abril de 1919, PT/AHM/DIV/1/35/80/1.

[17] Segundo duas propostas datadas de 30 de Dezembro de 1918 e 5 de Janeiro de 1919, aprovadas pelo comandante do CEP, PT/AHM/DIV/1/35/80/1. A ideia de Ramos era mais ampla, propondo também a edição de dois álbuns fotográficos, de 35 a 40 páginas cada um, documentando episódios da guerra em França e na África Ocidental e Oriental (isto é, em Angola e Moçambique), que não se terão concretizado.

suas imagens durante o conflito e no relatório da Repartição de Informações amplamente citado. Já em 1918 o major Vitorino Godinho sublinhava a importância do alferes-fotógrafo, sobretudo pela circulação das suas fotografias nas exposições interaliadas: Arnaldo Garcez fora «contribuindo assim poderosamente para a propaganda do nosso esforço» (*apud* Martins 1995, 320), e de facto assim continuaria até 1920, quando por fim desembarcou em Lisboa com a missão cumprida.

CAPÍTULO 9
SOUSA LOPES NO CORPO EXPEDICIONÁRIO PORTUGUÊS

Na noite de 28 de Março de 1917 Sousa Lopes organizou, em Lisboa, o muito anunciado «Serão de Arte», em benefício da assistência às famílias dos soldados que embarcavam para França. Foi um momento forte na consagração de um artista que iria partir – já então era público – para a frente da Flandres em missão oficial. O ambicioso programa, com duas partes, teve início às 22 horas no salão da Sociedade Nacional de Belas-Artes, onde decorria a exposição do pintor inaugurada a 10 de Março [**Figura 23**]. «Apesar da vastidão do "hall"», observou o diário *A Capital*, «a assistencia quasi o enchia, não sendo facil, realmente, encontrar scenario mais rico de belleza que o d'aquellas obras que cobrem as paredes da sala de exposições: ao fundo, o claro sol do "Cirio" resplandecia no puro ceu de Portugal...»[1]

Sousa Lopes contou com a colaboração de vários artistas reputados[2]. Afonso Lopes Vieira recitou à audiência poesia de autores portugueses e a sua tradução de um célebre poema de Heine, «Os dois granadeiros», que aludia ao regresso a casa de dois soldados napoleónicos, entre a melancolia e o júbilo patriótico; o actor Augusto Rosa (1850-1918) proferiu uma palestra literária e declamou passagens da tragédia *A Castro*, de António Ferreira (1528-1969); e o maestro espanhol Pedro Blanch (1877-1946) encerrou o serão interpretando, com um trio de cordas, a Serenata Op. 8 de Ludwig van Beethoven (1770-1827). O próprio pintor, para surpresa dos repórteres, cantou com «uma bela voz extensa e bem timbrada» – de novo segundo *A Capital* – uma ária da ópera *Benvenuto Cellini* de Eugène-Émile Diaz (1837-1901), que narra a vida aventurosa do escultor italiano do Renascimento. Bisou, na segunda parte do serão, com o *lied* de Beethoven «A adoração de Deus na Natureza» (Op. 48, n.º 4), que sugere as inclinações panteístas de Sousa Lopes. Nos dois números foi acompanhado ao piano pela consagrada pianista de carreira internacional, Elisa Baptista de Sousa Pedroso (1881-1958), que o pintor irá retratar mais tarde.

Lopes Vieira abriu o serão de arte com uma intervenção significativa, assumindo-se como um intérprete do sentimento do artista – «que me recomendou, com bom gosto, que não puzesse eu em destaque o seu nome» –, discurso reproduzido nos jornais do dia seguinte[3]. Para o poeta, o essencial desse sentimento podia resumir-se numa frase: «O pintor Sousa Lopes sente,

---

[1] «Um bello serão de arte em favor da assistencia aos soldados. Na Exposição Sousa Lopes – A allocução de Affonso Lopes Vieira». *A Capital*. 29 de Março de 1917: 2.

[2] O MNAC-MC possui um programa impresso do serão de arte, inserido no exemplar do catálogo da exposição de 1917 na SNBA. O título completo nele inscrito é «Serão de arte, para a assistencia às familias dos nossos soldados». Veja-se, na biblioteca do museu, um volume que inclui recortes de imprensa e catálogos intitulado *Malhôa e Sousa Lopes*.

[3] Veja-se referência da nota 170 e «Um serão de arte». *O Seculo*. Edição da noite. 29 de Março de 1917: 1. O evento foi ainda noticiado em «Portugal e os imperios centrais. Na Sociedade Nacional de Belas-Artes». *Diario de Noticias*. 29 de Março de 1917: 1.

Figura 23
Adriano de Sousa Lopes na sua exposição na SNBA, Lisboa, Março de 1917
Prova fotográfica, 10,7 x 17,5 cm
EASL

como nós sentimos todos, que a nossa epoca deve ser de absoluta, de fervente, de heroica solidariedade com os que combatem». Uma vez que já se encontravam soldados portugueses nas linhas de combate em França, o artista «não quiz que o seu esforço ficasse isolado dos esforços d'aquelles» que se batiam pela vitória e desejou que a exposição ficasse «assinalada» pela guerra. Lopes Vieira era um entusiasta da intervenção, importa notar: fizera publicar na imprensa, por alturas da declaração alemã, um excerto da «Exortação à Guerra» de Gil Vicente[4]. As breves considerações que teceu na SNBA sobre o conflito – o barbarismo germânico, as virtudes da «Alma Latina» – mostram-no afim das ideias de Pascoaes ou de um João de Barros, se bem que nesta altura se aproximasse progressivamente do integralismo monárquico. Mas as suas palavras são importantes, sobretudo, porque comunicam a expectativa do intelectual e amigo mais próximo de Sousa Lopes, e a concepção patriótica que se tinha da missão de um artista oficial, veiculada pela imprensa generalista:

> Mas outra razão existia ainda para que o artista desejasse que a sua exposição concorresse para a obra da guerra – é que ele proprio vae partir dentro em breve para o campo de batalha, para pintar aí os aspetos mais belos que a nossa cooperação militar vier a produzir. O artista é, pois, um soldado que combaterá com os seus pinceis, como os outros combatem com as suas armas, e vae combater por honra de Portugal e da nossa Arte, servindo ao mesmo tempo um ideal de pintor e de portuguez, de

[4] «Exortação da Guerra. Os tambores de Gil Vicente. Às Senhoras portuguezas». *A Capital*. 22 de Março de 1916: 1.

artista que busca novas e fortes inspirações – e nunca qualquer situação rendosa ou comoda, porque é evidente que esta não poderia ter caracter semelhante – e de portuguez que ama com paixão a sua terra, como nol-o demonstram, com tanto sentimento e beleza, muitos dos quadros que admiramos aqui.[5]

Não tardaremos a verificar como Sousa Lopes pretendia, nas suas palavras, concretizar detalhadamente esta missão patriótica. Por agora importa sublinhar uma faceta que não será irrelevante na obra do artista de guerra: a consistência do seu empenho humanitário na hora da mobilização militar para França, esta disposição para compreender as pesadas consequências da guerra nos soldados e nas suas famílias, de que dará numerosos exemplos antes e depois deste evento. A própria receita de bilheteira da sua exposição reverteu, em grande parte, para a Cruz Vermelha Portuguesa. Pouco depois, o rendimento do serão de arte será entregue pelo artista à comissão da «Venda da Flor» – que Lopes Vieira elogiara na sua intervenção –, uma angariação de rua em benefício das famílias dos soldados.

É importante compreender a notoriedade pública que Sousa Lopes foi adquirindo nestes anos e de que o serão de arte é uma espécie de apoteose. Os factos são eloquentes. Em 1915, como se notou, Sousa Lopes foi convidado pelo Governo para organizar e dispor a secção de Belas-Artes nacional na Exposição Internacional Panamá-Pacífico, em São Francisco, Califórnia (EUA). Dois anos depois, a sua exposição em Lisboa é inaugurada ao mais alto nível, com a presença do Presidente da República, Bernardino Machado – que adquiriu uma obra ao pintor –, acompanhado pelo Presidente do Ministério, António José de Almeida e ainda pelo ministro da Guerra, Norton de Matos[6]. Columbano, vimo-lo antes, enquanto director do MNAC, comprou três pinturas para a colecção do Estado. O impacto da exposição foi tal que se deu mesmo o roubo de um quadro, facto inédito noticiado na imprensa[7].

O pintor podia ser estimado pela elite política e cultural da República, mas a sua obra e nome eram virtualmente desconhecidos do grande público antes de 1917. Augusto de Castro notou com espanto essa reviravolta, na sua crónica habitual na edição da noite do jornal *O Século*, «Palavras leva-as o vento», escrevendo no dia seguinte ao serão de arte:

> Há tres semanas, Lisboa (pode dizer-se), ignorava o nome d'este artista prestigioso, em que só vagamente ouvira falar; – hoje Sousa Lopes é uma das suas celebridades. Lisboa não está habituada a estes exitos empolgantes. A sua curiosidade rotineira sente-se abalada, sacudida, agitada por este estremenho vigoroso que, de chofre, se instala na Sociedade Nacional de Belas Artes com mais de duzentos quadros, perto de cem dezenhos e aguas-fortes, esculturas, retratos, paizagens, manchas, figuras, sombras, bustos – e, depois de lhe ter pintado as manhãs de Veneza, os poentes de Florença, os outonos de Versailles, as ruas de Sevilha, o mar da Nazaré, [...] lhe canta, ao piano, romanzas de

---

[5] *Apud* «Um serão de arte». *O Seculo.* Edição da noite. 29 de Março de 1917: 1.

[6] Veja-se «Vida artistica. Exposição Sousa Lopes». *Diario de Noticias.* 11 de Março de 1917: 1. Sousa Lopes fez uma visita à imprensa no dia 9, e a exposição inaugurou no dia seguinte, um sábado, às 15 horas. Encerrou no domingo dia 1 de Abril.

[7] A obra roubada foi uma pequena vista intitulada *Uma ponte (Veneza)*, número de catálogo 204. Situação inédita, segundo o jornal *O Seculo*: «O caso é virgem no nosso meio artistico, onde tem sido muito comentado.» Veja-se «Um roubo na exposição Sousa Lopes». *O Seculo.* 27 de Março de 1917: 1. Curiosamente, Reinaldo Ferreira (o célebre «Repórter X») ficcionou a descoberta e o destino do quadro roubado num folhetim policial publicado nesse ano, na edição da noite do *Seculo.* Foi reeditado recentemente, veja-se Ferreira, Reinaldo. 2017. *O Mistério da Rua Saraiva de Carvalho (por Gil Góis).* Org. Vladimiro Nunes. Lisboa: Pim! Edições, 116 s.s. Devo esta informação ao organizador do livro.

opera, lhe anuncia que parte para o «front» – e, fresco, rosado, risonho, triunfa e explende, sem ter, na realidade, o ar de prestar grande atenção a isso.[8]

A sua escolha como artista oficial do CEP teve um lugar de destaque nas páginas da edição da noite do jornal *O Século*, onde os assuntos literários e artísticos tinham presença assídua. O vespertino tinha como editor Jorge Grave (n. 1878), um actor e escritor teatral. O impacto do sucesso da exposição na escolha do Ministério da Guerra é verificável nas notícias que foram saindo no jornal em Março de 1917.

Foi de facto *O Século*, na sua edição da noite, o primeiro jornal a defender a ideia de enviar para França alguns artistas portugueses, sob patrocínio governamental: «alguns artistas nossos», escreveu o jornal no início do mês, «a fim de deixarmos aos vindouros nas salas dos museus ou nas praças publicas alguns elementos magnificos para a historia da nossa intervenção.»[9] O texto sublinhava o facto de os governos aliados já terem contratado artistas com esse objectivo: é um artigo informado, que salienta tanto a utilidade da «documentação artistica da guerra» como fonte «de informação para os historiadores», como a sua dimensão propagandística, «para a conquista da vitoria». Ouvido pelo jornal, Veloso Salgado saudava a ideia «magnifica» e «da maior utilidade para a arte», dizendo que já teria pensado em escrever ao jornal nesse sentido. O mestre de Sousa Lopes refere que na Escola de Belas-Artes indicava aos alunos assuntos como a partida dos expedicionários para França, ou a despedida das famílias, e ele próprio registara nos seus álbuns de desenho manobras militares antes da guerra. Percebe-se, no entanto, que Salgado não tinha qualquer ambição sobre o assunto. Nem o jornal o abordara para esse efeito, mas para saber a opinião de um artista eminente. «Aí fica a idéa», concluiu o redactor anónimo do *Século*. «Parece-nos digna de um bom acolhimento. Pensará o governo em mandar algum artista nosso até ao sector onde os nossos compatriotas vão bater-se? Que ele nos responda, certo de que a arte portugueza tudo terá a lucrar com isso [...].»

A resposta não veio em nota oficial, mas numa notícia breve dois dias depois da inauguração da exposição de Sousa Lopes. Na segunda-feira, 12 de Março, o *Século* da noite noticiava que o pintor iria partir para a «frente portugueza», aplaudindo a iniciativa e a escolha do «grande artista»:

> Consta-nos que em missão oficial ou, pelo menos oficiosa, do governo portuguez, o ilustre pintor Sousa Lopes que tão grande exito está obtendo agora com a sua notavel exposição na Sociedade Nacional de Belas Artes, irá, para a frente de batalha portugueza, pintar os aspectos heroicos e historicos da nossa colaboração militar na grande guerra.[10]

No sábado seguinte saiu uma entrevista com Sousa Lopes, algo relutante em satisfazer a curiosidade do repórter do *Século*, pelo facto de ainda não existir uma nomeação oficial[11] [**Figura 24**]. Veremos mais à frente as declarações mais

Figura 24 (página seguinte)
O Seculo (edição da noite),
17 de Março de 1917
Entrevista com Sousa Lopes
BNP, Lisboa

[8] Castro, Augusto de. 1917. «Palavras leva-as o vento. Sousa Lopes». *O Seculo*. Edição da noite. 29 de Março: 1.
[9] «Artistas portuguezes no «front». O que nos diz o ilustre pintor sr. Veloso Salgado sobre o assunto». *O Seculo*. Edição da noite. 3 de Março de 1917: 1.
[10] «Arte na guerra. Um pintor portuguez que vae para a frente portugueza». *O Seculo*. Edição da noite. 12 de Março de 1917: 1.
[11] «Nos campos de batalha. A guerra e a arte. Um pintor portuguez, o sr. Sousa Lopes, reproduzirá os factos principaes da nossa intervenção militar». *O Seculo*. Edição da noite. 17 de Março de 1917: 1.

QUARTO ANO—N.º 875

Numero avulso 2 centavos (20 réis)

Sabado, 17 de março de 1917

EDIÇÃO DA NOITE

O SECULO

ASSINATURAS: Portugal, colonias portuguezas e Hespanha: 3 mezes, 1$50—6 mezes, 3$00—1 ano, 6$00— Lisboa: 1 mez, $50—Territorios da união postal: 6 mezes, 4$50—1 ano, 9$60. Assina-se na administração do Seculo, sucursaes e estações postaes.
ANUNCIOS: recebem-se na administração do Seculo e nas suas sucursaes, na agencia Havas e demais agencias.
TELEFONES: Estação do SECULO, n.º 4:000, 4:001, 4:002 e 4:003—Sucursal do Rocio, 2:429.
DIRETOR—SILVA GRAÇA
PROPRIEDADE DE J. J. DA SILVA GRAÇA L.da
Editor—Jorge Graves
Redação, Administração e Oficinas, RUA DO SECULO, 43—LISBOA

Os acontecimentos na Russia

Quando hontem recebemos, telegraficamente, a noticia da abdicação do czar Nicolau II, a primeira impressão foi a de que se tratava de um acontecimento de bastante gravidade para os paizes aliados. Tinha havido uma revolução que terminara pela abdicação do czar. Mas quaes os fins que orientavam essa revolução, qual o partido triunfante? Nada se podia, n'esse momento afirmar de positivo.

Sabido que existia na Russia um extraordinario fermento germanofilo que atingira varias classes, de recear era que a propria abdicação do czar significasse a entrega do Estado á corrente hostil aos aliados, para que outro monarca, livre de compromissos, podesse negociar a paz. Mas quando vieram novos telegramas a situação esclareceu-se. Triunfavam os liberaes e a abdicação do czar, longe de ser uma habilidade governamental, havia sido imposta pela propria Duma, que a si assumira a direção dos negocios do Estado. A burocracia, eivada de germanofilismo, acaba de ser esmagada pela vitoria dos liberaes. Longe de representar para os aliados um perigo, a revolução russa é, pelo contrario, mais um triunfo.

Ha muito que aqui preconisamos que a guerra atual, cujo espirito de libertação humana tem sido a sua principal caracteristica por parte dos aliados, iria exercer uma poderosa influencia na Russia, contribuindo para derruir velhos processos da autocracia e estabelecer novas fórmas democraticas que aproximassem, cada vez mais, aquele grande paiz da civilisação ocidental. A transformação politica da Russia não era um empreendimento facil e era preciso que se désse uma situação excecional, como a da guerra atual, para que o movimento de reação contra o regimen autocratico podesse triunfar.

Assim sucedeu. A guerra veiu pôr em cheque a administração russa. Vieram á supuração todos os seus defeitos, os seus erros e até os seus crimes graves. Os desrespeito pelos interesses da população era manifesto; a preocupação de embaraçar a ação da Duma e dos «zemstvos» era constante; e a cada passo se revelava a traição da burocracia, contrariando o proprio abastecimento do exercito.

Na Russia infiltrara-se uma enorme legião de espiões alemães que, auxiliados pelos russos de origem alemã e pelos germanofilos, prepararam alguns dos sucessos das tropas do kaiser.

N'uma das ofensivas alemãs os exercitos da Prussia encontraram todas as facilidades. Quando Hindenburgo preparou a sua grande ofensiva, fel-o quando, pelas suas informações secretas, sabia que teria a facilitar a sua ação certos entendimentos dentro da Russia e a ofensiva coincidiu precisamente quando no imperio moscovita se deram grandes desinteligencias entre os politicos.

Ora, n'este momento já se anunciava nova ofensiva de Hindenburgo, o que mostra bem claramente quão pouca confiança devia inspirar aos aliados a gente que dirigia ultimamente os destinos da Russia. A revolução veiu, pois, na ocasião mais oportuna, para pôr de parte quaesquer dificuldades internas que podessem impedir a vitoria final dos aliados.

Triunfam os liberaes, cae finalmente o poder autocratico, é derrubado o autoritarismo da burocracia russa, estabelecem-se agora com firmeza as instituições democraticas, que darão a vitoria á Russia.

O exercito, que não é já apenas o bando dos cossacos, terror dos revolucionarios, mas toda a nação armada, coloca-se ao lado da revolução, por espirito patriotico e para assegurar-se a vitoria contra a Alemanha. E assim é possivel a realisação das aspirações do povo russo, a que n'uma situação normal dificilmente se chegaria.

E tudo isto se consegue antes da grande ofensiva geral que os aliados estão preparando. A situação equivoca em que se vivia na Russia devia desaparecer para os aliados triunfarem inteiramente e desaparece precisamente quando mais necessario isso se tornava. O acôrdo entre todos os paizes aliados torna-se agora mais perfeito do que nunca e mais do que nunca eles marcham confiadamente para a vitoria.

Os eletricos

O transito dos carros eletricos esteve hoje, de manhã, largo tempo interrompido na rua da Palma, por motivo de ter sofrido desarranjo nas rodas, um carro que por ali passava.

NOS CAMPOS DE BATALHA

A GUERRA E A ARTE

Um pintor portuguez, o sr. Sousa Lopes, reproduzirá os factos principaes da nossa intervenção militar

Démos a noticia de que o ilustre pintor Sousa Lopes ia ser nomeado para ir para a frente de batalha, em missão oficial, a fim de registar as suas impressões de artista em varios quadros que seriam outros tantos documentos de esforço do nosso exercito, na sua cooperação com os aliados. Mas para esclarecer melhor os nossos leitores, procuramos encontrar-nos com o sr. Sousa Lopes, para que nos dissesse em que consistiriam os seus trabalhos e a que idéa obedecia a sua partida para os campos de batalha.

Sousa Lopes, como os nossos leitores sabem, expõe atualmente na Sociedade de Belas Artes, e diga-se de passagem com um exito extraordinario. Como era natural foi lá que o fômos procurar. Mas, ao contrario do seu costume, só bastante tarde ali apareceu hontem.

E' ele mesmo quem nos explica a razão da sua demora:

—E' um redator do *Seculo*? Pois eu venho precisamente do *Seculo*, onde estive combinando uma serie de trabalhos para a *Ilustração Portugueza*, que enviarei de França, sobre assuntos de guerra.

Explicamos-lhe a organisação dos serviços do *Seculo* e suas publicações e como era facilmente explicavel que nós desconhecessemos a sua presença na propria casa de onde haviamos partido á sua pro-

Sousa Lopes

cura. E logo o esclarecemos sobre o fim da nossa visita:

—Pois, é precisamente, sobre coisas de guerra que o queriamos ouvir. Qual o seu plano de produção artistica, agora que vae ser nomeado para ir para a frente de batalha?

O pintor Sousa Lopes, que nos tem recebido com extrema gentileza, esboça n'este momento um gesto de contrariedade. Procura escusar-se a satisfazer o nosso desejo. Não está nomeado ainda e julga que n'este caso é extremamente delicado arrogar-se áquela autoridade oficial que não possue ainda, para nos dizer qual os seus projetos.

Insistimos. Que nos fale como simples artista.

—Parece-lhe realmente interessante, como assunto d'arte, a guerra atual.

—Oh certamente. A «arriere-guerre» sobretudo. A preparação para o combate é das coisas mais impressionantes. O combate em si tem menos interesse, devido á fórma como está sendo conduzida esta guerra; é monotono. Mas a «arriere-guerre» é admiravel. Eu proprio já tive ocasião de registar em alguns trabalhos meus, sobretudo aguas-fortes, impressões dos hospitaes de sangue.

—Conseguiu então obter a permissão para, como pintor, os visitar?

—Não. Eu lhe digo como conquistei a possibilidade de pintar alguma coisa. Fiz-me enfermeiro. E devo dizer-lhe que fiquei desde então a ter a mais profunda veneração pelas mulheres francezas. São extraordinarias de dedicação pelos feridos. Tudo quanto se diga em sua honra será sempre pouco.

—E porque não foi até á «frente»?

—Porque não pude. E' muito dificil obter essa permissão. Só o podem conseguir indo n'uma situação excecional. D'aí o meu empenho em obter, junto do exercito portuguez, uma situação d'essas.

E forçado por nós acrescenta:

—O meu desejo, que obteve o melhor acolhimento por parte do sr. ministro da guerra, é ir n'uma situação oficial, que me dê as facilidades necessarias para vêr tudo e poder dedicar-me aos meus trabalhos.

—Que seriam...?

—Em primeiro logar uma obra de propaganda do nosso esforço militar. Eu passaria a colaborar em varias revistas estrangeiras, que ilustraria com assuntos da vida do nosso exercito em campanha. E' justo que de todo o sacrificio que o paiz faz, comparticipando na guerra, algum beneficio colha.

«Além d'esta obra de propaganda necessaria e que por si só já constituiria um elemento de documentação da nossa ação militar, desejaria fazer tambem essa documentação em algumas telas, registando os feitos mais gloriosos das nossas tropas e destinadas a serem colocadas no Museu de Artilharia, junto á coleção de trofeus de guerra que venham a ser alcançados pelos nossos soldados, n'esta campanha.

«Penso tambem em fazer um album ilustrado, em muitos exemplares, com impressões da guerra, para o publico. Constituirá tambem uma obra de vulgarisação de Portugal, pois se não destina exclusivamente ao nosso paiz.»

E o ilustre pintor, escusando-se a dizer-nos mais alguma coisa, lamenta ter-nos dito tanto. Preferivel seria, diz-nos, termos procurado o ministro da guerra. Ele nos diria o que pensa fazer ao mandar para a frente de batalha um pintor portuguez e quaes as vantagens que espera obter com isso. Entretanto o que nos disse é já o bastante para os nossos leitores avaliarem do muito que nos poderá dar da guerra atual, com o seu admiravel talento e sobretudo com aquele extraordinario poder de realisação de que é uma eloquente prova a atual exposição dos seus trabalhos, na Sociedade de Belas Artes.

PORTUGUEZES NO BRAZIL

Comemorando o aniversario do congraçamento da colonia

A grande reunião promovida pela associação «Pró Patria» — Uma saudação entusiastica ás tropas expedicionarias e cem mil escudos para as vitimas da guerra

RIO DE JANEIRO, 17.—Comemorando o aniversario do congraçamento da colonia, realisou-se, por iniciativa da associação «Pró-Patria», uma grande reunião da colonia no Gabinete de Leitura, estando presentes a essa reunião, além dos membros da associação «Pró-Patria», todas as associações portuguezas, incluindo a Liga Monarquica e o Liceu Literario Portuguez.

Falaram o embaixador, dr. Duarte Leite, o consul, o sr. Malheiro Dias e outros.

Foi aprovada, no meio de grandes aplausos, a moção do consul contendo as saudações da colonia ao general Tamagnini, sendo aprovada tambem a subscrição popular destinada aos orfãos da guerra, independentemente da grande subscrição já aberta.—H.

Proferem se entusiasticos e patrioticos discursos—E' fundada a «Obra de proteção aos orfãos da guerra»

RIO DE JANEIRO, 17.—A colonia portugueza telegrafou ao general Tamagnini, pedindo-lhe para transmitir ás tropas do seu comando as saudações entusiasticas dos portuguezes no Brazil. Os portuguezes declaram que põem, desde já, á disposição dos seus irmãos do exercito a quantia de 100:000 escudos para as vitimas da guerra, devendo metade ser entregue á Cruz Vermelha Portugueza. Assinam o telegrama o embaixador dr. Duarte Leite, o consul geral, dr. Alberto de Oliveira; o conde de Avelar, diretor do Banco do Comercio, e o visconde de Moraes. O telegrama foi lido no Gabinete Portuguez de Leitura, em sessão magna da colonia e sob a presidencia do dr. Duarte Leite, provocando uma estrondosa manifestação ao exercito portuguez e á Patria distante.

Aberta a sessão da grande comissão «Pró Patria», falou em primeiro logar o embaixador portuguez, recordando os episodios portuguezes na guerra atual da Africa, afirmando que Portugal entra agora na guerra da Europa, não para defeza das suas cidades do continente, mas por dever, para manter a antiga fidalguia e para cumprir as promessas feitas á sua velha aliada, a Inglaterra.

O visconde de Moraes, exaltando o valor da Patria, diz que esta deve estar tranquila e pode contar com a cooperação efetiva e sincera da sua numerosa colonia no Brazil. O consul dr. Alberto de Oliveira pronunciou um belo discurso, evocando a historia portugueza. Terminou dizendo que, para a Patria continuar a ser grande, não basta admirar as panoplias das espadas ilustres com que Portugal rasgou outr'ora o mundo inteiro. «Agora necessitamos de empunhal-as com almas fortes, desferindo golpes energicos e certeiros para que surja ámanhã o milagre de outr'ora, resultado do esforço, da tenacidade e do patriotismo da fé portugueza.»

Carlos Malheiros Dias apresentou o seu projeto sobre a fundação da «Obra de Proteção aos Orfãos da Guerra», o qual foi aprovado no meio de grande entusiasmo. Falaram, ainda, varios membros da colonia, declarando o seu apoio incondicional á obra de proteção aos soldados portuguezes e aos seus filhos.—*Americana.*

Instituições de assistencia aos soldados contemplados pela comissão Pró Patria

RIO DE JANEIRO, 16.—A Comissão Pró Patria resolveu enviar cincoenta contos á Cruz Vermelha Portugueza, trinta á Cruzada das Mulheres Portuguezas e dez á Liga da Defeza do Norte.—S.

Conselho de ministros

A pedido do ministro do trabalho reuniu hoje, extraordinariamente, no ministerio das colonias, o conselho de ministros. Após o conselho, realisou-se, em Belem, a assinatura presidencial, e em seguida, houve novo conselho de ministros, sob a presidencia do chefe do Estado. Consta que nos dois conselhos, se tratou da situação politica, afirmando-se ter o ministro do trabalho instado pela sua saida do governo.

CARTA DE PARIS

Duas palavras sobre a situação militar

O que é possivel deduzir das ultimas noticias—A ameaça contra o Trentino e contra a frente ingleza—Um grande esforço contra a Inglaterra por terra e por mar—Os neutros inquietos—As precauções suissas e as transigencias holandezas

PARIS, 10 de março.

O marechal Conrad von Hoetzendorf, antigo chefe de estado maior do exercito austriaco, acaba de ser nomeado comandante das forças que combatem contra os italianos;

—A Suissa publicou avisos convocando novas unidades para reforço da sua mobilisação parcial;

—telegrafam de Amsterdam á Agencia Central News, de Londres, que as autoridades militares alemãs fecharam a fronteira holando-belga;

—o serviço de propaganda alemã anuncia que o vapor inglez *Princess-Melita*, que entrou no porto de Hoek van Holland, armado de canhões, foi mandado saír dentro de meia hora, pelas autoridades holandezas.

D'essas noticias, tão diferentes, quer na substancia, quer na origem, ser-nos-ha possivel tirar alguma conclusão, ou, pelo menos, alguma indicação sobre os projetos militares dos imperios centraes?

A nomeação d'um militar da categoria de Conrad von Hoetzendorf para o comando das forças austriacas que operam na região do Trentino parece confirmar as intenções austro-alemães de tentar um vigoroso esforço contra os italianos. Outros indicios nos levam a considerar possivel, se não provavel, essa ofensiva que, mesmo vitoriosa, não poderia decidir a guerra, mas que daria ao povo alemão, assás deprimido atualmente, o reconforto d'um triunfo a mais.

Por outro lado, fechando a fronteira holando-belga, os alemães pretendem, sem duvida, evitar quaesquer indiscreções sobre os movimentos das suas tropas na Belgica. Informações de varias origens nos teem permitido crêr, com efeito, que eles operam ali, desde ha algum tempo, uma forte concentração. Com que fim? O fim só pode ser um: o de atacar a frente anglo-belga, na parte que vae do mar do Norte até ao Ancre. O recuo alemão tem-se efetuado mais para o sul, e, ultimamente, uma certa atividade, que pode muito bem ser o prenuncio de maiores coisas, tem sido notada nas margens do Yser, onde, durante muitos mezes, a calmaria foi, pode quasi dizer-se, absoluta.

Alguns criticos militares, e entre eles mr. Marcel Hutin, do *Echo de Paris*, geralmente bem informado e assás seguro nas suas previsões, admitem a possibilidade d'um grande ataque simultaneo contra a Inglaterra das forças do principe herdeiro Albert de Wurtemberg, que operam no norte da França, da esquadra dos submarinos e mesmo da esquadra das grandes unidades de alto mar.

A ofensiva contra a Italia não pode deixar de inquietar a Suissa, que não cessa de tomar as suas precauções. O seu desejo de defender a todo o preço a neutralidade parece ser sincero. Ela não ignora, de resto, que se os alemães violassem o seu territorio, mesmo apenas para facilitar um ataque contra a frente italiana, os francezes, que desde ha muito se preveniram contra a eventualidade d'esse perigo, não tardariam em ir ao encontro d'eles. A perspetiva de vêr o seu territorio transformado em campo de batalha não pode, certamente, encantar esse povo amigo da ordem, pacifico e laborioso.

Por sua vez, os holandezes não ocultam uma inquietação mais do que justificada. O facto d'eles não admitirem nos seus portos os navios mercantes armados não deve ser considerado como uma demonstração hostil ou mesmo de simples má vontade contra a *Entente*. Ele significará, de preferencia, o desejo de evitar todo o pretexto d'um conflito diplomatico com a Alemanha, conflito que esta ultima não deixaria de envenenar sem escrupulos, se isso no momento pudesse convir aos seus interesses, até ao ponto de justificar uma agressão militar. Simplesmente não serão as subserviencias da Holanda que lhe evitarão esses perigos. Se pensam o contrario, como parece que estão pensando, os holandezes são muito maus psicologos. A Alemanha só não invadirá a Holanda se a empreza lhe parecer arriscada demais para os lucros que, na melhor das hipoteses, d'ela possam resultar.

Paulo Osorio

CARICATURA-ENIGMA

Realisa-se ámanhã, ás 13 horas, no Eden-Teatro, o sorteio dos premios

Termina hoje, ás 20 horas, a receção de respostas ao 12.º concurso, da Caricatura-enigma, realisando-se ámanhã, pelas 13 horas, no Eden-Teatro, o respetivo sorteio, que será publico.

O sorteio far-se-ha, pelo sistema da loteria da Misericordia, para o que as cartas recebidas foram numeradas pela ordem da receção.

Os premiados que estiverem presentes ao sorteio receberão imediatamente os seus premios, e os que não assistirem poderão requisital-os todos os dias, das 13 ás 20 horas, na bilheteira do Eden-Teatro, apresentando ou enviando o seu nome e morada e a divisa que tiverem adotado.

A REVOLUÇÃO NA RUSSIA

Os alemães reconhecem que ela lhes foi desfavoravel

MADRID, 16.—Um telegrama de Berlim comunica que a imprensa alemã reconhece ser a revolução da Russia favoravel aos aliados.—S.

Os jornaes francezes, hoje chegados a Lisboa, nada adeantam, evidentemente, aos telegramas publicados na edição matutina do *Seculo*. Algumas informações n'eles encontramos, porém, que dão uma nota ainda mais exata sobre a maneira como tiveram começo e se desenrolaram os acontecimentos de Petrogrado da semana passada.

Os filhos do imperador com o principe herdeiro

As primeiras manifestações populares realisadas na capital russa tiveram, principalmente, como hontem dissemos, um caracter economico.

Mas a esses protestos contra a falta de generos alimenticios veiu juntar-se depois o grande protesto contra a incuria administrativa.

De uma fórma muito mais clara e acentuada, a população de Petrogrado reclamava aquele «governo investido da confiança do paiz», que ha muito tempo e com insistencia pediam todos os corpos constituidos, eletivos ou não: a Duma, os Zemstvos, as municipalidades, as alianças da nobreza, do comercio, etc., todas elas constituindo, sem duvida, a expressão do conjunto do paiz.

O governo da Russia não correspondia, evidentemente, á confiança da nação.

O sr. Rittich francamente declarou na Duma que graves erros tinham sido cometidos e o governo viu-se na necessidade de entregar ás instituições locaes o cuidado de reabastecer a população. Era a prova confessada da sua incompetencia ou incapacidade administrativa.

Além d'isso, os ministros eram absolutamente impopulares; e, entre eles, o mais impopular era Protopopoff, ministro do interior, que, antigo liberal, se mostrava agora hostil a toda e qualquer colaboração com os representantes do povo.

Desde a declaração de guerra da Alemanha á Russia, os governos e as traições sucederam-se, como hontem frisámos. E ainda hoje encontramos, n'um dos jornaes francezes chegados a Lisboa, a noticia da prisão do general Dretchevsky, acusado de falsificação e do desvio da soma de 300:000 rublos.

A irritação popular tinha atingido o seu maximo. O povo, pressentindo que o governo encerraria a Duma, portavoz dos seus protestos, dirigiu-se para a sua séde, n'uma imponente manifestação silenciosa, como as que as classes populares de Petrogrado costumam realisar n'aquela cidade.

* * *

Era, com efeito, a ultima sessão da Duma que se ia realisar, visto que o ukase imperial adiando as suas reuniões, já estava assinado. A multidão, impaciente, estacio-

A imperatriz da Russia

nava em frente do palacio da Duma, emquanto no interior se desenrolava um importante debate.

Milioukov, chefe dos Cadetes, criticou vivamente a insuficiencia das medidas do governo na questão do reabastecimento. Mas as frações do centro e os outubristas, embora fazendo parte do bloco progressista, recusam-se a solidarisarem-se com Milioukov.

Isto fez com que Rettich, ministro da agricultura, que desde a primeira sessão agitada da Duma tinha tentado defender a sua obra contra todas as criticas, pensasse que, em consequencia da divisão introduzida no bloco, a Duma não se pronunciaria contra ele.

Contudo, Milioukov conseguiu, pouco a pouco, juntar em volta de si a maior parte da assembléa e foi quasi por unanimidade que a sua moção foi votada.

N'essa moção, o chefe dos Cadetes pedia, com urgencia, o reabastecimento de Petrogrado, Moscou e outros centros industriaes da Russia. Reclamava ao mesmo tempo, para todas as municipalidades, os «Zemstvos» e todas as outras organisações sociaes, um direito mais largo de participar na distribuição dos produtos e generos necessarios á alimentação nacional.

Logo que o voto da Duma foi conhecido fóra do edificio, a multidão improvisou uma grandiosa manifestação.

N'esse dia, o cortejo desfilou, na maior calma atravez das ruas de Petrogrado. Mas no dia seguinte, as manifestações renovaram-se e os operarios abandonavam as fabricas e a circulação dos «tramways» paralisava.

As autoridades tomaram todas as precauções que puderam, para manterem os grévistas afastados do centro da cidade.

Não o conseguiram, porém, porque apenas a policia se lhes mantinha absolutamente fiel. As outras tropas fizeram causa comum com o povo e a Duma, conseguindo reunir apezar da proibição imperial, declarava-se em ditadura e proseguia na revolução.

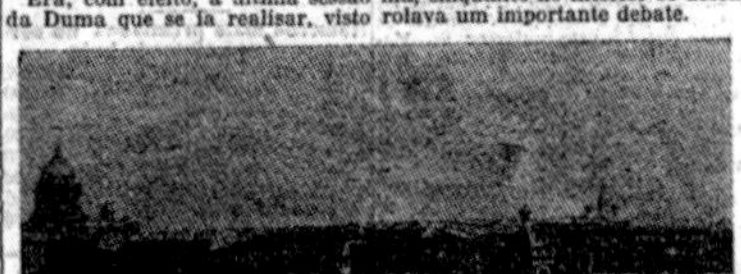

A ponte sobre o Neva que os revolucionarios fizeram saltar

"Venda da Flôr,,

Ainda não se sabe a totalidade da receita da «Venda da flôr» promovida pela comissão de senhoras; entretanto podemos dizer que essa receita se eleva a mais de 24 contos, pelos apuramentos que se teem feito até agora.

Em casa da sr.ª marqueza do Lavradio tem-se recebido mais donativos e, entre eles, contam-se um cheque de 500$00 da Companhia dos Caminhos de Ferro Portuguezes, 20$00 da empreza do teatro da Trindade e uma linda pele de raposa, oferecida pelo sr. J. H. Cardoso, proprietario da papelaria da Russia, Avenida da Liberdade.

Esta pele foi oferecida á comissão para ser rifada ou vendida em leilão.

A comissão executiva reune novamente ámanhã em casa da sr.ª marqueza do Lavradio.

Por lapso, ainda não foi dada a noticia, o que fazemos hoje, de como as gentis floristas foram recebidas na Misericordia de Lisboa.

Grupos invadiram as repartições da contadoria, e os muitos empregados d'essas repartições, que generosamente contribuiram, nomearam um empregado que acompanhasse as esbeltas vendedoras ás diferentes casas de trabalho.

O provedor, de pronto mandou passar uma ordem de pagamento de 100 escudos, contribuindo ele do seu bolso particular com 20 escudos, que, com 80 escudos dos empregados, deu um resultado total de 200 escudos.

BOAS NOTICIAS

LOURENÇO MARQUES, 16.—Chegamos bem.—(aa.) Tenentes Pascoa, Carapeto e Marques.—H.

NOS RECREIOS DA AMADORA

O grandioso festival de ámanhã

Eis nas suas linhas geraes o programa do festival de ámanhã, o maior que se tem feito em terra portugueza: ás 14 horas, desafio de «foot-ball» entre o Imperio e o Lisboa Foot-ball para disputa de um objeto de arte; em seguida o «Cross-country», 3:000 metros de obstaculos naturaes em pleno campo, n'um percurso que se vê desde o recinto da festa, prova esta que é disputada por 160 pedestrianistas representando 32 clubs; finalmente a largada dos 1:200 balões-pilotos, que começam a ser cheios de hidrogenio na madrugada de ámanhã, empregando-se n'isso cêrca de 50 operarios da fabrica Santos Matos e utilisando-se 8 gazometros.

Os srs. presidentes da Republica e do ministerio, os ministros da guerra, interior e finanças, que assistem á festa, devem chegar antes de terminado o «foot-ball», para presencearem ainda a chegada pelos ares dos tenentes Cazeiro e Sacadura, que tambem tenciona aparecer sobre a Amadora. Ambos farão evoluções arrojadas e possivelmente reservarão alguma surpreza. Os aviadores esperam fazer a sua aparição cêrca das 15.30. Tambem assistem á festa os srs. governador civil e diretor da Escola de Aviação.

A Companhia dos Caminhos de Ferro, depois do seu comboio da tabela das 12.50, estabelece os que se tornarem necessarios conforme a afluencia do publico. Os eletricos farão carreiras continuas e rapidas para Bemfica, onde haverá, para o transporte á Amadora, que representa um lindo passeio de 1:700 metros, carros de toda a especie, automoveis, trens, motos, «tripertis», camions, etc:

A festa será abrilhantada por

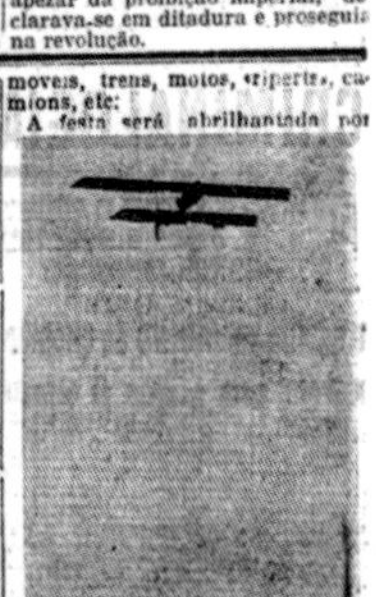

Um vôo do tenente aviador Cazeiro

duas bandas de musica e o campo policiado por soldados da guarda republicana.

MEIAS Preto garantido 690 R. do Ouro, 117

CASINO DE ALGES
(Antigo Palacio da Conceição)
Bom serviço de restaurant, permanente
Ultimo carro á 1/2 hora

significativas. Por agora, importa destacar uma revelação que ilumina o processo da sua escolha como artista oficial. Sousa Lopes explicou que para os artistas era muito difícil obter autorização para trabalhar na frente de guerra, e que só o poderiam fazer numa situação excepcional: «D'aí o meu empenho em obter junto do exercito portuguez, uma situação d'essas. [...] O meu desejo, que obteve o melhor acolhimento por parte do sr. ministro da guerra, é ir n'uma situação oficial, que me dê as facilidades necessarias para vêr tudo e poder dedicar--me aos meus trabalhos.» Isto significa que o artista, num período anterior impossível de precisar, já se empenhara em obter junto do ministro Norton de Matos esse estatuto oficial, independentemente da agenda editorial do *Século* da noite. A qual veio, todavia, favorecer a sua causa e dar-lhe notoriedade pública. O jornal chegou a organizar o sorteio de um retrato a carvão realizado pelo artista, que se ofereceu para retratar o leitor premiado, «em benefício das vitimas da guerra». Sousa Lopes era anunciado como «um dos maiores pintores portuguezes contemporaneos», e um artista «que é já hoje, na frase de Columbano, um dos mestres da pintura portugueza [...]». Os «bilhetes» da rifa custavam cinco escudos cada, e o Presidente da República adquiriu um, selando o seu patrocínio. A premiada foi D. Maria Izabel Guerra Junqueiro Mesquita de Carvalho, filha do poeta Guerra Junqueiro e esposa do ministro da Justiça, e o retrato foi-lhe entregue pelo artista em cerimónia de 10 de Maio, no salão da *Ilustração Portugueza*[12].

Mas é visível a atitude prudente de Sousa Lopes na entrevista de 17 de Março, apesar de se poder pensar que terá sido o próprio artista a fonte da notícia da partida para o *front*. Isto sugere-nos que o pintor doravante preferia tratar deste assunto delicado no segredo do gabinete ministerial. Mas daí parece emergir uma questão necessária: quando é que Sousa Lopes conheceu Norton de Matos e que relação desenvolveram? Segundo o livro de memórias do general (Matos 2004, 466), num apêndice datado de 1951, o pintor fez parte do seu gabinete de ministro da Guerra no ano de 1916, juntamente com Arnaldo Garcez e outros militares. Noutra passagem do livro há uma *nuance*, dizendo que estes oficiais e «outras pessoas» são os que considerava «como meus directos colaboradores» (*Idem*, 254). Seria importante perceber os contornos da função de Sousa Lopes, mas não há informação adicional sobre o assunto[13]. Para adensar as dúvidas sobre este período, não subsistem também dados sobre a situação militar do artista em face da mobilização decretada pelo Governo[14]. Mas convém recordar que Norton de Matos assistiu à inauguração da exposição na SNBA. Terá Sousa Lopes, nessa ocasião, conseguido convencer definitivamente o ministro das suas possibilidades como artista oficial? É uma situação plausível, uma vez que a notícia da sua escolha sai no *Século* da noite dois dias depois da *vernissage*, como vimos.

Sousa Lopes pode também ter beneficiado do apoio activo de amigos influentes. José de Figueiredo, o director do MNAA e prefaciador do catálogo da exposição de 1917, recordou mais tarde ter sido ele a recomendar a Norton de Matos o nome do pintor. Num artigo publicado em 1924 o historiador descreveu uma visita do governante ao museu que dirigia, comentando a sua

[12] O primeiro anúncio do sorteio aparece na edição da noite de *O Século* de 23 de Março de 1917, na primeira página, sendo repetido no dia seguinte. A evolução da iniciativa foi depois noticiada nos dias 2, 3, 12, 14, 20 de Abril e 10 de Maio. A subscrição rendeu ao todo 90 escudos.

[13] A documentação do gabinete do ministro da Guerra, disponível no AHM (Fundo 6), é quase toda relativa ao período do pós-guerra. Mas é difícil de acreditar que Sousa Lopes desempenhasse funções regulares no gabinete de Norton de Matos. Que significado atribuir à informação de que o artista faria «parte» do «gabinete» do ministro? É plausível que Norton de Matos considerasse que Sousa Lopes pertencia ao seu gabinete, na medida que foi nomeado por si, para acompanhar o CEP a França. E não teve presente, ao escrever em 1951, que o artista só fora destacado em 1917 e não no ano anterior. Redigiu o documento provavelmente de memória, octogenário. Nele escreve: «São estes os nomes que recordo e cujas imagens estão surgindo perante mim, depois de tantos anos decorridos» (Matos 2004, 466). Noémia Novais refere que o governante constituiu «um gabinete para a propaganda de guerra», mas os colaboradores que cita são os do próprio gabinete do ministro, referidos por Norton de Matos (Novais 2013, 225-226). A afirmação de que Sousa Lopes e Garcez foram nomeados para «coordenarem a propaganda de guerra» fica por demonstrar e carece de fundamento.

[14] O decreto n.º 2.285, de 20 de Março de 1916, autorizava o ministro da Guerra a convocar para preparação militar «as classes de licenciados que julgar conveniente». A idade militar situava-se entre os 20 e os 45 anos. Não existe processo individual de Sousa Lopes no AGE. Contudo, aos 37 anos, o artista pertencia a uma classe de licenciados com pouca probabilidade de ser chamada a prestar serviço militar activo.

surpresa perante a cultura artística do ministro e o seu conhecimento dos museus europeus:

> A conversa foi tomando por isso um tom cada vez mais cordial e tão cordial que me permitiu não só falar a Norton de Matos do pintor Sousa Lopes e da exposição que então ele tinha aberta ao público, o que aliás era natural, mas indicar-lhe ainda o seu nome como o do artista que, em meu entender, melhor poderia, dada a sua mocidade e valor, acompanhar o corpo expedicionário, para, nos campos de batalha, preparar a obra que seria depois o registo artístico da nossa intervenção na guerra. Norton de Matos, que já tinha sido cumulado de pedidos, mas a quem o nome de Sousa Lopes não tinha ainda sido indicado, prometeu-me estudar o caso.[15]

É intrigante, neste relato, o facto de Figueiredo sugerir que Norton de Matos não conheceria o artista. Mas mais surpreendente é afirmar que recomendou Sousa Lopes enquanto a exposição «estava aberta ao público», quando sabemos que a escolha foi anunciada no *Século* apenas dois dias passados sobre a inauguração (isto é, de sábado para segunda-feira). Haverá aqui, certamente, uma imprecisão cronológica de José de Figueiredo, em 1924. Mas a verdade é que ele pôde ler essa notícia no jornal, pois há informação de que era um leitor assíduo da edição da noite do *Século*[16]. Apesar de tudo, o testemunho de Figueiredo parece plausível. Contudo, tal como o depoimento anterior de Norton de Matos, é uma das poucas informações que hoje temos sobre este processo[17]. Pode certamente concluir-se que o pintor contou com a influência de Figueiredo para convencer o ministro, e não será a única, como veremos.

Sousa Lopes viveu intensamente a causa da França desde o início da conflagração, agindo com a sua característica solidariedade. Vale a pena recuar até 1914 para compreender as motivações de uma militância que terá continuidade no artista da Grande Guerra. É possível que o pintor se encontrasse em Paris quando a Alemanha declarou guerra à França, a 3 de Agosto de 1914, embora em Maio tivesse participado no júri de admissão à exposição anual da SNBA, em Lisboa. Certo é que no início de Setembro, durante os dias dramáticos da batalha do Marne, quando o exército francês consegue repelir, com grandes perdas, a ofensiva germânica que visava capturar Paris, o artista já se encontrava em Turquel. Sousa Lopes enviou uma carta emocionada a Afonso Lopes Vieira, numa altura incerta para as armas francesas: «O meu amor pela França é muito maior do que eu supunha, cada avanço dos allemães é uma punhalada no meu coração. A destruição das obras d'arte e os seus actos de vandalismos enchem-me de horror.»[18] No dia seguinte escreveu a Columbano, já os alemães tinham recuado para lá do rio Marne, revelando a existência de uma causa comum: «Estou bastante animado com as noticias de França, que correspondem a nossa intima esperança e são talvez o inicio da *révanche* dos nossos amigos e o triumpho da nossa causa. § Cartas de Paris dizem-me, que ali, toda a gente está animada, e que o heroismo popular <u>touche</u> à *la drôlerie*.»[19]

[15] Figueiredo, José de. 1924. «Norton de Matos e Sousa Lopes». *Lusitania. Revista de estudos portugueses.* Vol. 1, fas. 1 (Janeiro): 148. Um agradecimento a Joana Baião por me ter indicado este artigo.

[16] Augusto de Castro publicou, na sua crónica habitual, uma carta sobre a falecida esposa de Rodin, onde o director do MNAA se dizia «leitor assiduo» da coluna do jornalista. Veja-se *O Seculo.* Edição da noite. 11 de Março de 1917: 1.

[17] Nesse ano *O Seculo* refere que três personalidades contribuíram para a nomeação de Sousa Lopes: Norton de Matos, o ministro da Instrução Pública, José Maria Barbosa de Magalhães (1878-1959) e José de Figueiredo. Veja-se «Portugal na Grande Guerra. As telas historicas de Sousa Lopes». *O Seculo.* 5 de Janeiro de 1924: 1.

[18] Carta de Sousa Lopes a Afonso Lopes Vieira, Turquel, 9 de Setembro de 1914, fólio 1. BMALV, Espólio Afonso Lopes Vieira, *Cartas e outros escriptos* [...], vol. 11 (documento sem cota).

[19] Carta de Sousa Lopes a Columbano Bordalo Pinheiro, Turquel, 10 de Setembro de 1914, fólios 1-2. MNAC-MC, Espólio Columbano Bordalo Pinheiro (documento sem cota).

Adriano de Sousa Lopes. Um pintor na Grande Guerra

O envio das cartas prendia-se com um assunto urgente. Sousa Lopes organizara em Lisboa uma subscrição a favor dos artistas franceses mobilizados para a guerra, com a colaboração de Columbano, Malhoa, do pintor António Conceição Silva (1869-1958) e de Teixeira Lopes, no Porto[20]. A receita seria entregue ao comité da Fraternité des Artistes, uma associação que auxiliava as famílias dos artistas mobilizados e vítimas da guerra, presidida pelo pintor Léon Bonnat (1833-1922). «Alguns dos subscriptores foram pensionistas, e devem grande parte da sua educação à França. Eu por exemplo, tenho bastantes amigos que estão combatendo», escreveu o pintor a Lopes Vieira, presumindo-se que estes últimos seriam franceses. Só o amigo poeta poderia escrever a carta que desejavam enviar ao ministro da França em Lisboa (juntamente com a quantia), pediu-lhe o pintor, e Columbano soube no dia seguinte a resposta afirmativa. Sousa Lopes confessou a Lopes Vieira a importância da posição moral que a iniciativa representava para ele:

> Não podemos infelizmente pretender, dada a escassez dos nossos meios, aliviar d'uma maneira muito eficaz, a miséria das famílias dos artistas pobres, o que desejaríamos sobre tudo é dar lhes a nossa adhesão moral, dizer-lhes que estamos sofrendo com eles, e é com os olhos rasos de lágrimas e o coração apertado que lembramos as nobres figuras dos nossos mestres e os nossos novos camaradas.

A militância de Sousa Lopes pela causa da França e dos Aliados na Grande Guerra não surge, pois, em 1917, mas já está presente desde os primeiros dias do conflito, directamente ligada a uma preocupação humanitária e a acções de beneficiência continuadas. E existem outros dados. De volta a Paris, o artista teve um contacto próximo com as consequências da guerra nos hospitais da cidade. Sousa Lopes revelou em 1917 ao jornal *O Século* que já tinha tido oportunidade de registar em alguns trabalhos seus, «sobretudo aguas-fortes, impressões dos hospitais de sangue». Não os visitou enquanto artista, confessou ao repórter: «Fiz-me enfermeiro. E devo dizer-lhe que fiquei desde então a ter a mais profunda veneração pelas mulheres francezas. São extraordinarias de dedicação pelos feridos.»[21]

Subsistem poucos trabalhos desta fase. A única gravura a água-forte datável destes anos representa não o ambiente dos hospitais, mas dois veteranos a serem conduzidos em cadeiras de rodas, junto ao portão do Parc Monceau, jardim muito perto da morada do pintor na rua Médéric (n.º 32) [**Figura 25**]. No seu espólio e na colecção do PNA encontra-se um conjunto de nove desenhos que representam soldados acamados nos hospitais, ou ainda um retrato mais próximo, o rosto gracioso de uma enfermeira concentrada no seu trabalho. Alguns destes trabalhos foram desenhados no verso de folhetos impressos de uma instituição, «Le Foyer du Blessé». Era uma obra de assistência aos militares feridos patrocinada pela Assistance publique, com sede na rua Buffault (n.º 2), no *arrondissement* da Ópera Garnier. A associação tinha um grupo artístico que se deslocava pelos hospitais promovendo concertos e actuações teatrais,

[20] Segundo o jornal *O Seculo* nas edições de 5 e 9 de Setembro de 1914 (ver em ambas p. 2), o tesoureiro da subscrição era o pintor Conceição Silva, que nessa altura totalizava já 22 adesões, a maioria artistas.

[21] «Nos campos de batalha. A guerra e a arte. Um pintor portuguez, o sr. Sousa Lopes, reproduzirá os factos principaes da nossa intervenção militar». *O Seculo*. Edição da noite. 17 de Março de 1917: 1.

Figura 25
Adriano de Sousa Lopes
Veteranos no Parc Monceau
(c. 1914-1917)
Água-forte sobre papel, 22,6 x 17,6 cm
PNA, Lisboa
N.º inv. 54033

[22] A proposta de Sousa Lopes é datada de «Lisboa – 5ª feira de Abril de 1917». Só a conhecemos exclusivamente através de uma cópia, em dactiloscrito, enviada anexa a um ofício do ministro da Instrução Pública para o comandante do CEP, datado de 16 de Outubro de 1917. PT/AHM/DIV/1/35/80/1.
A cópia foi realizada na Secretaria-Geral do Ministério, com notórios erros de transcrição. A carta original dirigida ao ministro da Guerra, escrita pela mão do artista, não foi localizada.

para distracção dos soldados convalescentes. Um dos desenhos mais curiosos regista um desses actores em plena actuação, num registo humorístico (PNA, inv. 54031). Está datado de «Paris 1917», o que indica que Sousa Lopes desenhou nos hospitais parisienses até muito perto do seu regresso a Lisboa, para preparar a primeira exposição individual na SNBA.

Temos já um quadro bastante amplo dos antecedentes da escolha de Sousa Lopes para artista oficial do CEP. Falta compreendermos os objectivos que propunha para a sua missão – e, implicitamente, as suas motivações e os exemplos que seguia –, assim como a forma de concretização da sua nomeação oficial.

O artista expôs o seu «plano», como lhe chamou, numa proposta escrita que enviou ao ministro Norton de Matos em Abril de 1917[22]. Este importante documento (ver Documento 1) ganha em clareza quando analisado juntamente com a citada entrevista ao jornal *O Século*, edição da noite, de 17 de Março desse ano, onde o pintor fez declarações significativas e mostra que já tinha ideias claras para a missão. Sousa Lopes resumiu a sua pretensão no primeiro parágrafo da proposta a Norton de Matos:

> Ouso solicitar de V. Exª a honra de me conceder um posto honorifico nas fileiras do Corpo Expedicionario Português, confiando-me o encargo de documentar artisticamente, a participação de Portugal na Guerra europeia, podendo esta ser metodicamente feita e orientada por V. Exª.

Nada indica que o ministro tenha seguido esta última sugestão. Sousa Lopes desejava acima de tudo organizar «um album de guerra, ilustrado», com retratos dos militares que se distinguissem no Exército e na Armada, dos chefes das missões inglesa e francesa vindas ao país e ainda com ilustrações «dos episódios que melhor poderem representar o esforço glorioso das nossas tropas». A publicação deste álbum – que o pintor esperava que fosse «uma verdadeira edição de arte» – não seria um encargo financeiro para o Estado, defendia, porque a sua venda em Portugal e Brasil cobriria grande parte das despesas.

Sousa Lopes mostra-nos claramente, num parágrafo anterior, os exemplos em que se inspirava: escreve que a França estava coligindo em álbuns os trabalhos de Georges Scott, Charles Fouqueray (1869-1956), Lucien Jonas e François Flameng, o que constituía «já hoje um pecúlio artistico formidavel»[23]. Como notámos na segunda parte deste estudo, estes eram maioritariamente pintores apoiados pelo Musée de l'Armée, de Paris (Fouqueray pela Marinha), e um dos álbuns que poderá ter inspirado o artista português é um já referido, *Les Grandes Vertus Françaises* de Lucien Jonas. Facto importante, todos eles eram colaboradores da revista francesa de maior circulação, *L'Illustration*; terá sido também por essa via que despertaram o interesse de Sousa Lopes. Não é por isso estranho que, duas semanas antes, o pintor descrevesse assim o seu plano ao jornal *O Século*, inspirado pelos ilustradores franceses:

> Em primeiro logar [é] uma obra de propaganda do nosso esforço militar. Eu passaria a colaborar em varias revistas estrangeiras, que ilustraria com assuntos da vida do nosso exercito em campanha. É justo que de todo o sacrificio que o paiz faz, comparticipando na guerra, algum beneficio colha.

Este segundo objectivo da missão foi apresentado a Norton de Matos em termos quase idênticos: «Proponho-me, num objetivo de propaganda a favor do nosso pais, facilitar às publicações, ilustradas, do mundo inteiro, a reprodução d'algum dos trabalhos que fizer e que o alto Comando julge conveniente vulgarisar.» Talvez o francófilo Sousa Lopes ambicionasse, entre outras publicações, colaborar na revista *L'Illustration*, ao lado de Scott e Flameng, mas a verdade é que ele tinha também planos para as publicações nacionais. Na entrevista ao

[23] No documento lêem-se os nomes de «G. Sotr, de Fouqueray, Jonas, Flameuy e outros», com erros evidentes de transcrição.

Século da noite, o pintor revela que vinha da redacção desse jornal, «onde estive combinando uma serie de trabalhos para a *Ilustração Portugueza*, que enviarei de França, sobre assuntos de guerra». Folheando as páginas da revista, desses anos, verifica-se que o desígnio não se concretizou. Mas este interesse pelas possibilidades da arte como instrumento de propaganda não foi, certamente, alheio ao conhecimento que o português tinha dos desenhos de Raemaekers, do qual possuiu dois álbuns diferentes na sua livraria particular (Oliveira 1948, 200).

Sousa Lopes propôs a Norton de Matos um último objectivo para a sua missão, mais perene que a prevista colaboração na imprensa: «Finalmente tomo o compromisso de traduzir na tela alguns dos feitos notaveis da acção militar portuguêsa, e faser em Lisboa uma exposição destas obras, assim como dos restantes trabalhos de guerra.» O Estado teria sempre opção de compra em todas elas. Ao *Século* especificou que as pinturas iriam registar «os feitos mais gloriosos das nossas tropas e destinadas a serem colocadas no Museu de Artilharia, junto à coleção de trofeus de guerra que venham a ser alcançados pelos nossos soldados, n'esta campanha». Novamente, há aqui um óbvio conhecimento de como era divulgado o trabalho de Flameng e de outros nas exposições do Musée de l'Armée, tal como na sugestão, a Norton de Matos, de que os seus desenhos para o álbum pudessem ser «expostos ao publico» no Museu de Artilharia, à medida que fossem enviados para Lisboa.

Resulta claro desta proposta, deste «plano», como escreveu o artista, «em cuja execução porei o maior fervôr patriotico», que Sousa Lopes concebia a sua missão, acima de tudo, como uma acção de propaganda da presença do país na frente europeia, centrada no objectivo de publicar um álbum ilustrado e na eventual colaboração com a imprensa. É evidente que a ênfase na propaganda servia o objectivo de interessar o ministro da Guerra. O mais notável é que, ao tomar o «compromisso» de realizar mais tarde uma exposição em Lisboa com pinturas e trabalhos de guerra, Sousa Lopes parecia admitir a insuficiência da mera acção de propaganda num artista de guerra e apostava no registo mais perene da pintura de história, numa representação da memória do conflito que se dirigia essencialmente ao pós-guerra. Isto coincide, notavelmente, com o incentivo à pintura oficial da guerra pelos principais beligerantes no primeiro semestre de 1917. Em Fevereiro iniciavam-se as primeiras missões artísticas no *front* dos pintores franceses, e nesses meses o Governo britânico vai também contratar os primeiros pintores de guerra oficiais: Orpen chega a França em Abril, Nevinson é contratado nesse mês e Nash em Novembro. Sousa Lopes mostrava, com este desígnio, que a sua ambição como pintor histórico também pesara na decisão de se voluntariar como artista de guerra. A sua missão reunia assim duas dimensões que actuavam no presente e no futuro, a propaganda imediata da intervenção e a memorialização do conflito através da pintura histórica.

Não deixa de ser surpreendente, todavia, que Norton de Matos só nomeará oficialmente Sousa Lopes quase cinco meses volvidos sobre a proposta de Abril. Fá-lo num despacho de 24 de Agosto de 1917, que resultava de uma decisão do Conselho de Ministros onde fora aprovada a proposta do artista. O despacho foi transcrito num ofício enviado três dias depois ao chefe do Estado-Maior do

Quartel-General Territorial do CEP, em Lisboa[24]. A resolução do Conselho de Ministros foi também publicada nesse mesmo dia, 27 de Agosto, na Ordem do Exército n.º 12, que segue abreviadamente o conteúdo do despacho ministerial[25]. A nomeação era sucinta e precisava que os ministros decidiam enviar para junto do CEP «um pintor de provada competência, a fim de fazer a documentação artística do esfôrço militar português na "frente ocidental" [...]». Sousa Lopes era por isso equiparado a capitão «durante o estado de guerra» e só enquanto estivesse no desempenho dessa missão (ver Documento 2).

Mas entre a proposta e a nomeação passaram-se quase cinco meses, não será demais insistir. Em meados de Abril, o jornal *O Século* ainda acreditava – ou talvez Sousa Lopes, que o informara – na partida iminente do artista oficial para a Flandres, a propósito do referido sorteio de um retrato a carvão: «Em virtude de Sousa Lopes ter de partir para França, onde vae em missão artistica e oficial, junto do exercito portuguez, tem de ser encerrada proximamente a subscrição.»[26] Como explicar então esta demora para com um «directo colaborador», como Norton de Matos o considerou mais tarde, que supostamente pertencia ao seu gabinete desde 1916? Porque só em Agosto terá levado o assunto a Conselho de Ministros? O ministro não parecia estar convencido da utilidade dos serviços do pintor. Em contraste, Arnaldo Garcez já partira para a Flandres em Fevereiro e, no início de Agosto, estreiam em Lisboa e Porto os primeiros filmes sobre a preparação de Tancos, patrocinados pelo Ministério da Guerra (Janeiro de 2013, 56-60). Teriam certas condições da proposta de Abril, que supunham o dispêndio extra de verbas do Estado – como a edição de um álbum ilustrado e a eventual aquisição de pinturas –, encontrado resistências noutros membros do Governo de Afonso Costa? Este problema parece, de facto, dar razão ao argumento abordado no sétimo capítulo deste estudo: da surpreendente negligência e por fim incapacidade do Governo da União Sagrada em organizar uma estratégia consistente na propaganda da intervenção (Meneses 2000, 82; 2004, 137). Mas convém, sobretudo, admitir que pelos dados actualmente disponíveis é impossível dar uma resposta satisfatória à questão.

Torna-se porém evidente que, em todo o processo, a decisão esteve sempre dependente de Norton de Matos. Ainda assim, vale a pena notar que a partir de Agosto Sousa Lopes podia contar com mais aliados perto da decisão governamental. A 5 de Agosto *A Capital* noticia que a propaganda de guerra ia entrar numa «nova fase», com a criação de uma comissão de propaganda sob a égide do Ministério de Instrução Pública. Dela fariam parte Magalhães Lima, João de Barros, Augusto de Castro, Henrique de Vasconcelos (1876-1924) e Columbano[27]. Augusto Pina seria «apeado» da direcção da revista *Portugal na Guerra*, o que na verdade não se verificou. *A Capital*, de tendência evolucionista, referiu-se com sarcasmo às individualidades em questão, todas do campo democrático, e não escondeu o cepticismo quanto ao sucesso de «uma tarefa cuja inutilidade é manifesta». Mas o passo ia na direcção certa. João de Barros, secretário-geral desse Ministério, era um intelectual que alertava publicamente para as questões da propaganda pelo menos desde 1915, e poderia doravante ter um papel crucial nesse âmbito. Barros não poderia deixar de olhar com simpatia para a pretensão

[24] Ofício do capitão Mário Urosa Gomes (Gabinete da Secretaria da Guerra) ao chefe do Estado-Maior do Quartel--General Territorial do CEP, 27 de Agosto de 1917. PT/AHM/DIV/1/35/1266/3. O CEP possuía um Quartel-General Territorial (Lisboa), um Quartel-General da Base (Ambleteuse) e o mais importante, na frente de guerra, o Quartel-General do Corpo (Saint-Venant).

[25] *Colecção das Ordens do Exército (2.ª série) do ano de 1917* 1918, 452.

[26] «Uma obra de arte. Um retrato a carvão desenhado pelo ilustre pintor Sousa Lopes». *O Seculo*. Edição da noite. 12 de Abril de 1917: 1. Notícia repetida na edição do dia 14.

[27] Veja-se «A propaganda da guerra». *A Capital*. 5 de Agosto de 1917: 1.

[28] Sousa Lopes participou, com João de Barros, Magalhães Lima e outros, num banquete que um «grupo de amigos» ofereceu a Augusto de Castro antes de uma viagem deste ao país vizinho, veja-se *Ilustração Portugueza* 599 (13 de Agosto de 1917): 123. O pintor figura na foto reproduzida na revista.

[29] Segundo o despacho de Afonso Costa inscrito num ofício de Norton de Matos de 2 de Agosto de 1917, este «serviço de propaganda e publicidade» seria composto por cinco «literatos e jornalistas de mérito», com atribuições que «um decreto especificará». Veja-se PT/AHM-DIV/1/35/1263/2.

[30] A 2 de Agosto de 1917. Veja-se ofício de Norton de Matos para o Ministro da Instrução Pública, nessa data, PT/AHM-DIV/1/35/1263/2.

[31] Ofício do Ministro da Instrução Pública ao Comandante do CEP, 16 de Outubro de 1917. PT/AHM/DIV/1/35/80/1.

[32] Nota manuscrita com assinatura do major Almeida Santos, 31 de Outubro de 1917. PT/AHM/DIV/1/35/80/3.

[33] O ministro escreveu a Tamagnini: «Nesta conformidade, participo a V. Exª que partiu para aí, em Setembro p.p., o pintôr Sr. Adriano de Sousa Lopes, que vai para realizar a documentação artistica da guerra, nos termos da proposta cuja cópia envio, e que foi aprovada em Conselho de Ministros.» PT/AHM/DIV/1/35/80/1.

[34] Barbosa de Magalhães irá aliás visitar a frente da Flandres entre 1 e 3 de Outubro de 1917, onde poderia já encontrar Sousa Lopes ao trabalho. Visita assinalada pela revista *Portugal na Guerra*, com fotos do ministro percorrendo as trincheiras de gabardina e capacete de ferro. Veja-se «O Ministro da Instrução no Sector Portuguez». *Portugal na Guerra* 6 (Novembro de 1917): 11.

de Sousa Lopes. O pintor contava ainda com dois aliados de peso, Columbano e Augusto de Castro, de quem entretanto se tornara próximo[28]. Mas a notícia da *Capital* deixa antever que a comissão ainda estaria em projecto e, na verdade, não se sabe mesmo se chegou a entrar em funções e o que terá realizado, lacuna que merece futuramente uma investigação aprofundada pelos especialistas[29].

Esta nova «nova fase» da propaganda de guerra, anunciada pelo vespertino lisboeta, tinha igualmente expressão no facto desse «serviço» passar da tutela do Ministério da Guerra para a da Instrução Pública, por decisão do Conselho de Ministros[30]. O ministro José Maria Barbosa de Magalhães (1878-1959) comunicará a decisão ao general Tamagnini, num ofício do dia 16 de Outubro, informando-o de que «o Conselho de Ministros resolveu que este Ministerio se entendesse directamente com V. Exª sobre os assuntos de propaganda do Côrpo Expedicionario Português, de que V. Exª é digno Comandante. Muito lhe agradecerei, pois, todas as comunicações que me enviar neste sentido»[31]. Duas semanas depois, uma nota assinada pelo chefe de gabinete de Norton de Matos informa também o comandante do CEP de que a propaganda passava a estar a «cargo exclusivo» do Ministério de Instrução Pública[32].

É significativo que Barbosa de Magalhães tenha enviado em anexo ao seu ofício a cópia da proposta de Sousa Lopes ao ministro da Guerra, referida antes, enquadrando-a desse modo no âmbito da propaganda[33]. Só então o general comandante do CEP terá tido conhecimento da proposta concreta do pintor, pois não há registo de que Norton de Matos lha tenha enviado. Mas sublinhe-se que só devido a esse gesto é possível hoje conhecermos integralmente o plano de Sousa Lopes para a sua missão em França. Deduz-se de tudo isto que a actividade do artista oficial passaria a ser tutelada politicamente, em Lisboa, pelo Ministério de Instrução Pública. A realidade, porém, é que o ministro pouco tempo terá para desenvolver ideias e apresentar resultados sobre propaganda, uma vez que será destituído pela revolução de Sidónio Pais a 5 de Dezembro[34].

No despacho de 24 de Agosto, Norton de Matos determinava que o artista se apresentasse no Quartel-General Territorial do CEP, em Lisboa, «afim de seguir imediátamente» para França. O seu fardamento seria o de oficial do Serviço Postal, usando uma braçadeira com os galões de capitão e com as letras S.A.E.P., que indicavam o nome da sua unidade: Serviço Artístico do Exército Português. Foi com este figurino que o pintor, antes de partir para França, se fez fotografar com visível orgulho, exibindo a mesma braçadeira [**Figura 26**].

Apesar de tudo, Sousa Lopes conseguia partir para a Flandres numa «situação oficial», como tinha desejado, chefe de um serviço que, no fundo, fora criado exclusivamente para ele e do qual ele seria o único responsável e executor. O mesmo acontecera com Garcez e a sua Secção Fotográfica. Veremos no próximo capítulo como é que o SAEP de Sousa Lopes se enquadrou singularmente na estrutura do CEP. Por agora, vale a pena sublinhar esta situação única na história da arte portuguesa. De facto, não há memória, ou documento, de que tenha havido anteriormente qualquer artista português contratado oficialmente para, em missão de longo curso, registar a acção de um exército português em campanha. O enquadramento militar de Sousa Lopes foi também uma solução rara a nível internacional. Como vimos no terceiro capítulo, só mesmo a Bélgica teve um serviço artístico diferenciado e integrado na estrutura militar, à imagem das secções fotográficas e cinematográficas, criado por iniciativa dos pintores Alfred Bastien e Léon Huygens, em Maio de 1916.

Sousa Lopes só estava à espera da sua nomeação governamental, pois a 8 de Setembro de 1917 já partia de comboio para França, como ficou registado no boletim individual de soldado do CEP[35]. Aquilino Ribeiro, que desde 1914 criticava o delírio nacionalista na Europa e se opunha à política de intervenção dos democráticos, fizera no entanto uma advertência nas páginas da revista *Atlantida*, ao recensear a exposição do pintor na SNBA:

> Como pintor de batalhas, não cremos que Sousa Lopes alcance o nome glorioso a que as mostras do seu talento dão como tendo jus. E mal inspirado – digamos de passagem – andará êle aceitando a incumbência oficial ou extra-oficial de remeter à imortalidade os feitos da Legião Portuguesa na grande guerra. Não é êsse o papel do poeta sentido das calmas naturezas.[36]

Teria ele razão?

Figura 26
Sousa Lopes fardado de capitão do Serviço Artístico do Exército Português, 1917
Prova fotográfica
Inscrição no verso: *38 ANOS 8-SET-17 embarcou de comboio p/ França*
EASL

---

[35] Veja-se Liga dos Combatentes, processo individual de Sousa Lopes, associado n.º 774, e ainda PT/AHM/DIV/1/35A/1/07/2133/Adriano de Sousa Lopes.
[36] Ribeiro, Aquilino. 1917. «O mês artístico. Exposição Sousa Lopes». *Atlantida* 19 (15 de Maio): 606.

Figura 1
Adriano de Sousa Lopes
O caçador de águias, 1905
Óleo sobre tela, 201 x 98 cm
MNAC-MC, Lisboa
N.º inv. 554A

Figura 2
Adriano de Sousa Lopes
Ala dos namorados, estudo (1908)
Óleo sobre tela, 82 x 121 cm
Colecção particular, Lisboa

Figura 3 (página seguinte em cima)
Adriano de Sousa Lopes
Veneza à noite (impressão) (1907)
Óleo sobre tela, 50 x 65 cm
MNAC-MC, Lisboa
N.º inv. 1266.84

Figura 4 (página seguinte em baixo)
Adriano de Sousa Lopes
As ondinas (Heine), 1908
Óleo sobre tela, 162 x 274 cm
MNAC-MC, Lisboa
N.º inv. 30

Figura 5 (página anterior)
Adriano de Sousa Lopes
Marguerite Sousa Lopes
(década de 1920)
Óleo sobre tela, 100 x 73 cm
Colecção particular, Brasil

Figura 6
Adriano de Sousa Lopes
No parque (exposto em 1927)
Óleo sobre tela, 180 x 90 cm
Museu Nacional do Traje, Lisboa
N.º inv. 11736

Figura 7
Adriano de Sousa Lopes
Ao crepúsculo, na Costa de Caparica, 1926
Óleo sobre tela, 99 x 205 cm
MNAC-MC, Lisboa
N.º inv. 1093

Figura 8
Adriano de Sousa Lopes
Os cavadores (exposto em 1924)
Óleo sobre tela, 300 x 300 cm
Instituto Superior de Agronomia, Lisboa

Figura 9
Maurice Denis
Tarde calma na primeira linha (Soirée calme en première ligne), 1917
Óleo sobre tela, 94 x 194 cm
BDIC, Nanterre

Figura 10
John Singer Sargent
Gaseados (Gassed), 1919
Óleo sobre tela, 229 x 610 cm
Imperial War Museum, Londres

Figura 11
William Roberts
O primeiro ataque alemão com gás em Ypres (*The First German Gas Attack at Ypres*), 1918
Óleo sobre tela, 304,8 x 365,8 cm
National Gallery of Canada, Otava

Figura 12 (página seguinte)
Christopher Nevinson
A metralhadora (*La mitrailleuse*), 1915
Óleo sobre tela, 61 x 50,8 cm
Tate, Londres

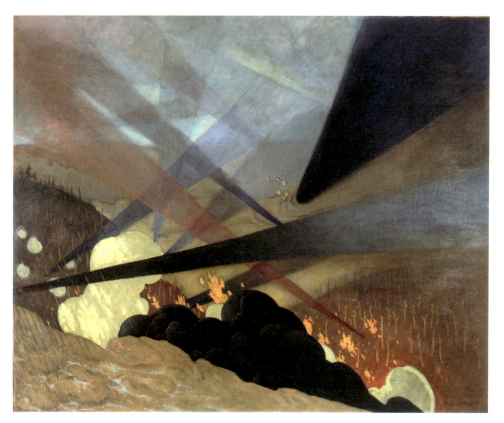

Figura 13
Félix Vallotton
Verdun. Quadro de guerra interpretado projecções coloridas negras azuis e vermelhas terrenos devastados, nuvens de gás (*Verdun. Tableau de guerre interprété projections colorées noires bleues et rouges terrains dévastés, nuées de gaz*), 1917
Óleo sobre tela, 114 x 146 cm
Musée de l'Armée, Paris

Figura 14
Paul Nash
Estamos a fazer um mundo novo (*We Are Making a New World*), 1918
Óleo sobre tela, 71,1 x 91,4 cm
Imperial War Museum, Londres

Figura 15
Christiano Cruz
Cena de guerra (c. 1918)
Guache sobre cartão, 23 x 24 cm
MNAC-MC, Lisboa

Figura 16
Adriano de Sousa Lopes
A rendição (c. 1919-1920)
Óleo sobre tela, 296 x 1252 cm
MML, Lisboa
N.º inv. 592

Figura 17
Adriano de Sousa Lopes
A rendição (c. 1919-1920)
Pormenor do grupo de oficiais, com
auto-retrato (esquerda) e retrato de
Américo Olavo (centro)

Figura 18 (página seguinte)
Adriano de Sousa Lopes
Final de gases (Après une attaque de gaz), 1920
Óleo sobre tela, 76 x 122,5 cm
MA, Paris
N.º inv. 1733 C1

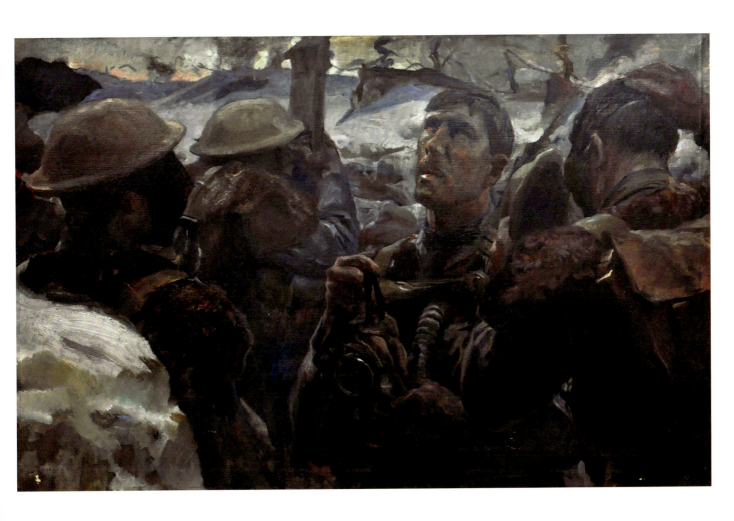

Figura 19
Adriano de Sousa Lopes
Ruínas da igreja de Merville (*Ruines de l'église de Merville*), 1918
Óleo sobre madeira, 54 x 65 cm
MA, Paris
N.º inv. 1731 C1

Figura 20
Adriano de Sousa Lopes
Reduto de La Couture (Redoute de La Couture), 1919
Carvão e aguarela sobre papel, 30,2 x 45,3 cm
MA, Paris
N.º inv. 1729 C1

Figura 21
Adriano de Sousa Lopes
*Maqueiros recolhendo feridos
(Transport de blessés)* (c. 1918)
Carvão e aguarela sobre papel,
32,5 x 49,5 cm
MA, Paris
N.º inv. 1726 C1

Figura 22
Adriano de Sousa Lopes
Bombardeamento aéreo (noite do 1.º de Agosto de 1918 em Boulogne-sur-Mer) (c. 1918)
Óleo sobre tela, 90 x 115 cm
LC, Lisboa
N.º inv. 1576

Figura 23
Adriano de Sousa Lopes
9 de Abril (c. 1919-1923)
Óleo sobre tela, 298 x 470 cm
MML, Lisboa
N.º inv. 587

Figura 24
Adriano de Sousa Lopes
A volta do herói ou *Jurando vingar a morte de um camarada* (c. 1919-1923)
Óleo sobre tela, 298 x 461 cm
MML, Lisboa
N.º inv. 588

Figura 25
Adriano de Sousa Lopes
Marcha do 15 de Infantaria no 9 de Abril para La Couture ou *Marcha para a primeira linha* (c. 1920-1926)
Óleo sobre tela, 455 x 670 cm
MML, Lisboa
N.º inv. 593

Figura 26 (página anterior)
Adriano de Sousa Lopes
As mães dos Soldados Desconhecidos
(c. 1921)
Óleo sobre tela, 298 x 420 cm
MML, Lisboa
N.º inv. 589

Figura 27
Adriano de Sousa Lopes
Remuniciamento da artilharia, 1932
Óleo sobre tela, 298 x 1252 cm
MML, Lisboa
N.º inv. 590

Figura 28
Adriano de Sousa Lopes
Remuniciamento da artilharia, 1932
(pormenor do braço ensanguentado do
soldado ao centro)

Figura 29
Adriano de Sousa Lopes
Combate do navio patrulha Augusto de Castilho (c. 1931-1936)
Óleo sobre tela, 455 x 670 cm
MML, Lisboa
N.º inv. 591

Figura 30
Museu Militar de Lisboa,
Salas da Grande Guerra.
Aspecto da primeira sala

QUARTA PARTE

UM PINTOR
NAS TRINCHEIRAS

CAPÍTULO 10
VIVÊNCIA DA GUERRA
E PRÁTICA DO DESENHO

A ideia de criar um Serviço Artístico do Exército Português, em nome do qual Sousa Lopes actuou na Flandres como responsável e único elemento, foi a solução que Norton de Matos encontrou para conferir formalidade à missão do artista, e sobretudo dignidade, com as funções de chefia que a graduação de capitão significava. Na realidade, o serviço de Sousa Lopes não produziu documentação oficial, nem subsiste qualquer ofício ou relatório assinado pelo artista em nome da sua unidade, a crer na escassa documentação relativa ao «Serviço Artístico» existente no fundo do CEP, conservado no AHM[1]. Torna-se claro que o SAEP só teve existência enquanto Sousa Lopes serviu na Flandres. Antes do desafio lançado pelo pintor, nunca existiu semelhante serviço no exército português, e depois do armistício as referências à sua actividade desaparecem da documentação.

Se na Ordem de Batalha do CEP, referida a 1 de Outubro de 1917, o Serviço Artístico aparece como uma unidade autónoma do Estado-Maior – incluindo dois membros, o capitão equiparado Sousa Lopes e o alferes equiparado Arnaldo Garcez (Martins 1995, 90-91) –, pouco depois é tido em definitivo como um serviço que actuava sob a alçada da Repartição de Informações do Estado-Maior, chefiada (como vimos) pelo major Vitorino Godinho. Segundo um quadro dos serviços da RI delineado por ele, em Novembro de 1917, a quinta e última Secção dizia respeito à «Documentação artística (Pintura. Fotografia)»[2]. Mas já no mês anterior, a nota que Godinho escreveu à margem da proposta de Sousa Lopes, que Tamagnini lhe encaminhou, sugere que o comandante lhe atribuiu rapidamente o «pelouro». Não é por isso surpreendente que a maioria da documentação relativa ao serviço de Sousa Lopes seja assinada pelo chefe da RI.

Vale a pena precisar que Vitorino Godinho, que encontrámos a propósito de Garcez, era um oficial que pertencia ao Estado-Maior do CEP desde o início. Deputado constituinte e amigo de Afonso Costa, envolveu-se na reforma republicana do Exército em 1911, desempenhando depois uma acção determinante na organização da instrução militar de Tancos. Foi louvado em várias ocasiões pela sua competência[3]. A Repartição que organizou e dirigiu tinha uma missão crucial no teatro de guerra. Ocupava-se de tarefas tão importantes como o registo e transmissão de informações sobre o inimigo a todas

---

[1] Veja-se PT/AHM/DIV/1/35/80/1 e 3.

[2] Veja-se Godinho 2005, 166. Contudo, apesar desta identificação inicial, a restante documentação e as várias fontes indicam, como é óbvio, que o serviço artístico e a secção fotográfica tinham missões distintas e actuaram autonomamente.

[3] Foi depois da guerra um opositor do Estado Novo. Seu filho, o historiador Vitorino Magalhães Godinho, escreveu uma notável biografia do militar e do político, *Vitorino Henriques Godinho (1878-1962). Pátria e República*, que é também uma penetrante história da participação portuguesa no conflito (Godinho 2005).

Adriano de Sousa Lopes. Um pintor na Grande Guerra

as unidades, o interrogatório de prisioneiros, contra-espionagem, observação e fotografia aérea, trabalhos cartográficos e topográficos, assuntos de propaganda, ou relações com a imprensa e visitas oficiais (Martins 1995, 280-283; Godinho 2005, 166-168).

A actividade do capitão Sousa Lopes foi assim acrescentada, na Flandres, ao âmbito das competências da RI de Vitorino Godinho, formalizada numa 5.ª Secção de Documentação artística que incluía o serviço fotográfico de Garcez. Mas isso não significa que ela tenha sido coordenada ou dirigida superiormente por Godinho. Não há qualquer indício dessa possibilidade, como não existia, na realidade, qualquer directiva ou orientação comunicada a Sousa Lopes quanto à escolha de temas e assuntos que deveria representar, ou eventuais restrições em relação a outros. Nessa matéria, o critério que contava – como em França, Reino Unido ou Canadá – seria o do próprio artista. Na relação com Sousa Lopes, Godinho terá sobretudo uma actividade de supervisão e de facilitar a sua mobilidade no sector português. Isto é bastante claro no relatório sobre a RI que o major entregou ao comandante do CEP em Agosto de 1918, já referido a propósito de Garcez[4]. A parte relativa ao artista, que será útil neste capítulo e nos seguintes, revela um conhecimento nada superficial da obra que Sousa Lopes ia produzindo e articula o relato oficial sobre o desenvolvimento da sua missão na frente portuguesa. A colaboração entre os dois homens não cessará com o fim da guerra, como veremos na última parte do livro.

Sousa Lopes chegou ao Quartel-General do CEP, em Saint-Venant, a 22 de Setembro de 1917, recebendo logo nesse dia «instrucção anti-gaz». Apresentou-se ao serviço no dia 25 de Setembro. Instalou-se depois em Saint-Floris, localidade a três quilómetros do QGC, onde estavam sediados também a secção fotográfica de Arnaldo Garcez e outros serviços do CEP. Sousa Lopes fixou a sua residência e atelier num *château* – residência abastada da região – ao lado da igreja de Saint-Floris, edifício que um jornal da região identificou, recentemente, como sendo o *château* Barbieux, reproduzindo uma imagem de época[5]. A semelhança deste com o edifício que se vê actualmente no local é evidente, restaurado no pós-guerra, como aliás grande parte da localidade francesa [**Figura 27**].

O sector português, no departamento de Pas-de-Calais, encontrava-se integrado na frente defendida pelo I Exército Britânico. Era uma área de planície de solo argiloso, ladeada na esquerda pelo canal do rio Lys e atravessado a meio pelo canal da ribeira Lawe. Um terreno difícil e lamacento, sobretudo nos longos invernos, cortado por inúmeros cursos de água e drenos, com a água a pouco mais de meio metro de profundidade (Martins 1934, 239). Com as duas divisões do CEP a defenderem as linhas a partir de Novembro de 1917, o sector nunca excedeu na primeira linha de trincheiras os 12 quilómetros, alargando-se depois a sua área até à retaguarda (Afonso e Gomes 2010, 307). A sua defesa estava organizada em quatro subsectores defendidos por brigadas de infantaria, conhecidos pelas respectivas localidades. Indo da esquerda para a direita (e de norte para sul): Fauquissart, Chapigny, Neuve-Chapelle e Ferme du Bois. A frente era defendida por três linhas de trincheiras (linhas A, B e C), sendo a principal a linha B, onde permanecia a maioria das companhias, e possuía

[4] Transcrito em Martins 1995, 318-319. O excerto relativo a Sousa Lopes é reproduzido em Silveira 2016, anexo 4, documento n.º 7.
[5] Veja-se «Saint-Floris: un grand peintre, Adriano de Sousa Lopes, a séjourné dans la commune pendant la Grand Guerre». 2015. *La Voix du Nord*, 9 de Março. Consultado 14 de Agosto de 2015. http://www.lavoixdunord.fr/region/saint-floris-un-grand-peintre-adriano-de-sousa-lopes-a-ia30b53967n2701490.

Vivência da guerra e prática do desenho

Figura 27
O edifício da residência e atelier de
Sousa Lopes no sector português, em
Saint-Floris, França
Fotografia do autor (2013)

vários abrigos. As linhas comunicavam por trincheiras de ligação (*Idem*, 308). Uma quarta linha mais distanciada (cerca de um quilómetro), a chamada Linha das Aldeias (*Village Line*), tinha uma série de postos de defesa mais isolados.

O sector defendido pelo CEP fora palco de duras batalhas, em 1914 pela conquista do saliente de Ypres, e no ano seguinte a batalha Neuve-Chapelle, uma ofensiva britânica que falhara perante a realidade defensiva da guerra de trincheiras. A destruição das localidades era geral, como recordou o general Ferreira Martins, antigo sub-chefe do Estado-Maior do CEP, na primeira história da intervenção:

> Na frente do sector, antes mesmo das trincheiras e do terreno revolvido por meses de luta, o espectáculo de ruína e de desolação era completo. Destroços de casaria, os campanários e paredes de tijolo vermelho das herdades (fermes), em povoações maiores as ruínas esbranquiçadas de antigas residências abastadas (châteaux), empenas debruçadas, interiores de casas que as paredes deixaram á vista na sua queda, árvores esgalhadas, tal era a visão da guerra que o sector português nos apresentava [...].
> (Martins 1934, 243)

Sousa Lopes registou em alguns desenhos essa destruição, sendo um dos mais impressivos uma vista de La Gorgue, município onde se situava o Quartel--General da 2.ª Divisão portuguesa (PNA, inv. 54038). Mas o capitão do Serviço Artístico não perdeu tempo para conhecer a frente do sector. Vitorino Godinho diz-nos que o pintor visitou as trincheiras «alguns dias depois» da sua chegada (*apud* Martins 1995, 318). Existem, contudo, poucos desenhos que registem o ambiente das trincheiras datados de 1917 – ou que se possam considerar como pertencendo a esta fase –, o que sugere que estas visitas foram esporádicas. Ainda assim, chamou-lhe a atenção os pequenos cemitérios que os soldados improvisavam junto das trincheiras, que presentificavam no quotidiano a memória dos camaradas vitimados. O mesmo motivo foi colhido numa vista aproximada e numa panorâmica sobre as trincheiras (PNA, inv. 54034; MML, inv. 2355).

Na segunda quinzena de Outubro Sousa Lopes visitou o Campo Central de Instrução de Marthes, com o intuito (é Godinho que nos diz de novo) «de fazer *estudos* das atitudes dos nossos homens nas varias formas do combate moderno» (*apud* Martins 1995, 318). É possível que Garcez lhe tenha sugerido o exercício, pois por lá fotografou abundantemente. Sousa Lopes demorou-se quinze dias na Escola de esgrima e baioneta, familiarizando-se com o equipamento dos soldados e os seus movimentos marciais, executando um conjunto apreciável de desenhos. São sobretudo estudos de exercícios individuais, desenhados com pormenor, como se fossem academias, ou de luta corpo a corpo, com a dificuldade acrescida de fixar a pose de corpos em movimento (MML, Lisboa).

É no início de Novembro que o general Tamagnini, comandante do CEP, reporta a actividade do artista ao ministro da Instrução Pública, Barbosa de Magalhães, respondendo ao ofício que vimos no capítulo anterior: «O pintor Sousa Lopes encontra-se efétivamente neste Q.G. desde o fim de setembro. Até agora tem estado a fazer trabalhos preparatorios, mostra muito boa vontade e tudo leva a crer que a escolha deste artista foi muito acertada.»[6] Também Vitorino Godinho demonstrou o muito apreço – e mesmo admiração – que tinha pelo trabalho que Sousa Lopes realizava na frente, no relatório de 1918. Torna-se por isso surpreendente, no que diz respeito às autoridades de Lisboa, que não tenha havido qualquer pedido de utilização dos trabalhos do artista, para se reproduzirem pela imprensa ou para outros fins, como vimos acontecer com Arnaldo Garcez.

Isto só podia significar, insolitamente, que a «documentação artística» em nome da qual Sousa Lopes partia para a Flandres não contemplava, para os Ministérios da Guerra e da Instrução Pública, o objectivo de propaganda imediata do esforço do CEP que o artista inteligentemente havia sugerido. O traço expressivo e testemunhado *in situ* de Sousa Lopes teria certamente impacto num país ansioso por imagens dos soldados e do sector português. Mais ainda quando as fotografias de Garcez, como se notou, tinham uma difusão limitada. É verdade, reconheça-se, que no primeiro mês da sua actividade o Ministério da Guerra e Godinho preparavam, com o fotógrafo oficial, a importante participação na Exposição interaliada de fotografias de guerra,

[6] Ofício do comandante do CEP ao ministro da Instrução Pública, 3 de Novembro de 1917, PT/AHM/DIV/1/35/80/1.

inaugurada em Paris a 15 de Novembro. Mas ainda assim, como também vimos, muitas fotos de Garcez já haviam sido reproduzidas na revista *Portugal na Guerra*. Já o trabalho de Sousa Lopes está ausente dessa publicação financiada pelo Governo, facto estranho quando se anunciava na ficha técnica, desde o primeiro número, a «collaboração artistica dos maiores artistas portuguezes»[7]. O desinteresse foi manifesto, ou as autoridades pareciam não saber o que fazer com a missão do pintor. No Reino Unido, por exemplo, só Muirhead Bone, o primeiro artista oficial, ilustrou com os seus desenhos dez números da revista *Western Front*, uma publicação governamental do War Propaganda Bureau (Garnier e Le Bon 2012, 94). A estes factos acresce que a ideia de Sousa Lopes enviar para Lisboa, mensalmente, um retrato e um feito «notável» das tropas nunca se concretizou, como reconheceu Godinho no seu relatório (Martins 1995, 319). Vimos também que os trabalhos que «combinara» com a *Ilustração Portugueza*, ainda antes de ser nomeado, nunca saíram nas páginas da revista, e quanto a publicações estrangeiras a situação é idêntica.

Não é por isso arriscado afirmar que, devido ao desinteresse das autoridades portuguesas, o objectivo de propaganda que Sousa Lopes previa para a sua missão falhou por completo. Restava-lhe então prosseguir os seus estudos e documentação para as pinturas históricas e para o álbum de guerra que planeava publicar. No relatório de Godinho já se percebia que este seria composto de gravuras a água-forte, como veremos pormenorizadamente no capítulo próprio.

Estes desaires contribuíram assim para o desânimo que Sousa Lopes sentiu nos primeiros meses da sua missão na Flandres. Como confessou mais tarde ao jornal *O Século*, quando regressou da guerra: «Todos os planos que, aqui de longe, eu tinha imaginado pôr em prática, quando lá cheguei vi que não o podia realizar, e apoderou-se de mim um grande desanimo, a ponto de chegar a pensar em desistir, e voltar para Portugal, sem nada ter feito.»[8] Tudo indica, porém, que a frustração era provocada igualmente pelas condições deficientes que lhe proporcionavam, sobretudo pelas dificuldades que sentia em deslocar-se pelo sector, à espera que os automóveis muito solicitados do QGC o pudessem transportar. Pelo menos foi esse o aspecto que mais chamou a atenção do capitão André Brun (1881-1926), segundo comandante do batalhão de Infantaria 23, quando conheceu o artista em Dezembro de 1917. O testemunho de Brun é importante porque revela informação que o relatório oficial de Godinho não poderia sancionar:

> Na conversação que entabulámos, a minha primeira impressão extremamente agradável afirmou-se definitivamente. Sousa Lopes saíra da sua existência estabelecida com esta ideia bem patriótica: a de fixar nos seus carvões, nas suas águas-fortes, os lances principais da vida dos nossos soldados em França. A parte financeira do seu contrato era uma miséria. Apenas o movia o seu interesse de artista português. Caíra, porém, num meio em que a realização dos seus desejos era difícil: o dos quartéis generais, onde a sua missão e os seus planos não eram suficientemente compreendidos. Depois, mal ele vestira a sua farda de capitão equiparado,

[7] Veja-se por exemplo *Portugal na Guerra* 1 (1 de Junho de 1917). Não foi possível verificar o oitavo e último número da revista (Janeiro de 1918), em falta na Hemeroteca de Lisboa.
[8] «Quadros da Grande Guerra. A obra do pintor Sousa Lopes. Uma palestra com o artista sobre o destino que virão a ter os seus valiosos e sugestivos trabalhos». *O Seculo*. 1 de Setembro de 1919: 1.

tinham esquecido que ele era um pintor e um aquafortista e só viam nele um oficial de serviços extraordinários. Deveriam dar-lhe todas as facilidades, deixá-lo vagabundar e facultar-lhe para isso todos os meios. Sucedia, porém, que nada se fazia em seu socorro. Vivia meio esquecido e semi-abandonado. Quando tanto inútil tinha um automóvel para passear a felpa dos sobretudos ingleses, Sousa Lopes tinha de esperar que um dia uma viatura menos carregada o pudesse transportar.

Quando o vi em Dezembro do ano passado não excedera ainda a linha das escolas e o seu álbum de apontamentos apenas continha esboços sem maior interesse para ele nem para a sua obra. (Brun 2015, 133)

Existiria, a crer no relato de André Brun, uma falta de reconhecimento e uma subvalorização da missão de Sousa Lopes no centro do poder do CEP, o Quartel-General, missão de que aliás só Tamagnini e Godinho pareciam ter conhecimento, pelo menos no início. Mas não existe mais informação sobre este ponto. Em relação às condições de mobilidade, que seriam da competência de Godinho, vale a pena notar que o artista não pretendia nada de excepcional, e sabia bem o que se passava em França. De facto, os artistas do Musée de l'Armée tinham direito a solicitar viaturas para se deslocarem em serviço na zona dos exércitos; o mais velho e prestigiado entre eles, François Flameng, tinha mesmo uma viatura permanente à sua disposição (Lacaille 2000, 23). Vimos também que Sousa Lopes já conseguira ultrapassar a «linha das escolas», situação de que Brun não se apercebeu. Mas tem razão quando afirmava que os estudos realizados até então seriam insuficientes, «sem maior interesse». Foi sem dúvida por isso que o artista aceitou de bom grado um conselho: «Venha connosco para as trincheiras. Aí terá tudo» (Brun 2015, 133). Ao acompanhar André Brun e outros capitães do CEP em serviço nas primeiras linhas, Sousa Lopes irá dar um novo fôlego à sua missão e iniciar uma segunda fase de intensa produção artística.

A numerosa produção gráfica de Sousa Lopes durante a guerra diz-nos que não estava interessado em documentar a vida no QGC em Saint-Venant, nos quartéis-generais de brigada, ou nas unidades de artilharia, que eram várias. Nem se limitou a percorrer as zonas e os serviços de apoio para documentar o quotidiano da máquina do CEP. Sousa Lopes não concebia a sua «documentação artística» como uma missão de registo amplo e tendencialmente exaustiva, tarefa que Arnaldo Garcez de outro modo cumpria. As visitas ocasionais às trincheiras, como fizera em 1917, também já não serviam. Sousa Lopes tudo fez para testemunhar com tempo a vida dos soldados e o combate nas primeiras linhas, frente à «terra de ninguém», o epicentro do drama que se desenrolava dia após dia. Godinho escreve uma coisa muito interessante, que terá ouvido do pintor: diz-nos que ele resolveu «viver durante algum tempo nas trincheiras, junto dos nossos homens, a fim de buscar temas para as suas composições e de basear estas sobre a verdade dos factos [...]» (*apud* Martins 1995, 318). A «verdade dos factos», que só o testemunho das trincheiras permitia descobrir. O gesto de Sousa Lopes foi raro. Não há informação de que artistas reputados

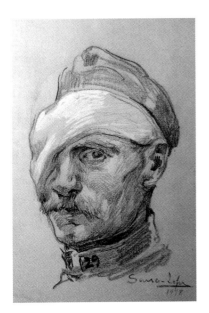

Figura 28
Adriano de Sousa Lopes
Retrato de soldado ferido do batalhão de Infantaria 29 (Brigada do Minho), 1918
Carvão e lápis branco sobre papel
26,5 × 19 cm
Colecção Luís Lyster Franco

[9] Deste conjunto, a maioria dos desenhos (249) pertencem a três colecções: família do artista, MML e PNA.
[10] Segundo o boletim do CEP, em Liga dos Combatentes, processo individual do sócio n.º 774. Transcrito em Silveira 2016, anexo 4, documento n.º 6.
[11] A partir de Março, a Repartição de Informações percebe que os alemães preparavam uma ofensiva sobre o sector português. Luís Alves de Fraga estima que em pouco mais de um mês, entre 6 de Março e a batalha de 9 de Abril de 1918, deram-se seis combates importantes na frente portuguesa, envolvendo cada um centenas de homens (Afonso e Gomes 2010, 382-388). A última estadia de Sousa Lopes nas primeiras linhas data de Fevereiro, e só regressará a essas paragens meses depois da batalha do Lys, como veremos.

e investidos de missão oficial análoga à do português, como Sargent, Orpen, Nevinson, ou os pintores seleccionados para as missões francesas, tenham trabalhado semanas inteiras nas trincheiras da primeira linha, expostos ao fogo diário do inimigo. O belga Bastien conseguiu-o, talvez, como o norte-americano Dunn. Não convém exagerar, por isso, a coragem física de Sousa Lopes, e muito menos considerá-la fundadora de uma superioridade moral ou artística sobre outros. Sublinhe-se apenas a exemplar ética de trabalho do pintor português. Enquanto artista oficial, Sousa Lopes evitou uma «documentação» distanciada e procurou comunicar uma experiência real e singular da guerra, vivendo com os soldados nas zonas de combate. Em princípio, estas só seriam acessíveis a artistas combatentes ou conscritos, como Léger ou Dix, por exemplo. A autenticidade, autoridade e, em muitos casos, a qualidade do seu trabalho como artista de guerra nasceu decisivamente desse testemunho das primeiras linhas.

Localizei 273 desenhos sobre o tema da Grande Guerra (incluindo aguarela e outras técnicas sobre papel), em diversas colecções públicas e particulares[9]. É sem dúvida um conjunto relevante, mesmo a nível internacional, mas ainda pouco conhecido. Sousa Lopes assinou e datou grande parte dos desenhos que realizou na frente de guerra (gesto que mesmo na sua pintura de médio formato não era habitual), o que sugere a importância que atribuía a estes trabalhos. Sabia que muitos eram documentos que valiam por si e que não seriam utilizados para conceber as gravuras e pinturas que planeava para o futuro. O desenhos registam assuntos tão diversos como vistas panorâmicas das trincheiras e paisagens do sector com ruínas de edifícios, exercícios dos militares com as armas, cenas de combate e estudos de composições com figuras, nunca concretizadas. São sobretudo cenas de soldados em serviço nas trincheiras ou nos postos da retaguarda, incluindo alguns momentos de descanso. Tudo isto servia para a sua documentação. Existem raros retratos: de soldados ainda hoje anónimos, observados com empenho realista [**Figura 28**]. Isto confirmará que Sousa Lopes cedo abandonou o objectivo de elaborar um retrato mensal do militar que se distinguisse em combate. Ao longo dos próximos capítulos veremos a forma singular como alguns dos desenhos se metamorfosearam ou vieram a dar origem a várias águas-fortes e pinturas a óleo. Deixemos também as poucas aguarelas para mais tarde.

Foi com o capitão Américo Olavo (1881-1927), comandante interino do batalhão de Infantaria 2, de Lisboa, que Sousa Lopes trabalhou pela primeira vez nas trincheiras da primeira linha, entre 8 e 24 de Janeiro de 1918[10]. O capitão madeirense defendia o subsector 1 de Fauquissart, que tal como os outros já tivera dias mais calmos: nos primeiros meses do ano, a actividade alemã intensifica-se, aumentando a frequência de tiro da artilharia e os *raids* de patrulhas às trincheiras portuguesas[11]. Vitorino Godinho relatou, com razão, que Sousa Lopes colheu em Fauquissart «os melhores e mais numerosos motivos para as suas produções» (*apud* Martins 1995, 318). A sua produção acelera-se e diversifica-se em numerosos *croquis* desenhados com uma inédita informalidade. O facto de visitar pela primeira vez as perigosas trincheiras das primeiras linhas, expostas ao tiro regular e ao ruído frequente da artilharia alemã, reflectiu-se no estilo dominante deste conjunto. Ver-se-á que o seu traço se torna mais veloz, esquemático e carregado, muito diferente da técnica mais cuidada e pormenorizada dos estudos de Marthes. O realismo dá lugar, nos desenhos de trincheira, à expressão de uma grafia emotiva, que procura a impressão rápida e essencial.

Sousa Lopes desenhava sobretudo com lápis de carvão, o chamado *crayon*, igualmente com o lápis de grafite, e menos com a tinta-da-china. Realizava sobre uma pasta de desenhos que transportava, ou em cadernos de esboços cujas folhas estão hoje, naturalmente, dispersas por diversas colecções. Nestes dias Olavo dispensou-lhe uma ordenança que transportava o cavalete e as telas, que utilizou por vezes (Olavo 1919, 201).

A melhor oportunidade para Sousa Lopes registar a vida dos soldados ao parapeito foi ao acompanhar as visitas de inspecção que Olavo fazia ao seu batalhão em serviço nas trincheiras. O pintor pedia-lhe frequentemente momentos de espera para registar rapidamente os assuntos que encontrava. Ao percorrer a primeira linha, num percurso aos ziguezagues, o artista podia surpreender momentos como o de um *sniper* (atirador furtivo), em observação do inimigo, desenhado muito esquematicamente (col. particular). Pelas memórias de guerra do capitão de Infantaria 2, percebe-se que muitos dos desenhos foram executados em poucos minutos, enquanto Olavo aguardava:

> O pintor aproveita todas as minhas demoras, para riscar no seu caderno, notas, impressões. Saio o parapeito, entro n'um ou n'outro abrigo e à volta dou com ele empunhando o lapis e trabalhando. Scenas de trincheira, ruinas, uma ponte sobre um dreno, sepulturas de desconhecidos que a piedade dos vivos em cada dia vae cuidar, tudo serve para a sua documentação. De vez em quando pede uma espera para completar este ou aquele apontamento. (Olavo 1919, 210-211)

A sua grafia ágil, que transmite urgência, não se altera mesmo quando tem mais tempo para densificar a mancha, deparando-se com soldados na posição de «a postos», de pé e alinhados sobre as banquetas, encostados ao parapeito, vigiando a «terra de ninguém» [**Figura 29**]. Muitos trabalhos foram rubricados por Américo Olavo, indicando o sector e a data em que os examinou, por vezes até o próprio assunto. Isto seria um meio do artista oficial provar a sua presença efectiva nas primeiras linhas.

Outros desenhos de Fauquissart são puros diagramas [**Figura 30**]. Nestas incursões, o artista não hesitava em riscar apenas os traços essenciais que lhe permitissem fixar na memória a imagem pretendida, para mais tarde a retrabalhar, se fosse necessário. Como observou Olavo: «Ele só quer riscar algumas linhas, que sejam integraes evocadoras do que os seus olhos veem e das emoções que a sua alma sente» (Olavo 1919, 203). Neste caso, tratava-se da «beleza inesperada» dos destroços de *fermes* arruinadas, que lhe chamaram a atenção. Com mais tempo, e talvez baseando-se no esquema anterior, Sousa Lopes definiu melhor a silhueta destes destroços à beira da rue Tilleloy

Vivência da guerra e prática do desenho

Figura 29
Adriano de Sousa Lopes
A postos, 12 de Janeiro de 1918
Carvão sobre papel, 27,7 x 19 cm
Inscrição: Fauquissart s.s.1; 12-1-918/ 1.ª linha – sobre a terra de ninguém./ Americo Olavo/ cap inf. 2
MML, Lisboa
N.º inv. 2395

Figura 30
Adriano de Sousa Lopes
1.ª linha – Rue Tilleloy, 11 de Janeiro de 1918
Carvão sobre papel, 19,5 x 28,5 cm
Inscrição: Fauquissart s.s.1/ 1.ª linha – Rue Tilleloy/ 11-1-1918/ Americo Olavo/ cap: inf. 2
Colecção particular

[Figura 31]. A Tilleloy era uma estrada que atravessava este subsector, paralela à segunda linha de trincheiras, esburacada pelas granadas e batida repetidamente pelas metralhadoras inimigas; cortava a meio a aldeia em ruínas de Fauquissart. Sousa Lopes desenhou também as ruínas da igreja, apesar de Olavo o ter advertido para a zona de perigo (col. particular). Por pouco, este trabalho podia ter sido o último do artista oficial, que se retirou a salvo para a trincheira Elgin: «Por sorte a nossa, só então rajadas de metralhadora varrem a Tilleloy e o pintor tem a noção exacta do perigo que atravessou» (Olavo 1919, 211).

O convívio próximo com Américo Olavo é visível num notável desenho, realizado à noite, no interior do abrigo do capitão em Temple Bar [Figura 32]. O comandante e subalternos aparecem-nos sentados à luz das velas, sob a chapa de protecção contra a artilharia inimiga, num hábil claro-escuro riscado a lápis de carvão. A qualidade dessa luminosidade, tão ao gosto do pintor, distingue este trabalho do conjunto. Não admira que o artista pensasse executar desta composição uma água-forte, como Godinho sugere, mas que não chegou a concretizar (Martins 1995, 318). Noutra ocasião, ao percorrer as trincheiras, Sousa Lopes podia deparar-se com um espectáculo sinistro que decidiu registar rapidamente. São destroços de um abrigo de trincheira atingido em cheio pela artilharia alemã [Figura 33]. Num enquadramento que sugere que apenas pode

Figura 31
Adriano de Sousa Lopes
Rue Tilleloy, 11 de Janeiro de 1918
Carvão sobre papel, 19,5 x 28,5 cm
Inscrição: Fauquissart s.s.
1/ 11-1-1918/ Americo Olavo/ cap inf. 2
MML, Lisboa
N.º inv. 2344

Vivência da guerra e prática do desenho

Figura 32
Adriano de Sousa Lopes
A palestra à noite no abrigo do comandante (Américo Olavo),
13 de Janeiro de 1918
Carvão sobre papel, 19,7 x 28,5 cm
Inscrição: Fauquissart s.s.1/ o abrigo do c.te do batalhão/ 13-1-1918/ Americo Olavo/ cap inf. 2
MML, Lisboa
N.º inv. 2347

Figura 33
Adriano de Sousa Lopes
Trincheira destruída, 20 de Janeiro de 1918
Carvão sobre papel, 20,7 x 26,8 cm
Inscrição: botas/ sangue/ pernas a descoberto
Colecção particular

Adriano de Sousa Lopes. Um pintor na Grande Guerra

espreitar, indicou com algumas palavras o estado das vítimas que veio surpre-ender: «botas», «sangue», «pernas a descoberto». A forte impressão causada revela-se na forma rara como datou com precisão o desenho no canto superior direito. Em boa verdade, trata-se do único desenho de trincheira em que Sousa Lopes teve oportunidade de representar, ainda que obliquamente, soldados vitimados nas linhas.

Entre 9 e 16 de Fevereiro, Sousa Lopes está noutro subsector diametralmente oposto, em Ferme du Bois, aproveitando a hospitalidade de André Brun. No dia combinado, chegando numa viatura do QGC, o capitão artista deu entrada no posto do batalhão, instalado numa *ferme* em ruínas. Tinha um pátio: o «Pátio das Osgas, o *museu* de Ferme du Bois» como o baptizou Brun, que era um conhecido escritor humorista, no seu livro de memórias (Brun 2015, 134). Foi provavelmente neste local que o capitão Barros Basto tirou uma sequência de duas fotografias do artista a desenhar. Vemo-lo sentado, de gabardina e sacola a tiracolo, servindo-se de uma cadeira para apoiar a pasta de desenhos sobre a qual trabalha [**Figura 34**]. Na primeira foto a seu lado vê-se um soldado, talvez a ordenança que o acompanhava. Sousa Lopes desenhou dois ou três aspectos deste importante ponto de apoio em Ferme du Bois e irá executar duas águas--fortes, como veremos a seu tempo.

André Brun observou o seu método de trabalho, confirmando o que Olavo também observara, e evocou com humor a reacção dos soldados:

> E ele, logo de manhã cedo, começava a trabalhar. Seguia pelo sector fora, parando aqui para fixar uma dobra da trincheira interessante, mais adiante para desenhar um dog-out ou um posto de gás. E os lãzudos que circulavam abaixo e acima, na vida habitual, pasmavam de encontrar de súbito, sentado sobre uma banqueta, aquele senhor capitão, de óculos postos, que os não mandava cavar, que os não tratava por tu e estava ali tão entretido a desenhar. (Brun 2015, 134)

Numa dessas jornadas pelas trincheiras Sousa Lopes pôde desenhar, mais serenamente do que em Fauquissart, um abrigo como o de Augusto Casimiro, que rubricou e datou o desenho no verso [**Figura 35**]. Os dois homens deverão ter-se conhecido por esta altura. Casimiro comandava, como vimos, a terceira companhia de Infantaria 23, com uma longa experiência nas trincheiras da primeira linha: o capitão e poeta terá uma relação próxima com Sousa Lopes e com relevância para a sua arte, à qual iremos voltar.

Para além do serviço nas primeiras linhas, que distingue internacionalmente o artista oficial português, Sousa Lopes realizou um conjunto importante de desenhos marcados pela dramática batalha de 9 de Abril de 1918, a batalha do Lys. Pode ser visto como a terceira fase da sua produção gráfica durante a guerra. A robusta ofensiva alemã atingiu em cheio o sector português, defendido por uma 2.ª Divisão desgastada e com faltas graves de pessoal. Houve perto de sete mil baixas, entre mortos e prisioneiros. Ao início da tarde os alemães já ocupavam grande parte do sector[12].

Figura 34 (página seguinte)
Artur de Barros Basto
Sousa Lopes em Ferme du Bois,
Fevereiro de 1918
Fotografia
CPF, Porto

[12] Para uma síntese do contexto e das operações da batalha, veja-se Godinho 2005, 187-204, textos de Luís Alves de Fraga em Afonso e Gomes 2010, 389-418, e sobretudo Telo e Sousa 2016.

Figura 35
Adriano de Sousa Lopes
Abrigo do capitão Augusto Casimiro,
14 de Fevereiro de 1918
Carvão sobre papel, 30 x 36,7 cm
Inscrição no verso: Em campanha,
14 de Fevereiro de 1918/ Ferme du
Bois. 2 –/ Augusto Casimiro/ Capitão
MML, Lisboa
N.º inv. 2374

A grande preocupação do artista terá sido, naturalmente, salvar o espólio do seu atelier de Saint-Floris, o que felizmente conseguiu[13]. Mas não se limitou a isso. Vitorino Godinho diz-nos que nessa manhã Sousa Lopes surpreendeu a retirada de 9 de Abril «em varios dos seus trechos», sem especificar. Mais importante, no rescaldo da batalha, «visitou as varias unidades e formações, conversando com os soldados e colhendo deles, bem como dos oficiais, as informações e os relatos necessarios» (*apud* Martins 1995, 318-319). O pintor tentou reconstituir graficamente alguns episódios que o impressionaram com base no testemunho autêntico dos combatentes. Um dos desenhos mais expressivos regista um pelotão da segunda companhia do batalhão de Infantaria 13 (Vila Real), indicado em traços rápidos, atravessando um edifício em ruínas, de desenho mais pormenorizado [**Figura 36**]. Representa talvez um episódio da rendição de La Couture. A companhia distinguiu-se na defesa das trincheiras frente ao reduto de La Couture, um posto com um fortim (ou *block-house*) no subsector de Ferme du Bois, que resistiu heroicamente ao avanço inimigo durante os combates de 9 de Abril. Apesar de bombardeado, só se rendeu na manhã do dia seguinte (Afonso e Gomes 2010, 414-415). Sousa Lopes escreveu na margem do desenho que os pelotões partiam com «a alma bem alto, na satisfação que dá o cumprimento do dever».

Vítor Santos, autor de uma dissertação de mestrado sobre o desenho de guerra de Sousa Lopes, chamou a atenção para uma série invulgar de cinco desenhos sobre os acontecimentos de 9 de Abril (Santos 2006, 99-102). É um conjunto excêntrico pelo seu grafismo (col. particular). O suporte é riscado

[13] Uma das histórias da família do artista evoca este episódio, contada pela falecida sobrinha do pintor, Júlia de Sousa Lopes Pérez Fernandes. Conta que a única vez que o capitão equiparado usou a sua pistola foi a 9 de Abril, para obrigar um condutor a acompanhá-lo a Saint-Floris e resgatar o espólio do atelier. Foi-me transmitida por José Manuel de Sousa Lopes Pérez a 23 de Abril de 2012. A localidade, porém, esteve calma o suficiente para Garcez ter fotografado a igreja no dia da batalha (veja-se Martins 1938, 7).

Vivência da guerra e prática do desenho

Figura 36
Adriano de Sousa Lopes
A segunda companhia de Infantaria 13
(c. 1918)
Carvão sobre papel, 23 x 39,5 cm
Inscrições: A Segunda Companhia do 13. Parte por pelotões – alma bem alto na satisfação que dá o cumprimento do dever./ O Sargento Calheira pede para acompanhar o pelotão.
PNA, Lisboa
N.º inv. 54025

por traços velozes e imperceptíveis, que só o artista poderia saber o que configuravam; no topo, um breve texto autógrafo descreve a acção a representar. A preocupação está em fixar o relato oral para mais tarde poder trabalhá-lo. Trata-se de diferentes momentos na defesa do reduto de La Couture, colhidos directamente de testemunhas, chegando o artista por vezes ao pormenor, como um repórter, de indicar o horário dos acontecimentos.

Sobre os acontecimentos da batalha, Sousa Lopes realizou outros estudos, para composições históricas mais canónicas, destinadas a gravuras ou a pinturas nunca concretizadas (col. particular). As figuras são esboçadas o suficiente para fixar uma ideia de espaço e da relação entre corpos, e as «legendas» no topo um auxiliar de memória para apurar mais tarde a composição definitiva. Um deles representa a captura em La Couture do tenente médico Machado Guimarães (1890-1952), do batalhão de Infantaria 15 (Tomar), que permaneceu debaixo de fogo para prestar assistência aos feridos, até cair prisioneiro dos soldados alemães. Foi depois condecorado com a Cruz de Guerra e a Torre e Espada. Distinguem-se dois soldados de costas, que teriam na obra final gestos dramáticos, e à direita o médico à porta do seu posto de socorros, de braçadeira e postura digna. Outro estudo figura o epílogo do combate, protagonizado pelo major Raul Peres, segundo comandante de Infantaria 15, que foi mais tarde louvado e condecorado pela resistência que opôs ao avanço inimigo. Como a nota de Sousa Lopes descreve, o momento simbólico é o do encontro entre Peres e o major inglês (da companhia de ciclistas que defendeu La Couture),

Figura 37
Adriano de Sousa Lopes
Igreja de Merville, 1918
Carvão sobre papel, 23,5 x 34,5 cm
MML, Lisboa
N.º inv. 2365

quando dirigem a rendição e desarmamento das tropas sob o seu comando. Nestas composições mais pensadas, o pintor podia convocar a sua memória da pintura histórica ocidental: para dignificar o momento da rendição de Peres, Sousa Lopes adopta claramente a composição do célebre quadro de Diego Velázquez (1599-1660) conhecido como *A rendição de Breda*, que evoca a guerra dos Trinta Anos, no século XVII (MNP, Madrid).

No rescaldo da batalha e dias seguintes, Sousa Lopes terá acompanhado a retirada do QGC de Saint-Venant para Samer e, em Maio de 1918, a sua fixação definitiva em Ambleteuse, um porto no Canal da Mancha. Certo é que ainda nesse ano e em 1919 o artista oficial irá percorrer o antigo sector do CEP e observar a devastação causada pela artilharia alemã nos combates de 9 de Abril. Impressionaram-no as ruínas da igreja de Merville, por exemplo, transformada num amontoado de pilares esburacados e de aspecto sobrenatural [**Figura 37**]. Ou os destroços de Calonne-sur-la-Lys, comuna perto de Saint-Floris, onde o Estado-Maior da divisão portuguesa se reunira durante a batalha. Visitou também as linhas de combate e registou, por exemplo, um abrigo alemão, de cimento, no bosque de Biez, entre as árvores esgalhadas e retorcidas, local que fora bem visível nas linhas portuguesas (MML, inv. 2353). Outros desenhos mostram a nítida intenção de registar *in situ* os lugares da resistência do 9 de

Vivência da guerra e prática do desenho

Figura 38
Adriano de Sousa Lopes
Trincheira em La Couture (c. 1918)
Carvão sobre papel, 23,3 x 40 cm
MML, Lisboa
N.º inv. 2375

Abril, com o intuito certo de melhor documentar as futuras composições. Vemos o perfil sinuoso da trincheira 5 de Senechal Farm (PNA, inv. 54040), onde a segunda companhia de Infantaria 13 havia lutado, ou ainda, noutro exemplo, o interior de uma trincheira em La Couture, deserta, numa grafia vigorosa que sugere um ensaio para água-forte nunca realizada [**Figura 38**].

Percebe-se, por fim, através de outros desenhos, que Sousa Lopes ensaiava uma composição de batalha mais original, centrada na luta das trincheiras. Seria inspirada, certamente, pela acção dos pelotões de Infantaria 13 e 15 na defesa de La Couture. Num dos desenhos, temos as figuras esboçadas de soldados colados ao parapeito, enquanto um segundo grupo, ao fundo, salta a trincheira num movimento atacante. Outra solução seria representar um «ninho» de metralhadora visto do interior, esquissado com vivacidade, arma que se distinguiu na resistência do 13. É neste contexto, talvez, que Sousa Lopes produz um desenho notável pela energia invulgar e intensidade gráfica, imaginando o bombardeamento geral e violento sobre uma trincheira (todos em col. particular). Raro exemplo em que o desenhador explora o motivo extremo da explosão, tão marcante nesta guerra, e que vimos artistas como Nevinson ou Christiano Cruz fixarem em pintura. Importa, por fim, destacar o desenho mais sofisticado e relevante desta pesquisa do artista, assinado e datado de 1918. Representa uma trincheira sob intenso bombardeamento, com o céu coberto por violentas explosões. Silhuetas de soldados, iluminadas por vezes pelo clarão das deflagrações, evacuam a posição dirigindo-se para primeiro plano,

transportando às costas camaradas feridos ou mortos [**Figura 39**]. A paisagem é violentada por crateras, por arame farpado, troncos esgalhados e detritos de toda a espécie. É uma obra inspirada e, na verdade, é a visão mais sombria e apocalíptica que Sousa Lopes produziu enquanto artista da Grande Guerra.

A partir do Verão de 1918, as suas visitas regulares a Paris tornam-se estadias prolongadas. Segundo o registo militar, entre 14 de Agosto e Janeiro de 1919, Sousa Lopes esteve apenas seis dias em Ambleteuse. Isto será um indício claro de que o artista já então executava um número considerável das gravuras a água-forte, no atelier da rua Malebranche (n.º 11), como veremos mais adiante.

Um conjunto importante dos desenhos e águas-fortes foi apresentado pela primeira vez, ao público restrito de oficiais do CEP, na exposição que o artista oficial realizou no Quartel-General de Ambleteuse, por volta de Outubro de 1918. Apenas se sabe da existência desta mostra unicamente por uma referência do pintor, lacónica, numa carta enviada nesse mês a Afonso Lopes Vieira. Nessa exposição apresentou também vários estudos para uma pintura que concebera durante a estadia nas trincheiras de Fauquissart, em Janeiro desse ano, e que mais tarde será reconhecida como a sua obra magistral sobre a Grande Guerra. Sousa Lopes não se esqueceu de a mencionar ao amigo, na mesma carta, com visível satisfação: «A rendição quadro bastante importante que tenho adiantado, espera a sua aprovação.»[14]

Figura 39
Adriano de Sousa Lopes
Trincheira sob bombardeamento, 1918
Carvão com realces a pastel branco sobre papel, 38 x 53 cm
Colecção particular

[14] Carta de Sousa Lopes a Afonso Lopes Vieira, em campanha [França], 10 de Outubro de 1918. BMALV, Espólio Afonso Lopes Vieira, *Cartas e outros escriptos* […], vol. 11 (documento sem cota).
O sublinhado é do artista.

CAPÍTULO 11
A PRIMEIRA GRANDE PINTURA:
A RENDIÇÃO

É uma tela monumental, com cerca de três metros de altura por doze metros e meio de comprimento. Nela, vinte e cinco soldados saem, em passo cadenciado, de uma trincheira de ligação às linhas da frente, percorrendo um caminho que os conduzirá aos postos de repouso na retaguarda. O cenário é o de uma paisagem inteiramente coberta de neve, com um trilho lamacento por onde caminham, que transmite o clima do Inverno rigoroso no Norte de França. Os soldados marcham em grupos dispersos, sob um ambiente hostil, e a postura e relação entre as figuras criam linhas descendentes que sublinham sentimentos de cansaço e abatimento [**Figura 16 do extratexto**].

Na área central do quadro, alguns soldados são pintados em tamanho maior que o natural. Marcham de espingarda às costas, o par atrás já com visível dificuldade, curvados sob o peso das mochilas e mantimentos. Carregam sobretudo o fardo, decerto, de uma semana de perigos e de noites em claro nas linhas da frente. Os soldados usam agasalhos que os protegem do frio, os pelicos e safões utilizados pelos pastores do Alentejo, que o comando distribuiu às tropas no Inverno de 1917. Olhando mais atentamente, reparamos que alguns têm, debaixo do capacete, uma protecção para as orelhas. Um cão negro, faminto, acompanha a tropa, camarada de armas improvável, mas leal.

Adiante do grupo principal caminha a figura de um maqueiro, símbolo da assistência médica [**Figura 40**]. Os maqueiros acompanhavam os batalhões em serviço nas linhas, socorrendo as vítimas na trincheira ou na «terra de ninguém» e transportando-as para os postos de socorros avançados. Este tem uma postura mais recurvada que os soldados e um andar vacilante, transportando com dificuldade uma maca enrolada, signo da vivência precária destes soldados. A diagonal acentuada da maca é uma presença impressiva na composição, como se a figura solitária do maqueiro carregasse em si o peso do destino incerto de todo o pelotão. Parece carregar o andor (ou a cruz simbólica) desta estranha procissão, de uma humanidade exausta e condenada. A figura estabelece a ligação entre os soldados ao centro e o grupo de oficiais que encabeça o desfile, de botas luzidias e gabardinas caqui. Contrariamente aos subordinados, caminham em postura recta e parecem trocar impressões entre si.

Adriano de Sousa Lopes. Um pintor na Grande Guerra

Figura 40
Adriano de Sousa Lopes
A rendição (c. 1919-1920)
Pormenor do maqueiro

Observemos por fim o lado oposto da pintura, volante direito do tríptico em que esta composição se poderia dividir: aí os signos de provação e tragédia são mais explícitos. Duas figuras interpelam directamente o olhar do observador: um oficial subalterno – talvez um alferes – sai da trincheira, rosto pálido, colocando a mão junto do queixo, num gesto melancólico. O soldado adiante atrasou-se do grupo principal, arrastando os passos pela estrada lamacenta. Parece murmurar algo, fitando-nos com um olhar vivo e interrogativo. Dominando o fundo

A primeira grande pintura: *A rendição*

vêem-se inúmeras cruzes concentradas num cemitério militar, que explicitam o destino dos que não sobreviveram. É portanto sob a presença deste símbolo funesto, à saída da trincheira, que se inicia o longo cortejo de *A rendição*.

O pintor inscreve estes homens num campo de batalha muito concreto e detalhado, visto ligeiramente acima do nível dos soldados. As redes de camuflagem lançadas sobre o horizonte e a saída da trincheira, cobrindo também o cemitério, iludiam a observação aérea e a artilharia inimiga. «Difícil de pintar, cousa nova sobre o fundo das telas», irá dizer Sousa Lopes a Américo Olavo (Olavo 1919, 202). Desafio que o paisagista concretizou com mestria, em pinceladas informais de verde, cinzento e traços de laranja. O pintor teve igualmente um interesse especial em configurar a neve como uma matéria espessa. Pintada com pincel grosso, criando vários impastes, perto do limite inferior da tela, Sousa Lopes utilizou por vezes a espátula, em gestos largos, para compactar a tinta (uma área que se encontra hoje, em grande parte, quebrada por *craquelé*). A névoa espessa que cobre o céu, diminuto, replica os tons da lama do terreno e os verdes das redes de camuflagem, tornando imprecisa a altura do dia. É talvez de madrugada. Olhando à distância a grande pintura, são muito reduzidas as cores dominantes: castanhos e esverdeados do equipamento dos soldados e a brancura da neve.

A rendição é a pintura de maiores dimensões realizada por Sousa Lopes em toda a sua carreira. A par do *Remuniciamento da artilharia*, que lhe fica defronte e simétrica nas salas do Museu Militar de Lisboa [**Figura 27 do extratexto**]. Pode afirmar-se, com segurança, que são as pinturas a óleo de maiores dimensões realizadas por um artista sobre o tema da Grande Guerra, em todo o mundo. Não deixa por isso de ser algo surpreendente, no caso de *A rendição*, uma das obras centrais do seu projecto artístico, que Sousa Lopes tenha escolhido um assunto tão trivial da vida do CEP, a normal substituição de tropas na primeira linha. O problema é inescapável se recordarmos que o artista, antes de seguir para França, anunciou ao jornal *O Século* que iria pintar «os feitos mais gloriosos» dos expedicionários ou, como escreverá mais formalmente a Norton de Matos, «traduzir na tela alguns dos feitos notaveis da acção militar portuguêsa»[1].

Talvez parte do fascínio desta pintura, para o observador de hoje, resida precisamente nessa escolha imprevisível, de uma obra de encomenda oficial que não ilustra explicitamente qualquer cena heróica ou exemplar, como seria a tradição do género e a intenção do pintor. Que motivos ou circunstâncias levaram Sousa Lopes a acreditar que essa escolha seria relevante? Neste capítulo proponho algumas hipóteses norteadas por esta questão. Sousa Lopes sentiu muito cedo que estes soldados tinham de ser pintados em grande escala, e *A rendição* veio a ser, de facto, a primeira grande pintura que concebeu na Flandres e que sentiu maior urgência em realizar no pós-guerra, já destinada ao Museu Militar de Lisboa. É por isso importante distinguir a génese e os diferentes momentos de realização da obra, assim como o singular investimento emocional que o artista lhe concedeu. Por outro lado, *A rendição* revelou-se exemplar para a comunidade de combatentes e amigos próximos do artista, marcando um primeiro momento na recepção da sua obra de guerra. Estas

---

[1] Veja-se «Nos campos de batalha. A guerra e a arte. Um pintor portuguez, o sr. Sousa Lopes, reproduzirá os factos principaes da nossa intervenção militar». *O Seculo*. Edição da noite. 17 de Março de 1917: 1 e ainda a cópia do ofício de Sousa Lopes a Norton de Matos, Abril de 1917, em PT/AHM/DIV/1/35/80/1.

questões não são estranhas à forma como a pintura foi recebida na sociedade portuguesa, enquanto obra magistral do pintor da Grande Guerra, como uma visão autêntica mas igualmente assombrada deste conflito, como será discutido na quinta parte deste estudo.

Voltemos ao grupo de oficiais que encabeça o cortejo singular de *A rendição* [**Figura 17 do extratexto**]. Na figura do militar ao centro, rosto de perfil usando bigode, Sousa Lopes representou o capitão Américo Olavo, o comandante do batalhão de Infantaria 2 que encontrámos no capítulo anterior[2]. Vimos que o artista passara uma temporada com Olavo e os seus soldados nas trincheiras de Fauquissart, entre 8 e 24 de Janeiro de 1918: Sousa Lopes desenhou nesses dias um retrato que parece ter utilizado posteriormente na pintura [**Figura 41**]. Militar de carreira, Olavo era deputado pelo Partido Republicano Português, de Afonso Costa, e havia participado activamente na revolução de 14 de Maio de 1915, sendo promovido a capitão. Na Flandres dirigiu o último grande raide da infantaria portuguesa às linhas alemãs, realizado na noite de 2 para 3 de Abril de 1918[3].

Aprisionado pelos alemães na batalha do Lys, Américo Olavo só regressou ao país em Fevereiro de 1919. O livro que publicou nesse ano, *Na Grande Guerra* (Olavo 1919), é, a par do relatório de Vitorino Godinho, o testemunho mais completo e penetrante sobre o artista em campanha. Nele descreve o período em que Sousa Lopes o acompanhou nas primeiras linhas e dá informação relevante, que nos interessa aqui, sobre a génese da pintura *A rendição*. Não é por isso surpreendente que, ao olhar de novo para a pintura e para a figura do oficial que conversa à direita de Olavo, segurando um caderno ou uma pasta debaixo do braço, se possam reconhecer os traços do próprio Sousa Lopes, com um rosto largo que corresponde às suas feições [**Figura 17 do extratexto**]. Isto significa que a pintura é, também, uma homenagem do pintor à camaradagem e colaboração próxima dos dois homens durante a guerra. Outro testemunho possível dessa amizade será uma reprodução fotográfica na colecção do MNAC-MC, que regista um grupo de oficiais do CEP num momento de boa disposição [**Figura 42**]. Sousa Lopes é o segundo militar da direita, que ri, divertido, e segura na mão um bloco de desenho. Ao seu lado direito, vemos Arnaldo Garcez, sorrindo, mais comedido. O militar ao centro, que ri com gosto, tendo as mãos atrás das costas, parece ter as feições de Américo Olavo.

O capitão de Infantaria 2 encontrou o pintor num posto de batalhão em Fauquissart, a chamada Red House, onde acabava de almoçar com o coronel Alfredo Ernesto de Sá Cardoso (1864-1950) – republicano aguerrido que proclamara a República pela segunda vez na varanda do município lisboeta, na revolução de 14 de Maio –, comandante da artilharia da 1.ª Divisão. Olavo refere-se a Sousa Lopes como «meu amigo», que ainda não conseguira ver no *front* depois de tantos meses (Olavo 1919, 198-199). O artista chegara à Red House de automóvel, acompanhado por Vitorino Godinho. Sá Cardoso confundiu-o com um dos capelães em serviço no QGC e, desculpando-se, seguiu no mesmo automóvel. Facto essencial é que Sousa Lopes acertou com Olavo pernoitar uns dias junto das linhas (que seriam, na verdade, duas semanas), recebendo alojamento num posto de socorros avançados.

Figura 41
Adriano de Sousa Lopes
Capitão Américo Olavo (c. 1918)
Carvão sobre papel, 40 x 31,6 cm
PNA, Lisboa
N.º inv. 54032

[2] Hipótese proposta originalmente em Silveira, Carlos. 2010. «Um pintor nas trincheiras». *Público* (ed. Lisboa), suplemento *P2*. 6 Setembro: 8-9.
[3] Obteve um louvor pela operação e foi agraciado com a Cruz de Guerra (3.ª classe, 30 Junho 1918) e com a Torre e Espada, do Valor, Lealdade e Mérito (3.ª classe, 10 Julho 1918). Foi o primeiro oficial do CEP a receber a Torre e Espada durante a guerra. Teve um fim trágico o veterano condecorado da Flandres: assassinado durante a revolta de Fevereiro de 1927 contra a Ditadura Militar, onde participou no comité revolucionário. Morto a tiro à porta da sua residência, em Lisboa. Faleceu no dia 8. (Sousa Lopes iria inaugurar a sua exposição retrospectiva na SNBA no mês seguinte, onde expôs *A rendição* e o retrato desenhado de Olavo.) Para uma discussão actual do seu legado, veja-se Mariano de 2017.

A primeira grande pintura: *A rendição*

Figura 42
Sousa Lopes entre um grupo de oficiais
na frente de guerra, França
(c. 1917-1918)
O artista é o segundo à direita.
Ao seu lado direito está Arnaldo
Garcez. O segundo à esquerda
presume-se ser Américo Olavo.
Reprodução fotográfica
MNAC-MC, Lisboa

Olavo revela no seu livro, embora nunca o reivindique, que Sousa Lopes concebeu e estudou *A rendição* durante os dias em que o acolheu em Fauquissart. Tudo indica que o capitão madeirense se apercebeu da importância que Sousa Lopes atribuiu à composição. Não é certamente um acaso que a seguinte situação seja a única em que o artista surge em discurso directo, no livro de Olavo; os dois percorriam a estrada chamada Rue Bacquerot, que vinha da Red House para o centro do sector, correndo paralela à linha B de trincheiras:

> Mal sobre esta desembocamos, logo os olhos do artista, são atrahidos por alguns soldados cobertos com os portuguezissimos pelicos, sahindo da [trincheira] Regent que ali vinha dar.
> «Veja o meu amigo, como isto é interessante, o que este pequenino canto dá!!! A camouflage ao alto escondendo ao inimigo o movimento da estrada. Difícil de pintar, cousa nova sobre o fundo das telas. Soldados vindos das linhas, cobertos com peles que os protegem do frio, enlameados, as caras mal rapadas, um ar de esmagadora fadiga. Esta sahida da trincheira, o primeiro cotovelo que lhe descortinamos ao fundo e estes homens que sahem, quasi definem as linhas e a sua vida. Repare porém

como a trincheira vem sahir junto ao cemiterio, onde repousam muitos dos que morreram pela Patria. Acredite que me interessa imensamente este trecho. Vamos porém ao seu serviço». (Olavo 1919, 202)

Sousa Lopes parece ter concebido neste momento, segundo o relato de Olavo, a ideia fundamental do que seria a pintura *A rendição*, verbalizada num discurso emotivo e muito revelador. O assunto a desenvolver seria uma alegoria do drama e do destino destes soldados (marcados pela «esmagadora fadiga») que se selavam diariamente nos perigos das trincheiras, as «prisões de lama», como lhe chamou André Brun (2015, 146). Mas a pintura seria também a seu modo uma elegia, com a presença impositiva do cemitério que neste cenário adquiria um significado bem evidente. Nesses dias, Sousa Lopes realizou um desenho que evoca de perto esta visão [**Figura 43**]. É um trabalho pormenorizado, com alguns soldados saindo de uma trincheira coberta com densas redes de camuflagem. O pintor situou o motivo não na Regent, mas noutra trincheira que os dois percorriam regularmente, a Masselot, como indica a tabuleta à entrada, legível no desenho. É sobretudo esta ideia de composição que será transferida para o lado direito da pintura.

Figura 43
Adriano de Sousa Lopes
Soldados em Fauquissart,
Janeiro de 1918
Carvão sobre papel, 29,5 x 40 cm
Inscrição: Fauquissart s.s.1/ Americo Olavo/ cap inf 2/ Janeiro de 1918
MML, Lisboa
N.º inv. 2409

A primeira grande pintura: *A rendição*

Figura 44
Adriano de Sousa Lopes
Primeira ideia da «Rendição», 11 de Janeiro de 1918
Carvão sobre papel, 28,5 x 19,8 cm
Inscrição: Fauquissart – Red House/ 11-1-918/ Americo Olavo/ cap inf. 2
MML, Lisboa
N.º inv. 2378

Américo Olavo diz-nos depois, sempre em registo diarístico, que o artista oficial aproveitou o tempo para completar alguns trabalhos e que «trabalha com paixão sobretudo, no seu grande quadro "A Rendição"» (Olavo 1919, 212). Sousa Lopes parecia ter encontrado com rapidez um título e uma ideia de composição geral, trabalhando entretanto em estudos de pormenor. Na exposição de 1927, o artista expôs um desenho que considerou a primeira ideia do quadro, intitulando-o *Primeira ideia da «Rendição»* (n.º cat. 35). É provável que se trate de um desenho da colecção do MML, representando de forma sintética um dos soldados de Olavo carregando o fardo dos mantimentos [**Figura 44**]. No catálogo, o artista juntou uma nota explicativa: «Desenhado marchando

235

com as tropas de Infantaria 2 no caminho de Fauquissart para a "Red House"»[4]. Deduz-se de tudo que o desenho do cemitério tenha sido realizado num momento posterior.

Sousa Lopes concluiu nessa temporada outros estudos a aguarela, três trabalhos sobretudo, que representam soldados marchando com dificuldade, curvados pelo peso dos fardos [Figura 45]. Estes desenvolvem com mais pormenor o tipo de soldado da «primeira ideia» do desenho anterior: vergados pelo peso dos mantimentos, todos «cobertos com peles que os protegem do frio», os característicos pelicos e safões alentejanos, como se notou no início, distribuídos às tropas no último inverno da guerra, quando as temperaturas ultrapassaram facilmente os 20 graus centígrados negativos. Muitos usavam os agasalhos com o pêlo de carneiro para fora, que para André Brun «lhes dava um aspecto curiosíssimo» (Brun 2015, 80). Eram os «lãzudos», termo que o escritor popularizou, o equivalente luso dos franceses *poilus* (peludos) no calão das trincheiras. É nítido que Sousa Lopes encontrou nesta indumentária um signo distintivo da arraia-miúda das trincheiras, pelo qual era justo representar, como que por sinédoque, o combatente português da Grande Guerra. As aguarelas serviram-lhe, como é visível, para compor os grupos de soldados que povoam a parte central da pintura do MML.

Figura 45
Adriano de Sousa Lopes
Estudo para *A rendição* (1918)
Datação do artista:
Fauquissart Janvier 1917
Carvão e aguarela sobre papel,
74 x 95 cm
LC, Lisboa
N.º inv. 1951

[4] Veja-se *Exposição Sousa Lopes* 1927, na parte «Obras sôbre a Grande Guerra», n.º cat. 35.

A primeira grande pintura: *A rendição*

Foram todos estes estudos de pormenor para *A rendição*, bem como outros trabalhos, que Américo Olavo apreciou numa visita que fez ao atelier do artista no início de Fevereiro e que descreveu no seu livro:

> S. Floris, pequena vila estendida sobre a estrada que conduz de Merville a S. Venant a tres quilometros d'esta, é moradia de Sousa Lopes que n'um *chateau* junto da egreja, instalou a sua habitação e o seu atelier. Ali o vou ver tambem – conforme o prometido – e sob os meus olhos maravilhados se desdobram, as joias d'arte em que as suas mãos bem fadadas se occupam. Vejo os grupos da *Rendição*, o *A postos* [figura 29], as ruinas de Fauquissart [fig. 31], o interior de Temple Bar [fig. 32], tudo enfim que consumiu as suas horas vividas nas trincheiras. (Olavo 1919, 216)[5]

As impressões do capitão madeirense ajudam-nos a compreender, na pintura final, o sentido menos óbvio de pormenores que acentuam o efeito solene da composição que Sousa Lopes idealizara. Pormenores profundamente ancorados na experiência desses «dias de frio horrivel» no Norte de França (Olavo 1919, 201). Notou-se no início que Sousa Lopes tem um visível empenho em converter o manto de neve, que envolve os soldados, numa matéria espessa e áspera, restituindo-a ao observador, dir-se-ia, como uma substância muito concreta. Olavo diz-nos que o artista ansiava por realizar algumas «paisagens de neve» nas trincheiras, mas sem sorte com os caprichos da meteorologia: «No momento porém de as alcançar, elas fogem-lhe, fundem-se, desfazem-se em lama» (Olavo 1919, 201). Mas o pintor parecia ter encontrado um significado muito particular na neve sobre o campo de batalha, uma ressonância que o capitão de Infantaria 2 partilhava: «Sousa Lopes porém, quer colher aqui este efeito maravilhoso da neve, cobrindo, amortalhando a terra, que se oferece ao ceu, ao sol, pura e fria, quasi sem palpitação, sem vida» (*Idem*, 200). Mais adiante o autor precisa melhor este fascínio: «Nos primeiros momentos a terra tem um ar de noiva envolvida n'um veu leve como espuma. A pouco e pouco, porém, a neve torna-se mais espessa, mais dura, acama-se lentamente e torna-se mortalha fria» (*Idem*, 207). É a mesma «terra fantasma» que Jaime Cortesão observou em Janeiro de 1918 e que ganhava «enfim sua mortalha própria»: «A paisagem da Morte fantasmizou-se sob o lençol nivoso e frígido» (Cortesão 1919, 113). Não é de excluir, por tudo isto, que o lençol de neve que cobre a paisagem e envolve os soldados em *A rendição* pretenda ter uma ressonância fúnebre, como uma «mortalha fria» cobrindo toda a paisagem.

As ruínas das *fermes* prenderam igualmente o olhar de Sousa Lopes. Eram destroços de herdades ou quintas da região, arruinadas pela artilharia, que pontuavam o terreno revolto da «terra de ninguém» ou entre as linhas de trincheiras. Olavo admite que o pintor encontraria nesses motivos aspectos insondáveis. Mas mesmo ele, que convivia diariamente com a visão das ruínas, não era indiferente a estas «testemunhas desoladoras e desfeitas d'esta guerra. Algumas são d'uma beleza amargurada, e emprestam à paisagem que as circunda um ar de profunda pena, de estranha e indizivel tristeza» (Olavo 1919, 203). Noutra

---

[5] Américo Olavo escreve que Sousa Lopes, ao despedir-se dele, lhe dissera que aquele era «o seu batalhão» (Olavo 1919, 213).

passagem, o autor parece citar o artista directamente: «E aquela ruina lá ao fundo, isolada, que ar triste e infeliz, ela nos apresenta! O que ela nos diz do horror d'esta guerra!» (*Idem*, 204). Lá vemos ao fundo da pintura *A rendição*, acima do maqueiro, uma *ferme* discreta presidindo à planície desolada, camuflada pela neve que tudo parece cobrir.

Sousa Lopes viu também nesta pintura a oportunidade de dar um novo sentido à sua missão artística na Flandres. O impasse a que chegara no final de 1917, examinado no capítulo anterior, fizera-o pensar em desistir e regressar ao país, desanimado por não poder cumprir os objectivos de propaganda que traçara. Não dispunha de condições para se deslocar no sector, como notou André Brun, «meio esquecido e semi-abandonado» pelo comando (2015, 133). Na entrevista que deu ao *Século* em 1919, regressado da guerra, Sousa Lopes revelou o que significava para ele ter encontrado os soldados de *A rendição*:

> Todos os planos que, aqui de longe, eu tinha imaginado pôr em pratica, quando lá cheguei vi que não o podia realizar, e apoderou-se de mim um grande desanimo, a ponto de chegar a pensar em desistir, e voltar para Portugal, sem nada ter feito. Depois, um belo dia, fui para a frente. Comecei a vêr o nosso soldado transformado, com os seus capacetes de ferro, os safões e os pelicos, sobre a neve, e entre a neve, com o seu ar soberbo e combativo de valentes soldados de Portugal. Animei-me então e comecei a sentir que havia ali um belo assunto a tratar.[6]

A sua vontade ter-se-ia fortalecido com o testemunho da resistência dos soldados frente à adversidade das trincheiras e do inverno inclemente, motivando-o a imortalizar tal esforço em pintura. Mais adiante afirma ainda que as suas telas iriam atestar «os sobrehumanos esforços dos nossos soldados». Esta ideia reforça um novo sentido para *A rendição*: não se se tratava só de evocar a guerra da Flandres sob a forma de elegia, mas igualmente de enaltecer a combatividade e dignidade com que os «lãzudos» enfrentavam os perigos das trincheiras, o que lhe trouxera o ânimo necessário para prosseguir a sua missão. Era assim, pelo menos, que Sousa Lopes gostava de se recordar do episódio, regressado da Flandres, e aludindo a uma das pinturas que mais prezava.

Parece, no entanto, que uma alta patente do CEP não teve o mesmo entendimento. André Brun registou no seu livro um episódio que Sousa Lopes lhe confidenciou em jeito de anedota:

> Já então tinha reunidos todos os elementos para a sua água-forte, *A Rendição*, que há-de ser o elemento capital do nosso museu da guerra e que altos galões lhe tinham aconselhado a que pusesse de parte, pois o movimento da malta, voltando à tona da vida, não era feito em formatura regulamentar (!).[7]

Não seria conveniente revelar quem censurara o pintor, é evidente, mas esta ideia servia a Brun, oficial das trincheiras, para criticar o espírito burocrático

[6] «Quadros da Grande Guerra. A obra do pintor Sousa Lopes. Uma palestra com o artista sobre o destino que virão a ter os seus valiosos e sugestivos trabalhos». *O Seculo*. 1 de Setembro de 1919: 1.

[7] Brun 2015, 135. A passagem foi transcrita nesta reedição com algumas imprecisões, que corrigi com base numa edição anterior (Brun 1923). Confirma a importância que o artista atribuía à composição, apesar de Brun a referir como uma água-forte (que será um lapso, ou o pintor terá abandonado posteriormente a ideia).

A primeira grande pintura: *A rendição*

e estreito que considerava reinar no QGC, como se lê em algumas passagens de *A Malta das Trincheiras*. «Cavou-se um abismo entre nós e a retaguarda. Aqueles que dormem todas as noites na sua cama, sejam eles simples escribas da brigada a dois passos ou funcionários da repartição das regiões paradisíacas das bases ou dos grandes quartéis-generais, consideramo-los como umas criaturas desprezíveis» (Brun 2015, 98). Estas eram personificadas, com humor, na figura do «palmípede», o oficial do Estado-Maior que evitava visitar as trincheiras. O livro de André Brun, conhecido humorista e autor teatral, permanece uma das fontes do género mais citadas nos estudos sobre a Grande Guerra. Já encontrámos este oficial do Exército no capítulo anterior: foi o comandante interino do batalhão de Infantaria 23 (quartel em Coimbra), onde serviram autores com quem Sousa Lopes irá também conviver, como Jaime Cortesão, Augusto Casimiro e Artur de Barros Basto[8].

Quanto a Sousa Lopes, esta resistência significava até que ponto *A rendição* podia ser interpretada por algumas chefias militares como uma imagem derrotista do CEP, ou pelo menos indesejável de ser consagrada na «documentação artística» oficial. A exaustão dos soldados era no entanto real. Os batalhões portugueses tiveram uma longa permanência na linha de fogo sem serem rendidos. Vitorino Godinho estimou, num relatório sobre a batalha de 9 de Abril, que em cinco meses (entre Novembro de 1917 e Abril do ano seguinte) os portugueses conheceram quatro divisões britânicas no seu flanco esquerdo e três no flanco direito. As tropas estavam extenuadas e desempenhando serviço redobrado: nas vésperas da batalha faltavam na Infantaria 42% dos oficiais e 28% de praças e sargentos (Godinho 2005, 183-185). Ferreira Martins considerou mesmo que, no primeiro trimestre de 1918, a situação do CEP «agravava-se consideravelmente»: «A larga permanência na frente era a causa principal de um acentuado e bem justificado definhamento físico e de uma depressão moral que era bem evidente» (Martins 1934, 294). Foi essa realidade que Sousa Lopes pretendeu transfigurar em matéria artística.

A pintura evidencia também a forma subversiva como Sousa Lopes reconstituiu o que deveria ser uma rendição na Flandres. Segundo Ferreira Martins (o antigo sub-chefe do Estado-Maior do CEP), a substituição de uns batalhões por outros, a sua rendição, era uma operação crítica. Decorria em períodos de 5 a 7 dias e deveria ser executada com rapidez, com a maior ordem e sem que o inimigo pudesse suspeitar (Martins 1934, 271). Reconhece, contudo, que a resistência dos soldados nesse período «atingia o seu limite», após as noites de vigília, os sobressaltos e as quotidianas reparações das trincheiras. É visível, portanto, que o artista não estava interessado em representá-la segundo as convenções militares. Sousa Lopes escolheu um assunto que, à primeira vista, parecia lacónico ou banal, sem uma "mensagem" clara ou evidente, e que até no título era ambígua. Porém, num exame mais atento, este revelava-se uma imagem realista e muito precisa sobre as duras condições e a existência precária que os seus compatriotas enfrentavam nas trincheiras da Flandres e o grau de exaustão a que haviam chegado. Nesta medida, não é de excluir uma profunda identificação de Sousa Lopes com as origens rurais de tantos destes soldados,

[8] Sobre o militar e o escritor, veja-se o estudo introdutório de Isilda Braga da Costa Monteiro na recente reedição de *A Malta das Trincheiras* (Brun 2015, 9-42).

239

que eram as suas. A declaração notável que fez a *O Século* traduz bem o perfil humanista que demonstrava desde o início da guerra. Mas a nível artístico revela quanto o transformara a experiência das trincheiras, quando ainda dois anos antes declarava ao mesmo jornal que iria traduzir os «feitos mais gloriosos» do CEP:

> Quem graves riscos passou e merece a admiração de todos os portuguezes são os nossos oficiaes e os nossos soldados, mesmo aqueles que não trazem ao peito uma cruz de guerra, mas que sofreram todas as intemperies da guerra, os grandes sacrificados arrancados aos trabalhos dos seus campos e atirados às planicies da Flandres, onde a metralha chovia continuamente.[9]

É um discurso sobre o sacrifício que ecoará noutras interpretações, como veremos em breve. Mas é neste sentido que se pode compreender que Sousa Lopes tenha encontrado tal relevância no motivo de *A rendição*, ao embater com a realidade das trincheiras. Os feitos gloriosos que planeara captar em pintura, fruto de uma concepção romântica da guerra, transfiguravam-se na Flandres numa heroicidade que «não tem espectáculo», como reflectiu André Brun observando os seus homens. O soldado das trincheiras, na realidade, era um «herói obscuro», que trabalhava na escuridão da noite: e «o que há de principalmente heróico na trincha é viver nela» (Brun 2015, 145).

A justeza da opção de Sousa Lopes nesta pintura pode de facto ser considerada, numa primeira fase, pelo impacto marcante que *A rendição* teve no discurso dos combatentes e individualidades próximas do artista, e exemplos relevantes serão discutidos ainda neste capítulo. Mas não será excessivo considerar, à partida, como sintoma da eficácia da pintura de Sousa Lopes, o modo

[9] «Quadros da Grande Guerra. [...]». *O Seculo*. 1 de Setembro de 1919: 1.
[10] Martins 1934, 271. *A rendição* é reproduzida no início do segundo volume da obra (1938).

A primeira grande pintura: *A rendição*

Figura 46
Adriano de Sousa Lopes
Uma rendição durante o Inverno de 1917 (esquisso para *A rendição*), 1918
(*Une relève pendant l'hiver de 1917*)
Óleo sobre tela colada em madeira,
28,5 × 134,5 cm
MA, Paris
N.º inv. 1725 C1

como esta representação pôde consolidar-se na narrativa oficial do pós-guerra. Os valores que o quadro explicita parecem contaminar o discurso do general Ferreira Martins, em 1934, explicando no que consistia a operação da rendição no CEP, e convocando também o livro de André Brun:

> Os que retiram, exáustos de fadiga, cheios de lama, andrajosos, curvados, com o sofrimento desenhado nas olheiras profundas, alegres de viver, mas recordando com amargura a última palavra que devem transmitir às mães distantes, daqueles que viram morrer, êsses constituem a estóica *malta das trincheiras*, cujo título é glorificador.[10]

A gestação da pintura final tem uma história que é interessante percorrer. A composição de *A rendição* foi pensada com grande detalhe num estudo – ou esquisso, como o artista preferia designar – pintado a óleo em 1918 [**Figura 46**]. Revela uma ideia já muito precisa da organização do espaço e das figuras, e dos vários pormenores, inalterada no quadro final. Os grupos e gestos dos soldados têm a mesma configuração, e na obra definitiva só vemos recuar a posição do cão faminto, de modo a preencher um hiato entre figuras. No grupo de oficiais Sousa Lopes já pensava em auto-retratar-se, no mesmo vulto segurando uma pasta escura debaixo do braço. Os acentos cromáticos correspondem-se entre estudo e versão final, com o domínio do branco e dos terras e, nos uniformes e mantimentos, um verde-veronese que na pintura do MML se atenua e desdobra num azul-cinza, mais de acordo com a cor dos uniformes do CEP. A diferença mais nítida é talvez o cromatismo do céu, que no esboceto possui um tom laranja, que sugere o romper do dia. O estudo de Paris estaria já pintado em Agosto de 1918, uma vez que Godinho regista no relatório que o artista executara um «esquisso a oleo» de *A rendição* (Martins 1995, 318), e não se conhece outro.

Sousa Lopes qualificava esta composição como um «friso decorativo»[11]. Na arte ocidental, o friso historiado (isto é, com figuras) é uma forma nobre da decoração de edifícios públicos e cívicos. Desde o inaugural Partenon de Atenas, com baixos-relevos atribuídos a Fídias (século v a.C.), até um exemplo que o português conheceria bem, a pintura de Paul Delaroche (1797-1856) no anfiteatro de honra da Escola de Belas-Artes de Paris, agrupando em friso panorâmico os artistas mais célebres desde a Antiguidade. Na pintura contemporânea, Sousa Lopes tinha um exemplo muito próximo no *Caim* de seu mestre francês, Fernand Cormon, talvez a sua pintura mais célebre (Musée d'Orsay, Paris), e que interessou o então estudante de arte, como vimos no primeiro capítulo.

É esta solenidade e *gravitas* do modelo clássico, sob a forma de procissão, que Sousa Lopes pretendeu, talvez, insuflar aos vultos de tamanho natural dos soldados de *A rendição*. Entre os seus pares na Grande Guerra, Sargent teve a mesma ideia para compor uma obra analisada anteriormente, a grande pintura *Gaseados* [**Figura 10 do extratexto**]. Terminada em 1919, quando Sousa Lopes inicia a tela definitiva, e cedo integrada no Imperial War Museum, seria legítimo levantar a hipótese de que pudesse ter tido influência directa no pintor português. De facto, Sousa Lopes estará em Londres em 1920, enquanto delegado do Governo para a decoração dos cemitérios de guerra (ver capítulo 14). Porém, o esquisso para *A rendição* existente em Paris invalida essa possibilidade: este foi pintado em 1918, provavelmente ainda antes de Sargent chegar à zona de Arras, em Julho desse ano, para se documentar (Krass 2007, 118). Este funcionaria como uma maquete, fixando uma composição que teria de ter as dimensões adequadas, como referiu Godinho, «à sala que para esse efeito for destinada» (*apud* Martins 1995, 318). Tal como Sargent, Sousa Lopes destinava para o seu friso a parede de um edifício público, um espaço memorial da guerra. Já em 1917, como vimos, antes de partir para a Flandres, previa que pudesse ser criado no actual Museu Militar de Lisboa[12].

Mas o pintor do CEP mal podia esperar para realizar mais largamente a sua composição. Na entrevista de Setembro de 1919, informou *O Século* de que já terminara «um grande friso decorativo de 6m,60 por 1m,55 – a *Rendição*»[13]. Mas na verdade esta primeira versão não chegou até ao presente: é lícito pôr a hipótese de que o pintor a tenha destruído uma vez concluída a versão definitiva. Duas fotografias subsistem, porém, no espólio deixado por Sousa Lopes (col. particular). A pintura foi registada num estado visivelmente inacabado, e não é necessário um olhar demorado para perceber que não se trata da versão final: a marcha dos soldados é em sentido inverso. É difícil encontrar uma explicação para esta modificação importante; para além de se poder reparar que a direcção das figuras, nesta primeira versão, é idêntica à do referido quadro de Cormon. Se são as fotografias que poderão estar invertidas (facto insólito), isso não invalida a identificação inicial: esta é confirmada no exame mais atento de pormenores como a anatomia das figuras, a configuração do fundo e a própria posição do cão. Nesta fase o artista ainda não delineara o maqueiro e o grupo de oficiais, ou por alguma razão não os registou em fotografia.

[11] «Quadros da Grande Guerra. [...]». *O Seculo*. 1 de Setembro de 1919: 1. Godinho reproduz a mesma designação no relatório, em itálico (Martins 1995, 318).

[12] «Nos campos de batalha. [...]». *O Seculo*. Edição da noite. 17 de Março de 1917: 1.

[13] «Quadros da Grande Guerra. [...]». *O Seculo*. 1 de Setembro de 1919: 1.

A primeira grande pintura: *A rendição*

Mas foi certamente esta versão que André Brun viu em Abril de 1919 no atelier parisiense do pintor, no *boulevard* Victor (n.º 19), escrevendo as suas impressões no *Diário de Notícias*: «Lá no alto, junto à escada é o friso da *rendição*, numa paisagem de neve, o horizonte vedado por uma *camouflage* rasteira, os vultos dos homens vergados sob os fardos...»[14] Publicado na primeira página do diário lisboeta, no primeiro aniversário da batalha do Lys, o artigo de Brun é uma verdadeira apologia do valor histórico da obra que Sousa Lopes realizava e um apelo à sua preservação e visibilidade no espaço público:

> Quantos atravessaram com coração o C.E.P., quantos lhe deram o amor que merecia o formidavel esforço da Patria, teem feito uma peregrinação ao atelier de Sousa Lopes. E, olhando sofregamente, quizeramos ver já tudo concluido, terminado o labor do artista e definitivamente assinalados em télas que os nossos museus teem de conservar religiosamente, pois são a unica documentação artistica da nossa participação na Guerra Santa, esses trechos de uma vida intensa e singularmente bela dentro da sua extrema miseria moral.
>
> [...]
>
> Está ali um grande pedaço da Patria portuguesa.

O tom laudatório do artigo adequava-se à eféméride que o *Diário de Notícias* evocava na primeira página, com a manchete a toda a largura: «9 de Abril de 1918.» Foi acompanhada pela reprodução de duas obras de Sousa Lopes, uma delas precisamente um dos estudos a aguarela para *A rendição* [**Figura 45**]. A questão dos prisioneiros de guerra na Alemanha, em benefício dos quais o jornal promovia uma subscrição, motivou o redactor a interpretar a imagem, erradamente, como uma rendição aos alemães no rescaldo da batalha – «vergados, não tanto ao peso das armas, como à magua do revez [...]»: «Nada mais pungente que [o] veu de tristeza que envolve esse grupo de humildes filhos do nosso povo, a quem a ferocidade da batalha poupou a vida para os levar a sofrer os horrores do cativeiro.» Esta primeira página do *Diário de Notícias*: merece destaque, pois significa uma das primeiras apropriações da obra de guerra de Sousa Lopes com potencial impacto na esfera pública. Surge associada ao destaque crescente que a batalha de 9 de Abril – «manhã trágica», como titula outra peça no mesmo jornal – vinha ganhando na percepção pública, veiculada pela imprensa, do que foi a campanha portuguesa na Flandres.

Sousa Lopes decidiu abandonar a primeira versão de *A rendição* (de 6,60 metros de comprimento) e realizar uma versão definitiva, que quase duplicava a área de tela a pintar, na sequência de um passo importante: o contrato provisório que assinou com o Ministério da Guerra, a 21 de Outubro de 1919, para a decoração das salas do «Museu da Grande Guerra» a instalar no Museu de Artilharia (ver Documento 3). As circunstâncias e o conteúdo deste importante documento serão analisados em pormenor no capítulo 16. Interessa aqui apenas sublinhar o lugar de destaque que o artista atribuiu à pintura no «plano

[14] Brun, André. 1919. «Arte e artistas. No "atelier" de Sousa Lopes. O pintor do C.E.P. As trincheiras na téla e no desenho. O grande quadro "9 de Abril"». *Diario de Noticias*. 9 de Abril: 1.

243

geral» do museu (descrito sinteticamente no contrato), decorando a parede «do fundo» da sala principal, que deveria acolher seis outras telas.

A prioridade do plano de trabalhos era compreensivelmente a pintura principal. Em Dezembro já estava de novo em Paris, escrevendo com entusiasmo a Afonso Lopes Vieira: «Tenho trabalhado tanto que ainda não escrevi a ninguem, nem visitei ninguem aqui. Tenho a rendição já adiantada na grande tela!! Portugal retemperou-me, e o trabalho corre bem!»[15] Existem duas fotografias de Sousa Lopes a pintar a tela no atelier de Paris [Figuras 47 e 48]. A primeira o pintor enviou-a em 1920 à Secretaria da Guerra, como prova do bom andamento dos trabalhos[16]. O estado adiantado da pintura, de doze metros e meio de comprimento, confirma as palavras do artista. Percebe-se também, claramente, que as figuras centrais são pintadas maior que o natural. Pelo chão vêem-se duas aguarelas, referidas há pouco, que nortearam Sousa Lopes na pintura do grupo central de soldados. Ao fundo, um retrato de Norton de Matos espreita a grande tela. Esta seria outra pintura que o artista esperava integrar no novo projeto para o Museu de Artilharia[17].

Um retrato a óleo praticamente idêntico existe hoje no museu da Liga dos Combatentes, doado por um particular. É possível que Norton de Matos possa ter posado em Paris para o artista, na Primavera de 1919, pois foi delegado à Conferência de Paz em Versalhes. Mas é uma obra convencional, pouco notável na retratística de Sousa Lopes. O ministro da Guerra surge-nos fardado a rigor, em campo aberto, com as cinco estrelas do seu cargo na manga da farda, e a sua pose é rígida e demasiado formal. Junta as mãos à frente apoiadas na bengala, gesto que sugere um homem de acção, voluntarioso e obstinado. Atrás vemos uma parada militar, com uma massa de soldados em formatura e um oficial a cavalo: o perfil alinhado das árvores lembra a alameda de choupos de Roquetoire, cujo *château* foi o primeiro Quartel-General do CEP, visitado por Norton de Matos em Junho de 1917. É sobretudo o enérgico organizador da participação do CEP na frente ocidental que este retrato de aparato procura evocar.

Não sabemos que opinião teria o responsável político pelo envio de Sousa Lopes ao *front* sobre as obras que este vinha realizando no pós-guerra. Mas no que respeita à pintura *A rendição*, a escala imponente em que os soldados do CEP são representados não poderia deixar de agradar a Norton de Matos. Em Novembro de 1917, a revista de João de Barros, *Atlantida*, num número dedicado à intervenção, publicou declarações do ministro da Guerra bem patentes no título do artigo: «O povo português é que fez o seu exército.» Ao visitar o sector em França, o ministro apercebera-se da existência de um «sentimento comum» nos soldados portugueses, que tinha um significado maior: «sentimento de que, pelo seu sacrifício de todas as horas, dão à Pátria e à República o seu grande escudo de defesa e a sua melhor arma de triunfo no campo da nossa politica internacional...»[18]

Isto sugere que os soldados comuns que Sousa Lopes quis representar no seu quadro, de marcada origem rural, ou como vimos o *Diário de Notícias*: descrever com candura, os «humildes filhos do nosso povo»[19], podiam bem

[15] Carta de Sousa Lopes a Afonso Lopes Vieira, Paris, 14 de Dezembro de 1919. BMALV, Espólio Afonso Lopes Vieira, *Cartas e outros escriptos* [...], vol. 5 (documento sem cota).

[16] Sousa Lopes enviou a fotografia anexa a um ofício dirigido à Repartição do Gabinete da Secretaria da Guerra, datado de Paris, 20 de Fevereiro de 1920. PT/AHM/FO/006/L/32/778/2.

[17] O retrato, na primeira versão inacabada, pertencia em 2010 a uma colecção particular. Foi apresentado na exposição *Portugal nas Trincheiras. A I Guerra da República*, em Lisboa, organizada pelo Museu da Presidência da República nos Museus da Politécnica, de 23 Fevereiro a 23 de Abril de 2010.

[18] «O povo português é que fez o seu exército. Palavras do Sr. Ministro da Guerra». *Atlantida* 25 (15 de Novembro de 1917): 19-21.

[19] *Diario de Noticias*. 9 de Abril de 1919: 1.

A primeira grande pintura: *A rendição*

Figura 47
Sousa Lopes a pintar *A rendição* no atelier de Paris, c. 1920
Fotografia. Estúdio Home Portrait, Paris
Inscrição do artista: *Friso destinado a parede do fundo. «a rendição»*
AHM, Lisboa
PT/AHM/FO/006/L/32/778/2

Figura 48
Sousa Lopes a pintar *A rendição* no atelier de Paris, c. 1920
Fotografia. Estúdio Home Portrait, Paris
Espólio Vitorino Henriques Godinho
BNP-ACPC, Lisboa

245

ser, afinal, uma imagem autêntica do exército de milicianos, dos cidadãos em armas que os republicanos se tinham empenhado em criar na reorganização do Exército de 1911-1912. A vanguarda dessa reforma foram os chamados «Jovens Turcos», um grupo informal de oficiais republicanos, sobretudo tenentes, que haviam conspirado activamente para o derrube da monarquia (Duarte 2014, 542). A designação inspirava-se nos militares que em 1908 obrigaram o sultão a abdicar e impuseram uma constituição ao Império Otomano. O grupo tinha como figuras proeminentes o capitão Sá Cardoso e o tenente Álvaro de Castro (1878-1928). Entre eles, contavam-se os tenentes Américo Olavo e Vitorino Godinho[20].

Os «Jovens Turcos» possuíam uma concepção civilista das forças armadas (Godinho 2005, 28), de um exército que deveria emanar do dever sagrado de cidadãos conscientes, e não constituído por um exército profissional, reduzido, como na monarquia. O grupo envolveu-se activamente na política republicana. Muitos foram chamados pelo ministro da Guerra do Governo Provisório, António Xavier Correia Barreto (1853-1939), para trabalharem nas comissões de preparação da legislação publicada em 1911. Sá Cardoso e Américo Olavo foram chefes de gabinete do ministro. Helder Ribeiro (1883-1973), que terá uma acção decisiva na Flandres e será várias vezes ministro da Guerra, foi seu ajudante de campo. A Lei do Recrutamento, de 2 de Março, lançou as bases da modernização do exército: instituiu o sistema de exército miliciano, com um serviço militar obrigatório e igualitário, terminando a remissão a dinheiro praticada no regime anterior. O preâmbulo da lei falava do novo exército como uma «escola da nação», pela qual todas as classes sociais teriam de passar, assegurando o êxito da «nação em armas». O desígnio político tinha largo alcance: «identifical-o com a mesma alma da nação, da qual elle deve representar, perante o mundo, o coefficiente dynamico da sua força.»[21]

Vitorino Godinho foi um dos «jovens turcos» mais activos nas comissões de reorganização do Exército, coordenadas pelo capitão João Pereira Bastos (1865-1951), nomeadamente na legislação e regulamentação do recrutamento (Godinho 2005, 77). Será, portanto, esta legislação que Norton de Matos activará nos sucessivos decretos de mobilização geral de 1916.

Dito isto, significa muito mais do que uma coincidência o facto da ida de Sousa Lopes para as trincheiras da primeira linha – que é como que o primeiro acto de *A rendição* – ter sido patrocinada por Vitorino Godinho, Américo Olavo e, acidentalmente, por Sá Cardoso, naquela tarde de Janeiro de 1918, na Red House. A causa do intervencionismo nos campos de batalha em França que este grupo de oficiais advogava – sem esquecer André Brun, amigo próximo de Helder Ribeiro – possibilitou que pudessem ser os melhores aliados de Sousa Lopes para o sucesso da sua missão artística na Flandres. As referências que deixaram sobre a pintura são muito breves, vimo-lo, mas denotam admiração pela obra. Mas é a esta luz, parece-me, que se pode supor que *A rendição* seria provavelmente estimada, por esta vanguarda do intervencionismo, como um símbolo da «nação em armas» que a República conseguira mobilizar para a Flandres. Para Sousa Lopes era-o, certamente, que viu nos

[20] Politicamente, eram aliados de Afonso Costa (Ramos 1994, 440) e a maioria deputados pelo PRP. Irão apoiar a intervenção inequívoca na Grande Guerra. A revolução de 14 de Maio de 1915, que guinou o país à guerra, foi em grande medida obra dos «Jovens Turcos» (*Idem*, 510), com Sá Cardoso e Norton de Matos na Junta Revolucionária.
[21] *Diario do Governo*. N.º 56. 10 de Março de 1911: 1027.

A primeira grande pintura: *A rendição*

«lãzudos» os «valentes soldados de Portugal»[22]. Com a *nuance*, porém, de que as figuras seriam um símbolo do país rural e autêntico, que resistia heroicamente no meio violento da guerra.

Foi precisamente um aliado dos «Jovens Turcos», Jaime Cortesão, publicista da intervenção e combatente na Flandres como capitão-médico, o primeiro a oferecer uma leitura essencialmente política da pintura de Sousa Lopes, no seu livro *Memórias da Grande Guerra*. Foi impresso em Junho de 1919, deduzindo-se, por isso, que o escritor não poderia ter visto a versão final do quadro. Para Cortesão, o soldado da Grande Guerra não era o que aparecia em «certos relatos», «uma espécie de compadre de revista, com muita *piada*»: era uma visão «afrontosa e achincalhante» (Cortesão 1919, 232). É óbvio que o escritor criticava, sem o nomear, o autor de *A Malta das Trincheiras* (Brun 2015), seu ex-comandante no batalhão de Infantaria 23. Para Cortesão, o soldado «foi, sempre que o não enganaram, paciente, sofredor e heroico». E a pintura de Sousa Lopes seria emblemática desses valores. Páginas adiante, o poeta da Renascença Portuguesa eleva o soldado de *A rendição* à condição de um símbolo, de um arquétipo de «O Soldado da Grande Guerra», título de um dos capítulos finais do livro:

> Eu os vejo, como o Pintôr os viu, o tronco envolto na çamarra, e as pernas nos safoes, hirsutos e felpudos, como os Lusitanos bárbaros d'outrora. Descem do seu calvário, patujando, a fundo, com as suas tôscas botifarras dentro da neve e da lama, nos trilhos aspérrimos da *trincha*.
>
> Vergam ao pêso das armas, da mochila, do capote, do capacete, da máscara, e mais ainda da miséria, da doença, do cansaço e do abandono a que os lançaram: Vergam ao pêso da mais espantosa cruz que Cristo algum acarretou. São enormes: cresceram na proporção das dôres sofridas; enchem a vida com as suas figuras. Alguns trazem ainda nos olhos o clarão dos horizontes sem fim onde se ergueram. Doutros o olhar nada em desdem e orgulho. (Cortesão 1919, 237-238)

O sentido da alusão aos Lusitanos era bem evidente, um dos símbolos máximos da «alma da nação» que os soldados em armas encarnavam. Mas Cortesão acentua sobretudo a condição dos soldados como mártires, que descem do seu «calvário», vergados «ao pêso da mais espantosa cruz que Cristo algum acarretou». A denúncia ganha expressão, e talvez um rosto, na ideia de que vergavam ao peso «do cansaço e do abandono a que os lançaram». Não eram evidentemente os intervencionistas (que permaneciam na Flandres) os responsáveis por esse abandono. O responsável seria Sidónio Pais, um dos inimigos da intervenção e líder da contra-revolução triunfante de Dezembro de 1917. Um dos objectivos do livro de Cortesão é também denunciar os alegados malefícios do dezembrismo no espírito nacional e na missão do CEP, bem como a sua prisão arbitrária no final do consulado de Sidónio. Reposta a Constituição de 1911, o sidonismo será responsabilizado pela situação grave que Vitorino Godinho ou Ferreira Martins diagnosticaram: a exaustão das tropas que permaneciam

---

[22] «Quadros da Grande Guerra. […]». *O Seculo*. 1 de Setembro de 1919: 1.

por largos períodos na frente e a falta gritante de efectivos, sobretudo oficiais, que minaram o desempenho dos batalhões portugueses a 9 de Abril.

Foram várias as acusações a Sidónio: o acordo militar de Janeiro de 1918, com os britânicos, anulara a autonomia política e de comando que permitira o desastre na batalha do Lys; o não envio de reforços substantivos a pretexto de vários motivos; oficiais que, chamados pelo Governo ou gozando de licença, não regressaram, com o beneplácito do regime; um novo sistema de licenças, irrealizável, que prejudicou as praças e o seu moral; enfim, as exonerações no comando do corpo, que o enfraqueceu. Em resumo: Sidónio prosseguira uma política deliberada, mas nunca assumida, de desmantelamento e sabotagem do CEP. O debate acendeu-se no pós-guerra e, notavelmente, prossegue até hoje na historiografia[23]. Mas não nos antecipemos. Importa sobretudo compreender que, para Cortesão, no rescaldo desse período conturbado, os soldados que Sousa Lopes pintara eram bem a expressão do «abandono» a que a política de Sidónio Pais os havia votado. Contudo, representavam também um «homem novo»: o novo cidadão nascido das trincheiras, altivo e voluntarioso, desconfiado de tutelas e das «mentiras militares», e «que adquiriu uma noção especial dos valores morais» (Cortesão 1919, 235-237). E estes soldados a República não poderia desprezar:

> Não suponham que estiveram durante dois ou três anos na guerra, sofrendo, sangrando, matando e morrendo, para continuarem a ser os soldados bisonhos. Os que voltaram são uma fôrça que foram espantosamente activa e fecunda. São braços que aprenderam a manejar de mil maneiras a foice da Morte. São almas que mergulharam no abismo do sofrimento e da miséria até ao fundo. Tiveram as mais tremendas revelações. Êsses poucos são uma legião de gigantes. Não vale a pena esquecê-los e desprezá-los.
> Contem com êles. (*Idem*, 238)

Jaime Cortesão celebrava, deste modo, a ideia do exército como «escola da nação», preconizada na Lei de Recrutamento republicana, e o novo cidadão que nascera da guerra na Flandres e que iria reforçar a democracia e a República do pós-guerra. Este «homem novo», o pintor representara-o, nos soldados que marcham em *A rendição*. Todavia, a obra de Sousa Lopes era suficientemente ambígua – talvez um dos seus valores mais eficazes – para potenciar outras leituras de sinal contrário, no imediato pós-guerra.

A pintura também impressionou fortemente Afonso Lopes Vieira, de visita ao estúdio parisiense do artista em Novembro de 1921. Tanto que escreveu um poema em verso livre, muito breve, que nunca chegou a publicar[24]. Mas deu-lhe um título: «No "Front" do boulevard Victor ao grande pintor Sousa Lopes.» O poeta coloca-se na pele dos soldados, como exercício literário, imaginando um «entressonho» escrito na primeira pessoa. Certas passagens são reveladoras. Deitado num divã – o seu «quarto improvisado no ateliê» – e ao observar a pintura… «Estava nas trincheiras do C.E.P.»:

[23] Sobre o assunto, veja-se por exemplo Godinho 2000, 10-21; Meneses 2000, 217-258; Meneses 2004, 187-194; Godinho 2005, 181-186 e 257-268; Afonso e Gomes 2010, 374-381; Telo e Sousa 2016. Esta questão é aprofundada nos capítulos 13 e 16.

[24] O inédito, pertencente ao espólio do poeta (BMALV), foi publicado em Nobre 2005, vol. 2, 469-470.

A lama encharcava-me, e a lama do ar, quasi tão espêssa como ela, tambem.

À minha volta os camaradas, imoveis, sofriam como eu do frio, do abandono, da alva;

e entre nós estava talvez aquele q, disse q. «a gente já não eramos homens, mas só corage!»

E nós todos, queriamos morrer bem, sem saber por quê, nem por quem,

se era pela Patria, se era por aqueles q. nos abandonaram aqui, e se regalam.

Todos pensavamos numa Mulher, – mãe, noiva, irmã, – ou Numa q. vimos uma vez e não sabemos quem é...

– Mas subito sentimos o ataque, e desentorpecemos as almas para a morte...

Poderia pensar-se que Lopes Vieira, o poeta que fizera o elogio público da intervenção e de Sousa Lopes na *soirée* musical de 1917, acompanhava aqui Cortesão na crítica do sidonismo e do abandono a que votara o CEP. Mas o intelectual de simpatias monárquicas, incensado pelos integralistas, já se encontrava em 1921 muito distante da República restaurada dois anos antes. Cristina Nobre sinalizou a indignação de Lopes Vieira contra alegadas «medidas de saneamento» de vozes dissonantes, defendidas por amigos como João de Barros (Nobre 2011, 139). Em 1920, o poeta renunciará, publicamente, ao grande oficialato da Ordem Militar de Sant'Iago da Espada, com que o ministro da Instrução o desejava distinguir (*Idem*, 139-140). A ruptura consuma-se com a apreensão pelas autoridades do poema anti-intervencionista *Ao Soldado Desconhecido (morto em França)*, uma feroz acusação da política de intervenção na Flandres, saído em folheto em Março de 1921. Lopes Vieira foi detido e interrogado no Governo Cilvil de Lisboa[25].

«No "Front" do boulevard Victor» foi por isso escrito num contexto de debate público sobre a política e a memória da intervenção na guerra, renovado pelas cerimónias fúnebres dos Soldados Desconhecidos, em Lisboa e no mosteiro da Batalha, a 9 e 10 de Abril de 1921. A indignação e amargura de Lopes Vieira foi agravada pela questão infame dos mutilados de guerra, surgida precisamente nesses dias. O Governo formalizara a intenção de encerrar o Instituto de Reeducação dos Mutilados da Guerra, em Arroios, sem esclarecer as suas responsabilidades no futuro dos combatentes fragilizados. O poeta envolveu-se publicamente pela causa. A polémica acentuou-se no *Diário de Lisboa*, com declarações suas de que os soldados haviam sido enviados para França para satisfazer «interesses políticos». Numa carta ao director do jornal, Lopes Vieira argumentou que o «desastre» da intervenção na Flandres instalara-se, inabalável, na consciência nacional. Portugal só conseguira sair honrado em virtude do «sacrificio horrendo» dos soldados, «martires conscientes e duplamente heroicos!» E havia um artista que conseguira captar esse valor: «Ah! Sim! Diante dêsse soldado heroico que o grande pintor Sousa Lopes fixou em telas admiraveis, curvemo-nos cheios de admiração e de respeito.»[26] O «soldado

[25] Veja-se Nobre 2011, 143. Os versos mais polémicos seriam: «[...] vem, oh Soldado Português da Guerra,/ dormir enfim na tua terra,/ e que a tua presença/ espectral,/ a tua imensa/ presença acusadora e aterradora/ para quem te exportou como um animal,/ se estenda sobre o céu de Portugal!» (*apud* Nobre 2011, 141).

[26] «Portugal na Guerra. Uma carta do ilustre poeta Afonso Lopes Vieira». *Diario de Lisbôa*. 28 de Abril de 1921: 4. Vejam-se igualmente as edições dos dois dias anteriores.

heroico» que Sousa Lopes encontrara – o mesmo que o poeta vira no atelier de Paris – aparecia assim, novamente, exaltado na imprensa da capital, depois de André Brun, mas servindo um combate político de sentido oposto ao de Brun e de Jaime Cortesão.

Estas interpretações dos combatentes e amigos próximos do artista são um sinal da relevância que *A rendição* atingiu no conjunto da obra do pintor. Sousa Lopes criara uma imagem icónica do soldado português da Grande Guerra que era motivo de apropriação, pelo valor de autenticidade que lhe reconheciam, na disputa pelo legado da participação no conflito que se instalou depois do armistício. Mas voltaremos a este assunto na quinta parte do livro.

A pintura já estaria terminada em 1921, a julgar pelo poemeto de Lopes Vieira. Não foi datada por Sousa Lopes. Mas foi exposta pela primeira vez publicamente no atelier de Lisboa, a «Casa do Regalo» no parque das Necessidades, numa exposição de obras de guerra inaugurada em Janeiro de 1924. Foi também a única grande pintura de guerra, destinada ao MML, que o artista apresentou na exposição individual de 1927, na Sociedade Nacional de Belas-Artes. A recepção da obra será analisada mais produtivamente em capítulo próprio, no âmbito mais vasto da recepção crítica do legado do artista de guerra. Mas, convém notar a influência que este *tour de force* de Sousa Lopes teve noutros artistas portugueses. José Joaquim Ramos, por exemplo, pensou talvez que África merecia um épico semelhante. Os seus soldados marcham exaustos pela savana angolana [Figura 9]. Também a composição em friso de Carlos Carneiro parece ser uma memória de *A rendição*, dispondo os soldados numa procissão lúgubre [Figura 17]. É igualmente visível noutra pintura de Carneiro, *A Procissão Cinzenta*, reproduzida no órgão da Liga dos Combatentes[27].

Mas no universo da obra de guerra de Sousa Lopes, *A rendição* decorria da convicção de que a sua arte, mesmo que «oficial», teria de resultar do testemunho da realidade das trincheiras. Sousa Lopes quis basear as suas obras «sobre a verdade dos factos», como escreveu Vitorino Godinho (*apud* Martins 1995, 318). Esta não era uma questão menor no debate internacional sobre as missões artísticas, como vimos. No Reino Unido, o Governo publicitava esse aspecto na contratação de artistas como Nash, Nevinson e Kennington (Malvern 2004, 44). Em França, a autenticidade parecia estar reservada exclusivamente, na percepção pública, aos artistas combatentes e não aos oficiais (Dagen 1996, 97; Maingon 2014, 114-116). Nesta medida, a obra de Sousa Lopes traduz na perfeição o espírito de uma nova pintura de guerra, que vimos Sue Malvern caracterizar. Uma pintura que, nascida de uma carnificina sem precedentes, não se fundava em reconstituições distanciadas e fantasiosas, mas unicamente no valor e na autoridade do testemunho pessoal, de espírito democrático e antimilitarista e com uma ênfase especial no sofrimento do soldado comum (Malvern 2004, 85-89).

Sousa Lopes irá depois pintar outras obras onde permanece ainda uma noção romântica da guerra e da pintura de batalha tradicional. Mas *A rendição* é o exemplo perfeito de como o pintor conseguiu, no quadro de fragilidade

[27] *A Guerra* (Lisboa), n.º 4, 9 de Abril de 1926, s.p.

do CEP, durante o sidonismo, transcender as expectativas de uma missão que inicialmente parecia emergir da propaganda. Foi um ponto de viragem, indicando-lhe a saída para o impasse examinado no capítulo anterior. A pintura parece ter-lhe sugerido, finalmente, um desígnio superior para a sua missão, desligando-o dos objectivos iniciais de propaganda e colocando no centro do seu projecto o testemunho memorial da pintura histórica.

CAPÍTULO 12
A SÉRIE DE GRAVURAS A ÁGUA-FORTE

O ciclo de 14 gravuras a água-forte sobre a Grande Guerra resultou, em grande medida, de uma ideia que Sousa Lopes idealizou ainda antes de partir para a Flandres, mas que nunca foi realizada: organizar um álbum ilustrado sobre a participação portuguesa no conflito mundial[1].

Os álbuns de gravuras e edições de artista generalizaram-se nos países beligerantes durante a guerra, devido às necessidades de propaganda, decerto, mas igualmente porque seriam um meio económico e dinâmico para os artistas veicularem uma interpretação original do conflito (Branland 2014, 110). Sucediam-se as iniciativas governamentais, como o álbum de litografias *Britain's Efforts and Ideals* (referido no capítulo 3), ou variadíssimos álbuns de artistas como os de André Devambez (1867-1944), Anselmo Bucci (1887-1955) ou Max Slevogt (1868-1932)[2]. Nesse âmbito permanecia referencial, sobretudo em páginas de denúncia antiguerra, a conhecida série de gravuras *Desastres de la Guerra* de Francisco de Goya (1746-1828), alusiva às atrocidades das invasões napoleónicas em Espanha (MNP, Madrid). O conhecido álbum de Otto Dix, intitulado simplesmente «A Guerra» (*Der Krieg*), é em certas páginas um exemplo assumido dessa influência, totalizando um portefólio de 50 gravuras a água-forte e a água-tinta (Historial de la Grande Guerre, Péronne, França). Publicado em 1924, é provavelmente a série gráfica sobre a Grande Guerra mais discutida e valorizada pela historiografia[3].

No caso de Sousa Lopes, é importante clarificar o percurso que vai da ideia inicial de álbum até ao presente estado de uma série avulsa de águas-fortes, com dezenas de provas dispersas por colecções públicas e particulares. Os dados essenciais desta história são identificáveis na documentação e na bibliografia. Na primeira entrevista que dá ao jornal *O Século*, antes de seguir para a frente, Sousa Lopes revelou que pensava «fazer um album ilustrado, em muitos exemplares, com impressões da guerra, para o publico», que não se destinava exclusivamente a Portugal[4]. Depois especificou, na proposta formal a Norton de Matos, que seria um álbum com os retratos de figuras de destaque do Exército e da Armada, dos chefes das missões militares estrangeiras enviadas ao país, e com os «episódios que melhor poderem representar o esforço glorioso das nossas tropas». Esperava realizar uma «verdadeira edição de arte» para venda

---

[1] Para uma outra leitura da série de águas-fortes veja-se Simas 2002a, 142-145 e Simas 2012b, 104-113.

[2] André Devambez, *Douze eaux-forts* (Paris, 1915); Anselmo Bucci, *Croquis du front italien* (55 gravuras a ponta-seca, Paris, 1917). Max Slevogt, *Gesichte* [Visões] (21 litografias, Alemanha, 1917).

[3] Veja-se por exemplo Cork 1994, 273-279; Winter 1994; Dagen 1996, 222-224; Willet 1998; Becker 2014.

[4] «Nos campos de batalha. A guerra e a arte. Um pintor portuguez, o sr. Sousa Lopes, reproduzirá os factos principaes da nossa intervenção militar». *O Seculo*. Edição da noite. 17 de Março de 1917: 1.

em Portugal e no Brasil[5]. Vimos anteriormente que o artista enalteceu, nesta missiva, a política do Governo francês de reunir em álbuns o trabalho de artistas como Scott, Fouqueray, Jonas e Flameng, constituindo «hoje um pecúlio artístico formidavel». O modelo inicialmente pensado por Sousa Lopes estaria por isso muito próximo, como foi dito, de um álbum de propaganda institucional como o de Lucien Jonas, *Les Grandes Vertus Françaises*, publicado em 1916 [**Figura 7**]. Não tanto, certamente, pela organização temática pomposa – segundo as quatro virtudes, «patriotismo», «abnegação», «dedicação» e «resignação» –, mas sobretudo pelo desígnio de moralização patriótica que estas publicações visavam. Mas a ideia do artista português foi-se definindo no decurso da guerra. Em Agosto de 1918, já era bem claro que o álbum seria constituído por 25 águas-fortes, segundo o relatório do major Vitorino Godinho ao comandante do CEP (Martins 1995, 318). Regressado da guerra, no ano seguinte, Sousa Lopes revelou ao *Século* em que pé estava a questão e a sua utilidade futura:

> Só posso acrescentar que tenciono fazer um grande album de luxo com as minhas aguas-fortes, das quaes se pensa, creio eu, em fazer uma reprodução barata por meio de heliogravura, para ser distribuida pelas famílias dos mortos em campanha e por todos os que se distinguiram na grande guerra.[6]

Terminado o conflito, a série que Sousa Lopes ia executando parecia ganhar uma outra dimensão enquanto projecto memorial, em detrimento das necessidades de propaganda com que o artista conseguira cativar o Governo em 1917. O número total de 25 gravuras é confirmado no contrato com o Ministério da Guerra para a decoração das salas do Museu de Artilharia. No entanto, a passagem onde se escreve que as águas-fortes se destinariam «à edição de um album de luxo e outra edição de vulgarização» encontra-se riscada, ou seja, cancelada. É um pormenor intrigante, mas que antecipa, de facto, que as duas publicações nunca seriam dadas a lume. Porque é que o Ministério recuou? Não há qualquer indício concreto que sugira uma hipótese. É no entanto provável que o projecto tenha esbarrado nas restrições financeiras que o Governo da República enfrentava, com a inflação galopante e a desvalorização do escudo no pós-guerra e, especificamente, na conjuntura de redução das despesas da Secretaria da Guerra (Rosas e Rollo 2009, 199-200; Godinho 2005, 277). Mas esta é, realmente, a última referência relativa à possibilidade de publicação dos dois álbuns. O facto de Sousa Lopes optar por não publicar o álbum numa casa particular, mesmo a edição em heliogravura, sublinha a obrigação que o artista considerava, decerto, ser a do Estado, uma vez que a sua proposta fora aprovada em Conselho de Ministros em 1917. Confirmada a impossibilidade, o artista desistiu de realizar o número total de 25 águas-fortes.

Em 1922, o Governo português ofereceu uma colecção de 13 águas-fortes do artista ao Musée de l'Armée, em Paris, com a finalidade de ser exposta nas salas dos Aliados desse museu militar, situado nos Inválidos[7]. Novas provas

[5] Cópia do ofício de Sousa Lopes a Norton de Matos, Abril de 1917, PT/AHM/DIV/1/35/80/1. Ver Documento 1.

[6] «Quadros da Grande Guerra. A obra do pintor Sousa Lopes. Uma palestra com o artista sobre o destino que virão a ter os seus valiosos e sugestivos trabalhos». *O Seculo*. 1 de Setembro de 1919: 1.

[7] Números de inventário 1730 C1, 1732 C1, 1734 C1-1744 C1. Oferecidas juntamente com cinco pinturas a óleo e quatro aguarelas de Sousa Lopes, que analiso no capítulo 15.

foram apresentadas na referida exposição de trabalhos de guerra realizada no *atelier* lisboeta do pintor, em Janeiro de 1924, da qual apenas existem notícias na imprensa[8]. Mas é no catálogo da exposição individual de 1927, na SNBA, que Sousa Lopes reúne a série de 14 águas-fortes que executara até então e fixa definitivamente o título de cada uma delas. No catálogo insere uma nota onde parece resignado quanto à não publicação do álbum, passada uma década sobre a ideia inicial: «Destas águas-fortes não existe edição comercial. O autor fez, porém, uma pequena tiragem de cada placa que tem à disposição das pessoas que desejarem possuí-las.»[9]

Para a datação destas gravuras, a referência deverá ser a colecção oferecida ao museu de Paris, sendo todas provas de artista e quase todas estão datadas. Mas existem igualmente provas de artista no acervo do Museu Militar de Lisboa e na colecção dos herdeiros. Todas coincidem nas datas. Por elas se compreende que Sousa Lopes executou a grande maioria das chapas matrizes em 1918 e 1919[10].

Avaliando o conjunto percebem-se, desde logo, alguns aspectos importantes que merecem reflexão. Sousa Lopes parece ter abandonado logo de início a ideia de reunir um álbum ilustrado de propaganda do CEP, de carácter institucional, com retratos de militares ilustres e episódios do «esforço glorioso» da campanha da Flandres. Dir-se-ia que a experiência concreta da guerra o motivou a criar um projecto mais pessoal, que assumisse a dimensão de um documentário mais próximo da vivência dos soldados no *front* português, como se idealizasse um documentário alternativo à reportagem fotográfica de Arnaldo Garcez. Este objectivo foi refinado por uma vontade especial em comunicar a intensidade dramática dos combates e o ambiente de destruição da paisagem da frente da Flandres. No entanto, os episódios gloriosos que planeara captar sobrevivem em algumas páginas da batalha do 9 de Abril. Não existe, por outro lado, uma sucessão narrativa das imagens ou um argumento geral que dê sentido a todo o conjunto – e não é evidente que Sousa Lopes tenha tido tal intenção –, apesar de se poder notar ressonâncias entre alguns motivos, como veremos. São sobretudo momentos expressivos da campanha da Flandres, por vezes com uma dimensão súbita, de um instantâneo que fixa uma acção, talvez já impregnada pelo medium fotográfico. É, ainda assim, possível encontrar três temas ou conjuntos que enformam este ciclo de gravuras e sugerem as suas possibilidades de leitura: momentos da vida dos soldados no sector português, que se articulam numa dimensão próxima da reportagem; episódios da batalha do Lys; e motivos que são alegorias da destruição da guerra, em tom de elegia.

Comando de um batalhão da Brigada do Minho na Ferme du Bois foi a primeira água-forte realizada, a única datada de 1917 [**Figura 49**]. Sousa Lopes encontrou esta unidade à entrada de um posto de comando desse subsector da frente portuguesa, onde trabalhou pela primeira vez em Outubro desse ano. A 4.ª Brigada do CEP era assim conhecida por ser formada por quatro batalhões de infantaria oriundos do Minho: o n.º 3 (Viana do Castelo), n.º 8 (Braga), n.º 20 (Guimarães) e o n.º 29 (Braga). Quando gravou a placa, Sousa Lopes não poderia

---

[8] Veja-se por exemplo «Vida artistica. Impressões e noticias. Artes plasticas. Os quadros de guerra de Sousa Lopes». *Diario de Noticias*. 5 de Janeiro de 1924: 3.

[9] Veja-se *Exposição Sousa Lopes* 1927, na parte «Obras sôbre a Grande Guerra», n.ºs cat. 5-18. Não se sabe quantidades das tiragens. Mas para a exposição de 1924 Sousa Lopes fez 35 provas de cada, como subscreveu nas quatro águas-fortes adquiridas por Columbano para o MNAC (n.ºs inv. 566-569). Na exposição de 1927 os preços variavam entre 600$00 e 2000$00.

[10] As chapas matrizes em cobre pertencem ao acervo do MNAC-MC, vejam-se algumas reproduções em Silveira 2015a, 96-109. A sobrinha do pintor, Júlia de Sousa Lopes Pérez Fernandes, contava à família que Sousa Lopes tinha nas mãos algumas manchas provocadas pelo ácido no qual as matrizes são banhadas, após o trabalho de incisão da cera (ou verniz) que cobre inicialmente a chapa. Relato transmitido por Felisa Perez a 11 de Abril de 2012.

Figura 49
Adriano de Sousa Lopes
Comando de um batalhão da Brigada do Minho na Ferme du Bois, 1917
Água-forte sobre papel, 33 x 46,2 cm
Colecção particular

saber que a Brigada do Minho ficaria célebre pela acção valorosa na batalha do Lys, resistindo ao avanço inimigo em Fauquissart e suportando um elevado número de mortos, feridos e prisioneiros (Martins 1995, 249). Condecorada com a Cruz de Guerra de 1.ª classe, a designação «Brigada do Minho» ficou consagrada na documentação oficial.

O posto de comando de Ferme du Bois era uma quinta (*ferme*) em ruínas, que possuía um pátio que André Brun baptizou como o «Pátio das Osgas» (Brun 2015, 135). Foi nas suas imediações que Sousa Lopes se instalou por uma semana, em Fevereiro de 1918. Brun descreve-o a desenhar pausadamente os detalhes daquela «ruína tão pitoresca onde viera acolher-se», observando as tarefas quotidianas dos soldados de Infantaria 23. Os jantares de oficiais prolongavam-se noite fora. Sousa Lopes irá escolher este cenário para compor outra água-forte, retratando um grupo de soldados do 23 em refeição [**Figura 50**]. Existe uma rara prova de estado desta gravura, isto é, uma prova que fixa um estado anterior ao definitivo, única em toda a série, que indica que o água-fortista trabalhou por último os valores de claro-escuro (MML, inv. 2369). Sousa Lopes ofereceu exemplares da água-forte final a André Brun e a Jaime Cortesão, como recordação do batalhão onde serviram na Flandres[11].

[11] A prova de Brun tem a seguinte dedicatória: «A André Brun/ querido camarada,/ especial amigo,/ como recordação do seu batalhão e/ do seu amigo/ S.L.». Foi apresentada na exposição, referida anteriormente, *Portugal nas Trincheiras. A I Guerra da República* (Lisboa, 2010). O exemplar de Cortesão tem igualmente uma dedicatória: «Ao Doutor Jayme Cortezão/ recordação do/ seu batalhão do C.E.P./ e do seu camarada/ e sincero admirador/ Sousa-Lopes». Veja-se fotografia da obra no espólio do escritor: BNP-ACPC, Espólio Jaime Cortesão (E25), Desenhos da Grande Guerra, n.ºs 1484-1485.

A série de gravuras a água-forte

Figura 50
Adriano de Sousa Lopes
*Infantaria 23 na Ferme du Bois
(distribuição de rancho)*, 1918
Água-forte sobre papel, 31 x 47,5 cm
MML, Lisboa
N.º inv. 2411

A água-forte *Ao parapeito* tem a singularidade de ter motivado a mais penetrante descrição dos trabalhos de guerra de Sousa Lopes por um combatente, a par das considerações de Jaime Cortesão sobre *A rendição*. Os soldados são representados na posição de «a postos», alinhados nas banquetas do parapeito, vigiando a «terra de ninguém» [**Figura 51**]. Na verdade, foi o desenho que a antecede o objecto da descrição memorável de Américo Olavo. Sousa Lopes realizou o esboço nas trincheiras de Fauquissart sob o olhar atento do capitão (MNAC-MC, inv. 205739). As observações de Olavo exprimem a profundidade de significados que certas imagens do artista do CEP suscitavam nos combatentes, que importa resgatar:

> Ao chegarmos ao encontro da [trincheira] Masselot com a primeira linha no posto de metralhadora que aqui está estabelecido, o pintor pede um momento de espera e começa a desenhar. Pouco a pouco dos seus traços sae o parapeito, e contra ele os homens com os seus chapeus metalicos rasando-lhe a crista. Mas sai mais ainda, na postura dos soldados e no conjuncto, o misterio que vae para alem da nossa linha, as surprezas que ahi germinam, a atmosphera de temor que uns vivem, a de decisão em que outros se encontram.

Figura 51
Adriano de Sousa Lopes
Ao parapeito, 1919
Água-forte sobre papel, 38,5 x 29 cm
MNAC-MC, Lisboa
N.º inv. 205740

O silencio é inteiro, completo, afoga toda a terra, emprestando, no impreciso da sombra, uma vida irreal às cousas inertes. (Olavo 1919, 205-206)

Repare-se que, na estampa, Sousa Lopes retirou um dos soldados alinhados no desenho, para que a divisão lumínica do céu, com a sombra da noite prestes a descer, fosse mais perceptível ao olhar. A gravura será reproduzida em 1919, com inteira justiça poética, na capa do livro de Américo Olavo [**Figura 59**]. Foi também nesse ano exposta no *Salon* de Paris, dedicado às obras de assistência de guerra, juntamente com *A Brigada do Minho* (ou, em alternativa, *Infantaria 23*), mas sob um título diferente: *Les guetteurs*[12]. Ao expor a gravura em Lisboa, na individual de 1927, Sousa Lopes decidiu claramente adoptar o

[12] As duas águas-fortes que expôs em Paris tiveram os títulos *Les guetteurs (secteur portugais dans le Nord)* e *L'abri de Ferme-du-Bois (secteur portugais)*. Veja-se *Explication des ouvrages de peinture, sculpture, architecture, gravure, lithographie et art appliqué exposés au Grand Palais des Champs-Élysées. Exposition organisée au profit des œuvres de guerre de la Société des Artistes Français et de la Société Nationale des Beaux-Arts* 1919, 86, n.ºs cat. 1476-1477 (secção «gravure et litographie»).

A série de gravuras a água-forte

Figura 52
Adriano de Sousa Lopes
A «Masselot», 1918
Água-forte sobre papel, 30,5 x 42,5 cm
Colecção particular

título de um conhecido livro sobre a batalha da Flandres, *Ao parapeito*, do tenente João Pina de Morais (1889-1953). Sobre a participação no *Salon*, em 1919, Sousa Lopes dirá nesse ano ao *Século* que o intuito fora «mais para que ficasse registado no catalogo o nome do nosso paiz do que propriamente pela esperança de qualquer sucesso»[13].

A «*Masselot*» foi, tal como a gravura anterior, quase decalcada de um desenho registado nas trincheiras [**Figura 52**]. Este apareceu-nos no capítulo anterior, figurando um soldado sob as redes de camuflagem, motivo igualmente transferido para o lado direito da pintura *A rendição*. É um intercâmbio raro na obra de Sousa Lopes. Como vimos anteriormente, a «Masselot» era uma trincheira de ligação à primeira linha que Sousa Lopes e Olavo percorriam com frequência. Na gravura o nome da trincheira ficou bem visível na tabuleta, tal como no desenho. Mas há notáveis diferenças entre eles. Na estampa os soldados que acompanhavam a figura principal desaparecem, e a figura doravante solitária, talvez trágica, transporta não uma espingarda, mas uma pá, que bem poderá ter enterrado o corpo de um camarada. É o que o cemitério por trás parece sugerir, com as cruzes alinhadas, quase fantomáticas, assomando por trás das redes de camuflagem.

[13] «Quadros da Grande Guerra. [...]». *O Seculo*. 1 de Setembro de 1919: 1.

Figura 53
Adriano de Sousa Lopes
Duas ordenanças de Infantaria 11, 1919
Água-forte sobre papel, 31 x 24,7 cm
Colecção particular

Por vezes os títulos que Sousa Lopes subscreve em algumas provas de artista não correspondem totalmente aos do catálogo de 1927, clarificando-se desse modo o assunto representando. A água-forte *Duas ordenanças de Infantaria 11* é disso um exemplo flagrante [**Figura 53**]. Representa dois soldados às ordens de um oficial, ou unidade, transportando os volumosos fardos que já conhecemos de *A rendição*, usando os típicos pelicos e safões, que os «lãzudos» do batalhão de Évora apreciariam mais do que ninguém. Seria, ainda assim, um assunto trivial. Mas a inscrição na prova de artista da colecção do MML precisa a situação: «Duas ordenanças do 11 d'infant.ª depois d'um ataque de gazes» (inv. 2397). Com efeito, na noite da passagem de ano (1918) o batalhão sofreu um violento bombardeamento com gases às suas posições em Laventie, que durou até às três da manhã, inutilizando por completo uma companhia e provocando 11 mortos (Martins 1995, 171). O artista terá, assim, testemunhado os efeitos do ataque em alguns soldados. Contudo, Sousa Lopes utilizou para

A série de gravuras a água-forte

esta água-forte mais um dos desenhos feito em Fauquissart, junto de Infantaria 2, que fixou a «primeira ideia» da pintura *A rendição* [**Figura 44**]. É mais uma evidência das várias possibilidades que o artista encontrava em alguns esboços, como se notou anteriormente. Não por acaso, Sousa Lopes ofereceu uma prova desta gravura a Cortesão, reproduzida depois na capa das suas memórias de combatente (Cortesão 1919)[14]. Tal como na pintura, encontrava-se nesta estampa, seguindo a leitura do escritor, um possível arquétipo do soldado português da Grande Guerra.

Os soldados atingidos gravemente, como os de Infantaria 11, eram prontamente evacuados para os postos de socorros avançados, onde uma equipa médica administrava os primeiros curativos. Sousa Lopes gravou um desses postos médicos que normalmente se situavam atrás da linha B, a segunda linha de trincheiras (MNAC-MC, inv. 205741). Foi num abrigo como este que o artista se alojou durante a temporada de Fauquissart junto das tropas de Américo Olavo (Olavo 1919, 207). É tentador pensar que também poderia ser o posto onde o capitão-médico Cortesão prestava os primeiros socorros, a vítimas trazidas pelos maqueiros, num abrigo precário onde entrava o pó, o frio e a chuva (Cortesão 1919, 94). Concretamente, é possível ver no canto inferior esquerdo da mancha, quase imperceptíveis a olho nu, algumas palavras gravadas que o localizam: «Path Post/ Rue du Bois/ 1917.» A Rue du Bois ligava Béthune ao centro do sector em Neuve-Chapelle, correndo perto do actual cemitério militar português em Richebourg. A *épreuve d'artiste* em Paris está, no entanto, datada de 1919.

Nem todas as águas-fortes possuem um desenho preparatório, ou quase idêntico, utilizado por Sousa Lopes para gravar a matriz. É o caso do posto de socorros avançado, entre outros. Mas o exemplo mais expressivo, e talvez mais surpreendente, está num par de águas-fortes que se destaca deste primeiro grupo de imagens e que forma um díptico sobre as acções de combate entre trincheiras inimigas: *Patrulha de reconhecimento na Terra de Ninguém* e *Os very-lights* [**Figuras 54 e 55**]. As patrulhas de reconhecimento, de escuta ou de protecção de trabalhos eram operações frequentes nas primeiras linhas: era necessário obter informações precisas sobre as defesas do inimigo, de que os comandos necessitavam, ou reparar as redes de arame farpado que protegiam as trincheiras, destruídas pela artilharia, situações que resultavam com frequência em confrontos e represálias (Martins 1934, 263-264). Na primeira estampa o água-fortista representa uma patrulha de cinco soldados rastejando em direcção às trincheiras alemãs, rasos ao terreno lamacento e acidentado da «terra de ninguém». É subtil e tecnicamente notável o efeito da luz nocturna (o luar ou o clarão fugaz de um *very-light*), que desce sobre as costas arqueadas dos soldados e ilumina difusamente o terreno. Não subsistiu qualquer desenho de composição, mas é nítido que Sousa Lopes utilizou os estudos que realizara no campo de instrução de Marthes, registando os exercícios dos soldados. Vitorino Godinho parece ter referido este trabalho como a primeira água-forte de Sousa Lopes. Contudo, a prova de artista oferecida a Paris está datada de 1919[15].

[14] Lê-se na dedicatória da gravura: «A Jayme Cortezão/ homenagem do/ camarada e sin/ cero admirador/ Sousa-Lopes». Veja-se fotografia da água-forte no espólio do escritor: BNP-ACPC, E25, Desenhos da Grande Guerra, n.ºs 1484-1485.

[15] Godinho parece aludir a esta gravura quando se refere ao «seu primeiro trabalho» como «A esplendida *agua-forte* "Uma Patrulha"» (*apud* Martins 1995, 318). O exemplar do Musée de l'Armée tem o n.º inv. 1735 C1.

Figura 54
Adriano de Sousa Lopes
Patrulha de reconhecimento na Terra de Ninguém, 1919
Água-forte sobre papel, 30,7 x 63 cm
Colecção particular

Figura 55
Adriano de Sousa Lopes
Os very-lights (c. 1919)
Água-forte e água-tinta sobre papel, 52,7 x 39,6 cm
Colecção particular

A série de gravuras a água-forte

Não é impossível que o artista tenha testemunhado o início de uma operação como esta, durante a noite, observando os soldados a saltarem o parapeito e o modo como rastejavam na «terra de ninguém». Mas em 1919 já haviam sido publicados vários livros de combatentes que descreviam, de forma impressiva e detalhada, as patrulhas nocturnas de reconhecimento ou de ataque, como os relatos de Augusto Casimiro (2014, 183-187), André Brun (2015, 78) ou João Pina de Morais (1919, 59-68). O livro de Augusto Casimiro, *Nas Trincheiras da Flandres*, impressionou fortemente Sousa Lopes. Foi o primeiro livro, notei anteriormente, de um combatente português publicado no país, em Maio de 1918, atingindo a quarta edição no ano seguinte. Sousa Lopes escreveu-lhe uma carta entusiasmada: «Meu Querido Amigo estou lendo o seu livro, e o meu enthusiasmo por si e por elle vae n'um crescendo alucinante mas delicioso. § Elle é tão seu, está tão *parecido,* que o seu melhor retrato não me faria melhor companhia: Obrigado! Bravo! Parabéns!»[16] Talvez o artista tenha lido, com especial atenção, o capítulo que descreve um raide da gente de Casimiro às linhas inimigas, pelo terreno «de ninguém», entre avanços e paragens na antecipação do inimigo, sob um «luar algente e hostil». O capítulo intitula-se «Uma patrulha de combate» e tem passagens sugestivas: «Rastejando… Uma serenidade enorme toma-nos a alma, aos poucos… E não é resignação, abandono, esta serenidade… É feita de confiança e certeza, de resoluta vontade e orgulhosa aceitação de Morte…» (Casimiro 2014, 185).

O par desta água-forte, virada ao alto, intitulada *Os very-lights,* representa igualmente uma patrulha rastejando na «terra de ninguém». As baionetas caladas, bem visíveis na extremidade das figuras, dizem-nos talvez que esta será mesmo uma patrulha de combate, como a narrada por Casimiro. Os foguetes de iluminação eram lançados durante a noite para detectar as movimentações inimigas na *No man's land,* como diziam os ingleses, ou no «bilhar» (*le billard*), como dizia o calão francês das trincheiras (Brun 2015, 77). A patrulha portuguesa parece ter sido detectada pela luz momentânea dos foguetes, que se apagam no solo, junto do arame farpado no horizonte, e os soldados, imóveis, comprimem o corpo contra o terreno, evitando serem atingidos pelas metralhadoras inimigas, que, na dúvida, batem todo o terreno. Casimiro publicou no seu livro um curto capítulo intitulado «Elogio do very light», onde descreve os seus efeitos visuais, numa prosa característica:

> Primeiro é a detonação que arremessa ao alto a pequena carga luminosa… As sentinelas mergulhadas na treva, ouvido atento, olhos espantados de escuridão, estremecem…
>
> Já ao alto, num ruído mais leve, a grande flor luminosa abre, fixa-se um momento, desfolha as pétalas ardentes…
>
> E a Terra de Ninguém acorda, soergue o manto negro que a sufoca e esmaga… (Casimiro 2014, 191)

Sousa Lopes permanece aqui o impressionista fascinado pelos efeitos plásticos da luz nocturna, procurando resgatar uma dimensão estética na

---

[16] Carta de Sousa Lopes a Augusto Casimiro, n. dat. (c. 1918-1919), 2 fólios. BNP-ACPC, Espólio Augusto Casimiro (D5), caixa 3.

Figura 56
Adriano de Sousa Lopes
Manhã de 9 de Abril (Bombardeamento de La Couture), 1918
Água-forte sobre papel, 35 x 47 cm
Colecção particular

acção dissimulada da guerra moderna. Combinou nesta gravura, ineditamente, a técnica da água-tinta, utilizando grãos de resina na chapa pronta, de modo a conseguir um efeito mais uniforme do céu e do terreno, que adquirem visivelmente uma qualidade granulada. São evidentes as possibilidades técnicas do gravador em sugerir a ambiência nocturna e a luz intensa, quase alucinatória, dos foguetes, como sublinhou Marine Branland[17]. A *Patrulha* e *Os very-lights* são, efectivamente, os únicos «nocturnos» desta série.

A batalha do Lys sugeriu a Sousa Lopes três águas-fortes, que podem ser entendidas como um segundo núcleo desta série. Vimos no capítulo 10 que no rescaldo da batalha o artista oficial visitou várias unidades e formações, como se de um repórter se tratasse, conversando com os soldados e oficiais e deles colhendo as informações e os relatos necessários para o seu trabalho. No caso de *Manhã de 9 de Abril (Bombardeamento de La Couture)* [Figura 56], existe uma prova de artista onde se indica com mais precisão o assunto representado: «A resistência do 13 e 15 d'Infant.ª no reducto de Lacouture» (MML, n.º inv. 2373). Trata-se, portanto, da resistência dos batalhões de Vila Real e de Tomar nas trincheiras frente a La Couture, que Sousa Lopes ensaiou em vários desenhos.

[17] Única obra de Sousa Lopes a figurar numa exposição internacional sobre as representações visuais da Grande Guerra, *Vu du front. Représenter la Grande Guerre* (Paris, Musée de l'Armée, 15 de Outubro de 2014 a 25 de Janeiro de 2015). Veja-se texto sobre esta gravura da autoria de Marine Branland (que nela identifica a água-tinta), em Romanowski 2014, 265, n.º cat. 208. Foi a única estampa da qual Sousa Lopes não realizou uma tiragem para a exposição de 1927, indicando no catálogo: «esgotado».

A série de gravuras a água-forte

Figura 57
Adriano de Sousa Lopes
Esgotadas as munições, a artilharia ligeira consegue salvar os seus canhões, atravessando um intenso fogo de barragem, 1919
Água-forte sobre papel, 39 x 63,6 cm
MCG-CM, Lisboa
N.º inv. GP853

É a água-forte mais dramática e convulsiva da série, uma cena de batalha realmente inovadora que representa, no meio de fortes explosões, um grupo de soldados encurralados na trincheira, que parecem querer evacuar, disparando um deles a arma num esgar de desespero. Em primeiro plano, domina o arame farpado retorcido e agressivo. A paisagem em redor é fustigada pelas explosões da artilharia, motivando uma escrita agitada no céu, em espirais, e, ao centro, vê-se o desabamento de um telhado em ruínas. Recorde-se que, para Sousa Lopes, as *fermes* arruinadas que se avistavam entre trincheiras eram metáforas do horror e da destruição da guerra, segundo Olavo (1919, 204).

Outro relato do 9 de Abril que Sousa Lopes decidiu fixar em gravura foi sobre a acção comandada pelo capitão de artilharia José Beleza dos Santos, certamente um dos feitos «gloriosos» que previa retratar no seu álbum [**Figura 57**]. O longo título com que a apresentou na exposição de 1927 resume bem a acção de Beleza dos Santos na batalha. Debaixo de fogo, em Neuve-Chapelle, o capitão conseguiu pôr a salvo as suas peças de 75, recebendo por isso um louvor do general Gomes da Costa[18]. É a composição mais complexa da série, envolvendo soldados (um deles transporta um ferido às costas) e viaturas com as peças de artilharia, puxadas com esforço pelos equídeos, num movimento dinâmico que descreve um arco e que se dirige do primeiro plano ao horizonte. O «fogo de barragem» inimigo revolve o terreno e causa expressivas nuvens de poeira no céu, onde se recorta a contra-luz a figura do sota-guia brandindo o chicote. À direita, vigiando a operação, é retratado Beleza dos Santos. Esta

[18] Veja-se PT/AHM/DIV/1/35A/1/4/1059/José Maria da Veiga Cabral Beleza dos Santos. Foi um dos primeiros oficiais a receber a Cruz de Guerra, no QGC de Roquetoire a 13 de Outubro de 1917, durante a visita do presidente Bernardino Machado à frente portuguesa.

composição interessou tanto Sousa Lopes que a ensaiou numa pintura a óleo e noutro trabalho a guache e pastel, este acentuando as deflagrações (col. particular). São muito provavelmente esquissos para uma pintura destinada às salas do Museu de Artilharia, que o artista decidiu abandonar pela água-forte.

Quanto ao *Episódio do bombardeamento do 9 de Abril* não é clara a acção representada (MML, inv. 2403). Mas poderiam ser, perfeitamente, artilheiros às ordens de Beleza dos Santos. Sobressai o esforço e a urgência dos soldados em manobrar o canhão de 75, debaixo de fogo inimigo, como sugere o tracejado caótico no céu. É uma composição engenhosa, que sugere rapidez e movimento, com a direcção do canhão e a gestualidade das figuras a criarem linhas diagonais de sentido inverso. Existe um desenho prévio mais genérico, menos pormenorizado (*Idem*, inv. 2404). A relação entre os dois é significativa de como o estilete agitado, mas sempre preciso, de Sousa Lopes inventa sempre inúmeros detalhes que enriquecem os estudos prévios e confere um suplemento de vivacidade e sentimento às ideias esboçadas em desenho. Há um objectivo evidente destas duas últimas gravuras representarem a artilharia – uma arma fundamental do CEP – no álbum ilustrado que o gravador idealizara em 1917.

Dando uma sequência ao tema da batalha, Sousa Lopes concebeu por fim um conjunto de três águas-fortes que representam vestígios, destroços, os sinais da luta no sector português. São principalmente alegorias da destruição da guerra. Ao percorrer os locais de combate no antigo sector do CEP, depois do armistício, Sousa Lopes encontrou um motivo que lhe prendeu a atenção: uma *Sepultura de um soldado português desconhecido, na Terra de Ninguém* [**Figura 58**]. A sepultura é demasiado invulgar para ter sido imaginada pelo artista. Foi improvisada com o cano de uma espingarda, ao alto, cruzada por uma pá, como nos mostra um desenho mais pormenorizado, datado de 1918 (MML, n.º inv. 2370). A estampa na colecção do MML indica que o artista a encontrou em Neuve-Chapelle. Recorde-se que a «terra de ninguém» era o território temido que os soldados outrora haviam percorrido, nas cenas anteriores, rastejando como répteis nas noites de combate. É possível que Sousa Lopes quisesse sugerir uma relação narrativa entre estas gravuras. Contudo, entre desenho e água-forte surgem alterações importantes: as árvores esgalhadas no horizonte desaparecem, não distraindo o olhar da sepultura solitária, e o terreno, antes poeirento e revolto, tornou-se húmido e lamacento, sulcado pelas crateras dos obuses, que parecem preenchidas pela água da chuva, um belo efeito de claro-escuro que sugere a paz depois da tempestade.

A luta da artilharia na batalha de 9 de Abril, representada em gravuras anteriores, parece ter o seu epílogo, próximo de um *requiem*, em *Canhão desmantelado (Le Touret, 1918)* (MCG-CM, inv. GP848). Era um dos inúmeros destroços da batalha do Lys que se podiam observar no antigo sector do CEP. Talvez seja um dos obuses de Le Touret cuja aquisição Ferreira Martins, pelo Estado-Maior, solicitou aos britânicos, por terem sido guarnecidos a 9 de Abril por artilheiros portugueses[19]. Com efeito, Sousa Lopes esclarece numa prova de artista que representou um «Canhão desmantelado pelos soldados

[19] Ofício do coronel Ferreira Martins à Missão Britânica, 14 de Abril de 1919, PT/AHM/DIV/1/35/80/1.

A série de gravuras a água-forte

Figura 58
Adriano de Sousa Lopes
Sepultura de um soldado português desconhecido, na Terra de Ninguém
(c. 1918)
Água-forte sobre papel, 20,6 x 29,3 cm
Colecção particular

portuguezes antes de ser abandonado depois de esgotados os meios de resistencia» (MML, n.º inv. 2402). É possível que uma fotografia de Arnaldo Garcez lhe tenha sugerido o assunto, ou uma visita a Le Touret, ou até guiado na composição desta imagem (AHM, Lisboa, PT/AHM/FE/CAVE/AG/A11/1287). Sousa Lopes pôde aliás observá-la também em postal, publicado pelo CEP, em 1919, numa colecção referida anteriormente, *Sector Portuguez – Zôna devastada/ Secteur Portugais – Zone dévastée*. Trata-se, sem dúvida, do mesmo canhão. Se examinarmos gravura e fotografia, o objecto tem em ambas o mesmo rombo na parte anterior do cilindro, provocado pelos artilheiros em fuga ou pelo fogo inimigo. Na água-forte, a mão crispada do soldado, em *rigor mortis*, que assoma por baixo da roda do canhão, é uma nota dramática que alude às vítimas do combate, mas pouco plausível que o artista tenha observado no local. Em todo o caso, não subsistiu qualquer estudo em desenho para esta água-forte tardia, datada de 1921.

Uma encruzilhada perigosa (MNAC-MC, inv. 566) parece abrir para uma interpretação mais ampla que as gravuras anteriores, propondo uma meditação, ou interrogação, não apenas de sentido religioso, mas talvez de âmbito civilizacional. Representa um dos vários calvários que pontuavam o sector do

CEP, destruído pela avalanche de 9 de Abril. Num terreno revolvido pela destruição, a imagem solitária de Cristo surge-nos mutilada, presa a uma árvore, como que ainda pregado à cruz do martírio. À sua beira uma estrada, deserta, conduz a um destino desconhecido. Uma prova da água-forte foi adquirida por Columbano na exposição de 1924. O título com que foi inventariada no MNAC é, contudo, muito pouco típico em Sousa Lopes, mais inclinado a títulos objectivos e descritivos[20]. Faz lembrar as legendas-título de Goya nos *Desastres de la Guerra*, por vezes sarcásticas, mas quase sempre uma advertência ao leitor. O tema do corpo mutilado pela guerra pode também ter sido sugerido pelo artista espanhol[21]. Em qualquer caso, esta estampa é, em toda a série, o mais próximo que Sousa Lopes esteve de uma «memória de Goya» (Silva 1994, 183; Silva 2010, 48).

No entanto, a ideia concreta para a composição terá partido, novamente, de uma fotografia de Garcez (AHM, Lisboa, PT/AHM/FE/CAVE/AG/A11/1379). O facto de Sousa Lopes ter acrescentado a estrada deserta diz-nos que a água-forte não regista fielmente o local, é uma imagem recomposta. Este motivo aparece, por exemplo, noutro postal de Garcez, que regista o calvário de Calonne destruído. O desenho prévio reúne já todos estes elementos e encontra-se invertido, uma situação inédita, mas que indica que o águafortista por ele se guiou directamente na execução da chapa matriz (col. particular). Uma vez que a água-forte não foi oferecida a Paris poderia ser datada de 1922-1923, mas o mais provável é que tenha sido aberta, tal como *Canhão desmantelado*, em 1921. As duas gravuras sugerem que seria provável – se Sousa Lopes pudesse ter ampliado a série até 25 matrizes, destinadas à publicação do álbum – uma maior influência das imagens de Garcez no conjunto que faltaria realizar.

Finalmente, existem duas gravuras que Sousa Lopes não apresentou em 1927, nem ofereceu ao Musée de l'Armée de Paris, não as considerando, portanto, como fazendo parte da série de águas-fortes da Grande Guerra. Mas, pelo seu assunto, devem aqui ser assinaladas. Da primeira água-forte só se conhece uma única prova, na colecção do Museu da Liga dos Combatentes (inv. 2294), oferecida pela família do artista. É provável que seja a gravura exposta em 1945 com o título *Soldado de regresso*[22]. Representa um tipo de soldado que já conhecemos de imagens anteriores, que carrega um fardo, vestindo o pelico e safão alentejanos, icónico do quadro *A rendição*. Note-se que Sousa Lopes reproduziu nesta estampa, fielmente, uma aguarela pintada no *front* em 1917, que irá igualmente transferir para a pintura do MML (MML, inv. 2393). A outra água-forte, *As mães dos Soldados Desconhecidos*, parece ser o epílogo definitivo de toda a série, fechando-a em tom de elegia (col. particular). Foi decerto realizada em 1921, por ocasião das exéquias oficiais dos Soldados Desconhecidos da Europa e de África, em Lisboa e no mosteiro da Batalha, a 9 e a 10 de Abril de 1921. Sousa Lopes ficou impressionado por um desfile de mães de soldados mortos na guerra, vestidas de luto, acompanhando a entrada dos féretros na Batalha. A imagem será analisada ao pormenor, mais à frente, quando considerarmos o quadro que Sousa Lopes pintou, sobre este mesmo assunto, para o Museu Militar de Lisboa.

[20] Foi inventariada com esse título (*Portugal na Grande Guerra: Uma encruzilhada perigosa*) pelo conservador do museu, e também pintor, Francisco Romano Esteves (1882-1960). Mas é provável que Sousa Lopes a tenha intitulado no catálogo da exposição de 1927 como *Paisagem do «Front de Flandres»* (n.º cat. 12). Para mais pormenores sobre esta questão, ver Silveira 2016, 247, nota 415.

[21] Veja-se por exemplo a gravura n.º 39 do álbum *Desastres de la Guerra* (1810-1814), intitulada «Grande hazaña, con muertos» (Grande façanha, com mortos), MNP, Madrid.

[22] Veja-se *Exposição Retrospectiva do Pintor Sousa Lopes. Desenhos e gravuras* 1945, n.º16 em gravuras. Aparenta ser uma água-forte, apesar ter uma mancha mais esbatida e sem relevo em relação às restantes.

A série de gravuras a água-forte

É tempo de concluir. Se recordarmos que Sousa Lopes começa a praticar a água-forte pouco antes da sua partida para a Flandres e os trabalhos que então realizou (retratos de amigos artistas e escritores, paisagens de pequena dimensão), compreende-se o salto qualitativo que a série em análise representou para a obra do artista gravador, lançado na encruzilhada perigosa da Grande Guerra. Sousa Lopes nunca havia tentado composições desta amplitude, envolvendo acção de figuras, composições «de história» e paisagens lançadas numa escala invulgar, mesmo em comparação internacional. Algumas manchas de água-forte ultrapassam os 60 centímetros de largura, como em *Patrulha de reconhecimento* ou *Esgotadas as munições* [**Figuras 54 e 57**].

Vimos também que não são muitas as gravuras que descendem realmente dos seus esboços de campo, como seria talvez de esperar, pela vivacidade e imediatismo que comunicam. Nesta série de águas-fortes Sousa Lopes não só conseguiu igualar a espontaneidade dos desenhos de campo, como em muitos casos intensificá-la, com uma energia e uma precisão do traço que parecem suplantar os desenhos finais ou mesmo os esboços desenhados sobre o motivo. Essa dimensão é visível mesmo em águas-fortes de assunto mais tranquilo, como *A «Masselot»*, mas é talvez mais expressiva nos episódios agitados da batalha do Lys, como em *Manhã de 9 de Abril* ou *Episódio do bombardeamento do 9 de Abril*. Sousa Lopes tira proveito de toda a espontaneidade que a técnica da água--forte potencia, executada com uma ponta de metal sobre uma camada de verniz maleável que preenche a chapa de cobre, antes do banho de ácido que marcará as linhas abertas. Não é gravada directamente na matriz, como nas técnicas a buril, como a ponta-seca. Na tintagem posterior aparece-nos assim a peculiar grafia do Sousa Lopes águafortista, um traço enérgico e desenvolto, por vezes com uma espessura de mancha típica de um pintor colorista.

No âmbito da calcografia nacional não parecem existir exemplos particularmente notáveis até meados do século XX, até à acção de Júlio Pomar (1926-) e a fundação da Sociedade Cooperativa de Gravadores Portugueses (Gomes 2010, 109-110). Não é, por isso, difícil reconhecer que a série de gravuras de Sousa Lopes significou um avanço absolutamente inédito e inovador na época da Grande Guerra, e que permanece um conjunto cimeiro na história da gravura artística em Portugal.

CAPÍTULO 13
SOUSA LOPES NA LITERATURA DA GRANDE GUERRA

Muito antes de poderem apreciar os resultados artísticos do pintor do CEP, os leitores portugueses tiveram a oportunidade de conhecer a sua acção em França nas páginas de alguns livros, influentes, de soldados da guerra da Flandres, que já encontrámos em capítulos anteriores: refiro-me a André Brun e *A Malta das Trincheiras*, *Na Grande Guerra* de Américo Olavo e *Memórias da Grande Guerra*, por Jaime Cortesão[1]. Neles são propostas as primeiras representações de Sousa Lopes enquanto pintor da Grande Guerra, configurando uma primeira imagem e recepção pública da sua missão artística, tentada, por vezes, através de uma caracterização psicológica que importa aqui valorizar [**Figura 59**]. Se no contexto internacional valeria a pena verificar a sua excepcionalidade, que não cabe aqui desenvolver, em Portugal estes relatos são de uma evidente raridade e utilidade enquanto fontes da história da arte, se recordarmos, por exemplo, que nem uma linha foi escrita nesta literatura sobre Arnaldo Garcez. No discurso de Brun, de Olavo e de Cortesão manifesta-se, de forma latente, uma discussão importante sobre como deveria ser a conduta de um artista oficial na linha da frente da Grande Guerra.

Vale a pena recordar que estas memórias – e é justo não esquecer a primeira de todas, *Nas Trincheiras da Flandres* de Augusto Casimiro, publicada em Maio de 1918 –, sendo escritas por partidários fervorosos da intervenção, não se limitavam a descrever uma experiência íntima do combate. Pretendiam também intervir no debate sobre o conflito que se iniciava no pós-guerra, elaborando uma narrativa de justificação e legitimação da presença do CEP em França, ensombrada, no final de 1917, pelo triunfo da «República Nova» de Sidónio Pais. Para Jaime Cortesão o dezembrismo não se limitara a prejudicar a intervenção na Flandres: um dos «males piores» havia sido mais profundo, uma «deformação mórbida operada sôbre o carácter nacional» (Cortesão 1919, 222). No caso de Brun, a denúncia não se fez tanto no seu livro – publicado em folhetim no diário republicano *A Capital*, durante o mês de Outubro de 1918 –, mas na sua coluna de opinião, «Migalhas», no mesmo jornal, onde no mês de Setembro expusera de modo contundente a negligência e hipocrisia de um Governo que votara o CEP ao esquecimento[2]. Américo Olavo resumiu bem a amargura dos intervencionistas quanto ao «criminoso intento» do sidonismo,

[1] André Brun retrata o artista no capítulo «Um pintor nas "trinchas"» (Brun 2015 [1.ª ed. 1918], 133-136), Américo Olavo nos capítulos «Visitas», «O Artista», «Dia de perseguição» e «Paradis» (Olavo 1919, 196-219) e Jaime Cortesão em «O Almôço do Pintor» (Cortesão 1919, 134-140).

[2] Veja-se, por exemplo, as edições do vespertino *A Capital* dos dias 14, 15 e 22 de Setembro de 1918.

AMERICO OLAVO

NA GRANDE GUERRA

Figura 59 (página anterior)
Capa da 1.ª edição de *Na Grande Guerra*, de Américo Olavo, 1919
Ilustração de Sousa Lopes
BNP, Lisboa

descrevendo uma conversa com Sá Cardoso na Red House, antes de receberem a visita de Sousa Lopes:

> Lamentamos com desgosto, a atitude de muitos, que não comprehendendo todo o alcance e todo o imperio das suas obrigações para com a Patria, deprimem o nosso esforço, malsinam os actos dos homens que foram interpretes da vontade e dos interesses do paiz, criticam-nos e difamam-nos, julgando-se com direito não já a discutir a nossa comparticipação, mas até a proceder de forma que ela seja depreciada, diminuida. (Olavo 1919, 197)

É este contexto adverso que os livros procuravam reverter, e é nele que surgem, portanto, estes retratos do artista enquanto soldado, apresentado unanimemente como um exemplo de virtude cívica. Há uma ideia recorrente, um *leitmotiv*, que parece percorrer as três narrativas: Sousa Lopes demonstrara, nesta missão, uma seriedade e uma coragem que o levaram a trabalhar nas perigosas linhas do sector português, onde partilhou a existência do soldado comum das trincheiras. Esse facto seria a garantia maior da sinceridade e veracidade do seu trabalho. A insistente declinação desta ideia significa que ela se estava a estabelecer, entre os seus camaradas, como a principal mitologia do artista de guerra. Ligada a ela há uma outra representação que sobressai, de sentido mais geral: Sousa Lopes era um voluntário patriota, que abandonara a sua existência confortável em Paris e se entregara à perigosa missão de ser pintor do CEP. Américo Olavo, logo no início do seu relato, tem uma noção exacta da diferença que Sousa Lopes representava para o artista de guerra convencional, como argumenta numa passagem particularmente lúcida:

> O seu dever d'artista probo, encarregado de quadros de guerra, tra-lo a estes lugares onde ninguem póde aventurar-se sem risco. Ele bem os podia fazer muito lá para traz no confortavel atelier de S. Floris, socorrendo-se da sua imaginação, ou do que lhe ficasse na retina depois d'uma rapida e prudente passagem pelas trincheiras a horas quietas em que ali quasi se pode passar com segurança. (Olavo 1919, 200)

O memorialista não esconde, porém, que esta atitude que admirava poderia ter tido consequências graves. Olavo assinalou no livro que, nas visitas às trincheiras, o artista do CEP ficava, como qualquer soldado, à mercê da artilharia inimiga. Isso era para ele uma fonte de constante preocupação: «Recomendo a Sousa Lopes que ao sentir aproximar as granadas, se abrigue bem no fundo da trincheira, colando-se contra o parapeito» (Olavo 1919, 209). O capitão de Infantaria 2 descreveu pelo menos três vezes em que Sousa Lopes esteve em sério perigo de vida. Tudo no mesmo dia, um «Dia de perseguição», como intitulou um capítulo do seu livro. Duas ocasiões são mais marcantes: quando Sousa Lopes quis pintar ao cavalete numa trincheira chamada Rotten Row, não longe da Masselot, e, mal abrira a caixa de tintas, iniciava-se uma série de granadas que caíram a 15 metros de distância, espalhando estilhaços, massas de lama e pedras em redor. Mais tarde, na rua Thileloy, onde se dispôs a fixar as ruínas de Fauquissart, o pintor escapou por um triz às rajadas das metralhadoras inimigas, que batiam com frequência essa estrada. Olavo preveniu-o repetidamente, mas o pintor não fazia caso: «Responde-me sorridente, que está aqui para pintar quadros da guerra com os riscos que a ela são inerentes» (*Idem*, 211).

A mesma ética e espírito de missão registaram Jaime Cortesão e André Brun nos seus livros. Cortesão nota ao leitor que se refere a Sousa Lopes como o «Pintor», com maiúscula, como expressão do seu reconhecimento. Refere que já o apreciara numa exposição em Lisboa, que só poderá ser a individual de 1917. Cortesão acentua sobretudo o gesto admirável do artista em ter ido desenhar para as trincheiras:

> Mas também lhes digo: se o não admirasse ainda, começava a admirá-lo agora. Porque emfim para pintar a guerra veio fazer os cartões para as trincheiras. Eu vi, eu vi-o na primeira linha, a setenta, oitenta metros do boche sentar-se num saco e, imperturbável, apontar de crayon em punho, demoradamente. (Cortesão 1919, 135)

O autor contrasta esta atitude com a generalidade dos colegas do artista, criticando-os explicitamente: «Êle veio cá, e aqui está, vendo, vivendo, sofrendo, para depois pintar. E os outros… Os outros, o melhor é nem falar neles» (*Idem*, 136). Esta coragem, para Cortesão, seria a melhor garantia da veracidade da sua arte, que assim captava a transformação operada nos soldados da linha da frente:

> E vi já os seus *esquissos* em que os soldados, apenas debuxados, todavia surgem em sofrimento e alma, mas em alma nova, com aquela scentelha de revelação profunda de quem viu a Verdade, o que só a trincheira dá. (Cortesão 1919, 135-136)

Por outras palavras, o facto de Sousa Lopes partilhar os perigos das trincheiras capacitava-o, segundo o escritor, a perscrutar uma qualidade dos soldados que é um tema forte do livro de Cortesão, como notámos na análise da pintura *A rendição*: a do nascimento de um «homem novo» no soldado português da Flandres, que, mergulhado «no abismo do sofrimento», adquirira uma «uma noção especial dos valores morais» (Cortesão 1919, 235-236). Ao propor esta identificação, Cortesão legitima moralmente a arte de Sousa Lopes. O autor tinha a certeza de que «êsse soldado, o verdadeiro, há-de ficar a tintas nos painéis de Sousa Lopes» (*Idem*, 136). E esse soldado, já o sabemos, será o de *A rendição*, imagem paradigma de um exército republicano que emanava do povo.

André Brun reforçou igualmente a ideia de um artista indiferente ao perigo: «Sousa Lopes desenhou na primeira linha de um sector já sofrivelmente agitado como se estivesse no seu atelier da Rua Malebranche» (Brun 2015, 134). Nos quinze dias em que o acompanhou, escreve, Sousa Lopes foi «um lãzudo autêntico», a quem «os morteiros e as granadas não impressionavam», e nem sequer pensava nisso (*Ibidem*). Porém, há uma ideia mais elaborada que retrata Sousa Lopes como um voluntário miliciano: «[Sousa Lopes] não hesitara em deixar a vida tranquila do seu atelier em Paris para seguir a existência vagabunda e não isenta de perigos de pintor do C.E.P.» (*Idem*, 133). E é em virtude dessa «camaradagem voluntária», que encantara os soldados, e à sinceridade dos seus resultados que o escritor vaticina a perenidade e validade da sua documentação artística. Há um trecho que sintetiza bem este seu «retrato», que Olavo e Cortesão irão depois desenvolver:

> Das minhas melhores recordações da guerra, uma das que mais profundamente me impressionaram e me sensibilizaram mesmo foi a convivência com Sousa Lopes, ali nas linhas, nas barbas de Fritz. O corpo expedicionário foi infeliz e mal servido em muitos dos seus aspectos. Foi felicíssimo no seu pintor. De toda a documentação artística, a dele ficará, porque foi sinceramente vivida e inteligentemente raciocinada. Depois digamo-lo sem rebuço: Sousa Lopes foi um óptimo soldado. Todos o pudemos verificar, e foi assim que ele entrou nos nossos corações. (Brun 2015, 135)

Existe, numa segunda análise destas obras, uma interpretação muito particular em cada escritor que amplia a nossa compreensão do pintor na Grande Guerra. Será mais útil continuar com André Brun, cujo capítulo foi publicado originalmente no vespertino *A Capital*, ainda a guerra não havia terminado[3]. É, por isso, a primeira interpretação autoral sobre o artista de guerra a surgir no espaço público. O escritor começa por traçar um retrato físico expressivo:

> A pessoa é profundamente insinuante. Um corpo meão e atarracado, uma cara redonda e ao mesmo tempo fina, uns olhos inteligentes com a doçura dos olhos míopes, e, em tudo, na correcção do falar, no agitar correcto da fisionomia, na reduzida amplitude do gesto, no comedimento das atitudes, aquele toque que a França impõe aos que nela permanecem longo tempo. (Brun 2015, 133)

A veia humorística de Brun levou-o a reparar em certos traços de personalidade. Notou, por exemplo, a permanente correcção do artista, que, ao fazer os seus *croquis*, perguntava insistentemente aos soldados se estava perturbando o seu serviço (*Idem*, 135). Estes, pelo seu lado, baptizaram-no logo como «aquele nosso capelão que tira fotografias com um lápis» (*Idem*, 134). Noutra nota pessoal, o capitão refere que as noites no «Pátio das Osgas» decorriam «entre ditos e anedotas, alumiadas, por *punchs* sucessivos de que o artista, sóbrio por convicção, se arredava um pouco […]» (*Ibidem*). Terá sido numa dessas noites que Sousa Lopes desenhou à luz de velas o retrato de Brun, usando capacete,

---

[3] Brun, André. 1918. «A malta das trincheiras. Um pintor nas "trinchas"». *A Capital*. 15 de Outubro: 1.

Adriano de Sousa Lopes. Um pintor na Grande Guerra

depois reproduzido na capa de *A Malta das Trincheiras* [**Figura 60**]. O escritor ofereceu-lhe um exemplar com uma dedicatória saudosa desses dias em Ferme du Bois (col. particular).

Contudo, sobressai no Sousa Lopes de Brun o retrato de um camarada com ideias próximas das suas, muito crítico dos oficiais e do ambiente da retaguarda. Recorde-se a apreciação do autor quando se conheceram: «Caíra, porém, num meio em que a realização dos seus desejos era difícil: o dos quartéis generais, onde a sua missão e os seus planos não eram suficientemente compreendidos» (Brun 2015, 133). Sousa Lopes assegurou-lhe mesmo que fora necessário vir para as trincheiras para não perder mais tempo, e encontrar «verdadeiras características que o inspirassem»: «Nas zonas da retaguarda os tipos eram pálidos, esquivos, sem linhas que os vincassem, e arrastavam nos seus aspectos físicos a inconsistência da sua presença moral» (Brun 2015, 135). É nesta sequência que surge a «anedota» a propósito de *A rendição*, contada pelo pintor e já referida: um dos «altos galões» aconselhara-o a pôr de parte a composição, por os soldados não marcharem em formatura «regulamentar». Este seria mais um exemplo, afinal, da débil posição moral dos oficiais da retaguarda. Por tudo isto, André Brun considerou que Sousa Lopes, ao observar «tão de perto a vida de um exército em campanha, vendo a guerra sob as granadas sem tomar parte nela, tinha uma facilidade de observação e uma presteza de reflexão que nunca encontrei em falso» (Brun 2015, 135).

O retrato mais impressivo que Jaime Cortesão nos ofereceu é narrado no curioso episódio do «Bacalhau à Sousa Lopes». Cortesão escreve que organizou um almoço em honra do «Pintor» a 13 de Fevereiro, quarta-feira de cinzas. Por alguma razão não quis revelar que Sousa Lopes completava nesse dia 39 anos, e que o almoço seria, de certo modo, uma comemoração do seu aniversário. O repasto foi preparado ao pormenor, cozinhado pelo impedido de Cortesão, e terá tido lugar no posto de socorros do capitão médico, engalanado por «graciosos festões» feitos com ligaduras. Foi feito um menu em verso, que descrevia a iguaria principal:

> Bacalhau à Sousa Lopes,
> – O *fiel*, com batatinhas,
> Ao nosso Pintor da Guerra,
> Que é fiel, pois veio às linhas.

(Cortesão 1919, 138)

É escusado descrever todo o episódio, que vale a pena ler no original. Interessa sobretudo notar que, para além do homenageado e dos dois anfitriões – Cortesão e o capitão médico miliciano Álvaro Bossa da Veiga[4] – existiam mais dois convidados, que o autor não nomeia: «um poeta e um humorista» (Cortesão 1919, 138). Só poderiam ser, decerto, Augusto Casimiro e André Brun, do mesmo batalhão de Infantaria 23 (sendo Brun o comandante).

Figura 60 (página seguinte)
Capa da 2.ª edição de *A Malta das Trincheiras*, de André Brun, 1919
Ilustração de Sousa Lopes
EASL

[4] Sigo uma hipótese sugerida por Margarida Portela (IHC-FCSH/NOVA), que prepara tese de doutoramento sobre os serviços de saúde portugueses na Grande Guerra e a quem agradeço.

Major ANDRÉ BRUN

A MALTA DAS TRINCHEIRAS

Migalhas da Grande Guerra

1917-1918

A festa foi interrompida, perto do final, pelo ruído da carreta dos maqueiros, que trouxeram três mortos. Cortesão descreve ao pormenor, intencionalmente, o estado chocante dos cadáveres, vitimados por um morteiro. É com esta cena que termina o capítulo dedicado ao pintor. Era quarta-feira de cinzas, avisara o autor. A cena impressionou fortemente o grupo, mas Cortesão notou especialmente a reacção de Sousa Lopes

> Por seu lado o Pintor estacara ante o quadro trágico. Depois seguiu e andou à volta, olhando fixamente. E olhava, com olhos de quem pinta, mas também com olhos de quem reza.
> Os seus olhos brilhavam de piedade, que é a mais alta compreensão, e humedeciam-se de respeito ajoelhado perante as relíquias sagradas do irmão que morreu em combate. (Cortesão 1919, 140)

Figura 61
Jaime Cortesão em França, c. 1917
In Cortesão 1919, frontispício

Sobressai do retrato de Cortesão um artista profundamente solidário e piedoso perante a tragédia quotidiana do soldado comum [**Figura 61**]. O vocabulário que o escritor utiliza (em expressões como «rezar», «piedade», «relíquias sagradas») configura um discurso do martírio do combatente de ressonância religiosa, que é importante também reter. Surge nítida, igualmente, a imagem de um artista que não virava os olhos perante a verdade, por mais violenta ou chocante que fosse.

É sobretudo esta última ideia que iremos encontrar no Sousa Lopes de Américo Olavo. É certo que o capitão não deixa de o caracterizar também em momentos de descontracção, quando o pintor o acompanha numa ida a Merville ou a Béthune, e não dispensa «uma peregrinação aos seus estimáveis conhecimentos», femininos. Ou ainda nos serões em que cultivava a sua paixão pelo canto lírico, acompanhado ao piano pelo tenente João Ribeiro Gomes, para deleite de Olavo e dos seus oficiais (Olavo 1919, 217). Mas há um excerto importante onde Olavo refere que, no término da estadia do pintor, a violência da guerra lhe proporcionara «novos elementos»: «Do que o abrigo era não existe mais do que um buraco negro, queimado, no interior do qual se dispersam restos de fato, de armas, de materiais de construção tudo manchado do sangue que espadanou [...]» (Olavo 1919, 213). Sousa Lopes desenhou, efectivamente, um cenário muito idêntico a este [**Figura 33**]. Mas é a propósito deste assunto que o autor de *Na Grande Guerra* abandona por momentos o relato biográfico e tenta uma apreciação final, sobre as intenções mais profundas de Sousa Lopes. Segundo Olavo, o artista pretendia ser, acima de tudo, uma testemunha da barbárie e da desumanidade da guerra. Não para a julgar, mas para dar o seu contributo à futura história do conflito, com «testemunhos rigorosos de verdade»:

> O pintor porém, não vem a estes logares malditos, para fazer uma obra de delicadeza, de doçura, de suavidade. Procura principalmente, o que a guerra tem de barbaro, de horrivel, toda a sua violencia, a sua tragica devastação, a morte dos homens e das cousas. Procura fixar, para oferecer aos que vivem e aos que hão de vir depois de nós, flagrantes de

Sousa Lopes na literatura da Grande Guerra

côr, palpitantes de verdade, frementes de horror, os testemunhos vivos de selvageria, de deshumanidade crua que sob os seus olhos surprezos se desenrolam. Nem ele tenta ao menos ser juiz d'esta pugna em que os povos se destroem, mas simplesmente um colaborador da historia detalhada d'esta guerra, em testemunhos rigorosos de verdade, expressos em desenhos e em côres. (Olavo 1919, 213)

Vale a pena assinalar ainda as breves referências de Augusto Casimiro, escritor e oficial de grande destaque na guerra da Flandres, já caracterizado no sexto capítulo deste estudo. Sousa Lopes conheceu o «poeta-soldado» por volta de Fevereiro de 1918, como vimos, poucos dias antes deste partir em licença de campanha[5]. Daí que Sousa Lopes não apareça no seu livro mais célebre, *Nas Trincheiras da Flandres*, referido ao ano de 1917 e publicado em Maio do ano seguinte pela Renascença Portuguesa (Casimiro 1918a e 2014). Mas foi uma obra que o pintor leu com grande entusiasmo, como vimos no capítulo anterior. Um oficial do CEP, Costa Dias, escreveu mesmo que o livro de Casimiro levantara o moral do corpo depois da derrota de 9 de Abril, quando dominava a desmoralização, o defetismo e insubordinação. *Nas Trincheiras da Flandres* tornara-se, nesses dias, uma «senha de reunião dos patriotas»: «Divulgado, popularizado, teve desde logo o condão de fazer passar de moda o defetismo: ninguem mais ousou afirmá-lo em publico [...]» (Dias 1920, 268).

Todavia, só em *Calvários da Flandres* (livro publicado em 1920, mas referido a 1918) se encontram duas referências a Sousa Lopes. O contexto é o do renascimento do CEP no final da guerra, contrariando a situação no rescaldo do 9 de Abril, de as tropas se limitarem a trabalhos de construção e reparação das linhas inglesas. Casimiro descreve como obteve o apoio do novo comandante do corpo, general Tomás Garcia Rosado (1864-1937), para a reorganização de batalhões de assalto que marchassem para a frente e conseguissem, num último esforço, que Portugal pudesse estar representado na ofensiva final dos Aliados. A seu pedido o major Helder Ribeiro aceitou prontamente comandar o batalhão de Infantaria 23, reconstituído por inúmeros voluntários (Casimiro 1920, 125-141; Godinho 2005, 234; Afonso e Gomes 2010, 437). *Calvários da Flandres* é, sobretudo, e mais do que os livros anteriores, um libelo acusatório contra os erros e os «crimes» do sidonismo na relação com o CEP (Casimiro 1920, 137 e 150), e no pós-guerra Casimiro continuará a ser o seu principal detrator.

O escritor refere que, em fins de Setembro de 1918, convalescendo de febre no hospital da Cruz Vermelha, em Ambleteuse, recebeu uma visita do capitão artista. Casimiro sublinha uma presença animada e apaziguadora, que Brun também notara:

A seguir os meus braços cingiram contra o meu coração um Artista bem amado. Sousa Lopes, Pintor, entrara no quarto cheio de Sol, alegria, excedência…

[5] Precisamente quatro dias depois de datar o desenho de Sousa Lopes a 14 de Fevereiro de 1918. Veja-se boletim individual do CEP em PT/AHM/DIV/1/35A/1/1/154 e folha de matrícula no processo individual, PT/AHM/DIV/3/07/4055/01/Augusto Casimiro dos Santos. Sobre o percurso militar e literário do soldado da Grande Guerra, veja-se ainda Fraga 2000 e Silveira 2014c.

> Sousa Lopes, na sua Arte como no seu riso, na primeira linha, como no seu *atelier* urbano, em toda a parte, é uma Alma.
> A sua presença foi uma bênção. Comunguei, ao vê-lo. (Casimiro 1920, 133)

O autor dedica-lhe também uma «Oração Lusíada», datada de 30 de Setembro de 1918, com palavras sentidas: «A Sousa Lopes, Pintor da Grande Guerra, alma formosa e iluminada, lembrando a nossa camaradagem de primeiras linhas, balbuciando mal a grata devoção de todos nós, soldados!» (Casimiro 1920, 113). O reconhecimento por Sousa Lopes ter vivido nas trincheiras, mostrando solidariedade para com os soldados da linha da frente, permanecia. Casimiro rezou-a com os oficiais de Infantaria 23, que considerava, juntamente com os voluntários para a ofensiva final, os «últimos condestáveis da Flandres» (*Idem*, 119). A «Oração Lusíada» é uma invocação, nessa hora, dos mortos ilustres da história nacional, os «Maiores» da Pátria, que termina com palavras galvanizadoras: «Deixai, nesta hora suprêma do mundo, que os derradeiros condestáveis salvem a derradeira honra de Portugal!» (*Idem*, 117).

Resumindo, é nítido que o empenho de Sousa Lopes na sua missão artística não deixou indiferentes estes combatentes ilustres da Flandres. Sente-se um fascínio e um reconhecimento genuínos por essa «camaradagem de primeiras linhas», na expressão de Augusto Casimiro. Unia-os ao artista o facto de terem sido todos voluntários para a guerra da Flandres. Mas é importante sublinhar que, ao sustentarem uma justificação moral da sua arte – que testemunhava a «verdade» dos combates e do esforço do soldado português –, estes combatentes argumentasse também pela dignidade do esforço do CEP em França. Argumentavam, em última análise, pela legitimidade da causa justa da intervenção, uma vez que Sousa Lopes mostrava uma realidade que resistia, uma imagem da campanha da Flandres que o sidonismo, segundo estes combatentes, pretendia ocultar e sabotar em Portugal.

Os diferentes destinos de cada autor à data do armistício e da vitória na guerra, ocorrida no final do consulado sidonista, são emblemáticos das contradições e rupturas que a guerra provocou em Portugal. A 11 de Novembro, o batalhão de Infantaria 23 de Augusto Casimiro e Helder Ribeiro já estava na Bélgica, em Tournai, combatendo ao lado de três batalhões de Londres, depois de ter atravessado o rio Escalda dois dias antes em perseguição do exército do Kaiser (Casimiro 1920, 162; Afonso e Gomes 2010, 443). Américo Olavo, aprisionado na batalha de 9 de Abril, terá notícias do armistício internado no campo de prisioneiros de Bressen Post-Roggendorf, em Mecklemburg, Alemanha. Só regressará a Portugal a 4 de Fevereiro de 1919[6]. Pelo seu lado, André Brun receberá a notícia da vitória no Forte da Graça, em Elvas, preso político do Governo de Sidónio Pais (Brun 2015, 185). Outros oficiais do CEP lhe farão companhia, como Sá Cardoso ou Pires Monteiro (Godinho 2005, 243). Foi preso a 14 de Outubro de 1918, como noticiou *A Capital* nesse dia (e o folhetim «Um pintor nas "trinchas"» aparecerá no jornal do dia seguinte). Só será libertado no início de Janeiro. O mesmo destino sofreu Jaime Cortesão.

[6] Veja-se PT/AHM/DIV/3/7/717/ Américo Olavo Correia de Azevedo.

Intoxicado com gases num bombardeamento nas vésperas da batalha do Lys, a 21 de Março, regressou a Portugal dias depois[7]. Ainda convalescia quando foi preso pela polícia sidonista em finais de Outubro, recebendo a notícia do armistício na Penitenciária de Coimbra (Cortesão 1919, 221). Foi libertado, como André Brun, em Janeiro seguinte.

Sousa Lopes, à data do armistício, trabalhava nas águas-fortes e nas primeiras pinturas no seu *atelier* de Paris. Mudou-se, no início de 1919, da rua Malebranche para o boulevard Victor (n.º 19). É neste período que retoma uma colaboração próxima com o tenente-coronel Vitorino Godinho, que nesse ano assumiu o cargo de adido militar junto à Legação de Portugal em Paris. A actividade do pintor na preservação da memória da Grande Guerra terá desenvolvimentos novos e inesperados.

[7] Cruz de Guerra de 4.ª classe, a 24 de Maio de 1919. A gravidade do seu estado de saúde é elucidada no relatório médico que consta do processo individual, veja-se PT/AHM/DIV/3/7/1283/Jaime Zuzarte Cortesão.

QUINTA PARTE

SOUSA LOPES
E OS LUGARES DA MEMÓRIA

CAPÍTULO 14
DIGNIFICAR OS CEMITÉRIOS DE GUERRA

No anos imediatos ao armistício da Grande Guerra, a actividade de Sousa Lopes desenvolveu-se beneficiando de um estatuto que, em primeira análise, se pode considerar surpreendente: o pintor permanecia capitão equiparado do Exército Português mesmo terminado o estado de guerra. Recorde-se que era esse o limite definido na resolução ministerial de 1917 que o nomeara artista do CEP. A disposição foi modificada no contrato de Outubro de 1919 com o Ministério da Guerra, que será examinado mais adiante, nesta Quinta Parte. Nele Sousa Lopes conseguia assegurar a sua equiparação a capitão, bem como o respectivo vencimento durante um tempo não determinado, que era, vantajosamente, definido como o necessário à realização das decorações do Museu de Artilharia[1].

É nessa qualidade, que lhe advinha de ter sido o responsável pelo Serviço Artístico durante a guerra, que Sousa Lopes irá participar noutros projectos destinados a perpetuar uma memória da participação portuguesa na Grande Guerra, analisados neste capítulo e nos seguintes. O principal mentor destas iniciativas será o novo adido militar junto à Legação da República Portuguesa em Paris, o (já nosso conhecido) tenente-coronel Vitorino Godinho, que havia supervisionado a actividade do artista na Flandres enquanto chefe da Repartição de Informações [**Figura 62**].

Organizar os cemitérios e cuidar das sepulturas dos combatentes caídos em França era a tarefa imediata e essencial que se impunha. No início de 1919, o comando do CEP criou a Comissão Portuguesa de Sepulturas de Guerra, sedeada em La Gorgue, no antigo sector, com a missão de localizar, identificar e conservar todas as sepulturas de combatentes dispersas sobretudo em França. Era presidida pelo capitão médico Maximiliano Cordes Cabedo (m. 1921)[2]. Diariamente, organizavam-se brigadas de pesquisa que saíam de La Gorgue e percorriam todo o antigo sector, fazendo o levantamento em condições difíceis, contando por vezes só com a experiência de observação[3]. No ano de 1920, procedeu-se à transladação dos mortos portugueses para quinze cemitérios escolhidos, entre cemitérios militares britânicos (Étaples, Laventie, Le Touret, Pont du Hem, Vieille Chapelle, Wimereux, entre outros), comunais (Ambleteuse, Boulogne, Calais, etc.) ou mistos. Na Bélgica, concentraram-se

---

[1] O Estado obrigava-se, segundo as três primeiras condições do contrato assinado a 21 de Outubro de 1919, a manter a equiparação de capitão com o vencimento correspondente ao do serviço na Secretaria da Guerra, mais 150$00 mensais. Ser-lhe-iam abonadas as despesas em materiais e das passagens para as localidades onde tivesse de fazer estudos. Todas as importâncias seriam um adiantamento a descontar no valor das obras que o Estado adquirisse. Ver Documento 3.

[2] A documentação indica que a CPSG inicia actividade em Fevereiro de 1919, veja-se PT/AHM/DIV/1/35/1386/12. Sobre este assunto, ver sobretudo Godinho 2005, 285-289 e Correia 2010, 312-318.

[3] Veja-se Nazario, M. Silva. 1926. «Sepulturas de Guerra». *A Guerra* 2 (1 de Fevereiro): 8.

64 sepulturas em Tournai e, na Alemanha, permaneciam 100 bem conservadas, de falecidos em campos de prisioneiros (Godinho 2005, 286).

Com a extinção do CEP, a comissão de sepulturas e outros serviços passaram directamente para a alçada do Adido Militar em Paris (*Idem*, 276), cargo em que Vitorino Godinho tomou posse a 21 de Maio de 1919. Num memorando que enviou ao gabinete do ministro da Guerra, em Abril do ano seguinte, o adido militar expôs de forma elucidativa a metodologia britânica que importava considerar. Os serviços ingleses procediam à decoração artística dos seus cemitérios sob a direcção de arquitectos, colocando em cada sepultura uma placa de mármore com a identificação básica do sepultado e, em cada cemitério, uma «memoria», um monumento (que se limitava a uma «cruz estylisada», especifica) cuja altura variava segundo a extensão do cemitério[4]. Ora, a decoração dos talhões portugueses, que segundo o adido militar era «indispensavel fazer-se», corria «o risco de, com pretensões artísticas exageradas, ou, inversamente, pela pobreza e mesquinhez da concepção e execução, ferir a linha decorativa geral» delineada pelos arquitectos britânicos. Impunha-se, por isso, que um «delegado» português fosse destacado para junto dos mesmos, a fim de «estudar a decoração a dar aos nossos talhões de forma que ela se distinga, sem ser desarmonica».

Vitorino Godinho propunha ao ministro da Guerra, nesse memorando, a nomeação de Sousa Lopes para estudar a decoração a fazer nos talhões portugueses, de acordo com os arquitectos ingleses. Godinho precisa que o capitão-equiparado «foi, e ainda assim o considero, o chefe dos serviços artisticos do C.E.P. [...]». Sousa Lopes teria assim a direcção artística da empreitada. Para a executar, o adido propunha que se entregasse a direcção ao escultor António Alves de Sousa (1884-1922), que se encontrava em Paris, e seria uma provável indicação de Sousa Lopes. No final, Godinho estimava ter de se fazer 2000 lápides e cerca de 15 monumentos para os diversos talhões portugueses nos cemitérios militares britânicos e cemitérios comunais.

O adido militar podia fazer esta proposta ousada porque antes resolvera com o seu homólogo britânico em Paris uma questão que atrasava os serviços de sepulturas de ambos os países, um «mal-entendido», como escreveu num relatório: quem teria a competência, ingleses ou portuguezes, para realizar a decoração artística dos talhões portugueses nos cemitérios britânicos[5]. No citado memorando de 12 de Abril, o adido militar defendeu o sentido político e patriótico da solução que propunha, como notou aliás Vitorino Magalhães Godinho (2005, 287):

> Entendo que esta ultima parte dos trabalhos a executar nos talhões dos mortos portuguezes deve, tanto quanto possivel, a portuguezes ser confiada; assim como as identificações dos mortos e a sua arrumação tem sido da nossa exclusiva atribuição, é uma questão de ordem moral e politica levar a nossa tarefa a cabo. Seria vexatorio para nós que outros, que não portuguezes, tomassem a seu cargo o arranjo e a decoração dos talhões dos nossos mortos; e, mesmo no paiz, poderia esse facto dar logar a justificados reparos.

Figura 62
O tenente-coronel Vitorino Godinho, adido militar de Portugal em Paris, 1922
In Godinho 2005, frontispício

[4] *Memorandum e propostas para apreciação e resolução de Sua Ex.ª o Ministro da Guerra*, Paris, 12 de Abril de 1920, PT/AHM/DIV/1/35/1387/3. Transcrito em Silveira 2016, anexo 4, documento n.º 11.

[5] Veja-se *Relatorio do Adido Militar em Paris. Referido a 31 de Dezembro de 1920* (parte II, «Decoração artística dos nossos cemiterios e lapides», p. 6-7), BNP-ACPC, Espólio Vitorino Henriques Godinho (E47), caixa 22. Sobre as pretensões dos britânicos em organizar e construir as sepulturas portuguesas, contrariadas por Godinho, veja-se documentação em PT/AHM/DIV/1/35/1386/12.

Dignificar os cemitérios de guerra

O facto de a considerar uma questão «moral e politico» diz bem da importância que o adido militar em Paris atribuía ao futuro projecto de Sousa Lopes. Ao preconizar uma decoração dos cemitérios que se afirmasse distinta, independente da dos britânicos, Godinho parecia querer repor, para além da indeclinável homenagem aos caídos pela Pátria, o estatuto original e autónomo da contribuição portuguesa para o esforço de guerra dos Aliados, pelo qual ele e os intervencionistas se haviam batido e a que o sidonismo decidira depois renunciar.

Poucos meses depois, Vitorino Godinho defendeu as suas propostas numa entrevista ao correspondente em Paris do *Diário de Notícias*, quando se discutia precisamente uma ideia que um deputado dos liberais e conhecido combatente da Flandres, António Granjo (1881-1921), pretendia levar como projecto de lei à Câmara dos Deputados[6]. Granjo defendia que os corpos dos militares deviam regressar a Portugal, a exemplo do que praticavam os norte-americanos e (supostamente) os ingleses. Mas a ideia não foi avante, apesar de Granjo ter tomado posse como presidente do Ministério a 19 de Julho. Na entrevista ao diário lisboeta, Godinho explicou a actividade da CPSG e as suas propostas, entretanto aprovadas pelo ministro da Guerra, destacando também os nomes de Sousa Lopes e Alves de Sousa. O seu discurso repete *ipsis verbis* várias passagens dos relatórios que enviou para Lisboa, incluindo o memorando visto há pouco, o que indica que respondeu por escrito. Mas em relação ao suposto projecto de António Granjo o adido militar foi cristalino, palavras que o *Diário de Notícias* destacou no subtítulo da notícia:

> Esse projecto é inexequivel e anti-politico. Além de que ele importaria uma despesa que me parece ser incompativel com os nossos recursos. Em muitos cemiterios a identificação dos mortos é impraticável. [...] Os monumentos, as cruzes e as lapides que ficarão nos cemiterios de França atestarão melhor que tudo, através dos tempos, o nosso esforço. Eles recordarão, melhor do que qualquer outra coisa poderia fazê-lo, que os portugueses aqui estiveram combatendo na grande guerra. E essa recordação tem para nós um valor que não preciso por certo acentuar.[7]

Jaime Cortesão revelou-se um aliado precioso de Godinho, assumindo de novo o papel de publicista, sem dúvida bem informado junto do Governo. O antigo capitão-médico, agora director da Biblioteca Nacional, escreveu nos dias seguintes uma série de artigos no mesmo jornal dirigido por Augusto de Castro, onde explicou e defendeu os trabalhos difíceis da CPSG. Defendeu sobretudo o seu significado político e memorial, bem explícito no título de um artigo de 11 de Julho: «Os nossos mortos defendem Portugal nas sepulturas.» Para Cortesão, os mortos da Grande Guerra teriam de ter um lugar visível e simbólico em França, enquanto alicerces de um novo mundo a construir no pós-guerra, que só podia ser esperançoso:

> Eles morreram pelo futuro. Que os vindouros, pois, os vejam bem. Cuidar dos mortos nesta hora vale por defender a sua parte de glória em

6 «Os que morreram pela Patria. Como marcar as suas gloriosas sepulturas». *Diario de Noticias*. 6 de Julho de 1920: 1.
7 *Idem.*

ter arquitectado o mundo de amanhã. Vem aí a vida nova. Quem o não sente? Mas quem a conhece de antemão?! Sabe-se apenas que as suas mais altas esperanças mergulham as raizes nesses milhões de sepulturas. Os tumulos dos soldados da grande guerra são os caboucos donde o palacio do futuro vai erguer-se.[8]

Por seu lado, em França, o capitão Sousa Lopes iniciava a colaboração com a CPSG e viajava para La Gorgue numa data bem emblemática: 9 de Abril, dois anos passados sobre a batalha do Lys. Seguindo instruções de Godinho, o pintor participou nesse dia numa «conferência», uma reunião em St. Omer, sede em França da Imperial War Graves Commission – a comissão encarregada de organizar e desenhar os cemitérios britânicos, criada em 1917 – a fim de se inteirar do critério e da linha estética que os ingleses adoptavam. Um relatório da CPSG diz-nos que o «Cap. Souza Lopes colheu as suas impressões e fará em Paris os projectos mandando-os para a I.W.G.C. para serem submetidos à aprovação de Londres»[9]. O oficial informou Godinho que os delegados visitaram o cemitério Souvenir em Longuenesse, na comuna de St. Omer, «para que o Cap. Souza Lopes colhesse as suas impressões no terreno».

No mês seguinte, Sousa Lopes já tem prontas as maquetes dos monumentos destinados aos talhões portugueses. A 18 de Maio, Vitorino Godinho envia ao gabinete do ministro da Guerra fotografias das «cruzes» desenhadas pelo capitão-equiparado, assim como uma «brochura» inglesa que reproduzia o aspecto geral dos cemitérios desenhados pela IWGC[10]. Informa também que, a seu pedido, o ministro dos Negócios Estrangeiros (talvez Rudolfo Xavier da Silva) e o presidente da delegação portuguesa à Conferência de Paz (Afonso Costa, amigo pessoal de Godinho) haviam visitado o *atelier* do artista e dado a sua aprovação aos trabalhos realizados; estava também presente Alves de Sousa, que concordou inteiramente. Por fim, em Lisboa, os projectos foram aprovados em Conselho de Ministros de 25 de Junho de 1920[11].

Sousa Lopes terá realizado três maquetes, para monumentos ditos de 1.ª, 2.ª e 3.ª categorias. Não foi possível localizar tais projectos[12]. Mas dois deles, felizmente, foram reproduzidos nas páginas do *Diário de Notícias*, ilustrando os artigos de Jaime Cortesão referidos há pouco. As legendas indicam tratar-se das maquetes de 2.ª e 3.ª categorias [**Figura 63**].

O artista do CEP criou um monumento de corpo robusto, sobre uma base quadrangular, adoptando como modelo a Cruz de Cristo, reminiscente do período das Descobertas. Utiliza mais precisamente a cruz honorífica da Ordem Militar de Cristo, com a trave horizontal mais elevada, de modo a poder albergar, no seu interior, uma cruz latina, símbolo cristão. É esta dupla dimensão, patriótica e religiosa, que propõe a simbologia do monumento. Na maquete dita de 3.ª categoria Sousa Lopes integrou duas estátuas sentinelas de soldados, uma de cada lado, simétricas, que conferem maior solenidade ao conjunto e presentificam os homenageados. Na base do crucifixo vê-se ainda o escudo nacional, decerto a executar em relevo.

[8] Cortesão, Jaime. 1920. «Os mortos portugueses voltaram a espalhar-se por todo o mundo. Os trabalhos da comissão de sepulturas. Os Cemiterios de Guerra. Os nossos mortos defendem Portugal nas sepulturas». *Diario de Noticias*. 11 de Julho: 1.

[9] Relatório do tenente miliciano Pedro António Vieira Junior, La Gorgue, 21 de Abril de 1920, PT/AHM/ DIV/1/35/1254/3.

[10] Ofício do Adido Militar em Paris à Repartição do Gabinete da Secretaria da Guerra, 18 de Maio de 1920, PT/ AHM/DIV/1/35/1387/3. Godinho não a identifica, mas será decerto a publicação *The Graves of the Fallen* (Londres, His Majesty's Stationery Office, [1919]), com um texto do escritor Rudyard Kipling (1865-1936), consultor literário da IWGC para as inscrições fúnebres, e ilustrações de Douglas Macpherson (1871-1951).

[11] Segundo cópia da nota n.º 4717 da Repartição do Gabinete do Ministro da Guerra, datada do mesmo dia, enviada ao Adido Militar em Paris. Veja-se BNP-ACPC, Espólio Vitorino Henriques Godinho (E47), caixa 22. Informa ter sido «aprovado o projecto do Monumento para os cemiterios francezes e belgas».

[12] Em boa verdade não encontrei sequer indícios de que subsistam actualmente, em Portugal, tais documentos. Sobre o assunto veja-se Silveira 2016, 266.

Dignificar os cemitérios de guerra

Figura 63
«Monumento levantado aos mortos portugueses nos cemiterios de guerra em França (3.ª categoria)». Projecto de Sousa Lopes
Publicado em *Diario de Noticias* (Lisboa), 4 de Setembro de 1920, p. 1

A presença iconográfica e imponente da Cruz de Cristo é uma ruptura em relação à proposta mais discreta que a CPSG previa, de colocar nos talhões portugueses um padrão ao estilo dos navegadores do século XV. Padrão que o adido militar decidiu não seguir em face do exemplo britânico[13]. Godinho refere explicitamente ao ministro, no ofício de 18 de Maio, que a cruz de Sousa Lopes correspondia à britânica *The Cross of Sacrifice*, reproduzida na citada brochura[14]. Desenhada pelo arquitecto Reginald Blomfield (1856-1942), esta consistia simplesmente numa cruz latina em pedra branca, com uma base octogonal, com degraus que variavam consoante a altura do monumento. No interior da cruz justapunha-se um símbolo guerreiro, uma espada de bronze virada para baixo. Cada cemitério britânico da Grande Guerra com 40 ou mais sepulturas possui um monumento destes. Percebe-se assim que Sousa Lopes inverteu a relação patente na cruz de Blomfield, de simbologia essencialmente cristã, fazendo emergir a dimensão patriótica: colocava antes o crucifixo no interior do monumento e revestia-o de um emblema dominante, a Cruz de Cristo, alusiva à nacionalidade.

Jaime Cortesão divulgou estes projectos no *Diário de Notícias*, nem duas semanas haviam passado sobre a aprovação do Governo. Não escondendo que lhe agradava a intenção anterior de se colocar nos talhões portugueses os padrões das Descobertas, alusivos ao período áureo, Cortesão elogiou contudo o projecto de Sousa Lopes, a que deu o título à inglesa de «cruz do sacrificio». Interessou-lhe sobretudo a «ideia feliz» de utilizar a Cruz de Cristo, signo das naus descobridoras, e a presença icónica dos «soldados de Portugal numa velada eterna de armas»[15].

Em relação às lápides a colocar em cada sepultura portuguesa, Godinho conseguiu afastar qualquer possibilidade (que a CPSG havia previsto) de serem «absolutamente» iguais às britânicas. Num ofício enviado a Lisboa, defende que, segundo um estudo que fizera com o artista, deveriam ter as exactas dimensões das inglesas, mas com a particularidade da parte superior formar um ângulo obtuso, em vez de ser curva como no modelo britânico, de modo a facilitar o trabalho de serração e aproveitamento da pedra[16]. Sem outra informação, é possível deduzir que o projecto de lápide portuguesa já estaria concluído e aprovado no final de 1920, pois Godinho envia em Janeiro ao adido militar português em Londres, junto às cópias dos projectos de monumentos, «um desenho cotado da lapide», que não foi possível também localizar[17].

Mas Sousa Lopes tinha de ir a Londres apresentar as maquetes e entender-se com os ingleses sobre a localização exacta dos monumentos em cada cemitério. Numa primeira visita à capital britânica, entre 20 e 25 de Julho de 1920, o capitão equiparado foi mostrar os seus projectos ao adido militar português em Londres, o coronel Artur Ivens Ferraz (1870-1933). Este e Sousa Lopes terão

---

[13] Veja-se o memorando de 12 de Abril de 1920, referido no início deste capítulo. A ideia alternativa foi defendida pelo tenente miliciano Carneiro Franco, numa «informação complementar» ao adido, ver *Apenso ao relatorio de 31 de Março de 1920 – Conferencia com o presidente da I.W.B.C.* [sic]. *Informação complementar*, n. dat., PT/AHM/DIV/1/35/1387/3.

[14] O facto de Godinho referir a ilustração da cruz britânica na página 8 permite identificar a publicação *The Graves of the Fallen*, referida anteriormente.

[15] Veja-se Cortesão, Jaime. 1920. «A cruz do sacrificio. Às familias dos mortos gloriosos. A Comissão Portuguesa das Sepulturas de Guerra. Não morreu a alma heroica de Portugal». *Diario de Noticias*. 8 de Julho: 1, e Cortesão, 1920. «Os que morreram, depois de feridos, na batalha de Lys. O velho padrão das Descobertas. O pincel de Sousa Lopes numa sala dos Invalidos. Os mortos acusam». *Diario de Noticias*. 4 de Setembro: 1.

[16] Ofício do Adido Militar em Paris à Repartição do Gabinete da Secretaria da Guerra, 5 de Agosto de 1920, PT/AHM/DIV/1/35/1387/3.

[17] Ofício do Adido Militar em Paris ao Adido Militar junto à Legação de Portugal em Londres, 3 de Janeiro de 1921, PT/AHM/DIV/1/35/1387/3.

reunido nesses dias com o War Office, onde o artista apresentou as maquetes dos monumentos e lhes foi sugerido que reunissem com os arquitectos responsáveis pelos cemitérios para se decidir, frente às plantas, a localização exacta dos monumentos[18]. A reunião, porém, só se poderia efectuar quando chegassem a Londres as plantas com a localização dos talhões portugueses, decidindo-se então, entre Ivens Ferraz e Godinho, que Sousa Lopes teria de regressar uma segunda vez a Londres para reunir com os técnicos da IWGC. Nessas viagens, e porque o artista também realizava por essa altura as pinturas para Lisboa e Paris, Sousa Lopes terá adquirido um livro de reproduções de pinturas de guerra do Imperial War Museum[19]. É provável que tenha visitado o próprio museu, onde se podiam observar os quadros emblemáticos apresentados na recente exposição *The Nation's War Paintings and Other Records* (Royal Academy of Arts, encerrada em Fevereiro), pinturas de William Orpen, John Sargent ou Paul Nash.

A «conferência» decisiva teve lugar na sede em Londres da Imperial War Graves Commission, a 9 de Novembro de 1920, às 16 horas. Além de Sousa Lopes e Ivens Ferraz, estavam presentes os Principal Architects da IWGC: Reginald Blomfield, Edwin Lutyens (1869-1944) e Herbert Baker (1862-1946). O primeiro era o autor da *Cross of Sacrifice*, como se referiu, que Sousa Lopes tomara como modelo. Decidiu-se então que as três variantes da *Portuguese Memorial Cross* teriam alturas entre 7 e 13 pés (*feet*), no sistema imperial britânico, ou seja, imaginavam-se alturas de 2,13 m, 3,04 m e 3,96 metros[20]. Decidiu-se também, em face dos mapas, a localização exacta da cruz portuguesa nos cemitérios de Boulogne, Calais, Étaples e Wimereux. De futuro, mapas com a localização das sepulturas portuguesas deveriam ser fornecidos aos arquitectos ingleses, para que estes pudessem sugerir a melhor localização do memorial português, propostas que seriam enviadas à Legação portuguesa para aprovação. Perto do final Blomfield sugeriu a Sousa Lopes que o *design* do monumento seria melhorado se acrescentasse mais um degrau na base da cruz, situação que o delegado português prometeu considerar. Sousa Lopes é referido como «the Portuguese Architect».

Sousa Lopes escreveu a Godinho um memorando da reunião onde comunica, numa prosa característica, informações adicionais. Refere-se ao seu monumento como uma «memoria», tradução livre da palavra inglesa *memorial* (como, aliás, Godinho o fizera). A função das suas obras, explícita num ponto importante, será a de «perpetuar o heroismo e o sacrificio dos soldados portuguezes mortos em campanha»[21]. Sousa Lopes escrevia com uma «satisfação especial»: ao apresentar os seus planos aos colegas ingleses estes deram «com o melhor agrado, a sua plena aprovação». Mais: os arquitectos asseguravam-lhe que os memoriais portugueses seriam colocados sempre em locais onde pudessem manter «como expressão nacional e como obras de arte, a sua plena significação moral. […] Nos lugares em que, segundo a propria expressão ingleza, atinjam a sua maxima *dignidade* (more dignified).»

Blomfield e colegas recomendaram-lhe que aumentasse as proporções dos monumentos. Na «memoria N.º 2» deveria ser acrescentado um degrau, e no

[18] Veja-se ofício do Adido Militar em Londres ao Adido Militar em Paris, 24 de Julho de 1920, PT/AHM/DIV/1/35/1387/3 e telegrama do primeiro ao segundo de 21 de Julho de 1920 (12h06), PT/AHM/DIV/1/35/1387/14.

[19] *Pictures & Sculpture in the Imperial War Museum* (Londres, Walter Judd, 1919), 112 p. de ilustrações em página inteira e dupla. Veja-se Oliveira 1948, 188, n.º 2327. Sousa Lopes possuiu também na sua biblioteca particular uma obra ilustrada com cartoons da guerra, *Mr. Punch's History of the Great War* (Londres, Cassel and Company, 1919), ver Oliveira 1948, 197, n.º 2448.

[20] Acta enviada anexa a um ofício da IWGC ao Adido Militar de Portugal em Londres, 12 de Novembro de 1920, PT/AHM/DIV/1/35/1387/3. Ambos transcritos em Silveira 2016, anexo 4, documentos n.ºs 12 e 13.

[21] Memorando de Sousa Lopes ao Adido Militar em Paris, 16 de Novembro de 1920, PT/AHM/DIV/1/35/1387/3. Transcrito em Silveira 2016, anexo 4, documento n.º 14.

Dignificar os cemitérios de guerra

projecto de 1.ª categoria Sousa Lopes devia aumentar-lhe a altura, «afim de que as estatuas das sentinelas ficando um pouco maiores que o tamanho natural, se valorisem como significação moral, e como expressão extectica.» Deduz-se, assim, que a desconhecida maquete n.º 1 seria muito parecida com a n.º 3, mas de maiores proporções [**Figura 63**]. Pode-se dizer que a reunião em Londres não podia ter corrido melhor. A forma entusiasmada como Sousa Lopes concluiu o relatório demonstra bem um comprometimento profundo com o projecto memorial que Godinho desencadeara, que visava resgatar a dignidade moral da participação portuguesa na guerra:

> É pois com uma intima satisfação que comunico a V. Exa. os resultados da missão que tive a honra de desempenhar, e de cujos resultados provirá aquela dignificação que, perante a eternidade, tão heroicamente mereceram os soldados de Portugal.

O contrato definitivo foi assinado em 22 de Agosto de 1921, entre o Estado e os «segundos outorgantes» Alves de Sousa e Sousa Lopes. Os artistas obrigavam-se a realizar três «padrões», segundo a maquete dita de 3.ª categoria, e 1924 lápides em granito de S. Gens e de Triana (o chamado granito do Porto). Os trabalhos seriam executados em Portugal e por operários portugueses, sob a direcção dos dois artistas (a «parte escultural» sob a direcção de Alves de Sousa). O preço total da empreitada a pagar aos dois artistas importava em 318.600$00, e o prazo era fixado em vinte meses[22].

Os trabalhos já decorriam em Dezembro desse ano[23]. O Adido Militar em Paris enviava a Sousa Lopes as relações dos militares sepultados nos diferentes cemitérios (as chamadas «identidades»), que o pintor transmitia a Alves de Sousa[24]. As lápides eram gravadas em oficinas na zona do Porto sob a direcção deste escultor. Em Abril de 1922, os trabalhos corriam de feição, como diz um telegrama que o pintor enviou do Porto a Godinho: «Effeito cruzeiros explendido trabalhos bom andamento necessidade urgente fazer pagamento parto Paris Sousa Lopes.»[25] As prestações eram pagas pelos fundos do CEP geridos por Godinho, em Paris, que transferia as quantias para uma filial do Banco Nacional Ultramarino, à ordem de Sousa Lopes[26]. Por volta de Julho de 1923 os trabalhos estariam praticamente concluídos: só faltava gravar 50 nomes[27].

Entretanto, Vitorino Godinho conseguia ver aprovado um projecto capital, que refinava a sua estratégia de concentração das sepulturas portuguesas em França: reunir num único cemitério militar, exclusivamente nacional, os militares inumados em cemitérios britânicos situados no antigo sector português, Laventie, Le Touret, Pont du Hem e Vieille Chapelle. O ministro da Guerra havia aprovado a ideia numa reunião em Lisboa com o adido militar, a 7 de Maio de 1921[28]. Em Agosto o Governo francês cedia perpetuamente um terreno na comuna de Richebourg l'Avoué, junto à estrada de La Bassée, no antigo sub-sector de Neuve Chapelle. Era intenção de Godinho de colocar em Richebourg um dos monumentos de Sousa Lopes aprovado pelo Governo, o de 1.ª categoria. A sua resposta ao semanário *Paris-Noticias* (publicação

---

[22] Veja-se PT/AHM/DIV/1/35/1387/15. Já não se encontram, actualmente, as respectivas maquetes e desenhos de padrões e lápides (referidos na 7.ª cláusula) junto ao contrato original. Transcrito em Silveira 2016, anexo 4, documento n.º 15.

[23] Segundo o ofício da Secretaria da Guera ao Adido Militar em Paris, 17 de Dezembro de 1921, PT/AHM/DIV/1/35/1387/15.

[24] Ofícios do Adido Militar em Paris à Secretaria da Guerra, de 7 de Dezembro de 1921 (PT/AHM/DIV/1/35/1387/14) e 9 de Julho de 1923 (PT/AHM/DIV/1/35/1387/3).

[25] Telegrama de Sousa Lopes ao Adido Militar em Paris, recebido a 22 de Abril de 1922, PT/AHM/DIV/1/35/1387/14. Não se percebe se Sousa Lopes se refere aos padrões, cruciformes, ou às lápides, que tinham um cruzeiro gravado, como veremos.

[26] Vejam-se os recibos e ofícios a eles relativos em PT/AHM/DIV/1/35/1387/14. Deduz-se desta documentação que os padrões foram concluídos em 1922 e as lápides no ano seguinte.

[27] Um ofício do Ministério da Guerra para a Legação de Portugal em Paris, de 21 de Julho de 1923, informa que Sousa Lopes declarara que as lápides já estariam prontas, só faltava gravar «uns 50 nomes». Alves de Sousa faleceu em 6 de Março de 1922. Seu pai Joaquim de Sousa e Silva tratou da conclusão da empreitada com Sousa Lopes, como indica uma carta deste familiar (provavelmente também escultor) ao Ministério da Guerra, em 18 de Junho de 1923. Veja-se PT/AHM/DIV/1/35/1387/15.

[28] Veja-se *Memorandum. O Cemiterio Portuguêz no front*, n. dat. [1922], BNP-ACPC, Espólio Vitorino Henriques Godinho (E47), caixa 22, pasta Manuscritos.

francesa do *Diário de Notícias*), que pretendia erguer no antigo sector um monumento por subscrição pública, é elucidativa quanto ao apreço pelo trabalho do artista:

> No cemiterio, exclusivamente portuguez, assim organizado, será colocado um monumento, cuja maquette, do artista Sousa Lopes, já foi aprovada pelo Governo Portuguez em 25 de Junho de 1920. E deixe-me emitir a opinião de que nenhum outro monumento, por mais grandioso que seja, poderá egualar este.[29]

Porém, essa ideia nunca será concretizada. Vitorino Godinho parte definitivamente para Lisboa no início de Novembro de 1922, tendo pedido em Março a demissão do cargo de adido militar em Paris por falta de condições para o exercer (Godinho 2005, 327 e 331).

Chegados aqui, e conhecendo os pontos essenciais da colaboração de Sousa Lopes e o processo de decisão, importa dizer que nenhum dos monumentos projectados foi colocado nos cemitérios em França, com sepulturas portuguesas. Com o regresso a Lisboa do mentor da política de concentração e decoração dos cemitérios, o artista perdia um aliado essencial para a concretização dos seus projectos. O que terá acontecido? A documentação do AHM não permite levantar qualquer hipótese sólida. Há no entanto informação de que em 1923 e 1927 se encontravam «feitos» em Portugal três monumentos (de 1,90 m de altura), à espera de colocação[30].

Os resultados da parceria entre Godinho e Sousa Lopes foram definitivamente postos de lado com o concurso arquitectónico para o Cemitério Militar Português de Richebourg, lançado em 1931. A empreitada foi concluída quatro anos depois (Correia 2010, 319). Tertuliano de Lacerda Marques desenhou um monumento que domina todo o conjunto, o chamado *Altar da Pátria*, construído em pedra lioz [**Figura 64**]. É um local de liturgia laica, marcado por iconografia patriótica, inspirado decerto pela presença axial nos cemitérios ingleses da *Stone of Remembrance*, de Edwin Luytens, um dos arquitectos da IWGC, que concebeu uma espécie de altar de desenho minimal. Não sabemos se o arquitecto de Richebourg teve conhecimento dos projectos de Sousa Lopes, mas é certo que a Cruz de Cristo reaparece desenhada numa escala imponente, que enquadra e suporta o dominante escudo nacional.

A concentração de todas as 1831 sepulturas portuguesas em Richebourg concluiu-se na década de 30, restando 44 no britânico Boulogne Eastern Cemetery e em Antuérpia sete[31]. O monumento construído em Boulogne-sur-Mer é muito diferente dos projectos de Sousa Lopes, e nem à parceria dele com Alves de Sousa poderá ser atribuído[32]. Já as lápides das sepulturas em Richebourg e em Boulogne são de facto as executadas sob a direcção dos dois artistas, entre 1921 e 1923, lavradas em granito do Porto, com o referido «effeito de cruzeiro» gravado.

Depois da guerra, Sousa Lopes prestou ainda um outro contributo para a edificação dos memoriais portugueses, que merece aqui uma referência breve.

---

[29] Ofício do Adido Militar em Paris ao director do jornal *Paris-Noticias*, 23 de Agosto de 1921, PT/AHM/DIV/1/35/1387/4.

[30] Veja-se relatório confidencial do Adido Militar em Paris ao Chefe da Repartição do Gabinete da Secretaria da Guerra, 1 de Junho de 1923, PT/AHM/DIV/1/35/1387/7, e cópia de um ofício do presidente da CPSG ao referido Adido, 19 de Maio de 1927, PT/AHM/DIV/1/35/1254/3. Segundo o contrato de 1921 as obras seriam embarcadas para França no porto de Leixões e era da responsabilidade do Estado a sua colocação nos cemitérios.

[31] *Relação dos Militares Portugueses sepultados nos Cemitérios de Richebourg l'Avoué, Boulogne s/ Mer e Antuérpia*. 1937. Lisboa: Ministério da Guerra, s.p. (PT/AHM/DIV/1/35/1254). As translações para Richebourg concluíram-se em 1938 (Correia 2010, 319).

[32] Veja-se Correia 2010, 317 e 322. É também errado afirmar que Alves de Sousa teria sido «convidado por Sousa Lopes para desenhar as lápides e monumentos» (*Idem*, 317).

Dignificar os cemitérios de guerra

Figura 64
Aspecto do Cemitério Militar Português de Richebourg, França
Projecto de Tertuliano de Lacerda Marques, 1931
Fotografia do autor (2013)

Não propriamente como artista, mas enquanto vogal de honra da Comissão dos Padrões da Grande Guerra (1921-1936). A comissão foi constituída, por iniciativa particular, pela elite dos combatentes e dos dirigentes da Primeira Guerra. O principal objectivo foi promover a edificação de monumentos ou padrões, comemorativos do esforço de guerra português, por subscrição nacional (Correia 2010, 369-384). Sousa Lopes distinguiu-se como um dos principais membros da comissão artística, onde colaborou também Arnaldo Garcez. Um dos seus camaradas da CPGG, o coronel Henrique Pires Monteiro (1882-1958), resumiu bem o papel dinamizador do pintor do CEP:

> Sousa Lopes foi o devotado intermediário, incansável e diplomata, com os críticos de arte, escultores e arquitectos, que concorreram para esta patriótica tarefa; foi o relator permanente da comissão artística, que se constituiu, e trazia à comissão executiva e ao plenário da grande comissão de honra os seus estudos, sugestões ou propostas.[33]

O monumento mais emblemático inaugurou-se em 1928, na localidade de La Couture, em França, com estatuária do prestigiado Teixeira Lopes.

[33] Monteiro, H. Pires. 1953. «Crónica Militar. Pintor Sousa Lopes». *O Comércio do Porto*. 6 de Maio.

Contruíram-se igualmente padrões em Luanda, Maputo, na ilha de Santa Maria dos Açores e em Ponta Delgada. Estas funções institucionais, pouco conhecidas, demonstram bem que no pós-guerra Sousa Lopes manteve uma ligação forte e duradoura com a comunidade de combatentes da Grande Guerra. E as palavras de Pires Monteiro sugerem uma pista que a investigação poderá aclarar no futuro.

CAPÍTULO 15
A SECÇÃO PORTUGUESA NO MUSÉE DE L'ARMÉE E OUTRAS OBRAS

A secção dedicada ao Exército português na sala dos Aliados do Musée de l'Armée, em Paris, foi o primeiro projecto de Sousa Lopes concretizado no pós-guerra. Este resultou, uma vez mais, da colaboração estreita que manteve com o adido militar em Paris, o tenente-coronel Vitorino Godinho. Se após o fim da guerra era imperioso sinalizar e dignificar a presença portuguesa nos antigos campos de batalha, cuidando dos cemitérios de guerra, para Godinho impunha-se igualmente assegurar a presença condigna de Portugal no museu militar da França e na galeria dos Aliados que se planeava organizar. A secção portuguesa no Museé de l'Armée concretizou-se praticamente por sua inteira iniciativa, e em todo o processo Sousa Lopes revelou-se, uma vez mais, um colaborador decisivo.

O essencial do desenrolar deste processo já foi descrito, com apurado detalhe, pelo biógrafo do adido militar, o seu filho Vitorino Magalhães Godinho (2005, 291-295). Interessa por isso acentuar aqui os factos mais determinantes e, sobretudo, focar a análise na colaboração concreta do artista, das obras que realizou expressamente para este projecto. Importa também examinar o sentido da representação nacional que Sousa Lopes e Godinho prepararam para o Musée de l'Armée e da sua presença singular na sala dos Aliados, recorrendo a nova informação de arquivo existente em Paris, Lisboa e disponível em linha. Por fim, outras obras e projectos relevantes que Sousa Lopes realizou nesta época ganham em ser discutidos neste capítulo.

A representação portuguesa nos Inválidos foi uma preocupação constante de Vitorino Godinho, como escreveu num relatório ao ministro da Guerra: «Desde todo o começo prestei a minha atenção à organização da Secção Portugueza do Museu da Grande Guerra, procurando obter para a nossa representação ali um espaço conveniente e com boa disposição de luz.»[1] Já então conseguira assegurar a colaboração artística de Sousa Lopes e de Arnaldo Garcez. Deduz-se, por outro relatório de 1919, que o pintor aceitou o desafio ainda antes de chegar a Lisboa, a 19 de Agosto, para uma estadia de poucos meses, assinando em Outubro o contrato para o Museu de Artilharia[2].

O adido militar havia tratado da questão «com grande habilidade diplomatica», e considerou Sousa Lopes num ofício à Secretaria da Guerra, confirmando

[1] *Relatorio do Adido Militar em Paris. Referido a 31 de Dezembro de 1920* (parte VI, p. 43-45). BNP-ACPC, Espólio Vitorino Henriques Godinho (E47), caixa 22, pasta Manuscritos.
[2] Veja-se *Relatorio do Adido Militar em Paris. Referido a 30 de Setembro de 1919* (parte VI). BNP-ACPC, Espólio Vitorino Henriques Godinho (E47), caixa 22, pasta Manuscritos.

que reorientara o seu trabalho para a conclusão rápida desta empresa[3]. Depois de duas reuniões com o general Gabriel Malleterre (1858-1923), comandante dos Inválidos e, por inerência, director do Musée de l'Armée, Godinho recebeu em Janeiro de 1920 o convite oficial, em que Malleterre convidava o Governo da República Portuguesa nestes termos:

> De me faire adresser tous les souvenirs dont il pourrait disposer en faveur le Musée de l'Armée et qui seraient de nature à intéresser les nombreux visiteurs qui le fréquentent et à produire sur eux l'impression réelle de ce que fut en valeur et heroisme toute l'armée portugaise pendants les graves moments que tous les peuples alliés viennent de traverser.[4]

Entretanto, Godinho já escolhera o espaço da secção portuguesa, marcando-o com uma bandeira verde-rubra, e o ministro da Guerra autorizou-o, a 14 de Maio de 1920, a utilizar para esse fim os fundos do CEP à sua disposição. Garcez enviou-lhe «umas ampliações fotograficas»[5]. O núcleo mais importante era, contudo, reservado a Sousa Lopes, como informou o gabinete em Lisboa: «Esta instalação compreende, entre outras coisas, algumas aguas-fortes e pinturas do pintor capitão-equiparado Souza Lopes, expressamente feitas, as ultimas, com este fim, como é do conhecimento de Sua Exc. o Ministro»[6]. Aparentemente, previa-se no início apenas pendurar três quadros do artista, e não as cinco pinturas que effectivamente foram oferecidas e expostas no museu, como veremos adiante. Isso resultou talvez da decisão do general Malleterre de ampliar as salas dos Aliados e aumentar o espaço disponível para as diferentes representações[7]. Em todo o caso, no final de 1920 Sousa Lopes já tinha as obras praticamente concluídas, e o adido militar acompanhou o sub-director do Musée de l'Armée numa visita ao atelier do pintor, para examinarem os resultados. Nessa época, devido talvez ao número de telas em que trabalhava, Sousa Lopes parece ter alugado um segundo atelier numa praceta que dá para o *boulevard* Victor, a square Desnouettes, muito perto da sua residência (e *atelier*) no mesmo *boulevard*[8].

Num memorando enviado ao ministro da Guerra, em Dezembro de 1920, Vitorino Godinho introduziu a questão necessária da avaliação das obras de Sousa Lopes. Propôs que se adoptasse para o efeito as condições segunda, quarta e sexta do contrato celebrado com o Ministério da Guerra, em Outubro do ano anterior, para a decoração das salas do Museu de Artilharia. Isto porque nem ele, sem competência para tal, nem o artista, «cujo caracter e honestidade rivalisam com o seu muito talento», poderiam fixar o preço das obras. No essencial, o adido militar propunha que as obras fossem consideradas propriedade do Estado a adquirir pelo preço fixado por comissão nomeada pelo Governo, constituída por um delegado do mesmo, um delegado do Conselho de Arte e Arqueologia (ou, em alternativa, uma «pessoa idonea») e um representante do artista[9].

A proposta foi aprovada, mas o Governo não parecia ter muita urgência em nomear a comissão de avaliação, situação a que a instabilidade política no ano seguinte não foi alheia. A inauguração das salas em Paris também não tinha

[3] Ofício de Sousa Lopes à Repartição do Gabinete da Secretaria da Guerra, Paris, 20 de Fevereiro de 1920, PT/AHM/FO/006/L/32/778/2.
[4] «Ces souvenirs pourraient être constitués par des portraits, des vues de terrains de combats (peintures, dessins, eaux-fortes, photographies), des uniformes, des décorations et des engins de guerre», acrescentou o director do Musée de l'Armée. Ofício de 17 de Janeiro de 1920 transcrito por Godinho em *Relatorio do Adido Militar em Paris. Referido a 31 de Dezembro de 1920* (p. 43). BNP-ACPC, Espólio Vitorino Henriques Godinho (E47), caixa 22, pasta Manuscritos.
[5] Relatório citado na nota anterior, p. 44.
[6] *Secção Portugueza do Museu da Grande Guerra, nos Invalidos. Memorandum proposta.* 4 de Dezembro de 1920. BNP-ACPC, Espólio Vitorino Henriques Godinho (E47), caixa 7, pasta Dossié de arquivo morto. Transcrito em Silveira 2016, anexo 4, documento n.º 16.
[7] Veja-se *Relatorio do Adido Militar em Paris. Referido a 31 de Dezembro de 1920* (p. 45). BNP-ACPC, Espólio Vitorino Henriques Godinho (E47), caixa 22, pasta Manuscritos.
[8] O endereço na square Desnouettes (n.º 4 e n.º 4bis) aparece na correspondência e documentação entre 1920 e 1923. Não é clara esta situação, uma vez que no período aparecem alternadamente os endereços no boulevard Victor (n.º 19) e square Desnouettes. É possível que possa ter sido também residência.
[9] *Secção Portugueza do Museu da Grande Guerra, nos Invalidos. Memorandum proposta.* 4 Dezembro 1920. BNP-ACPC, Espólio Vitorino Henriques Godinho (E47), caixa 7, pasta Dossiê de arquivo morto.

A secção portuguesa no Musée de l'Armée e outras obras

data marcada. Entretanto, Jaime Cortesão divulgava o projecto no *Diário de Notícias*: «Sabemos tambem que, devido aos esforços pertinazes do tenente-coronel Vitorino Godinho, teremos a nossa representação artistica da Grande Guerra numa das salas dos *Invalidos*, duas paredes da qual foram já entregues ao pincel de Sousa Lopes.»[10]

Só em 1922 a comissão será por fim nomeada, perante a insistência do adido militar, já demissionário e de partida iminente para Lisboa. Nos meses de Junho e Julho, Godinho informa o gabinete do ministro que se encontrava em Paris a «pessoa qualificada» para representar o Governo na avaliação das obras. Insiste mesmo que «se o Governo demorar muito a sua resolução quanto à escolha do Snr. José de Figueiredo, corremos o risco de este retirar de Paris antes de vir a resposta»[11]. A 13 de Outubro, finalmente, a comissão de avaliação reúne-se para examinar e fixar o preço das obras de Sousa Lopes. Não houve portanto contrato, mas sim uma avaliação final das obras de arte. José de Figueiredo permanecera afinal em Paris e era na comissão o representante do Ministério da Guerra. As outras escolhas são mais surpreendentes: pela Legação de Portugal, o pintor Federico Beltrán y Masses e, como representante de Sousa Lopes, o médico Julio Sanjurjo de Arellano[12].

Antes de se reunirem na Legação portuguesa os delegados visitaram o Musée de l'Armée, para aí examinarem «minuciosamente» os trabalhos de Sousa Lopes, que já se encontravam «colocados», como nos diz a acta da comissão. Tratava-se de cinco pinturas a óleo, quatro aguarelas e treze águas-fortes (à data a série completa), num total de 22 trabalhos. O representante de Sousa Lopes propôs um preço final, 66.500 francos, com o qual os outros dois «concordaram plenamente»[13].

São interessantes as considerações de José de Figueiredo e Federico Beltrán. Têm uma especial atenção às águas-fortes, embora neste ponto o texto seja pouco claro. Os delegados notaram que os preços das águas-fortes eram «muito inferiores ao valor do trabalho artistico» e às despesas que o gravador teve e que a quantia a pagar pelo Estado teria de ser mais elevada, uma vez que este não reservara o direito de «exploração das chapas». Os avaliadores estimavam, curiosamente, que, embora o artista tivesse o direito de venda destas gravuras, de «excepcional valor», essa venda pouco iria produzir, dada a «natureza especial do assunto». Era uma previsão certeira, pelo que sabemos hoje. Elogiaram por isso o que esse gesto «representava como patriotismo da parte do pintor Sousa Lopes». Quanto ao resto, a obra do artista português fazia jus à representação nacional, considerando-a mesmo «a melhor das já existentes no Museu da Grande Guerra e sentindo só que as pessimas condições artisticas do edificio escolhido para museu pelo Estado [Francês] não lhes desse a devida valorisação». Não eram considerações tendenciosas, como veremos mais adiante.

As obras de arte foram oferecidas, em nome do Governo português, a 18 de Outubro de 1922, dia em que dão entrada nos registos do Musée de l'Armée. A instituição conserva o ofício de Vitorino Godinho, que possui uma lista anexa das obras de Sousa Lopes[14]. O general Malleterre agradeceu dias depois,

[10] Cortesão, Jaime. 1920. «Os que morreram, depois de feridos, na batalha de Lys. O velho padrão das Descobertas. O pincel de Sousa Lopes numa sala dos Invalidos. Os mortos acusam». *Diario de Noticias*. 4 de Setembro: 1.

[11] Vejam-se cópias dos ofícios do adido militar em Paris ao Chefe da Repartição do Gabinete da Secretaria da Guerra, datados de 22 de Junho de 1922 e 22 de Julho de 1922 (este com carácter «urgente»). BNP-ACPC, Espólio Vitorino Henriques Godinho (E47), caixa 7, pasta Dossiê de arquivo morto.

[12] Federico Beltrán y Masses (1885-1949), pintor espanhol nascido em Cuba, foi um retratista mundano ou de assuntos espanhóis com grande sucesso nos anos 20, em Paris e depois nos EUA. Do Dr. Julio Sanjurjo de Arellano só é possível perceber que seria um médico residente em Paris. Em 1913, registou a patente, em França, de uma ampola-seringa para injecções uretrais.

[13] Cópia da acta de avaliação dos trabalhos de Sousa Lopes para a secção portuguesa no Musée de l'Armée, 16 de Outubro de 1922 (acta datada de dia 13), BNP-ACPC, Espólio Vitorino Henriques Godinho (E47), caixa 7, pasta Dossiê de arquivo morto. Transcrita em Silveira 2016, anexo 4, documento n.º 17.

[14] Veja-se ofício do Adido Militar em Paris ao director do Musée de l'Armée, Paris, 18 de Outubro de 1922. MA, Archives, processo n.º 2188 (*Souvenirs de l'armée portugaise*). Transcrito em Silveira 2016, anexo 4, documento n.º 18.

distinguindo especialmente um dos núcleos: «Les oeuvres du peintre Adriano de SOUZA LOPES décoreront magnifiquement la Salle des Alliés et seront certainement très prisées du public, ainsi que le mannequin et les autres souvenirs portugais.»[15] Resolvia-se assim um processo que se iniciara em 1919 e que foi um dos últimos actos do adido militar em Paris. A 31 de Outubro, Godinho entrega a repartição e regressa de imediato a Lisboa, para tomar posse como Director-Geral, de Estatística (Godinho 2005, 333).

As pinturas que Sousa Lopes realizou expressamente para este projecto têm uma notável coerência temática, convém sublinhar. São cenas do combate quotidiano do soldado português num território muito concreto, o das trincheiras da frente ocidental, símbolo deste conflito. Procuram de facto produzir «l'impression réelle» da acção dos portugueses em França, que Malleterre solicitara no convite que dirigiu a Godinho, não tanto pelo «valeur et heroisme» que o general sugeriu, mas comunicando a experiência árdua das primeiras linhas, sem *panache* ou grandiosidade possíveis.

Em *Os vigias*, Sousa Lopes escolheu um ponto de vista ousado e muito original, na sua obra e na pintura internacional da guerra [**Figura 65**]. A cena é vista no interior obscuro de um abrigo da primeira linha, que contrasta com a luz difusa e as camadas de neve que pontuam o exterior. Esta opção, que transmite à obra um ambiente opressivo, confirma uma vez mais o seu gosto permanente em explorar iluminações invulgares. No escuro, em primeiro plano, a silhueta de um soldado apoia-se na arma, figura ambígua que sugere um misto de esgotamento e desespero. No exterior outros dois vigiam o inimigo, e dos seus corpos pouco mais aparece que os capacetes. Esta expressão mínima dos soldados, reduzidos a espectros ou a sombras anónimas, é muito rara na pintura de Sousa Lopes. Nas nesgas de céu o pintor recupera cromaticamente o verde-veronese presente em alguns pormenores de *A rendição*, que serve também aqui para sugerir uma atmosfera baça e doentia.

Um poema de Augusto Casimiro, em língua francesa, publicado na revista *Atlantida*, em 1918, invoca uma situação análoga e talvez nos ajude a compreender um dos sentidos que me parecem latentes nesta pintura. O soneto inicia-se com «Les guetteurs veillent, le vent passe/ Infatigable dans sa ronde…» e fala de sensações ambíguas causadas pela noite perigosa das trincheiras. Os soldados, esses, não são os únicos que rondam e vigiam: «Dans les ténèbres qui menacent/ La morte guette aussi, vagabonde./ La vie s'épuise, énervée, basse/ Mais l'âme attend; calme et profonde.»[16]

A contenção de *Os vigias* é também visível em *A ronda nas trincheiras*, embora nesta obra talvez se insinue o humor (MA, Paris, inv. 1724 C1). De olhos fechados, o soldado sentinela parece dormir de pé, enregelado, à entrada do abrigo do comandante de companhia, sem dar pela presença de outros dois camaradas que passam por ele na ronda habitual. Para esta obra Sousa Lopes utilizou um desenho feito durante a guerra, datado de 1918, sem grandes diferenças para a pintura final (PNA, inv. 54039). Parece reinar o silêncio e a paz neste nocturno das trincheiras, que se cobrem de uma neve azulada, colorida pelo luar. Sousa Lopes representa uma rotina que o inverno dificultava, e particularmente o

---

[15] Ofício do Director do Musée de l'Armée ao Adido Militar em Paris, 28 de Outubro de 1922, BNP-ACPC, Espólio Vitorino Henriques Godinho (E47), caixa 7, pasta Dossiê de arquivo morto.

[16] Casimiro, Augusto. 1918. «Des nuits trop lourdes…». *Atlantida* 29-30 (Março-Abril): 542.

Figura 65
Adriano de Sousa Lopes
Os vigias (Les guetteurs), 1919
Reprodução fotográfica no EASL
Óleo sobre tela, 135 x 88 cm
MA, Paris
N.º inv. 1723 C1

inverno rigoroso que o CEP enfrentou em 1917-18, como descreveu Ferreira Martins na sua história da guerra:

> Eram veladas de armas em tôda a frente. As sentinelas imóveis nos seus postos de vigilância, durante as infindas horas do seu quarto, espreitam a insondável terra de ninguém, a que a temperatura glacial dêsse aspérrimo inverno de 1917 dava o aspecto horrível das vastas regiões polares, cobertas de neve, em plena escuridão ou à claridade baça do luar mortiço [...].
> (Martins 1934, 261-262)

Adriano de Sousa Lopes. Um pintor na Grande Guerra

O terceiro quadro pintado para Paris é uma cena mais dramática, são os soldados portugueses em plena guerra química, usada em larga escala na Grande Guerra. *Final de gases* ou, como intitulou o museu francês, *Après une attaque de gaz* [**Figura 18 do extratexto**] representa um grupo de soldados numa trincheira entre a neve, cobertos com os pelicos, que retiram a máscara antigás no final de um alerta de gases ou «gás alarme» (do inglês *gas alarm*). Os soldados eram instruídos, quando soasse o alarme, para colocar rapidamente as máscaras que traziam na bolsa junto ao peito. As granadas que explodiam continham cápsulas de gás mostarda, o mais usado no final da guerra, que provocava cegueira e queimaduras na pele, mas igualmente gás asfixiante. Jaime Cortesão, que foi intoxicado gravemente em Março de 1918 e internado em Portugal, descreveu que nas vésperas de 9 de Abril o bombardeamento da frente portuguesa com gases se tornou uma rotina, e devastadores os seus efeitos nos soldados portugueses (Cortesão 1919, 170-190).

O horizonte da pintura é agitado por nuvens de explosões e arame farpado. Mas *Final de gases* distingue-se, na obra de Sousa Lopes, pelo seu plano mais aproximado aos soldados, procurando torná-los mais tangíveis na sua humanidade. O foco da composição está no único soldado de cara descoberta, um rosto em sofrimento (com traços de laranja que acentuam o ardor), que ao retirar a máscara tenta respirar e recuperar o fôlego. Os outros, tapados pela máscara, permanecem anónimos e distantes. Sousa Lopes comunica uma negatividade que um dos autores mais atentos às consequências artísticas do conflito, Robert de la Sizeranne, teorizou nesses anos. Para o historiador e crítico francês, as condições concretas da guerra de trincheiras haviam produzido uma «nova estética das batalhas», que dificultava o trabalho dos artistas. Esta resultava num cenário em que os soldados se tornavam «fantasmas monocromos», habitando uma paisagem amorfa e incaracterística e sempre envoltos pelo fumo das explosões (La Sizeranne 1919, 243). É nesse âmbito que a máscara de gás, uma «armadura amorfa» que gera anonimato, podia ser vista como um signo da permanente negatividade artística produzida pela guerra moderna: «Ainsi le gaz, qui est une arme amorphe, oblige l'homme à revêtir une armure amorphe, qui supprime sa personnalité. C'est la lutte de l'invisible contre l'inconnaissable» (La Sizeranne 1919, 250). É a produção dessa desumanidade que está também em jogo em *Final de gases*.

As restantes pinturas a óleo oferecidas ao museu de Paris, que Sousa Lopes acrescentou às três inicialmente previstas, foram pintadas em 1918. Uma delas já foi referida anteriormente, é o notável esboceto a óleo para *A rendição* [**Figura 46**]. Este gesto diz-nos muito da importância que o artista atribuía à composição, em boa verdade a primeira pintura saída da sua experiência nas trincheiras da Flandres. *A rendição* ficava assim representada nos principais locais da sua pintura de guerra, nos museus de Lisboa e de Paris.

O outro quadro regista as ruínas do que fora a igreja de Merville, situada no antigo sector do CEP, completamente destruída nos bombardeamentos de 9 de Abril [**Figura 19 do extratexto**]. Sousa Lopes preparou a composição num desenho registado do interior das ruínas, debaixo de um arco, na ocasião em

A secção portuguesa no Musée de l'Armée e outras obras

que fez um outro desenho referido antes [**Figura 37**]. Arnaldo Garcez registará também as ruínas da igreja em ângulos praticamente idênticos. Figura comum na pintura internacional sobre a guerra, como vimos no capítulo 4, enquanto metáfora de uma perda civilizacional, a «estética da ruína» (Vatin 2012) faz aqui a sua aparição na obra de Sousa Lopes, embora o pintor não tenha de facto insistido no tema. É sobretudo a destruição do património francês que é aqui apresentada, assunto a que os visitantes do Musée de l'Armée seriam sensíveis. Executada sobre tábua, certamente no próprio local, nela a paleta impressionista do artista solta-se de novo, apesar da solenidade do motivo. A luz quente que incide nas paredes arruinadas, sob um céu azul, não parece transmitir lamento, mas talvez esperança.

Do conjunto de quatro aguarelas oferecido ao Musée de l'Armée destaca--se uma imagem que representa La Couture [**Figura 20 do extratexto**]. Embora não tenha pintado para Paris nenhuma representação do 9 de Abril, Sousa Lopes incluiu neste núcleo um símbolo da batalha portuguesa. Representou o reduto final em ruínas, onde as tropas portuguesas e britânicas haviam resistido heroicamente ao avanço dos alemães. As restantes aguarelas, patentes na secção portuguesa, reforçavam a coerência do conjunto definido pelas pinturas a óleo, sobre a vida do soldado das trincheiras[17]. Acompanhava todo este conjunto uma série de treze águas-fortes, já examinadas no capítulo 12, que sem dúvida ampliavam o tema central[18].

Todavia, a inauguração da galeria dos Aliados continuava atrasada, e assim se entrou em 1923. Sousa Lopes tomou a seu cargo a instalação da secção portuguesa. Mas em carta a Vitorino Godinho, de 13 de Fevereiro, o pintor não acreditava que a inauguração estivesse para breve: dependia de japoneses e italianos, que estavam atrasados. No entanto, a secção portuguesa apresentava--se «completa e arranjada, de forma que serviu de modelo para outros», entre eles os japoneses. Só faltaria um pormenor importante, para os visitantes, e para isso colocou uma placa em cada parede com o nome do país: «O Publico será portanto informado logo que entra na sala, mas a bandeira completaria bem o nosso canto.»[19]

Finalmente, na manhã de 16 de Abril de 1923, Sousa Lopes assistiu certamente à inauguração da «Salle des Alliés» do Musée de l'Armée, inaugurada juntamente com uma sala dedicada à marinha francesa. A cerimónia contou com a presença do Presidente da República Francesa, Alexandre Millerand (1859-1943), e do marechal Ferdinand Foch (1851-1929), antigo comandante supremo dos exércitos aliados. Os convidados foram recebidos no museu pelo general Malleterre. Assistiram também os embaixadores das nações aliadas, incluindo o ministro de Portugal, e os seus adidos militares, altas patentes do exército e marinha franceses ou ainda o director das Belas-Artes, Paul Léon (1874-1962). O embaixador norte-americano leu uma comunicação do presidente Warren Harding (1865-1923), tão destacada como a inauguração na imprensa diária francesa. Harding considerou esta iniciativa a mais interessante do seu género, em toda a história, e que era acima de tudo um «testemunho perpétuo» da verdadeira fraternidade entre as nações aliadas[20]. A participação de Sousa

[17] *Saudades da terra* («Soldat portugais rêvant du pays»), 1917, inv. 1727 C1; *Ao periscópio* («Au périscope»), 1917, inv. 1728 C1; *Maqueiros recolhendo feridos* («Transports de blessés»), c. 1918, inv. 1726 C1.

[18] N.ºs inv. 1730 C1, 1732 C1 e 1734 C1 a 1744 C1.

[19] Carta de Sousa Lopes a Vitorino Godinho, Paris, 13 de Fevereiro de 1923. BNP-ACPC, Espólio Vitorino Henriques Godinho (E47), caixa 7, pasta Dossiê de arquivo morto. Transcrita em Silveira 2016, anexo 3, carta n.º 13.

[20] Vejam-se, por exemplo, as edições de 17 de Abril de 1923 dos jornais *L'Écho de Paris*, *Le Figaro*, *Le Gaulois*, *Le Journal*, *Le Matin* e *Le Petit Journal*. Nesta amostra não há referências especiais à representação portuguesa. Contudo há indicação de que o *Excelsior* elogiou nesse dia as águas-fortes de Sousa Lopes (Santos 1962, 62).

Adriano de Sousa Lopes. Um pintor na Grande Guerra

Figura 66
Secção Portuguesa no Musée de l'Armée, Paris, c. 1923
Prova fotográfica, 16,3 x 22,2 cm
EASL

Figura 67 (página seguinte)
Secção Portuguesa no Musée de l'Armée, Paris, c. 1923
Prova fotográfica, 22,2 x 16,3 cm
EASL

Lopes não passou despercebida na imprensa portuguesa, tendo sido elogiado pelo *Diário de Notícias* e *O Século*[21].

A Sala dos Aliados situava-se no 2.º andar do edifício histórico dos Inválidos (Barcellini 2010, 200-205). O visitante acedia à sala por uma escadaria, depois de observar no andar inferior as colecções dedicadas ao exército francês na Grande Guerra, onde se apresentava uma secção belga. As fotografias registadas pela agência Meurisse no dia da inauguração, distribuídas pela imprensa, permitem perceber em parte a configuração e museografia da sala dos Aliados (BNF, Paris, inv. EI13-2736). Tratava-se de uma longa sala, ou galeria, dividida por painéis de cada lado que delimitavam as diferentes secções nacionais, dedicadas aos exércitos das nações aliadas. Distinguiam-se essencialmente três espaços, ou núcleos, assinalados por placas junto do tecto. No primeiro viam-se as secções dos exércitos britânico, português e japonês, e o segundo, com a maior representação, era dedicado ao exército norte-americano. O último espaço destinava-se aos exércitos de Itália, Roménia, Sérvia e Polónia. À entrada da sala via-se ao centro um busto do marechal Foch, sendo por isso designada também de «Galerie Foch».

A secção portuguesa estaria, portanto, muito bem situada, logo à direita de quem entrava, beneficiando directamente de iluminação natural. Sousa Lopes conservou quatro fotografias que a registam em detalhe, onde se via já a bandeira do Exército nacional [**Figuras 66 e 67**]. As 22 obras do artista encontravam-se distribuídas pela parede de entrada e por um painel, ocupado dos dois lados, onde se via um manequim fardado e equipado de soldado de infantaria. As vitrinas expunham medalhas de campanha e insígnias dos diversos corpos

[21] Veja-se «Notas de Paris. O pintor Sousa Lopes honrando a nossa arte em França». *Diario de Noticias*. 19 de Abril de 1923: 1, e *O Seculo*, 18 de Abril de 1923: 5.

e unidades do CEP, e insígnias e colares das ordens honoríficas militares portuguesas. Sobre estas Sousa Lopes informou Godinho: «Arranjei uma fazenda cinzenta para forrar as vitrines que dá muito bem para fundo das medalhas e condecoraçoes.»[22] Ressalta nesta carta o cuidado museográfico com que o artista preparou a representação portuguesa.

Na parede de entrada, de área mais extensa, Sousa Lopes colocou as pinturas de maiores dimensões, que representavam a vida do soldado português nas trincheiras, onde se incluía o estudo a óleo para *A rendição*. Acompanhou-as das quatro aguarelas e da maior água-forte que realizou, *Canhão desmantelado (Le Touret, 1918)*, alusiva à arma da artilharia. Mas o painel com o manequim era o primeiro espaço da secção que o visitante via ao entrar na sala, assinalado com a bandeira das unidades do Exército. Neste núcleo, Sousa Lopes fez uma opção interessante na escolha das águas-fortes que acompanham *Final de gases* e *Ruínas da igreja de Merville*. Se para a primeira pintura a escolha da patrulha rastejando na terra de ninguém, e o episódio dos artilheiros no 9 de Abril, potencia uma sugestão narrativa, centrada na acção de batalha, a gravura que acompanha em baixo as ruínas de Merville é a que melhor fixa outra ruína que rima com a pintura, a ruína mais terrena do «pátio das osgas», habitada pelos soldados portugueses em Ferme du Bois [**Figura 50**]. No terceiro núcleo o artista dispôs no painel nove das águas-fortes, de belo efeito serial e sequencial, e impressivo pela diversidade de assuntos. À esquerda, três ampliações fotográficas de Garcez, aparentemente aspectos das trincheiras, dialogavam com (ou moderavam) as visões do água-fortista.

Resulta nítido destas fotografias que o discurso expositivo de Portugal na Sala dos Aliados – vindo ao encontro da «impressão real» que o general Malleterre pedira que fosse induzida no público – assentava essencialmente no poder evocativo dos trabalhos de Sousa Lopes, representando a experiência de combate nas trincheiras da frente ocidental. Não existia na secção portuguesa, por exemplo, a presença mais óbvia de armamento ou engenhos militares. Representavam estas opções uma significativa diferença para as outras representações nacionais. É certo que na secção norte-americana se via grande pintura, três óleos pendurados ao alto com aspectos da guerra no mar, um deles representando o torpedeamento do navio de passageiros *Lusitânia*, marco na entrada dos EUA no conflito[23]. Mas o seu impacto perdia-se entre a profusão de bandeiras e a variedade de vitrines com insígnias militares, modelos de aeroplanos, engenhos dos aviões, pendendo mesmo do tecto o modelo de um balão de observação. Nesse aspecto era o núcleo mais completo. Sabe-se também que na secção italiana, não captada pelas fotografias, se apresentavam pinturas a óleo e aguarelas de Georges Scott, com tipos de soldados e aspectos da campanha italiana nas Dolomitas (Alpes)[24]. Contudo, exceptuando o caso dos EUA e Portugal, dominava em todas as representações artísticas o género do retrato, documentando tipos militares ou oficiais distintos. Mesmo ao lado das obras de Sousa Lopes a secção britânica apresentava uma extensa galeria de retratos pintados ou em fotografia, que cobria as duas paredes do início da sala.

[22] Carta de Sousa Lopes a Vitorino Godinho, Paris, 13 de Fevereiro de 1923. BNP-ACPC, Espólio Vitorino Henriques Godinho (E47), caixa 7, pasta Dossiê de arquivo morto.
[23] Segundo *Le Petit Journal* (Paris). 17 de Abril de 1923: 1.
[24] *Le Gaulois* (Paris). 17 de Abril de 1923: 4.

A secção portuguesa no Musée de l'Armée distinguia-se, assim, pelo seu nível artístico, pela coerência e visibilidade do discurso autoral de Sousa Lopes, que não descurava a variedade de assuntos, e suplantava a função ilustrativa ou documental dominante nas imagens artísticas de outras secções aliadas. A apreciação de José de Figueiredo e do pintor Federico Beltrán, que vimos, não era injusta. Houve uma opção de privilegiar na representação portuguesa o poder evocativo das obras de arte, que a decisão de Vitorino Godinho potenciou. Sousa Lopes já demonstrara, recorde-se, uma sensibilidade museológica na organização do pavilhão português na exposição de São Francisco em 1915, faceta que não é irrelevante sublinhar no futuro director do MNAC. Em boa verdade, este cuidado com a disposição e apresentação das suas obras, colocando «o Publico» (como escreveu a Godinho) no centro das suas preocupações, irá acentuar-se com a preparação das salas do Museu Militar de Lisboa, como veremos no capítulo final deste livro.

Uma das aguarelas oferecidas ao museu de Paris, *Maqueiros recolhendo feridos* [**Figura 21 do extratexto**], liga-se a outras obras em Lisboa que é necessário convocar. É a altura de examinar algumas pinturas que Sousa Lopes realizou no rescaldo da guerra, de médio ou pequeno formato, que se encontram em diversas colecções portuguesas. A aguarela em Paris é sem dúvida um estudo de composição para *Os maqueiros*, um quadro a carvão e pastel sobre tela que o artista ofereceu à Liga dos Combatentes (inv. 475). Na actualidade, é uma obra difícil de apreender a olho nu, tal o grau de erosão da camada cromática. Sousa Lopes desenhou um estudo de pormenor dos protagonistas do quadro [**Figura 68**]. No quadro da LC, o par de maqueiros foi buscar uma vítima à terra de ninguém e está prestes a reentrar na trincheira da primeira linha, onde alguns camaradas observam. As diferentes posturas dos soldados sugerem emoções diversas que perpassam pela trincheira. A postura recurvada do primeiro maqueiro reflecte o momento solene e de profundo pesar, que é sublinhado pela distância a que o pintor colocou as duas silhuetas, recortando-se num céu onde parece despontar a aurora.

Sousa Lopes foi sócio da Liga dos Combatentes desde 1923[25]. Alguns dos seus trabalhos foram divulgados, aliás, na capa do órgão da Liga, a revista *A Guerra*[26]. E o quadro *Os maqueiros* foi oferecido para o museu da associação que o próprio pintor ajudou a organizar, a partir de 1926[27]. Mas é significativo que tenha escolhido oferecer esta obra. A fraternidade de armas nas trincheiras, representada aqui na sua hora mais grave, seria o cimento agregador desta comunidade de combatentes da Grande Guerra. Para Sousa Lopes, o soldado maqueiro é uma figura trágica deste teatro de guerra. Escolhido entre os soldados de cada batalhão, é um operário da assistência médica na Flandres, um símbolo da tragédia humana da Grande Guerra. O maqueiro é uma personagem típica da arte de Sousa Lopes, permanecendo uma figura apagada na literatura de guerra mais próxima do artista, nos livros de Brun, Casimiro, Cortesão e Olavo. Vimos que ocupa um lugar visível na grande pintura *A rendição* [**Figura 40**] e de facto aparecerá de novo noutros quadros do Museu Militar de Lisboa.

[25] Segundo o processo individual do artista, disponível no arquivo da associação, Sousa Lopes foi o sócio n.º 774. O boletim de inscrição não se encontra datado, tendo apenas o n.º 28/72-4.º. Os serviços da LC indicaram-me que o número de sócio deverá datar de 1923.

[26] Vejam-se as capas dos n.ºs 28 (Abril de 1928) e 33 (Setembro de 1928).

[27] Designado na altura como «Museu da Grande Guerra». Sousa Lopes fez parte da comissão instaladora, presidida pelo coronel Eugénio Carlos Mardel Ferreira. Vejam-se notícias na revista *A Guerra* n.º 8 (5 de Nov. de 1926, p. 6) e n.º 9 (11 de Nov. de 1926, p. 2). Não foi possível apurar em que ano o quadro foi oferecido.

Figura 68
Adriano de Sousa Lopes
Estudo para *Os maqueiros*, 1918
Carvão sobre papel, 39 x 59 cm
MML, Lisboa
N.º inv. 2400

Um dos dirigentes mais conhecidos da associação, Eugénio Mac Bride (1887-1966), que veio a ser médico particular de Sousa Lopes, ofereceu à Liga dos Combatentes uma das suas pinturas de guerra mais singulares. Representa o bombardeamento aéreo da cidade de Boulogne-sur-Mer pela aviação alemã, já perto do final do conflito [**Figura 22 do extratexto**]. O quartel-general do CEP, em Ambleteuse, situava-se poucos quilómetros a norte da cidade costeira atingida. Sousa Lopes trabalhou no quadro logo nos dias seguintes[28]. É um dos raros momentos em que se abstrai do drama humano e transmite o espectáculo visual desencadeado por uma guerra de tipo novo, com novas armas e tácticas de combate como o aeroplano e o bombardeamento aéreo de locais estratégicos. Já o tinha feito numa água-forte como *Os very-lights* [**Figura 55**]. A sua visão quase sobrenatural ganha expressão nos inúmeros holofotes, que ao tentar localizar a aviação inimiga se cruzam no céu e atingem uma massa de nuvens altas. O céu está tingido de vermelho, que acentua o drama e magnitude do evento.

A modernidade técnica desta guerra é assim entendida como puro espectáculo visual, articulando as suas formas inauditas no plano tradicional da paisagem. Vallotton teve uma ideia semelhante, como vimos, inspirado na batalha «industrial» de Verdun, mas abandonando todo o espaço ilusório [**Figura 13 do extratexto**]. Outro pintor inglês da guerra, Nevinson, observando

[28] Vitorino Godinho escreve no relatório ao comandante do CEP, datado de 11 de Agosto de 1918 (isto é, dez dias após o evento), que Sousa Lopes realizara uma pintura designada como «Combate nocturno de aeroplanos» (Martins 1995, 319). Na ausência de outra hipótese só poderá ser a pintura da LC.

A secção portuguesa no Musée de l'Armée e outras obras

os projectores de Londres durante os raides nocturnos, encontrou no assunto um jogo de geometria mais frio e contido (Manchester City Galleries).

Sousa Lopes não explorou muito esta via, atenta à guerra como novo fenómeno visual, mas em todo o caso é relevante a versão que fez de uma conhecida pintura de Paul Nash, *The Ypres Salient at Night*[29]. Pintou-a provavelmente em Londres, em 1930. São evidentes as afinidades desta composição com a água-forte referida há pouco, *Os very-lights*. Atraiu-o a iluminação expressiva que Nash também encontrou. As pinturas têm sobretudo diferenças cromáticas, como a luz dos foguetes, que na versão de Sousa Lopes se torna menos crua e com *nuances*, em tons de verde veronese e carmim.

Sousa Lopes participou ainda, durante a guerra, num importante projecto de âmbito internacional realizado em Paris. Colaborou no colossal empreendimento que foi o Panthéon de la Guerre, uma pintura monumental sob a forma de um panorama circular, ou ciclorama, onde se retratavam chefes de Estado, líderes políticos ou militares representativos da França e das suas nações aliadas. O contínuo friso de figuras possuía as dimensões inimagináveis de 123 metros de comprimento por 14 de altura, e continha cerca de cinco mil retratos em corpo inteiro e tamanho natural.

Mark Levitch estudou a história e a recepção desta obra incomparável (Levitch 2006). Idealizado após a vitória na batalha do Marne, em Setembro de 1914, o Panteão da Guerra foi concebido e realizado sob a direcção de Pierre Carrier-Belleuse (1851-1933) e Auguste François-Marie Gorguet (1862-1927), com a assistência de, pelo menos, 22 artistas (Levitch 2006, 159). Mais um se lhes deve juntar, como sabemos agora. Na área central representava-se um «templo da glória», ladeado por uma escadaria monumental onde se agrupavam cerca de 400 figuras de *poilus*. Retratavam soldados franceses condecorados, muitos deles mortos em combate (Levitch 2006, 8). Por cima via-se uma estátua alada e dourada da Vitória. A composição prosseguia nas alas com um friso contínuo de figuras representando os países aliados, assinalados por bandeiras nacionais. Na metade superior da tela via-se um enorme mapa panorâmico de toda a frente ocidental, desde a costa atlântica até à fronteira suíça[30]. Levitch não o refere, mas o modelo académico de Carrier-Belleuse foi claramente o friso com o panteão dos artistas realizado por Paul Delaroche (1797-1856), instalado no anfiteatro da Escola de Belas-Artes parisiense.

Fernand Cormon, o mestre francês de Sousa Lopes, pintou a parte dedicada à Sérvia, e quase todos os colaboradores da pintura eram expositores no salão da Société des Artistes Français (Levitch 2006, 160-161). Não foi difícil, por isso, a aproximação do pintor português ao projecto. Sousa Lopes colaborou, naturalmente, na secção destinada a Portugal. Levitch não o menciona, o que é compreensível, uma vez que não teve acesso a informação portuguesa. De facto, a única referência à colaboração do artista em Paris deve-se, uma vez mais, ao relatório pormenorizado de Vitorino Godinho dirigido ao general comandante do CEP, em Agosto de 1918, quando chefiava ainda o serviço de Informações. Godinho não deixa de chamar a atenção, em primeiro lugar, para o empenho do artista na propaganda do esforço português na capital francesa:

[29] Obra em colecção particular. O original de Nash está conservado no IWM, Londres (IWM ART 1145).
[30] Uma secção parcial do Panteão da Guerra, a única que subsiste hoje, está exposta desde 1956 no National World War I Museum and Memorial, em Kansas City (Missouri, EUA). Veja-se cronologia da obra em Levitch 2006, 151-156 e um resumo da sua apresentação e historial em Silveira 2016, 288.

Adriano de Sousa Lopes. Um pintor na Grande Guerra

> Mas o Capitão Sousa Lopes ainda contribuiu, por outras formas para auxiliar a propaganda do nosso esforço. É assim que, em Paris, valendo-se das suas relações, procurou por todas as formas divulgar a nossa colaboração na guerra e criar uma opinião lisongeira a respeito dos portugueses, ao mesmo tempo que trabalhava no sentido de nos obter referencias elogiosas nos jornaes e ilustrações.
>
> No Panteon da Guerra colaborou intensamente para a representação de Portugal, já pelo seu trabalho directo, já fornecendo todos os elementos necessários ao director da grande obra artística, onde foi reservada ao nosso país uma extensão de tela que muito nos honra, pois é equivalente à reservada à Italia... (*apud* Martins 1995, 319)

Note-se que Godinho escreve que o pintor teve um «trabalho directo» na grande tela, para além de fornecer elementos a Carrier-Beleuse e a Gorguet. Sousa Lopes terá contribuído, certamente, na pintura dos rostos dos portugueses, de modo a tornarem-se mais verosímeis. Um postal de uma série dedicada ao Panteão da Guerra, publicada aquando da inauguração, reproduz um pormenor da secção de Portugal [**Figura 69**]. Percebe-se assim que ela se juntava com a italiana, encostada a um monumento aos mortos no «campo de honra» e perto de um canhão de 75.

Compõem a secção portuguesa onze individualidades. Entre elas reconhecem-se Bernardino Machado, Sidónio Pais, Norton de Matos, o general Garcia Rosado comandante do CEP, e o general Gomes da Costa, entre outros[31]. Por cima vê-se o estandarte das unidades do Exército Português e a bandeira nacional. Não deixa de ser intrigante que o general Tamagnini de Abreu, o primeiro comandante do CEP, não tenha sido retratado, uma vez que pelo relatório de Godinho sabemos que Sousa Lopes pintou um retrato de Tamagnini para «servir», também, para o Panteão da Guerra (Martins 1995, 319). Sousa Lopes destinou-o ao actual Museu Militar de Lisboa, onde hoje está exposto nas Salas da Grande Guerra (inv. 602). O rosto do general é pintado com um especial empenho realista. Já a sua postura foi a que provavelmente o artista o observou inúmeras vezes: viajando pela frente portuguesa sentado no banco de um automóvel, vendo-se no fundo a paisagem desolada da Flandres.

No mural de Paris, a única hipótese para Tamagnini seria o militar ao lado de Gomes da Costa, embora não se pareça com o retrato de Sousa Lopes. Esta possível ausência não terá motivos políticos, uma vez que são retratados Bernardino Machado e Norton de Matos, inimigos de Sidónio e exilados por ele. A disputa quanto à participação de Portugal na frente europeia, protagonizada por eles, desaparecia neste friso comemorativo, e as suas figuras institucionais caucionavam o discurso vitorioso e glorificador do Panteão da Guerra francês. Nisso os directores da obra seguiram indicações de Sousa Lopes, como sugere Godinho no relatório. No espólio do artista encontra-se um desenho para este projecto que demonstra o seu grau de envolvimento na composição da secção portuguesa (col. particular). A disposição das figuras é idêntica à obra final, e nele estão indicados os nomes principais, incluindo o general Tamagnini de Abreu.

[31] São também reconhecíveis o major António Ribeiro de Carvalho (1889--1967) e o coronel José Xavier Barbosa da Costa, comandante da célebre Brigada do Minho. Agradeço ao coronel Luís de Albuquerque, director do MML, a identificação destes militares. Ficam por identificar quatro figuras.

A secção portuguesa no Musée de l'Armée e outras obras

Figura 69
«Italie et Portugal» (pormenor)
Postal da série *Panthéon de la Guerre*,
1918. Editor: Anciens Étab.
Neurdein et Cie. (Paris)
MML, Lisboa

Sousa Lopes nunca referiu esta colaboração em correspondência oficial ou particular, ou em entrevistas, matéria também ausente na sua fortuna crítica. Só a conhecemos através do relatório confidencial de Godinho, onde fica bem claro que isto se deveu a uma iniciativa exclusiva do pintor junto dos directores franceses da obra. Em face dos novos dados, Sousa Lopes deve ser considerado, no futuro, como um dos 23 colaboradores de Carrier-Belleuse e Gorguet no Panteão da Guerra, em Paris.

No mês seguinte à inauguração da sala dos Aliados do Musée de l'Armée, em Maio de 1923, Sousa Lopes organizou no seu *atelier* um serão artístico, noticiado no dia seguinte pelo diário parisiense *Le Gaulois*[32]. Na festa brilhou a cantora Spéranza Calo (1885-1949), com «canções gregas», e assistiram Afonso Costa, o general Malleterre, o general Pierre Berdoulat (1861-1930), governador militar de Paris (que assistira à inauguração nos Inválidos), ou ainda o enigmático Zapparoli, artista que terá auxiliado o português na renovação da técnica do fresco[33]. O motivo da *soirée* seria, decerto, uma forma de comemorar a inauguração da secção portuguesa no museu dos Inválidos, que obtivera, segundo *Le Gaulois*, «um grande sucesso». Mas a festa seria igualmente um pretexto para visitar o *atelier* do artista e apreciar as grandes pinturas destinadas ao Museu de Artilharia, em Lisboa, que o jornal não deixou de referir:

> Matinée très réussie chez le peintre portugais Sousa Lopès, dont les oeuvres, à l'inauguration de la Salle des Alliés, aux Invalides, viennent d'obtenir un grand succés. On a pu admirer dans son atelier les émouvantes décorations de la grande guerre, destinées au musée de Lisbonne, contrastant avec les scènes populaires de son pays.

Nesta data a execução das obras já estaria muito avançada. Sousa Lopes preparava então a sua partida para Lisboa, onde participará a 28 de Julho na sessão magna da Comissão Central dos Padrões da Grande Guerra[34]. Levará consigo as grandes pinturas destinadas ao Museu Militar de Lisboa, que esperava terminar no *atelier* do parque das Necessidades antes de fazer a exposição de guerra, que previa realizar desde 1917. Esta será a sua grande preocupação nos anos seguintes e o último projecto que fecha a sua obra enquanto artista da Grande Guerra.

[32] Veja-se «Les mondanités». *Le Gaulois* (Paris). 12 de Maio de 1923: 2. Este evento foi referido pela primeira vez em Santos 1962, que menciona também uma notícia da revista italiana *La Stampa* (15 de Junho de 1923), onde saiu uma «saborosa descrição» da festa que Sousa Lopes deu em sua casa em honra dos aviadores Gago Coutinho e Sacadura Cabral, por ocasião da recepção destes na Sorbonne. Assistiram personalidades importantes da colónia portuguesa em Paris, como João Chagas e Afonso Costa: «[...] após uma visita ao *atelier* como era tradicional nas festas em casa do pintor, seguiu-se uma sessão musical em que participaram artistas francesas e inglesas» (Santos 1962, 39).

[33] Farinha dos Santos escreve que Sousa Lopes, nos anos 30, conseguiu obter um processo renovador da pintura a fresco «com auxílio de regras práticas fornecidas por um artífice italiano de apelido Zapparoli e depois de consultar químicos e engenheiros [...]» (Santos 1962, 50). Talvez se trate do pintor italiano Noradino Zapparoli (1875-1967), que viveu em Paris e Bruxelas.

[34] Veja-se «O esforço portuguez nos campos de batalha. A Comissão Central dos Padrões da Grande Guerra aprovou hontem, por unanimidade, o segundo relatorio da Comissão Executiva». *O Seculo*. 29 de Julho de 1923: 1.

CAPÍTULO 16
AS PINTURAS MURAIS PARA O MUSEU MILITAR DE LISBOA

Quando Sousa Lopes regressou a Lisboa, temporariamente, em Agosto de 1919, a República retomara a ordem constitucional de 1911, após a queda do regime sidonista e das tentativas monárquicas subsequentes. As eleições de 11 de Maio haviam dado nova maioria absoluta ao PRP dos Democráticos e, nesse período, com a actualidade marcada pelos trabalhos da Conferência de Paz, em Versalhes, assiste-se na sociedade portuguesa ao chamado «processo do dezembrismo» (Teixeira 1996, 24).

Em Junho, a Câmara dos Deputados discutiu a conduta de Sidónio Pais durante a guerra e a sua influência negativa na capacidade do CEP, esgrimindo-se argumentos de parte a parte (Godinho 2005, 261-268). Vitorino Godinho, regressado a Lisboa para o efeito, apresentou uma moção defendendo a nomeação de uma comissão de inquérito e a imediata publicação de um Livro Branco, com toda a documentação oficial relevante desde 1914 (*Idem*, 267). Um primeiro volume será publicado em 1920[1]. Fora do Parlamento, o responsável pelo Livro Branco, Augusto Casimiro, foi o detractor mais sistemático da conduta de guerra do dezembrismo (Teixeira 1996, 25; Meneses 2004, 190). Pouco tempo depois de regressar da Flandres o antigo capitão do CEP proferiu uma conferência no Teatro Nacional D. Maria II, para um auditório «completamente cheio de gente», testemunhou *O Século*[2]. Casimiro entrou no palco às 21 horas, acompanhado por seis mutilados de guerra, recebendo «uma calorosa e entusiástica manifestação de simpatia». O conferencista fez um balanço da participação portuguesa na Flandres, e a descrição do repórter demonstra que entre os intervencionistas a defesa de La Couture, a 9 de Abril, se consolidava como um mito heróico:

> Em frases quentes de entusiasmo, o conferente evocou, seguidamente, varios episódios da guerra, demonstrativos da coragem e do valor dos nossos soldados, traçando um quadro admiravel do combate de 9 de abril dizendo que La Couture é um nome que precisa de ser ensinado aos nossos filhos como um cântico de epopéa e colocado no rosario das nossas devoções patrioticas.

[1] *Livro Branco. Portugal no Conflito Europeu. 1.ª Parte: Negociações até à declaração de guerra.* 1920. Lisboa: Imprensa Nacional.

[2] «A conferencia de hontem. Portugal na guerra». *O Seculo.* 19 de Agosto de 1919: 2.

Casimiro evocou figuras da batalha como o capitão Bento Roma (1884--1953) e o alferes Jaime Leote do Rego (1896-1943)[3]. Porém, um seu adversário na imprensa criticou a parte política da intervenção, uma enérgica denúncia do dezembrismo que passou em claro no *Século*:

> O sr. A. Casimiro, na sua conferencia no teatro D. Maria, n'um tom de voz irado e patetico, quiz sugestionar os seus ouvintes, atribuindo com toda a força dos seus pulmões as culpas do desastre [do 9 de Abril] à convenção de 21 de janeiro [com a Inglaterra] e à acção do dezembrismo… «Ha-de ser assim que a historia ha-de falar! Ha-de ser assim que a historia ha-de falar», concluiu e repetiu n'um tom de voz que não admitia discussão, como se a voz da Historia houvesse de sair da sua garganta ou tivesse de ser lavrada para todo o sempre pelo bico da sua pena.[4]

A polémica prossegiu inflamada nos jornais, em periódicos intervencionistas como *A Vitória* ou *O Norte*, pelo lado de Casimiro, e no católico e sidonista *A Época*, sobretudo pela pena de José Cunha e Costa (1867-1928). Casimiro reuniu em livro os seus artigos ainda nesse ano[5]. O debate, inconclusivo, foi-se esgotando progressivamente. Mas estas divergências políticas, e é importante o que notou Nuno Severiano Teixeira, «convergiam tacitamente num ponto comum, indiscutível e indiscutido e, por isso mesmo, silenciado no calor do debate: o valor militar do soldado português, o mesmo é dizer, o seu heroísmo. Encerrava-se a questão política da guerra, abria-se o campo à construção do mito» (Teixeira 1996, 26).

É na construção desse símbolo do esforço nacional que a República se empenhará, organizando as cerimónias fúnebres dos Soldados Desconhecidos, em 9 e 10 de Abril de 1921. Sousa Lopes ilustrou na ocasião uma brochura publicada pelo Ministério da Guerra, intitulada *Homenagem aos Soldados Desconhecidos*, com poesias de Casimiro, Cortesão e Júlio Dantas (1876-1962)[6]. A publicação comemorava, simultaneamente, o terceiro aniversário da batalha de 9 de Abril. Sousa Lopes criou uma imagem inovadora na sua obra de guerra, que interpela o paradigma representado por *A rendição*. É uma imagem heróica e imponente do soldado português da Flandres, engrandecido por um inédito ponto de vista, em contrapicado [**Figura 70**]. De arma em riste, parece indiferente à destruição que o rodeia. No fundo explosões assolam a paisagem, e aparecem os holofotes anti-aéreos de uma pintura anterior, realizada no final da guerra [**Figura 22 do extratexto**]. É evidente a diferença desta imagem para os soldados exaustos e oprimidos de *A rendição*.

Respondendo ao intuito da publicação, Sousa Lopes criou um soldado anónimo e sem traços particulares, mas que é estranhamente uma figura sombria, quase ameaçadora, acentuada pela contra-luz, passo surpreendente na sua obra de guerra. Repare-se que o rosto se esconde atrás de uma máscara antigás. É esta visão do combatente como uma efígie anónima, e um emblema agressivo, que contrasta notoriamente com uma pintura realizada no ano anterior, como *Final de gases* [**Figura 18 do extratexto**]. Sousa Lopes parece aproximar-se

---

[3] Segundo relato do próprio, veja-se Casimiro, Augusto. 1919. «O 9 de Abril». *A Vitória*. 4 de Setembro: 1.

[4] Moreno, Garcia. 1919. «Portugal na Guerra. O 9 de Abril». *A Epoca*. 30 de Agosto: 1.

[5] Veja-se Casimiro 1919. Para a polémica entre este e Cunha e Costa consulte-se os recortes de jornais no arquivo particular do capitão David Magno, conservados em PT/AHM/FP/55/3/893/26.

[6] *Homenagem aos Soldados Desconhecidos*. 1921. Lisboa: Ministério da Guerra. A imagem de Sousa Lopes, de página inteira, reproduz a cores o que parece ser uma aguarela original, não localizada. As três poesias são ilustradas no fundo por uma reprodução a preto e branco da pintura *Os vigias* [Figura 65].

As pinturas murais para o Museu Militar de Lisboa

Figura 70
Adriano de Sousa Lopes
Ilustração publicada em *Homenagem aos Soldados Desconhecidos*, 1921, p. 2
BNP, Lisboa

aqui, deliberadamente, da linguagem impositiva do cartaz de propaganda, que privilegiava o apelo directo e pouco subtil da mensagem, como se analisou no capítulo 5. O pintor procura criar uma imagem icónica e afirmativa, na linha de um conhecido cartaz de Maurice Neumont (1868-1930), ilustrando o lema patriótico «On ne passe pas!» (BNP, Lisboa, ct-227-g-cx). Este, por sua vez, inspirava-se nas imagens populares e combativas de Georges Scott, criadas para *L'Illustration* nos primeiros dias da guerra. Olhando retrospectivamente, esta ilustração de Sousa Lopes para a brochura do Ministério da Guerra foi talvez um sinal de que uma outra representação do soldado português, mais heróica, poderia vir a despontar na sua obra, mais precisamente nas telas para o Museu Militar.

Inversamente, vimos que, no círculo próximo do artista, Afonso Lopes Vieira via a sua poesia anti-intervencionista *Ao Soldado Desconhecido (morto em França)* apreendida pelas autoridades (Nobre 2011, 141). O poema exaltava o soldado heróico, sim, mas traído pelo poder político. O episódio pode ser visto como mais um sintoma da impossibilidade, nesses anos, de uma celebração consensual da Grande Guerra, que se consolidava na Europa contemporânea. Porque esta trazia de volta o debate inconclusivo em torno da intervenção na Flandres, e reavivava uma clivagem que cindia profundamente o campo político-partidário (Teixeira 1996, 26; Correia 2009, 352).

Ideologicamente, Sousa Lopes parece estar próximo nestes anos do grupo da *Seara Nova*, sociedade e revista fundadas em 1921 por intelectuais da esquerda republicana independente, como Aquilino Ribeiro, António Sérgio, Augusto Casimiro, Jaime Cortesão e Raul Proença, o mentor da iniciativa. Uns haviam sido camaradas do pintor na Flandres, outros antigos «renascentes» e protagonistas da recepção do conflito na frente interna, como vimos no capítulo 6. O grupo defendia uma regeneração da República e das suas elites, em bases culturais, e a emancipação social das massas por via reformista e não revolucionária. Muito antes de sair o primeiro número, Proença referiu o nome do pintor ao *Diário de Lisboa* como um dos colaboradores da revista[7].

Mas voltemos agora ao ponto de partida. Sousa Lopes regressou por uns meses a Lisboa a 19 de Agosto de 1919, data oficial do fim da sua comissão no CEP. Chegou no dia seguinte à conferência de Casimiro no Teatro Nacional, que evocou a «epopeia» do 9 de Abril, e de que poderá ter sabido lendo *O Século* desse dia. A 1 de Setembro, o pintor foi entrevistado pelo mesmo jornal sobre o destino que teriam os seus trabalhos de guerra. André Brun, recorde-se, já chamara a atenção no *Diário de Notícias* para os deveres do Estado para com a obra do artista[8]. Sousa Lopes fez um balanço da sua missão e revela um desígnio para as suas pinturas que não tinha sido contemplado na nomeação. A missão ressentira-se com o consulado sidonista e a incerteza estava instalada quanto ao destino das suas obras:

> A minha intenção – diz Sousa Lopes – era que os meus quadros fossem para o museu da guerra, que foi creado logo após a nossa participação no grande conflito europeu, pelo então ministro da guerra, sr. Norton de Matos. Depois, no tempo do governo do dr. Sidónio Paes, o museu foi extinto, de modo que continúo a trabalhar um pouco à tôa, sem saber o destino que os meus quadros poderão ter.[9]

O museu citado, na verdade o Museu Português da Grande Guerra, foi uma importante medida simbólica do segundo Governo da União Sagrada liderado por Afonso Costa. Foi criado poucas semanas depois de Sousa Lopes chegar à frente de guerra, pelo decreto n.º 3.468 de 19 de Outubro de 1917[10]. Note-se que

[7] Veja-se notícia «Renovação literária. O que vai ser a "Seara Nova"». *Diario de Lisboa*. 30 de Maio de 1921: 4. Sousa Lopes teve na sua biblioteca alguns livros de Sérgio com dedicatórias do autor (Oliveira 1948, 231). Fica por explorar mais esta ligação do pintor à *Seara Nova*, que não ficará indiferente à exposição de guerra de 1924, como veremos no capítulo seguinte.

[8] Brun, André. 1919. «Arte e artistas. No "atelier" de Sousa Lopes. O pintor do C.E.P. As trincheiras na téla e no desenho. O grande quadro "9 de Abril"». *Diario de Noticias*. 9 de Abril: 1.

[9] «Quadros da Grande Guerra. A obra do pintor Sousa Lopes. Uma palestra com o artista sobre o destino que virão a ter os seus valiosos e sugestivos trabalhos». *O Seculo*. 1 de Setembro de 1919: 1.

[10] *Diário do Govêrno*. I Série. N.º 180. 19 Outubro de 1917: 1017-1019.

em Março desse ano os britânicos haviam fundado o Imperial War Museum, em Londres, para reunir e conservar as colecções relativas à Grande Guerra. Em França irá constituir-se, em Fevereiro de 1918, a Bibliothèque-Musée de la Guerre, por doação ao Estado das colecções do casal Leblanc[11].

Assumindo que seguia as iniciativas de outros países em guerra, o decreto definia como desígnio estratégico do museu reunir, organizar e classificar «todos os materiais e elementos dispersos que possam contribuir para perpetuar a memória da intervenção armada de Portugal e para documentar, duma forma quanto possivel completa, o esfôrço da Nação e a obra política e militar da República»[12]. Para isso se constituíam três secções: museu, biblioteca e arquivo, com sede em Lisboa. A descrição do tipo de materiais a colecionar por cada secção é impressiva e pormenorizada. Para o museu havia duas áreas em que Sousa Lopes deveria ter um papel crucial:

> g) Documentos de grande arte que revertam para a posse do Estado, pintura, escultura e aguarela, reproduzindo figuras, factos ou aspectos da nossa intervenção armada;
> h) Documentos de pequena arte, iconografia e imageria popular, estampas, gravuras, desenhos, bilhetes postais, arte popular das trincheiras, brinquedos infantis inspirados na guerra;

Que tipo de acções pôde a instituição desenvolver ou concretizar? É um assunto ainda hoje por estudar. Não se sabe sequer se abriu ao público. Contudo, é possível saber, por outros documentos, que funcionava nas instalações da Biblioteca Nacional de Lisboa (ao Largo das Belas-Artes), era seu director o general na reserva José Emílio de Castel Branco e que este, na verdade, já desenvolvia contactos oficiais pelo menos desde Julho de 1917[13]. Sidónio Pais, como o pintor disse na entrevista, anulou essa decisão por decreto de 18 de Janeiro de 1918.[14] Todos os artigos coleccionados passariam para o acervo do Museu de Artilharia, devendo este continuar a coleccionar os materiais relacionados com a intervenção armada do país na frente europeia.

Em face desses desenvolvimentos, para Sousa Lopes, o destino mais adequado para as pinturas seria assim o Museu de Artilharia – Museu Militar de Lisboa a partir de 1926 –, uma possibilidade que já equacionara em 1917, antes de seguir para a frente de guerra. O artista já havia visitado o local, mas seria necessário melhorar muito as condições de instalação: «O Museu de Artilharia estaria naturalmente indicado para isso, mas já vi que não ha lá espaço suficiente, se se não fizer uma adaptação especial, arrumando mais as coisas que lá se encontram e que, porventura, não precisem de estar tão à vontade como agora estão!»[15]

A necessidade dessa adaptação ficou consagrada no contrato provisório que Sousa Lopes assinou no Ministério da Guerra, a 21 de Outubro de 1919 (ver Documento 3). Nele se recuperava a ideia do extinto Museu da Grande Guerra, criado pelos intervencionistas, recriando-o nas salas antigas do Museu de Artilharia[16]. O contrato formalizava o «acordo previo», ou o «acordado

[11] À qual, aliás, Sousa Lopes ofereceu três águas-fortes. Segundo o ofício de agradecimento enviado ao artista, Paris, 24 de Setembro de 1920. EASL, pasta «Recurso contra o Ministério da Guerra».

[12] *Diário do Govêrno*. I Série. N.º 180. 19 de Outubro de 1917: 1018.

[13] Veja-se ofício do general José Emílio de Castel Branco ao Comandante do CEP, Lisboa, 12 de Julho de 1917, PT/AHM/DIV/1/35/125/4. Para mais pormenores sobre a questão, veja-se Silveira 2016, 296-297.

[14] Veja-se *Diário do Govêrno*. I Série. N.º 49. 13 de Março de 1918: 192. Decreto n.º 3.920.

[15] «Quadros da Grande Guerra. […]». *O Seculo*. 1 de Setembro de 1919: 1.

[16] Veja-se *Contrato provisório para a decoração das salas do Museu da Grande Guerra no Museu de Artilharia formulado em conformidade com o determinado com o Ex.mo Ministro da Guerra e em consequencia do acordo previo entre o mesmo Ex.mo Ministro e o cidadão Adriano de Sousa Lopes*, datado 21 de Outubro de 1919, 7 fólios. PT/AHM/FO/006/L/32/778/2.

verbalmente», entre Sousa Lopes e o ministro da Guerra. E o ministro era, nem mais nem menos, Helder Ribeiro (1883-1973), o militar que comandou o batalhão de Infantaria 23 a pedido de Casimiro, na ofensiva final em direcção à Bélgica em Outubro de 1918. Ribeiro era um dos «jovens turcos» das reformas republicanas do Exército e do Estado-Maior de Tancos e um «apaixonado intervencionista», nas palavras de André Brun (2015, 186), amigo próximo e colega de curso. Note-se que é ele que aprova os projectos de Vitorino Godinho (de quem era amigo pessoal) para os cemitérios de guerra em França e a representação nacional no Musée de l'Armée, onde Sousa Lopes foi figura-chave. O XXI Governo da Primeira República, convém referir, era chefiado por um outro intervencionista e republicano prestigiado, o coronel Sá Cardoso, um dos líderes da revolução do 14 de Maio de 1915 e da «Jovem Turquia». Como vimos no capítulo 11, Sá Cardoso conhecera Sousa Lopes na frente de guerra, acompanhado por Américo Olavo[17]. Foi também Helder Ribeiro que propôs ao Presidente da República a condecoração do pintor e de Arnaldo Garcez com o grau de cavaleiro da Ordem de Sant'Iago da Espada, decretada em 26 de Julho de 1919[18].

De acordo com o «plano geral» de decoração do «Museu da Grande Guerra», descrito sumariamente no contrato, haveria uma «grande sala» com seis telas, e a «parede do fundo» da mesma seria preenchida pelo friso *A rendição* (a única obra a ser nomeada no contrato). Sete pinturas de grande escala, portanto. Na segunda sala, de menores dimensões, seriam colocados os retratos, os desenhos e as águas-fortes «julgados dignos de se arquivar como documentos». Sousa Lopes obrigava-se a entregar ao Estado todos os trabalhos de pintura, desenho e água-forte realizados até então, bem como os que viesse a executar para a decoração das salas, para que fossem objecto de uma «escolha». O preço das obras a adquirir pelo Estado seria fixado por uma comissão constituída por um representante do Governo, um delegado do Conselho de Arte e Arqueologia da primeira circunscrição de Lisboa e por um representante do artista.

Como se disse, Sousa Lopes mantinha pelo contrato a sua equiparação a capitão, com um vencimento correspondente ao do serviço na Secretaria da Guerra, mais 150$00 mensais. Ser-lhe-iam abonadas as despesas em materiais, bem como das passagens para localidades onde tivesse de fazer estudos para as pinturas. Porém, todas as importâncias seriam um adiantamento a descontar no valor final das obras a adquirir pelo Estado.

Foi em virtude deste contrato que Sousa Lopes ampliou *A rendição*, como vimos, trabalhando na tela ao regressar a Paris no mês de Novembro de 1919. Trabalhou simultaneamente noutras telas, continuando depois no atelier do parque das Necessidades, em Lisboa, pelo menos desde Agosto de 1923. Existe assim uma primeira fase de trabalhos que vai até ao final desse ano, quando realiza cinco das sete pinturas previstas no contrato e as apresenta numa exposição que inaugura nos primeiros dias de Janeiro de 1924, no atelier lisboeta. Luciano Freire ajudou-o nesta operação. Em cartas enviadas de Paris, o pintor pede ao mestre e amigo que mande fazer grades para as pinturas: «para

[17] Em 1923, presidindo à Comissão Executiva dos Padrões da Grande Grande Guerra, Sá Cardoso fará um elogio público do artista (que esteve presente) na sessão magna dessa associação. Veja-se *O Seculo*. 29 de Julho de 1923: 1.

[18] *Colecção das Ordens do Exército (2.ª série) do ano de 1919*, 1920, 965.

que eu possa esticar as tellas sem demora para continuar o trabalho logo que ahi chegar.»[19] As duas últimas telas para o Museu Militar de Lisboa só serão pintadas na década de 30, como veremos mais à frente.

A tela que Sousa Lopes parece ter iniciado mais cedo, enquanto pintava *A rendição*, é uma obra que se deve designar pelo título original, *9 de Abril* [**Figura 23 do extratexto**]. É hoje conhecida por *Destruição de um Obus* (França 1996, 134). A pintura foi reproduzida com o primeiro título nas páginas do *Diário de Notícias*, no primeiro aniversário da batalha, acompanhando um texto de André Brun[20]. Meses depois, na entrevista ao *Século*, o pintor referiu-se à obra como «o quadro do 9 de abril» e anos mais tarde, em correspondência oficial, referiu-a novamente por «9 de Abril»[21].

Sousa Lopes inspirou-se num episódio verídico da batalha do Lys. No cenário da pintura, já dominado pelas chamas e por vítimas tombadas pelo chão, um artilheiro português ergue-se brandindo uma picareta, para inutilizar um canhão e evitar assim que caia na posse do inimigo; porém, três soldados alemães já cercam a peça e um deles está prestes a atingi-lo no ventre com a baioneta. O artilheiro foi inspirado na acção de José Alves, soldado da 5.ª bateria do Corpo de Artilharia Pesada. José Alves distinguiu-se por essa iniciativa própria, acompanhado do tenente inglês Warren, de inutilizar a golpes de picareta um obus da sua bateria, debaixo de intenso fogo inimigo[22]. Foi o general Ferreira Martins quem o identificou na sua história da Grande Guerra (Martins 1938, 87).

A melhor descrição do feito vem no livro de um antigo oficial do CEP, Costa Dias (Dias 1920). A 5.ª bateria comandada pelo capitão Mário Themudo possuía, na sua secção da direita, dois obuses de seis polegadas e meia, posicionados perto da confluência da estrada de Le Touret com a Rue du Bois. A secção era comandada pelo alferes miliciano Manuel Madruga. Sempre em acção de combate, pelas 10 da manhã é cercada pelos alemães, cuja presença detectam entre o nevoeiro. Na retirada, os artilheiros só conseguem destruir uma das peças, mas as avançadas inimigas já se encontram a alguns metros. Costa Dias descreve o que se seguiu:

> O pardo formigueiro dos atacantes, um momento surprêso, recomeça o avanço.
>
> – Aquele obuz, – rouqueja o Madruga, – é preciso inutilizá-lo!
>
> Agachados, cautelosos os «boches» acercam-se cada vez mais das peças emudecidas. Ante a ansiedade imensa que estreita as gargantas dos nossos, o soldado José Alves, da 3.ª do Batalhão de Artilharia de Guarnição, seguido do oficial de ligação tenente inglês Warren, precipita-se para o obuz, a golpes de picareta inutiliza-lhe a culatra, indiferente às rajadas de balas que retinem no aço como pedrisco, transformando-lhe num crivo o longo capote de cavalaria mas que o deixam ilêso, porque naquela jornada de tragedia as proprias balas, às vezes, respeitam o heroismo, – e nenhuma o fere. (Dias 1920, 195)

---

[19] Carta de Sousa Lopes a Luciano Freire, Paris, 10 de Fevereiro de 1923, fólio 2. MNAA, Arquivo José de Figueiredo, PT/MNAA/AJF/DC-CM-LF/003/00006/m0020. Ver também carta datada de Paris, 14 de Fevereiro de 1923. MNAA, Arquivo José de Figueiredo, PT/MNAA/AJF/DC-CM-LF/003/00006/m0023-m0024.

[20] Brun, André. 1919. «Arte e artistas. No "atelier" de Sousa Lopes. O pintor do C.E.P. As trincheiras na téla e no desenho. O grande quadro "9 de Abril"». *Diario de Noticias*. 9 de Abril: 1.

[21] Veja-se «Quadros da Grande Guerra. […]». *O Seculo*. 1 de Setembro de 1919: 1 e um ofício de Sousa Lopes ao Ministro da Guerra, datado de Lisboa, 28 de Abril de 1928. EASL, pasta «Recurso contra o Ministério da Guerra». Transcrito em Silveira 2016, anexo 4, documento n.º 21.

[22] José Alves foi promovido a 1.º cabo por distinção, louvado e condecorado com a Cruz de Guerra pela sua acção na batalha e distinguido pelos ingleses com a Distinguished Conduct Medal. Foi ainda louvado pelo Comando Geral de Artilharia «pela coragem, sangue-frio e dedicação de que sempre deu provas nas ocasiões de maior perigo, distinguindo-se pela sua grande força moral» (*apud* Martins 1938, 87).

Sousa Lopes colheu os testemunhos da façanha nos dias seguintes ao 9 de Abril. Vitorino Godinho escreveu que, no rescaldo do combate, o artista «visitou as varias unidades e formações, conversando com os soldados e colhendo deles, bem como dos oficiais, as informações e os relatos necessarios» (*apud* Martins 1995, 318-319). Uma folha de apontamentos, misturada com os desenhos do seu espólio, apresenta um esboço da localização dos obuses, referências a Warren e a um «soldado n.º 26» (que será José Alves), e tem as assinaturas de Madruga e do alferes Ayres de Faria e Maia (col. particular). Lêem-se descrições da acção e uma frase sobressai, que o soldado terá dito a um deles: «Um abraço, antes de morrer meu alferes.»

Contudo, face aos testemunhos de Costa Dias e de Ferreira Martins não se pode dizer que o quadro de Sousa Lopes seja fiel aos acontecimentos. O herói felizmente sobreviveu e foi condecorado. Os artilheiros parecem ter escapado antes dos alemães ocuparem a bateria. Porém, no quadro do artista, acentuando o dramatismo, a baioneta inimiga é colocada a poucos centímetros do ventre do soldado, que parece não poder escapar a uma morte certa. É no entanto evidente que Sousa Lopes precisava, para maior eficácia dramática, da presença bem visível e ameaçadora dos soldados inimigos, sacrificando a veracidade da reconstituição. O título original do quadro sugere que, mais do que um feito concreto, o artista procurava criar um símbolo do heroísmo e sacrifício dos soldados portugueses na batalha do Lys.

A composição sofreu modificações importantes desde o esboceto inicial a lápis (col. particular). À esquerda, Sousa Lopes procurou tornar mais visível a presença dos três soldados alemães, fazendo estudos dessas figuras à parte (col. particular). Neste confronto entre o soldado português, visto como mártir, e um agressor implacável e sem rosto, agora de capacete e baioneta em riste, insinua-se talvez uma memória de Goya, e do célebre quadro do Museu do Prado, *O 3 de Maio de 1808 em Madrid* (1814), denúncia da agressão napoleónica durante a Guerra Peninsular. À imagem do mestre espanhol, Sousa Lopes evoca uma data traumática para a elevar a uma imagem universal da violência e do martírio patriótico.

Pela fotografia que o pintor facultou ao *Diário de Notícias* – e que enviará, no ano seguinte, à Secretaria da Guerra – vê-se o estado da pintura em Abril de 1919[23]. A figura equívoca que agarra na perna do artilheiro, talvez o tenente Warren, aponta, em desespero, para um inimigo pouco visível no fundo. A solução foi depois abandonada por uma imagem mais eficaz, sem o gesto impetuoso, e com a silhueta de um soldado alemão que avança em direcção à outra peça de artilharia, sugerindo ao observador que a posição estaria já tomada pelo inimigo.

9 de Abril é a pintura que mais se aproxima, no conjunto realizado para o Museu Militar, da ideia de representar os «feitos mais gloriosos» do CEP que o pintor acalentara por altura da sua nomeação[24]. Nela se manifesta uma gestualidade excessiva das figuras, uma retórica sentimental e patriótica que se aproxima – como nenhuma outra em Sousa Lopes – da teatralidade de um Lucien Jonas ou Georges Scott, referências assumidas do português na

[23] Veja-se PT/AHM/FO/006/L/32/778/2. Reproduzida em Silveira 2016, anexo 1, figura 367. Aludi a esse facto no capítulo 11: Sousa Lopes enviou-a em anexo a um ofício, juntamente com uma foto que o mostrava a pintar *A rendição* no *atelier* de Paris e uma outra, com um pormenor do quadro que se analisa a seguir. Provavam que o artista dava seguimento ao contrato celebrado em Outubro de 1919.

[24] Veja-se entrevista «Nos campos de batalha. A guerra e a arte. Um pintor portuguez, o sr. Sousa Lopes, reproduzirá os factos principaes da nossa intervenção militar». *O Seculo*. Edição da noite. 17 de Março de 1917: 1.

proposta enviada a Norton de Matos em 1917 (Documento 1). Vimos na Segunda Parte que esta *imagerie* era dominante na imprensa ilustrada francesa. Já na composição do quadro, uma composição triangular tradicional, são visíveis as afinidades que tem com uma pintura célebre, de iconografia patriótica, que o português conhecia bem do Museu do Louvre: *A liberdade guiando o povo*, de Delacroix. Celebrando de novo uma data histórica, temos igualmente uma figura central, corpos que jazem pelo terreno e um fundo dominado por deflagrações. Nas duas pinturas o protagonista tem a seus pés uma personagem que a contempla. Sousa Lopes considerava o mestre do romantismo uma referência seminal da pintura contemporânea, como vimos no capítulo 2, citando-o na conferência do Rotary Club, em 1929.

Esta necessidade de acentuar fortemente o drama do *9 de Abril* tem também uma expressão notória no cromatismo vibrante desta tela, a mais expressionista do ciclo. O pintor não pormenoriza tanto como noutras obras, interessa-lhe sobretudo dar uma impressão geral, em pincelada rápida, da urgência e violência do assunto. Dominam os tons quentes que evocam o fogo. O canhão em tons de laranja parece incandescente, e a rede de camuflagem que o cobre mais parece uma labareda, que sai da peça, modelada em contrastes de verde e vermelhão. A quadrícula de transferência é perfeitamente visível numa vasta área da tela, situação inédita na oficina de Sousa Lopes. Isto revela a probabilidade de a obra ter ficado por concluir. Só agora podemos entender a relação existente entre esta pintura e a água-forte realizada em 1921, fixando um *Canhão desmantelado* encontrado em Le Touret (MCG-CM, inv. GP848). É o objecto da acção heróica do artilheiro na pintura, iniciada dois anos antes; abandonado na frente da Flandres, permanecia um símbolo da batalha portuguesa de 9 de Abril.

As primeiras interpretações do quadro, assumidamente militantes, acentuaram a importância do tema. Para o *Diário de Notícias*, reproduzindo-o na primeira página de 9 de Abril de 1919, o significado da obra jogava-se numa tríade em que «a vida, o movimento e a tragedia se dão as mãos». André Brun, o primeiro a escrever sobre a obra, considerou-a uma imagem exemplar: «Quando, concluido que seja o quadro, o estado lhe der o lugar que merece, a sua reprodução deveria figurar em todas as escolas para que os nossos filhos fossem de pequenos aprendendo a admirar esse exemplo de heroicidade [...]» (Brun 1919, 1). Veremos, porém, no capítulo seguinte, que passado poucos anos algumas vozes questionaram a pertinência destas leituras.

A pintura que se segue mostra-nos que Sousa Lopes não se limitava a emular a grande pintura romântica, sempre inclinada a mitificar os eventos históricos e a personificá-los no corpo de um herói, mas que a interrogava subtilmente nas suas figuras de estilo. O quadro intitulou-o na época como *A volta do herói*, mencionando-o assim na entrevista ao *Século* em 1919[25]. A diferença para a pintura anterior evidencia-se na relação do título com o assunto representado, que é uma das suas forças. O Museu Militar inventariou-o com o título *Chegada de um ferido a um posto avançado*. É porém visível a representação de um soldado morto, de olhos fechados e tez pálida [**Figura 24 do extratexto**]. Trata-se, certamente, da primeira representação em Portugal de um soldado

[25] «Quadros da Grande Guerra. [...]». *O Seculo*. 1 de Setembro de 1919: 1. Muito mais tarde Sousa Lopes irá referi-la com o título «Jurando vingar a morte de um Camarada», no referido ofício ao Ministro da Guerra em 28 de Abril de 1928. EASL, pasta «Recurso contra o Ministério da Guerra». Isto prova que o pintor representa um soldado morto nesta obra. Farinha dos Santos intitulou-a *Vingança* (Santos 1962, 31).

morto na Flandres. É de madrugada numa trincheira da primeira linha, e os maqueiros chegam da «terra de ninguém» com o corpo do soldado, recebido pelos camaradas de armas, que o observam solenemente. Posturas e rostos consternados, representados numa plástica contida mas expressiva. O momento de pesar é esconjurado por um soldado insubmisso, que se levanta e brande um punho em direcção às linhas inimigas, jurando vingança a um inimigo invisível.

É o herói caído na Flandres que Sousa Lopes representa, e as suas consequências nos camaradas de armas. Mas representa também a insubmissão do combatente. Revela-se sobretudo a sua obra mais eficaz em transmitir o sacrifício humano da guerra de trincheiras, e a impotência e o desespero dos soldados. Será que todo o heroísmo é vão no meio da barbárie? Sousa Lopes aproxima-se aqui de uma leitura que Américo Olavo fez da missão do pintor. Para o capitão do CEP, o artista não procurava ser juiz de uma «pugna em que os povos se destroem»: ambicionava sobretudo fixar o que nela havia de bárbaro e de horrível, para trazer «testemunhos vivos de selvageria, de deshumanidade crua que sob os seus olhos surprezos se desenrolam» (Olavo 1919, 213). Sousa Lopes encena uma tragédia que fortalece a irmandade das trincheiras, não os *clichés* românticos do heroísmo que diminuem uma pintura como *9 de Abril*. Para combatentes próximos do artista, como Augusto Casimiro, estas vítimas significavam sobretudo a profunda hecatombe civilizacional que prosseguia a sua marcha quotidiana, e marcaria a memória da humanidade:

> Uma maca desce lentamente para o posto avançado…
> Horroroso? Monótono? Brutal?
> A aparência é essa. Mas o que está por detrás disto! A dor horrível dum novo destino gerando-se, a expiação dum mundo que morre vítima dos seus crimes, dois ideais hostis que estão aqui, frente a frente, – a verdade trágica deste assombro que vai ter uma legenda eterna na memória do mundo!… (Casimiro 2014, 128)

Em 1920, Sousa Lopes enviou à Secretaria da Guerra uma fotografia do motivo central de *A volta do herói*, provando que dava seguimento ao contrato. Nela são bem visíveis a quadrícula de transferência e o desenho preparatório das figuras[26]. O quadro é uma composição notável: o eixo vertical que a marca, o soldado levantado, é atravessado em baixo por duas diagonais que se cruzam, ascendente e descendente, representadas pelo parapeito e maca. Um estudo para a figura do maqueiro indica que Sousa Lopes já a pensava desde 1918 (col. particular). Dominam a tela apenas duas cores, o vermelho argila que modela a trincheira e no céu um azul em tons de ultramarino, que no uniforme dos soldados se torna mais esbatido. Nas figuras mais a contra-luz, silhuetas monocromáticas e de qualidade quase escultural, Sousa Lopes, o impressionista, distribuiu pinceladas de vermelho pelo uniforme, sugerindo estarem manchadas pela lama da Flandres. Um comentador da pintura observou, com razão, que os soldados parecem figuras de bronze, e talvez o pintor não desgostasse da

[26] Veja-se PT/AHM/FO/006/L/32/778/2. Reproduzida em Silveira 2016, anexo 1, figura 375.

As pinturas murais para o Museu Militar de Lisboa

ideia[27]. Repare-se, além disso, que no seguimento de *A rendição* e de *9 de Abril* o quadro evidencia uma dimensão marcante na pintura de batalha de Sousa Lopes: raramente é a clássica vista distanciada e panorâmica, preocupada em caracterizar o local do evento histórico, vigente até ao final do século XIX, mas uma arte que privilegia uma expressão directa e emocional, próxima das figuras e dos seus gestos. Isso já estava presente numa pintura de 1906 como o *Episódio do Cerco de Lisboa* (ver capítulo 1), é certo, mas que as ilustrações bastante disseminadas de Scott e Jonas terão reforçado, como tenho sugerido [**Figura 7**].

É lícito pensar que a composição de *A volta do herói* se desenvolveu a partir de *Os maqueiros* na Liga dos Combatentes, analisada no capítulo anterior. Parece vir na sequência e ser o clímax da acção iniciada nesse quadro. Repare-se que as suas cores dominantes, o vermelho argila e o azul, já aparecem na aguarela oferecida a Paris, que é um estudo para *Os maqueiros* [**Figura 21 do extratexto**]. Vale a pena notar ainda que o assunto que Sousa Lopes explora, evocando os caídos no campo de honra, não é de todo estranho a um artista como Scott, que o português apreciava. Veja-se por exemplo uma imagem que publicou na revista *L'Illustration* e divulgada em postal, com um ferido levado em maca que recebe as honras militares, de título *Les honneurs sous le feu* [**Figura 10**].

Pormenor mais importante nesta obra: Sousa Lopes disse na entrevista ao *Século* que se inspirou num soneto do «poeta-soldado» Augusto Casimiro[28]. É curioso o pintor voltar a uma pesquisa fundamental que encetara no início da carreira, como vimos no primeiro capítulo, quando realizara uma pintura que interpretava a poesia de autores como Camões, Quental ou Heine. Contudo, não parece existir qualquer poesia de Casimiro com esse título ou com essas palavras. E com a informação actual é impossível hoje identificá-lo com certeza. O poeta publicou algumas poesias de guerra em revistas como *A Águia* e *Atlantida*, e o seu espólio particular possui outras que permanecem inéditas[29]. Mas Sousa Lopes também não disse que o soneto de Casimiro teria esse título, apenas que o quadro foi inspirado por ele. O título será decerto da autoria do pintor. Em todo o caso, ainda durante a guerra, em Agosto de 1918, Sousa Lopes escreveu uma carta a Casimiro que pode estar relacionada com este assunto. O poeta ter-lhe-á mostrado ou dado algumas composições suas em que o pintor meditava:

> Tenho lido muita vez as trez poesias.
> Incapacidade ou demasiada esigência? – Não sei.
> Ainda não consegui fazer composição, que dê conta da sua belleza e da sua emoção, mas já lhes devo muito. Sem querer, sahi fora do assumpto, e achei dois quadros que não me desagradam, e que são filhos d'ellas.[30]

Não é improvável que Sousa Lopes se pudesse estar a referir aos quadros que seriam *A volta do herói* e *Os maqueiros*. Muita da poesia de Casimiro é situada no território concreto das trincheiras da frente, que ele conhecia bem.

[27] O soldado que se ergue, «desenhado com relêvo, com impeto, com ferocidade mesmo, tem a grandesa dum bronze, amassado pelas forças apocaliticas da guerra", observou Artur Portela no *Diario de Lisbôa*, 7 de Janeiro de 1924: 4.

[28] A frase transcrita pelo repórter é: «[...] a *Volta do heroi*, inspirado n'um soneto do poeta-soldado Augusto Casimiro [...]». Veja-se «Quadros da Grande Guerra. [...]». *O Seculo*. 1 de Setembro de 1919: 1.

[29] Veja-se BNP-ACPC, Espólio Augusto Casimiro (D5), caixa 7 («Poemas da guerra»).

[30] Carta de Sousa Lopes a Augusto Casimiro, em campanha [França], 10 de Agosto de 1918. BNP-ACPC, Espólio Augusto Casimiro (D5), caixa 3.

331

Mas só com estes dados será impossível identificar as «trez poesias». Contudo, há uma tríade de sonetos intitulada «Em frente à morte», que Casimiro publicou em 1918, no órgão da Renascença Portuguesa, que me parece transmitirem a exaltação e o desespero captados por Sousa Lopes em *A volta do herói*[31]. Os sonetos evocam um raide do poeta-soldado e seus homens às trincheiras inimigas, alternando um discurso entre a meditação sobre a guerra e o tom jubiloso, típico de Casimiro, que termina num tom épico quase nietzscheano. Algumas estrofes dão suficientemente o estilo das três poesias:

> Reina a morte iminente, à nossa beira
> Sorri no luar, paira na luz mais fria…
> Infinito silencio de agonia
> Em que se vive, ardente, a vida inteira!
>
> […]
>
> Quem nos separa ali? … Que força imensa
> Semeou, ergueu esta floresta densa,
> Trágica selva de violencia e luto?
>
> […]
>
> E somos junto ao parapeito deles.
> Vou dar o grito de combate: – «A eles!»
> – Sou como um deus, um rei, domino, existo!

Não é por isso um acaso que o pintor tenha enviado a Casimiro a fotografia com o pormenor de *A volta do herói*, para a capa do livro *Calvários da Flandres* [**Figura 71**]. Sousa Lopes parecia ligar esta pintura à escrita e à figura quixotesca de Casimiro, tendo-a «achado» provavelmente ao ler os sonetos do poeta-soldado.

Louis Vauxcelles escreveu, visitando o atelier do artista em 1919, que esta seria a «pintura capital» do ciclo da Grande Guerra, porque nela se exprimia melhor o «pensamento» e o «patriotismo» de Sousa Lopes[32]. A própria experiência de guerra do pintor contribuiu decerto para a singular intensidade que ela comunica. Jaime Cortesão relatou um episódio sucedido num posto de socorros (ver capítulo 13), quando os maqueiros trazem uma vítima de um morteiro, e Sousa Lopes, comovido, observa fixamente: «Os seus olhos brilhavam de piedade […] perante as relíquias sagradas do irmão que morreu em combate» (Cortesão 1919, 140). Este discurso do martírio do combatente, de conotação cristológica, é muito recorrente em Cortesão e Casimiro, interpretação que Sousa Lopes provavelmente partilhava. Casimiro refere-se num poema aos seus soldados como «Cristos de Portugal, mártires do Porvir»[33]. De certa forma, a postura e os gestos solenes de alguns soldados em *A volta do herói* parecem sugerir, subtilmente, uma deposição do soldado mártir no

---

[31] Casimiro, Augusto. 1918. «Em frente à morte». *A Águia* 73-74 (Janeiro-Fevereiro): 13-14. Outro soneto publicado na *Atlantida*, «No man's land», revela também afinidades com a pintura, veja-se Casimiro. 1917. «No man's land». *Atlantida* 22 (15 de Agosto): 865.

[32] Vauxcelles, Louis. 1919. «Correspondence artistique». *Atlantida* 41 (Agosto): 549.

[33] Do poema «Aos meus soldados de Flandres», recorte, publicado no jornal *Combate* [c. 1921-22]. BNP-ACPC, Espólio Augusto Casimiro (D5), caixa 7 («Poemas da guerra»).

Figura 71
Capa da 1.ª edição de *Calvários da Flandres*, de Augusto Casimiro, 1920
Ilustração de Sousa Lopes
Colecção particular

jazigo final, que será a trincheira, à imagem das representações da deposição de Cristo no túmulo. A alusão é plausível, uma vez que Sousa Lopes tinha uma sólida cultura visual da pintura antiga, pela sua formação académica, e venerava sobretudo os mestres venezianos do Renascimento, como é verificável na correspondência com Luciano Freire.

A obra seguinte, conhecida como *Marcha para a primeira linha*, é a segunda e última pintura dedicada à batalha do Lys [**Figura 25 do extratexto**]. Sousa Lopes passa do heroísmo individual para uma representação da virtude colectiva. Em 1928 deu-lhe um título que clarifica o assunto: *Marcha do 15 de Infantaria no 9 de Abril para La Couture*[34]. Vemos assim uma secção do batalhão de Infantaria 15, de Tomar, que atravessa uma localidade da Linha das Aldeias, lançada nas chamas pelo fogo inimigo. Sob o comando do major Raul Peres, as companhias do 15 estavam de reserva em Croix Marmousse e dirigiram-se em percursos atribulados para La Couture, onde já se batiam soldados restantes de companhias de Infantaria 13 e uma companhia de ciclistas britânica, armados com metralhadoras (Amaral 1922, 203; Martins 1995, 193).

É muito provável que Sousa Lopes se tenha baseado não tanto nos testemunhos orais, como em *9 de Abril*, mas sobretudo nos primeiros livros de combatentes que saíram para os escaparates. Na época eram as únicas fontes possíveis para o pintor de história; as primeiras obras de ambição histórica só sairão na década seguinte (Cidade 1933; Martins 1934 e 1938). A composição pode ter sido informada por livros que vieram a lume nos anos em que Sousa Lopes a realizou. Antes de todos, o *Calvários da Flandres* de Augusto Casimiro, publicado em 1920. Embora não tenha vivido o 9 de Abril (estava de licença em Portugal), Casimiro evocou-o num capítulo a que chamou «Um episódio da batalha (Lacouture)». Interessa-nos especialmente esta passagem:

> E já estão, com os soldados do 13, os bravos soldados de Tomar, da Companhia que o capitão [José da Luz] Brito comanda.
> Dois pelotões que veem de atravessar os caminhos desde Paradis, arrostando barragens, dominando o pávido refluxo dos fugitivos, seguem até ao posto de Saint Vaast, na linha das aldeias, para dele fazerem uma cidadela impassível, enquanto o bombardeamento o esmigalha e os seus defensores, oficiais e soldados tombam, indomáveis e gloriosos. (Casimiro 1920, 39)

Outro autor, o capitão David Magno, oficial de Infantaria 13 e cruz de guerra na batalha do Lys, descreveu também de forma impressiva «O avanço do 15», como intitulou um dos capítulos do *Livro da Guerra de Portugal na Flandres*, publicado em 1921. Magno descreve minuciosamente a marcha e o destino das diferentes companhias do 15 durante a batalha, com destaque para a acção do capitão Brito e a decisão final de se instalar em La Couture. Acentua especialmente o avanço corajoso destas forças, sob o fogo inimigo, através da Linha das Aldeias: «Mesmo assim, é digna de nota a marcha intrépida e decidida destas forças atravez dos campos, cortados de drênos, muito bombardeada especialmente no cruzamento de Zelobes e de Vieille Chapelle até Lacouture» (Magno 1921, vol. 1, 137).

Sousa Lopes teve exemplares destes livros na sua biblioteca (col. particular; Oliveira 1948, 152). É revelador Magno destacar a personalidade do «grande major Peres, verdadeiro esteio moral» de toda a operação, quando sabemos justamente que o artista imaginou uma composição protagonizada pelo comandante de Infantaria 15, no momento final da rendição em La Couture

[34] Veja-se o já citado ofício do artista ao Ministério da Guerra, 28 de Abril de 1928, EASL, pasta «Recurso contra o Ministério da Guerra».

As pinturas murais para o Museu Militar de Lisboa

(ver capítulo 10). Mas a descrição de Casimiro interessa-nos mais, para esta pintura, especialmente quando fala dos dois pelotões enfrentando «o pávido refluxo dos fugitivos». São de facto estes dois movimentos e energias de sinal contrário que dinamizam a composição de *Marcha para a primeira linha*. Ladeando o pelotão ou secção que avança por uma localidade da Linha das Aldeias, em chamas, vê-se o refluxo dos refugiados civis, que se dirigem com os seus haveres e animais, a pé ou em carroças, para a retaguarda. Garcez fotografou nesse dia o êxodo dos civis franceses[35].

Os edifícios destruídos ardem como archotes, pintados num laranja fosforescente, e o céu é tingido por uma cor opressiva, o amarelo do gás mostarda, utilizado profusamente na batalha. Martin Gilbert estima que o exército alemão lançou na frente luso-britânica 2000 toneladas de gás mostarda e outros químicos (Gilbert 2014, vol. 5, 75). Curiosamente, Sousa Lopes já tentara compor uma expressiva batalha de trincheiras envolta em nuvens de gases, que modificavam visualmente o campo de batalha, uma vista panorâmica de composição clássica (MML, inv. 2351).

Repara-se que em *Marcha para a primeira linha* os soldados progridem em formatura regulamentar, perfeitamente alinhados e de passo firme. O pintor estudou em desenho várias destas figuras individualmente. Estão equipados na ordem de marcha regular, com o uniforme azul cinza, bem visível, e um equipamento imaculado. A diferença desta pintura é ostensiva, e talvez deliberada, para uma obra como *A rendição*, que nas salas do Museu Militar se encontra perto da *Marcha*. É possível que se tenha lembrado do episódio que contou a André Brun, referido no capítulo 11, de uma alta patente do CEP ter considerado *A rendição* de certo modo indesejável, por os soldados não marcharem «em formatura regulamentar» (Brun 2015, 135). Talvez o pintor sentisse que seria necessária, no museu militar da nação, uma imagem que funcionasse como um contraponto heróico desta, representando o espírito de corpo e o brio militar do CEP. A visível ambivalência das duas pinturas revela os compromissos que a encomenda oficial pressupunha.

Contudo, apesar do ímpeto heróico que domina o quadro, há pormenores que introduzem nuances de sinal contrário. Veja-se no centro da composição o soldado que cai, apesar da imagem ser pouco convincente. Observam-no uma aldeã com o filho nos braços e um maqueiro, presença discreta mas permanente na pintura de guerra de Sousa Lopes. Por outro lado, a figura impositiva do comandante – o major Peres ou o capitão Brito –, representado de costas, descrevendo um gesto autoritário com a bengala, não deixa de ser uma figura ambígua que introduz (voluntariamente ou não) uma nota crítica ao tom marcial do quadro, atraindo o nosso olhar para o rosto dos soldados. E estes transmitem sentimentos contraditórios, como decisão e hesitação, coragem e receio. Contudo, Sousa Lopes preocupa-se tanto em descrever a complexidade dos eventos que a eficácia da evocação se perde, talvez, numa composição demasiado intrincada, recheada de inúmeras figuras e incidentes. Um estudo inicial indica que o pintor abandonou a ideia de colocar a bandeira nacional no ombro de um soldado, talvez por ser redundante do espírito patriótico do

---

[35] Veja-se *Ilustração Portugueza* 790 (9 de Abril de 1921): 6, fotografia com a legenda «Um episodio da retirada de 9 de Abril».

quadro (desenho em col. particular). Mas é nítida a intenção de documentar com veracidade o equipamento dos combatentes, como a mochila, a bolsa com cartuchos ou as espingardas Lee Enfield. Sousa Lopes manteve durante anos vários destes artigos militares no seu atelier, requisitados por ele durante a guerra. Um inventário do espólio do SAEP feito em 1923, pelo Consulado de Portugal, por ocasião do regresso do artista a Lisboa, refere capacetes, espingardas ou granadas que Sousa Lopes entregava ao Ministério da Guerra, e diz claramente: «Parte destes objectos são documentos de que o Snr. Souza Lopes se serviu para os seus trabalhos de decoração no Museu de Guerra dos Invalidos em Paris, e no Museu de Artilheria em Lisbôa.»[36]

Não é um acaso Sousa Lopes ter escolhido representar o batalhão de Infantaria 15 na única pintura dedicada, explicitamente, a uma unidade militar. É certo que podia ter representado Infantaria 13, que também se distinguiu na defesa de La Couture e que vimos, no capítulo 10, o artista estudar e desenhar minuciosamente nos seus movimentos, a 9 de Abril. Mas o regimento de Tomar era a unidade de infantaria mais prestigiada do Exército, pela sua acção decisiva na batalha do Lys e, depois, no regresso à linha de fogo no final da guerra. No rescaldo do 9 de Abril, foi distinguido colectivamente com a mais alta condecoração portuguesa, a Ordem Militar da Torre e Espada, do Valor, Lealdade e Mérito (Amaral 1922, 399; Martins 1995, 194).

A pintura que fecha o primeiro ciclo de trabalhos para o Museu Militar tem a particularidade de representar não um episódio da guerra, mas uma cerimónia contemporânea que evocava o próprio conflito, e se consagrava nesta galeria como evento histórico [**Figura 26 do extratexto**]. O quadro *As mães dos Soldados Desconhecidos* diz respeito a um acontecimento já referido anteriormente, a que o pintor assistiu: as cerimónias fúnebres dos dois Soldados Desconhecidos (de África e Mar e da Flandres), organizadas em Lisboa e no mosteiro da Batalha, no fim de semana de 9 e 10 de Abril de 1921. Foi por certo a celebração mais impressionante da participação na guerra realizada em Portugal, inscrevendo a data da batalha na memória cívica (Meneses 2004, 248). Deu-se uma primeira homenagem no átrio do Congresso da República, seguindo-se um cortejo dos ataúdes pelas ruas da capital, até à estação do Rossio, desfilando a seu lado tropas francesas, britânicas e italianas. Na guarda de honra reconhecia-se o marechal Joffre e o generalíssimo italiano Armando Diaz (1861-1928). Sousa Lopes pintou uma pequena tábua com a fachada da estação do Rossio engalanada com bandeiras nacionais (Museu de Lisboa, inv. MC.PIN.0049). No dia seguinte depositaram-se os féretros na sala do capítulo da Batalha, onde Afonso Costa discursou, defendendo a intervenção.

As mães dos Soldados Desconhecidos é uma obra que inscreve, neste ciclo, a dimensão da perda e do luto dos que ficaram, das famílias dos soldados. Mas, ao associá-la, na pintura, ao caixão funerário com a bandeira nacional, a imagem parece significar o luto da Pátria, no seu todo. O desenho inicial da composição foi reproduzido logo no dia 10 de Abril, em grande destaque na primeira página do *Diário de Notícias*, dirigido pelo seu amigo Augusto de Castro. Revela-se muito idêntico à pintura [**Figura 72**]. O desenho foi descrito

[36] «Relação dos trabalhos, material e archivo do S.A.E.P.», Paris, 2 de Julho de 1923. EASL, pasta «Recurso contra o Ministério da Guerra». No AHM conserva-se um recibo de 1 de Junho de 1918 e dois de dia 4 relativos a objectos destinados ao Serviço Artístico, como: capote, botas concertadas, capa lençol impermeável, safões, pelicos, máscara antigás, espingarda, sabre-baioneta, cinturão de granadeiro ou capacete. Veja-se PT/AHM/DIV/1/35/80/1.

As pinturas murais para o Museu Militar de Lisboa

Figura 72
Adriano de Sousa Lopes
As mães dos Soldados Desconhecidos,
1921
Carvão sobre papel, 61,5 x 100 cm
MML, Lisboa
N.º inv. 2343

ao pormenor, em termos laudatórios (uma «scena de tão pungente grandiosidade!»), e Sousa Lopes elogiado, como o pintor que com «scentelha de genio» levara às telas a «formidavel tragedia» da participação portuguesa na guerra. É também anunciado que o artista decidira «pintar uma grande tela»[37]. Segundo o *Diário de Notícias*, havia sido este jornal a lançar a ideia de consagrar os «Heróis Anónimos» através de representantes das mães, de todos os distritos do país, que perderam os filhos em combate. Sousa Lopes conservou no seu espólio duas fotografias do grupo das mulheres na cerimónia da Batalha [**Figura 73**].

Deduz-se assim que o artista realizou o desenho no dia 9 de Abril, depois de assistir à cerimónia no Congresso da República, onde as representantes das mães estiveram presentes. Se repararmos na água-forte, referida anteriormente, distingue-se melhor no fundo as bandeiras dos Aliados, e uma fila de pessoas e militares que assistem à cerimónia, decerto junto ao Parlamento (col. particular). Já na pintura final, contrariamente ao desenho e à gravura, temos um fundo esboçado, quase abstracto, notável nas *nuances* de cores complementares, que pretende sugerir a luz solar reflectindo-se na fachada ou no portal da Batalha, e não as bandeiras dos Aliados que decoravam a entrada do Congresso. Na jornada da Batalha um fotógrafo captou Sousa Lopes a pintar uma pequena tábua junto ao portal do mosteiro, de chapéu de coco e gabardina, usando uma espécie de cavalete portátil. Não é impossível que tenha sido Arnaldo Garcez, que fotografou as cerimónias[38].

---

[37] *Diario de Notícias*. 10 de Abril de 1921: 1.
[38] Veja-se PT/AHM/FE/110/A11/MD/5/6-8.

Focando outro pormenor importante na pintura, tudo indica que Sousa Lopes «inventou» o grande obus que sustenta o ataúde do herói anónimo, demonstram--no as fotografias do evento. Os caixões apresentavam-se cobertos pela bandeira nacional, num veículo militar de rodas camufladas, que também aparecem no quadro; talvez por cima de uma pequena peça, é certo, mas que passava imperceptível, como nos mostra uma fotografia também no espólio do artista (col. particular). Para além de o canhão lhe conferir maior grandiosidade, isto permitia sugerir uma ligação da pintura com a do soldado artilheiro no quadro *9 de Abril*, representando o mártir da Pátria que a cerimónia de 1921 evocava.

É assim notável que Sousa Lopes integre neste ciclo uma obra que tem a função de um *requiem* pelas vítimas da guerra. Podia ter passado a tela, por exemplo, a imagem heróica do Soldado Desconhecido que criara nesses dias para uma publicação em benefício da causa [**Figura 70**]. A mães que vestem um negro profundo, acentuado por um verde escuro modelado onde a luz natural se reflecte, exprimem diferentes sentimentos em relação à perda, como a revolta interior ou, pelo contrário, resignação. Esta marcha cadenciada das mães, vergadas pelo sofrimento e pela dor, replica em sentido inverso o cortejo lento e sombrio de *A rendição*, que parece, agora, retratar os seus filhos trilhando

Figura 73
Mães dos Soldados Desconhecidos junto ao portal do mosteiro da Batalha, 10 de Abril de 1921
Prova fotográfica, 13,5 × 18,5 cm
EASL

As pinturas murais para o Museu Militar de Lisboa

o lamacento «calvário da Flandres», como escreveu Casimiro. Existe, talvez, uma última alusão, como se a pintura recapitulasse as telas que a precedem nas salas do Museu Militar. É válido pensar, novamente, na iconografia da paixão de Cristo. Se *A Volta do Herói* sugere a deposição do mártir no túmulo, *As mães dos Soldados Desconhecidos* seria o episódio da lamentação, na presença do corpo simbólico do herói anónimo.

É um assunto na verdade muito original na pintura oficial da Grande Guerra, em contexto internacional. Sousa Lopes explora nesta obra aquilo a que se poderia chamar uma estética da perda (*aesthetics of loss*), que Claudia Siebrecht identificou especialmente nas representações de artistas alemãs do pós-guerra. Segundo a autora, esta escolha dos artistas reflecte uma transformação da ideia de morte em combate no mundo ocidental, ligando-a directamente ao trauma causado na população civil (Siebrecht 2013, 5). O facto de Sousa Lopes o querer integrar no museu militar de Portugal não deixa por isso de ser muito significativo. Parecem existir poucos exemplos da época comparáveis à obra do português. Raemaekers publicou um desenho dedicado às «Mães da Bélgica», de intuito propagandístico, com as figuras de luto chorando ajoelhadas no interior de uma igreja. Foi inserido num álbum de 1916 que Sousa Lopes possuía[39]. Outro exemplo é um tríptico de André Devambez, *O Pensamento nos Ausentes* («La Pensée aux absents»), versão de um original de 1924. O pintor francês trabalhou na secção de camuflagem, foi ferido em combate e chegou depois a participar nas missões artísticas de 1917, discutidas no capítulo 3. Devambez representou as diversas manifestações de luto na filha, na mãe e na esposa do painel central, ligando-as a três projecções dessa ausência, com episódios da vida do soldado nos volantes laterais e um cemitério militar na predela (Musée Antoine Lécuyer, Saint-Quentin, França).

Mas o exemplo mais pertinente será talvez o Panteão da Guerra em Paris, a pintura monumental em que Sousa Lopes colaborou em 1918. Esta apresentava, na realidade, uma sequência evocadora dos mortos: via-se um cenotáfio imaginário dedicado «Aux Héros Ignorées», com uma figura de luto, solitária, que se ajoelhava na escadaria junto a uma coroa de flores (postal no MML, Lisboa). No caso do pintor português, seriam as cerimónias dos Soldados Desconhecidos, em 1921, a impor-se como um tema forte que lhe permitia representar o luto da Pátria no Museu Militar de Lisboa. Mais tarde, a 9 de Abril de 1924, Sousa Lopes regressará ao mosteiro da Batalha, para assistir à tumulação definitiva dos Soldados Desconhecidos na sala do capítulo. A comissão responsável era constituída por ele, pelo militar e escritor Pina de Morais e pelo arquitecto Raul Lino (1879-1974). Acendeu-se também a «Chama da Pátria» num lampadário monumental. Américo Olavo, o então ministro da Guerra, proferiu o esperado discurso glorificando os heróis e mártires anónimos (Correia 2010, 294-295).

Esta pintura de 1921 explicita, em última análise, o sentido da evocação proposta por Sousa Lopes neste primeiro ciclo pictórico, uma narrativa de heroísmo, martírio e luto do soldado português da Flandres. Como o pintor escreveu, a propósito dos monumentos desenhados para os cemitérios ingleses, as suas obras seriam memoriais destinados «a perpetuar o heroismo e o sacrifcio

[39] Veja-se *Desenhos de Raemaekers. O célebre artista hollandez* 1916, n.º 18.

dos soldados portuguezes», sublinhando noutra passagem a sua «significação moral»[40].

Ora, a glorificação dos soldados foi, no discurso intervencionista, a procura de uma superação da discórdia sobre a intervenção na guerra e de um consenso nacional sobre a forma de a evocar (Teixeira 1996, 26). Sousa Lopes foi um dos artífices dessa imagem, da sua representação e consolidação no espaço público, com uma obra pioneira como *A rendição*. As telas seguintes prosseguiam, nesta primeira fase de trabalhos, e com assuntos mais ou menos previsíveis, o essencial de uma narrativa centrada no soldado comum da Flandres, assombrado pela tragédia da guerra.

Por outro lado, a cumplicidade ideológica entre o pintor e o ministro Helder Ribeiro, que era a mesma em Paris com Vitorino Godinho, possibilitou a ideia de recuperar, nas salas do antigo Museu de Artilharia, o Museu Português da Grande Guerra extinto por Sidónio Pais. É evidente que com esse gesto se pretendia restaurar um projecto, «o esfôrço da Nação e a obra política e militar da República» durante a guerra, como rezava o decreto de fundação do museu em 1917. Impunha-se por isso a criação de uma imagem e iconografia marcantes da campanha do CEP, que a afirmasse no espaço público e a fizesse perdurar na memória nacional. As pinturas murais de Sousa Lopes participavam, por isso, desse desígnio político caro aos intervencionistas. Foram, porém, realizadas com total liberdade artística, convém sublinhar. A sua autoridade e prestígio junto da elite dos combatentes eram incontestáveis, devido à sua missão voluntária na linha de fogo. Mas é essa autonomia, em última análise, que será posta em causa pelo museu na década de 30, com o país já noutra conjuntura política, como será examinado no último capítulo.

Por ocasião da exposição de 1924, foi noticiado que faltavam à galeria de Sousa Lopes dois quadros, *O feito do capitão Bento Roma* e *A morte de Carvalho Araújo*[41]. O primeiro, que estaria apenas «esquissado», celebrava o famoso comandante de Infantaria 13, que dirigiu a defesa de La Couture a 9 de Abril. Mas nunca seria realizado. Na prática, o lugar foi ocupado por uma pintura concluída muito mais tarde, em 1932, com o título *Remuniciamento da Artilharia* [**Figura 27 do extratexto**]. A enorme escala da obra é praticamente igual à de *A rendição*: segundo o inventário do museu, terá mais dois centímetros de altura que esta. Mas, como se disse, são seguramente as maiores pinturas realizadas por um artista sobre o tema da Grande Guerra, em todo o mundo. Porém, o assunto e a composição do *Remuniciamento* afastam-se radicalmente de *A rendição*, como aliás das outras telas que a precederam. A visão é activada pela velocidade imparável de três parelhas de mulas que puxam uma carreta de munições, fustigadas pelos condutores, atravessando uma vasta paisagem ferida pelas explosões e nuvens de poeira da artilharia inimiga.

Sousa Lopes expôs a pintura na Sociedade Nacional de Belas-Artes em Maio de 1932[42]. O assunto refere-se de novo à batalha de 9 de Abril, embora não o tenha consagrado no título definitivo. Mas em correspondência oficial o pintor referiu-se-lhe como o «Remuniciamento da Artilharia no 9 de Abril»[43]. Foi planeada pelo artista desde 1918, a crer no relatório de Vitorino Godinho

[40] Memorando de Sousa Lopes ao Adido Militar em Paris, 16 de Novembro de 1920, PT/AHM/DIV/1/35/1387/3.
[41] Veja-se «Vida artistica. [...] Os quadros de guerra de Sousa Lopes». *Diario de Noticias*. 5 de Janeiro de 1924: 3.
[42] *Exposição Sousa Lopes*. Lisboa, SNBA, Maio de 1932. Apenas dois números de catálogo. N.º 1 o *Remuniciamento da artilharia* (informando-se: «Friso decorativo destinado à Sala da Grande Guerra do Museu Militar»). N.º 2, expôs 23 «estudos», a maioria pinturas já apresentadas na retrospectiva de 1927. O pintor não publicou catálogo, apenas uma folha de sala (único exemplar que conheço na biblioteca do MNAC-MC, Lisboa).
[43] Ofício de Sousa Lopes ao Ministro da Guerra, Lisboa, 28 de Abril de 1928. EASL, Pasta «Recurso contra o Ministério da Guerra».

As pinturas murais para o Museu Militar de Lisboa

(Martins 1995, 319), e de facto no ano seguinte Vauxcelles viu um «projecto de friso» no atelier do artista, descrevendo-o como «le *Revitaillement en munitions de l'artillerie* par *convois mulets*» (Vauxcelles 1919, 349).

É nítido que Sousa Lopes decidiu representar neste ciclo a outra arma fundamental do CEP, a artilharia de campanha, que apoiava a infantaria nas linhas de trincheiras, nisso dando sequência à pintura *9 de Abril*. Na verdade, as viaturas de munições praticaram actos de heroísmo durante a batalha, ao percorrer as estradas batidas pela barragem de fogo para remuniciar os grupos de baterias que resistiam ao avanço inimigo (Telo e Marquês de Sousa 2016, 414). Adequava-se igualmente à identidade do antigo Museu de Artilharia. Contudo, o pintor lança nesta tela a sua visão mais sombria e violenta da Grande Guerra, nestas salas. Observando a composição, repara-se que Sousa Lopes procura, novamente, uma dinâmica entre dois movimentos contrários, as parelhas de animais galopando para a direita e os dois soldados que se dirigem, cambaleando, em sentido contrário. O que diminuía a eficácia da *Marcha para a primeira linha*, uma composição semelhante mas apertada por inúmeras figuras e focos de atenção, é aqui conseguido com uma maior capacidade de síntese de movimentos e um poderoso efeito de sugestão. Por outro lado, a mola da composição já não é o elemento humano, definidor da acção nos quadros anteriores, mas um surpreendente *tour de force* em torno do movimento, da corrida vertiginosa dos animais sob o fogo inimigo. O movimento elíptico entre as figuras da metade esquerda potencia a velocidade que se acelera com o tropel das mulas, cortado abruptamente à direita. Estas são fustigadas sem piedade pelo chicote de três soldados condutores, sendo o do meio atingido pelos estilhaços das explosões, projectando-se para trás, com o animal ao lado ferido e também prestes a sucumbir, pela posição das patas.

Os soldados parecem figuras ameaçadas e desterradas numa paisagem devastada pela destruição, rostos sem traços distintos, destacando-se as duas figuras apeadas em primeiro plano, pintadas maior que o natural. São dois soldados atingidos que atravessam uma grande poça de água esverdeada, arrastando-se com visível dificuldade, o da frente prestes a cair ao desviar-se do veículo de munições. É a única obra, em todo o ciclo da guerra, onde se observam vítimas com o sangue bem visível, espalhado na nuca e pernas do primeiro, mas sobretudo a gotejar do pulso do soldado bem no centro da composição, pormenor que chama a atenção do observador que se aproxima da tela [**Figura 28 do extratexto**].

A paisagem de guerra é retratada, de resto, como um imenso deserto devastado. Surge um motivo inédito na pintura de Sousa Lopes, no canto superior esquerdo, normalmente com longes dominados pelas redes de camuflagem: as árvores decepadas, alinhadas como se de um cemitério de tratasse, fazendo lembrar as árvores martirizadas de Paul Nash. Nada neste quadro é consolador, e muito menos as redes de camuflagem e o arame farpado que dominam as extremidades da tela, naturezas-mortas soberbas de aspecto retorcido e ameaçador. Passados catorze anos sobre o armistício, a visão de Sousa Lopes sobre a Grande Guerra tornava-se mais sombria e apocalíptica. Entretanto haviam saído livros

341

e os primeiros filmes com uma leitura mais crítica do conflito e da vida militar. Talvez o célebre romance pacifista de Erich Maria Remarque, *A Oeste Nada de Novo* (1929), que narra a história de um grupo de milicianos e descreve com crueza a vida degradante das trincheiras, tenha contribuído para uma visão mais sombria que *Remuniciamento de artilharia* parece comunicar. Sousa Lopes leu a primeira edição francesa do livro (Oliveira 1948, 203).

A última pintura desta série foi dedicada ao *Combate do navio patrulha Augusto de Castilho* [**Figura 29 do extratexto**]. Sousa Lopes iniciou-a por volta de 1931, tal como o *Remuniciamento*, como testemunhou um repórter do *Diário de Lisboa* de visita ao atelier do pintor[44]. Representa outro teatro da guerra, o Atlântico, e o combate da Marinha contra os submarinos alemães que atacavam indiscriminadamente os navios de passageiros. A tela evoca a acção corajosa do primeiro-tenente José Botelho de Carvalho de Araújo (1881-1918), comandante do referido navio patrulha, que a 14 de Outubro de 1918 entrou num combate desigual (com mais de duas horas) contra o cruzador submarino alemão U-139. Conseguiu com isso salvar o navio de passageiros *San Miguel*, que rumava do Funchal para os Açores com 206 pessoas a bordo. Carvalho de Araújo morreu em combate com mais cinco marinheiros, conseguindo a restante tripulação chegar à ilha de Santa Maria em botes salva-vidas. Foram as últimas mortes portuguesas da Grande Guerra. Um operador alemão fez um pequeno filme do navio patrulha para as actualidades, mostrando-o completamente estilhaçado na ponte de comando, antes de se ter recolhido as provisões e afundado com carga explosiva[45].

Sousa Lopes representa o momento em que uma granada parece atingir o *Augusto de Castilho*, provocando o jacto de água visível junto à proa e que faz vacilar o navio para a direita. Isto sugeriu ao pintor uma diagonal de efeito sugestivo, estruturante da composição: começa na figura do marinheiro ao leme, segue depois por Carvalho de Araújo na ponte de comando, passa pela azáfama dos marinheiros que carregam a peça junto à vante e termina no minúsculo submarino negro, ao fundo, quase invisível e quase atingido pelos disparos do navio patrulha. É um pormenor engenhoso, uma vez que uma das armas dos submersíveis era justamente a sua invisibilidade. A pintura está visivelmente por acabar, sobretudo na parte dos marinheiros que se entreajudam para municiar a peça. No mar vêem-se as caixas de fumo lançadas pelo patrulha, que inicialmente conseguiram ocultar o *San Miguel* do atacante. Repare-se no casco do vapor com a pintura de camuflagem, idêntica à que aparece em fotografias da época. Estas demonstram que a ponte de comando do *Augusto de Castilho* era totalmente fechada, e que o pintor, sem outra hipótese, a «abriu» para melhor destacar a figura de Carvalho de Araújo, na ponte de comando, ordenando fogo à proa com um gesto decidido.

Sousa Lopes estudou com especial cuidado este assunto inédito na sua obra, uma vez que a experiência na Flandres de pouco lhe valia. Um caderno de esboços (datável de 1930) diz-nos que utilizou, ou pretendia utilizar, fontes escritas que relatavam o que havia sido a Grande Guerra nos mares. Aparecem referências a livros publicados nos anos 20, sobre a saga dos submarinos durante a guerra,

[44] Veja-se «A arte portuguesa em Paris. Sousa Lopes fala-nos do exito alcançado pela Exposição». *Diario de Lisbôa*. 16 de Novembro de 1931: 5. O repórter viu as duas obras esboçadas «ainda a carvão».

[45] Filme na colecção da Cinemateca Portuguesa – Museu do Cinema, Lisboa: *Afundamento do Augusto de Castilho* (Alemanha, 1918, 35 mm, PB, sem som, 5'20''). Disponível em linha na Cinemateca Digital.

As pinturas murais para o Museu Militar de Lisboa

como *Raiders of the Deep*, de Lowell Thomas, ou *Der U-Bootskrieg*, de Andreas Michelsen[46]. Mais relevante, como fonte iconográfica, o português anotou o livro *La Guerre Navale racontée par nos Amiraux*, especificando que continha ilustrações de Charles Fouqueray (1869-1956)[47].

Fouqueray foi um dos artistas referidos por Sousa Lopes a Norton de Matos, em 1917, como vimos no nono capítulo. Sem acesso à obra, é difícil perceber se algum dos desenhos do português adaptam realmente ilustrações do pintor francês. Em todo o caso, verifica-se que estudou no referido caderno várias hipóteses para a composição do *Augusto de Castilho*: a tripulação do submersível recolhendo os sobreviventes do navio português; ou o mesmo assunto com um aspecto detalhado do submarino; ou ainda a batalha entre os dois, com o ponto de vista próximo da proa (col. particular). Porém, na pintura final, o pintor coloca no centro o comandante Carvalho de Araújo, que afinal encarnava na perfeição a figura do mártir e do herói, à semelhança do soldado comum da Flandres nos outros quadros deste ciclo.

Torna-se nítido nos murais do Museu Militar, contrariamente às obras para o museu de Paris, um programa de recriação dos eventos da guerra através da pintura histórica de grande escala. Obras como *A rendição* e o *Remuniciamento da artilharia*, sublinhe-se, medem quase treze metros de comprimento. Ganha por isso evidência a profunda raiz romântica desta pintura, de filiação francesa, que Sousa Lopes conhecia bem do Museu do Louvre. Delacroix certamente, já se citou, mas igualmente Théodore Géricault (1791-1824) e sobretudo Antoine-Jean Gros (1771-1835), e as suas épicas batalhas napoleónicas, com uma típica presença de corpos em tumulto e de gestualidade dramática. Os murais a óleo de Sousa Lopes parecem afirmar, justamente, a validade dessa tradição na representação da tragédia da guerra moderna. As obras do pintor português parecem desafiar a ideia, que se discutiu no capítulo 4, de uma alegada crise da pintura de história, ou mesmo o seu tendencial desaparecimento, em face de um conflito massificado e industrial (Dagen 1996, 18).

Sousa Lopes foi um artista de filiação francesa, vimo-lo na Primeira Parte, que no capítulo da grande pintura de batalha não tinha uma tradição em Portugal com a qual se pudesse relacionar. É interessante que se inspire mais na aura da epopeia napoleónica, e sua descendência romântica, do que propriamente na tradição realista de um virtuoso como Detaille, o mestre de Flameng, Scott e Jonas. Sousa Lopes escreveu a Freire, com algum humor, que «Detaille é uma maquina de pintar soldados, que pode rivalizar com as machinas de escrever»[48]. É justamente essa filiação romântica, elevada ao paroxismo por uma incomparável experiência artística da guerra, que ajuda a explicar a observação modelar de José-Augusto França: «são as melhores (ou as únicas) pinturas de batalha da pintura portuguesa» (França 1996, 137).

Observando os murais nas salas do museu, repara-se que não estão assinados nem datados. Situação insólita na pintura de grande escala do artista, e contraste óbvio com as obras oferecidas ao Musée de l'Armée de Paris. A informação de arquivo diz-nos também que outras pinturas, para além do *Augusto de Castilho*,

[46] Thomas, Lowell. 1928. *Raiders of the Deep*. Londres: Doubleday-Doran e Michelsen, Andreas. 1925. *Der U-Bootskrieg 1914-1918*. Leipzig: Hase & Koehler Verlag.
[47] *La Guerre Navale racontée par nos Amiraux*. [1920]. Paris: Librairie Schwarz. 5 volumes. As ilustrações em *hors-texte*, a cores, são na maioria de Fouqueray, reproduzindo aguarelas.
[48] Carta de Sousa Lopes a Luciano Freire, Paris, 1 de Setembro de 1903, fólio 4. MNAA, Arquivo José de Figueiredo, PT/MNAA/AJF/DC-CM-LF/003/00006/m0046.

não chegaram a ser concluídas, e que afinal tudo resultou do processo atribulado da sua instalação definitiva no Museu Militar de Lisboa. É essa história que falta contar no último capítulo deste livro. Antes, porém, deu-se a recepção pública das suas exposições e obras de guerra, que importa examinar nos seus momentos mais significativos.

CAPÍTULO 17
EXPOSIÇÕES E RECEPÇÃO CRÍTICA DOS TRABALHOS DE GUERRA

A aguardada exposição de trabalhos de guerra inaugurou a 4 de Janeiro de 1924, no atelier do parque das Necessidades, com todas as honras oficiais. Segundo noticiou a imprensa, Sousa Lopes recebeu nesse dia individualidades como o Presidente da República, Manuel Teixeira Gomes (1860-1941), o Presidente do Ministério, Álvaro de Castro, e vários membros do Governo, o Presidente do Senado e outros tantos deputados, os directores do MNAA e do MNAC, José de Figueiredo e Columbano, e antigos oficiais do CEP e jornalistas. Periódicos como *O Século*, o *Diário de Notícias* e a *Ilustração Portugueza* reproduziram fotografias dos quadros destinados ao museu de Artilharia, e em todos os artigos aparecia a figura do artista ao lado de Teixeira Gomes, posando à porta da Casa do Regalo[1].

Sousa Lopes planeara a exposição para o ano anterior, para o salão da SNBA, como nos diz a correspondência com Luciano Freire, tendo mesmo reservado a sala para 10 de Maio. Porém, uma febre persistente atrasou-lhe o trabalho nas telas, forçando-o por fim a abandonar a ideia[2]. A mostra no atelier do pintor esteve aberta entre 5 e 15 de Janeiro, para os oficiais do Exército ou camaradas da Flandres e para amigos ou conhecidos com convite. Sousa Lopes enviou às redacções um pequeno texto ou comunicado, enquanto «antigo capitão do C.E.P.», convidando a visitar o seu atelier «os seus camaradas do Exercito e da Marinha, os seus colegas artistas, e as pessoas das suas relações e amisade»[3]. Informando que alguns trabalhos se encontravam inacabados, o pintor assumia, à guisa de justificação, que a mostra não podia ter a dimensão pública que seria desejável: ela «precede e prepara a exposição publica que se realisará quando e como o Governo o determinar». E essa só poderia ser realizada definitivamente, deduzia quem conhecesse a questão, no próprio Museu de Artilharia.

A exposição de 1924 foi o primeiro momento de visibilidade pública do conjunto da sua obra de guerra e da sua recepção crítica. Importa por isso caracterizar neste penúltimo capítulo as interpretações mais relevantes, que privilegiam leituras mais amplas sobre a singularidade destes trabalhos e a identidade de Sousa Lopes enquanto artista de guerra. A recepção na historiografia será tida em conta no fim do capítulo.

---

[1] Veja-se «Portugal na Grande Guerra. As telas historicas de Sousa Lopes». *O Seculo*. 5 de Janeiro de 1924: 1; «Vida artistica. Impressões e noticias. Artes plasticas. Os quadros de guerra de Sousa Lopes». *Diario de Noticias*. 5 de Janeiro de 1924: 3; «Arte e artistas». *Ilustração Portugueza* 934 (12 de Janeiro de 1924): 48-49.

[2] Cartas de Sousa Lopes a Luciano Freire datadas de Paris, 21 de Novembro de 1922 e 14 de Fevereiro de 1923. MNAA, Arquivo José de Figueiredo, PT/MNAA/AJF/DC-CM-LF/003/00006/m0023-m0026. Transcritas em Silveira 2016, anexo 3, cartas n.º 11 e 12.

[3] «A exposição Sousa Lopes». *A Capital*. 2 de Janeiro de 1924: 1, transcrito também em «Vida artistica. [...] Os quadros de guerra de Sousa Lopes». *Diario de Noticias*. 5 de Janeiro de 1924: 3. O artista não publicou um catálogo, talvez por a maioria das obras se destinarem ao património do Estado.

O pintor apresentou, como se disse, todas as pinturas para o Museu Militar (menos o *Remuniciamento* e o *Augusto de Castilho*), a série de águas-fortes e um conjunto de desenhos da frente. A recepção nos diários lisboetas foi entusiástica, pode dizer-se, laureando Sousa Lopes como o maior pintor da sua geração, detentor de uma técnica magistral e de largueza na composição. É evidente a surpresa e o fascínio dos redactores perante os assuntos inéditos na arte portuguesa do tempo e pela escala grandiosa das pinturas, que dominam as discussões, representando um drama que se sente estar ainda muito presente. Águas-fortes e desenhos têm nesta fase menções favoráveis, mas vagas. Todavia, emergem nesta ocasião as primeiras interpretações autorais deste período do artista.

Escrevendo no *Diário de Lisboa*, Artur Portela notou que uma pátria como Portugal, com uma longa história de batalhas pelos quatro cantos do mundo, nunca encontrara um artista que as imortalizasse na tela ou no mármore. «Vinte seculos de historia conduziram-na a um ponto, entregaram-na um artista. Esse artista é Sousa Lopes.»[4] O título em destaque, «O pintor dos lances tragicos da guerra», dá o tom de uma interpretação detalhada e sensível das pinturas, sublinhando a dimensão trágica destas obras, que é uma ideia transversal na recepção da exposição. Portela vê nas cinco telas de Sousa Lopes cinco ideias essenciais do drama encenado pelo pintor: o heroísmo (*9 de Abril*), o ódio (*A volta do herói*), as virtudes da raça (*Marcha para a primeira linha*), a tragédia (*A rendição*) e a morte (*As mães dos Soldados Desconhecidos*). Não deixa de notar insuficiências, como a artificialidade da primeira tela, ou o comandante da *Marcha*, «cuja plastica é equivoca». Mas vê *A rendição* como a «melhor» delas, com uma qualidade fantomática: «Desolação. Espanto até ao horizonte. Neve amassada com a morte, gelando-nos, embebendo-nos de misterio e de arrepios. [...] É um desfilar de espectros, que sairam da morte, e dormiram sobre ela, porque os covais estão perto...»

No vespertino *A Capital*, o redactor anónimo preferiu acentuar uma questão que se desconhecia, trazendo-a a público pela primeira vez: «Sabem os leitores a rasão principal desta exposição nas Necessidades? Dar um empurrão à questão das decorações da guerra. O que quer isso dizer? Nada mais simples, era preciso, mostra-las assim, meias feitas, para que toda a gente sentisse a necessidade de elas se acabarem. É incrivel, mas é assim mesmo.»[5] A notícia era elucidativa de que algo não corria bem no processo de instalação das obras no Museu Militar. Refere também que Columbano saudara a iniciativa de Sousa Lopes como uma «exposição fóra da "peste Bóbónnica"». Dias mais tarde *A Capital* informa que o mestre visitara com agrado a exposição. Sugere-se uma herança artística que estará na ordem do dia, daí a cinco anos, por ocasião da sucessão de Columbano no MNAC: «As suas palavras foram a maior compensação para Sousa Lopes – estabelecendo-se assim essa continuidade de espirito entre Columbano – o maior dentre todos e Sousa Lopes, a maior afirmação de talento plastico das gerações do momento.»[6]

Reynaldo dos Santos escreveu a crítica mais substantiva à exposição, com a vantagem de possuir um conhecimento histórico especializado[7]. Cirurgião nos

[4] Portela, Artur. 1924. «O pintor dos lances tragicos da guerra e o que é a sua exposição». *Diario de Lisbôa.* 7 de Janeiro: 4.

[5] «Da Guerra... Sousa Lopes. O formidavel pintor novo expõe a sua galeria da grande hora». *A Capital.* 7 de Janeiro de 1924: 1.

[6] «Sousa Lopes». *A Capital.* 10 de Janeiro de 1924: 1.

[7] Santos, Reynaldo dos. 1924. «Exposição de guerra de Sousa Lopes». *Lusitania. Revista de estudos portugueses.* Vol. 1, fas. 1 (Janeiro): 131-133.

Exposições e recepção crítica dos trabalhos de guerra

hospitais ingleses durante a guerra, e depois ao serviço do CEP, encontrava-se no início de uma carreira fecunda como historiador de arte. O autor coloca a exigência de se pensar o contributo de Sousa Lopes na perspectiva da pintura militar ocidental. Não tem dúvidas em afirmar, de início, que era «o mais forte pintor da sua geração, por um conjunto raro de qualidades que só os grandes mestres lograram reunir como ele» (Santos 1924, 131). Porém, não deixou de notar os «raros desfalecimentos do seu gôsto, que uma emoção sincera redime e uma técnica sempre poderosa sustenta». O crítico aponta, por exemplo, a figura do soldado que se ergue em *A volta do herói*, atirando ao horizonte «um gesto declamatório», ou no quadro *9 de Abril*, novamente, o «defeito» de se «teatralizar o herói e o gesto, dando-lhe atitudes de melodrama e envolvendo-o numa policromia romântica» (*Idem*, 132). Esta inclinação de Sousa Lopes era todavia comum a muitos artistas: «Por isso me permito notar que os pintores cedem por vezes ao preconceito, maior ainda nos oradores, de procederem como se só se podesse evocar o heroismo com retórica» (*Ibidem*).

Este preconceito radicava, segundo o historiador, naquilo que designa como o «estilo heróico da pintura militar», praticado por um Jacques-Louis David (1748-1825), Gros ou Delacroix, um estilo que possuía uma «tradição declamatória» como o teatro clássico. Perdia-se assim «o valor decorativo de tapeçaria» que o Renascimento e os pintores do século XVII, como Salvator Rosa (1615-1673) e Adam Frans van der Meulen (1632-1690) – o pintor de batalhas de Luís XIV –, haviam legado à pintura militar, não se ganhando «o valor expressivo que a epopeia napoleónica lhe tentou dar». Sousa Lopes recuperava esse estilo «heróico», sugeria Reynaldo dos Santos, não tanto no sentido de querer restaurar a aura da escala grandiosa e sua relação com o observador, como argumentei no capítulo anterior, mas através da própria gestualidade teatral e «policromia romântica», que o autor não chega a precisar: «S.L., nesta tradição, aliás gloriosa, cedeu por vezes à tentação de impressionar pela teatralidade episódica e o romantismo das côres» (Santos 1924, 132). É precisamente pela ausência de teatralidade ou de artificialidade que *A rendição* tem o seu elogio, «esmagado» pela força do friso de soldados:

> Isento do menor ressaibo de retórica, concebido com a largueza do fresco, cujas figuras modeladas com lama e neve, caminham vergadas ao pêso do Destino, mais que da *impedimenta* e do cansaço, numa incarnação que tem a fôrça duma síntese e dum símbolo. [...]
>
> É uma das mais belas obras que a guerra inspirou à pintura mundial e já agora a mais positiva compensação, talvez a única, que os nossos sacrifícios alcançaram. (*Ibidem*)

Reynaldo dos Santos irá mesmo considerá-lo, mais tarde, «um dos grandes pintores da Guerra europeia» (Santos 1962, 11). Mas o historiador reparou também noutro aspecto importante da exposição de Sousa Lopes, que apresentava, entre as obras da Grande Guerra, a pintura *Os cavadores*, examinada nos capítulos iniciais deste livro [**Figura 8 do extratexto**]. O autor observa que

349

Adriano de Sousa Lopes. Um pintor na Grande Guerra

no «ciclo heróico do soldado português, o artista incluiu o *Génesis*, quando o homem antes de ser expulso para o inferno da guerra, cavava ainda no Paraíso» (Santos 1924, 133). De facto, já desde 1919 Sousa Lopes tinha a ideia de expor *Os cavadores* juntamente com as pinturas da guerra, e a imagem bíblica de Santos é sem dúvida autorizada pelas declarações do pintor ao *Século*:

> Eu tenciono até, quando fizer a minha exposição, apresentar um quadro pintado por mim ha anos, que representa os nossos camponezes cavando a manta para plantar bacelo nas suas terras, ao bom sol do nosso paiz, na serena paz dos nossos campos, fazendo contraste com a pesada atmosfera da guerra entre os gazes asfixiantes e as terriveis canceiras e perigos d'essa guerra tremenda que acabou.[8]

O pintor refere-se certamente a uma versão anterior, figurando apenas dois camponeses (col. particular), que decidiu ampliar para o grande quadro exposto em 1924. Uma obra importante como *Os cavadores* ganha assim um novo significado no contexto desta exposição, sobre a guerra, que foi o da sua apresentação original. Era um «cantico à Paz» como observou o *Diário de Notícias*[9]. Mas isto permite também reforçar a ideia de que *A rendição* foi seminal na configuração do estilo «sintético», plenamente realizado em *Os cavadores*. Um estilo onde predominam dois ou três tons, despido de detalhes inexpressivos, como defendeu Sousa Lopes em 1929 (ver capítulos 1 e 2). *A rendição* foi também importante para encontrar um sentido de epopeia nas actividades do povo, aquilo que designei como uma epopeia do quotidiano: a procura de uma expressividade de movimentos animados pela acção colectiva, que Sousa Lopes apura depois em obras como *Os pescadores* e o tríptico *Os moliceiros* [**Figuras 5 e 6**].

Por fim o crítico da revista *Lusitânia* sublinha, pela primeira vez na recepção do artista, «um dos grandes títulos de glória do pintor», as águas-fortes. Para ele, Sousa Lopes era «o primeiro português que triunfou nesta forma de arte, cujas tradições nacionais são raras ou tímidas, desde Vieira Lusitano a Constantino Fernandes» (Santos 1924, 133). Também Louis Vauxcelles, já em 1919, chamara a atenção para as estampas de guerra do gravador português, considerando-o não ser apenas um bom executante, mas um espírito «meditativo» que conseguira penetrar nas leis da água-forte. Vauxcelles via nelas uma gama de tons tão rica como a paleta de um pintor: «Sousa Lopes, en ses eaux-fortes monochròmes, bistre, soufre, verdâtres, safranées, use d'une technique large à la fois et simple.»[10]

Na *Seara Nova*, o muito jovem José Rodrigues Miguéis, futuro romancista, escreveu com fascínio assumido sobre a intensidade trágica das imagens de Sousa Lopes[11]. Miguéis nota inicialmente que os quadros de guerra haviam-se tornado «quasi lendários», pela recepção na imprensa; contudo prefere salientar, justamente aliás, «a enorme capacidade de trabalho» do artista, produzindo inúmeras obras e de tais dimensões que elas «representariam, para outros, muitos anos de trabalho» (Miguéis 1924, 117). O autor compara a obra de Sousa Lopes com as visões de Henri Barbusse (1873-1935), escritor e combatente francês cujo célebre

---

[8] «Quadros da Grande Guerra. A obra do pintor Sousa Lopes. Uma palestra com o artista sobre o destino que virão a ter os seus valiosos e sugestivos trabalhos». *O Seculo*. 1 de Setembro de 1919: 1.

[9] «Vida artistica. [...] Os quadros de guerra de Sousa Lopes». *Diario de Noticias*. 5 de Janeiro de 1924: 3.

[10] Vauxcelles, Louis. 1919. «Correspondence artistique». *Atlantida* 41 (Agosto): 550.

[11] Miguéis, Rodrigues. 1924. «Exposição Sousa Lopes». *Seara Nova* 30 (31 de Janeiro): 117-118.

Exposições e recepção crítica dos trabalhos de guerra

romance antiguerra, *Le Feu*, havia ganho o Prémio Goncourt em 1916. E é curioso porque não será o único a citá-lo, como veremos adiante. Barbusse representava o paradigma do intérprete sem complacências da desumanidade e brutalidade das trincheiras da frente ocidental. Para Miguéis, se em Barbusse se «pintava» uma «guerra confusa, apocaliptica, onde só ha violência e dôr brutal», ficando o leitor com «um sombrio desespero de revolta», na obra de Sousa Lopes, «apesar do drama vertiginoso da luta», dimanava «uma espiritualidade que comove e eleva os corações» (Miguéis 1924, 117). Nesse aspecto, só haveria um par de Sousa Lopes em Portugal: «Sobretudo, há nela um sentimento português tão acentuado, que êste pintor forma, ao lado de Augusto Casimiro, na primeira linha dos nossos intérpretes da Guerra.»

Rompendo a unanimidade em torno de *A rendição*, para o crítico da *Seara Nova* a obra que ficava «no logar mais alto» era *As mães dos Soldados Desconhecidos*. Rodrigues Miguéis assinala sobretudo o sentimento e a expressão que Sousa Lopes atingiu, ao explorar as diferentes atitudes das mães face ao drama: «Ficam-se os olhos presos naquela obra e nunca mais a esquecem. Quanto há de humilde ou revoltadamente doloroso na alma das mães portuguesas a quem a féra devorou os filhos, quanto há de resignação perante o destino, de saudade irremediavel, de lágrimas amargas, – tudo se condensa naquela obra de verdadeiro génio» (Miguéis 1924, 118). Seria «de resto, tecnicamente a mais cuidada». Miguéis não parece ter-se apercebido de que algumas pinturas se encontravam inacabadas, como Sousa Lopes advertiu. Não obstante, o escritor enalteceu a técnica «imprevista» e «irregular»: «Podem os valores secundarios da nossa arte pictural acusal-o de imperfeita tecnica; ainda que assim fôsse […] nós persitiriamos em afirmar que, para a pintura da guerra de Flandres, são aqueles os processos exigidos» (*Ibidem*). As próprias águas-fortes, que Miguéis considera capitais, seriam também para os assuntos guerreiros «o melhor processo».

Por último, Júlio Dantas também descreveu com sensibilidade as pinturas Sousa Lopes, relatando uma visita ao *atelier* do pintor[12]. No essencial as suas observações não divergem muito do discurso dominante na imprensa. *A rendição* seria a pintura mais impressionante: «Foi aquilo o homem – maravilhoso instrumento de matar – na Iliada de toupeiras em que nós outros, portugueses, escrevemos também a nossa página de bronze» (*apud* Santos 1961, vol. 1, 73). E a veracidade da arte de Sousa Lopes, incontestável: «Em todas elas palpita e lateja a verdade. Sente-se que o autor esteve em contacto directo e permanente com a vida das trincheiras; que sofreu; que o seu coração pulsou nesse "enfer de boue et de sang", de que fala Barbusse» (*Idem*, 76). Dantas irá sobretudo revelar algumas ideias do artista para o projecto do Museu de Artilharia, que serão discutidas, com melhor proveito, no último capítulo.

Ressalta desta recepção pública à exposição de 1924, veiculada na imprensa e nas revistas culturais, a confirmação de que Sousa Lopes conseguira comunicar a ideia de um moderno épico em torno da luta e sacrifício do soldado da Flandres. *A rendição* emergia como a melhor pintura do ciclo, segundo os críticos, e *9 de Abril* a que obtev e mais reparos. Parece consolidar-se a percepção de que na Grande Guerra não existira o heroísmo artificial patente na segunda pintura,

[12] *Correio da Manhã* (talvez do Rio de Janeiro), 13 de Abril de 1924. Dirige-se aos leitores «brasileiros e portugueses». Texto transcrito em Santos 1961, vol. 1, 69-78.

Adriano de Sousa Lopes. Um pintor na Grande Guerra

mas que o conflito se parecia mais, passados seis anos sobre o armistício, com o tom dominante em obras como *A rendição*, de uma solenidade trágica e sombria, ou com o paroxismo da dor e do luto em *As mães dos Soldados Desconhecidos*.

O segundo momento na recepção contemporânea das obras de guerra manifestou-se, de forma mais mitigada, por ocasião da segunda exposição individual de 1927. Sousa Lopes apresentou no grande salão da SNBA um núcleo dedicado à Grande Guerra, que no catálogo publicado colocou em primeiro lugar[13]. Dividiu a sua obra de guerra em secções dedicadas à pintura, águas-fortes e desenhos, com apenas quatro números de catálogo para a pintura, e o número um, *A rendição*, foi a única obra exposta das destinadas ao Museu Militar. Ao entrar na sala o visitante deparava-se de imediato com a presença da grande pintura na parede ao fundo, ladeada por quatro expositores que enquadravam e circunscreviam o núcleo de guerra, dispondo-se neles os desenhos e as águas-fortes. Pode dizer-se que constituía o núcleo central da exposição, de acordo com uma fotografia da instalação [**Figura 74**].

Depois de consagrada pela imprensa na «exposição de guerra» de 1924, Sousa Lopes conferia à pintura *A rendição* um lugar central nesta mostra e utilizava-a, na verdade, como uma forma de chamar a atenção da imprensa e dos visitantes para a «questão das decorações da guerra», como lhe chamou *A Capital*, questão que marcava passo desde 1920. O parênteses que acrescentou a seguir ao primeiro número de catálogo era bastante explícito a esse respeito: «(Uma das sete telas destinadas à sala da Grande Guerra no Museu d'Artilharia e que esperam o acabamento d'aquela sala para serem colocadas no seu lugar definitivo).»[14] *O Século* protestou contra a situação, afirmando ser «inconcebivel» que a sala ainda não tivesse sido inaugurada: «ficaria sendo, graças aos sete paineis que Sousa Lopes compôz para ela, o mais digno monumento erguido à memoria dos que se bateram na Flandres.»[15]

Porém, como se disse, a recepção dos trabalhos de guerra diluiu-se num conjunto que apresentava novidades, como *Os pescadores (vareiros do Furadouro)*, que dominou as atenções da crítica, ou as marinhas da Caparica. A Grande Guerra parecia mais distante, passada quase uma década sobre o armistício. Manoel de Sousa Pinto, por exemplo, escrevendo na revista *Ilustração*, viu em *A rendição* um «fresco palpitante, que, logo à entrada, em Barata Salgueiro [rua onde se localiza a SNBA], nos recua aos dias sombrios em que a vitória hesitava ainda»[16]. Com efeito, no conjunto da obra de guerra, o artista lograra «imprimir duradoura actualidade ao que vai deixando de a ter». António Ferro, no *Diário de Notícias*, considerou que as pinturas de Sousa Lopes ocupavam em Portugal um lugar equivalente ao dos livros célebres em França: «As pinturas da guerra já entraram na historia. Entraram com a propria guerra. Citam-se entre nós como podem citar-se, em França, "Le Feu" de Barbusse, "Les Croix de Bois", de Roland Dorgelés, ou "Le Cabaret", de Alexandre Arnoud.»[17] Ferro não tinha dúvidas: «Sousa Lopes é um dos maiores pintores da guerra», porque conseguira penetrar na vivência do combatente das trincheiras. «Ele soube descobrir, na sombra da trincheira, o inferno e o ceu, a saudade do lar, a leitura da carta, o retrato da noiva, a lama e as estrelas…».

[13] Intitulou-a «Obras sôbre a Grande Guerra». Veja-se *Exposição Sousa Lopes* 1927, catálogo com "prefácios" de José de Figueiredo e Afonso Lopes Vieira.

[14] *Exposição Sousa Lopes* 1927, n.º cat. 1.

[15] «Vida artistica. A notavel exposição dos trabalhos do pintor Sousa Lopes, na Sociedade de Belas-Artes». *O Seculo*. 12 de Março de 1927: 6.

[16] Pinto, Manoel de Sousa. 1927. «Arte e artistas. Exposição Sousa Lopes». *Ilustração* 31 (1 de Abril): 28-29.

[17] Ferro, António. 1927. «Um grande pintor. Inaugurou-se ontem a exposição de Sousa Lopes». *Diario de Noticias*. 13 de Março: 1.

Figura 74
Segunda exposição de Adriano de
Sousa Lopes na SNBA, Lisboa,
Março de 1927
Prova fotográfica, 19 x 28,5 cm
EASL

[18] Cidade, Hernâni. 1927. «Sousa Lopes, o pintor da Grande Guerra». *O Primeiro de Janeiro*. 12 de Maio: 1. Já o redactor d'*O Comércio do Porto* ficou surpreso com «o extraordinário friso» *A rendição*: «É um painel barbaro, alucinante. As figuras não são d'este mundo. São fantasmas com presença entre nós. Caminham derreados e encharcados em tragédia. [...]». Compara-o com a escrita de Raul Brandão. Veja-se «Arte. Souza Lopes». *O Comércio do Porto*. 29 de Abril de 1927.

A crítica de Hernâni Cidade distinguiu-se, justamente, por colocar o acento no período da guerra, o que não surpreendia. O professor de Literatura e futuro presidente da Liga dos Combatentes era, na verdade, um respeitado herói da Flandres, com uma das primeiras cruzes de guerra obtidas em combate. Augusto Casimiro descreveu o seu feito num capítulo de *Nas Trincheiras da Flandres* (2014, 141-143). Hernâni Cidade viu a exposição de Sousa Lopes no Palácio da Bolsa, no Porto. Chama-o «o pintor da Grande Guerra», que o título do artigo destaca, escrevendo que o pintor «andou por lá comigo, vivendo os mesmos e inesqueciveis momentos apocalipticos». Considera sobretudo que este período, num pintor solar e colorista, emergia como «o lado sombrio e tristissimo» da sua obra[18]. São referidos trabalhos como a água-forte *Sepultura de um soldado português desconhecido*, o quadro *Os maqueiros* e a já incontornável *A rendição*, e os seus «heroes da maxima resignação». Mas a perspectiva de Hernâni Cidade é singular na fortuna crítica do artista, colocando-se num plano humanista, e mesmo humanitário, em virtude da sua experiência da guerra. Sanciona, acima de tudo, a veracidade das visões do artista. Há uma ideia essencial no seu texto, que escreve com a autoridade de ser um veterano condecorado da Flandres. O conjunto da obra de Sousa Lopes era como que um antídoto contra todas as guerras:

> É a visão verídica da guerra, a dos que viveram, como o pintor, a vida das trincheiras. É a visão do livro inesquecível de Barbusse [*Le Feu*, 1916] e aquela que mais cumpre pôr em relevo, para que a mentira convencional perpetuamente não alimente, sobredoirando-a, essa estupida e horrivel monstruosidade. (Cidade 1927, 1)

Não deixa de ser notório, nesta recepção, o silêncio de Aquilino Ribeiro, tão atento à carreira inicial de Sousa Lopes. Em boa verdade, a sua posição crítica sobre a guerra não o inclinava a escrever sobre isso. Vimos mesmo, no final do nono capítulo, Aquilino duvidar, quando já se falava em nomeação, que o artista alcançaria um «nome glorioso» como pintor de batalhas[19]. Mas pode dizer-se que esse cepticismo, embora o justificasse com o primado do pintor das «calmas naturezas», resultava em grande medida de uma clara oposição aos intervencionistas, que revelariam, segundo o escritor, uma consciência anacrónica e quixotesca da guerra (ver capítulo 6). No fundo, Aquilino sabia que o reconhecido talento de Sousa Lopes iria contribuir para legitimar uma intervenção que ele considerava, por certo, ter sido em erro.

As pinturas suscitaram ainda a Teixeira Gomes, o ex-Presidente da República agora exilado voluntariamente em Tunes, considerações relevantes na *Seara Nova*[20]. Nas «Cartas ao pintor Sousa Lopes sobre a sua arte», considera que nessas obras dominava um sentido de composição, identificando o pintor com o movimento do «regresso à ordem» do pós-guerra, depois dos excessos vanguardistas. «Eu considero o Sousa Lopes no caminho do futuro "classicismo", de que se apercebe já, em todo o mundo artístico, o magnífico despontar.» Na realidade, o pintor de história nunca abandonara esse classicismo, que Teixeira Gomes identifica com o primado da composição. Mas a intuição estava certa, pois o sentido de uma composição cada vez mais sofisticada e de desenho bem vincado dominariam os esforços do pintor nos anos seguintes.

Por altura da morte de Sousa Lopes, em 1944, os obituários na imprensa referiram-se genericamente ao pintor da Grande Guerra[21]. Ressaltam no entanto duas ou três notas mais autorais, que acrescentaram novas camadas de interpretação a uma recepção já de si heterogénea. Fernando de Pamplona, no *Diário da Manhã*, viu nos murais do Museu Militar uma antevisão das suas obras posteriores, enquanto «pintor das multidões»: «Esse grande conjunto pictórico, sob cujas tonalidades sóbrias arde uma intensa labareda humana, consagra Sousa Lopes como o pintor das multidões. Tão bem as pintou no fragor da guerra como nas fainas criadoras – na luta hercúlea pelo pão cotidiano.»[22] Os murais da guerra seriam, nesse sentido, como que os precursores das grandes composições do pós-guerra, como *Os pescadores* ou *Os moliceiros*.

Noutro registo, o general Ferreira Martins, antigo sub-chefe do Estado Maior do CEP e historiador da guerra, teceu considerações no jornal *República* que vale a pena reter[23]. Primeiro consagrava, definitivamente, do lado dos combatentes, uma ideia que nascera dos livros de Brun, Olavo e Cortesão em 1918-19 e se reafirmara depois em Júlio Dantas e Hernâni Cidade: a da sinceridade e veracidade da arte de Sousa Lopes, que testemunhara, indiferente ao perigo,

[19] Ribeiro, Aquilino. 1917. «O mês artístico. Exposição Sousa Lopes». *Atlantida* 19 (15 de Maio): 604-606.
[20] Gomes, M. Teixeira. 1930. «Cartas ao pintor Sousa Lopes sôbre a sua arte». *Seara Nova* 210 (19 de Junho): 281-283.
[21] Veja-se «A morte do pintor Sousa Lopes». *Diario de Lisbôa*. 21 de Abril de 1944: 4, 7; «Morreu hoje de madrugada o pintor Sousa Lopes». *Diário de Notícias*. 21 de Abril de 1944; «Faleceu esta madrugada o pintor Sousa Lopes». *O Seculo*. 21 de Abril de 1944; «Mestre Sousa Lopes o pintor da guerra de 1914-18 faleceu esta madrugada». *República*. 21 de Abril de 1944.
[22] Pamplona, Fernando de. 1944. «Mestre Sousa Lopes. Um pintor de raça». *Diário da Manhã*. 22 de Abril: 1 e 5. Sobre as mesmas pinturas irá escrever mais tarde no seu conhecido *Dicionário*, publicado em 1957: «Nessas composições grandiosas, de tons amortecidos e graves, aqui e além por vezes com explosões de cor, que enchem de drama apocalíptico, alguns panos murais do Museu Militar, perpassa uma epopeia de sofrimento e de bravura, que jamais se esquece» (Pamplona 2000, 249).
[23] Martins, General Ferreira. 1944. «O pintor do C.E.P.». *República*. 24 de Maio. Revela ter sido ele a propor ao Governo (de Sá Cardoso, sendo ministro da Guerra Helder Ribeiro) a condecoração de Sousa Lopes e de Garcez, em 1919, como cavaleiros da Ordem de Sant'Iago da Espada.

a luta das trincheiras. «Nesse seu labor na zona de operações não há fantasias de artista nem veleidades de patriota: há a verdade, a crua realidade da guerra que êle viveu, não se eximindo a incómodos nem se furtando a perigos […].» Ferreira Martins sublinha depois as condições especiais em que Sousa Lopes trabalhou na frente ocidental. Não existiram cargas de cavalaria, nem os ataques à baioneta, em plena luz do dia, que inspiraram o pincel de um Detaille, escreve o general, ou em Portugal um pintor militar como Ribeiro Artur (1851-1910). Na guerra de trincheiras «houve o sacrifício, menos ostensivo, quási apagado, dos combatentes que viviam de dia como toupeiras e se batiam de noite como leões, num esfôrço, por isso mesmo, mais difícil, sem duvida, de exprimir na tela». O artista tirara o melhor partido dessas condições e conseguira realizar enfim «um documentário artístico a todos os respeitos notável». O artigo de Ferreira Martins era, assumidamente, um «testemunho de gratidão do antigo camarada do C.E.P.» e uma homenagem em que, estava certo, «me acompanham todos os companheiros de armas portugueses da Flandres».

Já foi feito, na introdução, um balanço conciso da fortuna crítica no âmbito historiográfico e académico. Contudo algumas ideias mais específicas precisam de ser aqui desenvolvidas e explicitadas. Manuel Farinha dos Santos, no fundamental estudo de 1962, referindo-se em geral à produção deste período, escreve que «estas obras de Sousa Lopes não exaltam o militarismo. Fazem-nos, pelo contrário, sentir uma repugnância instintiva pela guerra […]» (Santos 1962, 28). O autor sublinha um interesse permanente do artista pelo «drama humano», encontrando-lhe uma interpretação essencialmente humanista do conflito. Observa também em toda a série, como Pamplona já o notara, a opção deliberada por um cromatismo «de tons predominantemente cinzentos», que faria jus ao artista: «[…] não vemos o vigoroso colorido dos trabalhos anteriores. Sacrificando a cor, afirma a robustez do seu talento e a delicadeza da sua sensibilidade numa surpreendente interpretação da tragédia […]» (Santos 1962, 39). Deste cromatismo singular, crê Farinha dos Santos, resultaria para o observador a ideia de um «heroísmo baseado na abnegação e na dor» (*Ibidem*)[24].

É justo, no entanto, recordar que foi Afonso Lopes Vieira o primeiro a chamar a atenção para esta singularidade das pinturas de guerra, em 1919, explicando-a numa entrevista à imprensa: «[…] este grande pintor fez o sacrifício à sua pátria daquilo que era o seu dom divino e a flor do seu talento e do seu temperamento: – o sacrifício da sua côr.»[25] É certo que Sousa Lopes realizara um conjunto notável: «Essa obra de guerra é dolorosa, épica, admirável também como arte e como documento de patriotismo magnífico e piedoso». Mas o poeta desejava que ele esquecesse «os tenebrosos tons em que os seus pincéis tiveram de se molhar, e volte a pintar a luz, a cantar a côr, reentrando no seu temperamento de mago colorista que um dia será consagrado como pintor europeu» (*apud* Santos 1961, vol. 1, 67-68).

Isto demonstra, uma vez mais, a primazia que *A rendição* teve na recepção do artista de guerra, à qual, aliás, Lopes Vieira dedicou um poema em prosa, analisado no capítulo 11. Na realidade, dificilmente se observa um «sacrifício» da cor noutros quadros deste ciclo, de contrastes tímbricos evidentes, se bem

---

[24] Nada faria prever no discurso crítico de Farinha dos Santos (à época professor na Faculdade de Letras de Lisboa), permeado por valores humanistas e de apurada sensibilidade, o facto insólito de que este autor foi subinspector da Polícia Internacional de Defesa do Estado, a polícia política do Estado Novo, até 1959, quando pediu exoneração. Cumpriu prisão preventiva na sequência do 25 de Abril de 1974. Informação sobre esta actividade encontra-se em Pimentel, Irene Flunser. 2007. *A História da Pide*. Lisboa: Círculo de Leitores, Temas e Debates (veja-se índice onomástico, p. 572) e, da mesma autora, *O Caso da PIDE/DGS*, 2017, p. 631. Curiosamente, foi colega de curso do antigo Presidente da República Mário Soares (1924-2017), que aliás interrogou na sede da PIDE, de pistola apontada, cerca de 1949. Episódio descrito em Soares, Mário. 2017 (1974). *Portugal Amordaçado. Depoimento sobre os Anos do Fascismo*. Lisboa: Expresso, Alêtheia Editores. Vol. 2: 63-64.

[25] Santos 1961, vol. 1, 67. A entrevista é transcrita integralmente nas pp. 61-69. O autor indica que saiu em *O Seculo*, 23 de Setembro de 1919, mas a referência do jornal não se confirma. Foi publicada provavelmente num periódico da região de Leiria.

que o poeta os tenha visto num estádio anterior. Mas a paleta quase monocromática de *A rendição* causou, na realidade, uma forte impressão nos amigos próximos do pintor, que conheciam a sua arte. Luciano Freire, por exemplo, comunicou-lhe um desejo idêntico ao de Lopes Vieira. Sousa Lopes assegurou-lhe, numa carta de 1924: «Conto satisfazer o seu desejo tão amigavelmente expresso: de me ver recuperar a paleta *d'avant guerre*. § Os meus trabalhos teem sido orientados nesse sentido.»[26] Sousa Lopes trabalhava então nas paisagens da Côte d'Azur, onde os tons puros irrompem de novo com intensidade.

Recenseando a retrospectiva de 1962, na revista *Colóquio*, o escritor Manuel Mendes introduziu uma figura de análise que será influente na recepção futura: instala-se uma certa resistência crítica às pinturas monumentais do Museu Militar. Surge a ideia de que Sousa Lopes demonstraria melhor a sua qualidade nos pequenos quadros de guerra, onde permanecia o ousado colorista, e no «poder impressivo» das águas-fortes do que nos grandes murais de Santa Apolónia:

> Ao conceber e realizar estes quadros de larga composição decorativa, Sousa Lopes sentia-se possuído como que de um grande sentimento heróico, reflexo das lutas que havia presenciado, e quis neles concretizar uma gesta de epopeia. [...] nessa obra de um sonho porventura frustrado, as sérias e reais qualidades do pintor que havia nele cedem o passo a outros valores, nos quais, acaso, diminuem as suas mais vivas e fecundas virtudes. [...] A Guerra, com todos os seus horrores, vemo-la e sentimo-la melhor nos desenhos e nas águas-fortes, nos apontamentos de cor e nos quadrinhos rápidos, do que nessas vastas «máquinas» dos grandes painéis decorativos.[27]

O autor retrata-o a certa altura como um pintor preso ao impressionismo, que se recusou a «marchar a passo com os companheiros do seu tempo», isto é, pintores modernistas como Amadeo de Souza-Cardoso e Eduardo Viana (Mendes 1963, 29-31). Já considerámos esta discussão anteriormente (ver capítulo 2). Mas em todo o caso parece consolidar-se a ideia de que os murais de guerra de Sousa Lopes seriam uma pintura académica e celebratória, isto é, artificial, por isso perdendo a espontaneidade dos seus desenhos e águas-fortes. A ideia será retomada, mais genericamente, como vimos na introdução, por autores como José-Augusto França e Raquel Henriques da Silva (França 1991 [1974], 182; França 1980, 68; Silva 1994, 183)[28].

No entanto, são justamente estes dois autores que revalorizam em escritos mais recentes os murais de Sousa Lopes, partindo da sua existência concreta no contexto museográfico do Museu Militar. Em 1996, numa obra sobre a decoração artística do museu, José-Augusto França viu neles uma representação menos circunstancial, e sobretudo revelando «um dinamismo expressionista que sublinha a acção dramática» (França 1996, 134). As pinturas pareciam-lhe agora mais próximas da realidade vernacular das trincheiras, informado visivelmente pela leitura de André Brun:

[26] Carta de Sousa Lopes a Luciano Freire, La Berle, Gassin (Var, França), 18 de Novembro de 1924, fólios 1-2. MNAA, Arquivo José de Figueiredo, PT/MNAA/AJF/DC-CM-LF/003/00006/m0003-m0004.

[27] Mendes, Manuel. 1963. «A exposição do pintor Sousa Lopes». *Colóquio. Revista de Artes e Letras* 22 (Fevereiro): 31.

[28] Assinale-se ainda, e a propósito, os textos de Maria de Aires Silveira sobre as águas-fortes, lendo-as como registos do apocalipse de uma civilização, signos de «uma ordem estética e cultural que ali terminava» (Silveira 1994, 192).

> «João Ratão» está entre todos eles, e também o soldado Milhões:
> não são «palmípedes» nem «cachapins», «gosmas» ou «recoqueiros»
> – são os «taratas», carne de canhão que a pátria política abandonara
> ao 9 de Abril, para os comemorar, depois, em Soldados Desconhecidos,
> na chama simbólica da Batalha... (França 1996, 136)

Para o historiador, *A rendição* e o *Remuniciamento da artilharia* seriam as «duas melhores obras da série»: e o que faz a diferença nos murais históricos de Sousa Lopes seria, no fundo, aquilo que a crítica notara em 1924. Uma concepção larga e segura da composição, servida por um técnica espontânea

> O realismo destas cenas, tomadas do vivo para longas telas coladas
> às paredes, quase monocromáticas em *grisaille* e *sauce*, tocadas aqui e ali
> com tons mais vivos, não é retórico e, se elas têm fatalmente um tratamento
> de ilustração, compensaram-no com largas pinceladas expressivas e uma
> boa movimentação de massas captadas em *croquis* que, na geração de
> Sousa Lopes (que é a mesma de Acácio Lino mas também, já, de Eduardo
> Viana) mais ninguém assim saberia fazer. (França 1996, 137)

Estas obras actualizavam afinal, no nosso país, uma antiga tradição da pintura de batalhas ocidental, suplementado-a com uma prova testemunhal decisiva. É por isso que França não tem dúvidas em afirmar, como se referiu antes, que «são as melhores (ou as únicas) pinturas de batalha da pintura portuguesa» (*Idem*).

Já Raquel Henriques da Silva, como sugeri na introdução, privilegia na obra do artista da Grande Guerra sobretudo a série de águas-fortes, a que deu destaque num balanço recente sobre a pintura portuguesa na década de 10 (Silva 2010c). Nesse texto, porém, não deixa de fazer uma consideração que se pode ver como sintomática, da revalorização recente deste período do artista, por ocasião do centenário da República: «[Sousa Lopes] tem uma meritória representação na Sala dedicada à Primeira Guerra no Museu Militar de Lisboa, integrando uma museografia celebratória de inegável valia histórica, memorialista e simbólica» (Silva 2010c, 47).

Só falta, então, percebermos quando e como se concretizou essa «museografia celebratória» de Sousa Lopes no Museu Militar de Lisboa.

CAPÍTULO 18
A DEFESA DE «UM GRANDE SONHO D'ARTE E DE PATRIOTISMO». A DIFÍCIL ABERTURA DAS SALAS DA GRANDE GUERRA

[1] Eduardo Ernesto de Castelbranco (1840-1905) foi nomeado em 1876 primeiro director e organizador do (antigo) Museu de Artilharia, criado em 1851 por decreto da rainha D. Maria II. Decidiu instalar definitivamente o museu na Fundição de Baixo, em Santa Apolónia, e exponenciar a dimensão nobre e palaciana já preexistente no Arsenal militar, convocando a presença didáctica e cenográfica das pinturas de história. A campanha de ampliação e melhoramentos decorreu entre 1895 e 1905. Pela ímpar acção mecenática em prol dos artistas, foi eleito em vida sócio honorário da SNBA. Sobre a decoração pictórica e escultórica do MML veja-se França 1996 e Silveira 2014b, na vertente museológica Baião 2009, 30-34 (e Apêndice A, v-vi), bem como Rodrigues e Teixeira 2012.

[2] Não foi possível localizar a planta ou o caderno de encargos das Salas da Grande Guerra, quer no MML, quer no Arquivo Municipal de Lisboa, que conserva grande parte do espólio do arquitecto. Também não consegui informação útil no Sistema de Informação para o Património Arquitectónico. Segundo um ofício do director do MML foi um «contrato verbal», isto é, o arquitecto foi convidado a apresentar um projecto, que se materializou a 7 de Março de 1931 num desenho de conjunto em tela

O Museu Militar de Lisboa pode ser visto como uma surpreendente pinacoteca da história de Portugal. O seu primeiro director, general Castelbranco, conseguiu criar um museu original na viragem para o século xx, onde as colecções de armas do reino dialogavam com uma requintada decoração artística, dominada pelas pinturas de assuntos da história nacional, especialmente encomendadas para o efeito[1]. Representam episódios de *Os Lusíadas* de Luís de Camões. Destacam-se a Sala Vasco da Gama, entregue ao pincel de Carlos Reis e de Luigi Manini (1848-1936), e as Salas Camões e Infante D. Henrique, com uma decoração palaciana em estilo neo-renascença, entregue a primeira a Columbano e a Ernesto Condeixa (1858-1933), e a segunda a José Malhoa.

Mas, ao entrar nas Salas da Grande Guerra, o visitante apercebe-se de uma mudança de escala, com a monumentalidade dos murais a óleo de Sousa Lopes e a amplitude de uma arquitectura austera e solene, rude mesmo, que já não evoca um ambiente requintado, mas o universo militar [**Figura 30 do extratexto**]. O arco abatido de grandes proporções tem uma presença impositiva e maciça, como se tratasse de um austero arco de triunfo [**Figura 75**]. A arquitectura lembra alguns pórticos do Alto Renascimento de estilo severo, como no Palazzo Tè em Mântua, projectado por Giulio Romano (1499-1546). As salas foram desenhadas por um reputado arquitecto de formação parisiense, premiada, e profundo conhecedor da arquitectura italiana renascentista: José Luiz Monteiro (1848-1942), o autor da gare do Rossio e do Hotel Avenida Palace, que havia sido professor de Sousa Lopes em várias cadeiras de desenho. Delineando o projecto em 1931, Monteiro já ultrapassara nesta altura os 80 anos, sendo esta considerada a sua última obra[2].

Contribui para este ambiente austero o vermelho intenso que cobre a arquitectura, um «vermelho da sanguínea», como Sousa Lopes o designou num ofício de 1932 (ver Documento 4). Encontramos tons parecidos nalguns

(escala 1/50), um duplicado em papel Marion e respectivos detalhes na escala de execução, pelo qual recebeu 2000 escudos. Veja-se ofício do director do MML ao chefe da 1.ª Repartição da 2.ª Direcção Geral do Ministério da Guerra, Lisboa, 8 de Novembro de 1933, PT/AHM/FO/006/L/32/835/2.

Figura 75
Museu Militar de Lisboa, Salas da Grande Guerra. Aspecto do arco

quadros das salas, como o vermelhão de barro nas ruínas e nos edifícios a arder da *Marcha do 15 de Infantaria no 9 de Abril para La Couture*, ou o vermelho de argila nas trincheiras de *A volta do herói*, ou *Jurando vingar a morte de um camarada*. Sousa Lopes refere igualmente a cor «kaki» (um verde-amarelado, que nas salas cobre as métopas e alguns fundos e espaços entre as pilastras) e um «preto verdoso» que cobre os socos e rodapés. Todas estas três cores evocavam o ambiente dramático da Flandres e relacionavam-se com as pinturas de uma forma muito particular, como explicou o pintor ao ministro da Guerra, no decurso das obras:

> Contrastando [o colorido da arquitectura] com o cinzento das fardas portuguesas cujo tom predomina nas composições picturaes, mantendo assim um conjunto realizado somente com os tons que constantemente dominaram o ambiente desta guerra, isto é – o fogo, a ferrugem, a lama, o cinzento dos ceos, e o negro dos troncos das árvores decepadas pela metralha.
> A cor do fogo é reservada unicamente para as composições picturaes.[3]

[3] Ofício de Sousa Lopes ao ministro da Guerra, 28 de Janeiro de 1932, fólios 1-2. PT/AHM/FO/006/L/32/835/1.

A defesa de «um grande sonho d'arte e de patriotismo»

O vermelho-sanguínea evocaria então a ferrugem e a lama, dominantes na paisagem de guerra. Contudo, é possível reparar que o verde-caqui está também presente nos capacetes e equipamentos dos soldados de *A rendição* e da *Marcha do 15 de Infantaria*.

O conjunto das pinturas não revela uma lógica narrativa ou relação sequencial entre elas. São momentos diferentes e isolados da guerra na Flandres e no Atlântico, com uma evocação fúnebre final. Isto não foi só uma escolha artística, mas resultou igualmente das vicissitudes do projecto. Recorde-se que obras como *A rendição* (1.ª versão), *9 de Abril* e *A volta do herói* foram parcialmente executadas ainda antes do contrato de 1919. Como admitiu o pintor numa entrevista desse ano, «continúo a trabalhar um pouco à tôa, sem saber o destino que os meus quadros poderão ter»[4]. Veremos neste capítulo que o conjunto foi sendo ampliado e afinado à medida que o local da instalação foi sendo definido mais claramente. O seu plano foi mais sistemático quanto às proporções das obras finais. Sousa Lopes criou conjuntos uniformizados pelas dimensões: com mais de 12,5 metros de comprimento temos *A rendição* e o *Remuniciamento da artilharia*, que decoram as paredes principais das salas; depois a *Marcha do 15 de Infantaria* e o *Combate do navio patrulha Augusto de Castilho*, com 6,70 metros, que nas salas preenchem as paredes do topo ou do fundo; e as restantes três, com largura entre os 2,40 e 2,70 metros, instaladas na parede que divide as duas salas, de um lado e do outro, comunicando através do arco monumental.

Sousa Lopes teve oportunidade de resumir o essencial do seu programa no citado ofício ao Ministro da Guerra, que visitara o atelier do artista uns dias antes:

> Aquela Sala, que é obra de minha concepção, é um Monumento em honra do Exército Português de Terra e Mar, que se bateu em França, nos Mares e na Africa, e compõe-se de 12 frescos de vasta composição, perpetuando os feitos culminantes de campanha, cujo ciclo se fecha com a tumulização do Soldado Desconhecido no Mosteiro da Batalha, formando a sua decoração pictural.[5]

Interessante a referência às pinturas a óleo como «frescos», numa época em que, decerto, já planeava o importante tríptico a fresco *Os moliceiros*. Veremos mais adiante como é o artista chegou ao número de doze obras, quando o contrato só previa sete. Mas Sousa Lopes diz que os seus murais perpetuam «os feitos culminantes de campanha», o que é compreensível tendo em conta o destinatário do seu ofício. Todavia isso dificilmente se aplicava às obras maiores deste ciclo, que não evocam feitos e revelam outra espessura da sua arte. Repare-se na presença marcante das duas maiores telas, instaladas simetricamente, bem como n'*A volta do herói*. Mais do que evocações «culminantes» da campanha, são acima de tudo imagens do sofrimento e da violência da Grande Guerra.

[4] «Quadros da Grande Guerra. A obra do pintor Sousa Lopes. Uma palestra com o artista sobre o destino que virão a ter os seus valiosos e sugestivos trabalhos». *O Seculo*. 1 de Setembro de 1919: 1.

[5] Ofício de Sousa Lopes ao Ministro da Guerra, Lisboa, 28 de Janeiro de 1932, fólio 1. PT/AHM/FO/006/L/32/835/1.

363

A diversidade dos assuntos não invalida que a primeira sala, ou galeria, pela qual o visitante entra, apresente um conjunto pictórico coerente: são imagens das trincheiras, como *A rendição* e *A volta do herói*, ou os feitos da batalha do Lys (*9 de Abril* e *Marcha do 15 de Infantaria*), todos centrados na acção do soldado comum. Os dois frisos *A rendição* e *Marcha do 15 de Infantaria* podem também aproximar-se, como vimos, como duas faces do «moral» do exército na Flandres, desgastado pelas adversidades ou, em *9 de Abril*, cheio de ímpeto guerreiro. Já na segunda sala, com uma obra visivelmente inacabada (que já vimos ser o *Combate do navio patrulha Augusto de Castilho*) e, na verdade, «amputada» de uma quarta pintura – veremos qual, mais adiante –, o conjunto resulta mais disperso e incoerente. Domina a grande tela da artilharia em movimento (*Remuniciamento*), vendo-se no topo a acção da Marinha de guerra (*Augusto de Castilho*), e por fim o *requiem* pelos heróis anónimos (*As mães dos Soldados Desconhecidos*) [**Figura 76**].

Mas Sousa Lopes também teceu considerações sobre o projecto de arquitectura e a sua colaboração com José Luiz Monteiro, que nos interessam:

> Esta [decoração pictural] engasta numa decoração arquitectonica que lhe serve de moldura, constituida por um revestimento interior de grande sobriedade e beleza, em estilo dorico tosco, da autoria do grande Mestre dos Arquitectos portuguêses, José Luiz Monteiro, que me deu a honra insigne de colaborar comigo nesta obra.[6]

Repare-se que Sousa Lopes afirma ao ministro, linhas atrás, que a Sala da Grande Guerra «é obra de minha concepção». O arquitecto teria assim seguido essa concepção no projecto, deduz-se. Apesar da ousadia a afirmação é no essencial verdadeira, como veremos. José Luiz Monteiro, por seu lado, referiu em correspondência oficial que os projectos foram «feitos a convite e em colaboração com o pintor Sousa Lopes»[7]. Sousa Lopes recusou-se sempre, na verdade, a separar a sua responsabilidade como autor das composições picturais da execução da arquitectura, que as deveria enquadrar e valorizar, concebendo as salas como uma obra unitária de autoria partilhada. Esta questão autoral é importante porque estará sempre presente na colaboração que se revelará difícil entre os autores e a direcção do Museu Militar.

As Salas da Grande Guerra foram, sem dúvida, o projecto mais ambicioso e exigente de Sousa Lopes, ocupando-o cerca de 17 anos (1920-1936). A segunda sala revela, de forma evidente, que o projecto não foi concluído. É importante dizer que o artista não conseguiu nem concretizar todas as pinturas que planeou, nem uma visão decorativa geral que idealizara, com a colaboração de Monteiro, para as salas do Museu Militar de Lisboa. Foi, por fim, impedido de concluir o projecto pelo Ministério da Guerra, em 1936. Houve razões de parte a parte, e é importante neste capítulo examinar os motivos precisos que levaram a essa ruptura. A documentação do Arquivo Histórico Militar e a existente no espólio do artista permitem-nos tentar essa reconstituição e sinalizam que o conflito mais aberto se deu com a direcção do Museu Militar, durante a execução do

[6] Ver nota anterior.

[7] Ofício de José Luiz Monteiro ao Ministro da Guerra, Lisboa, 23 de Outubro de 1933, PT/AHM/FO/006/L/32/835/2.

A defesa de «um grande sonho d'arte e de patriotismo»

Figura 76
Museu Militar de Lisboa, Salas da Grande Guerra. Aspecto da segunda sala, com as pinturas *Renunciamento da artilharia* e *Combate do navio patrulha Augusto Casimiro*

projecto de arquitectura. Na verdade, este diferendo permitiu que, através da correspondência oficial, o artista tenha explicado as suas ideias sobre as pinturas e a identidade do projecto que de outro modo não se revelariam. Mas antes importa perceber como que é essas ideias se foram consolidando na primeira década de existência do contrato.

Em fins de Outubro de 1919, poucos dias depois de ter assinado contrato com o Ministério da Guerra, Sousa Lopes visitou o Museu de Artilharia e o Arsenal do Exército, com o objectivo de perceber qual seria o melhor espaço para acolher as suas obras. Acompanhado pelo director do Arsenal, general Correia Barreto, concluíram que seriam as duas salas paralelas à fachada principal do museu, mas pertencentes ao Arsenal, e que na altura serviam de armazém de material de guerra. O pintor foi então recebido pelo ministro da Guerra, Helder Ribeiro, que aprovou a ideia[8]. Porém, chegava-se a 1924, e as obras de beneficiação das salas ainda não se haviam iniciado. Segundo o diário *A Capital*, que por ocasião da exposição no atelier das Necessidades chamara a atenção para «a questão das decorações de guerra», o Governo não autorizava verbas para as obras necessárias[9].

[8] Veja-se ofício do Adido Militar em Paris ao Chefe da Repartição do Gabinete da Secretaria da Guerra, Paris, 25 de Agosto de 1920, PT/AHM/FO/006/L/32/778/2.
[9] «Sousa Lopes». *A Capital*. 10 de Janeiro de 1924: 1.

Num requerimento enviado ao ministro da Guerra, onde reclama o pagamento do abono mensal de 150 escudos, em falta desde 1922, e de despesas com materiais, Sousa Lopes apelava para que se iniciassem as obras com urgência. Refere, pela primeira vez, um pormenor importante das pinturas de guerra: elas só seriam concluídas quando instaladas no museu. «[…] E [pede] que entre o Governo e o suplicante seja definitivamente determinada a decoração das referidas salas, tornando-se urgente que nelas se dêem já começo às obras necessarias para irem sendo colocadas as aguas fortes, já prontas e as telas, a algumas das quais apenas faltam os acabamentos, que só no proprio local podem ser feitos».[10] Sobre este assunto o pintor falará a Afonso Lopes Vieira do «esforço inútil do ano passado»[11], referindo-se à preparação da exposição de guerra que realizou no atelier de Lisboa, com o intuito de chamar a atenção do Governo, esforço de que as cartas a Luciano Freire são elucidativas.

Mas, por altura da exposição de 1924, Sousa Lopes já tinha uma ideia muito precisa de como iria instalar as pinturas na grande sala do Museu da Grande Guerra, prevista no contrato de 1919. Quem nos diz isso é o escritor Júlio Dantas, que visitou o atelier do pintor para ver a mostra e se informou em detalhe dos seus planos. Escrevendo na imprensa, Dantas recorda ter tido «a honra» de redigir, em 1917, o decreto de criação do Museu Português da Grande Guerra, por ordem de Norton de Matos, e «de dar os primeiros passos para a constituição das suas colecções»[12]. A sala de Sousa Lopes teria 17 por 23 metros, e *A rendição* seria colocada na parede do fundo (Santos 1961, vol. 1, 73 e 77). Uma obra que o visitante veria, assim, logo à entrada na sala. As paredes laterais seriam «preenchidas por dois enormes tripticos». No tríptico da direita, o painel central seria a *Marcha do 15 de Infantaria*, e os laterais o *9 de Abril* e *A volta do herói*. (Dantas refere-se aos quadros por títulos diferentes.) No «tríptico» da esquerda, o painel central seria o *Combate do navio patrulha Augusto de Castilho*, ladeado por *As mães dos Soldados Desconhecidos* e por uma obra que designa por «Metralhadores». Com efeito, o pintor realizou um estudo a óleo sobre este assunto[13]. Dantas insiste que Sousa Lopes pintava para a sala nove quadros (e não os sete contratados), e de seguida percebe-se porquê: na parede restante da sala, fronteiros ao friso de *A rendição*, ficariam à direita da porta *Os cavadores* [**Figura 8 do extratexto**] e à esquerda *Os pescadores* [**Figura 5**], que o pintor ainda não tinha começado. Parece então claro, por este testemunho, como aliás sugeri, que estas composições fundamentais dos anos 20 têm a sua génese no ciclo das pinturas da Grande Guerra e que num momento inicial o artista desejava integrá-las na própria sala do Museu de Artilharia. Júlio Dantas parece glosar as declarações de Sousa Lopes ao *Século* em 1919, ao referir-se a estas obras: «[São] os heróis humildes que a Grande Guerra arrancou aos trabalhos pacíficos do mar, e à geórgica dourada dos campos, para o trágico destino de matar e morrer» (*apud* Santos 1961, vol. 1, 73-74).

Em todo o caso, em 1928, Sousa Lopes já tem outras ideias para o espaço do Museu Militar, como explicou num ofício enviado ao ministro da Guerra.

[10] Requerimento de Sousa Lopes ao Ministro da Guerra, Lisboa, 24 de Maio de 1924, PT/AHM/FO/006/L/32/778/2.
[11] Carta de Sousa Lopes a Afonso Lopes Vieira, La Berle, Gassin (Var, França), 12 de Dezembro de 1924. BMALV, Espólio Afonso Lopes Vieira, *Cartas e outros escriptos* […], vol. 7 (documento sem cota).
[12] *Correio da Manhã*, 13 de Abril de 1924, transcrito em Santos 1961, vol. 1, 69-78. Sobre este assunto ver capítulo 16.
[13] Reproduzido no álbum n.º 36 pertencente à Liga dos Combatentes, fotografia n.º 50. Não foi possível localizar a pintura, apesar de Farinha dos Santos a dar como pertencente ao MML (Santos 1961, vol. 1, figs. 42 e 43, vol. 2, 175). Para mais pormenores sobre os «Metralhadores» veja-se Silveira 2016, 340, nota 583.

A defesa de «um grande sonho d'arte e de patriotismo»

[14] Ofício de Sousa Lopes ao Ministro da Guerra, Lisboa, 28 de Abril de 1928. EASL, pasta «Recurso contra o Ministério da Guerra». O pintor enviou uma planta do seu projecto, que não se encontra no AHM.

[15] Manuel Farinha dos Santos viu-a em 1962 e descreve-a, sem referir o seu paradeiro: «"Metralhador de La Couture" representa o valente sargento Carvalho, agachado sobre uma cratera de obus e cobrindo, sózinho, com a metralhadora, a retirada dos soldados dos últimos pelotões do 13 e do 15 para o reduto de La Couture. O nevoeiro e o clarão das constantes explosões criaram uma luminosidade cinzento-amarelada. O metralhador, de expressão serena e olhar enérgico, espreita o inimigo através da bruma. É uma das mais sugestivas telas – tem realismo e conteúdo emocional» (Santos 1962, 31-32).

[16] O Seculo. 28 de Agosto de 1929: 1. Conseguiram «remover obstáculos» o coronel Morais Sarmento, quando ministro da Guerra, o coronel Câmara e Silva, director do MML, e o coronel Gonzaga, refere o jornal.

[17] Ofício do Director do MML a Sousa Lopes, Lisboa, 11 de Setembro de 1931. EASL, pasta «Recurso contra o Ministério da Guerra». O director pergunta também se as telas devem ser coladas directamente nas paredes ou colocadas ali nas próprias grades, sucedendo esta última.

[18] Decreto n.º 20.939, de 24 de Fevereiro de 1932. Veja-se Diário do Govêrno. I série. N.º 48, 26 de Fevereiro de 1932, 374. Agradeço a Margarida Portela esta informação.

[19] Ofício do Presidente do Tribunal de Contas ao Ministro da Guerra, Lisboa, 19 de Dezembro de 1931. PT/AHM/FO/006/L/32/778/2.

[20] Câmara e Silva permaneceu no país durante a Grande Guerra, desempenhando funções como a de presidente do 1.º Tribunal Militar Territorial, no 1.º quadrimestre de 1918. Já o sub-director foi combatente no Sul de Angola e na Flandres e Cruz de Guerra de 1.ª classe. Para mais pormenores sobre estas individualidades, veja-se Silveira 2016, 342, nota 590.

O documento prova que a configuração actual das Salas da Grande Guerra, bem como a disposição final das pinturas, foi de facto concebida por ele. Agora o artista fala em duas galerias, postas em comunicação através de uma abertura central com seis metros de diâmetro, na parede média que as dividia, em frente do qual, de cada lado, ficariam os dois grandes frisos[14]. Sousa Lopes fala pela primeira vez de uma oitava pintura (o contrato previa só sete), localizada na segunda sala, que intitula O Metralhador de La Couture. Isto significa que o pintor abandonou a ideia de pintar «O feito do capitão Bento Roma», previsto durante a exposição de 1924, a favor deste novo assunto situado também na batalha do Lys. A pintura evocava a acção do 2.º sargento metralhador José Gomes de Carvalho, do batalhão de Infantaria 13, comandado por Bento Roma, que protegeu a retirada dos soldados para o reduto de La Couture. A sua localização é hoje desconhecida[15] [**Figura 77**].

Em Agosto de 1929, O Século noticia a entrega «oficial» da sala da Grande Guerra a Sousa Lopes, que tomara posse como director do Museu Nacional de Arte Contemporânea em Abril. «Deve dizer-se que já não é sem tempo», comentava o jornal. «Há longos anos que Sousa Lopes vem empregando esforços inauditos para se ultimar uma iniciativa digna de todo o aplauso.»[16] No entanto, as obras só têm início, finalmente, em Setembro de 1931, como o director do Museu Militar informou Sousa Lopes, que se encontrava em Paris. Surge aqui um indício de que o pintor teve uma intervenção directa no desenho da arquitectura. O director pede-lhe que enviasse ao museu, ou a José Luiz Monteiro, «os detalhes de ornamentação que são precisos para juntar ao caderno de encargos»[17]. A nível oficial, a próxima notícia relevante é a da publicação de um decreto no Diário do Governo que mantinha a validade do contrato de 1919, bem como as verbas destinadas ao encargo e ainda todos os actos praticados desde que entrara em vigor[18]. O Governo contrariava assim a decisão do Tribunal de Contas, que dois meses antes recusara o visto ao contrato, por falta de aprovação no Conselho de Ministros, de disposição legal e de cabimento de verba[19].

Mas a 28 de Janeiro de 1932 Sousa Lopes envia um ofício ao ministro da Guerra, coronel António Lopes Mateus (1878-1955). É um documento importante, onde o artista inicia formalmente as hostilidades (ver Documento 4). O pintor explica ao ministro que no «projecto» original o colorido da arquitectura era diferente do colorido em execução: as pilastras e alguns elementos do emolduramento, que enquadravam as pinturas, deveriam ser em «preto ligeiramente verdoso», destacando-se de um fundo em «vermelho sanguínea», e com as métopas e outros fundos de maior superfície em «cor de kaki». Esta ideia encontrara «uma irredutivel oposição» da parte do director e do sub-director do Museu Militar, escreveu o artista. Estes eram, respectivamente, o coronel Victor Câmara e Silva (1863-1942) e o tenente-coronel Júlio da Silva Alegria (1880-1964)[20]. Sousa Lopes cedera então, «com sacrificio», alterando a composição. As pilastras, os principais elementos do emolduramento e a maior parte dos fundos, tudo passaria a ser em «vermelho escuro», para manter, escreve Sousa Lopes, «a solenidade necessaria a este ambiente de heroismo, sofrimento

Figura 77
Museu Militar de Lisboa, Salas da Grande Guerra, outro aspecto da segunda sala com a parede destinada à pintura *O Metralhador de La Couture*. Hoje vêem-se obras de Sousa Lopes, Veloso Salgado e Columbano

e tragedia»[21]. Nas métopas e alguns fundos mantinha-se a cor caqui e nos socos o tal «preto verdoso», tudo com veios imitando o mármore.

Porém, apesar das cedências, Sousa Lopes queixa-se ao ministro de que os directores do museu insistiam em empregar na arquitectura «um vermelho mais claro e mais alegre, o que teria como efeito tirar à Sala a severidade solene e inutilizar os tons de fogo, reservados para as composições picturaes». Essa cor já existiria em parte da arquitectura executada até então. Mas há uma segunda objecção que o pintor comunicava ao ministro. Câmara e Silva informara-o de que pretendia aproveitar os espaços livres nas salas para colocar armários com bandeiras e alguns retratos de generais existentes no museu. Sousa Lopes considerou «estes propositos irrealisaveis». Argumentou que as suas pinturas eram «grandes composições de conjunto em que as tonalidades e proporções das figuras principaes, identicas em todos, se harmonisam com a grandeza da Sala e dos feitos perpetuados». Para o pintor estava em causa acima de tudo a integridade do «Monumento», como lhe chama linhas atrás, e a unidade do seu conjunto pictural: «Em consequencia, a interposição de quaesquer armarios de estilo diferente da arquitectura da Sala, ou de retratos de outras proporções

[21] Ofício de Sousa Lopes ao Ministro da Guerra, Lisboa, 28 de Janeiro de 1932, fólio 2. PT/AHM/FO/006/L/32/835/1.

A defesa de «um grande sonho d'arte e de patriotismo»

e coloridos, destruiriam a necessaria homogeneidade da obra.»[22] Os retratos e toda a parte documental deveriam ser expostos na «pequena sala contigua à sala monumental», sem prejudicar o «efeito artistico» desta.

Estavam de facto em causa duas concepções diferentes para a «Sala Monumental» da Grande Guerra. A direcção do Museu Militar, naturalmente, pretendia uma sala temática, na sequência de outras existentes no museu, expondo a militaria e memorabilia relativa ao conflito, e eventualmente obras de outros autores como em salas anteriores. Sousa Lopes, pelo seu lado, via o espaço como um monumento integrado de pintura e arquitectura, cujo centro eram as suas composições picturais, onde o colorido das paredes ou os objectos a expor não deveriam perturbar a legibilidade das pinturas, bem como a «unidade da obra». Por fim, o artista sugeriu ao ministro que o Conselho de Arte e Arqueologia fosse ouvido sobre o «incidente» e estabelecesse as regras necessárias. Propunha sobretudo que se adoptassem duas determinações: que a Sala Monumental fosse considerada parte integrante do museu só depois de terminados todos os pormenores, incluindo a disposição de objectos; e que a «direcção artística» das obras fosse atribuída aos autores.

A pedido do ministro da Guerra, delegados do Conselho de Arte e Arqueologia visitaram as salas e enviaram um breve parecer, assinado por Luciano Freire, José de Figueiredo e Veloso Salgado. Todos amigos do artista, como sabemos, que considerava Freire e Salgado os seus mestres. Porém, no essencial, Sousa Lopes não foi atendido em nenhuma das pretensões. Os signatários concordavam com o tom de vermelho-sanguíneo, já executado na arquitectura, e apelavam para que o tom «cinzento esverdeado» do caqui se estendesse a outros pormenores dos emolduramentos[23]. As «vitrines projectadas» seriam também admissíveis, desde que mantivessem o «caracter simples e classico» e se destinassem somente a bandeiras e outros emblemas. Defendiam, no entanto, uma alteração que Sousa Lopes pedira ao museu: a duplicação das pilastras que emolduravam os grandes frisos *A rendição* e o *Remuniciamento da artilharia*. O pintor conservou uma carta de José Luiz Monteiro que confirma por escrito estar de acordo com a alteração[24]. Em vista da «importancia arquitectural do arco», escreviam os signatários, a duplicação das pilastras faria que o aspecto geral da sala ganhasse «em nobreza».

Percebe-se, assim, que o vermelho-sanguíneo sancionado pelo Conselho de Arte e Arqueologia, que hoje vemos nas salas, não corresponde ao «vermelho escuro» que Sousa Lopes se vira obrigado a defender como segunda opção, visto que a primeira seria «emoldurar» as pinturas com pilastras em «preto verdoso» (relegado depois para os socos). Talvez haja uma sobrevivência desse vermelho nos lambris, onde é mais escuro, sobretudo na primeira sala. No geral, o vermelho executado é de um tom mais claro, que, quando lhe incide a luz natural, vinda das clarabóias, adquire uma cor de barro alaranjada, representado de facto nas composições de batalha do 9 de Abril.

Sousa Lopes informou o gabinete do ministro, que seguiria «gostosamente» o parecer da «douta Corporação com a qual estou inteiramente de acordo»[25]. Semanas antes, porém, o pintor sentiu necessidade de comunicar, de forma

[22] *Idem*, fólio 3.

[23] Ofício do Conselho de Arte e Arqueologia (1.ª Circunscrição) ao Ministro da Guerra, Lisboa, 29 de Fevereiro de 1932, fólio 1. PT/AHM/FO/006/L/32/835/1. Reproduzido em Silveira 2016, anexo 4, documento n.º 25.

[24] Carta de José Luiz Monteiro a Sousa Lopes, Lisboa, 13 de Janeiro de 1932. EASL, pasta «Recurso contra o Ministério da Guerra».

[25] Ofício de Sousa Lopes ao Chefe do Gabinete do Ministério da Guerra, Lisboa, 18 de Março de 1932, PT/AHM/FO/006/L/32/835/1.

mais categórica, ao director do Museu Militar, a autoria conjunta das Salas da Grande Guerra e que ela garantia a unidade da obra que se realizava:

> Há porem, um facto importante que me cumpre esclarecer, o projecto da Sala da Grande Guerra, foi elaborado em colaboração pelo ilustre arquitecto José Luiz Monteiro, e por mim, e em perfeito acordo vem sendo executado, como o exige a unidade da obra que nos propozemos realizar.

Não haveria, portanto, «separação entre a parte arquitectonica e a parte pictural», ponto em que a direcção do museu parecia insistir[26].

A disputa com o Museu Militar continuou, porém, e pelos vistos acesa. A 8 de Abril de 1932 Sousa Lopes enviou novo ofício ao ministro da Guerra, desta vez assinado por si e por José Luiz Monteiro, com o nome deste em primeiro lugar. A ruptura parecia mesmo consumar-se. Os signatários vinham «formular o protesto mais veemente contra a desastrosa alteração no colorido do nosso projecto, ordenada pela Direcção daquele Museu, em oposição com o parecer do Conselho de Arte e Arqueologia [...]». Em primeiro lugar, começara-se a executar o fundo em cor de caqui, «fazendo predominar as superfícies de tom frio e destruindo a massa de tom quente necessária ao bom enquadramento das telas». Este facto constituía «um atentado contra a unidade da Obra», afirmação que subscrita por Monteiro ganhava outro peso[27].

Depois, a direcção do museu pretendia utilizar no pavimento uma madeira contra-indicada (macacaúba), que, para além de rachar e ser muito sonora, incompatível com o «recolhimento» desejado, não permitia pátinas senão na tonalidade de «vinhatico», «que destruiriam a harmonia do colorido, que tão arduamente nos temos visto obrigados a defender». Com efeito, o Conselho de Arte e Arqueologia recomendara o uso de madeiras de «tom mais discreto, como carvalho ou castanho»[28]. Os autores invocavam um decreto de 1927 que dizia que o arquitecto não podia modificar, acrescentar ou diminuir uma obra de arte sem o consentimento do seu artista, o que sugere, talvez, que a direcção alegava agir com a concordância do arquitecto. A exasperação é evidente: os autores escrevem que não poderiam «suportar estas constantes discussões com pessoas cuja cultura artistica se acha bastante diluida na vastidão dos seus conhecimentos profissionais, onde não pensamos penetrar [...]». Não lhes sendo atribuída a direcção artística da obra, e impossibilitados de a realizar «dignamente», só haveria uma decisão a tomar: os signatários «declinam todas as suas responsabilidades sôbre êste assunto»[29].

Desta vez o director do Museu Militar, coronel Câmara e Silva, decidiu responder por escrito ao gabinete do ministro, uma vez que se envolvera o arquitecto por si contratado. É uma resposta extensa e detalhada a todas as alegações dos autores, que nos revela uma outra versão da disputa e dados novos para comprendermos as suas razões. Há pontos fundamentais que nos interessam. E o mais importante é Câmara e Silva não considerar o pintor como «autor do projecto do arranjo das salas», mas apenas e só o arquitecto, que como tal passara recibo dos seus honorários. Não escondendo a animosidade, diz que

[26] Ofício de Sousa Lopes ao Director do MML, não datado [c. Fevereiro 1932]. EASL, pasta «Recurso contra o Ministério da Guerra».

[27] Ofício de José Luiz Monteiro e Sousa Lopes ao Ministro da Guerra, Lisboa, 8 de Abril de 1932, fólio 1. PT/AHM/FO/006/L/32/835/2. Cópia de 13 de Janeiro de 1934. Reproduzido em Silveira 2016, anexo 4, documento n.º 26.

[28] Ofício do Conselho de Arte e Arqueologia (1.ª Circunscrição) ao Ministro da Guerra, Lisboa, 29 de Fevereiro de 1932, fólio 2. PT/AHM/FO/006/L/32/835/1.

[29] Ofício de José Luiz Monteiro e Sousa Lopes ao Ministro da Guerra, Lisboa, 8 de Abril de 1932, fólio 2. PT/AHM/FO/006/L/32/835/1.

A defesa de «um grande sonho d'arte e de patriotismo»

Sousa Lopes «pelo facto de estar encarregado da execução de alguns quadros, desde o princípio quis arrogar a si as atribuições do arquitecto a quem se impõe pela avançada idade», e não desistindo «da sua pretensão do cargo de Director Artístico do museu». Não aceitava também que o pintor interferisse na decoração das salas, «como [se fosse] fiscal do meu procedimento nas atribuições da minha exclusiva competência como Director do Museu»[30]. Por este ofício se percebe que o ministro da Guerra já limitara o raio de acção do artista, recebendo mal o ofício de Janeiro de 1932. Câmara e Silva cita um despacho do ministro determinando que «o pintor Sousa Lopes deve cingir-se à entrega dos quadros que lhe foram encomendados, dispensando-se de interferir nos assuntos que são da competência do Director do Museu»[31].

Depois, Câmara e Silva afirma que, contrariamente às alegações do pintor, o projecto não possuía colorido. No caderno de encargos determinava-se apenas que as amostras seriam presentes ao arquitecto para aprovação, e este, afirma o director, «aprovou sempre as cores apresentadas»[32]. Porém, linhas atrás admite que Monteiro, por vezes, se absteve de se pronunciar, «indicando como mais entendido no assunto o pintor Sousa Lopes», tendo aceite afinal a cor do caqui escolhida por este. É difícil avaliar esta questão, na ausência do caderno de encargos. Certo é que o director admite claramente que no início, apesar da sua «ignorância em assuntos de arte», não aceitara as indicações do pintor para «as escaiolas serem pretas, sem brilho, admitindo por fim o vermelho mas quási negro e sem os veios proprios do marmore». O argumento de que o Conselho de Arte e Arqueologia viera dar-lhe razão, na cor do vermelho-sanguíneo e na utilização mais extensiva do caqui, provava, contudo, ser correcto, como vimos anteriormente. Em relação ao pavimento nada se havia decidido, apesar de manter que o arquitecto havia concordado com a madeira escolhida. Câmara e Silva terminava a sua longa exposição concluindo: «Os signatários não tendo responsabilidade alguma na decoração das salas [...], nada têm a declinar.»

Ficava claro que a direcção do Museu Militar não reconhecia a autoria de Sousa Lopes no projecto integrado das Salas, apesar de isso ser afirmado explicitamente no ofício assinado por José Luiz Monteiro. As várias evidências de que o arquitecto não concordava com os acabamentos são desvalorizadas, insistindo que este nunca lhe mostrara oposição. Câmara e Silva chega a sugerir ao ministro, em várias passagens da sua resposta, que o arquitecto octogenário era manipulado pelo pintor em benefício das suas pretensões.

O ministro da Guerra decidiu então solicitar à direcção da Arma de Artilharia que indicasse nomes para uma comissão (que garantissem «imparcialidade e competência técnica»), que iria examinar e dar parecer sobre a decoração da sala[33]. Constituíram-na o brigadeiro José Alberto da Silva Basto (presidente), José de Figueiredo (já então presidente da Academia Nacional de Belas-Artes), Reynaldo dos Santos, o coronel Carlos Maria Pereira dos Santos e o tenente-coronel, e também pintor, José Joaquim Ramos. Saiu pouco depois uma notícia no *Diário de Lisboa*[34].

Nesse mês preciso, Sousa Lopes decidiu expor na SNBA a grande tela *Remuniciamento da artilharia*, terminada recentemente, mostrando publicamente

[30] Ofício do Director do MML ao Chefe do Gabinete do Ministério da Guerra, Lisboa, 15 de Abril de 1932, fólio 1. PT/AHM/FO/006/L/32/835/2. Reproduzido em Silveira 2016, anexo 4, documento n.º 27.

[31] Constante de uma nota confidencial n.º 607 de 30 de Janeiro de 1932.

[32] Ofício do Director do MML ao Chefe do Gabinete do Ministério da Guerra, Lisboa, 15 de Abril de 1932, fólio 2. PT/AHM/FO/006/L/32/835/2.

[33] Ofício do Chefe do Gabinete do Ministério da Guerra ao Director da Arma de Artilharia, Lisboa, 26 de Abril de 1932, PT/AHM/FO/006/L/32/835/1.

[34] Veja-se *Diario de Lisbôa*. 4 de Maio de 1932: 4.

que mais uma obra havia sido terminada e aguardava a sua colocação. Artur Portela deu grande destaque no *Diário de Lisboa*, abstendo-se de comentar a questão das decorações[35]. Esta não teve grande eco na imprensa. Só o pintor Jorge Colaço (1868-1942) escreveu uma carta a *O Século*, lamentando, neste caso, a ausência de concurso público para os artistas e o precedente grave de numa comissão encarregada de dar parecer sobre uma obra de arte não se encontrar um único artista profissional[36].

A comissão só será nomeada oficialmente por portaria governamental de 30 de Maio de 1932[37]. Porém, a 9 de Julho o presidente da mesma apercebe-se de que as obras já se encontravam praticamente concluídas, facto que o director confirmou por ofício. Silva Basto perguntou então ao ministro se nestas circunstâncias a comissão deveria subsistir. Cinco dias depois comissão é dissolvida por portaria do Governo[38]. Durante mês e meio não produzira quaisquer resultados.

Efectivamente, as obras no Museu Militar avançavam a bom ritmo sob a direcção de Câmara e Silva. O processo acelera, pois o Ministério da Guerra previa inaugurar as salas a 11 de Novembro de 1932, no aniversário do armistício. É necessário resumirmos o que irá comprometer essa inauguração. A 21 de Junho desse ano, o director informa o artista de que as paredes das salas já se encontram prontas para receber as telas e de que a inauguração já tinha data marcada. Rogava que comunicasse em que data poderia entregar os trabalhos. Refere, então, pela primeira vez, mais quatro quadros, «que [o artista] tenciona apresentar para os lados das duas portas das salas, confirmando assim a sua declaração verbal sôbre êste assunto [...]»[39]. É lícito pensar que estas pinturas, que Sousa Lopes nunca especificou e não estavam previstas no projecto inicial, representariam as campanhas de Angola e Moçambique. Recorde-se que o pintor escreveu ao ministro que a sala era um «Monumento em honra do Exército Português de Terra e Mar, que se bateu em França, nos Mares e na Africa», e as duas primeiras frentes já se encontravam de facto representadas[40].

Sousa Lopes respondeu a Câmara e Silva, a 25 de Julho, que só fixaria uma data de conclusão das telas quando estivesse terminada a parte arquitectónica[41]. Seria igualmente necessário começar a tratar das últimas grades fornecidas pelo museu. No dia seguinte, o coronel confirma o ofício anterior e declara estar pronta toda «a parte arquitectonica» das salas e que ordenara a execução das grades pedidas[42]. Em Julho e Agosto, os dois trocam correspondência sobre seis grades de telas que ainda era necessário executar, sendo o artista informado, a 25 de Agosto, de que o prazo de entrega das obras seria 15 de Outubro seguinte[43]. A partir deste momento, Sousa Lopes deixou de responder às comunicações do director. Pelo menos foi o que Câmara e Silva disse ao Ministério da Guerra, a 16 de Outubro, informando que o pintor não entregara nenhum trabalho nem respondera aos últimos ofícios. Informa também que Sousa Lopes levara os quadros e os caixotes com águas-fortes e desenhos para o seu atelier, só deixando no museu *A rendição*[44]. Passado o prazo, conclui o director do museu, «parece proposto do referido pintor adiar indefinidamente a entrega dos quadros, deixando de cumprir a condição 4.ª do seu contrato». Câmara e Silva propunha uma solução radical:

[35] «[É] o drama da guerra, sem artifícios, digamos mesmo, sem teatro, mas de epopeia real, natural, copiada e vivida, no proprio instante, de tensão e deflagração maximas do combate». Portela, Artur. 1932. «Uma visão da guerra através da exposição de mestre Sousa Lopes». *Diario de Lisbôa*. 20 de Maio: 4.

[36] Segundo um recorte no EASL, sem data (c. Maio-Junho 1932), intitulado «Museu Militar. Uma carta a proposito da decoração da sala da Grande Guerra». Ver pasta «Recurso contra o Ministério da Guerra».

[37] Veja-se PT/AHM/FO/006/L/32/835/1.

[38] Portaria de 14 de Julho de 1932.

[39] Ofício do Director do MML a Sousa Lopes, Lisboa, 21 de Junho de 1932. EASL, pasta «Recurso contra o Ministério da Guerra».

[40] Ofício de Sousa Lopes ao Ministro da Guerra, Lisboa, 28 de Janeiro de 1932, fólio 2. PT/AHM/FO/006/L/32/835/1.

[41] Ofício de Sousa Lopes ao Director do MML, Lisboa, 25 de Julho de 1932. EASL, pasta «Recurso contra o Ministério da Guerra».

[42] Ofício do Director do MML a Sousa Lopes, Lisboa, 26 de Julho de 1932. EASL, pasta «Recurso contra o Ministério da Guerra».

[43] Ofício do Director do MML a Sousa Lopes, Lisboa, 1 de Outubro de 1932. EASL, Pasta «Recurso contra o Ministério da Guerra». Foi Câmara e Silva quem propôs ao Ministério a fixação desse prazo; veja-se ofício ao Chefe da 1.ª Repartição da 2.ª Direcção Geral do Ministério da Guerra, Lisboa, 19 de Agosto de 1932, PT/AHM/FO/006/L/32/835/1.

[44] Sousa Lopes justificou mais tarde, através do seu advogado, que «ao iniciar-se as obras de transformação da sala o recorrente os viu ao abandono, verdadeiramente deitados ao despreso. § Retirou-os, porem, só para os guardar transitoriamente, esperando a indicação da forma como pretendiam expôl'os para os entregar de novo». Segundo o dactiloscrito «Alegações do Recorrente o Pintor de Arte Adriano de Sousa Lopes», não datado [c. 1936], fólio 4, no EASL, pasta «Recurso contra o Ministério da Guerra». Voltarei a este importante documento mais adiante.

A defesa de «um grande sonho d'arte e de patriotismo»

Julgo por isso, salvo melhor opinião, que poderá ser rescindido o contracto com vantagem para o Estado, abrindo-se concurso entre os pintores de mérito para a decoração das paredes das Salas da Grande Guerra, para o que será, segundo creio mais que suficiente a quantia já adiantada ao pintor Sousa Lopes e que êste deverá ser obrigado a restituir, caso o contrato seja rescindido.

Outro documento enviado é também muito revelador, duas páginas em que redige uma crítica pretensamente demolidora do *Remuniciamento de Artilharia*, na qual não esconde o seu ressentimento. Respondendo à pergunta própria «Merecerão os quadros do sr. Sousa Lopes tanto incomodo e a consideração que o autor entende que se lhes deva dar?», o director do museu revela-nos finalmente a ideia central que o norteou neste conflito: «Não quero apreciar a côr baça comum a todos os seus quadros e à qual ele pretende sacrificar toda a decoração das salas, fazendo ocupar um lugar primacial o que neste Museu só tem lugar secundário como adôrno, de maior ou menor fantasia nas paredes.»[45] Para Câmara e Silva, as pinturas de Sousa Lopes limitavam-se a ser um adorno das paredes do museu e nunca poderiam ser a essência de uma «Sala Monumental», que possuía uma unidade e integridade próprias, como o pintor defendia. Fala depois na «pobreza» e nos «erros imperdoáveis» do *Remuniciamento*, dissecando pormenores anatómicos nos animais e nas figuras, comparando-a aliás com uma obra semelhante do alemão Felix Schwormstädt. Conclui que rejeitaria a obra para o museu, «segundo ele diz, o seu melhor quadro»[46].

Nesse mesmo dia, José de Figueiredo, enquanto vogal-relator da extinta comissão Silva Basto, não deixou de enviar ao presidente um relatório com as conclusões da mesma, como se havia decidido. Só o fazia naquele momento porque se desfizera «por completo a esperança do acordo» entre o museu e o artista. O relatório é uma crítica contundente da direcção do Museu Militar, afastando-se do anterior tom conciliatório do Conselho de Arte e Arqueologia. Câmara e Silva procedera a alterações insólitas que surpreenderam os membros da comissão: para além de se exagerar no tom caqui de alguns pormenores, como a rodear o grande arco, Figueiredo observa que na arquitectura se haviam introduzido tons como o roxo e o amarelo (depois retirados, como hoje se verifica); que a madeira do piso não era de tom discreto, como se recomendara no parecer anterior; e que no tecto pintaram-se uns «trofeus» (ainda hoje visíveis) que o signatário considerava «absolutamente inesteticos»[47]. O presidente da Academia reservou um parágrafo para fazer uma denúncia veemente da conduta da direcção do Museu Militar:

Por ultimo permita-me V.ª Ex.ª que eu, com as minhas homenagens a V.ª Ex.ª e aos nossos Exm.ºs colegas, exprima, como vogal que fui das duas comissões, o meu desgosto pelo resultado quasi nulo que teve a intervenção da comissão tecnica. E que acrescento que é inaceitável e pouco dignificante para a cultura artistica do paiz o principio de se realisar uma obra como esta sem a intervenção constante do arquiteto autôr do

[45] Anexo ao ofício do Director do MML ao Chefe da 1.ª Repartição da 2.ª Direcção Geral do Ministério da Guerra, Lisboa, 16 de Outubro de 1932, PT/AHM/FO/006/L/32/835/1. Reproduzido em Silveira 2016, anexo 4, documento n.º 28.

[46] *Idem*, fólio 2.

[47] Relatório das conclusões da comissão encarregada de dar parecer sobre o projecto de decoração das Salas da Grande Guerra, assinado pelo vogal-relator José de Figueiredo, Lisboa, 16 de Outubro de 1932, fólios 2-3. PT/AHM/FO/006/L/32/835/1. Sousa Lopes conservou uma cópia autógrafa deste documento, enviada decerto por Figueiredo. Reproduzido em Silveira 2016, anexo 4, documento n.º 29.

projeto e do artista autôr das pinturas. São estas a parte essencial das salas em questão e tudo o que em volta das referidas pinturas houver a realisar não será, por assim dizer, senão a sua moldura, dependendo a valorisação das mesmas pinturas da maneira como êsse enquadramento fôr realisado.[48]

A sintonia com as posições de Sousa Lopes era total, como seria de esperar, agora que o conflito se extremara. Figueiredo invocou as decorações de Monet no Musée de l'Orangerie, em Paris (a célebre série dos «Nenúfares», referida no capítulo 1), notando que mesmo depois da morte do mestre, em 1926, ficara o arquitecto da sala a ser o único a dirigir os trabalhos. O vogal-relator finalizava dizendo que o trabalho de Sousa Lopes só poderia «considerar-se ultimado» após a colocação das pinturas e de eventuais operações como o envernizamento e a modificação de pormenores decorativos das salas ou da iluminação. A extinta comissão, por intermédio de Figueiredo, sancionava assim os argumentos defendidos por Sousa Lopes e sobretudo a sua conduta moral, enquanto autor, na relação com a direcção do museu. Era porém tarde demais.

Mas, por enquanto, o ministro da Guerra não seguiu a proposta de Câmara e Silva. Quis ouvir pessoalmente Sousa Lopes, o que aconteceu a 27 de Outubro de 1932. Tudo se encaminhava para que o artista avançasse, finalmente, uma data para a entrega da totalidade das obras. Apesar disso, a questão arrasta-se novamente, durante o primeiro semestre de 1933. Aos ofícios do administrador-geral do Exército, e do director da Arma de Artilharia, pedindo a indicação de uma data de entrega, de modo a possibilitar a inauguração, alegou pelo seu lado Sousa Lopes estar impossibilitado de fixar essa mesma data, devido a problemas de saúde, enviando inclusivamente um atestado médico[49]. A partir daqui não existem muito mais desenvolvimentos na correspondência oficial. É plausível que o Ministério da Guerra tenha ficado, por esta altura, irremediavelmente convencido de que Sousa Lopes nunca conseguiria entregar a totalidade das obras. Porém, só com esse acto final o contrato de 1919 podia considerar-se resolvido.

Entretanto, José Luiz Monteiro viu serem-lhe negados em definitivo os honorários, no capítulo da direcção e fiscalização da obra. Segundo o director do Museu Militar, o mestre só a fiscalizara entre Novembro de 1931 e Abril do ano seguinte, data «em que a abandonou sem dar qualquer explicação da sua ausência», concluindo-se a empreitada em Agosto de 1932[50]. Isto coincidiu, portanto, com o ofício co-assinado com Sousa Lopes, a 8 de Abril, onde «declinavam» as responsabilidades sobre a obra. Em vão tentou a Sociedade dos Arquitectos Portuguezes interceder junto do Ministro da Guerra[51].

O acto mais determinante deste processo aconteceu passados três anos. Num despacho datado de 22 de Fevereiro de 1936, o ministro da Guerra, coronel Abílio Passos de Sousa (1881-1966), determinou telegraficamente: «Seja rescindido o contracto com o Pintor Souza Lopes, não se devendo aceitar mais quadros alem dos tres avaliados. § Seja feita a liquidação com o Pintor Souza Lopes, conforme propõe a Repartição.»[52]

[48] *Idem*, fólio 3.
[49] Ofícios do Administrador Geral do Exército, de 2 de Fevereiro e 29 de Abril de 1933, e do Director da Arma de Artilharia, de 16 de Junho, e respostas de Sousa Lopes a 12 de Fevereiro, 9 de Maio e 24 de Junho de 1933. EASL, pasta «Recurso contra o Ministério da Guerra».
[50] Ofício do Director do MML ao Chefe da 1.ª Repartição da 2.ª Direcção Geral do Ministério da Guerra, Lisboa, 8 de Novembro de 1933, PT/AHM/FO/006/L/32/835/2.
[51] Veja-se ofício do Presidente da Sociedade dos Arquitectos Portuguezes (arq. Tertuliano de Lacerda Marques) ao Ministro da Guerra, Lisboa, 6 de Janeiro de 1934, PT/AHM/FO/006/L/32/835/2.
[52] ANTT, Lisboa, Arquivo Oliveira Salazar, PT/ANTT/AOS/E/0156.

A defesa de «um grande sonho d'arte e de patriotismo»

Mas Sousa Lopes não aceitou e recorreu da decisão para o Supremo Tribunal Administrativo[53]. A petição de recurso e as alegações redigidas pelo seu advogado, Henrique Osorio de Castro, trazem novos factos essenciais que não se encontram na documentação do Arquivo Histórico Militar[54]. A própria petição só está hoje disponível devido ao último lance de Sousa Lopes, e a parada foi alta. Recebendo a notificação do despacho no início de Abril, no dia 4 de Maio o artista enviou uma carta ao presidente do Conselho de Ministros, António de Oliveira Salazar (1889-1970), convidando-o a visitar o atelier e examinar os estudos para os frescos destinados à Assembleia Nacional[55]. Um mês depois enviou nova carta, desta vez com uma cópia da petição de recurso que entregara no referido tribunal. Note-se que Salazar assumira a pasta da Guerra a partir de 18 de Maio desse ano, avizinhando-se a Guerra Civil de Espanha, e até 1944. Sousa Lopes pedia desculpa por ter interposto recurso contra o Ministério da Guerra e tinha esperança que o ditador pudesse interceder a seu favor: «Por isso ouso esperar, que por superior determinação de V.ª Ex.ª eu possa, nas condições justas e devidas ao meu esforço completar esta obra em que puz um grande sonho d'arte e de patriotismo.»[56]

Provavelmente Salazar nem sequer terá lido a longa petição de recurso. Mas ela interessa-nos, bem como as alegações finais, porque trazem novos factos que aconteceram desde 1933. Vejamos o essencial. Entretanto, uma comissão aceitara três quadros já terminados, e outra fixou o preço do conjunto decorativo[57]. Tudo indica que seriam *A rendição*, o *Remuniciamento* e a *Marcha do 15 de Infantaria*, únicas obras que a documentação indicia estarem acabadas. Pode assim dizer-se, definitivamente, que Sousa Lopes não considerou as outras quatro pinturas das Salas da Grande Guerra terminadas[58]. Veloso Salgado presidiu à comissão que fixou o preço, nomeada por portaria de 25 de Maio de 1935, como informou por carta ao antigo discípulo. Salgado notificou-o do andamento dos trabalhos até à reunião final no Museu Militar, que se terá realizado em 10 de Agosto[59].

A petição diz também que Sousa Lopes, em dado momento (decerto em 1932), prescindiu do soldo mensal de capitão equiparado, a que contratualmente tinha direito, por não «admitir suspeitas contra a sua dignidade»[60]. E que o Ministério da Guerra teria mesmo aceitado um projecto de contrato definitivo entregue pelo artista, que fixaria o prazo final para a entrega das obras[61].

[53] Recebi comunicação da Secretaria do Supremo Tribunal Administrativo (Lisboa) informando que, sem se saber o número do processo, que não conheço, não é possível consultar o mesmo.

[54] Petição de recurso de Sousa Lopes para o Supremo Tribunal Administrativo, assinada pelo advogado Henrique Osorio de Castro, não datada [c. Abril-Maio de 1936], 12 fólios (numerados 347-358). PT/ANTT/AOS/E/0156. Um agradecimento especial a Felisa Perez, que me ofereceu uma cópia digital. O segundo documento, «Alegações do Recorrente o Pintor de Arte Adriano de Sousa Lopes», não datado [c. 1936], fólio 3, encontra-se no EASL, pasta «Recurso contra o Ministério da Guerra». Reproduzidos em Silveira 2016, pasta de anexos, documentos n.ºs 30 e 31.

[55] Carta de Sousa Lopes a António de Oliveira Salazar, Lisboa, 4 de Abril de 1936, PT/ANTT/AOS/E/0156.

[56] Carta de Sousa Lopes a António de Oliveira Salazar, Lisboa, 8 de Maio de 1936, fólio 2. PT/ANTT/AOS/E/0156. Transcrita em Silveira 2016, anexo 3, carta n.º 15. Agradeço novamente a Felisa Perez por me ter facultado cópias digitais das duas cartas.

[57] Petição de recurso de Sousa Lopes para o Supremo Tribunal Administrativo, fólio 352v. PT/ANTT/AOS/E/0156.

[58] No documento das alegações o advogado do artista faz um ponto de ordem definitivo sobre este assunto, que podemos completar: «Essa obra está virtualmente feita, pois tres dos maiores quadros foram já aceites pelo Ministério da Guerra [*A Rendição*, *Remuniciamento* e *Marcha do 15 de Infantaria*], dois outros, de menores dimensões, já estão apenas dependentes dos retoques requeridos pela colocação nas paredes da Sala do Museu Militar, onde já se encontram [*9 de Abril* e *A volta do herói*], e os tres restantes estão tambem feitos, no atelier do artista, necessitando do acabamento de pormenor [*As Mães*, *Augusto de Castilho* e *Metralhador de La Couture*]». Segundo «Alegações do Recorrente o Pintor de Arte Adriano de Sousa Lopes», fólio 3. EASL, pasta «Recurso contra o Ministério da Guerra».

[59] Cartas de Veloso Salgado a Sousa Lopes de 22 de Julho, 27 de Julho e 6 de Agosto de 1935, EASL, pasta «Recurso contra o Ministério da Guerra». Não localizei a acta da comissão Salgado no AHM, apenas um ofício do pintor ao Ministro da Guerra, datado de 10 de Agosto de 1935, enviando a acta, e desculpando-se de não a entregar pessoalmente «devido à hora tardia a que terminou a reunião» no Museu Militar. Veja-se PT/AHM/FO/006/L/32/835/2. As comissões sucediam-se neste processo. Para mais detalhes sobre esta e uma outra «comissão mista», veja-se Silveira 2016, 353, nota 630.

[60] Petição de recurso de Sousa Lopes para o Supremo Tribunal Administrativo, fólio 352. PT/ANTT/AOS/E/0156.

[61] «Alegações do Recorrente o Pintor de Arte Adriano de Sousa Lopes», fólio 5. EASL, pasta «Recurso contra o Ministério da Guerra».

A obra de Sousa Lopes e o seu serviço na guerra eram glorificados, como seria de esperar no pleito jurídico. Sublinhava-se a «dignidade e valor moral» do artista voluntário, ao serviço da Pátria, correndo perigo de vida e pondo em risco a sua obra futura[62]. Graças a esse gesto, Portugal, mais do que nenhuma outra nação beligerante, possuía em arte «o documentario vivido da Grande Guerra»[63]. O advogado convoca mesmo os livros de Brun, Cortesão e Olavo como autênticas testemunhas do pintor, juntando os respectivos capítulos às alegações enviadas ao tribunal. «Eles melhor do que nós», escreveu Osorio de Castro, «e com muito mais autoridade mostram o que foi a grandeza deste serviço de guerra do recorrente»[64]. Contudo, a obra de guerra de Sousa Lopes tinha também uma relevância política, aliás muito oportuna: era desde há muito «uma das mais altas criações do renascimento da civilisação portuguesa», que noutras passagens se sugeria ser obra do Estado Novo[65].

Por fim, quanto às razões do recurso, Sousa Lopes alegava que, nos termos do Código Civil, um contrato entre duas partes nunca poderia ser rescindido unilateralmente, e que portanto o despacho era uma decisão «nula de direito». Depois, o Estado ao adquirir as três obras procedia a uma «liquidação parcial», que nunca o poderia desobrigar de pagar toda a decoração contratada com o artista em 1919. Segundo o advogado, o Ministério da Guerra «hesitou» perante a importância a pagar ao artista pela decoração integral das Salas, e por isso rescindira o contrato[66].

Mas o litígio não se resolveu em vida do pintor[67]. Quanto ao Museu Militar, a 9 de Março de 1936, vinte anos exactos após a declaração de guerra do Império Alemão, as Salas da Grande Guerra abrem ao público por ordem do ministro da Guerra, sem inauguração oficial. Saíram notícias breves em *O Século* e no *Diário de Notícias*, que davam conta de estar incompleta nas decorações, e a recepção na imprensa parece ter ficado por aqui[68]. As primeiras páginas dos jornais noticiavam a reocupação da Renânia pelo Terceiro Reich, e a sua denúncia dos tratados internacionais, assegurando-se estar para breve uma nova guerra mundial. As salas abriram ao público só com as cinco pinturas de Sousa Lopes que decoram a primeira galeria. *As mães dos Soldados Desconhecidos* e o *Combate do navio patrulha Augusto de Castilho* só entrarão no museu depois de 1950, quando o Ministério da Guerra aceitar a doação da família do artista, com o empenho especial de um dos irmãos do pintor, o engenheiro Tito de Sousa Lopes (1881-1950)[69].

Veloso Salgado, o antigo mestre de Sousa Lopes, terá uma inesperada presença nas salas a partir de 1938, com a pintura *A Pátria Coroando o Soldado Desconhecido* (MML, inv. 594). A obra foi colocada na segunda sala, no local destinado ao *Metralhador de La Couture*. Não foi uma encomenda do Museu Militar, a direcção viu o quadro exposto nesse ano na SNBA e propôs a compra ao Ministério da Guerra[70]. É uma alegoria intemporal e de alusão religiosa, que contrasta com as visões dramáticas de Sousa Lopes. A imagem tem uma presença estranhamente apaziguadora nestas salas. O Soldado tem o descanso eterno sobre o altar de um templo, dominado pelo escudo da República, ladeado por vasos votivos. A Pátria deposita uma coroa dourada junto do seu corpo e

[62] Petição de recurso de Sousa Lopes para o Supremo Tribunal Administrativo, fólio 348v.
[63] *Idem*, fólio 349.
[64] «Alegações do Recorrente o Pintor de Arte Adriano de Sousa Lopes», fólio 2.
[65] *Idem*, fólio 1.
[66] Petição de recurso de Sousa Lopes para o Supremo Tribunal Administrativo, fólios 353, 354v e 356v.
[67] De acordo com a única referência útil que encontrei sobre isso: «Com a morte do pintor Sousa Lopes (autor dos quadros parietais que guarnecem as salas da Grande Guerra) parece ter ficado sem solução um problema que muito interessa êste Museu, como é o guarnecimento completo destas salas pelos quadros do mesmo pintor que, em vida declarou ter prontos e que os não entregava porque estando em litígio com o Estado, esperava a sua solução». Ofício do Director do MML [coronel João da Conceição Tomaz Rodrigues] ao Director Geral da Fazenda Pública, Lisboa, 4 de Setembro de 1945. MML, Secção de Estudos, Dossiê n.º 7, Ref.ª 25.3.15, pasta «Pinturas de A. Sousa Lopes».
[68] «Museu Militar. Foi aberta ao publico a nova sala da Grande Guerra». *Diario de Noticias*. 10 de Março de 1936: 2, e «Vida artística. Foi mandada abrir a sala da Grande Guerra no Museu Militar». *O Seculo*. 10 de Março de 1936: 4.
[69] Vejam-se ofício e memorando de Tito de Sousa Lopes ao MML, de 19 de Março e de 25 de Março de 1946, despacho do Ministro da Guerra de 25 de Abril de 1946, e ofício do Director do Museu João de Deus ao General Chefe de Estado-Maior do Exército, 8 de Maio de 1950. As duas pinturas já se encontravam no MML em Junho de 1954, pois o museu recebe um orçamento datado de dia 14 para a conclusão das telas, assinado pelo pintor de arte António José Ramos Ribeiro. Refere ter sido amigo pessoal de Sousa Lopes e que conhecia o seu estilo, tendo-o observado no *atelier* das Necessidades a pintar *A rendição*. Todos os documentos no MML, Secção de Estudos, Dossiê n.º 7, Ref.ª 25.3.15, pasta «Pinturas de A. Sousa Lopes».
[70] Veja-se proposta de compra em PT/AHM/FO/006/L/32/835/3.

376

A defesa de «um grande sonho d'arte e de patriotismo»

ambas as figuras têm a cabeça nimbada. Toda a cena é banhada por uma luz uniforme e irreal.

Compareceram no funeral de Sousa Lopes ilustres combatentes da Grande Guerra, como Hernâni Cidade, Bento Roma, Vitorino Godinho ou Henrique Pires Monteiro, que falaram a uma só voz nos elogios fúnebres. Poderia ter sido Godinho o orador, que fora, como vimos, o seu grande apoio no sector militar. Durante a guerra observara Sousa Lopes animado por uma «febre sagrada», «de natureza tal que este imortalisará, imortalisando a contribuição da Patria Portuguesa na maior guerra de todos os tempos» (*apud* Martins 1995, 319). Mas foi Pires Monteiro, um antigo oficial do Estado-Maior do CEP e dirigente da Liga dos Combatentes, quem usou da palavra, segundo o *Diário de Lisboa*. Ao evocar a «camaradagem leal» do artista, durante e após o conflito, o coronel demonstrava que os combatentes não haviam esquecido a dedicação voluntária de Sousa Lopes e o significado especial da sua obra: «Vimo-lo na Flandres viver a existencia dura dos nossos soldados, para a poder fixar nas suas telas admiraveis e nas suas formidaveis aguas-fortes. Os veteranos da outra Grande Guerra perfilam-se em continencia ante o seu corpo.»[71]

Apesar de tudo, e avançando para um balanço final, Sousa Lopes e José Luiz Monteiro conseguiram criar no Museu Militar de Lisboa um espaço sem precedentes em Portugal. Um espaço memorial ou um «monumento» (como o primeiro lhe preferiu chamar) que integrava a pintura histórica de enorme escala com uma arquitectura austera e classicista, desenhada especificamente para a acolher e valorizar. O facto de se inscrever num museu das artes militares, com uma identidade muito própria, gerou um diferendo com a direcção do museu que comprometeu a integridade e conclusão da obra idealizada e contribuiu para o desfecho irremediável. Apesar disso, o papel do Ministério da Guerra e do MML não deve ser dimimuído na realização deste ambicioso projecto.

Nunca é demais salientar a escala e a ambição de um projecto integrado que, sobre o tema da Grande Guerra, não tem paralelo a nível mundial. Galerias memoriais projectadas para Londres ou Otava, de planos muito mais ambiciosos e colectivos, nunca chegaram a concretizar-se, como vimos nos capítulos 3 e 4. As pinturas de Stanley Spencer na Capela Memorial Sandham, no Reino Unido, bem como os frescos de Albin Egger-Lienz na capela memorial de Lienz, na Áustria, são visões originais da guerra, no caso do pintor inglês um programa sofisticado e autobiográfico sobre a sua experiência. Mas são casos em que a pintura de guerra foi relegada para o interior intimista de santuários religiosos, comunais ou privados, sem a escala grandiosa e a dimensão cívica das salas de Lisboa. As condições particulares da participação de Portugal na guerra europeia, e a disputa política pela sua memória, proporcionaram a Sousa Lopes a oportunidade de conceber um programa centrado na odisseia do soldado comum, o miliciano e homem do povo que a República levara para os campos de batalha, em França, e que aqui surge dignificado, como escreveu o pintor, por «este ambiente de heroismo, sofrimento e tragedia»[72].

A concretização deste projecto, ainda que incompleto, distingue decisivamente Sousa Lopes na arte internacional sobre a Grande Guerra.

[71] «O funeral de Sousa Lopes foi muito concorrido». *Diario de Lisbôa*. 22 de Abril de 1944: 7.
[72] Ofício de Sousa Lopes ao Ministro da Guerra, Lisboa, 28 de Janeiro de 1932, fólio 2. PT/AHM/FO/006/L/32/835/1.

CONCLUSÃO

A presente investigação comprovou a importância e complexidade do período da Grande Guerra na obra de Adriano de Sousa Lopes. A sua actividade artística foi crucial para a visibilidade e comemoração da intervenção portuguesa, no imediato pós-guerra, e participou do debate político e ideológico num momento crítico da história de Portugal. A diversidade e relevância cultural dos seus resultados distinguem-na não só na história da arte portuguesa, mas igualmente no âmbito das representações internacionais do conflito, plano onde hoje ainda é pouco conhecida.

Na primeira parte deste estudo, o conjunto da sua obra foi entendido, por um lado, como sendo instrumental para compreender a origem e consequências da sua produção da Grande Guerra e, por outro, com o objectivo de investigar fases de trabalho pouco conhecidas, ou insuficientemente debatidas na fortuna crítica do pintor, pelo menos até há bem pouco tempo (Silveira 2015a). Estas são enunciadas no título do primeiro capítulo. Inicialmente, Sousa Lopes ensaia uma pintura de matriz literária, inspirada na lírica de poetas como Camões, Antero de Quental, Heinrich Heine ou Leconte de Lisle. Pouco depois insinua-se a influência duradoura do impressionismo, que se lhe revelou na exposição de Claude Monet na galeria Durand-Ruel, em 1904, com as célebres vistas do Tamisa e de Londres. Identifiquei por fim um sentido de epopeia colectiva, na faina marítima e rural do povo, que o artista parece prosseguir depois do drama da guerra em grandes composições das décadas de vinte e trinta, terminando nos frescos alusivos aos Descobrimentos realizados no salão nobre da Assembleia da República.

Na fase inicial, Sousa Lopes pratica de facto uma pintura de história original, procurando traduzir plasticamente a palavra poética e superar a normatividade académica, motivado decerto pela amizade com o poeta Afonso Lopes Vieira. Foi importante identificar este período específico, de uma década, porque mais tarde o pintor mostrar-se-á atento à literatura da Grande Guerra, que influenciará a sua obra. Porém, esse exercício será cedo contaminado pela descoberta do impressionismo e da sua análise lumínica da cor, que o pintor entendia como uma nova linguagem. Disso o exemplo mais notável é *O caçador de águias*, que considerei ser a primeira obra de um artista português a adoptar a técnica lumínica do impressionismo. Os momentos impressionistas mais puros são a série de vistas e nocturnos de Veneza, em 1907, e as marinhas da praia da Costa de Caparica e de Aveiro, na década de 20. Por tudo isso Sousa Lopes pode ser considerado o primeiro e o mais consequente impressionista da arte portuguesa.

É este diálogo permanente, por vezes tensão, entre uma sólida formação académica, que lhe transmitiu o primado do desenho e da composição de história, e os processos modernos do impressionismo que caracteriza a pintura de Sousa Lopes nos anos seguintes, aspecto que Aquilino Ribeiro identificou modelarmente em 1917. Isto levou o escritor a considerar que existia um problema de falta de identidade e de unidade da sua obra («polimorfia» chamou-lhe), num artigo importante revelado nesta investigação[1]. De facto, é esta ideia insistente de procurar uma essência da obra e um estilo onde situar o pintor na arte portuguesa – bem como a sua posição em relação ao modernismo – que irá atravessar a historiografia posterior do artista, como se demonstrou no segundo capítulo.

Gilles Deleuze escreveu, a propósito de Francis Bacon, que cada pintor resume a seu modo a história da pintura[2]. Em Sousa Lopes, é possível identificar a partir das suas obras, na sua correspondência particular – na notável conferência que deu em 1929 no Rotary Club de Lisboa –, vários momentos e pintores dessa história privada. Esta poderia iniciar-se em Botticelli, Tintoretto, Van Dyck, Vermeer ou Gainsborough e continuar depois por Monet, Renoir, Sargent, Besnard e Maurice Denis. A conferência de 1929, um raro escrito de artista examinado em profundidade no capítulo 2, demonstrou claramente que as opções estéticas e referências artísticas de Sousa Lopes são todas internacionais, sem mostrar qualquer interesse pela pintura nacional, para além de referências genéricas e de cortesia. A genealogia da arte moderna que propôs e a distinção entre pintores modernos e modernistas é reveladora da sua posição. Mas há dois pontos que passaram despercebidos anteriormente e para os quais chamei a atenção: a leitura que fez da obra de Cézanne, contrapondo-a à interpretação errada que dela teriam feito os «modernistas», e a ideia de que o impressionismo cometera um «erro mortal» ao desprezar o «quadro de composição».

É precisamente neste ponto que reside a chave para compreender os desenvolvimentos da sua pintura de grande escala após a Grande Guerra. Sousa Lopes procurou dotar o impressionismo de uma armadura sólida de composição, uma estrutura que orientasse uma técnica «mais sugestiva que formal», e que foi a essência de um estilo que qualificou como «sintético». Praticou-o em grandes composições que são epopeias da faina quotidiana: *Os cavadores*, *Os pescadores (vareiros do Furadouro)* e o tríptico a fresco *Os moliceiros*. Sublinhei esse pioneirismo na recuperação da técnica do fresco, pouco debatido, que se revelará crucial na decoração de edifícios públicos do Estado Novo. Quanto aos dois primeiros quadros, vimos nos últimos capítulos que descendem na verdade da experiência da Grande Guerra e dos murais para o Museu Militar, local onde pensou inicialmente em os instalar.

A investigação do impacto internacional do conflito nas artes visuais permitiu verificar, inicialmente, a inovação do patrocínio artístico governamental no

[1] Ribeiro, Aquilino. 1917. «O mês artístico. Exposição Sousa Lopes». *Atlantida* 19 (15 de Maio): 604-606.
[2] Deleuze, Gilles. 2011 (1981). *Francis Bacon. Lógica da Sensação*. Trad. José Miranda Justo. Lisboa: Orfeu Negro, 203.

Reino Unido e com isso contextualizar o significado da iniciativa de Sousa Lopes em 1917. É a partir desse ano que a agência de propaganda do Governo britânico contratou e promoveu activamente o trabalho de pintores como William Orpen, Eric Kennington, Christopher Nevinson e Paul Nash. Em 1918, o ministro britânico da Informação, o canadiano Lorde Beaverbrook, lançou um programa de encomendas abrangente e visionário, gerido pelo British War Memorials Committee, que seguiu a linha do que criara para o seu país, em 1916, o Canadian War Memorials Fund. Foram encomendadas pinturas a 29 artistas, já não com objectivos de propaganda, note-se, mas com o intuito assumido de se constituir «um legado para a posteridade» (*a legacy to posterity*).

O sentido inovador destes programas foi proporcionar aos artistas uma experiência pessoal da guerra, com plena liberdade artística, porque só assim ela teria valor para o futuro, e não a reconstituição académica de testemunhos alheios. Chegou a pensar-se na construção de uma galeria memorial para expor as pinturas, o Hall of Remembrance a erigir em Londres, projecto nunca concretizado. Otava também planeou um grandioso edifício de funções análogas, que sofreu o mesmo destino. As colecções foram integradas em museus nacionais. Vimos ainda que nos exércitos da Bélgica e dos Estados Unidos da América os artistas oficiais foram integrados nos serviços militares, situação comparável à do pintor português.

Esta procura de uma visão credível e original para a guerra, argumentou-se no capítulo 4, seja a patrocinada oficialmente ou a concretizada por artistas combatentes, motivou uma ruptura com a função que a pintura de batalha desempenhava no Antigo Regime e no período napoleónico, como glorificação pessoal do poder, ou na arte fino-oitocentista, com uma mensagem moral e nacionalista que se descredibilizara. Os resultados dos pintores mais significativos foram considerados nesta investigação em dimensões que me pareceram as mais operativas: um desejo de renovar a representação das acções de combate, o mesmo é dizer, da pintura de batalhas tradicional; a ideia de representar a devastação da paisagem como uma metáfora de destruição civilizacional, onde um pintor como Nash foi mestre; explorar enfim o impacto da guerra como uma nova experiência sensorial, mais cara às vanguardas, e questionar a representação do corpo humano num contexto que o diminuía e aniquilava. Sugeriu-se nos últimos capítulos deste livro que o pintor português privilegiou sobretudo as duas primeiras vertentes. Mas nos anos que se seguiram ao armistício a pintura desempenhou também uma função relevante para consolidar uma memória pública da guerra, dimensão que Sousa Lopes protagonizou em Portugal. Nela o alemão Otto Dix teve um papel notável, e especialmente corajoso, com a sua obra ameaçada por forças conservadoras e por fim com a ascensão do nazismo, que o forçou ao exílio na Suíça. Os projectos singularmente autorais de outros pintores, como o austríaco Albin Egger-Lienz e o inglês Stanley Spencer, este mais ambicioso, concretizados em santuários religiosos, foram igualmente objecto de análise na Segunda Parte.

Falámos ainda de outras representações visuais próprias de uma cultura mediática potenciada pela guerra, a fotografia, o documentário filmado e o

Adriano de Sousa Lopes. Um pintor na Grande Guerra

cinema e o *cartoon* político onde o holandês Raemaekers ganhou fama mundial. Fora do *Salon* oficial, a pintura militar tinha uma segunda vida bem mais mediática nas páginas da imprensa ilustrada francesa. Sobretudo na influente revista *L'Illustration*, que reproduziu a cores trabalhos de Georges Scott, François Flameng, Lucien Jonas e Charles Fouqueray. Foram estes pintores que levaram Sousa Lopes a querer ser artista oficial na Grande Guerra, como provei no capítulo 9.

Em Portugal, não houve qualquer política de incentivo à criação artística nem uma propaganda de guerra consistente e organizada, para a qual intelectuais como Jaime Cortesão e João de Barros apelaram em vão. Sousa Lopes e o fotógrafo Arnaldo Garcez foram excepções nas artes visuais. A acção meritória de Leal da Câmara, que ambicionou o lugar mais tarde atribuído a Sousa Lopes, demonstra bem a incapacidade das instâncias oficiais de perceberem o potencial deste mestre da caricatura política e com talento de publicista, que na ilustração ou no cartaz poderia ter cumprido o papel que Raemaekers desempenhou no Reino Unido e nos EUA. Na guerra distingui a figuração original de Carlos Franco, pintor hoje desconhecido, morto em combate pela França em 1916, e o fulgurante trabalho de Christiano Cruz, um tenente veterinário do CEP (e célebre caricaturista) que na Flandres pintou alguns guaches representando a guerra de forma concisa e crua. Nos melhores casos, Cruz traduziu a violência da guerra num teatro sinistro onde o elemento humano se transformava num figurante impotente. Os seus soldados parecem bonecos ou marionetas privadas de qualquer individualidade ou arbítrio. A sua arte tem pontos de contacto com uma figuração despersonalizada do combatente, feita de gestos maquinais como em Nevinson, Wyndham Lewis ou Fernand Léger. Trouxemos a debate também o desconhecido tríptico de José Joaquim Ramos, *Tropa de África*, representação rara do esforço de guerra português no Sul de Angola.

A verdade é que Sousa Lopes, pelo seu empenho pessoal, conseguiu criar as condições para chamar a atenção do governo da União Sagrada e motivar a criação de um cargo sem precedentes conhecidos na história portuguesa, o de artista oficial de um exército em campanha. Nascido entre o campesinato da região de Leiria, Sousa Lopes subiu a pulso através do seu talento artístico, de uma invulgar capacidade de realização e uma tenacidade muito próprias – um *self made man*, chamou-lhe Louis Vauxcelles em 1919. Não é difícil identificar-lhe um desejo de reconhecimento público e oficial, para o qual ajudaram sólidas amizades cultivadas entre a elite artística e intelectual que ascende com a República, como Afonso Lopes Vieira, Columbano, José de Figueiredo e Luciano Freire. Um patriota, enquanto cidadão e artista, e espírito pragmático, serviu a República durante a Grande Guerra e depois, tal como Freire e Figueiredo, afirmou-se nas instituições artísticas do Estado Novo, aderindo com entusiasmo à mobilização cultural de António Ferro, que o admirava como artista.

A nomeação em 1917 resultou da sua iniciativa voluntária e da notoriedade pública que adquiriu nos anos da guerra. Sousa Lopes mostrou desde o início do conflito um empenho humanitário consistente, colaborando em Paris e em Lisboa com instituições e iniciativas de beneficência das famílias dos soldados, tendo sido também enfermeiro em hospitais da capital francesa. Expressão dessa notoriedade foi a sua opção governamental de organizar a secção artística do pavilhão português na Exposição Internacional Panamá-Pacífico, em São Francisco (EUA), provável recomendação de Columbano, que assumira no ano anterior a direcção do MNAC.

O serão de arte que organizou em benefício das famílias dos soldados, em Março de 1917, no espaço da sua exposição individual na SNBA, inaugurada com a presença do presidente Bernardino Machado e de membros do Governo, foi de facto a apoteose dessa notoriedade pública. A sua partida iminente para a Flandres foi anunciada nesses dias pela imprensa. A proposta que Sousa Lopes enviou ao ministro da Guerra, Norton de Matos, teve uma marcada dimensão de propaganda, assumida pelo artista nos jornais, comprometendo-se a organizar um álbum de guerra ilustrado e a colaborar na imprensa estrangeira. Nisso foi clara a influência de pintores ilustradores como Scott, Flameng, Jonas e Fouqueray, como referiu a Norton de Matos. Contudo, a sua ambição como pintor histórico manteve-se intacta, comprometendo-se a «traduzir na tela» os feitos militares do CEP e realizar no futuro uma exposição em Lisboa.

Mas o desinteresse das autoridades pela propaganda foi evidente, como se demonstrou, acentuando-se com o golpe de Sidónio Pais em Dezembro de 1917, hostil à intervenção. Assente em objectivos de propaganda, a sua missão parecia não ter razão de existir. Sousa Lopes percebeu-o logo nos primeiros meses e, apesar do desânimo, concentrou-se no registo intenso do desenho, documentando todas as situações que lhe interessavam, e esboçando ideias para as águas-fortes e pinturas que planeava executar. No sector português, o artista procurou as trincheiras da primeira linha, testemunhando a vida dos soldados na linha de fogo, gesto raro em pintores oficiais nomeados por outros países. De um modo geral, a experiência continuada das trincheiras só foi acessível a artistas combatentes ou conscritos, como nos casos conhecidos de Léger, Otto Dix ou Franz Marc. Sousa Lopes procurou assim comunicar uma experiência real da guerra ou, como referiu um relatório oficial, quis viver nas trincheiras e basear as suas composições «sobre a verdade dos factos» (*apud* Martins 1995, 318).

O resultado mais notável dessa experiência foi a pintura *A rendição*, hoje no Museu Militar de Lisboa, que se discutiu no capítulo 11. Pode-se considerar a obra-prima do período, uma pintura a que o artista deu grande importância, tal como a recepção crítica contemporânea. *A rendição* é, a par do *Remuniciamento da artilharia*, a pintura de maiores dimensões realizada por um artista participante na Grande Guerra, em todo o mundo. Sousa Lopes auto-retratou-se nela, enquanto oficial em campanha, ao lado do capitão Américo Olavo e dos seus soldados de Infantaria 2 (Lisboa), situação única na sua obra. A pintura foi também uma homenagem à colaboração e camaradagem próxima dos dois durante a guerra. Olavo dedicou a Sousa Lopes três capítulos do seu livro de memórias *Na Grande Guerra* (Olavo 1919), sem dúvida o melhor retrato do artista em campanha na Flandres.

À primeira vista, enquanto pintura histórica, parece ser um assunto lacónico e banal, sem uma «mensagem» clara: vinte e cinco soldados saem de uma trincheira, pintados em tamanho natural, numa paisagem coberta de neve. Mas o cansaço dessas tropas é bem visível. *A rendição* revelava-se uma imagem muito precisa sobre a condição e a existência precária do soldado da Flandres, que nela surge profundamente humanizado e vulnerável, no ambiente desolado da frente portuguesa. O heroísmo mostrado não releva de uma ideia glorificadora da intervenção, nem tão-pouco dos valores tradicionais da pintura militar. Os feitos gloriosos que Sousa Lopes planeara captar em pintura, fruto de uma concepção romântica da guerra, transfiguram-se nesta obra numa heroicidade «sem espectáculo», própria do «herói obscuro» das trincheiras retratado por André Brun, companheiro do pintor na Flandres (Brun 2015, 145).

A pintura teve um impacto importante no círculo mais próximo do pintor, e a sua recepção desempenhou um papel no debate político do pós-guerra e na disputa pelo legado da intervenção. Jaime Cortesão celebrou nela uma imagem do «homem novo», o cidadão nascido das trincheiras e da verdadeira «escola da nação» que seria o exército republicano, feito de homens comuns. Esse soldado activo e voluntarioso, defendeu Cortesão, havia adquirido uma noção especial dos valores morais e iria reforçar a democracia e a República do pós-guerra (Cortesão 1919, 235-238). Já Afonso Lopes Vieira, que se desiludira com a conduta da intervenção, viu em *A rendição* o paradigma do soldado martirizado pela guerra, traído e abandonado pelo poder político. Denúncia que terá o seu auge, em 1921, na apreensão pelas autoridades do seu poema anti-intervencionista *Ao Soldado Desconhecido (morto em França)*. O impacto da pintura no pós-guerra verificámo-lo também na recepção contemporânea da imprensa, analisada no capítulo 17, que lhe deu a primazia entre as pinturas de guerra.

Na verdade, *A rendição* foi um ponto de viragem para Sousa Lopes, pois através dela o artista conseguiu transcender a natureza de uma missão inicialmente definida por objectivos de propaganda. Reconstituiu-se neste estudo a génese e a gestação de uma obra que se liga, como nenhuma outra, à experiência pessoal do pintor no CEP. Contudo, a sua relevância é também internacional. Argumentei que traduz na perfeição o espírito de uma nova pintura de guerra que nascera da carnificina sem precedentes, que os britânicos patrocinaram nos memoriais de guerra e que Sue Malvern caracterizou recentemente. Uma pintura que não se fundava em reconstituições distanciadas e fantasiosas, mas unicamente no valor e na autoridade do testemunho pessoal, de espírito democrático e anti-militarista, e com uma ênfase especial no sofrimento do soldado comum (Malvern 2004, 85-89).

A série de gravuras a água-forte foi também um núcleo fundamental desta fase, com matrizes executadas entre 1917 e 1921. Na verdade, descobrimos que são 16 ao todo, mais duas que a série apresentada na exposição individual de 1927, na SNBA. Três conjuntos ou temas parecem dar corpo a este ciclo: são momentos da vida dos soldados no sector português, episódios da batalha do Lys e alegorias da destruição da guerra. Algumas provas têm dimensões generosas e na realidade invulgares para o género, como se de pinturas se tratasse, ultrapassando 60 centímetros de largura. Sousa Lopes foi exímio em tirar partido de toda a espontaneidade e vivacidade que a técnica da água-forte

Conclusão

permite, com o seu peculiar traço enérgico e uma espessura de mancha típica num colorista. Vimos que a sua excepcionalidade foi apontada aqui e ali pela recepção contemporânea (com destaque para Reynaldo dos Santos), mas foi sobretudo acentuada na fortuna crítica mais recente. Em 1919, Sousa Lopes ainda tinha esperanças de as poder publicar num álbum de luxo, com uma versão barata em heliogravura, a distribuir pelas famílias dos soldados. O Estado, porém, nunca se interessou. Contudo, concluiu-se que representaram um avanço inovador à época da Grande Guerra e que são uma realização cimeira na história da gravura artística em Portugal.

Sousa Lopes tencionou expor as suas obras no Museu Português da Grande Guerra, uma importante medida simbólica de Norton de Matos, que Sidónio Pais extinguiu no início de 1918. No pós-guerra deu a mão ao artista o coronel Vitorino Godinho, adido militar em Paris. Na Flandres, Godinho trabalhara com o pintor enquanto chefe da Repartição de Informações do CEP. Foi ele que trouxe Sousa Lopes para dois grandes projectos da sua responsabilidade: a decoração artística dos talhões portugueses em cemitérios britânicos de França e a criação de uma secção portuguesa no Musée de l'Armée, em Paris.

Para o primeiro projecto, que esta investigação trouxe a debate pela primeira vez, Sousa Lopes desenhou três categorias de monumentos, adoptando a Cruz de Cristo, integrando (ou não) estátuas de soldados, projecto aprovado com entusiasmo pelos arquitectos britânicos. Desaparecidos hoje, foi possível recuperá-los parcialmente através de reproduções publicadas na imprensa e perceber que foram uma evolução muito original da *Cross of Sacrifice* britânica. A colaboração de Sousa Lopes foi importante porque permitia diferenciar esteticamente os talhões portugueses dos ingleses, o que para Godinho era uma «questão moral e politica»: consagrava por fim uma autonomia pela qual os intervencionistas sempre se haviam batido. Porém, os monumentos nunca foram postos no local, com o regresso do adido militar a Lisboa. Sousa Lopes desenhou também as lápides dos soldados portugueses, seguindo indicações de Godinho, desenho hoje desaparecido. Mas provámos que as lápides em granito existentes no Cemitério Militar Português de Richebourg foram executadas, na região do Porto, sob a direcção de Sousa Lopes e do escultor António Alves de Sousa, em 1921-1923.

A representação portuguesa na antiga Sala dos Aliados do Musée de l'Armée, nos Inválidos, inaugurada com pompa oficial em Abril de 1923, foi o primeiro projecto que Sousa Lopes concluiu no âmbito da guerra. O artista executou expressamente para esta representação quatro pinturas a óleo, juntando-as a um estudo a óleo que fizera de *A rendição* em 1918. A esta colecção acrescentou depois treze águas-fortes e quatro aguarelas. As pinturas realizadas revelam uma notável coerência temática: são cenas de combate do soldado português nas trincheiras da frente ocidental, comunicando essa experiência árdua sem qualquer *panache* ou glorificação. Destaquei uma pintura como *Final de gases*, com o título em francês *Après une attaque de gaz*, alusiva à guerra química. Nela Sousa Lopes representa a guerra de trincheiras como uma produção de anonimato e de desumanidade, que um historiador francês à época, Robert de la Sizeranne, considerou serem os valores de uma «nova estética das batalhas» surgida da Grande Guerra (La Sizeranne 1919, 243).

Consegui reconstituir o aspecto da secção de Sousa Lopes através de fotografias inéditas pertencentes ao espólio do pintor. Cotejando-as com fotografias de época da Sala dos Aliados, foi possível concluir que o discurso expositivo da secção portuguesa assentava, essencialmente, no poder evocativo dos trabalhos do artista, representando uma experiência de combate nas trincheiras de França. Na verdade, a representação de Portugal distinguiu-se da dos outros países pelo seu nível artístico, pela coerência e visibilidade do discurso autoral de Sousa Lopes, que suplantava a função ilustrativa ou documental dominante nas imagens de outras secções aliadas.

Outra revelação surpreendente da actividade intensa do capitão equiparado do CEP foi a colaboração directa numa pintura internacional, chamada *Panthéon de la Guerre*, um colossal panorama de 123 metros de comprimento, com secções dedicadas às nações aliadas, inaugurado num edifício anexo aos Inválidos, em Outubro de 1918. O projecto foi concebido e realizado em Paris pelos pintores Carrier-Belleuse e Gorguet, com a assistência de pelo menos 22 artistas (Levitch 2006, 159). A colaboração do pintor português era desconhecida. A secção dedicada a Portugal, hoje desaparecida (ou mais provavelmente, destruída), pôde reconstituir-se através de postais da época e de desenhos no espólio do pintor. Ao retratar, entre outras individualidades, Bernardino Machado, Sidónio Pais e Norton de Matos, a luta política interna sobre a intervenção desaparecia e harmonizava-se no friso glorificador da vitória aliada no Panteão da Guerra francês.

O ministro da Guerra que aprovou em Lisboa os projectos de Vitorino Godinho chamava-se Helder Ribeiro, também um antigo oficial do CEP. Este ministro vai recuperar a ideia intervencionista do Museu Português da Grande Guerra, extinto por Sidónio, e contratar Sousa Lopes em Outubro de 1919 para o decorar com sete pinturas, águas-fortes e outras obras. Helder Ribeiro pertencera, juntamente com Godinho (seu amigo chegado) e Américo Olavo, ao grupo informal dos «Jovens Turcos», que havia sido a vanguarda das reformas republicanas do Exército em 1911-1912. Ao instituir-se o serviço militar obrigatório, realizava-se a ideia de um exército democrático, feito de milicianos – a «escola da nação» que Cortesão celebrara –, de cidadãos em armas que serão, de facto, os protagonistas das obras de Sousa Lopes. Foram determinantes estes três militares na carreira do pintor da Grande Guerra.

Por outro lado, a notoriedade de Sousa Lopes foi potenciada, nos anos imediatos ao armistício, pelos livros célebres de combatentes da Flandres, que nas capas reproduziam obras de guerra do artista. As memórias de André Brun, Américo Olavo, Augusto Casimiro e Jaime Cortesão celebraram a camaradagem com o artista nas primeiras linhas, mas caucionaram sobretudo a veracidade e o significado moral da sua arte, que se realizara partilhando a existência dos soldados das trincheiras. Ressaltam retratos como o do voluntário patriota, que abandonara o conforto de Paris (Brun), o do artista como testemunha da desumanidade e barbárie da guerra (Olavo) e o de um homem profundamente solidário e piedoso perante a tragédia do soldado comum (Cortesão).

As pinturas murais de Sousa Lopes participaram, assim, de um desígnio político de recuperar, nas salas do Museu Militar, a ideia de um Museu da Grande Guerra, caro aos intervencionistas, que apresentasse uma iconografia marcante da campanha da Flandres e a afirmasse no espaço público, fazendo-a perdurar na memória nacional. As pinturas ampliam para a grande escala assuntos que dão a viva impressão de terem sido testemunhados directamente nas trincheiras, dimensão já presente nas pinturas de Paris, de que *A rendição* foi pioneira. Mas temos também uma pintura de batalhas mais convencional, de reconstituição histórica de eventos exemplares, como nos dois episódios da batalha do Lys e no combate desigual do navio patrulha *Augusto de Castilho* contra um submarino alemão, salvando pelo seu sacrifício um vapor de passageiros. *As mães dos Soldados Desconhecidos* é uma obra original, que integra a dimensão da perda e do luto da população civil num contexto de celebração militar. A obra explicita a narrativa presente nestas telas, centrada na acção do soldado comum da Flandres, assombrado e vitimado pela tragédia da guerra. A pintura de história de Sousa Lopes é aqui elevada a um paroxismo da grande escala invulgar em Portugal, que parece ter uma matriz romântica francesa, informada pelas obras célebres do Museu do Louvre de Antoine-Jean Gros, Théodore Géricault e Eugène Delacroix.

Recuperei neste estudo os títulos originais de muitas destas pinturas, com base em documentos assinados pelo artista ou declarações suas na imprensa, com destaque para as duas pinturas sobre a batalha do 9 de Abril e para *A volta do herói* (ou, em alternativa, *Jurando vingar a morte de um camarada*), inspirado num soneto de Augusto Casimiro. O pintor considerou inacabadas quatro das sete pinturas instaladas no Museu Militar de Lisboa, como provei no capítulo 18.

As Salas da Grande Guerra que acolheram as pinturas de Sousa Lopes, com projecto de arquitectura de José Luiz Monteiro, concretizaram finalmente a ideia do Museu da Grande Guerra prevista no contrato de 1919. Foram, na verdade, o projecto mais ambicioso e exigente da carreira do pintor, mas que ficou incompleto. Foram abertas ao público em 1936, à revelia do artista, pondo fim a um conflito de anos com o Ministério da Guerra. Esta investigação revelou e examinou pela primeira vez a complexa disputa pelas Salas da Grande Guerra, que opôs os autores ao director do Museu Militar, coronel Victor Câmara e Silva. Estiveram em causa duas concepções diferentes para esse espaço. O coronel director viu-as como mais uma sala temática para expor militaria alusiva à guerra, onde as pinturas não eram senão um «adorno» das paredes. Nunca aceitou interferências dos autores na museografia do espaço. Não hesitou também em alterar o colorido da arquitectura, defendido pelo pintor. Ao contrário, Sousa Lopes, apoiado por Monteiro, concebia o espaço como um «monumento» integrado de pintura e arquitectura, que possuía unidade própria, cuja essência eram as suas «composições picturais», e os objectos a expor nunca deveriam perturbar a sua legibilidade.

Sousa Lopes não conseguiu concretizar todas as pinturas que planeou, como se disse no último capítulo, nem a visão decorativa geral idealizada para as Salas da Grande Guerra. Vimos que a questão envolveu o Conselho de Arte e Arqueologia e várias comissões nomeadas para apreciar o caso, onde José de Figueiredo tomou o partido do pintor. A ruptura final deu-se com um despacho do ministro da Guerra, em 1936, que rescindiu o contrato de 1919. Sousa Lopes contestou a decisão no Supremo Tribunal Administrativo, pedindo em vão a intercessão de Salazar. Porém, o conflito já não se resolveu em vida do pintor. Mas a encomenda governamental dos frescos para a Assembleia Nacional, no ano seguinte, pode ser vista, talvez, como uma forma de desagravo pelo rompimento do contrato e do desfecho inesperado do caso.

Contudo, mesmo incompleto, a criação deste espaço memorial da Grande Guerra, construído como um projecto integrado de pintura e arquitectura, concretizou uma obra única em Portugal e, na realidade, sem paralelo a nível internacional. A sua escala monumental e dimensão cívica diferenciam-na de obras comparáveis, como as decorações de Egger-Lienz e de Spencer concebidas para o interior de santuários religiosos, comunais e privados. A conclusão inescapável é a de que se trata de um dos projectos memoriais mais importantes, no mundo, sobre o tema da Grande Guerra, centrado numa visão singular do conflito realizada em pintura.

FONTES E BIBLIOGRAFIA

1. Fontes

1.1. *Manuscritos e dactiloscritos*

Arquivo Geral do Exército, Lisboa

Processo individual do Tenente Coronel José Joaquim Ramos. N.º 189/71 (caixa 59/ Hist).

Arquivo Histórico Militar, Lisboa

Adriano de Sousa Lopes – Capitão equiparado. PT/AHM/DIV/1/35A/1/07/2133.

Arnaldo Garcez Rodrigues – Alferes equiparado. PT/AHM/DIV/1/35A/1/09/2825.

Christiano Alfredo Sheppard Cruz – Alferes veterinário miliciano.

PT/AHM/DIV/1/35A/1/01/0237.

Comissão Portuguesa de Sepulturas de Guerra. PT/AHM/DIV/1/35/1387.

Corpo Expedicionário Português. PT/AHM/FO/006/L/20/778.

Correspondência sobre cenógrafos. PT/AHM/DIV/1/35/1266/3.

Museu da Grande Guerra e secções no estrangeiro. PT/AHM/FO/006/L/32/835.

Repartição de Informações. Serviço Artístico. PT/AHM/DIV/1/35/80.

Arquivo Nacional da Torre do Tombo, Lisboa

Arquivo Oliveira Salazar. Correspondência particular. PT/ANTT/AOS/E/0156.

Petição de recurso de Sousa Lopes para o Supremo Tribunal Administrativo. PT/ANTT/AOS/E/0156.

Archives Nationales, Site de Pierrefitte-sur-Seine, França

Archives de l'Académie Julian, Livres de comptabilité des élèves: 63/AS/5 (1) – 31 rue du Dragon, *Atelier* J.P. Laurens 1901-1904.

Archives de l' École Nationale et Spéciale des Beaux-Arts, AJ/52/297, Feuille de Renseignements/Section Peinture.

Adriano de Sousa Lopes. Um pintor na Grande Guerra

Academia Nacional de Belas-Artes, Lisboa

Documentação relativa a Pensionistas. Código de referência: PT/ANBA/ANBA/G/01. Disponível em linha: http://digitarq.dgarq.gov.pt/details?id=4612179.

Herdeiros de Júlia de Sousa Lopes Perez Fernandes, Lisboa

Espólio Adriano de Sousa Lopes.

Biblioteca Municipal Afonso Lopes Vieira, Leiria

Espólio Afonso Lopes Vieira. Correspondência de Adriano de Sousa Lopes para Afonso Lopes Vieira. Encadernada em *Cartas e outros escriptos dirigidos a Affonso Lopes Vieira*: vols. 5, 7, 11. Postais n.ºs 33054 a 33094.

Biblioteca Nacional de Portugal, Lisboa

Arquivo de Cultura Portuguesa Contemporânea:

Espólio Augusto Casimiro (D5). Caixa 3.

Espólio Jaime Cortesão (E25). Desenhos da Grande Guerra, n.º 1484-1485.

Espólio Vitorino Henriques Godinho (E47). Caixas 5, 7, 13, 22.

Liga dos Combatentes, Lisboa

Processo individual de Adriano de Sousa Lopes, sócio n.º 774.

Álbum n.º 36 (Fotografias de obras de Sousa Lopes).

Museé de l'Armée, Paris

Vol. *Musée de l'Armée. Historique. Vol 3. 1914-1929*.

Processo n.º 2188 (Souvenirs de l'armée portugaise).

Museu Militar de Lisboa

Secção de Estudos, Dossiê n.º 7, Ref.ª 25.3.15, Pasta «Pinturas de A. Sousa Lopes».

Museu Nacional de Arte Antiga, Lisboa

Arquivo José de Figueiredo. Correspondência de Adriano de Sousa Lopes para Luciano Freire. Código de referência: PT/MNAA/AJF/DC-CM-LF/003/00006. Disponível em linha: http://digitarq.dgarq.gov.pt/details?id=4727209.

Museu Nacional de Arte Contemporânea – Museu do Chiado, Lisboa

Espólio Columbano Bordalo Pinheiro. Correspondência (1903-1928).

Volume de recortes de imprensa e de catálogos intitulado *Malhôa e Sousa Lopes*.

1.2. *Fontes impressas*

Colecção das Ordens do Exército do ano de 1917 (2.ª série). 1918. Lisboa: Imprensa Nacional.

Colecção das Ordens do Exército do ano de 1919 (2.ª série). 1920. Lisboa: Imprensa Nacional.

Fontes e Bibliografia

Amaral, Ferreira do. 1922. *A Mentira da Flandres e... o mêdo!*. Lisboa: Editores J. Rodrigues e C.ª

Barros, João de. 1917. *Oração à Pátria*. Paris e Lisboa: Livrarias Aillaud e Bertrand.

Brandão, Raul. 2014 (1923). *Os Pescadores*. Ed. Vítor Viçoso e Luís Manuel Gaspar. Lisboa: Relógio D'Água Editores.

Brun, André. 1923 (1918). *A Malta das Trincheiras. Migalhas da Grande Guerra 1917--1918*. Lisboa: Guimarães e C.ª Editores.

___, 2015 (1918). *A Malta das Trincheiras. Migalhas da Grande Guerra 1917-1918*. Introd. Isilda Braga da Costa Monteiro. Viseu e Lisboa: Quartzo Editora, DHCM/Exército.

Camões, Luís de. 1983a (1572). *Os Lusíadas*. Ed. Hernâni Cidade. Col. Obras completas, 1. Lisboa: Círculo de Leitores.

___, 1983b. *Lírica*. Ed. Hernâni Cidade. Col. Obras completas, 3. Lisboa: Círculo de Leitores.

Casimiro, Augusto. 1917. «No man's land». *Atlantida* 22 (15 Agosto): 865.

___, 1918a. *Nas Trincheiras da Flandres (1917)*. Porto: Renascença Portuguesa.

___, 1918b. «Em frente à morte». *A Águia* 73-74 (Janeiro-Fevereiro): 13-14.

___, 1918c. «Des nuits trop lourdes…». *Atlantida* 29-30 (Março-Abril): 542.

___, 1919. *Sidónio Pais (Algumas notas sobre a intervenção de Portugal na Grande Guerra)*. Porto: Livraria Chardron.

___, 1920. *Calvários da Flandres (1918)*. Porto e Rio de Janeiro: Renascença Portuguesa; Luso Brasiliana.

___, 2001. *Obra Poética*. Pref. José Carlos Seabra Pereira. Lisboa: Imprensa Nacional--Casa da Moeda.

___, 2014 (1918). *Nas Trincheiras da Flandres (1917)*. Pref. Carlos Silveira. Viseu e Lisboa: Quartzo Editora, DHCM/Exército.

Castro, Augusto de. 1919. *Conversar. Sobre viagens, amores, ironias*. 2.ª edição. Lisboa: Portugal-Brasil.

Cortesão, Jaime. 1916. *Pela Pátria. Cartilha do Povo. 1.º encontro. Portugal e a Guerra*. Porto: Renascença Portuguesa.

___, 1919. *Memórias da Grande Guerra (1916-1919)*. Porto: Renascença Portuguesa.

Costa, General Gomes da. 1920. *O Corpo de Exército Português na Grande Guerra: A batalha do Lys*. Porto: Renascença Portuguesa.

Crespo, Gonçalves. 1882. *Nocturnos*. Lisboa: Imprensa Nacional.

Dias, Costa. 1920. *Flandres. Notas e Impressões*. Lisboa: Imprensa Libânio da Silva.

Ferreira, Capitão Menezes. 1921. *João Ninguém. Soldado da Grande Guerra. Impressões humorísticas do C.E.P.* Lisboa: Livraria Portugal-Brasil.

___, 1923. *O Fusilado*. Novela Sucesso, 9. Lisboa: M. F. Ribeiro.

___, 2014 (1921). *João Ninguém, Soldado da Grande Guerra*. Notas e enquadramento histórico de David Castaño. Lisboa: Bertrand Editora.

Heine, Henri. 1855. *Poèmes et légendes*. Paris: Michel Lévy Fréres Éditeurs.

LISLE, Leconte de. 1872. *Poèmes barbares*. Édition définitive revue & considérablement augmentée. Paris: Alphonse Lemerre.

MAGNO, Capitão David. 1921. *Livro da Guerra de Portugal na Flandres*. Porto: Companhia Portugueza Editora. 2 vols.

___, [1967]. *Les-Lobes (vizinhanças de La Couture). Derradeira resistência portuguesa na batalha de La-Lys (Memórias)*. S.l. [imp. Tarouca].

MARTINS, J. P. Oliveira. 1893. *A Vida de Nun'Alvares. Historia do estabelecimento da dynastia de Aviz*. Lisboa: Livraria de Antonio Maria Pereira.

MATOS, Norton de. 2004. *Memórias e Trabalhos da Minha Vida*. Org. Armando Malheiro da Silva e José Pedreira Castro Norton. Coimbra: Imprensa da Universidade. Vol 3 (3 vols.).

MORAIS, Tenente Pina de. 1919. *Ao Parapeito*. Porto: Renascença Portuguesa.

NEGREIROS, José de Almada. 2000 (1917). *K4 O Quadrado Azul*. Edição fac-similada. Lisboa: Assírio & Alvim.

OLAVO, Américo. 1919. *Na Grande Guerra*. Lisboa: Guimarães Editores.

PESSOA, Fernando. 2010. *Carta a um Herói Estúpido*. Ed. Jerónimo Pizarro. Lisboa: Ática.

___, 2012. *Prosa de Álvaro de Campos*. Ed. Jerónimo Pizarro e Antonio Cardiello, colab. Jorge Uribe. Lisboa: Ática.

___, 2015. *A Estrada do Esquecimento e outros contos*. Ed. e trad. Ana Maria Freitas. Lisboa: Assírio & Alvim.

Portugal Futurista. Edição facsimilada. 1990. Lisboa: Contexto. [1.ª publ. Nov. 1917]

QUENTAL, Antero de. 1886. *Os Sonetos Completos de Anthero de Quental*. Publicados por J. P. Oliveira Martins. Porto: Livraria Portuense de Lopes e C.ia.

___, 2002. *Sonetos*. Org. introd. e notas de Nuno Júdice. Col. Biblioteca de autores portugueses. Lisboa: Imprensa Nacional-Casa da Moeda.

RIBEIRO, Aquilino. 2014 (1934). *É a Guerra. Diário*. Pref. Mário Cláudio. Lisboa: Bertrand Editora.

SÁ-CARNEIRO, Mário de. 2001. *Cartas de Mário de Sá-Carneiro a Fernando Pessoa*. Ed. Manuela Parreira da Silva. Lisboa: Assírio & Alvim.

SELVAGEM, Carlos. 1925 (1919). *Tropa d'África (Jornal de campanha dum voluntário do Niassa)*. 3.ª ed. Lisboa: Livrarias Aillaud e Bertrand.

VIEIRA, Affonso Lopes. 1908. *O Pão e as Rosas*. Lisboa: Livraria Ferreira Editora.

1.3. Catálogos

Explication des ouvrages de peinture, sculpture, architecture, gravure et lithographie des artistes vivants exposés au Grand Palais des Champs-Élysées. [Catálogos de 1905 a 1910 e de 1912]. Paris: Imprimerie Paul Dupont.

Exposition Albert Besnard. 1905. [Com estudo de Charlotte Besnard.] Paris: Imprimerie Georges Petit.

Société des Artistes Français. Catalogue illustré du Salon de 1909. 1909. Direction de Ludovic Baschet. Paris: Bibliothèque des Annales.

Fontes e Bibliografia

Explication des ouvrages de peinture, sculpture, architecture, gravure, lithographie et art appliqué exposés au Grand Palais des Champs-Élysées. Exposition organisée au profit des œuvres de guerre de la Société des Artistes Français et de la Société Nationale des Beaux-Arts. 1919. Paris.

Official Catalogue of the Department of Fine Arts. Panama-Pacific International Exposition (With Awards). 1915. São Francisco: The Wahlgreen Company.

Sociedade Nacional de Bellas-Artes. Primeira exposição. Catalogo illustrado. 1901. Lisboa: Typographia da Companhia Nacional Editora.

Sociedade Nacional de Bellas-Artes. Terceira exposição. 1903. Lisboa: Typ. da Companhia «A Editora».

Catalogo da exposição dos trabalhos dos alumnos da Escola de Bellas Artes de Lisboa approvados no anno lectivo de 1904-1905. 23.ª Exposição annual. 1906. Lisboa: Imprensa Nacional.

Catalogo da exposição dos trabalhos dos alumnos da Escola de Bellas Artes de Lisboa approvados no anno lectivo de 1905-1906. 24.ª Exposição annual. 1907. Lisboa: Imprensa Nacional.

Arte e Guerra. 1917. [Desdobrável]. Porto: Société Amicale Franco-Portugaise.

Exposição Sousa-Lopes. Pintura a oleo, desenho, agua-forte. 1917. Lisboa: Tipografia «A Editora Lda.».

Desenhos de Carlos Carneiro. 1926. Lisboa. [Salão Bobone].

Exposição Sousa Lopes. 1927. Lisboa: Imp. Libanio da Silva.

Exposição José Joaquim Ramos. 1927. Dezembro. [Lisboa: SNBA].

Catalogo da exposição de pintura a fresco de Sousa Lopes, com prefacio de Afonso Lopes Vieira e Reynaldo dos Santos. 1934. Lisboa: Imprensa Libanio da Silva.

Exposição Sousa Lopes (Obras doadas ao Estado). 1945. Lisboa: Academia Nacional de Belas-Artes.

Exposição retrospectiva do pintor Sousa Lopes. Desenhos e gravuras. No Estúdio do S.N.I.. 1945. Lisboa: Edições SNI.

Exposição póstuma e de homenagem ao pintor Sousa Lopes. Oleos – gravuras – desenhos. 1946. Porto: Salão Silva Porto.

Sousa Lopes. Exposição de homenagem à memória ao mestre pintor Adriano de Sousa Lopes promovida pela Liga dos Combatentes sob o patrocínio da Fundação Calouste Gulbenkian. 1962. Lisboa: Neogravura.

Columbano, Sousa Lopes, Francisco Smith, Souza Cardoso, Vieira da Silva. Aquisições da Fundação Calouste Gulbenkian em Paris. 1969. Lisboa: Fundação Calouste Gulbenkian.

Sousa Lopes. 1980. Lisboa: Fundação Calouste Gulbenkian.

Leilão n.º 86. Leilão de pintura, antiguidades, obras de arte, pratas e jóias. 2007. Lisboa: Cabral Moncada Leilões.

OLIVEIRA, Arnaldo Henriques de, org. 1948. *Catálogo das magníficas livrarias que pertenceram ao ilustre pintor Adriano de Sousa Lopes e ao escritor e arqueólogo Francisco Nogueira de Brito.* Lisboa: Antiga Livraria Manuel dos Santos. Vol. 2 (M a Z).

2. Bibliografia

2.1. Internacional

«British battles in photography. The camera as war correspondent». *The Graphic* (Londres). 9 March 1918: 293.

«The trench from different points of view. The battle of the war artists». *The Graphic* (Londres). 11 May 1918: 575.

Desenhos de Raemaekers. O célebre artista hollandez. 1916. Londres: National Press Agency.

ALBERTI, Leon Battista. 1992. *De la Peinture. De Pictura (1435)*. Trad. Jean Louis Schefer, introd. Sylvie Deswarte-Rosa. Paris: Macula Dédale.

APOSTOLOPOULOS, Caroline. 2012. «Section photographique de l'armée (SPA)». In *1917*, dir. Claire Garnier et Laurent Le Bon. Metz: Centre Pompidou-Metz. 266.

ARNALDO, Javier. 2008. *1914! La vanguardia y la Gran Guerra*. Madrid: Museo Thyssen--Bornemisza; Fundación Caja Madrid.

BARCELLINI, Caroline. 2010. *Le Musée de l'Armée et la Fabrique de la Nation. Histoire militaire, histoire nationale et enjeux muséographiques*. Paris: L'Harmattan.

BLACK, Jonathan. 1999. «A curious, cold intensity. C.R.W. Nevinson as a war artist, 1914--1918». In *C.R.W. Nevinson. The Twentieth Century*. Londres: Merrell Holberton. 27-37.

BECKER, Annette. 2014. «Arts». In *The Cambridge History of the First World War*, dir. Jay Winter. Cambridge: Cambridge University Press. Vol. 3, Civil Society: 504-527.

BRANLAND, Marine, et Émilie Prud'Hom. 2012. «Missions Artistiques aux Armées». In *1917*, dir. Claire Garnier et Laurent Le Bon. Metz: Centre Pompidou-Metz. 204--205.

___, 2014. «L'estampe en guerre». In *Vu du front. Représenter la Grande Guerre*, coord. Wanda Romanowski. Paris: Somogy éditions d'art. 108-112.

BRANDON, Laura. 1998. «The Canadian War Memorial That Never Was». *Canadian Military History* 4, vol. 7: 45-54.

BRETTELL, Richard R. 2009. *Impressionisme: Peindre vite (1860-1890)*. Trad. Jean-François Allain. Paris: Éditions Hazan. [1.ª ed. norte-americana 2001]

BÜRGER, Peter. 1993. *Teoria da Vanguarda*. Trad. e pref. Ernesto Sampaio. Lisboa: Vega. [1.ª ed. alemã 1974]

CARMICHAEL, Jane. 1989. *First World War Photographers*. Nova Iorque: Routledge.

CHALLÉAT-FONK, Violaine. 2012. «Section cinématographique de l'armée (SCA)». In *1917*, dir. Claire Garnier et Laurent Le Bon. Metz: Centre Pompidou-Metz. 264-265.

CORK, Richard. 1994. *A Bitter Truth. Avant-garde art and the Great War*. New Haven e Londres: Yale University Press.

COUTIN, Cécile. 2012. *Tromper l'ennemi. L'invention du camouflage moderne en 1914--1918*. Paris: Éditions Pierre de Taillac; Ministére de la Défence.

___, 2012a. «Camouflage. L'art de tromper et de disparaître». In *1917*, dir. Claire Garnier et Laurent Le Bon. Metz: Centre Pompidou-Metz. 101-102.

Creel, George. 1920. *How We Advertised America*. Nova Iorque e Londres: Harper & Brothers Publishers.

Dagen, Philippe. 1996. *Le Silence des Peintres. Les artistes face à la Grande Guerre*. Paris: Librairie Arthème Fayard.

___, 1998. «Le silence des peintres». *L'Histoire* 225 (Octobre): 54-55.

___, 2012a. «La création artistique en temps de guerre». In *1917*, dir. Claire Garnier e Laurent Le Bon. Metz: Centre Pompidou-Metz. 24-34.

___, 2012b. «Otto Dix». In *1917*, dir. Claire Garnier e Laurent Le Bon. Metz: Centre Pompidou-Metz. 128-132.

Delteil, Loys. 1969 (1926). *Le peintre graveur illustré. Besnard*. Nova Iorque: Collectors editions, Da Capo Press. Vol. 30.

Démoris, René. 2007. «La Hiérarchie des genres en peinture de Félibien aux Lumières». *Fabula/ Les colloques*, 5 Outubro. Consultado 23 Setembro 2014. http:// www.fabula.org/colloques/document613.php.

Denis, Maurice. 1920. *Théories 1890-1910. Du symbolysme et de Gauguin vers un nouvel ordre classique*. Quatrième édition. Paris: L. Rouart et J. Watelin Éditeurs.

Ducrey, Marina. 2013. «C'est la Guerre!». In *Félix Vallotton. Le feu sous la glace*. Paris: Réunion des musées nationaux – Grand Palais. 225.

Foster, Hal, Rosalind Krauss, Yve-Alain Blois and Benjamin H. D. Buchloh. 2004. *Art Since 1900. Modernism, Antimodernism, Postmodernism*. Londres: Thames & Hudson.

Foucault, Michel. 2000. *O que é um autor?*. Trad. António Fernando Cascais e Eduardo Cordeiro, pref. José A. Bragança de Miranda. Col. Passagens, 6. 4.ª ed. Lisboa: Vega. [1.ª ed. francesa 1969]

Fussel, Paul. 2000 (1975). *The Great War and Modern Memory*. 25th anniversary edition. Nova Iorque: Oxford University Press.

Garnier, Claire, e Laurent Le Bon, dir. 2012. *1917*. Metz: Centre Pompidou-Metz.

Gilbert, Martin. 2014 (2007). *A Primeira Guerra Mundial*. Trad. Francisco Paiva Boléo. Lisboa: A Esfera dos Livros, Expresso. 7 vols. [1.ª ed. inglesa 1994]

Goll, Nicole-Melanie. 2013. «Heroes wanted! Propagandistic war efforts and their failure in Austria-Hungary during the World War I». In *War and Propaganda in the XXth Century*, eds. Maria Fernanda Rollo, Ana Paula Pires and Noémia Malva Novais [Electronic book]. Lisboa: Instituto de História Contemporânea; Centro de Estudos Interdisciplinares do Século xx/Universidade de Coimbra. 90-96.

Gough, Paul. 2000. «Military drawing and British war art, 1914-1918». In *Peindre la Grande Guerre 1914-1918*, coord. Frédéric Lacaille. Col. Cahiers d'études et de recheches du musée de l'Armée 1. Paris: Musée de l'Armée. 97-111.

Guillot, Hélène. 2014. «Sur le front photographique, la propagande officielle par l'image». In *Vu du front. Représenter la Grande Guerre*, coord. Wanda Romanowski. Paris: Somogy éditions d'art. 64-72.

Haycock, David Boyd. 2013. *Nash, Nevinson, Spencer, Gertler, Carrington, Bomberg. A Crisis of Brilliance, 1908-1922*. Londres: Scala Publishers; Dulwich Picture Gallery.

Joyeux-Prunel, Béatrice. 2012. «Avant-gardes. Une nouvelle géographie?». In *1917*, dir. Claire Garnier et Laurent Le Bon. Metz: Centre Pompidou-Metz. 84-85.

Krass, Peter. 2007. *Portrait of War. The U.S. Army's First Combat Artists and the Doughboys' Experience in WW1*. Hoboken, NJ: John Wiley & Sons.

Küster, Bernd, coord. 2008. *Der Erste Weltkrieg un die Kunst. Von der Propaganda zum Widerstand*. Gifkendorf: Merlin Verlag.

La Sizeranne, Robert de. 1919. «La nouvelle esthétique des batailles». In *L'Art pendant la guerre 1914-1918*. Paris: Librairie Hachette. 221-263.

Lacaille, Frédéric. 1998. *La Première Guerre Mondiale vue par les peintres*. Paris: Citédis Éditions; Musée de l'Armée.

___, coord. 2000. *Peindre la Grande Guerre 1914-1918*. Actes du symposium de l'IAMAM – Association Internationale des Musées d'Armes et d'Histoire Militaire, qui s'est déroulé du 16 au 18 novembre 1998 au musée de l'Armée. Col. Cahiers d'études et de recheches du musée de l'Armée 1. Paris: Musée de l'Armée.

___, 2000. «Les missions de peintres du musée de l'Armée pendant la Première Guerre mondiale». In *Peindre la Grande Guerre 1914-1918*. Col. Cahiers d'études et de recheches du musée de l'Armée 1. Paris: Musée de l'Armée. 13-54.

Lasswell, Harold D. 1971 (1927). *Propaganda Technique in World War I*. Cambridge e Londres: The MIT Press.

Lessing, Gotthold Ephraim. 2005 (1766). *Laocoon: An Essay upon the Limits of Painting and Poetry*. Trad. Ellen Frothingham. Mineola, NY: Dover Publications.

Levitch, Mark. 2006. *Panthéon de la Guerre. Reconfiguring a Panorama of the Great War*. Colúmbia e Londres: University of Missouri Press, The National World War I Museum.

___, 2012. «Propagande américaine». In *1917*, dir. Claire Garnier et Laurent Le Bon. Metz: Centre Pompidou-Metz. 242-243.

Lewis, Wyndham. 1915. «The Six Hundred, Verestchagin and Ucello». *Blast 2*, War Number (July): 25-26.

Llorens, Tomàs, *et al.* 2007. *Sargent / Sorolla*. Paris: Paris Musées.

Lobstein, Dominique. 2012. «O mar das maravilhas e dos demónios». In *As Idades do Mar*. Lisboa: Fundação Calouste Gulbenkian.

Mitchell, W. J. T. 1986. *Iconology: Image, Text, Ideology*. Chicago e Londres: The University of Chicago Press.

Maingon, Claire. 2009. *Le Salon et ses artistes. Une histoire des expositions du Roi Soleil aux Artistes Français*. Paris: Hermann.

___, 2014. «La Grande Guerre exposée à Paris. 1914-1918». In *Vu du front. Représenter la Grande Guerre*, coord. Wanda Romanowski. Paris: Somogy éditions d'art. 113-121.

Malvern, Sue. 2004. *Modern Art, Britain and the Great War. Witnessing, Testimony and Remembrance*. New Haven e Londres: Yale University Press; The Paul Mellon Centre for Studies in British Art.

Matisse, Henri. [1972]. *Escritos e reflexões sobre arte*, ed. Dominique Fourcade, trad. Maria Teresa Tendeiro. Lisboa: Editora Ulisseia. [1.ª ed. francesa 1972]

Mourey, Gabriel. 1906. *Albert Besnard*. Paris: Henri Davoust Éditeur.

Murray, Ann. 2012. «Reformed masculinity: trauma, soldierhood and society in Otto Dix's *War Cripples* and *Prague Street*». *Artefact. Journal of the Irish Association of Art Historians* 6: 16-31.

ORTEGA Y GASSET, José. 2008. *A desumanização da arte*. Trad. Manuela Agostinho e Teresa Salgado Canhão, pref. Maria Filomena Molder. Col. Passagens, 24. 4.ª ed. Lisboa: Nova Vega. [1.ª ed. espanhola 1925]

PIZZO, Marco, org. 2005. *Pittori-soldato della Grande Guerra*. Col. Repertori del Museo Centrale del Risorgimento, 5. Roma: Gangemi Editore.

RANITZ, Ariane de. 2014. *Louis Raemaekers 'Armed with pen and pencil'. How a Dutch cartoonist became world famous during the First World War*. Roermond: Louis Raemaekers Foundation.

RASMUSSEN, Anne. 2014. «Mobilising minds». In *The Cambridge History of the First World War*, dir. Jay Winter. Cambridge: Cambridge University Press. Vol. 3, Civil Society: 390-417.

RAY-BURIMI, Sylvie le. 2012. «Félix Vallotton». In *1917*, dir. Claire Garnier et Laurent Le Bon. Metz: Centre Pompidou-Metz. 278-281.

___, 2014. «Guerre des fronts et fronts de l'art dans le parcours des artistes français en mission». In *Vu du front. Représenter la Grande Guerre*, coord. Wanda Romanowski. Paris: Somogy éditions d'art. 29-40.

ROBERTS, Hilary. 2014. «Photography». In *1914-1918 online. International Encyclopedia of the First World War*, ed. Ute Daniel, Peter Gatrell, Oliver Janz, Heather Jones, Jennifer Keene, Alan Kramer and Bill Nasson. Issued by Freie Universität Berlin, 8 October 2014. Consultado 20 Novembro 2014. http://encyclopedia.1914-1918--online.net/article/Photography.

ROBICHON, François. 2000. «Les missions d'artistes aux armées en 1917». In *Peindre la Grande Guerre 1914-1918*, coord. Frédéric Lacaille. Col. Cahiers d'études et de recheches du musée de l'Armée 1. Paris: Musée de l'Armée. 55-80.

ROMANOWSKI, Wanda, coord. 2014. *Vu du front. Représenter la Grande Guerre*. Paris: Somogy éditions d'art.

ROSENBLUM, Robert, Maryanne Stevens and Ann Dumas. 2000. *1900. Art at the Crossroads*. Londres: Royal Academy of Arts.

SANTOS, Rui Afonso. 2004. «Grafismo e *design* de cartazes em tempo de guerra». In *I Guerra Mundial. Cartazes da Colecção da Biblioteca Nacional*, concepção Maria da Graça Garcia e João David Zink. Lisboa: Biblioteca Nacional. 31-39.

SCHEDLMAYER, Nina. 2014. «1.Weltkrieg: Propagandamalerei im Schützengraben». *Profil online*, 7 Março. Consultado 23 Julho 2014. http://www.profil.at/articles/1410/983/373278/1-weltkrieg-propagandamalerei-schuetzengraben.

SCHWANDER, Martin, ed. 2008. *Venice. From Canaletto and Turner to Monet*. Ostfildern: Hatje Cantz Verlag.

SIEBRECHT, Claudia. 2013. *The Aesthetics of Loss. German Women's Art of the First World War*. Oxford: University Press.

SILVER, Kenneth E. 1989. *Esprit de Corps. The Art of the Parisian Avant-Garde and the First World War, 1914-1925*. Princeton: Princeton University Press.

___, et al. 2010. *Chaos & Classicism. Art in France, Italy, and Germany, 1918-1936*. Nova Iorque: The Solomon R. Guggenheim Foundation.

SLESAREV, A. P. 2000. «First World War of 1914-1918 in the paintings and drawings at the Museum of the Revolution». In *Peindre la Grande Guerre 1914-1918*, coord.

Frédéric Lacaille. Col. Cahiers d'études et de recheches du musée de l'Armée 1. Paris: Musée de l'Armée. 153-168.

Smets, Sandrine. 2012. «Section Artistique de l'Armée Belge». In *1917*, dir. Claire Garnier et Laurent Le Bon. Metz: Centre Pompidou-Metz. 264.

Stahl, Fabienne. 2012. «Maurice Denis dans la Grande Guerre». *Revue LISA | LISA e-journal* 1, vol. 10: 15-33.

Taine, Hippolyte. 1895 (1865). *Philosophie de l'Art*. Tome premier. Septième édition. Paris: Librairie Hachette.

Tippett, Maria. 2013 (1984). *Art at the Service of War. Canada, Art, and the Great War*. 2nd edition. Toronto: University of Toronto Press.

Tolson, Roger, *et al.* 2008. *Art from the First World War*. Londres: Imperial War Museum.

Vatin, Philippe. 2012. «Ruines. Esthétique de la ruine». In *1917*, dir. Claire Garnier et Laurent Le Bon. Metz: Centre Pompidou-Metz. 259-260.

Vacquier, J. 1923. «Nécrologie. François Flameng». *Bulletin de la Société des Amis du Musée de l'Armée* 16 (Septembre): 20-22.

Ventura, António. 2004. «Persuadir para vencer. O cartaz como instrumento de propaganda na Grande Guerra». In *I Guerra Mundial. Cartazes da Colecção da Biblioteca Nacional*, concepção Maria da Graça Garcia e João David Zink. Lisboa: Biblioteca Nacional. 17-30.

___, 2010. «O cartaz como meio de propaganda». In *Portugal e a Grande Guerra 1914.1918*, coord. Aniceto Afonso e Carlos de Matos Gomes. Matosinhos: QuidNovi. 331-335.

Véray, Laurent. 2014. «Cinema». In *The Cambridge History of the First World War*, dir. Jay Winter. Cambridge: Cambridge University Press. Vol. 3, Civil Society: 475-503.

Weissbrich, Thomas. 2014. «Dans les tranchées et dans l'atelier. Les peintres de guerre allemands». In *Vu du front. Représenter la Grande Guerre*, coord. Wanda Romanowski. Paris: Somogy éditions d'art. 41-48.

Willet, John. 1998. «Dix: War». In *Disasters of War: Callot, Goya, Dix*. Londres: the South Bank Centre. 59-89.

Winter, Jay. 1994. «Otto Dix queimado pela água-forte da guerra». *Público* (ed. Lisboa). 31 Agosto: 10-11.

___, 2014 (1995). *Sites of Memory, Sites of Mourning. The Great War in European Cultural History*. Cambridge: Cambridge University Press.

2.2. Portugal

Estudos:

Relatório Geral da Comissão dos Padrões da Grande Guerra (1921 a 1936). 1936. Lisboa: CPGG.

Afonso, Aniceto, e Carlos de Matos Gomes, coord. 2010. *Portugal e a Grande Guerra 1914.1918*. Matosinhos: QuidNovi.

Alfaro, Catarina, *et al.* 2007. *Amadeo de Souza-Cardoso. Fotobiografia*. Catálogo raisonné, 1. Lisboa: Fundação Calouste Gulbenkian, Assírio & Alvim.

Araújo, Francisco Miguel. 2014. «Reminiscências nacionais da Grande Guerra: as edições literárias da "Renascença Portuguesa" (1916-1924)». *Cadernos de Literatura Comparada* 31: 83-110.

Arthur, Ribeiro. 1903. *Arte e Artistas Contemporaneos*. 3.ª série. Lisboa: Livraria Moderna.

Baião, Joana Margarida Gregório. 2009. *"Museus de museus". Uma reflexão. Proposta para uma definição*. Dissertação de Mestrado em Museologia. Faculdade de Ciências Sociais e Humanas da Universidade Nova de Lisboa.

___, 2014a. *José de Figueiredo, 1871-1937. Ação e contributos no panorama historiográfico, museológico e patrimonialista em Portugal*. Tese de Doutoramento em História da Arte, especialização em Museologia e Património Artístico. Faculdade de Ciências Sociais e Humanas da Universidade Nova de Lisboa.

___, 2014b. «Freire, Luciano Martins (1864-1934)». In *Dicionário de História da I República e do Republicanismo*, coord. geral Maria Fernanda Rollo. Lisboa: Assembleia da República. Vol. 2: 119-122.

Barreto, José. 2014. «Fernando Pessoa – germanófilo ou aliadófilo? Um debate com João de Barros que não veio a público». *Pessoa Plural. Revista de Estudos Pessoanos/A Journal of Fernando Pessoa Studies* 6 (Outono/Fall): 152-215. Consultado 8 Maio 2015.http://www.brown.edu/Departments/Portuguese_Brazilian_Studies/ejph/pessoaplural/Issue6/PDF/I6A08.pdf.

Boléo, João Paulo de Paiva, org. 2010. *Quim e Manecas 1915-1918. Stuart Carvalhais*. Lisboa: Edições Tinta-da-china.

Câmara, Leal da. 1917. Texto em *Arte e Guerra*. [Desdobrável]. Porto: Société Amicale Franco-Portugaise.

Cardoso, Isabel Lopes. 2013. «EILT! Eilt sehr! Novas possibilidades de leitura da obra de Emmerico Nunes». In *Eilt! Obra perdida/ Lost Work. Emmerico Nunes*, concepção Isabel Lopes Cardoso e José Pedro Carvalheiro. Lisboa: Fundação Calouste Gulbenkian. 12-22.

Castro, Bernardino, *et al.* 2015. *Barros Basto: o Capitão nas trincheiras*. Porto e Amarante: Centro Português de Fotografia, Câmara Municipal de Amarante.

Cidade, Hernâni. 1933. «Portugal na Guerra Mundial: 1914-1918»: In *História de Portugal*, dir. Damião Peres. Barcelos. Vol. 8: 491-522.

Correia, Sílvia. 2009. «A memória da guerra». In *História da Primeira República Portuguesa*, coord. Fernando Rosas e Maria Fernanda Rollo. Lisboa: Edições Tinta-da-china. 349-370.

___, 2010. *Políticas da Memória da I Guerra Mundial em Portugal 1918-1933. Entre a experiência e o mito*. Tese de Doutoramento em História Política e Institucional Contemporânea. Faculdade de Ciências Sociais e Humanas da Universidade Nova de Lisboa.

___, 2015. *Entre a Morte e o Mito. Políticas da Memória da I Guerra Mundial (1918-1933)*. Lisboa: Temas e Debates, Círculo de Leitores.

Dias, Fernando Rosa. 2011. *Ecos Expressionistas na Pintura Portuguesa Entre-Guerras (1914-1940)*. Lisboa: Campo da Comunicação.

Dias, Luís Augusto Costa. 2016. «"Traição dos intelectuais" portugueses?». In *Os intelectuais portugueses e a Guerra, 1914-1918*, orient. cient. Luís Augusto Costa Dias. Lisboa: BNP. 17-42.

Dix, Steffen, org. 2015. *1915 – O Ano do Orpheu*. Lisboa: Edições Tinta-da-china.

Duarte, António Paulo. 2014. «Jovens Turcos». In *Dicionário de História da I República e do Republicanismo*, coord. geral Maria Fernanda Rollo. Lisboa: Assembleia da República. Vol. 2: 541-545.

Elias, Margarida Maria Almeida de Campos Rodrigues de Moura. 2011. *Columbano no seu Tempo (1857-1929)*. Tese de Doutoramento em História da Arte Contemporânea (Séculos xix-xx). Faculdade de Ciências Sociais e Humanas da Universidade Nova de Lisboa.

Esquível, Patrícia. 2007. *Teoria e crítica de arte em Portugal (1921-1940)*. Col. Teses, 5. Lisboa: Edições Colibri, IHA-Estudos de Arte Contemporânea.

Falcão, Cor. Conde, org. 1998. *Imagens da I Guerra Mundial*. Lisboa: Exército Português.

Ferreira, Paulo. 1981 (1972). *Correspondance de quatre artistes portugais. Almada-Negreiros, José Pacheco, Souza-Cardoso, Eduardo Viana avec Robert et Sonia Delaunay*. 2.ª edição. Paris: Presses Universitaires de France.

Florentino, Maria Raquel, dir. 1993. *Christiano Cruz (1892-1951). Retrospectiva*. Lisboa: Câmara Municipal, Museu da Cidade.

Fraga, Luís M. Alves de. 2000. «Augusto Casimiro: militar, cidadão e escritor». In *IX Colóquio «Os militares na sociedade portuguesa». Actas*. Lisboa: Comissão Portuguesa de Militar. 313-356.

França, José-Augusto. 1975. «O impressionismo e a pintura portuguesa». *Colóquio/Artes* 22 (Abril): 11-23.

___, 1990 (1967). *A Arte em Portugal no século xix*. 3.ª edição. Lisboa: Bertrand Editora. 2 vols.

___, 1991 (1974). *A Arte em Portugal no século xx (1911-1961)*. 3.ª edição. Lisboa: Bertrand Editora.

___, 1996. *Museu Militar. Pintura e escultura*. Lisboa: Comissão Nacional para as Comemorações dos Descobrimentos Portugueses.

___, 2004. *História da Arte em Portugal. O Modernismo (Século xx)*. Lisboa: Editorial Presença.

Godinho, Vitorino Magalhães. 2005. *Vitorino Henriques Godinho (1878-1962). Pátria e República*. Col. Parlamento, 18. Lisboa: Assembleia da República, Publicações Dom Quixote.

Gomes, Inês Vieira. 2010. *Sociedade Cooperativa de Gravadores Portugueses: O renascimento da gravura em Portugal*. Dissertação de Mestrado em História da Arte Contemporânea. Faculdade de Ciências Sociais e Humanas da Universidade Nova de Lisboa.

Guimarães, Fernando. 1988. *Poética do Saudosismo*. Col. Biblioteca de Textos Universitários, 94. Lisboa: Editorial Presença.

Henriques, Paulo, coord. 1995. *Carlos Bonvalot 1893-1934*. Lisboa: Instituto Português de Museus.

Janeiro, Helena Pinto. 2013. «The People in Arms in the People's Entertainment: Cinema and Political Propaganda in Portugal (1916-1917)». *E-Journal of Portuguese History* 2, vol. 11 (Winter): 50-73. Consultado 25 Junho 2015. http://www.brown.edu/Departments/Portuguese_Brazilian_Studies/ejph/html/issue22/pdf/v11n2a04.pdf.

Fontes e Bibliografia

LAPA, Pedro, org. 2007. *Columbano Bordalo Pinheiro 1874-1900*. Lisboa: Instituto Português de Museus.

___, e Maria de Aires Silveira, org. 2010. *Arte Portuguesa do Século XIX. 1850-1910*. Lisboa: Museu Nacional de Arte Contemporânea-Museu do Chiado, Leya.

___, e Emília Tavares, org. 2011. *Arte Portuguesa do Século XX. 1910-1960*. Lisboa: Museu Nacional de Arte Contemporânea-Museu do Chiado, Leya.

LEAL, Ernesto Castro. 2000. «Narrativas e imaginários da 1.ª Grande Guerra. «O Soldado-Saudade» português nos "nevoeiros de morte"». *Revista de História das Ideias* 21: 441-460.

LEAL, Joana Cunha. 2010. «Uma entrada para *Entrada*. Amadeo, a historiografia e os territórios da pintura». *Intervalo* 4: 138-158. Lisboa: Edições Vendaval.

___, 2013. «Trapped Bugs, Rotten Fruits and Faked Collages: Amadeo Souza Cardoso's Troublesome Modernism». *Konsthistorisk Tidskrift/Journal of Art History* 82, 2: 99-114.

LEANDRO, Sandra. 2007. «O mito do recriador: Luciano Freire e os trabalhos de conservação e restauro da "Pintura Antiga"». In *40 anos do Instituto José de Figueiredo*, dir. Ana Isabel Seruya e Mário Pereira. Lisboa: Instituto Português de Conservação e Restauro. 65-81.

LISBOA, Maria Helena. 2007. *As Academias e Escolas de Belas-Artes e o Ensino Artístico (1836-1910)*. Col. Teses, 1. Lisboa: Edições Colibri, IHA-Estudos de Arte Contemporânea.

MACEDO, Diogo de. [1945]. «A Arte nos séculos XIX e XX». In *Arte Portuguesa: Pintura*, dir. João Barreira. Lisboa: Edições Excelsior. 357-452.

___, 1954. *Veloso Salgado. Luciano Freire*. Col. Museum, 4. Lisboa: Museu Nacional de Arte Contemporânea.

MARIANO, Fátima. 2017. «Américo Olavo: o homem, o militar, o político e o revolucionário». Estudo introdutório de *Na Grande Guerra*, por Américo Olavo. Viseu e Lisboa: Quartzo Editora, DHCM/Exército. 7-44.

MARQUES, Isabel Pestana. 2002. *Os portugueses nas trincheiras. Um quotidiano de guerra*. Lisboa: Comissão Portuguesa de História Militar.

___, 2008. *Das trincheiras, com saudade. A vida quotidiana dos militares portugueses na Primeira Guerra Mundial*. Lisboa: A Esfera dos Livros.

MARTINS, Dorbalino dos Santos, coord. 1995. *Estudo de pesquisa sobre a intervenção portuguesa na 1.ª Guerra Mundial (1914-1918) na Flandres (Colectânea de documentação)*. Lisboa: Estado-Maior do Exército, Direcção de Documentação e História Militar.

MARTINS, Fernando Cabral, coord. 2008. *Dicionário de Fernando Pessoa e do Modernismo Português*. Lisboa: Editorial Caminho.

MARTINS, General Ferreira, dir. 1934 e 1938. *Portugal na Grande Guerra*. Lisboa: Editorial Ática. Vols. 1 e 2.

MATOS, Francisco, *et al*. 1998. *José Luís Monteiro. Marcos de um percurso*. Lisboa: Câmara Municipal.

MENESES, Filipe Ribeiro de. 2000. *União Sagrada e Sidonismo. Portugal em guerra, 1916-18*. Lisboa: Edições Cosmos.

___, 2004. *Portugal 1914-1926. From the First World War to Military Dictatorship.* Bristol: HiPLA Monographs.

___, 2009. «Intervencionistas e anti-intervencionistas». In *História da Primeira República Portuguesa*, coord. Fernando Rosas e Maria Fernanda Rollo. Lisboa: Edições Tinta-da-china. 267-276.

___, 2015. *A Grande Guerra de Afonso Costa.* Lisboa: Publicações Dom Quixote.

MORGADO, Carlos. 2006. «Christiano Cruz – o outro lado do espelho». *Artis* 5 (Dezembro): 327-357.

NAZARÉ, Leonor. 2010. «O devir comum». In *Res Publica: 1910 e 2010 face a face*, coord. Leonor Nazaré e Rita Lopes Ferreira. Lisboa: Fundação Calouste Gulbenkian. 31-56.

NOBRE, Cristina. 2005. *Afonso Lopes Vieira. A reescrita de Portugal.* Lisboa: Imprensa Nacional-Casa da Moeda. 2 vols.

___, 2011. «A apreensão da poesia de Afonso Lopes Vieira *Ao Soldado Desconhecido (morto em França)*, 1921». In *Affonso Lopes Vieira na correspondência e imprensa da época.* Leiria: Imagens & Letras. 127-147.

NOVAIS, Noémia da Encarnação Padilha Malva. 2013. *A Imprensa Portuguesa e a Guerra. 1914-1918. O jornais intervencionistas e anti-intervencionistas. A acção da censura e da propaganda.* Tese de Doutoramento em Ciências da Comunicação. Faculdade de Ciências Sociais e Humanas da Universidade Nova de Lisboa.

O'NEILL, Rosemary. 1999. «Modernist Rendez-vous: Amadeo de Souza Cardoso and the Delaunays». In *At the Edge: A Portuguese Futurist. Amadeo de Souza Cardoso*, dir. Lourdes Simões de Carvalho. Lisboa: Ministério da Cultura; Gabinete das Relações Internacionais. 61-77.

PASCOAES, Teixeira de. 1991 (1915). *Arte de Ser Português.* Pref. Miguel Esteves Cardoso. Lisboa: Assírio & Alvim.

PEREIRA, José Carlos Seabra. 2001. *«Poesia urgente "Na límia duma Idade Nova"».* *Prefácio a Obra poética*, por Augusto Casimiro. Lisboa: Imprensa Nacional-Casa da Moeda. 7-40.

___, 2004. *Do Fim-de-século ao Modernismo.* Sétimo volume de *História Crítica da Literatura Portuguesa*, coord. Carlos Reis. 2.ª edição. Lisboa: Editorial Verbo.

___, 2010. *O tempo republicano da literatura portuguesa.* Parte integrante de *Colóquio/Letras* 175 (Setembro-Dezembro). Lisboa: Fundação Calouste Gulbenkian.

RAMOS, Rui. 1994. *A Segunda Fundação (1890-1926).* Sexto volume de *História de Portugal*, dir. José Mattoso. Lisboa: Círculo de Leitores.

REIS, António. 2014a. «Homens Livres». In *Dicionário de História da I República e do Republicanismo*, coord. geral Maria Fernanda Rollo. Lisboa: Assembleia da República. Vol. 2: 325-326.

___, 2014b. «Seara Nova (Grupo)». In *Dicionário de História da I República e do Republicanismo*, coord. geral Maria Fernanda Rollo. Lisboa: Assembleia da República. Vol. 3: 761-764.

RIBEIRO, Aquilino. 1975 (1951). *Leal da Câmara. Vida e Obra.* Lisboa: Livraria Bertrand.

RODRIGUES, António. 1989. *Christiano Cruz. Cenas de Guerra.* Lisboa: Quetzal Editores.

RODRIGUES, Francisco Amado, e Mariana Jacob Teixeira. 2012. *Museus Militares do Exército. Um modelo de gestão em rede.* Lisboa: Edições Colibri.

Rollo, Maria Fernanda, coord. geral. 2013. *Dicionário de História da I República e do Republicanismo*. Lisboa: Assembleia da República. Vol. 1.

___, 2014a. *Dicionário de História da I República e do Republicanismo*. Lisboa: Assembleia da República. Vol. 2.

___, 2014b. *Dicionário de História da I República e do Republicanismo*. Lisboa: Assembleia da República. Vol. 3.

Rosas, Fernando, e Maria Fernanda Rollo, coord. 2009. *História da Primeira República Portuguesa*. Lisboa: Edições Tinta-da-china.

Saldanha, Nuno. 1995. *Poéticas da Imagem. A Pintura nas Ideias Estéticas da Idade Moderna*. Lisboa: Editorial Caminho.

___, 2010. *José Malhoa. Tradição e Modernidade*. Lisboa: Scribe.

Santos, Mariana Pinto dos, ed. 2017. *José de Almada Negreiros: Uma maneira de ser moderno*. Lisboa: Fundação Calouste Gulbenkian, Documenta.

Santos, Rui Afonso. 2010. «Simbolismos». In *Arte Portuguesa do Século XIX. 1850-1910*, org. Pedro Lapa e Maria de Aires Silveira. Lisboa: Museu Nacional de Arte Contemporânea-Museu do Chiado, Leya. XCIII-CII.

___, e Cristina Azevedo Tavares. 1999. *Veloso Salgado. 1864-1945*. Lisboa: Instituto Português de Museus.

Silva, Manuela Parreira da. 2010a. «A República dos modernistas». *Colóquio/Letras* 175 (Setembro/Dezembro): 30-44.

Silva, Raquel Henriques da, coord. 1993. *Silva Porto 1850-1893. Exposição comemorativa do centenário da sua morte*. Porto: Instituto Português de Museus, Museu Nacional de Soares dos Reis.

___, et al. 1994. *Museu do Chiado. Arte Portuguesa 1850-1950*. Lisboa: Instituto Português de Museus.

___, 1995a. «Romantismo e pré-naturalismo». In *História da Arte Portuguesa*, dir. Paulo Pereira. Lisboa: Círculo de Leitores. Vol. 3: 329-353.

___, 1995b. «Sinais de ruptura: "livres" e humoristas». In *História da Arte Portuguesa*, dir. Paulo Pereira. Lisboa: Círculo de Leitores. Vol. 3: 369-405.

___, 2009. «Carlos Bonvalot: a pintura como celebração da memória e da paisagem». In *Cascais de Carlos Bonvalot*, coord. José António Proença. Cascais: Câmara Municipal. 12-29.

___, 2010b. «Silva Porto e a pintura naturalista». 2010. In *Arte Portuguesa do Século XIX. 1850-1910*, org. Pedro Lapa e Maria de Aires Silveira. Lisboa: Museu Nacional de Arte Contemporânea-Museu do Chiado, Leya. LII-LXIII.

___, 2010c. «A Pintura em Portugal na Década de 1910». In *Caminhos e Identidades da Modernidade: 1910, o Edifício Chiado em Coimbra. Actas*. Coimbra: Câmara Municipal. 33-51.

Silveira, Carlos. 2014c. «Quixote nas trincheiras». Prefácio a *Nas trincheiras da Flandres (1917)*, por Augusto Casimiro. Viseu e Lisboa: Quartzo Editora, DHCM/Exército. 9-22.

___, 2015e. «Compromisso e rebeldia. As artes durante a Grande Guerra». In *Portugal e a Grande Guerra*, coord. Maria Fernanda Rollo. Lisboa: Assembleia da República. 205-213.

___, 2015g. «Garcez, Arnaldo». In *1914-1918-online. International Encyclopedia of the First World War*, edited by Ute Daniel, Peter Gatrell, Oliver Janz, Heather Jones, Jennifer Keene, Alan Kramer and Bill Nasson. Issued by Freie Universität Berlin, 18 December 2015. Consultado 13 Janeiro 2016. DOI: http://dx.doi.org/10.15463/ ie1418.10790.

Silveira, Maria de Aires. 2007. «A pintura de história e o imaginário camoneano». In *Columbano Bordalo Pinheiro 1874-1900*, org. Pedro Lapa. Lisboa: Instituto Português de Museus. 194-213.

___, coord. 2010. *Columbano*. Lisboa: MNAC-MC, Leya.

Soares, Marta de Almeida Loução. 2014. *Amadeo e Orpheu: para o desenvolvimento das relações entre Amadeo de Souza-Cardoso e a revista* Orpheu. Dissertação de Mestrado em História da Arte Contemporânea. Faculdade de Ciências Sociais e Humanas da Universidade Nova de Lisboa.

___, e Raquel Henriques da Silva, orient. científica. 2016. *Amadeo de Souza-Cardoso. Porto – Lisboa, 2016 – 1916*. Porto: Museu Nacional Soares dos Reis, Blue Book.

Sousa, João Silva de. 1984. *Leal da Câmara. Um artista contemporâneo*. Lisboa: Livros Horizonte.

Sousa, Osvaldo de. 1993. «O homem, o modernismo, o mito». In *Christiano Cruz (1892--1951). Retrospectiva*, dir. Maria Raquel Florentino. Lisboa: Câmara Municipal, Museu da Cidade. 7-22.

Sousa, Osvaldo Macedo de. 2014. *Menezes Ferreira – Capitão de Artes*. Lisboa: Câmara Municipal, Museu Bordalo Pinheiro.

Tavares, Cristina Azevedo. 1999. *Naturalismo e Naturalismos na Pintura Portuguesa do Século xx e a Sociedade Nacional de Belas-Artes*. Tese de doutoramento em História da Arte. Faculdade de Ciências Sociais e Humanas da Universidade Nova de Lisboa. 2 vols.

Teixeira, Nuno Severiano. 1996. *O Poder e a Guerra 1914-1918. Objectivos nacionais e estratégias políticas na entrada de Portugal na Grande Guerra*. Col. Histórias de Portugal, 25. Lisboa: Editorial Estampa.

Telo, António José, e Pedro Marquês de Sousa. 2016. *O CEP. Os militares sacrificados pela má política*. Porto: Fronteira do Caos Editores.

Trindade, Luís. 2010. «A vanguarda das letras». In *25 olhares sobre a I República. Do republicanismo ao 28 de Maio*, ed. Isabel Salema e Manuel Carvalho. Lisboa: Público, Comunicação Social. 222-230.

Vasconcelos, Ana, coord. 2015. *O Círculo Delaunay*. Lisboa: Centro de Arte Moderna, Fundação Calouste Gulbenkian.

Vicente, António Pedro. 2000. *Arnaldo Garcez. Um repórter fotográfico na 1ª Grande Guerra*. Porto: Centro Português de Fotografia.

Vila-Moura, Visconde de. 1926. *Texto em Desenhos de Carlos Carneiro*. Lisboa.

Vilhena, Henrique de. 1945. *A vida do pintor Manuel Jardim*. Lisboa: Editorial Império. Vol. 1 (2 vols.).

Imprensa e publicações periódicas:

Diario do Governo. N.º 56. 10 Março 1911 [Lei do Recrutamento].

Diário do Govêrno. I Série. N.º 180. 19 Outubro 1917 [Decreto n.º 3468].

Diário do Govêrno. I Série. N.º 49. 13 Março 1918 [Decreto n.º 3920].

«Uma pagina da guerra. Horas-vagas de um soldado». *Contemporanea.* Numero specimen [1915]: 14-15.

A Águia. 2.ª série. Número temático «Portugal e a Guerra». N.º 52-53-54 (Abril, Maio, Junho 1916).

Portugal na Guerra. Revista quinzenal ilustrada (1917).

«A caricatura e a guerra». *O Comércio do Porto.* 31 Março 1917.

«A conferencia de Leal da Camara». *O Primeiro de Janeiro.* 31 Março 1917.

«A propaganda da guerra». *A Capital.* 5 Agosto 1917: 1.

«A exposição photographica dos exercitos alliados em Paris». *Portugal na Guerra* 6 (Novembro 1917): 14.

«O povo português é que fez o seu exército. Palavras do Sr. Ministro da Guerra». *Atlantida* 25 (15 Novembro 1917): 19-21.

«A espada e o lapis. Um caricaturista nas trincheiras. A vitória do bom humor». *Diario de Noticias.* 19 Maio 1919.

«Exposição Menezes Ferreira». *Ilustração Portugueza* 696 (23 Junho 1919): 489-490.

«A conferencia de hontem. Portugal na guerra». *O Século.* 19 Agosto 1919: 2.

«Os que morreram pela Patria. Como marcar as suas gloriosas sepulturas» [entrevista com Vitorino Godinho]. *Diario de Noticias.* 6 Julho 1920: 1.

«Renovação literaria. O que vai ser a "Seara Nova"». *Diario de Lisbôa.* 30 Maio 1921: 4.

«O esforço portuguez nos campos de batalha. A Comissão Central dos Padrões da Grande Guerra aprovou hontem, por unanimidade, o segundo relatorio da Comissão Executiva». *O Século.* 29 Julho 1923: 1.

«Vida artistica. Uma exposição de pintura, na Sociedade Nacional de Belas Artes, que merece ser visitada». *O Século.* 19 Dezembro 1927: 3.

A Guerra. Revista mensal, orgão da Liga dos Combatentes (1926-1931).

ALVES, João. 1956. «Os pintores de 1900». *Lusíada* 9 (Dezembro): 4-26.

BARROS, João de. 1915. «Os Escritores Portugueses e a Guerra». *O Mundo.* 10 Julho: 1.

___, 1916. «Os Artistas e a Guerra». *A Águia* 52-53-54. 2.ª série (Abril-Maio-Junho): 138.

CARVALHO, Manuel. 2014a. «Os "filhos espúrios" que a República enviou para o Niassa». *Público.* Suplemento *I Grande Guerra 1914-2014.* 30 Julho: 2-6.

___, 2014b. «Nevala. Um forte longe demais». *Público.* Suplemento *I Grande Guerra 1914-2014.* 2 Agosto: 2-6.

CASIMIRO, Augusto. 1919. «O 9 de Abril». *A Vitória.* 4 Setembro: 1.

CASTRO, Augusto de. 1917. «Paisagens da Guerra (Uma visita à exposição fotográfica das Tulherias)». *Atlantida* 26 (15 Dezembro): 304-307.

CHRISTO FILHO, Homem. 1926. «Página de Paris. Uma curiosa entrevista com Theodoro Roosevelt. Os pintores portuguezes na capital franceza». *Diario de Lisbôa.* 24 Fevereiro: 3.

CORTESÃO, Jaime. 1920a. «A cruz do sacrificio. Às familias dos mortos gloriosos. A Comissão Portuguesa das Sepulturas de Guerra. Não morreu a alma heroica de Portugal». *Diario de Noticias*. 8 Julho: 1.

___, 1920b. «Os mortos portugueses voltaram a espalhar-se por todo o mundo. Os trabalhos da comissão de sepulturas. Os Cemiterios de Guerra. Os nossos mortos defendem Portugal nas sepulturas». *Diario de Noticias*. 11 Julho: 1.

___, 1920c. «Os que morreram, depois de feridos, na batalha de Lys. O velho padrão das Descobertas. O pincel de Sousa Lopes numa sala dos Invalidos. Os mortos acusam». *Diario de Noticias*. 4 Setembro: 1.

___, 1926. «A literatura da Grande Guerra I. Portugal e o estrangeiro». *A Guerra* 4: 9 Abril. 24-25.

COSTA, Cunha e. 1919. «Sidonio Paes». *A Epoca*. 27 Julho: 1.

GODINHO, Vitorino Magalhães. 2000. «A I Grande Guerra e a República Portuguesa». *História* 28 (Setembro): 10-21.

GOMES, Sérgio B. 2014. «Fotografia da I Guerra. O capitão Barros Basto escondia um segredo». *Público*. Revista 2. 16 Novembro: 26-31.

GONÇALVES, Rui Mário. 1995. «Presença de Cézanne na pintura portuguesa. De Eduardo Viana a Fernando de Azevedo». *JL. Jornal de Letras, Artes e Ideias* 652 (11 Outubro): 14-15.

MORENO, Garcia. 1919. «Portugal na Guerra. O 9 de Abril». *A Epoca*. 30 Agosto: 1.

NAZARIO, M. Silva. 1926. «Sepulturas de Guerra». *A Guerra* 2 (1 Fevereiro): 8-9.

PASCOAES, Teixeira de. 1912a. «Renascença». *A Águia* 1. 2.ª série (Janeiro): 1-3.

___, 1912b. «Ainda o Saudosismo e a "Renascença"». *A Águia* 12. 2.ª série (Dezembro): 185-187.

___, 1914. «Portugal e a Guerra e a Orientação das Novas Gerações». *A Águia* 36. 2.ª série (Dezembro): 161-168.

___, 1916. «A Guerra». *A Águia* 52-53-54. 2.ª série (Abril-Maio-Junho): 109-111.

PINTO, Manoel de Sousa. 1919. «Crónica da Arte. Desenhos do C.E.P. pelo capitão Menezes Ferreira». *Atlantida* 39 (Junho): 362-363.

SEPÚLVEDA, Torcato. 1994. «As contradições dos futuristas portugueses». *Público* (ed. Lisboa). 9 Setembro: 10-11.

SÉRGIO, António. 1915. «Carta a um amigo sobre a guerra». *A Águia* 38. 2.ª série (Fevereiro): 76-80.

SILVEIRA, Carlos. 2014d. «A pintura na frente de batalha. Visões apocalípticas». *Jornal de Letras, Artes e Ideias* 1145 (20 Agosto a 2 Setembro): 11-12.

VALLE, José do. 1916. «Romaria patriotica. Junto do mosteiro da Batalha». *O Mundo*. 25 Agosto: 1-2.

2.3. Sousa Lopes

Estudos:

ALMEIDA, Fialho d'. 1925a. «Concurso às Pensões Valmor». In *Vida errante (livro postumo)*. Lisboa: Livraria Clássica Editora. 61-77.

___, 1925b. «Exposição de provas finaes na Academia de Bellas Artes». In *Vida errante (livro postumo)*. Lisboa: Livraria Clássica Editora. 121-130.

___, 1925c. «Exposição dos trabalhos dos alumnos de Bellas Artes». In *Vida errante (livro postumo)*. Lisboa: Livraria Clássica Editora. 131-145.

BÉNÉZIT, E. 1966. «Souza Lopes (Adriano)». In *Dictionnaire critique et documentaire des Peintres, Sculpteurs, Dessinateurs et Graveurs de tous les temps et de tous les pays par un group d'écrivains spécialistes français et étrangers*. Paris: Éditions Gründ. Vol. 8: 38.

CANDEIAS, Ana Filipa. 2010. Adriano de Sousa Lopes. Biografia. Consultado em 16 Junho 2011. http://www.cam.gulbenkian.pt/index.php?headline=102&visual=2&langId=1&q=S.

FIGUEIREDO, José de. 1917. «O pintor Sousa Lopes». In *Exposição Sousa-Lopes. Pintura a oleo, desenho, agua-forte*. Lisboa: Tipografia «A Editora Lda.». 13-26.

___, 1927. Prefácio a *Exposição Sousa Lopes*. Lisboa: Imp. Libanio da Silva.

FRANÇA, José-Augusto. 1973. «Sousa Lopes». In *Dicionário da Pintura Universal*, org. Mário Tavares Chicó, Armando Vieira Santos e José-Augusto França. Lisboa: Editorial Estúdios Cor. Vol. 3, Pintura portuguesa: 388-390.

MACEDO, Diogo de. 1953. *Sousa Lopes. Luz e côr*. Col. Museum, 2. Lisboa: Museu Nacional de Arte Contemporânea.

MATIAS, Margarida Garrido Marques. 1980. «Sousa Lopes – pintor». In *Sousa Lopes*. Lisboa: Fundação Calouste Gulbenkian.

PAMPLONA, Fernando de. 2000 (1957). «Sousa Lopes». In *Dicionário de pintores e escultores portugueses ou que trabalharam em Portugal*. 4.ª edição. Porto: Livraria Civilização Editora. Vol. 5: 248-249.

PARENTE, José Maria de, e Fernanda Maria Moreira do Vale. 2000. «Peintures et dessins de la Grande Guerre 1914-1918, dans les collections du Museu Militar de Lisbonne». In *Peindre la Grande Guerre 1914-1918*, coord. Frédéric Lacaille. Col. Cahiers d'études et de recheches du musée de l'Armée 1. Paris: Musée de l'Armée. 169-180.

PEREZ, Maria Felisa Henriques Pereira. 2012. *Adriano de Sousa Lopes, director do Museu Nacional de Arte Contemporânea: Entre a continuidade e a mudança*. Dissertação de Mestrado em Museologia. Faculdade de Ciências Sociais e Humanas da Universidade Nova de Lisboa.

SANTOS, Manuel Farinha dos. 1961. *O Pintor Sousa Lopes*. Trabalho final do curso de Conservador dos Museus e Palácios Nacionais.

___, 1962. «O Pintor Sousa Lopes». In *Sousa Lopes. Exposição de homenagem à memória do mestre pintor Adriano de Sousa Lopes*. Lisboa: Liga dos Combatentes, Fundação Calouste Gulbenkian. 14-63.

SANTOS, Reynaldo dos. 1934. Prefácio a *Catalogo da exposição de pintura a fresco de Sousa Lopes*. Lisboa: Imprensa Libanio da Silva.

___, 1962. Prefácio a *Sousa Lopes. Exposição de homenagem à memória do mestre pintor Adriano de Sousa Lopes*. Lisboa: Liga dos Combatentes, Fundação Calouste Gulbenkian. 11-12.

SANTOS, Vítor Manuel Fernandes dos. 2006. *O desenho de guerra de Adriano de Sousa Lopes*. Dissertação de Mestrado em Desenho. Faculdade de Belas-Artes da Universidade de Lisboa. 2 vols.

SILVA, Raquel Henriques da. 1994. «Adriano Sousa Lopes». In *Museu do Chiado. Arte Portuguesa 1850-1950*, coord. Raquel Henriques da Silva, Pedro Lapa e Maria de Aires Silveira. Lisboa: Instituto Português de Museus. 183.

SILVEIRA, Carlos. 1999. *Sousa Lopes na Grande Guerra. Estudo histórico-iconográfico a partir das telas do Museu Militar.* Trabalho final de licenciatura em História – variante História da Arte. Faculdade de Letras da Universidade de Lisboa.

___, 2009. «*A rendição* de Sousa Lopes, o quadro do 9 de Abril». Texto escrito no âmbito do colóquio internacional *From the trenches to Versailles: War and Memory (1914-1919)*, Lisboa, Reitoria da Universidade Nova de Lisboa, 22-27 Junho. (Comunicação apresentada em 25 Junho: «Imagens para o 9 de Abril: Sousa Lopes na Grande Guerra».)

___, 2010a. «Um pintor nas trincheiras». In *25 Olhares sobre a I República. Do republicanismo ao 28 de Maio*, ed. Isabel Salema e Manuel Carvalho. Lisboa: Público, Comunicação Social. 174-183.

___, 2010b. «Sousa Lopes, Adriano de». In *Arte Portuguesa do Século XIX: 1850-1910*, coord. Pedro Lapa e Maria de Aires Silveira. Lisboa: MNAC-MC, Leya. 327.

___, 2014a. «Lopes, Adriano de Sousa (1879-1944)». In *Dicionário de História da I República e do Republicanismo*, coord. geral Maria Fernanda Rollo. Lisboa: Assembleia da República. Vol. 2: 707-708.

___, 2014b. «Museu Militar de Lisboa». In *Dicionário de História da I República e do Republicanismo*, coord. geral Maria Fernanda Rollo. Lisboa: Assembleia da República. Vol. 2: 1066-1068.

___, 2015b. «Um "pintor-poeta" entre Lisboa e o Bairro Latino». In *Adriano de Sousa Lopes 1879-1944. Efeitos de luz*, coord. Maria de Aires Silveira e Carlos Silveira. Lisboa: MNAC-MC, Imprensa Nacional-Casa da Moeda. 13-24.

___, 2015c. «Nas trincheiras da Flandres». In *Adriano de Sousa Lopes 1879-1944. Efeitos de luz*, coord. Maria de Aires Silveira e Carlos Silveira. Lisboa: MNAC-MC, Imprensa Nacional-Casa da Moeda. 77-87.

___, 2015d. «A epopeia do quotidiano: obras desaparecidas». In *Adriano de Sousa Lopes 1879-1944. Efeitos de luz*, coord. Maria de Aires Silveira e Carlos Silveira. Lisboa: MNAC-MC, Imprensa Nacional-Casa da Moeda. 207-212.

___, 2015f. «Sousa Lopes, Adriano de». In *1914-1918-online. International Encyclopedia of the First World War*, edited by Ute Daniel, Peter Gatrell, Oliver Janz, Heather Jones, Jennifer Keene, Alan Kramer and Bill Nasson. Issued by Freie Universität Berlin, 18 December 2015. Consultado 13 Janeiro 2016. DOI: http://dx.doi.org/10.15463/ie1418.10789.

___, 2016. *Adriano de Sousa Lopes (1879-1944). Um pintor na Grande Guerra.* Tese de Doutoramento em História da Arte, especialização em Museologia e Património Artístico. Faculdade de Ciências Sociais e Humanas da Universidade Nova de Lisboa.

___, 2018. «A Paroxysm of Battle Painting. Adriano de Sousa Lopes and the Great War». In *Constructing the Memory of War in Visual Culture since 1914. The Eye on War*, ed. Ann Murray. Londres: Routledge.

SILVEIRA, Maria de Aires. 1994a. «O caçador de águias». In *Museu do Chiado. Arte Portuguesa 1850-1950*, coord. Raquel Henriques da Silva, Pedro Lapa, Maria de Aires Silveira. Lisboa: Instituto Português de Museus. 184.

___, 1994b. «Portugal na Grande Guerra. Uma encruzilhada perigosa; Uma sepultura portuguesa na terra de ninguém». In *Museu do Chiado. Arte Portuguesa 1850--1950*, coord. Raquel Henriques da Silva, Pedro Lapa, Maria de Aires Silveira. Lisboa: Instituto Português de Museus. 192.

___, e Carlos Silveira, coord. 2015a. *Adriano de Sousa Lopes 1879-1944. Efeitos de luz*. Lisboa: MNAC-MC, Imprensa Nacional-Casa da Moeda.

SIMAS, Helena Isabel Feijoca de Sousa. 2002a. *A pintura de Adriano de Sousa Lopes e o seu pré-modernismo*. Dissertação de Mestrado em Teorias da Arte. Faculdade de Belas-Artes da Universidade de Lisboa. 2 vols.

___, 2002b. «Sousa Lopes: A série de águas fortes sobre a I Guerra». *Arte Teoria* 3: 104-113.

VIEIRA, Afonso Lopes. 1917. «Duas palavras de um camarada». In *Exposição Sousa-Lopes. Pintura a oleo, desenho, agua-forte*. Lisboa: Tipografia «A Editora Lda.». 27-29.

___, 1927. Prefácio a *Exposição Sousa Lopes*. Lisboa: Imp. Libanio da Silva.

___, 1934. Prefácio a *Catalogo da exposição de pintura a fresco de Sousa Lopes*. Lisboa: Imprensa Libanio da Silva.

Imprensa e publicações periódicas:

«Vida artistica. Um quadro de Adriano de Sousa Lopes». *O Seculo*. 1 Agosto 1906.

«Vida artistica. As «Ondinas» por Adriano de Sousa Lopes». *O Seculo*. 3 Outubro 1908.

«Artistas portuguezes no «front». O que nos diz o ilustre pintor sr. Veloso Salgado sobre o assunto». *O Seculo*. Edição da noite. 3 Março 1917: 1.

«Vida artistica. Um grande pintor. Adriano de Sousa Lopes». *A Capital*. 9 Março 1917: 1-2.

«Vida artistica. Exposição Sousa Lopes». *Diario de Noticias*. 11 Março 1917: 1.

«Arte na guerra. Um pintor portuguez que vae para a frente portugueza». *O Seculo*. Edição da noite. 12 Março 1917: 1.

«Nos campos de batalha. A guerra e a arte. Um pintor portuguez, o sr. Sousa Lopes, reproduzirá os factos principaes da nossa intervenção militar». *O Seculo*. Edição da noite. 17 Março 1917: 1.

«Um bello serão de arte em favor da assistencia aos soldados. Na Exposição Sousa Lopes – A allocução de Affonso Lopes Vieira». *A Capital*. 29 Março 1917: 2.

«Portugal e os imperios centrais. Na Sociedade Nacional de Belas Artes». *Diario de Noticias*. 29 Março 1917: 1.

«Um serão de arte». *O Seculo*. Edição da noite. 29 Março 1917: 1.

«Uma obra de arte. Um retrato a carvão desenhado pelo ilustre pintor Sousa Lopes». *O Seculo*. Edição da noite. 12 Abril 1917: 1.

«Em beneficio das vitimas da guerra». *O Seculo*. Edição da noite. 20 Abril 1917: 1.

«O Serão de arte na exposição Sousa Lopes». *O Seculo*. Edição da noite. 4 Maio 1917: 1.

«Quadros da Grande Guerra. A obra do pintor Sousa Lopes. Uma palestra com o artista sobre o destino que virão a ter os seus valiosos e sugestivos trabalhos». *O Seculo*. 1 Setembro 1919: 1.

«Portugal na Guerra. Uma carta do ilustre poeta Afonso Lopes Vieira». *Diario de Lisbôa*. 28 Abril 1921: 4.

«Notas de Paris. O pintor Sousa Lopes honrando a nossa arte em França». *Diario de Noticias*. 19 Abril 1923: 1.

«Les mondanités». *Le Gaulois* (Paris). 12 Mai 1923: 2.

«A exposição Sousa Lopes». *A Capital*. 2 Janeiro 1924: 1.

«Portugal na Grande Guerra. As telas historicas de Sousa Lopes». *O Seculo*. 5 Janeiro 1924: 1.

«Vida artistica. Impressões e noticias. Artes plasticas. Os quadros de guerra de Sousa Lopes». *Diario de Noticias*. 5 Janeiro 1924: 3.

«Da Guerra… Sousa Lopes. O formidavel pintor novo expõe a sua galeria da grande hora». *A Capital*. 7 Janeiro 1924: 1.

«Sousa Lopes». *A Capital*. 10 Janeiro 1924: 1.

«Arte e artistas». *Ilustração Portugueza* 934 (12 Janeiro 1924): 48-49.

«Vida artistica. A notavel exposição dos trabalhos do pintor Sousa Lopes, na Sociedade de Belas Artes». *O Século*. 12 Março 1927: 6.

«Rotary Club de Lisboa. A arte contemporania». *Diario de Noticias*. 24 Julho 1929.

«A arte portuguesa em Paris. Sousa Lopes fala-nos do exito alcançado pela Exposição». *Diario de Lisbôa*. 16 Novembro 1931: 5.

Diário do Govêrno. I Série. N.º 48, 26 Fevereiro 1932. [Decreto n.º 20.939]

«Vida artistica. Um milagre de pintura na exposição de «frescos» de Sousa Lopes que se inaugurou hoje no Parque das Necessidades». *Diario de Lisbôa*. 26 Maio 1934: 5.

«Museu Militar. Foi aberta ao publico a nova sala da Grande Guerra». *Diario de Noticias*. 10 Março 1936: 2.

«Vida artistica. Foi mandada abrir a sala da Grande Guerra no Museu Militar». *O Século*. 10 Março 1936: 4.

«A história e a arte. A epopeia maritima e o Infante D. Henrique na obra de Adriano Sousa Lopes». *Diario de Lisbôa*. 10 Dezembro 1940: 4.

«A morte do pintor Sousa Lopes». *Diario de Lisbôa*. 21 Abril 1944: 4, 7.

«Morreu hoje de madrugada o pintor Sousa Lopes». *Diário de Notícias*. 21 Abril 1944.

«Faleceu esta madrugada o pintor Sousa Lopes». *O Século*. 21 Abril 1944.

«Mestre Sousa Lopes o pintor da guerra de 1914-18 faleceu esta madrugada». *República*. 21 Abril 1944.

«O funeral de Sousa Lopes foi muito concorrido». *Diario de Lisbôa*. 22 Abril 1944: 5, 7.

Diário do Govêrno. I Série. N.º 219, 6 Outubro 1944. [Decreto n.º 34.007]

«Sousa Lopes. Uma doação ao Estado, que presta justa homenagem à memória do ilustre artista». *Diário da Manhã*. 7 Outubro 1944.

«Saint-Floris: un grand peintre, Adriano de Sousa Lopes, a séjourné dans la commune pendant la Grand Guerre». 2015. *La Voix du Nord*, 9 Março. Consultado 14 Agosto 2015. http://www.lavoixdunord.fr/region/saint-floris-un-grand-peintre-adriano-de--sousa-lopes-a-ia30b53967n2701490.

Fontes e Bibliografia

AGUILAR, A. d'. 1907. «Portuguezes e brazileiros no Salon de 1907». *Illustração Portugueza* 66 (27 Maio): 641-646.

ARAÚJO, Norberto de. 1927. «Opiniões livres. Pagina de quinta-feira». *Diario de Lisbôa*. 5 Abril: 2.

BARATA, Jaime Martins. 1944. «Adriano de Sousa Lopes». *Revista e boletim da Academia Nacional de Belas-Artes* 13: 4-9.

BRUN, André. 1918. «A malta das trincheiras. Um pintor nas "trinchas"». *A Capital*. 15 Outubro: 1.

___, 1919. «Arte e artistas. No "atelier" de Sousa Lopes. O pintor do C.E.P. As trincheiras na téla e no desenho. O grande quadro "9 de Abril"». *Diario de Noticias*. 9 Abril: 1.

CARVALHO, Maria de. 1927. «Um grande pintor: Uma visita à exposição de Sousa Lopes». *Diario de Lisbôa*. 5 Abril: 2.

CASTRO, Augusto de. 1917. «Palavras leva-as o vento. Sousa Lopes». *O Seculo*. Edição da noite. 29 Março: 1.

CIDADE, Hernâni. 1927. «Sousa Lopes, o pintor da Grande Guerra». *O Primeiro de Janeiro*. 12 Maio: 1.

DANTAS, Júlio. 1944. «Folhetim dominical. Sousa Lopes». *O Comércio do Porto*. 30 Abril.

EÇA, Maria de. 1934. «Os "frescos" do pintor Sousa Lopes». *Ilustração* 205 (1 Julho): 16.

FERRO, António. 1927. «Um grande pintor. Inaugurou-se ontem a exposição de Sousa Lopes». *Diario de Noticias*. 13 Março: 1.

FIGUEIREDO, José de. 1924. «Norton de Matos e Sousa Lopes». *Lusitania. Revista de estudos portugueses*. Vol. 1, fasc. 1 (Janeiro): 147-149.

FIRMINO, Teresa. 2007a. «O que faz esta tela de uma procissão no Turcifal valer 125 mil euros?». *Público* (ed. Lisboa), suplemento *P2*. 7 Março: 8.

___, 2007b. «Quadro *Procissão no Turcifal*, de Sousa Lopes, volta às origens». *Público* (ed. Lisboa). 6 Julho: 19.

FRANÇA, José-Augusto. 1980. «Sousa Lopes». *Colóquio/Artes* 45 (Junho): 68.

GOMES, M. Teixeira. 1930a. «Carta a Viana de Carvalho (de Túnis a Paris)». *Seara Nova* 195 (9 Janeiro): 40-42.

___, 1930b. «Cartas ao pintor Sousa Lopes sôbre a sua arte». *Seara Nova* 210 (19 Junho): 281-283.

LIMA, José Lobo d'Avila. 1906. «Os nossos pensionistas de arte em Paris». *Illustração Portugueza* 40 (26 Novembro): 526-533.

LOPES, Adriano de Sousa. 1940. «Sousa Pinto». *Boletim da Academia Nacional de Belas-Artes* 6: 46-51.

LOPES, Joaquim. 1947. «Actualidade artística portuense. Sousa Lopes 1879-1944». *Ocidente* 106 (Fevereiro): 101-105.

MAÇA, Manuel, e Carlos Fernandes. 1986a. «Adriano de Sousa Lopes, pintor do Vidigal. A vida e a obra». *Jornal de Leiria*. 19 Junho: 10.

___, 1986b. «Sousa Lopes e a sua época». *Jornal de Leiria*. 26 Junho: 10.

MACEDO, Diogo de. 1944a. «Morreu Sousa Lopes! Morreu um Artista». *Diário de Notícias*. 23 Abril: 1.

___ 1944b. «Notas de arte: Sousa Lopes». *Ocidente* vol. 23 (Maio-Agosto): 122.

MARTINS, General Ferreira. 1944. «O pintor do C.E.P.». *República*. 24 Maio.

MENDES, Manuel. 1963. «A exposição do pintor Sousa Lopes». *Colóquio. Revista de Artes e Letras* 22 (Fevereiro): 26-32.

MIGUÉIS, Rodrigues. 1924. «Exposição Sousa Lopes». *Seara Nova* 30 (31 Janeiro): 117-118.

MONTEIRO, H. Pires. 1953. «Crónica Militar. Pintor Sousa Lopes». *O Comércio do Porto*. 6 Maio.

PAMPLONA, Fernando de. 1944. «Mestre Sousa Lopes. Um pintor de raça». *Diário da Manhã*. 22 Abril: 1 e 5.

___, 1945. «Belas Artes Malas Artes. Exposição póstuma de desenhos e gravuras do Mestre Sousa Lopes». *Diário da Manhã*. 26 Dezembro.

PINTO, Manoel de Sousa. 1927. «Arte e artistas. Exposição Sousa Lopes». *Ilustração* 31 (1 Abril): 28-29.

PORTELA, Artur. 1924. «O pintor dos lances tragicos da guerra e o que é a sua exposição». *Diario de Lisbôa*. 7 Janeiro: 4.

___, 1927. «Está aberta ao publico na Sociedade Nacional de Belas Artes a exposição do pintor Sousa Lopes». *Diario de Lisbôa*. 14 Março: 4.

___, 1932. «Uma visão da guerra através da exposição de mestre Sousa Lopes». *Diario de Lisbôa*. 20 Maio: 4.

RIBEIRO, Aquilino. 1909a. «Artistas portuguezes em Paris». *Illustração Portugueza* 165 (19 Abril): 481-487.

___, 1909b. «Artistas portugueses em Paris». *Illustração Portugueza* 166 (26 Abril): 513-520.

___, 1917. «O mês artístico. Exposição Sousa Lopes». *Atlantida* 19 (15 Maio): 604-606.

SANTOS, Reynaldo dos. 1924. «Exposição de guerra de Sousa Lopes». *Lusitania. Revista de estudos portugueses*. Vol. 1, fas. 1 (Janeiro): 131-133.

SILVEIRA, Carlos. 2010. «Um pintor nas trincheiras». *Público* (ed. Lisboa), suplemento *P2*. 6 Setembro: 8-9.

VAUXCELLES, Louis. 1919. «Correspondence artistique». *Atlantida* 41 (Agosto): 545-551.

3. Internet

1914-1918-online. International Encyclopedia of the First World War, ed. Ute Daniel, Peter Gatrell, Oliver Janz, Heather Jones, Jennifer Keene, Alan Kramer, and Bill Nasson. Issued by Freie Universität Berlin, 8 October 2014. Consultado 20 Novembro 2014. http://encyclopedia.1914-1918-online.net/home/.

Arquivo Histórico Militar. «Colecção Arnaldo Garcez. Álbum A11». Código de referência: PT/AHM/FE/CAVE/AG/A11. Consultado 22 Junho 2015. http://arqhist.exercito.pt/details?id=155861.

Fontes e Bibliografia

Biblioteca Nacional Digital. 2004. «I Guerra Mundial – Colecção de cartazes da BN». Actualizado 8 Novembro 2014. Consultado 14 Novembro 2014. http://purl.pt/398/1/index.html.

Biblioteca Nacional Digital. 2014. «Menezes Ferreira: João Ningém». Consultado 12 Junho 2015. http://purl.pt/24989/1/.

Commonwealth War Graves Commission. 2015. «Our Cemetery designs and features». Consultado 7 Novembro 2015. http://www.cwgc.org/about-us/what-we-do/architecture/our-cemetery-design-and-features.aspx.

Das Bundesarchiv. «Bei unseren Helden an der Somme – 1916». 2014. Actualizado 25 Novembro. Consultado 25 Novembro 2014. http://www.filmothek.bundesarchiv.de/video/2510?q=&xf%5B0%5D=CustomPerson&xo%5B0%5D=EQUALS&xv%5B0%5D=Moers.

Fundação Mário Soares. «Diario de Lisbôa». Consultado 5 Maio 2012. http://www.fmsoares.pt/diario_de_lisboa/ano.

Gallica. Bibliothèque National de France. «Le Miroir. Publication hebdomadaire». Consultado 23 Novembro 2014. http://gallica.bnf.fr/ark:/12148/cb40360453x/date.langPT.

Heidelberg University Library. «Meggendorfer-Blätter». 2014. Actualizado 18 Setembro. Consultado 14 Novembro 2014. http://digi.ub.uni-heidelberg.de/diglit/meggendorfer?&ui_lang=eng.

Hemeroteca Digital. 2005. «Ilustração Portuguesa [1903-1923]». Actualizado 13 Novembro 2014. Consultado 14 Novembro 2014. http://hemerotecadigital.cm-lisboa.pt/OBRAS/IlustracaoPort/IlustracaoPortuguesa.htm.

Hemeroteca Digital. 2005. «Miau! [1916]». Actualizado 15 Maio 2015. Consultado 6 Junho 2015. http://hemerotecadigital.cm-lisboa.pt/OBRAS/Miau/Miau.htm.

Hemeroteca Digital. 2005. «A Capital: diário republicano da noite [1910-1938]». Consultado 18 Março 2014. http://hemerotecadigital.cm-lisboa.pt/Periodicos/ACapital/ACapital.htm.

Hemeroteca Digital. 2014. «Portugal na Guerra: revista quinzenal ilustrada [1917]». Consultado 22 Junho 2015. http://hemerotecadigital.cm-lisboa.pt/Periodicos/PortugalnaGuerra/PortugalnaGuerra.htm.

Imperial War Museum. «Battle of the Somme». 2014. Consultado 25 Novembro 2014. http://www.iwm.org.uk/collections/item/object/1060008206.

Library of Congress. 2014. «Posters: World War I Posters». Consultado 19 Novembro 2014. http://www.loc.gov/pictures/collection/wwipos/.

Punch Magazine Cartoon Archive. 2014. Consultado 27 Outubro 2014. http://www.punch.co.uk/.

Simplicissimus. Die historische Satirezeitschrift. Consultado 14 Novembro 2014. http://www.simplicissimus.info/index.php?id=5.

The Illustrated First World War. «From the archives of The Illustrated London News». 2014. Consultado 6 Novembro 2014. http://digi.ub.uni-heidelberg.de/diglit/meggendorfer?&ui_lang=eng.

Wikipedia. 2014. «k.u.k. Kriegspressequartier». Consultado 19 Julho 2014. http://de.wikipedia.org/wiki/K.u.k._Kriegspressequartier.

DOCUMENTOS

DOCUMENTO 1

Cópia da proposta de Sousa Lopes ao Ministro da Guerra
Abril de 1917

Copia do of.º do pintor A. Souza Lopes

Aprovada em C.º de Ministros, segundo
of. do M. da Instr. de 16-X-917.
V. Godinho
Maj.[1]

Ministério de Instrução Pública
Secretaria Geral

Copia – Lisboa – 5ª feira de Abril de 1917 – Ex.mo Senhor Ministro da Guerra

Ouso solicitar de V. Exª a honra de me conceder um posto honorifico nas fileiras do Corpo Expedicionario Português, confiando-me o encargo de documentar artisticamente, a participação de Portugal na Guerra europeia, podendo esta ser metodicamente feita e orientada por V. Exª.

O Governo Francês está coligando em albuns, os trabalhos dos artistas – G. Sotr, de Fouqueray, Jonas, Flameuy e outros, que constituem já hoje um pecúlio artistico formidavel.

Eu desejo organisar um album de guerra, ilustrado, com os retratos das figuras de maior destaque do nosso Exercito e Armada, dos retratos dos chefes das missões, Inglêsa e Francêsa, vindas a Portugal, e dos episódios que melhor poderem representar o esforço glorioso das nossas tropas.

Os nomes das altas personagens que devem figurar neste album, serão indicadas por V. Exª, ou pelo Comandante do Corpo Expedicionario Português.

---

[1] Inscrições na marginália do documento.

A edição deste album, que, espero seja uma verdadeira edição de arte, não representará para Portugal um encargo financeiro, pois que a sua venda em Portugal e Brazil, cobrirá grande parte das despesas.

Proponho-me, num objetivo de propaganda a favor do nosso pais, facilitar às publicações, ilustradas, do mundo inteiro, a reprodução d'algum dos trabalhos que fizer e que o alto Comando julgue conveniente vulgarisar.

Finalmente tomo o compromisso de traduzir na tela alguns dos feitos notaveis da acção militar portuguêsa, e faser em Lisboa uma exposição destas obras, assim como dos restantes trabalhos de guerra.

O Estado terá o direito de opção na acquisição de todas, ou de qualquer destas obras, não podendo eu dispôr delas senão depois da sua dicisão.

A fim de realisar este plano em cuja execução porei o maior fervôr patriotico, rogo a V. Exª que me seja abonado um soldo correspondente ao pôsto de capitão em campanha, com o suplemento dado aos senhores oficiais desta categoria desarranchados, e a graduação honorifica que V. Exª achar de acordo com esta situação e merecerem as minhas aptidões.

Considero-me obrigado a entregar ao Estado, em cada mês, e durante esta Comissão, um retrato busto, desenhado ou pintado, de um oficial, ou soldado, dentre aqueles que mais se distingam, e que o Alto Comando se digne indicar-me, e um desenho, ou croquis sobre os feitos notaveis do mês.

Estes desenhos e retratos poderão, se V. Exª assim o entender, ser expostos ao publico no Museu de Artilharia, à medida que forem enviados para Portugal.

Submetendo a V. Exª esta pretenção espera que o seu alto espírito critico e grande patriotismo a possam acolher favoravelmente.

De V. Exª Muito Att.º Venerador. (a) Adriano de Sousa Lopes

Está conforme o original

Proveniência: PT/AHM/DIV/1/35/80/1. Dactiloscrito.

DOCUMENTO 2

Ordem do Exército n.º 12 (1917) nomeando Sousa Lopes capitão equiparado do CEP
27 de Agosto de 1917

Secretaria da Guerra
Repartição do Gabinete

Tendo o Conselho de Ministros resolvido que fôsse enviado para junto do Corpo Expedicionário Português, em França, um pintor de provada competência, a fim de fazer a documentação artística do esfôrço militar português na «frente ocidental», e usando da faculdade que me confere o artigo 47.º da Constituição Política da República Portuguesa: hei por bem, conformando--me com aquela resolução e sob proposta do mesmo conselho, decretar que seja equiparado a capitão, emquanto estiver no desempenho da missão para que é nomeado e durante o estado de guerra, sendo-lhe aplicável o disposto no decreto n.º 2:866 de 30 de Novembro de 1916, o cidadão da classe civil, Adriano de Sousa Lopes.

Os Ministros de todas as Repartições assim o tenham entendido e façam executar. Paços do Govêrno da República, 27 de Agosto de 1917. – BERNARDINO MACHADO – Afonso Costa – Artur R. de Almeida Ribeiro – Alexandre Braga – José Mendes Ribeiro Norton de Matos – José António Arantes Pedroso – Augusto Luís Vieira Soares – Herculano Jorge Galhardo – Ernesto Jardim de Vilhena – José Maria Vilhena Barbosa de Magalhães – Eduardo Alberto Lima Basto.

Proveniência: *Colecção das Ordens do Exército (2.ª série) do ano de 1917* 1918, 452.

DOCUMENTO 3

Contrato provisório para a decoração das Salas da Grande Guerra do Museu Militar de Lisboa
21 de Outubro de 1919

Contrato provisório para a decoração das salas do Museu da Grande Guerra no Museu de Artilharia formulado em conformidade com o determinado com o Ex.mo Ministro da Guerra e em consequencia do acordo previo entre o mesmo Ex.mo Ministro e o cidadão Adriano de Sousa Lopes

Contracto provisorio para a decoração das salas do Museu da Grande Guerra:

Pelos vinte e um dias do mês de Outubro do ano de mil novecentos e desanove, pelas doze horas, na sede do Conselho Administrativo da Secretaria da Guerra, em Lisboa, em reunião determinada expressamente pelo Excelentissimo Ministro, em presença dos membros do mesmo conselho: João Pedroso de Lima, general presidente, Alberto Machado Cardoso dos Santos, tenente-coronel do estado maior de cavalaria e Joaquim Marreiros, major do serviço de administração militar, vogaes, e Francisco de Oliveira Cidreiro, capitão tesoureiro-secretario do mesmo conselho, e de Adriano de Sousa Lopes, solteiro, de trinta e seis anos de edade (filho de trinta e seis anos de edade)[1] digo filho de Luis de Sousa Lopes e de D. Julia do Carmo Lopes, natural de Leiria, pintor e que nesta qualidade foi contratado para seguir para o C.E.P. com a equiparação de capitão e respectivos vencimentos, pessoa cuja identidade foi legalmente reconhecida pelo conhecimento que dêle teem os membros do Conselho, se lavra o presente termo de contrato provisorio em conformidade com o acordado verbalmente entre o Excelentissimo Ministro da Guerra (Helder Armando dos Santos Ribeiro) e o cidadão Adriano de Sousa Lopes, com as clausulas e as condições seguintes:

[1] Nota à margem: *Sem efeito a* [ileg.] *repetida e que entre parentesis fora designada por* [ileg.]. *Sousa-Lopes.* Na verdade, o artista completara 40 anos de idade a 13 de Fevereiro desse ano de 1919.

Primeira = O Estado obriga-se a manter ao mesmo Adriano de Sousa Lopes a equiparação de capitão com os vencimentos correspondentes aos de serviço n'esta Secretaria e mais cento e cincoenta escudos (150$00) mensais. Ser-lhe ha abonada a importancia das passagens para as localidades onde tenha de ir para completar os seus trabalhos, assim como as despesas feitas com o material para a esecução dêstes.

Segunda = As importancias a que se refere o artigo ou condição anterior, e bem assim as recebidas desde a data do armisticio (onse de Novembro de mil novecentos e desoito) constituirão um adeantamento a descontar no valor que finalmente for atribuido à obra que o Governo adquirir.

Terceira = O praso fixado para a duração do abono é o necessario para a decoração de duas salas já destinadas a Museu da Grande Guerra no Museu de Artilharia.

Quarta = O citado Adriano de Sousa Lopes obriga-se a entregar ao Estado todos os trabalhos de pintura, desenho e agua forte executados durante a sua estada no C.E.P. e todos os executados ou que vier a executar conforme o plano geral de decoração de que trata o artigo ou condição seguinte para a escolha dos que hão de constituir a obra mencionada na condição segunda.

Quinta = O plano geral para a decoração das duas salas do Museu obedece ao seguinte: decoração da grande sala do museu com seis telas, sendo quatro com as dimensões de quatro metros e vinte centimetros por dois metros setenta e cinco centimetros das quais já existem duas, e duas destinadas aos centros das paredes laterais de dimensões mais avultadas e que dependem do projecto definitivo; decoração da parede do fundo com um grande friso decorativo que se intitula "A rendição" (já quasi completo digo concluido). Na segunda sala, que é menor, serão colocados os retratos, croquis, aguas fortes e estudos do natural que sejam julgados dignos de se arquivar como documentos. As aguas fortes das quais já existem onze placas e cujo numero total será cerca de vinte e cinco destinam-se à edição de um album de luxo e outra edição de vulgarisação[2].

Sexta = O preço definitivo da obra que o Estado adquirir será fixado por uma comissão constituida por uma pessôa da escolha do Governo, por um delegado da Comissão Executiva do Conselho de Arte e Arqueologia da primeira circunscrição de Lisboa, e por um representante do autor. Pelo adjudicatario foi declarado que aceita o presente contrato com todas as suas clausulas, condições e obrigações de que tem inteiro e perfeito conhecimento e a cujo cumprimento se obriga por sua pessoa e bens perante as justiças d'esta comarca de Lisboa, onde escolhe domicilio para êste fim, com renuncia de quaesquer direitos em contrario. O presente termo de contrato está escrito em tres meias folhas de papel selado que pelos mencionados outorgantes vão rubricadas, à excepção da ultima por conter as assinaturas, e foi pago o sêlo por êle devido na importancia de um escudo e cincoenta centavos. Foram de tudo testemunhas presentes: João da Nobrega, alferes reformado, e Arsenio José dos Santos primeiro sargento de cavalaria numero dois, que com as partes outorgantes vão assinar, depois dêste a todos ser

[2] Este período, relativo à eventual publicação de um álbum de luxo e álbum de vulgarização das águas-fortes, foi preenchido com traços em modo de cancelamento.

Documentos

lido em voz alta por mim Francisco de Oliveira Cidreiro, capitão tesoureiro-
-secretario do Conselho Administrativo da Secretaria da Guerra, que o escrevi
e também assino.

O Conselho Administrativo

(a) João Pedroso de Lima
general

(a) Alberto Machado Cardoso dos Santos
tenente coronel

(a) Joaquim Marreiros
major do serviço de administração militar

(a) Francisco de Oliveira Cidreiro
capitão

O adjudicatario

(a) Adriano de Sousa-Lopes
capitão-equiparado

As testemunhas

(a) João de Nobrega
alferes reformado

(a) Arsenio José dos Santos
1.º sargento

Proveniência: PT/AHM/FO/006/L/32/778/2. Manuscrito.

427

DOCUMENTO 4

Ofício de Sousa Lopes ao Ministro da Guerra
28 de Janeiro de 1932

Envie-se ao Conselho
de Arte e Arqueologia
para informe
19-II-1932
[ass. ileg.].[1]

Exmo. Snr. Ministro da Guerra

Não tendo sido até agora dadas as providencias urgentes e indispensaveis ao bom andamento dos trabalhos em execussão na sala do Museu Militar destinada a Sala da Grande Guerra, venho por este meio completar a exposição verbal que sobre o assunto tive a honra de fazer a V. Excia. na ocasião da sua visita ao meu atelier, em 16 do corrente, e mais uma vez solicitar de V. Excia. as deliberações que o caso requer.

Aquela Sala, que é obra de minha concepção, é um Monumento em honra do Exercito Português de Terra e Mar, que se bateu em França, nos Mares e na Africa, e compõe-se de 12 frescos de vasta composição, perpetuando os feitos culminantes de campanha, cujo ciclo se fecha com a tumulização do Soldado Desconhecido no Mosteiro da Batalha, formando a sua decoração pictural. Esta engasta numa decoração arquitectonica que lhe serve de moldura, constituida por um revestimento interior de grande sobriedade e beleza, em estilo dorico tosco, da autoria do grande Mestre dos Arquitectos portuguêses, José Luiz Monteiro, que me deu a honra insigne de colaborar comigo nesta obra.

No projecto o conjunto do colorido da arquitectura era o seguinte:
– As pilastras e alguns elementos do emolduramento, PRETO LIGEIRAMENTE

---

[1] Despacho do Ministro da Guerra (manuscrito).

VERDOSO, a destacar-se sobre o fundo vermelho (o VERMELHO da sanguínea); – as métopas e outros fundos de maior superficie, cor de KAKI, contrastando com o cinzento das fardas portuguesas cujo tom predomina nas composições picturaes, mantendo assim um conjunto realizado somente com os tons que constantemente dominaram o ambiente desta guerra, isto é, – o fogo, a ferrugem, a lama, o cinzento dos ceos, e o negro dos troncos das arvores decepadas pela metralha.

A cor do fogo é reservada unicamente para as composições picturaes.

Este projecto encontrou uma irredutivel oposição da parte dos Exmos. Snres. Director e Sub-Director do Museu Militar desde o inicio das obras, deante da qual, com sacrificio, cedi, alterando a minha composição, sem comtudo abandonar as tonalidades acima mencionadas. – Assim, passaram as pilastras, os principaes elementos do emolduramento, e maior parte dos fundos, a ser VERMELHO ESCURO, para manter a solenidade necessaria a este ambiente de heroismo, sofrimento e tragedia; as métopas e alguns fundos, cor de KAKI; – os socos, PRETO VERDOSO.

Apesar do manifesto desejo de um bom entendimento que estas alterações ao projecto provam, continuam constantemente os esforços da parte dos Exmos. Snres. Directores para que seja empregado *um vermelho mais claro e mais alegre*, o que teria como efeito tirar à Sala a severidade solene e inutilizar os tons de fogo, reservados para as composições picturaes. Infelizmente já existem, na parte da arquitectura executada até hoje, alguns vestigios desses esforços que, a continuarem, obrigarão a desfazer mais tarde trabalho feito.

Mais do que o exposto, por varias vezes o Exmo. Snr. Director me tem manifestado o proposito de aproveitar os espaços livres para ali pôr armarios com bandeiras, e dependurar retratos d'alguns senhores Generaes existentes no Museu.

É inutil, por absolutamente obvio, apontar a V. Excia. as inumeras razões por que considero estes propositos irrealisaveis. Com efeito, todos os frescos que decoram a Sala da Grande Guerra, glorificando os feitos do nosso Exercito de Terra e Mar, são grandes composições de conjunto em que as tonalidades e proporções das figuras principaes, identicas em todos, se harmonisam com a grandeza da Sala e dos feitos perpetuados. Em consequencia, a interposição de quaesquer armarios de estilo diferente da arquitectura da Sala, ou de retratos de outras proporções e coloridos, destruiriam a necessaria homogeneidade da obra. Além disso, cairiamos na apologia desta ou daquela individualidade, por ventura em detrimento de outras, e o resultado seria desastroso. Esses retratos, e talvez outros pintados por mim durante a guerra, devem ter logar na pequena sala contigua à sala monumental, onde será exposta a parte documental e todas aquelas reliquias que pelas suas dimensões ou natureza não puderem ter logar nesta, sem prejuizo do efeito artistico.

As responsabilidades que impendem sobre a minha qualidade profissional obrigam-me a pedir a V. Excia. se digne adoptar uma solução que ao mesmo tempo que resalve as responsabilidades oficiaes de V. Excia. e do Exmo. Snr. Director do Museu Militar, conduza para um organismo proprio do Estado

– o Conselho de Arte e Arqueologia – o estudo e a liquidação deste incidente, estabelecendo as necessarias regras. Antes, porem, tenho a honra de sugerir a V. Excia. a seguinte solução, que julgo seria satisfatoria, por respeitar as prerogativas de todos, e afastar quaesquer melindres pessoaes. Consistiria nas seguintes determinações:

1ª. – Que a Sala Monumental da Grande Guerra seja considerada parte integrante do Museu Militar sómente depois de concluida em todos os seus pormenores, incluindo a disposição dos objectos que ali possam ser expostos sem prejuizo do conjunto artistico que se pretende realizar.

2ª. – Que a fiscalização e administração das obras continuem a ser feitas pela Direcção do Museu Militar.

3ª. – Que a direcção artistica seja atribuida aos autores dos projectos, – Mestre José Luiz Monteiro, arquitecto, e Adriano de Sousa Lopes, pintor.

Aguardando as deliberações que o esclarecido criterio de V. Excia. julgar mais convenientes, desejo

SAUDE E FRATERNIDADE
Lisboa, 28 de Janeiro de 1932.

(a)   Adriano de Sousa Lopes

Proveniência: PT/AHM/FO/006/L/32/835/1. Dactiloscrito.